1

*novela española
de nuestro tiempo*

(en busca del pueblo perdido)

El Soto?

estudios de crítica y filología

dirige José Luis Varela

10

TITULOS DE LA TERCERA SERIE

Rafael de Balbín, *Poética becqueriana.*
Francisco Ynduráin, *Relección de clásicos.*
Francisco J. Hernández, *El teatro de Montherlant.*
Russell P. Sebold, *El rapto de la mente (Poética y poesía dieciochescas).*
Oldrich Belic, *Análisis estructural de textos hispanos.*

gonzalo sobejano

novela española
de nuestro tiempo

(en busca del pueblo perdido)

Premio Nacional de Literatura "Emilia Pardo
Bazán" 1971

2.ª edición corregida y ampliada

El Soto?

editorial prensa española
1 9 7 5

Es propiedad

Depósito legal: M-23393-1975
I S B N 84-2870360-4

___

Talleres «Prensa Española, S. A.» - Serrano, 61 - MADRID-6

NOTA PRELIMINAR
DE LA PRIMERA EDICION

Por los años 40, mientras cursaba estudios medios y universitarios, leí algunas novelas españolas recientes que no puedo afirmar me hiciesen una fuerte impresión. Cuando más tarde, en 1952, en el Ateneo de Madrid, leí La colmena, entre otras novelas que debía conocer para preparar un curso en Heidelberg, esa obra de Camilo José Cela me impresionó tanto que transcribí en mis cuadernos casi una tercera parte, rodeada de anotaciones que la lectura me sugería. La colmena significó para mí la revelación del mundo en que nebulosamente había estado viviendo, y revelaciones de arte y vida, muy semejantes, me proporcionaron después El Jarama, Las afueras, Los bravos y, más tarde, Tiempo de silencio, Cinco horas con Mario y Señas de identidad. (Menciono estas obras por el orden en que las fui conociendo.)

Resultado de mi colaboración en la editorial Bachem, de Colonia, durante unos años fue un tomo antológico titulado Moderne spanische Erzähler (1963) con el cual intenté dar a conocer en Alemania a los novelistas españoles con quienes me sentía de acuerdo. Contenía este volumen nueve narraciones, una introducción (páginas 9-59) y unas notas biográficas y bibliográficas también preparadas por mí, lo mismo que la selección de los relatos. Moderne spanische

Erzähler constituye el germen de este libro; germen porque allí, en cincuenta páginas, mirando hacia el lector alemán, que era mi destinatario, y con un conocimiento suficiente pero todavía no bastante matizado de la materia que abordaba, esbocé lo que ahora, ocho años después, creo estar en condiciones de desarrollar con menor incompetencia. El presente libro es seis veces más extenso que aquella introducción y, cualitativamente, todo ha sido replanteado. A este replanteamiento me ayudó mi curiosidad personal, que desde la lectura de La colmena no desmayó, y también el haber tenido que dar sobre el tema conferencias y cursos en distintos lugares de los Estados Unidos (New York, Middlebury, Philadelphia).

No había tratado de publicar mis trabajos (excepto algunos artículos que el lector puede ver consignados en la bibliografía final y algunas recensiones y notas que no consigno, pero que he aprovechado) hasta que mi antiguo profesor en la Universidad de Madrid, antecesor en el lectorado de Colonia y excelente amigo, José Luis Varela, me invitó, dos años hace, a preparar un tomo para la colección «El Soto», por él dirigida. Le ofrecí éste.

Sobre la novela española de nuestro tiempo existen, aparte estudios de menor cuantía, varios libros, y es deber del que añade uno nuevo señalar lo que de distinto pueda tener el suyo.

Los dos volúmenes de Juan Luis Alborg informan sobre novelistas y novelas con amplitud considerable en cada caso particular, pero —siento decirlo— sin un orden que pueda yo percibir y con criterios que pocas veces comparto, aunque respete.

Lo hecho por Eugenio de Nora me parece lo mejor que sobre el tema conozco, pero precisamente Nora trata con menos detención (puesto que abarca des-

de 1898 en adelante) la parte por mí examinada. Además, el tercer tomo de su obra, donde se halla lo pertinente, es el único que no ha sido reeditado hasta ahora, y bien entiendo la tardanza. Para orientar al lector desde el principio, confieso que es con Eugenio de Nora con quien me siento más acorde en todo: en la manera informativo-interpretativa de abordar el material y en los criterios acerca de lo que puede y debe ser la novela contemporánea.

El estudio de José R. Marra-López sobre los novelistas fuera de España posee una importancia excepcional, pero este aspecto es, por desgracia, el menos conocido para mí y aquel que toco más de pasada.

Juan Carlos Curutchet publicó después una buena introducción a la novela española de posguerra, inteligente, menos conocida de lo que merece, pero parcial, puesto que sólo comenta con espacio la obra de Juan Goytisolo, Jesús Fernández Santos y Carmen Martín Gaite, si bien dentro de un enfoque general perspicaz y enterado.

El lector del presente libro verá, páginas adelante, que no me satisface ni mucho ni poco el manifiesto de Manuel García-Viñó, disfrazado de monografía. Aunque en él se contengan algunas verdades, la generalidad del estudio es notablemente partidista.

Ramón Buckley publicó, cuando el nuestro se hallaba más que iniciado, un libro acerca de las formas de novelar, principalmente referido a Sánchez Ferlosio (objetivismo), Miguel Delibes (selectivismo) y Juan Goytisolo y Martín-Santos (subjetivismo). Juzgo afortunada esta indagación, pero la que ofrezco me parece más atenta a las actitudes, contenidos y temas, sin perjuicio de las formas.

La segunda parte de mi trabajo debe no poco a la monografía de Pablo Gil Casado sobre la novela so-

cial en España. No obstante, como el lector podrá comprobar, difiere de ella en la selección de autores y de textos, en el orden y, naturalmente, en el punto de arranque de los comentarios.

Finalmente, existe un primer tomo de Antonio Iglesias Laguna, consagrado en su mayoría a aquellos novelistas que yo trato con menos amplitud (el segundo tomo no salió).

¿Qué puede significar esta nueva publicación dentro del ámbito que acabo de reseñar? Sólo me atrevo a lanzarla por tres razones: la cordial insistencia del director de esta colección, mi conexión biográfica con la novela de este tiempo, por mí seguida con sincera pasión y leal expectativa, y, en fin, porque considero que este libro, ya que no otra cosa, podrá ser más ordenado que el de Alborg, menos unilateral que el de García-Viñó y más completo que los de Marra-López, Curutchet, Buckley y Gil Casado, pues que éstos limitaron voluntariamente su atención a determinados autores, aspectos o tendencias. Con las obras de Eugenio de Nora y de Iglesias Laguna (la de éste inconclusa) no puedo comparar la mía a no ser para declarar que ésta no aspira a presentar a «todos» los novelistas ni a informar tan acabadamente; aspira, en cambio, a una ordenación más sencilla y a un juicio más selectivo.

El lector, que, ante cualquier duda posible acerca de la disposición del presente trabajo me hará el favor de consultar el índice (donde esa disposición queda trazada), tendrá asimismo la bondad de disculpar las omisiones. No he leído todas las novelas de estos últimos treinta años, pero conozco más de las que comento. Si no las incluyo, o si paso de largo por otras, o no me ocupo debidamente de novelistas tan respetables como Manuel Andújar, Gabriel Celaya,

Rosa Chacel, Paulina Crusat, Alvaro Cunqueiro, Mercedes Fórmica, Eulalia Galvarriato, Francisco García Pavón, Salvador García de Pruneda, Manuel Halcón, Manuel Lamana, Pedro de Lorenzo, Torcuato Luca de Tena, Julio Manegat, Susana March, Enrique Nácher, Nino Quevedo, Vicente Risco, Esteban Salazar Chapela, Mercedes Salisachs, José Luis Sampedro, Elena Soriano y otros que el lector echará de menos, es por diversos motivos (escasa concordancia de sus obras con los tipos de novela que estimo dominantes en este tiempo, conocimiento insuficiente que me retrae de juzgarlas por ahora, dificultad en valorar su producción hacia el futuro) y, especialmente, porque he deseado, a fin de lograr una exposición orientadora, evitar aquella integridad enciclopédica que, de todos modos, nunca puede alcanzarse en materias de literatura actual. Si, aun así, me detengo a referir el contenido de algunas obras con detalle, debo decir que lo he hecho pensando en posibles destinatarios que no las hayan leído y para quienes tal información bien pudiera valer como ayuda y como estímulo.

Así es como presumo justificar un estudio que, aunque hubiere de resultar el menos duradero de los que hasta ahora envié al lector, es aquel que, a lo largo de la elaboración, más me ha contentado, pues escribiéndolo me he sentido próximo a muchos y buenos compañeros de experiencia.

Nueva York, 10 enero 1970.

NOTA SOBRE ESTA SEGUNDA EDICION

Acerca de Novela española de nuestro tiempo *han publicado juicios que hayan llegado a mi conocimiento los siguientes críticos: José Jiménez Lozano, Gemma Roberts, Andrés Amorós, F. G. C., Jorge Rodríguez Padrón, Rafael Conte, Juan Gutiérrez Palacio, Martín Aguado, Antonio Ramos Gascón, Amando C. Isasi Angulo, Urbain J. De Winter, José Alberich y Rafael Gutiérrez Girardot, citados aquí por el orden en que se han ido sucediendo sus recensiones [1].*

A todos ellos mi agradecimiento más cordial, así como a quienes me han comunicado sus pareceres privadamente.

---

[1] J. Jiménez Lozano, *El Norte de Castilla*, 7-II-71. G. Roberts, *El Diario*, Nueva York, 17-V-71; *Hispania*, 55 (1972), 592-593. A. Amorós, *Insula*, 294, Mayo 1971. F. G. C., *Papeles de Son Armadans*, CLXXXII, Mayo 1971, 220-224. J. Rodríguez Padrón, *Fablas*, Las Palmas, 20, Julio 1971. R. Conte, *Informaciones*, Madrid, «Suplemento de las Artes y las Letras», 9-IX-71 y 16-IX-71. J. Gutiérrez Palacio et al., *La Actualidad Española*, 24-II-72. M. Aguado, *Ya*, 22-VII-72. A. Ramos Gascón, *Libre*, París, III (1972), 130-133. A. C. Isasi Angulo, *Romanistisches Jahrbuch*, Hamburgo, XXIII (1972), 387-390. U. J. De Winter, *Hispanic Review*, Philadelphia, 41 (1973), 708-710. J. Alberich, *Bulletin of Hispanic Studies*, Liverpool, L (1973), 186-189. R. Gutiérrez Girardot, *Archiv für das Studium der neueren Sprachen und Literaturen*, Bonn, 210 (1973), 472-473.

Prescindiendo de cuanto ha sido aprobación y elogio, pero también de algunas objeciones tan infundadas que la mejor respuesta no puede ser sino el silencio, deduzco de aquellos juicios que los defectos principales del libro serían los que señalo, por orden de menor a mayor importancia probable: 1) tratamiento insuficiente de los novelistas del exilio; 2) tratamiento superficial o injusto de los novelistas de este siglo anteriores a la guerra civil; 3) visión más sociológica que técnica o formal; 4) criterio de valoración inadecuado en algunos casos, o en muchos; 5) clasificación simplificativa, o rígida, o no conveniente, o no muy precisa, o estrecha, de los tipos de novela dominantes.

1) Una deficiencia informativa del libro es, sin duda, la escasa presencia de los novelistas del exilio. Como es defecto anunciado por mí desde la nota preliminar, sólo he de pedir disculpas en esta nueva nota por no haber, tampoco ahora, podido llenar esa laguna. El libro se proponía ser selectivo y sigue siéndolo. A los novelistas del exilio es a los que dejo en sombra con más pesar: con el pesar del mal conocimiento, que algún día corregiré.

2) Las páginas dedicadas a los novelistas anteriores a 1936 pecaban de superficialidad, y sólo diré que no pretendían hacer justicia en tan corto espacio a escritores de la magnitud de Valle-Inclán, Miró o Pérez de Ayala, sino presentar muy esquemáticamente aquellos rasgos en que su obra se diferencia de manera más clara de la obra de los novelistas de posguerra. He atenuado y matizado ahora tal presentación mediante algunos retoques, pero recuérdese que ahí sólo se trata de una breve semblanza supeditada al tema del libro.

3) Que Novela española de nuestro tiempo *adopte una visión que a algunos pueda parecer más socioló-*

gica que estrictamente literaria, lo concedo; aunque quizá fuese más justo decir que se da mayor importancia en este libro a las actitudes y los temas que a la técnica. Pero de todo ha de haber en los predios de la crítica, y el libro de Ramón Buckley, antes que éste, y el de Santos Sanz Villanueva, después de él, son excelentes estudios sobre la técnica, que poco dejan que desear. (Aparte: no soy sociólogo; de ser algo, sería filólogo y crítico literario.)

Aquí podría dar alguna réplica a quien me reprocha aceptar sin protesta cierta «pacatería histórica» (todos los males de España vienen de 1936) y cierto «paletismo geográfico» (la sociedad española actual vista como única en sus vicios y fallas, como si en otras partes no los hubiera). Puesto que el reproche viene arropado entre tantas expresiones de respeto, agradezco este respeto, y a aquel reproche contesto que el libro se refiere estrictamente a la novela desde 1939 y concretamente a España, no a otros países. De estos países que no son España conozco no pocos, y en dos de ellos he pasado ya en suma más de la mitad de mi vida. La España anterior a 1936 sólo la conozco, en cambio, de recuerdos infantiles, por referencias, o a través de los libros, por lo cual es explicable que escriba de ella con menos experiencia que sobre la posterior a tal fecha.

4) El mismo crítico a quien estoy aludiendo, José Alberich, parece creer que en la valoración de autores y obras me he guiado por el impacto que éstas tuviesen en la juventud y en el público no español, y deplora esto como una extraña o peligrosa subordinación a «la moda», la cual estaría constituida por los gustos de los jóvenes y de los extranjeros. Lo que en realidad yo decía es que me guiaba «por mis propias lecturas», pero teniendo en cuenta para medir la actualidad de

*una obra el juicio de los jóvenes y de los lectores no
españoles, por ser éstos dos tipos de lectores en que
veía yo buenas condiciones de objetividad e imparcialidad (pág. 169, nota 77, de la primera edición). Sigo
pensando lo mismo y creyendo que esas dos clases
de lectores son preferibles, como auxiliares del crítico, no como guías de su juicio, a la constituida por
el público medio del mismo país, ese público «maduro»
y «establecido dentro» cuya miopía puede ser tan grave. Mi criterio de valoración, por otra parte, está
claramente enunciado en el primer párrafo del capítulo VI: lo llamo «fecundidad» en sentido cualitativo.
Urbain De Winter, en su recensión, lo subraya.*

*5) Finalmente, el defecto que coinciden en seña-
lar varios enjuiciadores (Padrón, Conte, Ramos, Isasi,
Alberich) y de aquí deduzco que pueda ser el más importante, es lo que, expresado de diversas maneras
por ellos, podría formularse como clasificación insa-
tisfactoria. Debí advertir en la primera edición (no lo
hice entonces y ahora lo hago) que yo no doy a las
clasificaciones otro valor que el de orientación didáctica. Entre los dos extremos —una clasificación di-
versificada y matizada, y una clasificación sencilla
y clara— prefiero este último, como orientación, como
enseñanza (en el sentido menos pedante del término), y las diversidades y matices vendrán al tratar de
cada autor y cada obra.*

*Comprendo que Rafael Conte vea en la «novela so-
cial desde la persona» una especie de «cajón de sastre»; que Ramos Gascón lamente que el tratamiento de* La colmena *quede tan apartado del de las novelas neorrealistas de los jóvenes escritores de los
años 50 o que* El Jarama *y* Señas de Identidad, *o* Central
eléctrica *y* Tiempo de silencio, *obras entre sí tan dispares, reciban un tratamiento común; y comprendo*

también que Isasi Angulo manifieste su inconformidad al ver a Luis Martín-Santos tratado como «un novelista más en la fosa común del grupo». Replicaría a Conte que a fines de 1969 no podía yo ver, con la claridad con que ahora puede ver cualquiera, cómo ese tipo de novela «social desde la persona» constituía, en buena parte, una nueva categoría con tanto derecho a un tratamiento separado como la novela «existencial» y la «social» («estructural» llamo a ese nuevo tipo de novela, mal o bien, pero diferenciado). A Ramos Gascón respondería que La colmena queda a distancia sólo en número de páginas, pues al hablar de los escritores más jóvenes de los años 50 se hace frecuente referencia a aquella obra de Cela, y que El Jarama y Señas de identidad se estudian cada una en el capítulo consagrado a cada autor, Central eléctrica bajo el epígrafe «novela social en defensa del pueblo» y Tiempo de silencio bajo el de «novela social contra la burguesía», pero ya en la linde de la «novela social desde la persona», como obra «fuera de serie». A Isasi no he de contestar nada, pues él mismo alude a esta advertencia mía sobre Tiempo de silencio como novela excepcional. Sacando, pues, ahora a Martín-Santos y a Juan Benet de aquel aparente cajón de sastre o fosa común, y dedicándoles espacio aparte en un capítulo último acerca de la que llamo «novela estructural», creo reparar el defecto mayor en este punto, pero en lo demás dejo las cosas como estaban, no porque me obstine en defenderla y no enmendarla, sino porque la clasificación aquí propuesta sigue pareciéndome útil por su sencillez, porque no doy a la clasificación más importancia que la de una clarificación —simple, didácticamente guiadora— y porque quiero creer que, cuando examino tal autor o tal novela, el lector reconoce la singularidad de ésta y de aquél y yo, en lo que puedo,

*le ayudo un poco a reconocerla. Me satisface que Rafael
Gutiérrez Girardot haya señalado cómo la clasificación
trazada en este libro no pretende contraponer, sino sólo
marcar acentos.*

*Como la presente es una nueva edición pero no una
nueva redacción de este estudio, no he de explicar en qué
se distingue éste de los libros que, ocupándose del mismo
asunto, han sido publicados después (como hice en la
primera edición respecto a los publicados antes). Sólo
me permitiré declarar que, entre esos libros publicados
después, o sea, de 1970 a 1974 (y pasan de la docena,
pues el asunto sigue interesando), los de José Corrales
Egea (1971), Fernando Morán (1971), Santos Sanz Villanueva (1972), José Domingo (1973), J. M. Martínez
Cachero (1973) y el de Hipólito Esteban Soler (1971-
73) son aquellos en que he encontrado, como lector,
más fecundas incitaciones. En el libro de Corrales he
hallado seguridad de criterio, fina penetración en la
labor de unos pocos autores y en el proceso general de la
novela de posguerra, y una saludable atención a lo
ocurrido paralelamente en países vecinos. En el libro
de Fernando Morán he admirado un comparatismo
ágil y aún más extenso, y en el folleto del mismo crítico la más atinada interpretación de la novela social
de los años 50 desde el ángulo socioeconómico pertinente. Santos Sanz Villanueva ha hecho, a mi parecer, una aportación notabilísima al mejor entendimiento de las formas de novelar, y su obra, con la
anterior de Buckley, satisfará a los lectores de orientación más bien estructuralista. En el volumen segundo
de su panorama de la novela española del siglo XX,
José Domingo logra una síntesis excelente, aunque para
mí son todavía más meritorios los análisis que viene
dedicando todos los meses en Insula, desde el año
1966, a la novela actual. José M. Martínez Cachero,*

con su meticuloso trabajo, ha descorrido el velo que ocultaba muchas vicisitudes editoriales y curiosas anécdotas del hacerse y crecer de la novela española entre 1939 y, más o menos, nuestros días. Y, en fin, Hipólito Esteban Soler ha sabido destacar, como ellos merecían, los caracteres propios y los valores específicos del neorrealismo. A estas obras, y a otras de tema más particular, debidas a Gaspar Gómez de la Serna, José Luis S. Ponce de León, Antonio Tovar, Eduardo G. Rico, Joaquín Marco y Gemma Roberts, consignadas todas en la bibliografía final, recurrirán los lectores con seguro provecho.

Las obras que acabo de mencionar hacen innecesarias muchas adiciones en esta nueva salida de Novela española de nuestro tiempo. Por esto, y no por comodidad, he renunciado a bastantes ampliaciones de carácter informativo e interpretativo que esos estudios, tan recientes, proporcionan. Aparte los retoques que llevo anunciados en esta nota, mi intención ha sido conservar al libro su carácter más bien sencillo y selectivo. Sólo he agregado unos pocos nombres de novelistas. En cambio, he añadido nuevos títulos y dedicado espacio a analizar nuevas novelas que estimo importantes, y en el capítulo XIII expongo lo que pienso acerca de la novela de estos últimos cuatro años o cinco.

Filadelfia, 20 noviembre 1974.

I

INTRODUCCION. PRIMEROS PASOS

La guerra española de 1936-1939 comenzó con un levantamiento militar contra la II República, pero en realidad las partes que durante aquellos tres años sostuvieron contienda encarnizada eran dos complejos político-sociales incompatibles: la burguesía tradicionalista y las juventudes de ideología totalitaria, por un lado; por el otro, la burguesía demoliberal y una masa popular influida por ideas anarquistas, socialistas y comunistas. La guerra civil costó —se dice— un millón de muertos, aproximadamente, y, al terminar, trajo consigo, en vez de una conciliación provechosa, siquiera en esperanza, la división de España en vencedores y vencidos.

En todos los órdenes la guerra civil originó un cambio profundo. Para los vencedores el triunfo significaba el supremo logro de una tradición nacionalista y católica que la República había puesto en peligro. Para los vencidos la derrota equivalía al malogro de un siglo entero de esfuerzos en favor de la libertad política y de la revolución social.

La catástrofe material y moral de la lucha recién

acabada convierte la fecha 1939 en umbral de un período en el cual vivimos todavía los españoles: período que puede y suele llamarse de posguerra, e incluso como tal es indirectamente definido por quienes aluden a él como período de la paz.

Los novelistas de que se hablará en estas páginas pertenecen a ese período que se abre en 1939. Antes de 1936 los novelistas de España, con raras excepciones, cultivaban un tipo de novela que aspiraba a una autonomía artística absoluta, arraigada desde luego en la esencia humana universal, pero sin conexión suficiente ni marcada con la existencia histórica y comunitaria de los españoles. Esta conexión es precisamente lo que buscan los más y los mejores novelistas después de la guerra civil, y a esto es a lo que podemos llamar realismo, entendiendo por realismo la atención primordial a la realidad presente y concreta, a las circunstancias reales del tiempo y del lugar en que se vive. Ser realista significa tomar esa realidad como fin de la obra de arte, y no como medio para llegar a ésta: sentirla, comprenderla, interpretarla con exactitud, elevarla a la imaginación sin desintegrar ni paralizar su verdad, y expresarla verídicamente a sabiendas de lo que ha sido, de lo que está siendo y de lo que puede ser.

La consecuencia más general de la guerra, en lo que concierne a la novela, ha sido la adopción de este nuevo realismo: nuevo porque sobrepasa la observación costumbrista y el análisis descriptivo del siglo XIX mediante una voluntad de testimonio objetivo artísticamente concentrado y social e históricamente centrado. En este nuevo realismo pueden ahora señalarse tres direcciones: hacia la existencia del hombre contemporáneo en aquellas situaciones extremas que ponen a prueba la condición humana (novela existencial); hacia

el vivir de la colectividad en estados y conflictos
que revelan la presencia de una crisis y la urgencia de
su solución (novela social), y finalmente, hacia el
conocimiento de la persona mediante la exploración
de la estructura de su conciencia y de la estructura
de todo su contexto social (novela estructural).

La primera dirección predomina en los narradores
que eran jóvenes al producirse la guerra y que se dieron a conocer durante los años 40 (siguiendo una denominación bastante extendida, puede hablarse aquí
de una «generación de la Guerra»). La segunda dirección predomina en los narradores que durante la guerra eran niños y que se dieron a conocer en los años 50
(suele agrupárseles en una «generación del Medio Siglo»). La novela existencial cultívanla también, libremente, algunos novelistas de la España exiliada, en
quienes la diferencia específica consistiría acaso en
una mayor intervención del punto de vista abstracto:
simbólico en Ramón Sender, conceptista en Max Aub,
alegórico en Francisco Ayala. En cuanto a la tercera
dirección, predomina en los narradores que se han dado a conocer en los años 60 y 70 y en algunos de los
que ya habían alcanzado obra y renombre en las décadas precedentes.

Si la guerra, con sus efectos tajantes, sacudidores y
dispersivos, ha generado en la novela española un nuevo realismo, éste ha tendido, pues, hacia tres objetos
principales: la existencia del hombre español actual,
transida de incertidumbre; el estado de la sociedad española actual, partida en soledades, y la exploración
de la conciencia de la persona a través de su inserción o deserción respecto a la estructura toda de la sociedad española actual. Describir la existencia incierta, la soledad social y la identidad personal dentro del
contexto colectivo, han sido para los novelistas espa-

ñoles de este tiempo tres modos distintos y conver-
gentes de descubrir la realidad española del presente,
tomando como misión de su viaje (toda novela es un
viaje) la busca de su pueblo perdido. Perplejo o des-
articulado, el pueblo español aparece en las novelas
de esta época como pueblo perdido. Y en busca del
pueblo perdido van sus autores más representativos
y responsables.

Dentro de la novela existencial, pueblo perdido significa nación marginada en su desarrollo político (perdición en la historia) y compañía difícil para la persona
(pérdida de solidaridad). Dentro de la novela social
pueblo perdido quiere decir tierra desconocida o mal
conocida (pérdida en la distancia, no sólo física) y sociedad desgarrada (perdición de grupos y clases en
ardua o imposible comunicación). Dentro de la novela
estructural pueblo perdido significa sociedad confundida en un presente y ante un futuro problemáticos,
y extravío de la persona por el laberinto de esa sociedad que amenaza anularla. Las tres direcciones responden a la realidad española de la época presente,
considerada como fin. Las formas de la novela vienen
determinadas, en los mejores casos, por las necesidades deducidas de la responsable experiencia de aquella
realidad, y no por antojos experimentales de los artistas.

Si lo que acabo de decir caracteriza a la novela
española de posguerra, lo que caracteriza a la novela
española de este siglo antes de 1936 es muy distinto
y casi contrapuesto. Exceptuando a Pío Baroja, al
último Valle-Inclán y a algún autor más joven, de quienes luego se hablará, los novelistas de las generaciones
que preceden a las últimas aludidas llevaron a efecto,
poco a poco, un proceso de reducción de la novela

a contenidos cada vez más subjetivos mediante la aplicación de actitudes y formas cada vez menos realistas. Veámoslo esquemáticamente.

Generación de 1898:

Miguel de Unamuno buscaba la realidad íntima, eterna o poética del hombre: del indeciso, del voluntarioso, del envidioso, de la mujer estéril, del incrédulo que se inventa su fe; y para exponerla forjaba un personaje alrededor del cual todo quedaba reducido a mera ocasión para que el caso individual, alegoría de una pasión pensada por Unamuno, adquiriese expresión. Son así sus novelas dramas monodialogales que sólo requieren un mínimo de narración y descripción. Desnudamientos dramáticos del alma del autor. «El hombre más real (...) es el que quiere ser o el que quiere no ser, el creador.» «El sueño es el que es vida, realidad, creación» [1].

Ramón María del Valle-Inclán situaba la acción de sus primeras novelas en un ambiente monumental por primitivo o por ultrarrefinado y, más tarde, derivó hacia otro tipo de novela en que, sobre fondo histórico, practicaba una deformación satírica de personas y circunstancias. Pintando caracteres de excepción o agitando muñecos lamentables, evita Valle-Inclán la realidad social de su momento y se evade, por la vía del tiempo, hacia un pretérito grandioso o grotesco y, por la vía del estilo, hacia un orbe de arte que alza su autonomía frente al aquí y ahora de la vida. «Mi estética es una superación del dolor y de la risa, como deben ser las conversaciones de los muertos, al contarse historias de los vivos» [2]. Distancia, por lo tanto; pero no para

---

[1] M. DE UNAMUNO: *Tres novelas ejemplares y un prólogo* (1920), «Prólogo, III».

[2] R. M. DEL VALLE-INCLÁN: *Los cuernos de don Friolera* (1921), «Prólogo».

conseguir mayor objetividad, sino para fijar la vida en figuraciones autosuficientes. La consecuencia última de sus procedimientos es el monumento embellecedor o el esperpento envilecedor, aunque a través del esperpento lograse Valle-Inclán —a ello se alude más adelante— un sistema de referencias críticas al presente, de cuya eficacia no puede dudarse.

Finalmente, entre los noveladores de esta generación, tampoco Azorín busca la materia social ni la técnica realista. Sus novelas no son problemas dramáticos (Unamuno) ni deformaciones de la realidad por sublimación o degradación (Valle-Inclán); pero en los objetos, paisajes y almas que él presenta graba siempre la melodía hipersensible de su Yo, melodía de matices sobre recuerdos, impresiones y fantasías. «La imagen lo es todo. La realidad no importa; lo que importa es nuestro ensueño»[3].

Generación de 1914:

Ramón Pérez de Ayala, en deuda con los maestros de la anterior generación, pero más cerca del guía intelectual de la suya, Ortega, cultivó la novela de ideas. Los protagonistas son dobles del autor en busca de una educación estética, o encarnaciones de antiguos mitos. De acuerdo con estas premisas intelectuales, la estructura de sus novelas se abre a formas discursivas y ensayísticas y su lenguaje ostenta un entono académico.

Gabriel Miró, coterráneo y fraterno de Azorín, componía novelas de ambiente levantino cuya acción era sólo un tenue pretexto para ahondar poéticamente en la esencia simbólica de las cosas y en la exaltada belleza de las sensaciones.

Con Ramón Gómez de la Serna entran todos los géneros literarios en el torbellino de la vanguardia europea, cuyo signo es enemigo de todo realismo. Gómez de la

---

[3] *La voluntad* (1902), Segunda Parte, cap. IV.

Serna es el creador de la greguería, imagen que descubre, como aislada ocurrencia, aspectos latentes en las cosas, asociaciones de valor creacionista y de intención casi siempre humorística. Con estas greguerías, átomos metafóricos de un mundo percibido como caos, fabricó el autor numerosos experimentos novelescos que vienen a ser catervas de greguerías a propósito de una acción levísima, anecdótica, desempeñada por entes de ficción arbitrarios.

Generación de 1927:

Constituida principalmente por líricos y ensayistas, esta generación demuestra escasa aptitud para la novela. Benjamín Jarnés, su más típico representante, redacta varias. En todas ellas se encuentra una tesis, casi siempre trivial, un sinnúmero de pensamientos y sentencias diseminados, voluntad satírica y expresión irónica, así como la tendencia al juego intelectual libérrimo.

Durante algún tiempo las dos generaciones últimamente aludidas (la del 14 y la del 27) comulgaron en una misma sensibilidad, definida por Ortega en la consabida fórmula de la «deshumanización del arte». Eludir las formas vivas, reconocer la intrascendencia del arte, situarse en un ángulo de esencial ironía y ejecutar el trabajo de composición y expresión con rigurosa escrupulosidad eran, según Ortega, los supuestos básicos de la sensibilidad nueva. Y fue Ortega quien diagnosticó también una supuesta crisis de la novela y pronosticó —equivocadamente— su porvenir. «Creo —decía— que el género novela si no está irremediablemente agotado se halla de cierto en su período último y padece una tal penuria de temas posibles que el escritor necesita compensarla con la exquisita calidad de los demás ingredientes necesarios para integrar un cuerpo de novela». He aquí sus orientaciones: «El novelista ha de intentar (...) anestesiarnos para la realidad, dejando al

lector recluso en la hipnosis de una existencia virtual».
«Las almas de la novela no tienen para qué ser como
las reales, basta con que sean posibles. Y esta psicología de espíritus posibles que he llamado imaginaria es la
única que importa a este género literario. Que aparte de
esto procure la novela dar una interpretación psicológica de tipos y círculos sociales efectivos será un picante más de la obra, pero nada esencial.» «No en la
invención de acciones, sino en la invención de almas
interesantes veo yo el mejor porvenir del género novelesco» [4].

El examen de Ortega representa, en el plano teórico,
la culminación del proceso de subjetivación y antirrea-
lismo que venía desenvolviéndose desde principios de
siglo. Tal proceso no denota únicamente el alejamiento
del realismo y del naturalismo del siglo anterior, por
cansancio y necesidad de hallar nuevos caminos. Expresa, además, la suficiencia de una burguesía que,
tanto desde el reducto reaccionario como desde el frente liberal, confía demasiado en valores individualistas
(vitalismo, formalismo) y olvida, con notoria complacencia, la función que la novela puede desempeñar como
trasunto artístico de la conciencia colectiva.

Unamuno, Valle-Inclán hasta cierto punto, Azorín,
en mayor medida Pérez de Ayala y Miró, y en medida
todavía mayor Gómez de la Serna y Jarnés, fueron novelistas que, en cuanto tales, rehuyeron interpretar su
sociedad reflejándola artísticamente en su evolución
concreta, a través de sus manifestaciones individuales
y colectivas, en sus varios niveles y en sus oposiciones
y concordancias. Y Ortega, en quien tal proceso tuvo
oráculo oportuno, bien claros dejó formulados los apor-
tes de sus predecesores y compañeros: anestesia, hip-

---

[4] J. ORTEGA Y GASSET: *Ideas sobre la novela* (1925).
O. C., III, 5.ª ed., 1962, págs. 390, 411 y 418.

nosis, psicología imaginaria, invención de almas interesantes. La realidad social, a lo sumo, un simple aderezo, un «picante más». Pero la novela no entró por los cauces delineados por Ortega. Su pronóstico sólo nos sirve hoy como diagnóstico de la novela española hacia 1925 y, en buena parte, de la novela europea de aquel tiempo: Gide, Giraudoux, Morand, Huxley, Virginia Woolf... (Póngase a Proust, Joyce y Kafka entre paréntesis y recuérdense las excepciones: Thomas Mann en cierta manera, Dos Passos, Hemingway.)

Ensayismo, material imaginativo e intelectual agregado, juego artístico absoluto, atemporalidad, cosmopolitismo, psicología imaginaria eran elementos característicos de la novela española de los años veinte. Y esa psicología imaginaria se sustentaba a menudo en personajes semialegóricos: *El doctor inverosímil*, 1921; *El incongruente*, 1922; *Tirano Banderas*, 1926; *Tigre Juan*, 1926; *El profesor inútil*, 1926; *Félix Vargas* (*El caballero inactual*), 1928; *San Manuel Bueno, mártir*, 1930; *Viviana y Merlín*, 1930. Los adjetivos hablan por sí solos: inverosímil, incongruente, inútil, inactual. También los simbólicos nombres propios: Tirano Banderas o la patriotera tiranía, Tigre Juan o el anti-Don Juan ferozmente celoso, San Manuel Bueno o el martirio de la santidad sin fe, Viviana o la gracia, Merlín o la sabiduría.

La deshumanización del arte proyectada sobre la novela y el drama, géneros que tradicionalmente contaban entre sus elementos esenciales la forja de caracteres vivos y convincentes, ocasionó pronto la endeblez, incluso la ausencia, de esta condición. Reconociendo, en 1927, que la literatura contemporánea apenas mostraba capacidad para plasmar tipos humanos, hacía Eugenio D'Ors esta concisa comprobación: «En la novela, lo de Baroja son apuntes; lo de Miró, reverberaciones; lo de

Ayala, entelequias; lo de Ramón, caprichos; lo de Valle,
muñecos; lo de León, disfraces; lo de Azorín, figurines;
lo de Blasco, tarascas»[5].

Pero ya queda dicho que el proceso subjetivizador y
antirrealista tuvo algunas excepciones, y la excepción
de mayor importancia es la de Pío Baroja. Ciertamente
sus novelas consisten, a menudo, en apuntes, pero apuntes del natural. Para tomar apuntes del natural se necesita una mirada más atenta a la realidad y una mayor
conciencia histórico-social que para recoger reverberaciones, montar entelequias, imaginar caprichos, mover
muñecos, vestir disfraces, recortar figurines o pasear
tarascas.

Pío Baroja fue, entre los grandes autores narrativos
hasta aquí nombrados, el único que puso en práctica un
género de novela abierta al ámbito de la realidad histórico-social y muy amplia en su representatividad humana. Es el tipo de novela que el mismo Baroja definió
en el prólogo a *La nave de los locos* (1925), comentario
polémico a las *Ideas sobre la novela*, de Ortega, del que
conviene destacar los siguientes puntos, porque ellos
son, al mismo tiempo que un esbozo indirecto del modo
de novelar de Baroja, un anticipo de lo que, en gran
parte, había de ser la novela entre los escritores de la
posguerra:

1. Novela permeable: «La ventaja de la impenetra-
bilidad, de la impermeabilidad, con relación al ambiente verdadero de la vida, se compensa en la novela con el
peligro del anquilosamiento, de la sequedad y de la
muerte». «Es lo que ocurre con una maceta: la maceta
porosa se confunde, en parte, con la naturaleza de alrededor; su superficie se llena de musgos y de líquenes, la
tierra que está dentro y lo que vive en ella se nutre,

___
[5] E. D'Ors: *Cuando ya esté tranquilo* (1927). En:
Nuevo glosario, II, Madrid, Aguilar, 1947. Pág. 78.

respira, experimenta las influencias atmosféricas; en cambio, en el jarrón, en el búcaro vidriado, la planta y su tierra están bien aisladas, pero no hay movimiento de dentro afuera, ni al contrario; no hay ósmosis y endósmosis y la planta corre el peligro, por la pobreza cósmica, de ir al raquitismo y a la muerte.»

2. Novela itinerante: «La novela, en general, es como la corriente de la Historia: no tiene ni principio ni fin; empieza y acaba donde se quiera».

3. Novela democrática: «Tengo yo pocas condiciones para bastonero de baile o para señor de la burguesía que quiere reunir una tertulia de gente distinguida. Me parece que todos mis tipos, un poco irregulares y tabernarios (...) reclaman su puesto en mi tablado (...). Entre mis muchos defectos (...) tengo yo el de ser anarquista e igualitario y no saber distinguir de jerarquías» [6].

Contra el hermetismo, la reclusión imaginaria y la invención de almas interesantes, preconizados por Ortega, Baroja postulaba, pues, lo inverso: permeabilidad, ilimitación, y acceso a todas las almas (interesantes o no). Estas son tendencias de inequívoco sello realista que cobrarían importancia pocos años después de concluida la guerra civil. Pero antes de la guerra la excepción de Baroja, si bien la más valiosa, no era tampoco única. A pesar de lo dicho más arriba acerca de Valle-Inclán, debe reconocerse que en los años 20 el genial escritor puso otro fundamento (no menos importante que el de Pío Baroja) sobre el cual había de afirmarse la novela de posguerra: *El ruedo ibérico*. Utilizaba aquí Valle-Inclán la discontinuidad (cambio frecuente y abrupto de lugares, momentos, personajes, perspectivas, temas del pensamiento o formas del discurso) para

---

[6] P. BAROJA: *La nave de los locos* (1925). «Prólogo casi doctrinal sobre la novela», *O. C.*, IV, 1948, págs. 307-327.

componer un cuadro histórico de la España isabelina
como cifra de alusiones críticas al presente. La debilidad de la monarquía, la fuerza bruta de los espadones,
el señoritismo, la pobreza del pueblo, los presagios
revolucionarios de 1868 valían, en la intención del novelista, por sí mismos y por lo que dejaban ver de la
figura de la España alfonsina en su problematicidad
sobre todo política. Y esa técnica de discontinuidad que
seleccionaba ejemplos, a modo de diversas caras, para
revelar así una amplia totalidad —la de la nación española en vísperas de transformación— habría de operar fecundamente en el autor de *La colmena* y, desde él
o directamente, en otros novelistas del período post-
bélico.

Resumiendo el estado de la novela española por los
años inmediatamente anteriores a la guerra, Eugenio
de Nora distingue cuatro grupos de noveladores: los
intelectualistas, por ejemplo Benjamín Jarnés; los hu-
moristas, por ejemplo Enrique Jardiel Poncela; los realistas moderados, por ejemplo Juan Antonio de Zunzunegui, y los nuevos realistas críticos: Joaquín Arde-
rius, Manuel D. Benavides, José Díaz Fernández, César
M. Arconada, Ramón J. Sender y Andrés Carranque de
Ríos. Los dos primeros grupos fomentan el arte deshumanizado cuyos rasgos Ortega había expuesto. Los
dos últimos grupos poseen algunos caracteres antitéti-
cos a los de la tendencia deshumanizadora e incluso
permiten que pueda hablarse de una novela social de
preguerra, según hace el mismo Eugenio de Nora [7].
Como de estos dos últimos grupos ningún novelista
consiguió publicar antes de 1936 obra suficientemente

---

[7] E. G. DE NORA: *La novela española contemporánea*,
II, pág. 191. Consúltese V. FUENTES: «La novela social
española en los años 1928-1931», *Insula*, 278, Enero 1970,
y «La novela social española (1931-1936): temas y significación ideológica», ibídem, 228, Noviembre 1970.

amplia y valiosa como para alcanzar difusión y eficacia
ejemplar, debe recordarse aquí el único que constituye
una excepción relativa: RAMÓN JOSÉ SENDER. La mayor
y mejor parte de la producción de Sender surge en el
exilio, después de la guerra. Sin embargo, ya antes de
estallar ésta, había publicado Sender cinco novelas. La
primera fue *Imán* (1930), descripción de sus experiencias de soldado en la guerra de Marruecos y protesta
contra la incompetencia del Gobierno de la Dictadura,
que lo encarceló. De este encarcelamiento es reflejo la
segunda novela: *O. P.* (1931), denuncia antipolicíaca,
como *Imán* había sido denuncia antimilitarista. En la
tercera, *Siete domingos rojos* (1932), cuenta Sender el
fracaso de una huelga anarcosindicalista, y en la cuarta, *La noche de las cien cabezas* (1934), subtitulada
«Novela del tiempo en delirio», traza una «fantasía
goyesca entroncada en los sueños quevedescos, en la
que cien cabezas pertenecientes a personas de diversas clases sociales son acumuladas en un cementerio
abandonado por un fuerte vendaval, donde continúan
con sus ambiciones, quejas y lamentos de hombres vivos» (J. R. Marra-López) [8]. En el año 1935 mereció
Sender el Premio Nacional de Literatura por su quinta
novela, *Mister Witt en el Cantón*, publicada al año siguiente. Es ésta su novela de mayor aliento hasta entonces, y hubiese podido introducir en España una corriente saludable, de no haberse interpuesto la guerra
civil. Su acción se desarrolla en 1873, de marzo a diciembre. Protagonistas, descripciones, relatos, todo está
subordinado a un fin principal: trazar la crónica de la
defensa del Cantón de Cartagena por los últimos defensores heroicos de la República Federal. Mr. Witt es
un ingeniero inglés casado con una linda y animosa

---

[8]   J. R. MARRA-LÓPEZ: *Narrativa española fuera de España*, págs. 345-346.

muchacha de Lorca, Milagritos. Milagritos tuvo en su
mocedad un amor romántico, elevadísimo, a su pariente Froilán Carvajal, que murió ejecutado por los
gubernamentales a causa de haber defendido los ideales republicano-federales en 1868. Mister Witt, por su
negligencia y sus incipientes celos, nada hizo para que
el indulto de Froilán llegase a tiempo, y el joven lucha-
dor murió así por culpa de la desidia de Mr. Witt, que
siempre ocultó a Milagritos su pasiva traición. Pero
ella, enamorada espiritualmente de los defensores del
Cantón (el robusto Antonete y el bravo capitán Colau) provoca sin querer los celos y la desconfianza
del decadente e irresoluto Mr. Witt, quien, en su
condición de extranjero, se pone al margen de los
abanderados, mostrándose a veces favorable a ellos y
con más frecuencia neutral, remiso y aun hostil. Después de sangrientas derrotas, pasajeras victorias, ham-
bres, dificultades, luchas externas e internas, los can-
tonales quedan vencidos, en diciembre de 1873. Y Mister Witt, que, por celos, ha atentado inútilmente contra
la vida de Colau, mandando incendiar su barco, vuelve
al amor de Milagritos, la cual, siempre esperanzada,
piensa poner los medios para curarse de su esterilidad y
darle un hijo.

   Lo más valioso en esta novela es, sin duda, el relato
de las efemérides de la defensa cantonal y sus mil vicisitudes. Mr. Witt, suavemente ironizado en su indecisión y blandura, como británico y como burgués, no
llega a hacerse odioso. Su tibieza queda contrarrestada
por las figuras sanas y henchidas de idealismo de Milagritos, Froilán, Antonete, Colau y otros. Sin emisiones
dogmáticas, sin tesis tendenciosas ni simbolismo, Sender apoya la razón del pueblo y sus anhelos de justicia,
revelando capacidad épica para pintar al vivo hazañas
y esfuerzos. Esta capacidad épica era lo más positivo,

frente a la novela estilizada y saturada de intelectualismo que venía prevaleciendo. Pero esta novela de Sender, publicada el mismo año de estallar la guerra civil, no tuvo tiempo de llamar la atención ni influir en nadie. Y Sender, tras publicar una floja novela de guerra, *Contraataque*, en 1938, partió al exilio. Su lejanía siguió impidiéndole hallar difusión o ejercer magisterio. Volveremos a tratar de él más adelante, porque aquí, en este estudio, hemos adoptado, con flexibilidad, desde luego, un criterio cronológico para ir reconociendo los sucesivos efectos de la novela en España, sobre España. Ahora bien: precisamente los mejores novelistas españoles del exilio no empiezan a ser conocidos en España hasta 1960, aproximadamente, y algunos, como Max Aub, continúan casi ignorados.

Sobrevino, pues, la guerra. En los tres años que duró nada notable dio la novela española. La escasa producción recaía, lógicamente, sobre experiencias en el frente o en la retaguardia, marcadas por el tono correspondiente al bando que se atacaba o se defendía. Y, concluida la guerra, manifestáronse dos tendencias contradictorias: una, a la evasión; otra, a la recordación del conflicto reciente. Consideremos ahora la primera tendencia, la más desconcertante en apariencia.

Los años de 1939 a 1950 fueron años de menesterosidad y de encierro para los españoles. La recuperación del grave percance, en todos los órdenes, fue muy lenta. En aquellos años primeros de posguerra se advertía más, como es lógico, lo malherida que España había quedado. La guerra seguía presente en lutos familiares, casas y pueblos arrasados, economía maltrecha, prisioneros colmando las cárceles, parados, racionamiento, mercado negro, exilio de muchos y confinamiento del país en una impotente neutralidad. Se recelaba que, un día u otro, el fin de la segunda guerra mundial significase para España la sumisión o la represalia. Un paso incompleto, una simpatía titubeante del Gobierno hacia las potencias del Eje, trajo por consecuencia que el país no obtuviese apoyo eficaz de aquellas potencias ni de las que, luchando con ellas, salieron al fin vencedoras. Entre 1945 y 1948 el desprecio de los aliados coloca a España en humillado aislamiento. Política monocorde en el interior. Cansancio de la retórica mesianista y de los tópicos tradicionales con que se pretende cubrir las deficiencias. Los españoles, a través de sus penurias, entre los muros que les apartaban de Europa, habituados a aguantarlo todo por las buenas o por las malas, pinchados en algún nervio básico, se dedicaban a actividades marginales que convertían en centrales y hasta en únicas. Esas actividades eran muy varias, según el grado de capacidad y cultura de cada uno, pero la mayoría de ellas desprovistas de un claro y alentador horizonte: toros y deportes para los unos, burocracia y política burocrática para los otros, negocio con los necesitados para los hambrientos o para los insaciables (estraperlo, acaparamiento), erudición cenobítica para éstos, sinecuras para aquéllos, contabilidades o lecciones particulares o aun más tristes empleos para los de más allá, etcétera. Sólo se alude aquí a la España manente; la España errante tiene su propia odisea.

Dentro de esa España cerrada, de la que a tiempo habían salido muchos de los mejores escritores de la generación madura (Juan Ramón Jiménez, Pérez de Ayala, Salinas, Guillén, Cernuda, Ortega y Gómez de la Serna hasta cierto punto, Jarnés, Sender, Américo Castro, Alberti, etc.), sin contar los que murieron de resultas de la guerra (Lorca, Maeztu, Machado, Miguel Hernández) no era fácil emprender una renovación. Esta se irá produciendo conforme la tendencia a recordar la gravedad del conflicto gane perspectivas realistas de las que surgirá, primero, la novela existencial de Cela, Laforet, Delibes y otros; segundo, la novela social de Sánchez Ferlosio, Aldecoa, Fernández Santos y otros; y más tarde, la novela estructural, algunas de cuyas formas se apartan del realismo, por lo menos de un realismo de presentación. Pero, como queda advertido, junto a la preocupación por la guerra, se da otra tendencia, la evasiva, representada por escritores que adolecen de desorientación. Estar orientado no significa arrimarse al sol que más calienta, sino comprender de qué lado viene la luz, por dónde amanece de veras, en qué horizonte aparece el sol de la verdad.

La desorientación de ciertos escritores en la inmediata posguerra española no debe achacarse sólo a la esclerosis espiritual de algunos o a la falta de iniciativa auténtica de otros, culpando a ellos exclusivamente de caducidad o de apatía. Decrépitos o escasamente clarividentes eran algunos de los narradores aquí aludidos. Pero la sociedad en que se hallaban no les incitaba tampoco a ser de otra manera, no les impelía a rejuvenecerse ni a encontrar nuevos derroteros. Esa sociedad era también miope, estaba acobardada.

Poco tiene de extraño que aquella sociedad fuese, de momento, así. Una guerra siempre deja en el país condolido estelas de miedo y de odiosos recuerdos. Ansían entonces los supervivientes ahogar la memoria luctuosa en un torbellino de goces o en una bonanza de ligeras, fáciles evasiones. La España vencedora y la que, vencida, padecía a su sombra, coincidieron pronto en esta necesidad de evasión.

Leyendo las revistas literarias de aquellos años salta a la vista un hecho palmario: el público no leía apenas novelas españolas; devoraba, en cambio, con placer, largas novelas exóticas y biografías de hombres singulares.

El público no leía apenas novelas españolas por una razón: no existía, dentro de España, ningún novelista actual que supiese despertar su interés. La crisis de la novela, anunciada por Ortega en 1925, continuaba. Pero, además, había otra razón latente: el público español, recién salido de la hemorragia bélica, temía sin duda que sus novelistas le ofreciesen asuntos y motivos de esa guerra obsesiva. La gente buscaba, como busca en el sueño su alivio el animal enfermo, una cura de olvido.

Para olvidar la realidad sangrienta del ayer y la penumbrosa y triste de la posguerra, nada mejor que esas novelas largas, muy largas, en las que, a través de una acción llena de complejidades y sorpresas, el lector vuela, en alas de la fantasía, hacia países remotos, o bien asiste a problemas pasionales encarnados en figuras que llevan nombres extranjeros, o se interna en un escenario misterioso y fantástico. Hacia 1943 los novelistas que suministraban al público español la mercancía gustosa, la apetecida droga, eran, por ejemplo, Charlotte Brontë, Maurice Baring, Daphne du Maurier, William Sommerset Maugham, Louis Bromfield.

Junto al éxito de la novela exótica —extranjera— puede fácilmente registrarse el éxito de la biografía más o menos anovelada. Aquí los dueños del mercado eran André Maurois, Stefan Zweig y sus imitadores. Un observador de entonces explicaba el triunfo de la biografía por tres motivos: primero, por reacción antimarxista, como defensa de las personalidades heroicas en cuanto creadoras de la historia, frente a la apología del hombre-masa; segundo, por deseo de formarse una cultura suficiente mediante obras serias y amenas a la vez; y tercero, por «el indiscutible agotamiento de la novelística, especialmente en España en el momento actual, después de manidos, resobados y aniquilados los más atractivos argumentos y situaciones por el naturalismo y el psicologismo...»[9].

---

[9] A. BERMEJO DE LA RICA: «Biógrafos y novelistas». *La Estafeta Literaria*, núm. 13, 25 septiembre 1944.

Este último motivo revela que todavía en 1944 el dictamen de Ortega acerca del agotamiento de la novela encontraba eco. Se creía ingenuamente que el naturalismo y el psicologismo habían agotado los recursos del arte narrativo, los asuntos, las posibilidades de novedad. Sin embargo, no todos pensaban así. Había observadores más sagaces. El viejo novelista Pío Baroja, interrogado, en 1943, acerca del porvenir de la novela, declaraba: «No creo que el ambiente actual sea muy propicio para el desarrollo de la novela. El hecho de la guerra —se refiere, claro, a la guerra mundial— no da a las sociedades una sensación de vida segura, que yo considero imprescindible; la situación en el mundo es tan fuerte que los españoles se encuentran psicológicamente en el volcán de Europa» [10]. Estas palabras pueden servir para corroborar el porqué de la infecundidad novelística de España en alquel momento: no era sólo por la convalecencia de la propia guerra pasada, sino por la inquietud de la actual guerra mundial, por lo que los españoles se encontrarían en un momento improductivo, dados a entretenerse y a evadirse por medio de la novela exótica y la biografía instructiva y amena. Y otras voces críticas definían aún mejor el momentáneo estado de crisis. Un periodista afirmaba, en 1943, que la novela española coetánea se caracterizaba por «un exceso de ficción con menoscabo de lo que la novela tiene de historia, de vida vivida», señalando que «las dificultades por las que atraviesa la novela se deben a que la nueva generación literaria elude cumplir el objetivo propio de la misma: crear la vida, potenciarla y trasladarla a la escala del arte» [11]. En parecida

[10] Anónimo: «Baroja declara que no es tiempo de novelas». *El Español*, núm. 10, 2 enero 1943.

[11] C. López Trecastro: «La crisis de la novela». *El Español*, núm. 52, 23 octubre 1943.

opinión redundaba el novelista Bartolomé Soler, en 1944, asegurando que las novelas españolas actuales se ocupaban en exceso de problemillas caseros, eróticos, intimistas, sin prestar atención al drama del mundo moderno [12]. Pero ya en 1945 Camilo José Cela, que había empezado a renovar los caminos, profetizaba con optimismo: «La invención literaria, en España, está pasando por un evidente buen momento que quizá pudiéramos calificarlo de inicial. Creo que, con el transcurso del tiempo, este inicial momento llegará a ser definitivo» [13].

Mencionar estos juicios tiene sólo por objeto mostrar cómo durante los años inmediatos a la guerra existía una preocupación en torno al estado y el porvenir de la novela. Tal preocupación descubre, al menos, un anhelo de renovación. Pero no puede negarse el confusionismo que por entonces reinaba en este campo. A la vejez o a la perplejidad de la mayoría de los novelistas de aquel momento y al deseo general por parte del público de evadirse mediante la novela exótica o la biografía heroica, hay que añadir otros factores contraproducentes: la flojedad de la crítica, la influencia al principio perniciosa del cine.

La crítica fecunda no puede prosperar allí donde la libertad de Prensa no existe. No es sólo que la censura suprimiera cuanto consideraba en desacuerdo con los principios del régimen: es, sobre todo, que el crítico, como el escritor creativo, sabía que no podía, que no debía, decir determinadas cosas. La censura operaba con rigor. Según Ignacio Soldevila, hacia 1940 circuló una consigna de abandonar el tema de la guerra, de la

---

[12] «La novela debe adquirir un rumbo nuevo». (Encuesta a Bartolomé Soler.) *La Estafeta Literaria*, núm. 2, 20 marzo 1944

[13] «Encuesta sobre la invención literaria», en *La Estafeta Literaria*, núm. 28, 10 junio 1945.

que se salvaron sólo algunas novelas, y dos de las más importantes novelas de aquel tiempo, *La fiel infantería*, de Rafael García Serrano, y *Javier Mariño*, de Gonzalo Torrente Ballester, fueron retiradas después de su publicación, acaso por veto eclesiástico hostil a la Falange, pues ambos autores eran falangistas [14]. Pero la más dañina es la censura previa a toda publicación, tanto para críticos como para autores. ¿Cómo criticar negativamente, en aquel tiempo, una mala novela de algún escritor militante o de un excombatiente? ¿Cómo elogiar en justicia la obra buena de algún exiliado, en el caso de que hubiese llegado a ser conocida en España, o de algún desafecto a la política oficial? Por otra parte, los escritores de la capital, nunca tan alejados del pueblo como entonces, recibían del pueblo la natural indiferencia. Su público era restringido, minoritario. Muchos de ellos escribían para sus colegas, y si estos colegas eran críticos y periodistas, nada más comprensible que halagar al amigo. Así, la crítica se hacía blanda, tímida, y el aplauso fácil, en vez de favorecer la creación exigente, estragaba al principiante, necesitado de consejo y guía, no de aplausos vanos.

Otro factor, por el momento, perjudicial a la renovación de la novela, fue el auge adquirido por el cine como espectáculo para las masas. Es aquella la época de las grandes películas norteamericanas. Más adelante el cine francés y sobre todo el italiano habrían de ejercer un influjo benéfico. El ejercido por el cinema norteamericano puede decirse que fue negativo. Las intrigas policíacas, los complejos freudianos divulgados en la pantalla, aparte las «latas» históricas, acarrearon en los medios de la burguesía un gusto absorbente por cuan-

---

[14] I. SOLDEVILA-DURANTE: «La novela española actual», página 98.

to fuese tensión, enredo y conflicto pagados a precio módico y servidos en hora y media de grata escapada. Algunos de los novelistas extranjeros que entonces se leían en España deben al cine tan peregrino éxito. Daphne du Maurier, Louis Bromfield o Sommerset Maugham acaso hubieran permanecido incógnitos si no les hubiesen servido de heraldos las películas rodadas a base de sus novelas: «Rebeca», «Vinieron las lluvias», «El filo de la navaja». La gente compraba esas novelas para volver a disfrutar de las películas.

Apuntando así el complejo de circunstancias que estorbaron la aparición de buena novela por los años siguientes a la guerra civil, vengamos a los novelistas mismos, al cabo los principales responsables.

Novelistas preocupados por la guerra, de que luego se hablará. Y novelistas desorientados.

Los novelistas desorientados podrían agruparse en tres sectores: primero, novelistas caducos; segundo, novelistas retrasados en visión y técnica; tercero, novelistas distraídos en el humor, el sensacionalismo o los ejercicios de buen lenguaje. Algunos de estos calificativos —«caducos», «retrasados», «distraídos»— podrían aplicarse también a no pocos de los que escribieron novelas sobre la guerra; pero, dada la gravedad de este tema y su actualidad, pueden salvarse de ellos.

1) Novelistas de edad avanzada que produjeron algo en esta etapa, sin concentrarse suficientemente en los motivos de la realidad circundante, fueron dos grandes maestros de la generación de 1898: Pío Baroja y Azorín.

Pío BAROJA pasó los años de la guerra en París y regresó a Madrid concluida la lucha. Ardiente individualista siempre, su odio hacia comunistas y judíos fue aprovechado, no por él, cierto es, sino por otros, como prueba de afinidad con algunos principios del nuevo régimen, y hasta hubo quien quiso ver en él un precursor del fascismo por ciertas ideas nietzscheanas a las que había dado expresión en su novela de 1910, *César o nada*. En propiedad, el bando contrario hubiese podido detectar en sus obras tantas o más razones para proclamarle liberal, anarquista, anticlerical y enemigo de las tradiciones patrióticas. Esta posición indefinible de Baroja le atrajo simpatías y antipatías de un lado y de otro. Escudado en su independencia, vanidoso de su sinceridad, él no se doblegó ante nadie. Sus novelas de este período indican a las claras inevitable decadencia. Se titulan: *Susana*, 1938; *Laura o la soledad sin remedio*, 1939; *El caballero de Erlaiz*, 1943; *El Hotel del Cisne*, 1946, y *El cantor vagabundo*, 1950. En las dos primeras la guerra española se entrevé de lejos y desde fuera, y lo más valioso en ellas es el trazado de dos delicadas figuras femeninas ajustadas al ideal de mujer abnegada y discreta que Baroja siempre exaltó. En *El Hotel del Cisne* escapa por única vez en su vida de la observación para explayarse por horizontes de fantaseadora incongruencia. Lo mejor de este Baroja anciano son sus *Memorias*, uno de los mayores éxitos editoriales —de autor español— en aquellos años.

En cuanto a AZORÍN, el maestro de la sensibilidad impresionista, el más cuidadoso y delicado prosador de la España de este siglo, su situación frente a la guerra fue gemela de la de Baroja. Pasó en París los años de lucha y volvió, sin hacerse problema de lo que en su patria había ocurrido. Impávido, inflexible para consigo mismo, pero sumamente flexible ante cualquier régimen, produjo en este período, además de innúmeros fascículos y ensayos, seis novelas, como todas las suyas «sui generis». En dos de ellas, *El escritor* (1941) y *El enfermo* (1943), son rasgos distintivos la abundancia de diálogo —raro en sus novelas anteriores—, las digresiones ensayísticas, una acción levísima y parca y un transparente fondo autobiográfico. El escritor viejo preocupado de su relación con los jóvenes y el artista aprensivo, obsesionado por su salud, quedan reflejados en una y en otra. Dos novelas enteramente antojadizas son *Capricho* (1942) y *La isla sin aurora* (1944): la primera, el desvarío caótico, pero muy intelectual, aplicado a un mínimo de argumento; la segunda, el desvarío evasivo, fugitivo, fantaseador, aplicado a un paisaje y a un mundo artificial, algo así como, con más genio, hizo Cervantes en su *Persiles*. Por último, otro grupo lo forman las narraciones tituladas *María Fontán* (1944) y *Salvadora de Olbena* (1944). María es la protagonista de una novela rosa estilizada. Salvadora es una heroína romántica resucitada. En estas dos obras Azorín se acerca a las formas tradicionales de la novela, dejándose arrastrar menos por su tendencia a hacer del género novela un compuesto de evocación lírica y divagación intelectual. Sin embargo, de todas estas novelas azorinianas de postguerra se pueden extraer fácilmente criterios antirrealistas. En *El enfermo* dice Azorín: «Si en arte no se desvaría, como han desvariado tantos y tantos autores de obras geniales, ¿qué es lo que podemos hacer en arte? Haremos la vulgaridad que todos hacen»[15]. Pero, dejando aparte que los desvaríos de Azorín no son precisamente geniales, todavía no se ve por qué entre el desvarío evasivo y la vulgaridad bajamente mimética no pueda reconocerse otra cosa, que no ha de ser por cierto ningún mediocre término medio, que puede ser sencillamente un acierto de íntegra conciencia histórico-social y de suprema concentración artística. En *La isla sin aurora* Azorín ratifica su credo de siempre: «La intriga —dice— no es, después de todo, arte; el arte es la captación y graduación de los matices»[16]. Ante lo cual cabe

---

[15] AZORÍN: *El enfermo* (1943). O. C., VI, 2.ª ed., 1962, pág. 846.
[16] AZORÍN: *La isla sin aurora* (1944). O. C. VII, 2.ª ed., 1962, pág. 41.

hacer parecida objeción: en una perfecta novela no todo es intriga ni todo es captación de matices. La intriga, si la hay, y los matices y colores, deben pertenecer a algún objeto trascendente, importante en la trama actual de la vida. Azorín rara vez logró animar criaturas de ficción. Si Baroja podía aspirar, por su obra anterior a la guerra, a un legítimo magisterio sobre la juventud, Azorín no podía hacerlo ni por su obra presente ni por su obra pretérita, si exceptuamos *La voluntad* y *Antonio Azorín*. La lección de Azorín ha sido de sensibilidad delicada para lo poco aparente y de propiedad y concisión expresivas. Nada más.

2) Junto a estos novelistas, desviados de la actualidad por senectud y ensimismamiento, publican novelas en los años 40 otros escritores que cabe llamar «retrasados» en el sentido de que su actitud y su técnica se manifiestan más dependientes del pasado que urgidas de porvenir. Se trata de escritores maduros que, al terminar la guerra, reanudan una labor literaria iniciada antes de ella, sin aportar fermentos renovadores ni en la estructura y temática de sus novelas ni en su propia visión del mundo. Estos escritores son numerosos y su rezago se debe a las circunstancias ya indicadas y, desde luego, a su falta de voluntad innovadora.

RAMÓN LEDESMA MIRANDA, autor de la novela de costumbres madrileñas *Almudena* (1944) y sobre todo el catalán SEBASTIÁN JUAN ARBÓ, autor de *Tino Costa* (1947) y de *Sobre las piedras grises* (1949), permanecen anclados en el viejo realismo costumbrista-naturalista del siglo XIX, sin ademán alguno de intentar nuevas aventuras. Otros alcanzan nivel más alto: el vasco Juan Antonio de Zunzunegui y el catalán Ignacio Agustí.

JUAN ANTONIO DE ZUNZUNEGUI (n. en Portugalete, 1901) se había dado a conocer ya antes de la guerra, pero es en los años inmediatos a ésta cuando se consagra. La novela que le trae la consagración es *¡Ay..., estos hi-*

jos! (Premio Fastenrath, 1943). Relata en ella Zunzunegui la infancia, juventud y madurez de un joven bil-
baíno bien acomodado, Luis Larrinaga. Sus años de
escuela y bachillerato con los jesuitas, su carrera ju-
rídica en Deusto, su estancia en París y en Londres, su
vuelta definitiva a Bilbao en época próxima al estallido
de la guerra: tales son las partes que forman la vida
de este joven indeterminado, propenso a la reflexión y
a la lectura en igual grado que a las delicias de una
buena y selecta comida. La idea central de la novela
pertenece a la parda gramática de la experiencia personal y familiar más mediocre: los hijos, al cabo de un
decepcionante aprendizaje de la vida, terminan apar-
tándose de la inocente tranquilidad de la infancia y,
si adolecen de poca fe y tenían ambiciones incompatibles con su carácter o con sus circunstancias, acaban
perdiéndose entre los azares y sinrazones de la existencia. Si el tema es tan común, el personaje principal puede decirse que carece de un alma interesante,
y en tal sentido Zunzunegui se encuentra ya lejos de
los postulados de Ortega. Luis Larrinaga es un señorito de buena familia que se aburre: no es más que
eso. Desde el punto de vista de la composición, destacan en esta novela la abundancia de diálogos y la habilidad para reflejar ambientes, como el del Londres
invernal y neblinoso. Pero falta precisamente la contención, la eliminación de factores superfluos, la selección de los personajes en vista de su participación adecuada en el conjunto. Sobran, en cambio, los neologis-
mos y los alardes de estilo.

Otro éxito de Zunzunegui fue *La úlcera*, narración
humorística laureada con el Premio Nacional de Literatura 1948. Se ridiculiza aquí la figura del indiano que
regresa a España a gozar de la fortuna acumulada en
América. La acción sucede en el tránsito del siglo xix
al xx en un pueblecito de Vizcaya y su desarrollo es pu-

ramente anecdótico, al modo como era anecdótica la
novela típica de Gómez de la Serna, por ejemplo, *El
torero Caracho;* es decir, el elemento progresivo de
la acción no es el hecho, sino la anécdota, un suceso
o dicho célebre que no pierde sentido ni gracia si se
le cuenta fuera del conjunto, aislado. El indiano, para
entretener el tiempo, odia primero a un rival, ama luego a una condesa y, por fin, enfermo del estómago, se
ocupa de su úlcera de duodeno, a quien cuida como a
una hija traviesa que le proporciona dolores, alegrías,
drogas, viajes, dietas, tema de qué hablar y sobre el
que ser preguntado. Curada la úlcera, el indiano muere
de aburrimiento, porque «en la vida hay que ocuparse
en algo, aunque sea con una úlcera» [17].

Gómez de la Serna es uno de los modelos de Zunzunegui; otro modelo es Galdós. De humor facundo y de
realista observación se integran las mejores narraciones del novelista vasco, que ha seguido y sigue escribiendo sin fatiga voluminosas novelas. Pero su humo-
rismo tiene un dejo de ayer y su realismo resabios de
anteayer. Fuera de España las obras de Zunzunegui
son desconocidas; dentro, la juventud no las lee ni la
mejor crítica las estima importantes. Es que Zunzunegui desparrama su capacidad en asuntos triviales, en
personajes de escasa entidad espiritual y endeble calidad representativa (el señorito apocado, el indiano, el
funerario, el ladrón) y en ejercicios idiomáticos tras-
nochados, propios de aquella generación anterior a la
guerra que con tanto deleite se entregaba al virtuosismo del lenguaje. No obstante, de 1950 en adelante, Zunzunegui hace esfuerzos más ambiciosos de realismo
crítico, y en su debido lugar habrá que volver a nom-
brarle.

Desenfocado también por haber obedecido siem-

---

[17] *La úlcera,* pág. 249.

4

pre a los moldes de la novela decimonónica, sin sentir
impulsos renovadores, es el novelista catalán IGNACIO
AGUSTÍ (nacido en Llisá de Vall, Barcelona, 1913, y
muerto en Barcelona, 1974), autor del ciclo «La ceniza
fue árbol», cuyas partes han ido apareciendo así: *Mariona Rebull*, 1944; *El viudo Ríus*, 1945; *Desiderio*, 1957;
19 de julio, 1965 y *Guerra civil*, 1972. Es la novela histórica, repartida en episodios, de la evolución de Barcelona desde fines del siglo XIX a los tiempos actuales.
Con arreglo a un plan semejante al de las novelas-río,
tan leídas por entonces, Agustí hace ver, a través del
industrial Joaquín Ríus, dueño de una fábrica de tejidos; a través de su esposa, Mariona Rebull; de sus amigos, de sus empleados, de su hijo Desiderio y de su nieto, el paso de Barcelona hacia la gran ciudad que ha
venido a ser. El autor comienza en *Mariona Rebull* contrastando el proceso del alma romántica de Mariona
con el de su esposo, hombre disciplinado y frío que vive
esclavo de su empresa, consagrado al trabajo y al capital. Mariona le es infiel: muere abrazada a su amante en el palco del Liceo cuando se produce el trágico
atentado terrorista en aquel teatro. En la novela siguiente el viudo Ríus es la figura dominante, y en sus páginas
se refleja con viveza y con cierto recargo descriptivo el
mundo social y político de Barcelona en la segunda década de este siglo, cuando la clase obrera empieza a
imponer sus reivindicaciones frente al egoísmo de los
plutócratas. En *Desiderio*, el hijo de Ríus está visto en
su niñez y adolescencia principalmente a través de sus
experiencias eróticas. Las últimas piezas del conjunto
se refieren a la guerra civil en Barcelona.

«La ceniza fue árbol» pertenece al género que Edwin
Muir llama «the period novel», de que puede ser modelo
el ciclo de Galsworthy. La novela periódica, según el

mismo crítico escribía ya en 1928, «no trata de mostrarnos una humana verdad válida en todo tiempo; se contenta con una sociedad en un estado particular de transición, y los caracteres sólo son verdaderos en tanto que son representativos de esta sociedad. Todo lo hace, pues, particular, relativo e histórico. No ve la vida con imaginación universalizadora, sino con mirada diligente, informativa, ayudada por la inteligencia teórica»[18]. El trabajo de Agustí, en medio de estas limitaciones, es honrado y consistente. *Mariona Rebull* fue, por otra parte, una de las novelas más leídas por aquellos años y sirvió para crear un poco de confianza y fe en la dubitante narrativa española, junto con *La familia de Pascual Duarte*, de Cela, y *Nada*, de Carmen Laforet.

3) Y sólo queda aludir a otros novelistas que pueden calificarse de «distraídos». Entre ellos el mallorquín MiGUEL VILLALONGA, autor de *El tonto discreto* y de *Miss Giacomini* (1942), fino humorista, pero entretenido en asuntos ligeros y alejados en el tiempo, y PEDRO ALVAREZ, de Zamora, cuyas novelas *Nasa* y *Los chachos*, ambas de 1942, describen un ambiente rural con regodeo en lo pintoresco, y que en *Los colegiales de San Marcos* (1944) deriva hacia el mero placer de lenguaje, evadiéndose por la tangente esteticista. También cabe aquí DARÍO FERNÁNDEZ FLÓREZ. Su novela erótica *Zarabanda* (1944) interpretaba el amor de un modo periférico y minado de escepticismo. Con *Lola, espejo oscuro*, gran éxito de venta en 1950, quiso remozar la novela picaresca de protagonista femenino y pergeñó para ello las supuestas memorias de una prostituta, con el deseo de reflejar la corrupción de ciertos medios madrileños. De

---

[18] E. MUIR: *The Structure of the Novel* (1928). London, The Hogart Press, 5.ª ed., 1949, pág. 117.

estos y otros novelistas, cuya distracción consiste en el
humor intrascendente, los ejercicios de estilo o el sensacionalismo, ya erótico, ya policíaco, no se podía esperar mucho.

Los autores de novelas sobre la guerra aportarán a la
renovación del género elementos de mayor eficacia.

II

LA GUERRA ESPAÑOLA, OBJETO DE NOVELAS

La desorientación imputada a cierto número de novelistas caducos, retrasados o distraídos tuvo por principal causa común su desviación respecto de los problemas inmediatos de la realidad española. Ensimismados, vueltos hacia el pasado o atentos sólo a aspectos del vivir faltos de significación colectiva, tales novelistas no dieron expresión en su obra al existir problemático de su sociedad. Pero junto a ellos encontramos a otros, de diferentes edades y criterios, que demostraron su preocupación por los problemas de España. Y el mayor problema de todos, el porqué y el cómo de la guerra recién terminada, fue lógicamente el que en primer término reclamó su atención. Puede decirse que, en grado más intenso o menos, la guerra está presente en todas o casi todas las novelas de que en adelante se hablará. Sin embargo, esa presencia puede ser primaria, temática, y puede ser secundaria: la guerra como fondo, como reminiscencia, como motivo. Esta presencia mediata de la guerra en la novela española se irá señalando al tratar de las direcciones mayores.

Por el momento, lo que interesa es trazar un breve
cuadro de la novela española que tiene por tema la
guerra civil.

Como al hablar de los novelistas desorientados, también cabe ahora repartir a los novelistas preocupados
por la guerrra como tema en tres grupos: el grupo de
los observadores, el de los militantes y el de los intérpretes. Para los observadores la experiencia bélica era
pasiva, de retaguardia. Militantes fueron quienes, como
soldados o como portavoces de una determinada política, intervinieron en la lucha, y éstos, refiriendo sus
experiencias de vanguardia con propósito documental,
contribuyeron a poner de actualidad la confidencia
autobiográfica y el testimonio de lo directamente vivido. Por último, los intérpretes de la guerra, los que
intentaron esclarecer su significación, surgieron pronto en el exilio, pero tardaron en aparecer dentro de
España por razones fáciles de entender: elusión del
tema bélico por la censura expresa o tácita, necesidad
del transcurso de los años para hacer otra cosa que
propaganda.

Del primero al segundo y del segundo al tercer grupo
hay una progresión perfectamente explicable: los novelistas ya veteranos e incluso en decadencia se apresuran a contar cómo fue la guerra vista desde la perspectiva de los ciudadanos que padecieron sus estragos en
la retaguardia. Los más jóvenes, henchidos de vivencias de vanguardia, acuden también desde el primer
momento a comunicarlas desde el punto de vista del
combatiente o del abanderado. Más tarde, cuando ya
los hechos han quedado a distancia, en el espacio o en
el tiempo, sobreviene un deseo de explicar el porqué
de la lucha y su para qué: causas, consecuencias, fina-
lidades. Y también antecedentes; pues a la guerra se
debe un género de novela que indaga las raíces de la

discordia en el pasado próximo. (A este género pertenecen además de las piezas iniciales de los ciclos de Barea, Aub o Gironella, otros ciclos, como «La ceniza fue árbol», del citado Agustí; «El fin de los linajes», de Pablo de la Fuente; «Los gozos y las sombras», de Gonzalo Torrente Ballester; los «Episodios contemporáneos», de Fernández de la Reguera y Susana March, y algunas novelas sueltas de las que en adelante se irá tratando: *Pascual Duarte, La sangre, Mi idolatrado hijo Sisí, Hicieron partes,* etc.)

Consideremos, uno por uno, los tres grupos indicados.

1) Los novelistas «observadores» se distinguen por imprimir a sus relatos un sesgo cronístico y anecdótico, propio de quienes durante un tiempo históricamente importante, se apresuran a registrar las experiencias personales para informar a la posteridad. Así, CONCHA ESPINA, que en su copiosa producción anterior había acertado a conjugar la observación realista y el valor poético en la descripción de paisajes y almas, dio en su novela, de título tan significativo, *Retaguardia* (1937), la visión patética de unos personajes a quienes la revolución atormenta, transparentando en la historia de sus criaturas ficticias la verdad de las persecuciones y temores que la misma novelista había padecido en Santander, su ciudad natal.

Recién acabada la guerra, en 1939, el humorista WENCESLAO FERNÁNDEZ FLÓREZ, abandonando sus armas habituales: la ironía satírica y el humor sinuoso, publica el extenso relato *Una isla en el mar rojo,* donde muestra, en tenue trama narrativa, los efectos de la contienda. Su intención era revelar cómo «cuando la sociedad se disuelve y sus formas externas se rompen, quedan (...) las pasiones al aire, pero como fuerzas sueltas, como furias o como demonios» (M. Muñoz Cortés) [19].

Parecidamente inventarían y condensan sus padecimientos de retaguardia los viejos novelistas FRANCISCO CAMBA, en *Madridgrado* (1940), RICARDO LEÓN, en *Cristo en los infiernos* (1943), y SALVADOR GONZÁLEZ ANAYA, en *Luna de plata* (1942) y *Luna de sangre* (1944). Estos escritores, consagrados ya mucho antes de la guerra por un público que se sentía de acuerdo con su fácil sentimentalismo, su conservatismo o sus españoladas triviales, escribieron tales relatos desde el punto de vista de la «zona nacional». Por eso, a la vez que un muestrario de las inquietudes y sufrimientos de la población civil en la España azul, sus obras aparecen como alegatos en pro de ésta y como invectivas declamatorias contra la España roja. Islotes en el mar rojo o pequeñas olas en el mar azul, estas novelas no añadieron valor a las reputaciones ya hechas de sus autores y, como novelas, tienen una importancia muy restringida. Fuera de este grupo, pero próximos a él en la temática abordada, se situarían dos escritores de menor edad que los mencionados y, por lo demás, difícilmente comparables entre sí: Agustín de Foxá (1906-1959) y Tomás Borrás (1891).

AGUSTÍN DE FOXÁ, escritor de profunda cultura y muy complejas proyecciones, publicó en 1938 el primer volumen de unos nuevos episodios nacionales no continuados: *Madrid, de Corte a Checa.* En esta su novela única reprochaba a la República, pero también a la propia aristocracia a la que él pertenecía, la dimisión de sus deberes de ejemplificación y guía con respecto al país. Abarcando los años de 1930 a 1937, la obra refleja la trayectoria espiritual de un joven que pasa del ideal republicano al falangista y en la guerra sufre persecu-

---

[19] M. MUÑOZ CORTÉS: «La novela española en la actualidad», pág. 328.

ciones varias. Sobre el ambiente histórico urde el autor la fábula novelesca, salpicando de blandas notas líricas la crónica contemporánea que se propuso hacer.

Menos poesía y más inventario de horrores contiene el libro de TOMÁS BORRÁS: *Checas de Madrid* (1940), retablo descriptivo del Madrid «rojo» entre 1936 y 1939. «Borrás permanece siempre en los límites de la verosimilitud al mostrarnos la sádica fauna de verdugos vivisecccionistas, el sacrificio de las jóvenes a la lujuria del cacique rojo, y alcanza acentos de intensidad dramática al narrarnos la huida alucinante de una joven perseguida por el deseo de sus verdugos, que se entretenían clavándole alfileres en los pechos desnudos.» (J. A. Fernández-Cañedo.) [20]

2) En el grupo de los novelistas militantes se da una lamentable desproporción entre el intento y la realización. Ninguno de los testigos activos de la guerra consiguió escribir una novela definitiva sobre ella. Puede pensarse en varias causas para comprender este fracaso: la excesiva proximidad de las trágicas experiencias, la inmadurez literaria de los jóvenes combatientes, su partidismo radical. Ante todo, para hacer una buena novela de guerra parece imprescindible una condición: haber entendido a fondo el origen y la finalidad de esa guerra; y aquellos novelistas soldados se atuvieron casi exclusivamente al cómo, olvidados del porqué y del para qué. Trazaron, pues, el reportaje de las luchas y padecimientos, sin haber llegado a comprender, en clarividente perspectiva, lo que la guerra significaba para todos los españoles.

El nivel de los novelistas militantes fue y ha quedado muy bajo. He aquí sólo algunos de sus nombres y algunos títulos: RAFAEL GARCÍA SERRANO (n. 1917): *Euge-*

---

[20] J. A. FERNÁNDEZ-CAÑEDO: «La guerra en la novela española», pág. 64.

nio o la proclamación de la primavera (1938), *La fiel infantería* (1943), *Plaza del Castillo* (1951); CECILIO BENÍ- TEZ DE CASTRO: *Se ha ocupado el kilómetro 6* (1939); JOSÉ MARÍA ALFARO: *Leoncio Pancorbo* (1942); JOSÉ VI- CENTE TORRENTE: *IV Grupo del 75-27* (1944). Este tipo de novela culmina en *Cuerpo a tierra* (1954), de RICAR- DO FERNÁNDEZ DE LA REGUERA.

En el momento de empezar la guerra, estos y otros autores estaban en edad de ser incorporados, de un mo- do o de otro, a la lucha. Falangistas o soldados, pelea- ron en los frentes y conocieron el miedo, la fatiga, el hambre, el frío, todo lo que en campaña se ha de resis- tir. Pero también supieron de la alegría de las victorias y gozaron de la exaltación de sus ideales. Con tal ex- periencia no lograron, sin embargo, fraguar la gran no- vela que estuviese a la altura de los hechos vividos. Un crítico de su misma facción política afirmaba que la mayoría de aquellas novelas «no expresan la alta pa- sión que las concibió» y que, más que como obras de arte, debían ser consideradas «en función de documen- tos históricos, como fuentes informativas». Los rasgos definidores de estas obras los explica el mismo crítico (Fernández-Cañedo) en forma que puede reducirse a los siguientes puntos: autobiografismo, excesiva inmedia- tez de las vivencias relatadas, confusión entre el re- lato y lo evocado, lenguaje crudo y brutal, visión de la mujer como mero objeto de codicia sexual y de la guerra como un mal necesario[21]. Para García Serrano, la guerra civil aparece en su obra mayor, *La fiel infan- tería*, como la más odiosa de todas las guerras porque rompe los vínculos históricos que ligaban a los hombres de una misma comunidad. Esta novela, por cierto, «co- noció una efímera existencia; apenas salida a los es- caparates y apenas galardonada (con el Premio de Lite-

---

[21] J. A. FERNÁNDEZ-CAÑEDO: *Art. cit.*

ratura "José Antonio", 1943), fue recogida por orden
de la Vicesecretaría de Educación Popular; tal recogida
fue motivada por un fallo eclesiástico adverso en lo que
al aspecto moral de la novela se refiere». (J. M. Martínez Cachero.) [22] Benítez de Castro, por su parte, sólo
percibe el júbilo de los vencedores y las hazañas heroicas del falangista, sin prestar adecuada atención a las
facetas negativas y míseras de la guerra, que García
Serrano, más afín a la manera de Remarque, no oculta.
Benítez llega a subtitular su reportaje «Contestación
a Remarque» y a erigir, aunque flojamente, una apología de la guerra. En cuanto a Fernández de la Reguera, muestra la guerra desde un punto de vista adolorido
y compasivo, pero sin poner de relieve las condiciones
peculiares que promovieron la discordia española.

Aun reconociendo los defectos de construcción y la
escasa virtud literaria que estas obras delatan, puede
verse en ellas un principio de acercamiento a la realidad
histórica y social de España. Hay, además, en ellas
una fusión anímica y corporal con la tierra, que se explica por la agudizada sensibilidad del combatiente y
por la gravedad de su experiencia vivida. Esto contribuyó al advenimiento de una narrativa más consciente
de las situaciones extremas del vivir y más atenta a la
realidad actual y nacional.

Pero en 1950, once años después de acabada la guerra, los españoles, actores de ella, aún no habían dado,
dentro de España, nada comparable a lo que sobre el
mismo tema habían publicado ya André Malraux, con
L'espoir (1938), o Ernest Hemingway, con *For whom
the bell tolls* (1940). ¿Quizá en favor de estos escrito-

---

[22] J. M. MARTÍNEZ CACHERO: *Novelistas españoles de
hoy*, pág. 31, nota 43. Véase ahora información más de-
tallada en el libro del mismo crítico *La novela española entre 1939 y 1969*, págs. 101-104.

res no españoles operaba, además de su ya sólida pericia de artistas, la distancia proporcionada por el simple hecho de no ser precisamente españoles en tan grave conflicto? Esta distancia, claro es, ningún novelista español podría conseguirla nunca; pero pudieron alcanzar otra: la distancia creada por el espacio, los exiliados, y la distancia creada por el tiempo, por el paso de los años, los exiliados y los no exiliados. En efecto, ya en los años 40 escriben novelas sobre la guerra varios españoles transterrados, y de autores que han permanecido en España se publican, a partir de 1953, novelas cuyo tema es la guerra civil en número abundante y creciente, lo que tal vez se explique, entre otras cosas, porque la distancia temporal, creando no tanto objetividad cuanto ignorancia o paulatino olvido, suscita entre autores y lectores la curiosidad por saber, el afán de revisar lo ocurrido.

3) Llégase así al tercer grupo aludido: el de los «intérpretes» de la guerra. Y aquí se impone una subclasificación: novelistas fuera de España, novelistas dentro de España. Los primeros desarrollan interpretaciones que recorren una escala muy variada: autobiografía, epopeya, parábola social o moral, esperpento. Su común denominador consiste en una mayor generalidad o ejemplaridad humana. Los segundos se mueven en un radio más particularmente español: documento patriótico o testimonio crítico.

Entre los escritores exiliados el primer paso se debe al madrileño ARTURO BAREA (n. 1897), de la misma generación que Ramón Sender y parecido a él en más de un punto. Barea escribió en español, y publicó en inglés en 1941-1944 su trilogía novelesca «La forja de un rebelde», que no vio la luz en castellano hasta el año 1951, en Buenos Aires. Traducida luego a varios idiomas, constituyó en varios países un verdadero «bestseller». El plan de la obra es ambicioso; el tiempo que abarca, vasto; múltiples los personajes y, en cambio, el escenario reducido, pues casi siempre es Madrid. La primera parte del tríptico, *La forja*, contiene la narración de la vida de Arturo Barea desde su niñez a su juventud durante los primeros lustros del siglo y dentro del ambiente popular madrileño, captado con admirable viveza. La segunda parte, *La ruta*, refleja los años de la guerra de Marruecos, preludio militar de la guerra civil. Y la parte última, *La llama*, expone lo acontecido al autor entre 1935 y el final de esa guerra civil. La totalidad es, pues, autobiográfica: consiste en la narración de la vida del propio Barea, su paso de niño humilde a señorito burgués y de señorito burgués a propagandista del socialismo en la hora del conflicto armado. Su decisión a favor de la causa revolucionaria, aunque auténtica y alentada por nobles esperanzas, aparece sembrada de dudas. He aquí cómo Barea reflexiona ante el espectáculo del Madrid asediado, buscando su pueblo perdido:

> «La vida burguesa, a la cual había intentado resignarme y contra la cual había estado luchando entre mí, se había terminado el 18 de julio de 1936. Me encontrara entre los vencedores o los vencidos, había emprendido una nueva vida.
>
> (... ... ..)
>
> Una nueva vida significaba esperanza. La revolución, que era la esperanza de España, era también mi propia esperanza de una vida más llena, más clara y más lúcida.
>
> (... ... ..)
>
> Pero suponiendo que no fuera así, suponiendo que revolución significaba el derecho de matar impunemente ¿dónde íbamos a parar? ¿Nos íbamos a matar unos a otros por una palabra, por

un grito, por un ademán? Entonces la revolución, la esperanza de España, se iba a convertir en la orgía sangrienta de una minoría brutal (...)

Indudablemente estaba bajo la impresión de lo que había visto aquella misma noche en el barrio de Lavapiés. Había visto la masa de prostitutas, ladrones, chulos y pistoleros en un frenesí desatado. No era aquella la masa que había asaltado el cuartel de la Montaña, simples cuerpos humanos con un espíritu de lucha, desnudos contra las ametralladoras. Esto era la espuma de la ciudad. No lucharían, ni llevarían a cabo ninguna revolución. Lo único que harían sería robar, destruir y matar por puro placer.

Tenía que encontrar mi pueblo. Esta carroña había que barrerla antes de que infestara todo. Necesitábamos un ejército. Mañana, hoy, me iría a ver a Rubiera. Volveríamos a trabajar juntos otra vez, como habíamos hecho años antes, y haríamos algo útil.» (*La llama*, I, viii.) [23]

En el Madrid sitiado, Barea trabaja primero como instructor y luego se encarga de la censura de Prensa y Radio al servicio de la República. Separado de su mujer e hijos por la interposición de una amante, se aparta también de ésta al conocer en su oficina a la periodista Ilsa, en quien halla la mujer siempre anhelada: compañera, amiga, colaboradora. Fue con Ilsa con quien Arturo Barea partió desterrado a Inglaterra y con ella rehízo su vida, concentrando su actividad en revelarse a sí mismo y revelar a los lectores de todo el mundo su biografía, el proceso de forja de un rebelde o inconforme. Puesto que Barea quiso referir su vida, sin

[23] A. BAREA: *La forja de un rebelde*, III: *La llama*, pág. 135.

mezcla alguna de ficción, no hay por qué reprochar a su obra endeble condición novelesca: no es una novela, sino el reportaje autobiográfico, las memorias fragmentarias de un hombre. Más fundado es otro reproche que suele hacerle la crítica: el egocentrismo, la actitud escéptica y resentida con que Barea parece preocuparse más de sus propios asuntos personales que de los colectivos. Pero esto es también consecuencia del propósito autobiográfico, y acaso en esta sinceridad egocéntrica del relato quepa ver uno de los mayores méritos de la obra. En ella tampoco se incurre en simplificación maniqueísta: buenos los rojos, malos los azules. «Una guerra de dos Caínes», llama Barea a la guerra civil de España (*La llama*, II, viii) [24]. Y aunque las dudas, las perplejidades íntimas, los arrebatos eróticos, ocupan buena parte del volumen, en él queda espacio suficiente para mostrar también los hechos heroicos y las buenas intenciones. Así, en estas líneas sobre la batalla de Brunete:

> «Allí, detrás de aquella nube negra, llena de relámpagos, Brunete estaba siendo asesinado por los tanques llenos de ruidos de hierros, por las bombas llenas de gritos delirantes. Sus casitas de adobe se convertían en polvo, el cieno de su laguna salpicaba todo, sus tierras secas sufrían el arado de las bombas y la simiente de la sangre. Todo esto me parecía un símbolo de nuestra guerra: el pueblo perdido haciendo historia con su destrucción, bajo el choque de los que mantienen todos los Brunetes de mi patria áridos, secos, polvorientos y miserables como siempre han sido, y de los otros que sueñan con transformar los

---

[24] *Ibídem*, pág. 330.

pueblos grises de Castilla, de España toda, en hogares de hombres libres, limpios y alegres.» (II, vii.) [25]

Barea no es, desde luego, y esto también se le ha reprochado, un prosista culto, cuidadoso, capaz de grandes logros estilísticos. Ni lo podía ser, dada su formación autodidáctica, ni lo quiso ser. Lo que le importaba era la expresión directa de su caso, el desnudamiento de sus raíces, la manifestación espontánea de su difícil desarrollo, y esto como ejemplo de la más reciente historia española. «Escribir —confiesa Barea al final de *La llama*— era para mí parte de la lucha, parte de nuestra guerra contra la vida y la muerte, y no sólo una expresión de mí mismo». «Había luchado para fundir forma y visión, pero mis frases eran crudas porque había tenido que salirme de los ritmos convencionales de nuestra literatura para poder evocar los sonidos y las imágenes que me habían formado a mí y a tantos de mi generación. ¿Lo había conseguido? No estaba seguro. Era otra vez más un aprendiz, tenía que aprender a contar mi propia verdad. Las concepciones de arte de los escritores profesionales no me ayudaban; apenas me interesaban.» (II, x.) [26]

La producción posterior de Barea es inferior a su trilogía. Y esta trilogía, que en España permaneció ignorada por largo tiempo, sólo ya tarde, en los años 50, provocaría réplicas y opiniones. La réplica de Gironella ha sido la que más ha contribuido a oscurecer la irradiación de «La forja de un rebelde». Y Arturo Barea, fallecido en Londres en 1957, ha entrado en zona de olvido poco a poco.

Casi totalmente desconocido para los españoles den-

---

[25] *Ibídem*, pág. 302.
[26] *Ibídem*, pág. 383.

tro de España fue y sigue siendo el ciclo «El laberinto mágico», de MAX AUB (n. en París, 1903, y m. en México, 1972), formado por cinco novelas: *Campo cerrado*, 1943; *Campo de sangre*, 1945; *Campo abierto*, 1951; *Campo del Moro*, 1963, y *Campo de los Almendros*, 1968, y por varios volúmenes de relatos breves y escritos dramáticos y poéticos. Este ciclo integra una especie de episodios nacionales de la guerra civil. En razón del desconocimiento que de esta amplia y excelente empresa han tenido los españoles, pero previniendo de que Max Aub merecerá más adelante otras páginas, se dirá ahora lo indispensable para la finalidad de este capítulo.

Max Aub, que antes de la guerra había participado en el espíritu de la deshumanización del arte como uno más entre los literatos vanguardistas, experimentó un cambio radical a partir de su exilio (desde 1942 vive en México). Y sus nuevos ideales los expuso en un chispeante y curioso *Discurso de la novela española contemporánea* (1945). Después de pasar allí revista al proceso de la novela española desde Galdós hasta Sender y Cela y de dirigir uno de los primeros y más fuertes ataques a la deshumanización del arte, propugnaba una línea de nuevo realismo que, siguiendo a Valle-Inclán, había de ser no copia, sino exaltación de formas y de modos espirituales. «Un arte en el cual la exposición de lo externo no deje de estar en concordancia con la imaginada realidad interior. Un arte donde imaginación y realidad contrapesen sus valores. Un arte realista en su figura e imaginado por los adentros.» Contra el irracionalismo, la especie surrealista y otras evasiones de vanguardia, Max Aub dictaminaba: «Duro es nuestro porvenir, pero no por eso deja de serlo. Posiblemente nuestra misión no vaya más allá que la de ciertos clérigos o amanuenses en los albores de las na-

cionalidades: dar cuenta de los sucesos y recoger cantares de gesta. Labor oscura de periodistas alumbra-
dores»[27].

Dar cuenta de los sucesos y recoger cantares de gesta es lo que hace Max Aub en su ciclo de la guerra. No
se trata de autobiografía, como en Arturo Barea, sino
de epopeya (si es que esta palabra tiene aún alguna posibilidad de aplicación a la novela moderna). Juan Chabás definió mejor que nadie el sentido épico de estas
obras de Max Aub:

«... novelas históricas, a la manera más bien de
Galdós; novelas históricas de episodios contemporáneos, con mucho de crónica y no poco de
cantar épico (...). La acción no está vivida por el
autor en función biográfica de cualquiera de los
personajes; la acción es motor de ese complejo
mundo histórico y los personajes son sus héroes
necesarios. Ninguno es subalterno, aunque cualquiera aparezca de pronto con carácter episódico:
son las piezas humanas de un gran drama nacional, cuyo desenlace no está en sus manos ni en
sus almas, porque se encuentran como maniata-
dos por el drama mismo. La historia los mueve,
los hace y deshace. Pueden creerse héroes, se lo
creen a veces, pero el único héroe (... de estas
novelas) es el pueblo, del cual son crónicas poé-
ticas (...).

(...) Max Aub utiliza todos los recursos de composición de la novela contemporánea: la introspección psicológica de los personajes, la descripción lenta y minuciosa, el análisis onírico de la
vida subconsciente; el primor poético de la prosa.

---

[27] M. AUB: *Discurso de la novela española contemporánea*, págs. 105-106 y 108.

Y, a la par, (...) se complace en el movimiento rápido de la acción; en la observación realista (...); en la inserción de moralidades y disquisiciones. (...)

(...) Se podría afirmar que Aub, por encima de Ramón Sender o Masip, a los cuales aventaja en impulso poético, continúa la gran tradición de la novela española y, reanudándola más allá de donde la habían dejado Baroja o Valle-Inclán, arranca, para trazar el camino de una nueva novelística contemporánea, desde Galdós»[28].

El sentido expresado en el título general de «El laberinto mágico» es la incertidumbre de los destinos humanos, uno de los temas principales de la novela existencial: «... vivimos en un laberinto mágico», «limitados por nuestros cinco sentidos», se lee en *Campo abierto*[29].

Campo cerrado presenta los años anteriores a la guerra y el comienzo de ésta en Barcelona. El objeto de esta primera novela es mostrar la confusión laberíntica de aquella España semejante a un campo cerrado. El alma del protagonista, Rafael López Serrador, nace a la razón oyendo las detonaciones y los gritos alrededor del toro de fuego y termina ante la Barcelona incendiada y desenfrenada de julio de 1936. Pero ese protagonista, desgarrado entre el anarquismo-comunismo y el fascismo, sádico y criminal gratuito, obrero que no conoce los móviles del obrar, siente al fin su comunión con el pueblo y sale de su soledad. «Serrador se da cuenta de que no está de acuerdo consigo mismo. Que no son esos hombres los que le interesan, ni él mismo,

[28] J. CHABÁS: *Literatura española contemporánea (1898-1950)*, La Habana, Cultural, 1952, págs. 661-662.
[29] M. AUB: *Campo abierto*, pág. 514.

sino la relación de los hombres entre sí: la fraterni-
dad.»[30]. A una parte primera narrativa sigue otra llena
de conversaciones curiosas y amenas; y la parte tercera
tiene un ritmo cambiante de retazos de escenas, en simultaneidad, que presentan el maremagnum de Barcelona por cortos alumbramientos. Técnica ésta que, en la
España de 1939, sólo puede hallar modelo en el Valle-
Inclán de «El ruedo ibérico».

Si *Campo cerrado* ofrece aún, de acuerdo con el individualismo de la España confusa que desembocó en la
guerra, un protagonista, las novelas siguientes, consa-
gradas a la guerra misma, ostentan una protagonización
colectiva, ya no individual. *Campo abierto* desenvuelve
su acción entre el 24 de julio y el 7 de noviembre de 1936:
España es ahora un campo abierto, en lucha abierta.
El autor emplaza la acción en la retaguardia roja de
Valencia, en la azul de Burgos, y en el Madrid republicano asediado por las bombas de los nacionales. En Valencia un padre de familia, al buscar al médico que asis-
ta a su mujer, en trance de parto, cae derribado en la
calle por una bala perdida; otro padre de familia, denunciado por falangista, es ejecutado, descubriéndose
pronto que el denunciante y verdadero falangista ca-
muflado era el amante de su mujer; unos guardias civiles al servicio de la República, pero realmente en entendimiento con el enemigo, atrapan y fusilan a un puñado de milicianos; un socialista humano y un comunista dogmático e inflexible disputan sobre si la amistad
debe ser sacrificada a la causa general (motivo de
«disciplina» que recuerda otros de Malraux en *L'espoir*);
un hijo se ve forzado a condenar a su padre, pero salvado éste, huye con él a la zona nacional, donde su irresolución y cobardía es castigada a muerte por los falangistas;
un forajido que «paseaba» ciudadanos para robarles y

---

[30] M. AUB: *Campo cerrado*, pág. 221.

huir con el botín, es «paseado» por la policía republicana. La parte intermedia de esta novela, compuesta de un solo relato, muestra las vacilaciones de un hombre arrollado por el vaivén de la política y los azares de la guerra: falangista casi por inercia en Burgos, prisionero en Guadarrama, «rojo» en apariencia para salvar el pellejo, colaborador de la quinta columna, en Madrid, por miedo y debilidad. Y la parte última, en fin, levemente protagonizada por los enamorados Asunción Meliá y Vicente Dalmases, ofrece el panorama rigurosamente épico-heroico de la defensa de Madrid en noviembre de 1936: los nacionales se acercan, los intelectuales conversan, el pueblo se organiza, toma las armas, lucha a sangre y fuego, sufre, triunfa. El grito de «¡No pasarán!» se hace victoriosa realidad: las tropas de Franco no pasan en aquella ocasión.

Campo de sangre, que comprende el tiempo que va del 31 de diciembre de 1937 al 19 de marzo de 1938, con sus principales puntos de localización en Barcelona, Teruel y Barcelona de nuevo, es la más compleja novela del ciclo. A lo largo de los trece capítulos de su primera parte, con algunas aberturas evocativas hacia el pasado, se asiste a la última noche del año, fragmentada en escenas simultáneas a cargo de diversos personajes, entre los que se destaca el intelectual Paulino Cuartero, sumido en una vida matrimonial amarga y gris. La parte segunda da una imagen de la terrible batalla de Teruel. Y en la tercera, mientras se recogen noticias de esa batalla, y mientras se expone la situación cada vez más apurada de Barcelona (delaciones, espionaje, crímenes, interrogatorios, etc), tiene lugar el idilio tardío entre Paulino y la joven Rosario, a quien el amante ha de ver muerta, desangrada en la calle, víctima del furioso bombardeo del día de San José.

En *Campo del Moro* describe Max Aub las postrimerías

de la guerra (marzo de 1939) en Madrid: «Madrid de piedra, ahí plantado arriba del Campo del Moro...» Como en las otras, aparecen en esta novela, interviniendo en la acción, personajes históricos con sus propios nombres: el Coronel Casado, el político socialista Julián Besteiro, el Jefe de Gobierno Juan Negrín, y otros, en los días en que el Consejo para la Defensa hubo de luchar con los comunistas. Y, en primer plano, las figuras de ficción: Vicente Dalmases y Lola, que se entrega a él sin poder darse en alma, le saca de la cárcel y se ahorca; Carlos Riquelme, Víctor Terrazas, Julián Templado y Manuela, Soledad «la Gitana», Rosa María Laínez, etc. Rosa María, secretaria en una embajada sudamericana, se entrega a Víctor Terrazas. Es una niña burgalesa, y burguesa, educada en las monjas, timorata: Víctor milita en el comunismo. Al final, Rosa María y otras mujeres acompañan el entierro de Lola, la ahorcada, hacia el cementerio del Este. Un obús destroza el coche fúnebre, y el caballo sale espantado, arrastrando los intestinos. Rosa María, herida, levanta al cielo la mirada, reza y recuerda. Con una mano deshecha por el obús, y perdida la razón, Soledad la contempla desde una cuneta. Parece como si Rosa María Laínez fuese una figuración de la España estacionaria que, aleccionada por el dolor, aprende a amar, a convivir con gentes de todas las clases en un nuevo sentimiento de solidaridad.

También a las postrimerías de la guerra se refiere el último volumen del ciclo: *Campo de los Almendros*, cuya acción de primer plano acontece entre el 21 de marzo y el 1 de abril de 1939, con impresiones adicionales que se alargan hasta agosto del mismo año. El núcleo dramático de esta última novela lo forma la mutua búsqueda angustiosa de Vicente Dalmases, procedente de Madrid, y Asunción, procedente de Valencia, camino de Alicante, donde al fin se encuentran para tener en seguida que separarse. Alrededor de este núcleo (Louis Aragon cantó la misma angustia en su inolvidable poema «Les amants separés») se va desenvolviendo, a través de múltiples hechos y personajes (algunos conocidos, como Cuartero, Templado, Villegas, etc., y otros no) el cuadro más que nunca fragmentario y caótico de la España en guerra, mejor dicho, del final de esa guerra: la afluencia de los vencidos hacia la última posibilidad de salida por Alicante y su caída en poder de los vencedores. Los que no enloquecen ni se suicidan, son provisionalmente concentrados en el «Campo de los Almendros» y destinados luego, en muchedumbre, a prisiones y reformatorios, para someterse a las represalias consiguientes. Estructurada en tres partes, que corresponden, respectivamente, a la huida hacia Alicante (I), la aglomeración de los fugitivos en el puerto de esta ciudad el 30 de marzo (II) y la represión a partir del 1 de abril (III), la novela ofrece los mismos rasgos de sus hermanas, acaso exacerbados, y presenta algunas particularidades. En primer lugar, Max Aub se declara orgulloso, y con razón, de haber logrado erigir en su ciclo una verdadera obra novelesca gracias a Asunción, figura que concibe como más real que cualquiera de los personajes históricos. Además, hace declaraciones importantes sobre el sentido de su empresa en unas «Páginas azules» intercaladas. Por otra parte, en fin, perfila mejor que nunca la significación de la imagen matriz del laberinto: «Están encerrados, enrejados sobre la dura piedra del puerto. *Llegar a puerto, tomar puerto, naufragar en el puerto*. En el puerto, hechos unos puercos. Unos puercos perdidos. Despojados, despeñados, perdidos». «Acosados, ahogados en aquel finisterre, apretujados, deprimidos, llegué al lugar donde la palabra *laberinto* cobra su significado de "construcción llena de rodeos y encrucijadas, donde era muy difícil orientarse". Lo de la orientación, en este *mágico*, es lo de menos y bien se ve: lo demás, al fin y al cabo, no deja de ser una definición de la novela, y más de nuestro tiempo.» «Porque España es el laberinto. Nos basta para vivir que nos traigan un número decente de jóvenes, cada año, como holocausto» [31].

Cartas, manifiestos, fichas breves de personajes, retrospectivas historias personales, diálogos incesantes, caracterizaciones rápidas, nerviosas descripciones en cortas pinceladas, arrebatados monólogos semiconscientes, forman la compleja contextura de estas novelas. Los acontecimientos públicos y privados entran de una manera parcelada, como relatos breves que se van sumando para componer la historia colectiva. El instinto poético de Max Aub comunica intenso latido a cuanto narra y eleva la anécdota, de suerte que su crónica épica se asemeja más a lo hecho por Galdós y Tolstoi que a lo realizado por Barea a la zaga de Gorki o por un Agustí o un Gironella con las limitaciones de la novela periódica.

Una calidad que participa de lo autobiográfico (al menos formalmente), de lo épico (en la segunda mitad de la obra) y de lo moralmente ejemplar, posee El diario de Hamlet García (1944), de PAULINO MASIP (n. en Granadella, Lérida, 1900, y m. en México, 1963). Inolvidables son en esta novela las escenas del comienzo de la guerra en Madrid, todavía sin darse cuenta el protagonista del desastre que sobrevenía. Parece Hamlet

---

[31] M. AUB: Campo de los Almendros, págs. 257, 365, 402-403. He dedicado a la novela de Asunción Meliá y Vicente Dalmases que a lo largo de «El laberinto mágico» (y con mayor intensidad en Campo de los Almendros) se delinea, unas páginas de estudio y homenaje: «Asunción en el laberinto», Cuadernos Americanos, Méjico, XXXII, 1973, págs. 98-105. A ellas remito al lector, pero sobre todo le recomiendo la lectura del excelente libro de I. SOLDEVILA DURANTE: La obra narrativa de Max Aub (1929-1969), Madrid, Gredos, 1973.

un individuo congelado por el intelecto, y casi alelado, a la manera de algunos personajes papiráceos de Benjamín Jarnés; pero es capaz de súbitas calenturas de náusea y de deseo. Más que su aventura con la prostituta sentimental (arrebatadoramente transcrita) impresiona ese momento en que Hamlet, profesor particular de filosofía, asomado a la ventana de un patio madrileño, siente el vigor y la urgencia de la llamada del pueblo lo mismo en el cuerpo de la criada que está a su lado que por los altavoces de la radio. Las vaguedades metafísicas y las indiferencias maritales de Hamlet, así como el idilio con su alumna, palidecen ante las nuevas circunstancias: los cambios de trato subsiguientes al estallido de la guerra, la asistencia aparentemente pasiva a las manifestaciones en la Puerta del Sol; aquel continuo contemplar, precisamente a distancia y como no entendiendo, el espectáculo de lo que tantas calamidades empezaba a desencadenar. La mayor excelencia de la novela quizá sea esa impresión que comunica del inconsciente y casi absurdo ir entrando en la gravedad de la guerra, sin quererlo y sin dotes de acción para servir. Hamlet García, aparente metafísico en Babia, no es sino el intelectual desprevenido, pero que, como hombre bueno en el buen sentido de la palabra, toma una actitud de aproximación positiva, lenta sí, no vacilante.

Ni autobiografía ni epopeya es lo intentado, a propósito de la guerra civil, por otros dos sobresalientes narradores del exilio: Ramón Sender y Francisco Ayala. Ambos coinciden en haber preferido abordar la guerra mediante el procedimiento de la parábola, según el diccionario, una «narración de un suceso fingido, de que se deduce, por comparación o semejanza, una verdad importante o una enseñanza moral.» Esto es lo que ocurre en *El Rey y la Reina* (1949), de RAMÓN SENDER y en los relatos de *La cabeza del cordero* (1949), de

FRANCISCO AYALA, ambos volúmenes publicados en Buenos Aires.

En *El Rey y la Reina*, al estallar la guerra civil, la duquesa de Arlanza queda sola, en su palacio de Madrid, a merced de su criado y jardinero Rómulo, a quien ella, desde su alteza, no consideraba un hombre. Pero Rómulo era, auténtica y enteramente, un hombre. Y la duquesa encuentra su antes desconocida autenticidad, su íntegro ser de mujer, bajo el cuidado y el respeto de ese hombre. Domingo Pérez Minik puso de relieve el valor de parábola o de ejemplo al modo de los cuentos de Don Juan Manuel, que ofrecía esta extraña novela de Sender, no sin preguntarse asombrado cómo este novelista «pudo escribir esta obra tan lejos de unos acontecimientos que tanto le afectaban, con tan escasa pasión política y con tan viva pasión intelectual» [32]. El alcance de la parábola no puede ser otro que éste: en la desgracia común las diferencias sociales se borran y el dolor deja al descubierto, si la había, la verdadera calidad humana de las personas antes separadas, ahora conciliables. Es un sentido humanista el encerrado en la parábola de Sender.

Ayala marca con más hondo acento el sentido psicológico y moral. En el proemio de 1949 a los cuatro cuentos de *La cabeza del cordero*, páginas por cierto muy importantes para comprender el cambio de mentalidad de muchos escritores desde antes de 1936 a después de 1939, define Ayala la intención de sus relatos con estas palabras que le sitúan fuera de la política y dentro de la moral: «... el tema de la guerra civil es presentado en estas historias bajo el aspecto permanente de las pasiones que la nutren; pudiera decirse: la guerra civil en el

---

[32] D. PÉREZ MINIK: *Novelistas españoles de los siglos XIX y XX*, pág. 306.

corazón de los hombres»[33]. *El mensaje* es un escrito
ininteligible por cuyo desciframiento se afanan los hombres con el deseo de hallar una clave extraordinaria, la
solución mágica que resuelva su futuro. En *El Tajo* un
soldado mata a otro del bando enemigo, sin causa, e intenta reparar en vano, en la familia del muerto, su crimen: crimen enraizado en un complejo de resentimientos y odios antiguos; reparación impedida por la desconfianza que mantiene abierta la distancia, el tajo,
entre vencidos y vencedores. *El regreso* y *La cabeza del
cordero* ejemplifican el desengaño de un exiliado que
vuelve y la náusea moral de un antiguo partícipe en la
guerra, cínico y desaprensivo. Refiérense estas dos últimas historias a la resaca de posguerra. En los cuatro
casos lo que importa no es la discordia política, sino el
odio entre los hombres, la capacidad de fácil y ciega
hostilidad entre unos hombres y otros, origen, según
Ayala, de toda guerra civil de persona a persona o de
pueblo a pueblo. Parábolas morales, con sus apoyaturas
alegóricas: el mensaje indescifrable, el Tajo río toleda-
no y abismo abierto, la cabeza de cordero indigestada en
el estómago del que tiene sucia su conciencia.

El tratamiento de la guerra alcanza su mayor reducción antirrealista en la novela de otro exiliado: *La novela del indio Tupinamba* (1959), de EUGENIO F. GRANELL.
En lo absurdo y en lo intencionadamente denigrante de
la sátira, este esperpento novelesco revela la amargura
del caos bélico en visión como de cuadro de Guernica, y
abarca, por el resorte sobrenatural del Indio Tupinamba, entre valores simbólicos no siempre trasparentes, y
restos de escritura surrealista, las dos zonas de la Es-

---

[33] F. AYALA: *La cabeza del cordero*, Buenos Aires,
Los Libros del Mirasol, 2.ª ed., 1962, pág. 33.

paña en armas y la España transterrada y enterrada. Una muestra de su estilo eruptivo:

«Espejos de las órdenes de mando y obediencia, espejos de las detonaciones lejanas y próximas, espejos de las retinas cegadas por minúscula geometría lineal, espejos de escarabajos, rojos espejos de renacuajos cojos, agujeros de espejos, espejos de los espantos, de los espantajos, de los espantapájaros, espejos cuajados de jeringas y gargajos, espejos desgajando a tajos los atajos, pájaros espejos mensajeros, espejos de paja, ataujía de abrojos y badajos en la mundial montaña jadeante, espejos de los hijos, espejos de los ojos, dientes de espejos rotos y dientes de ajos, espejos rijosos de la muerte en jarras, espantada de verse en el espejo hecho añicos por el fragor de la montaña arrancada de cuajo, jadeante, crujiente, entre el ajetreo del espejo desjarretado de arriba a abajo»[34].

Dejando a un lado a otros novelistas exiliados que se ocuparon de la guerra civil (José Herrera Petere, José Ramón Arana, Virgilio Botella Pastor, Pablo de la Fuen-

---

[34] E. F. GRANELL: *La novela del indio Tupinamba*, México, Costa Amic Editor, 1959, pág. 123. Posteriormente Granell ha publicado otra novela: *Lo que sucedió...* («Premio Quijote 1967»), México, Editorial España Errante, 1968. En ella vuelve a dar una visión absurdista de la guerra española a través de los destinos de una familia, los Naveira. El autor gusta de colocar a sus personajes en situaciones irreales tratadas como si no lo fuesen, y demuestra igual capacidad para el poético rapto imaginativo como para la transfiguración grotesca. Me parece superior a *Tupinamba* y obra de lectura, aunque no fácil, apasionante.

te, Romualdo Sancho Granados) y volviendo a los novelistas españoles dentro de España, puede señalarse que,
después de 1950, la guerra aparece como tema de muchas obras de éstos. Unos dan a estas obras valor de
documento patriótico (Gironella, Agustí, Zunzunegui,
Fernández de la Reguera), otros dan a las suyas valor de
testimonio crítico (Castillo-Puche, Carmen Laforet,
Ana María Matute, Juan Goytisolo, Juan Benet, etc.).
Como quiera que de la mayoría de estos autores ha de
hablarse por extenso al estudiar la novela existencial,
social y estructural, lo que ahora debe decirse concierne
únicamente a la obra más representativa y ambiciosa
que sobre la guerra se ha publicado dentro de España:
la de JOSÉ MARÍA GIRONELLA (n. 1917).

Concibió Gironella su empresa como una trilogía que
abarcase la época de anteguerra, la de guerra en los
dos bandos y la de posguerra, incluyendo en esta última
la odisea de los emigrados. La primera parte debía responder al porqué de la guerra (discordia política), la
segunda al cómo (sustrato religioso y lucha a vida o
muerte) y la tercera al para qué (ciencia, técnica, socialización). Según declaración del autor, lo que inten-
taba era poner en términos de justa objetividad aquello
que en novelistas como Malraux y Hemingway (y aún
más en Arturo Barea) había sido interpretación apasionada a favor de la España republicana. Hasta el momento han visto la luz *Los cipreses creen en Dios*, 1953; *Un
millón de muertos*, 1961; *Ha estallado la paz*, 1966, y
Condenados a vivir, 1972 (Premio Planeta 1971). A la
posguerra proyecta dedicar Gironella varios volúmenes, ya que las circunstancias iniciadas en 1939 continúan básicamente y tan largo período requiere más espacio. Ha optado por «escribir una suerte de Episodios
Nacionales, que podrían terminar el día en que se pro-

duzca la sucesión en la Jefatura del Estado»[35]. La trilogía, por tanto, ha degenerado en serie.

En *Los cipreses creen en Dios*, Gironella quiso re-
vivir las circunstancias sociales y políticas de España
entre 1931 y 1936. Para alcanzar su propósito encerró
toda la complejidad de aquellos años de ebullición en el
marco de una ciudad provinciana, Gerona, que viene a
simbolizar en dimensión microcósmica a toda la nación
en sus más diversos aspectos. Junto a este recurso de reducción local, que da al relato claridad y condensación,
el novelista acude a otro expediente para discernir las
fuerzas psicológicas que fueron alineándose en uno y
otro bando hasta chocar conflictivamente: pone en el
alma del protagonista, el joven Ignacio Alvear, una íntima desavenencia, una especie de guerra civil entre sus
propios pensamientos, o sentimientos. El asunto de la
obra es tenue, ya que todo el relato tiene por fin, no
cautivar o emocionar con vicisitudes novelescas, sino
mostrar cuáles eran las premisas sociales y políticas de
las cuales, como lógica consecuencia, se dedujo la guerra. Matías Alvear, el cabeza de familia, viene a Gerona
como telegrafista, con su mujer, Carmen Elgazu, y sus
tres hijos: Ignacio, César y Pilar. Los padres llevan a Ignacio a estudiar al Seminario, pero el muchacho descubre pronto en sí mismo la falta de vocación sacerdotal
y deja los estudios, ingresando en un Banco, donde trabaja mientras cursa el bachillerato y comienza la carrera de Derecho. Vacilaciones religiosas y de credo político embarazan sin cesar a este joven trabajador, inteligente y sincero. Por el contrario, su hermano César, en-
clenque y delicado, manifiesta en seguida una vocación
religiosa firme, casi de santo. Y es él quien entra en el
Seminario, cumpliendo así el deseo de la madre de tener un hijo sacerdote. Todos admiran la santidad de Cé-

---

[35] J. M. GIRONELLA: *Ha estallado la paz*, prólogo.

sar, quien, en los primeros días de la guerra, cae fusilado entre otros muchos gerundenses. En fin, Pilar, una niña, viene a hacerse, ya adolescente, la novia del fundador de la Falange de Gerona, el cual logra huir a Francia durante los primeros días de matanza popular. Esta es, en síntesis, la historia de la familia Alvear hasta julio de 1936. Familia representativa de la clase media modesta en la que se conjugan varias tendencias: el padre es liberal, la madre un modelo de mujer devota, Ignacio tiende al socialismo, César se entrega al martirio, Pilar se pone al servicio de la Falange.

En torno a la familia Alvear aparecen muchos personajes cuyas ideas y conductas van quedando detalladamente expuestas a lo largo de la novela: el cura mediocre y sibarítico, el misionero, el policía masón que va sorteando enigmáticamente todos los altibajos de la política, el militar a la antigua, las gentes monarquizantes, los cabecillas de las células anarquista, comunista y socialista. Destaca un matrimonio de maestros —David y Olga— que intentan educar a sus alumnos en una escuela laica, para un mundo sin supersticiones y sin Dios. Asoman viejos capitalistas aferrados a sus declinantes hábitos, mujeres y hombres de la plebe que abren el volcán de sus rencores en una erupción de crímenes, sacrilegios y violaciones. Todo este repertorio humano desfila por las páginas de *Los cipreses*. Las cuatro primeras partes de la novela observan un ritmo lento, de narración de procesos y costumbres, más que de accidentes y hazañas. La última parte, en cambio, recoge en torbellino toda una serie de sucesos trágicos: encarcelamientos, incendios, asesinatos en masa, sacrilegios públicos, fugas, incautaciones, orgías de alcohol y de sangre. Con este contraste logra el autor demostrar cómo el lento y complejo desentendimiento de los españoles, enredado en una maraña de banderías políticas y de odios largamente incubados, explota de súbito.

Gironella describe con morosidad el ambiente y sabe poner de relieve las dificultades de convivencia y el progresivo encono de los sentimientos, pero su escritura se hace prolija. La crónica vence a la novela. Rara vez se advierte la palpitación del creador: sólo el esmero reconstructivo. Gironella no es un innovador en la técnica ni un artista del estilo. Usa los moldes que Europa conoce desde Zola y Tolstoi hasta cualquier practicante más moderno de la «novela-río». Y en cuanto a su propósito de interpretación imparcial, sólo se cumple en el esfuerzo de reconstrucción histórica, pero el autor mismo se delata a menudo como simpatizante de la España católica, tradicional y conservadora encarnada en César Alvear, ese místico de la Iglesia cuya morbosa obsesión, los cipreses del cementerio, da título, y título un poco cursi, a esta primera pieza de la serie.

La segunda, *Un millón de muertos*, es tan amplia y prolija como la primera. A los personajes ya conocidos se añaden otros muchos: milicianos, falangistas, bandoleros, asesinos, políticos, sacerdotes y frailes, militares. La acción continúa centrada en Gerona, pero con frecuentes escapadas hacia todas las latitudes de España: Burgos, Valladolid, Pamplona, Madrid, etc., e incluso rebasa la frontera y muestra la suerte de algunos españoles en poblaciones del sur de Francia. A este horizonte geográfico dilatado —que abarca por tanto la vida en ambas zonas y la retaguardia y los frentes— corresponde un desarrollo cronológico también extenso, ya que la acción transcurre desde el verano de 1936 hasta el invierno de 1939. Aquí Gironella, queriendo sincronizar el destino de la familia Alvear y el destino de toda España durante la contienda, se inclina más al cuadro histórico que a la ficción; de manera que pretende no dejar intacto ningún aspecto importante de la realidad histórica: combates, conquistas y reconquistas, cambios de gobierno, manejos diplomáticos, por un lado; el vivir y morir de los culpados, de los fugitivos, de los evacuados, de los espías, de los combatientes, de las masas proletarias y medias, por otro lado.

La obra de composición llevada a cabo significa un empeñoso esfuerzo. El resultado literario no es muy valioso, pues predomina el documental sobre la invención artística. Gironella adopta aquí el procedimiento de la alternancia: escenas en la zona roja, escenas en la zona azul; reflejo de lo bueno y, en seguida, de lo odioso: en aquella zona, primero y en ésta, después. Esta alternancia, provocada por el deseo de equidad y equilibrio, engendra monotonía y conduce al lector a creer que en el conflicto todos llevaban razón y ninguno llevaba la razón. Aunque emocionalmente Gironella sigue más próximo a la España católica y nacionalista que a la librepensadora y socialista, su anhelo de imparcialidad, reflejado en la estructura alternativa de la novela, resta empuje moral, variedad artística y autenticidad vivida a una obra cuya mayor virtud estriba en la amplitud del panorama trazado.

Ha estallado la paz comienza en el día primero de la victoria nacionalista (1 de abril de 1939) y termina cuando los Estados Unidos deciden entrar en la guerra mundial (12 de diciembre de 1941). Los Alvear viven así: Matías sigue yendo a su oficina de telégrafos y al café, de tertulia; Carmen Elgazu es operada de extirpación de matriz; César va a ser beatificado, como también Mosén Francisco, caído por Dios y por España; Pilar contrae matrimonio con el falangista Mateo, que la deja encinta para jugarse nuevamente la vida en la División Azul (al niño de ojos azules que nace se le pone el nombre de César). En cuanto a Ignacio, licenciado de su servicio militar, trabaja en Fronteras, se desprende de su largo noviazgo con la intransigente falangista Marta y cul

tiva, paralelamente, otro noviazgo con la hija de un
desaprensivo estraperlista y un enredo puramente carnal con la ardiente otoñal Adela. Se hace abogado aco-
giéndose a la benevolencia de ciertos «exámenes patrió-
ticos» y entra a trabajar de pasante en el bufete de su
amigo Manolo Fontana, casado con la atractiva y an-
glesizada Esther, de Jerez. Ignacio continúa con sus
dudas, en permanente incertidumbre:

> «No puedo seguir a Serrano Súñer ni a Mateo
> (...), y las palabras Imperio y Gibraltar me de-
> jan frío (...). Hablando de nuestra guerra dije una
> vez que perdimos todos, unos y otros; y creo que
> eso se está demostrando. Los rojos defendían el
> amor libre; los nacionales ponen guardias civiles
> en las playas y el señor obispo se escandaliza si
> las parejas se cogen del brazo. Pues bien, empie-
> zo a sospechar que en esa espantosa guerra de
> ahora va a ocurrir lo mismo, a una escala mucho
> mayor: que también la perderán todos. Si gana
> Hitler, como parece, que Dios nos coja confesa-
> dos: de acuerdo. Se repartirá Europa a su gusto,
> borrará del diccionario la palabra libertad, y cuan-
> do Ana María y yo nos casemos, tal vez en la er-
> mita de los Angeles, en vez de decir «sí» tendre-
> mos que decir: ja. Pero, en el supuesto de que se
> cumplieran vuestros deseos y la cosa diera un
> vuelco milagroso y ganara Inglaterra..., me temo
> que Julio García, que nos ha escrito desde Nueva
> York, no sólo reclamaría este piso vuestro, sino
> que además veríamos al Responsable sentado de
> nuevo en el sillón que en el Ayuntamiento ocupa
> ahora 'La Voz de Alerta'» [36], etc.

---

[36] *Ibídem*, pág. 494.

Vale más el cuadro de la vida ciudadana: el gobernador camarada Dávila, cuyo gobierno concluye con la novela; el obispo intolerante y dogmático; los jefes falangistas; el gobernador militar general Sánchez Bravo, cuyo hijo anda envuelto en sucios asuntos de estraperlo con otros arribistas; el alcalde y director del periódico «Amanecer»; el comisario Diéguez, violento por temperamento y por misión, etc.

Gironella procede con un orden casi fabril, variando de personajes, de temas, de materiales, de puntos a tratar, con el afán de ofrecer, nuevamente, un cuadro muy completo. Va comentando los avances de la guerra mundial a través de las noticias de los periódicos o directamente. Consigue así una crónica animada, aunque algo periodística y preparada, de aquellos tiempos: tiempos de expansión del «Opus Dei», de misiones y prédicas, playas vigiladas, rosarios de la aurora, bailes prohibidos, lecturas de Freud, discusiones sobre política extranjera, cárceles y manicomios rebosantes, depauperación de la gente, estraperlo, represalias, inundaciones, cantos falangistas, campamentos, comienzo de los seriales radiofónicos y de los discos dedicados, postulaciones de la banderita, etc. Casi toda la acción discurre en Gerona, pero hay aberturas: Barcelona, Pamplona, Burgos, Madrid, e incluso Toulouse y Perpignan (los refugiados españoles) y aun Moscú (otros refugiados). En general, todo transpira un azul burgués de provincia, y no sólo como trasunto de lo que era, sino como coloración del propio mundo espiritual del autor. Hay dos pasajes de especial importancia: el viaje del conde Ciano a Barcelona y el traslado de los restos de José Antonio a El Escorial, con una visita también al naciente Valle de los Caídos. La figura discrepante de Ignacio Alvear, con toda su incerteza de fondo liberal o humano puro, no captable por ningún ideal estrictamente, apenas sirve de contrapeso a la avalancha de tópicos nacionalistas que ofrece la familia gerundense mayor y la pequeña familia del telegrafista Matías. Frente al falangismo acalorado de Pilar y su novio, Ignacio Alvear es visto como un esfuerzo inútil y temerario: «...los dos vestían camisa azul, comulgaban con frecuencia, querían tener muchos hijos... No admitirían jamás que la incertidumbre fuera una virtud superior; a semejanza del doctor Gregorio Lascasas, creían en la línea recta, en la acción, en la fe. Mateo decía siempre que Ignacio, a fuerza de sutilezas, corría el riesgo de caer en un nihilismo suicida»[37].

Literariamente *Ha estallado la paz* carece de verdadero aliento artístico, propende al periodismo y no revela intento alguno de experimentar con estructuras modernas. Todo discurre plano, llano, descriptivo, doméstico, por orden, en conversaciones que glosan la actualidad o tratan de poner a discusión principios. A pesar de ello, tiene razón Manuel Jiménez de Parga cuando considera *Ha estallado la paz* como «libro del máximo interés para cualquier español»[38]. Lo es porque enseña o hace recordar cómo era aquella España que acababa de vencer a su otra mitad.

Poco después de *Ha estallado la paz* aparecieron, en el mismo año de 1967, dos novelas importantes sobre la guerra civil: *Tres días de julio*, de Luis Romero, y *Las últimas banderas*, de Ángel María de Lera; aquélla, atenta a presentar objetivamente los orígenes de la lucha, describe lo ocurrido en Madrid y otras ciudades el 18, 19 y 20 de julio de 1936; la novela de Lera, intercalando recuerdos de la guerra en la narración de los últimos días de ella, da mayor relieve a este final,

---

[37] *Ibídem*, pág. 366.
[38] M. Jiménez de Parga: *Noticias con acento*, Madrid, Alfaguara, 1967, pág. 129.

experimentado con desolación por un oficial del ejército republicano. Romero ha puesto un empeño de objetividad mayor que el de Gironella. A Angel María de Lera le ha sido permitido publicar dentro de España la primera novela bélica desde el punto de vista de los derrotados.

En el libro de José Luis S. Ponce de León, *La novela española de la guerra civil (1936-1939)*, publicado en 1971, encontrará el lector información provechosa y ecuánimes interpretaciones acerca del tema que este capítulo sólo ha pretendido esbozar a modo de umbral.

Aunque el tiempo no vuelve, ni se detiene, ni tropieza, la guerra española no ha dejado de ser objeto directo de novelas, aun en estos últimos años en que las técnicas narrativas tan lejos andan del «testimonio» y del «ciclo». Prueba de ello, *San Camilo, 1936* (1969), de Camilo José Cela, o *Historias de una historia* (1973), de MANUEL ANDÚJAR, por sólo citar dos obras importantes.

NOVELA EXISTENCIAL

III

CAMILO JOSE CELA: LA ENAJENACION

En 1942 se publica *La familia de Pascual Duarte*, de CAMILO JOSÉ CELA, novelista novel (n. en Iria Flavia, Coruña, 1916), y con esta obra, según se notó en seguida y se iría confirmando con el paso de los años, entró la novela española por esa vía de nuevo realismo y de rehumanización ya aludida al principio. Contra la tónica habitual en aquellos años, el novelista gallego no venía a ofrecer al lector literatura evasiva, pero tampoco bélica, a pesar de que como autor de juveniles poemas surrealistas (*Pisando la dudosa luz del día*) hubiese podido fácilmente inclinarse a la primera y como soldado en ambos frentes españoles recurrir fundadamente a la segunda. No lo hizo. Prefirió ejecutar un trabajo insólito. Y es seguramente este propósito de novedad de Cela lo que explica no sólo la sacudida que produjo su primera novela y el rápido prestigio que le granjeó, sino también el hecho de que cada una de sus novelas posteriores represente un experimento diverso, y acaso también la circunstancia de haber pasado largos años sin publicar novelas como si temiese, ante sí mismo, no lograr algo a la vez distinto y mejor que lo precedente.

Cualesquiera que fuesen las pequeñas causas cooperantes, el éxito rápido y firme de Camilo José Cela se

debe a sus indiscutibles dotes de escritor: ingenio fértil, penetrante observación, humanismo de fondo, sentido para jugar el juego del arte, conocimiento vasto y
depurado de los recursos del idioma, perseverancia,
impetuosidad, gracia. Casi todo el mundo le reconoce
esas dotes, incluso aquellos que antes detestaban sus
extravagancias públicas de bohemio superviviente y los
que más tarde lamentan el aburrimiento del académico
aposentado en Palma de Mallorca. Tales dotes han venido mostrándose, aunque con cierta tendencia a la
autoimitación durante los últimos años, en los numerosos libros de viajes, cuentos, artículos, ensayos y poesías por Cela publicados y en los nueve que él considera
novelas: *La familia de Pascual Duarte,* 1942; *Pabellón
de reposo,* 1944; *Nuevas andanzas y desventuras de
Lazarillo de Tormes,* 1944; *La colmena,* 1951; *Mrs.
Caldwell habla con su hijo,* 1953; *La Catira,* 1955; *Tobogán de hambrientos,* 1962; *San Camilo, 1936* (1969),
y *Oficio de tinieblas 5,* 1973. De estas nueve novelas
han alcanzado abundantes reediciones y audiencia
prácticamente universal *La familia de Pascual Duarte*
y *La colmena,* que son también aquellas que han abierto rutas nuevas a la literatura narrativa española y servido de ejemplo a novelistas más jóvenes. Atestigua la
difusión de las obras de Cela la popularidad de su nombre en España (no sólo debida a sus gestos cara a la galería), pero también la atención que le ha dedicado la crítica dentro y fuera de España. Aparte innumerables artículos y ensayos breves, sobre Cela y su arte narrativo se han escrito varios libros [39].

---

[39] O. PRJEVALINSKY: *El sistema estético de C. J. C.,* Va-
lencia, Castalia, 1960. A. ZAMORA VICENTE: *C. J. C.* (*Acer-
camiento a un escritor*), Madrid, Gredos, 1962. P. ILIE:
La novelística de C. J. C., Madrid, Gredos, 1963, R. KIRS-
NER: *The novels and travels of C. J. C.,* Chapell Hill, The
Univ. of North Carolina Press, 1963. D. W. FOSTER: *Forms*

«*Pascual Duarte* es una novela lineal, escrita en primera persona, que abarca toda una intensa vida». Así definía, desde un punto de vista técnico, Camilo José Cela su primera novela diez años después de aparecer. Pero desde el punto de vista de lo que ella vino a significar en la trayectoria de la narrativa española de posguerra —la primera tentativa hacia un nuevo realismo «existencial»—, podría y debería ser definida como la confesión de un criminal inocente condenado a muerte. Y es notable que una de las primeras novelas existencialistas francesas, *L'étranger*, de Albert Camus, publicada también en 1942, pueda definirse en su mayor parte con idénticas palabras: la confesión de un condenado a muerte, criminal inocente. Sólo que la inocencia de Meursault es subjetiva: siente que matar es tan absurdo como vivir o morir; mientras la inocencia de Pascual Duarte resulta de su misma confesión; Pascual sufre a veces antes de matar y se apesadumbra por haber matado, víctima moral de casi todas sus víctimas materiales. En todo caso, aunque no hubiera relación transitiva de Camus a Cela, la coincidencia de sus protagonistas —situacional, no psicológica ni moral— revela el clima del momento: violencia, cerco existencial, inminencia de la muerte, opacidad del destino.

Recordemos brevemente la disposición de la obra. Una «nota del transcriptor» informa sobre el hallazgo del manuscrito de Pascual Duarte a mediados de 1939, justificando la publicación del relato para presentar en Pascual un modelo de lo que no se debe hacer. A continuación viene una carta anunciando el envío del original: el 15 de febrero de 1937, desde su celda, Pascual

of the novel in the work of C. J. C., Univ. of Missouri Press, Columbia, Missouri, 1967. S. Suárez: *El léxico de C. J. C.*, Madrid, Alfaguara, 1969. D. W. McPheeters: *C. J. C.*, New York, Twayne, 1969. M. Tudela: *C. J. C.*, Madrid, Epesa, 1970.

envía el manuscrito, como «pública confesión», a un
señor Barrera, por ser éste el único amigo de don Jesús
González de la Riva cuyas señas conocía Pascual, asesino convicto y confeso de don Jesús. Figura en tercer
término una cláusula del testamento del señor Barrera
alusiva al manuscrito y según la cual éste debía ser
quemado sin leerlo o salvado del fuego y usado a voluntad de quien lo hallase si, al cabo de dieciocho meses,
se había librado de la destrucción. Pascual Duarte dedica sus páginas a la memoria del «insigne patricio»
don Jesús González de la Riva, conde de Torremejía,
quien, al irlo a rematar aquél, «le llamó Pascualillo y
sonreía». Y viene, en fin, el relato mismo, repartido en
19 capítulos. Los cinco primeros se refieren a la familia
de Pascual no creada por él: su pueblo y casa, sus padres, su hermana Rosario, su hermano Mario. Al final
del capítulo quinto, al lado de la sepultura del hermano,
Pascual desflora a su novia, Lola, y aquí se interrumpe
la narración. Ha pasado el prisionero quince días sin
escribir y, en la celda, medita sobre la muerte y contempla, a través de la ventana, a lo lejos, una posible
familia feliz (cap. 6). Prosigue entonces el relato, ex-
tendiéndose por seis nuevos capítulos, a lo largo de
los cuales, sin dejar su condición de hijo y hermano,
Pascual Duarte aparece como novio, esposo y padre:
decide casarse con Lola, su luna de miel tiene un final
sangriento, el primer hijo es un aborto, el segundo muere a los once meses; madre, mujer y hermana lamentan
el vacío; la mujer y la madre abruman a Pascual con
sus reproches. Nueva pausa reflexiva. El condenado ha
pasado treinta días sin escribir. Medita. Ha confesado
con el capellán de la cárcel y desea seguir escribiendo
esta otra confesión que tanto alivio le trae. Tras esta
pausa, que ocupa el capítulo 13, continúa la narración.
Pascual huye de su familia hacia el ancho y ajeno mun-

do; regresa al cabo de dos años para ver morir a su esposa luego de haberle ella descubierto su entrega a «El Estirao», rufián de su hermana Rosario; mata a su enemigo cuando éste viene a llevarse a Rosario; y, pasados tres años en el penal de Chinchilla, es puesto en libertad por su buena conducta y retorna a la sombría soledad de su casa. Rosario ha buscado a Pascual una novia, Esperanza, con quien se casa; pero la madre le hace imposible la vida, y Pascual, incapaz de dominar el odio que hacia ella ha venido sintiendo desde antiguo, la asesina. Inclúyese al final otra «nota del trascriptor», donde éste supone que el parricida permaneció en Chinchilla hasta 1935 ó 1936, saliendo de presidio antes de empezar la guerra, y dice no haber podido averiguar nada acerca de su actuación durante los quince días de revolución que pasaron sobre su pueblo, salvo que asesinó a don Jesús por motivos ignorados. Una carta del capellán de la cárcel de Badajoz y otra de un guardia civil dan sendas versiones de la ejecución de Pascual y de su conducta antes de ella y en el momento de sufrirla: conducta ejemplarmente cristiana según el sacerdote y cobarde en extremo según el gendarme.

Gracias al papel puramente transmisivo que el autor adopta, el relato ofrécese al lector —repito— como la directa confesión de un condenado a muerte. El condenado confiesa sus culpas, no para conciliarse el perdón de nadie, sino para explicarse cómo vino a cometer tantos errores, a partir de qué circunstancias. La textura de la obra —esa matización e interrupción del relato por la reflexión— se debe a un propósito íntimamente confesional. Y la confesión va destinada en último término a todo el mundo, pero en término inmediato al conde de Torremejía. Es como si en la persona del señor Barrera resucitase Pascual al conde para explicarle, y explicarse a sí mismo, por qué todas sus violencias remataron en rematarle. Pues en rigor el crimen culminante de Pascual no es el que tiene por víctima a su madre, aunque así lo parezca, sino el que tiene por víctima al conde, crimen solamente aludido en la obra, pero que es el que lleva al protagonista, sin remisión, al patíbulo; y no es éste el crimen culminante porque le arrastre al castigo inapelable, sino porque es el único ajeno a las espontáneas urgencias de la sangre: el único crimen social.

Si bien se observa, los crímenes de Pascual Duarte proceden desde el automático impulso de desquite contra el agente de una molestia o herida (la yegua, la perra), pasando por la emocional venganza de honor contra el burlador («El Estirao»), hasta llegar a una especie de venganza metafísica contra el origen de su vida desastrada (la madre). Sólo al asesinar al conde de Torremejía ha encontrado Pascual, por fin, a un culpable distante: en la sociedad, no en su familia. Mata a la yegua porque malogró su primer hijo, mata a la perra porque en su mirada resumía los reproches por la pérdida del segundo, mata a «El Estirao» porque había seducido a su mujer y explotaba a su hermana, mata a su madre para vengar en ella las desgracias todas de esta su familia de sangre. Pero aunque los motivos por los cuales asesina al conde de Torremejía no se dan a conocer, la actitud del criminal respecto a esta víctima futura trasparece en significativas alusiones: la diferencia entre la casa señorial del prócer y la casa de Pascual, «estrecha y de un solo piso, como correspondía a mi posición»; el bienestar de aquél, sus posesiones, el hecho de que sólo para él se dijese la misa, etcétera.

Lo que acabo de indicar no tiene por objeto atribuir a la primera novela de Camilo José Cela una densa intención social de testimonio o protesta. Las interpretaciones que podríamos llamar «patológica», «moral»,

«existencialista» y «tremendista» de dicha novela tienen, cada una, pretextos razonables. Sin embargo, aunque Pascual Duarte obra a menudo como un demente,
aunque su confesión contiene elementos de vieja moral
y de moralidad general, aunque parece dar una visión
de la angustia consustancial a la condición humana y
aunque amontona violencias y fealdades a un furioso
ritmo que evoca los romances callejeros y las crónicas
de sucesos espeluznantes, creo que, no tanto en la conciencia de Pascual Duarte cuanto en la de su hacedor,
está presente, por vía de alusión y reticencia, la validez del destino de aquél como el destino de una gran
parte del pueblo español, falto de educación y medios,
al borde mismo de la guerra civil. Así, la *familia* de
Pascual Duarte no es sólo la familia carnal, sino la familia social, la sociedad española en cuyo seno —bien
poco materno— se formó o deformó aquella oveja sacrificial, aquel cordero pascual. Porque Duarte, que tantas víctimas hace, resulta ser, no ya una víctima más de
la Ley, sino la víctima de su familia, la particular y la
general. Y confirma esto el hecho en que la crítica menos ha insistido: que la confesión del condenado a muerte sea una confesión pública dirigida al representante
de la clase social agredida en la persona del conde de Torremejía.

Vista así, *La familia de Pascual Duarte* es una narración en primera persona que expone la perdición de un
hombre en las determinadas circunstancias familiares
y sociales que el relato mismo describe o indica. Y esa
perdición, que encierra una validez típica no en los detalles de la fábula sino en su total sentido, tiene por
causa el abandono y por resultado la soledad. Pascual
Duarte es un individuo abandonado y solitario. Abandonado no de Dios, como él cree en su ingenuo fatalismo,
sino de su familia inmediata y mediata. Solitario, no porque toda vida humana sea soledad, sino porque la so-

ciedad de que debía formar parte congruente y útil no le ha incorporado: le ha abandonado desde siempre.

Más bien que considerar *La familia de Pascual Duarte* como el afortunado comienzo ocasional de un renacimiento de la narrativa española sería justo mirarla como un primer paso hacia un realismo existencial que pronto habría de generar otro modo de realismo social implícito en el primero. Para mirar la obra con este enfoque basta poner en conexión su tema (la perdición de un hombre), sus motivos (violencia, ensimismamiento) y su fondo (campo español, desenlace en la guerra) con otras obras que, a primera vista muy desemejantes, concuerdan en algo o en mucho con su sentido total: *Campo cerrado, Nada, Pabellón de reposo, Los Abel, Cuando voy a morir, Mi idolatrado hijo Sisí, Los cipreses creen en Dios, Las buenas intenciones,* etc. (Me refiero a homogeneidad de clima y convergente valor de atestiguación más o menos explícita o deliberada.)

Las interpretaciones que prescinden del fondo histórico-social denotado por la *La familia de Pascual Duarte,* pueden ser, y son algunas de ellas, muy valiosas, pero incompletas. Pascual Duarte es la violencia primitiva, la criatura angustiada, un ejemplo de predisposición a la demencia, un buen hombre impelido al crimen, pero es todo eso *antes del* estallido de la guerra española y *durante* sus primeros estragos, y eso que él es está escrito poco *después* de sofocado el incendio. La familia de Pascual es la familia que hizo posibles tantas desgracias y violencias de tantos como él, portadora de la discordia y de la ruina, y víctima de aquella otra familia mayor, de aquella gran familia convulsionada y rota. (Piénsese que la otra novela de más fuerte resonancia en la España recién salida de la guerra, *Nada,* de Carmen Laforet, iba a descubrir también la historia de una familia y por cierto de una familia análogamente discorde, deshecha y envilecida.)

No es extraño, sin embargo, que sólo escasamente se percibiera lo que *La familia de Pascual Duarte* representaba como testimonio de una realidad española inmediata. Y no es extraño por dos razones: la primera es que el autor abordó alusiva y aun elusivamente aquella realidad, desarrollando, en cambio, los incidentes de su particular fábula con enfático relieve; la segunda consiste en que no fue fácil al escritor novel dar al contenido propuesto (la confesión de un condenado a muerte) la forma unitaria adecuada, por sentirse atraído hacia diversos patrones narrativos: la novela picaresca antigua y la neopicaresca urbana de Baroja, el romance de ciego y la tragedia rural (Valle-Inclán, Lorca); heterogeneidad de sugestiones literarias muy propia de un narrador que empezaba.

La explicación más sencilla del procedimiento alusivo-elusivo sería ocasional: que el autor no encontrase oportuno, apenas transcurridos tres años desde el fin de la guerra, mostrar claramente en un caso ejemplar cómo fue posible que tantos españoles del pueblo viniesen a estrellar sus vidas contra lo tradicionalmente respetado. Se puede notar, con todo, que tal procedimiento, lejos de restar valor a lo sólo aludido o eludido, se lo aumenta, así como en una reunión prevista la persona que falta, acaso gravita más poderosamente que quienes han venido y están ahí participando en la conversación. Por muchas desgracias y violencias que protagonice Pascual Duarte, sabemos desde un principio que va a ser ejecutado por el asesinato del conde de Torremejía y que su confesión entera, la parte que conocemos y la que no, va dirigida en última instancia a esa víctima postrera.

En cuanto a los modelos literarios, son fáciles de reconocer. Hacia la picaresca antigua tenía que volver los ojos Cela, casi necesariamente, dada la semejanza temática y formal entre lo que proyectaba referir y aquel género: confesión de los extravíos de un hombre en su mundo social desde el punto de vista del que ha llegado al cabo de ellos y puede contemplar el extremo de perdición en que se encuentra. Las reflexiones de Pascual Duarte, aunque más breves y nada doctrinales, están en consonancia con las de Guzmán de Alfarache por lo que significan de lamentación y de reconocimiento tardío de los errores. Pero la semejanza es mucho mayor con el *Lazarillo* y sobre todo con el *Buscón*: relato dirigido a un señor, bajeza moral de los padres, el adulterio, el hermanito menor, abandono de la escuela, intención de emigrar, práctica de diversos oficios y servicios, crítica social a través de la exposición de la propia conducta, interrupción de la historia.

Si era lógico que Cela recurriese a la tradición picaresca, lo cierto es que, a causa del deslumbramiento producido por los modelos, su novela muestra algunos desajustes que debilitan un poco la fundamental gravedad de la confesión. Para contar la perdición de un hombre del pueblo de España, de la España que hizo la guerra civil, la antigua novela picaresca podía brindar elementos adecuados: la autoconfesión, la estructura lineal de la historia (expresiva de la sucesión de los errores y del mismo errar sin meta), el señalamiento de los males sociales, la solitaria lucidez del que en extremo de muerte contempla su vida de niño a hombre como un extravío causado por él mismo y por los demás. Pero en la picaresca antigua había otro elemento: el ingenio, la burla, el distanciamiento cínico, la visión irónica de uno mismo y de lo más allegado a uno mismo; y este elemento, que asoma sobre todo en los primeros capítulos de *Pascual Duarte*, discrepa de la psicología del protagonista, tan brutal en sus resultados como se quiera, pero básicamente bondadosa y confiada.

Al hacerse hombre Pascual Duarte, esto es, al tratar de fundar su propia familia, los ecos de la picaresca clásica dejan paso a la irradiación de otro módulo literario o, mejor, subliterario: el romance de ciego, la crónica criminal. El desliz con Lola, la luna de miel en la posada del Mirlo, la reyerta en la taberna, los malos agüeros que presagian el aborto y, más adelante, la infidelidad de Lola, la riña a muerte con «El Estirao» y, en fin, el matricidio, son incidentes que proceden de la subliteratura plebeya tan patética y crudamente detallista. Ya Baroja, Valle-Inclán, Noel, Solana o Pinillos habían hecho ensayos y aproximaciones de este tipo. Cela vino a sumarse, con brillo propio, a esta constelación.

Por último, en los capítulos 10 a 12, la muerte del niño, la oquedad de la casa y la obsesiva lamentación de las mujeres enlutadas se esbozan con tintes y rumores de tragedia rural mítica al modo de Valle-Inclán y García Lorca. Los presagios de aquella muerte que viene en el aire recuerdan la *Tragedia de ensueño*, de Valle-Inclán. El luto, los ayes, el reproche de las mujeres al hombre cuya simiente se pierde, al García Lorca teatral, incluso en ciertas imágenes: «tu carne de hombre que no aguanta los tiempos», «tu sangre que se vierte en la tierra al tocarla».

Ni la ironía del pícaro antiguo, ni el patetismo pintoresco del romance de feria, ni las condensaciones míticas y metafóricas de la tragedia se ajustaban perfectamente a la cándida gravedad de la confesión de Pascual, cuya unidad ponen en peligro, no sólo por la heterogeneidad de actitudes que implican, sino por el recubrimiento de «literatura» que suponen. Debe con-

cederse, sin embargo, que el autor había ido a buscar
en la tradición española lo en principio más consonan-
te con su tema, porque si la antigua picaresca brinda
el monólogo confesional, la disposición sucesiva de los
hechos y la crítica inmanente al narrar una vida, el
romance aporta sus enormes trazos y su sabor ple-
beyo, y la tragedia poética su capacidad de elevar ciertos momentos a la altura del mito con una imaginería
elemental que refuerza el fatalismo en que Pascual
Duarte cree.

Pero donde la obra demostraba más claramente la
aparición de un escritor de grandes dotes no es en la
composición del conjunto ni en la adopción de los
modelos citados, sino en otros aspectos: el poder de
representación concreta atemperada al alma del protagonista, el trémolo quejumbroso que impregna la
confesión y un nuevo modo de dar a sentir la crueldad y la piedad.

Aunque *La familia de Pascual Duarte* es más bien
un relato que una novela (entre otras cosas por la influencia del relato picaresco y del romanceril, formas
ambas de esquematismo y «chafarrinón»), el autor demostraba poseer la más alta facultad del novelista: el
don de representar a la conciencia del lector todo un
mundo, todo un ambiente fascinador en sus objetos,
personas y relaciones. Recuérdese la descripción del
pueblo y de la casa en el capítulo primero, la estructura del cual responde perfectamente al sentido de soledad que lo inspira: soledad cerrada del prisionero
que rememora la soledad libre en la que contemplaba su
contorno y su enclave. O la descripción de la alcoba de
la posada del Mirlo: no inventario, sino «ambientario».
Parecido vigor en los retratos, por ejemplo, el de Lola, y
en los símiles, tan apropiados siempre al observador
campesino: palabras que se espantaban «como las per-

dices al canto del caminante», el capellán de la cárcel «raído como una hormiga», el pecho vengativo de Pascual como «un nido de alacranes».

Demostraba también Cela en su primer libro una virtud musical que pronto ratificaría en *Pabellón de reposo*: el sentido profundo de la melodía emotiva, una tonalidad lamentatoria, resignada, que a menudo se refleja en la tendencia a alargar la frase y posponer el verbo. Por ejemplo: «¡La mujer que no llora es como la fuente que no mana, que para nada sirve, o como el ave del cielo que no canta, a quien, si Dios quisiera, le caerían las alas, porque a las alimañas falta alguna les hacen!». El trémolo gemebundo del prisionero infunde al relato mayor unidad como lo que es: la confesión de un condenado a muerte, superando al fin el riesgo de heterogeneidad de los factores picarescos y romanceriles.

Pero sin duda la nota más nueva venía a ser el contrapunto de crueldad y de piedad a que obedecía la visión de Pascual Duarte.

La crueldad aparece en el relato de dos modos: como deleite en hacer sufrir, por parte de algunos personajes, y como deleite en la descripción de la violencia y la fealdad, por parte del narrador.

Complacencia en el sufrimiento ajeno sienten la madre de Pascual, el señor Rafael, «El Estirao» y los niños que miran a los presos como a la oveja apuñalada, al perro quebrado por el carro o a los gatitos apedreados. Pascual Duarte, en este sentido, no es cruel: nunca goza ante el sufrimiento ajeno. Riñe, hiere, mata, pero no se deleita viendo sufrir a sus víctimas, prolongándoles el padecimiento. «La conciencia —dice— sólo remuerde de las injusticias cometidas: de apalear a un niño, de derribar una golondrina... Pero de aquellos actos a los que nos conduce el odio, a los que vamos

como adormecidos por una idea que nos obsesiona,
no tenemos que arrepentirnos jamás, jamás nos remuerde la conciencia.» (En prólogo que contribuyó mucho
a la difusión de la novela de Cela, se refería Marañón
a la «abstracta y bárbara pero innegable justicia» de
Pascual Duarte.)

Cruel es, en cambio, Pascual cuando se detiene a
describir las violencias suyas o ajenas y los aspectos
viles de la realidad que ha conocido. Pero la crueldad,
en estos casos, recae sobre sí mismo, y viene a ser
como un ejercicio de penitencia mediante el cual percibe a fondo los errores propios, la maldad ajena y la
sordidez de su mundo. La mucha sangre que, a lo largo
del relato, vemos agolparse en las sienes de Pascual,
o manar del cuerpo de sus víctimas, o perderse en
la disolución de la familia, simboliza la perdición de
aquel hombre, de esa familia, de este pueblo violento.
La fetidez de la cuadra es el olor de la muerte alber-
gada en la casa familiar. El rostro de la madre, tan
repugnante, es la faz misma de la vida corrompida y
llagada.

Pero a través de la crueldad asoma la felicidad —muy
breve—, la bondad —infructífera— y la piedad. Toda
la piedad de Pascual se concentra en su hermana, en
Rosario. Rosario es quien levanta del suelo al hermanito apaleado; la única, de las tres mujeres enlutadas,
que le asegura a Pascual que no está maldito porque
su segundo hijo se haya malogrado. Rosario es quien
viene a cuidar a Pascual viudo: «Me tenía siempre preparada una camisa limpia, me administraba los cuartos
con la mejor de las haciendas, me guardaba la comida
caliente si me retrasaba»... Al volver del penal, cuando
Pascual se aproxima a la casa en medio de la noche
solitaria, piensa si su hermana estará allí soñando, en-
tristecida, con su desgracia, rezando por él, o acaso

sobresaltada, presa de una pesadilla: «Y yo estaba allí, estaba ya allí, libre, sano como una manzana, listo para volver a empezar, para consolarla, para mimarla, para recibir su sonrisa». Es Rosario, en fin, quien busca al hermano nueva esposa, deseando encauzar de nuevo su vida. La piedad de Pascual, su amor a Rosario proviene de saberla, como él, infortunada y buena. Se identifica con ella como víctima. Y, lo que importa más, ve en ella, en la hermana prostituida, la única madre perfecta: la que, sin tener hijos ni perderlos, sabe amorosamente levantar al caído, comprender al desdichado, rezar por la salvación del condenado, sonreír con dulzura y prepararle al triste la limpia camisa de la felicidad.

El contrapunto de crueldad y piedad del *Pascual Duarte* tiene, pues, una función moral de autoconocimiento y purificación. No es mero tremendismo, no es artificiosa ostentación de horrores y ternuras adrede. Expresa el odio contra una realidad injusta y el anhelo de concordia, la necesidad de amor, del hijo desvalido.

Y, sin embargo, esta obra, discutida ampliamente por la crítica tan pronto como se publicó, dio lugar a que se considerase a su autor como iniciador de un nuevo movimiento al que se llamó «tremendismo». El rótulo recuerda otros, anteriores o posteriores, como estridentismo, iracundismo, frenetismo, absurdismo, y denota la necesidad que se sentía en la España de entonces de encontrar un rumbo fuese como fuese. Cela mismo ha venido refiriéndose al tremendismo como a una tontería más, sin base alguna, pero no ha dejado de declarar que en *La familia de Pascual Duarte* acumuló deliberadamente los hechos sangrientos. Comoquiera que sea, conviene corregir la suposición de que dicho «tremendismo» constituyese una nueva corriente literaria. Desde el romanticismo en adelante la propensión a revelar, en obras literarias, aspectos de la realidad horribles por su violencia, por su fealdad o por su abyección, se encuentra a cada paso. El Quasimodo de Víctor Hugo, la carroña de Baudelaire, las descomposiciones de Poe, la hediondez de Zola, los exquisitos horrores de Huysmans, la obscenidad de Verlaine y de Rimbaud y, en fin, dejando de mencionar tantas otras modalidades, los escombros subconscientes volcados en sus obras por los surrealistas, son ejemplos que hablan por sí solos. Siendo la escuela naturalista francesa la que hizo más hincapié en poner al desnudo las miserias físicas y morales del hombre, se quiso ver en la obra de Cela y de algunos seguidores suyos una vuelta a aquel naturalismo. Otros, posteriormente, le han encontrado semejanzas con la literatura existencialista propagada también desde Francia (Celine, Sartre, Camus). Pero el supuesto tremendismo de Cela no ha dado una tónica general, y relativamente prolongada, a la novela española de posguerra, ni mucho menos ha instaurado una corriente neonaturalista. En Cela responde a un complejo de causas. Por un lado, leyendo su autobiografía, *La cucaña*, se tienen testimonios quizá suficientes para atribuirle una inclinación personal a ciertas experiencias «raras»: malos olores, palabras obscenas, gestos de crueldad seguidos de arrepentimientos, ademanes desafiantes (¿velos de la timidez?, ¿alardes de novedad a toda costa?). Por otro lado, como ya se ha advertido, Cela se inició en la literatura como poeta surrealista, y el surrealismo es una concepción del mundo que se distingue sobre todo por el empeño de liberar aquella parte de la total conciencia que yace en la sombra de las represiones. Los años de anteguerra y posguerra, tan agitados y turbios, tenían que fomentar, en escritor de semejante carácter y tales propensiones, la tendencia a manifestar miserias y violencias vividas. Por último, entre los autores españoles preferidos por Cela se destacan precisamente algunos sobremanera francos en la trasposición artística de lo feo y lo monstruoso: Quevedo, Baroja, Valle-Inclán, Solana. Si a éstos añadimos otros españoles que comparten parecida franqueza, como Fernando de Rojas, Mateo Alemán, o pintores como Ribera, Goya, el mismo Solana, Picasso o Dalí, podríamos reconocer que cierto feísmo, tremendismo o como se le llame, es rasgo frecuente en el arte español, derivación acaso de su tan señalado realismo, entendiendo aquí por realismo la proximidad a lo inmediato sensible y la parquedad en lo maravilloso y fantástico (empleo términos de Menendez Pidal) [40].

De aceptarse el «tremendismo» para la novela de posguerra, conviene precisar que tal tendencia apenas se da de una manera continuada en otro autor que no sea Camilo José Cela. Pueden enumerarse, sí, algunas novelas de otros autores que presentan un sesgo tremendista en el tema o en la tónica: *El bosque de Encines* (1947), de Carlos Martínez Barbeito; *Nosotros los muertos* (1948), de Manuel Sánchez Camargo; *La llaga* (1948), de Marcial Suárez; *Los hijos de Máximo Judas* (1950), de Luis Landínez; *Con la muerte al hombro* (1954), de José Luis Castillo Puche, y alguna narración de Angel María de Lera o de Tomás Salvador. No faltan en estas obras crímenes, locuras, violencias, vicios. Pero sus autores no se definen, desde luego, por la aplicación de estos componentes. De tener que indicar, junto a Cela, a algún narrador consecuentemente incitado a manifestar horrores y miserias del

---

[40] R. MENÉNDEZ PIDAL: *Los españoles en la literatura* (1949). Espasa Calpe, Buenos Aires, 1960, pág. 86-87.

cuerpo y del alma, habría que escoger a Francisco Ayala [41].

Después de *La familia de Pascual Duarte*, Cela publica en 1944 dos novelas: *Pabellón de reposo* (aparecida ya en folletón el año anterior) y *Nuevas andanzas y desventuras de Lazarillo de Tormes*. Obras dispares entre sí, pero que se vinculan a *Pascual Duarte*, la primera por lo que significa de confesión solitaria al borde de la muerte, la segunda por el aprovechamiento del viejo relato picaresco.

Si en *Pascual Duarte* había dado Cela, según palabras suyas, «una novela lineal, escrita en primera persona, que abarca toda una intensa vida», en *Pabellón de reposo* produjo «una novela ensamblada, como los pisos de parqué, escrita también en primera persona, desde los diversos ángulos de cada uno de sus personajes, y en la que no se atiende sino a los estertores, a las últimas luces de cada candil». Se expone en esta estática novela el mundo interior, desorbitado y morboso, de unos tuberculosos que habitan en un sanatorio de montaña, cerca de Madrid. El autor presentaba su obra como «un intento (...) de desenmarcación de la circunstancia del tiempo (...) y del espacio. En él la acción es nula y la línea argumental tan débil, tan sutil, que a veces se escapa de las manos» [42].

La estructura de *Pabellón de reposo* es extremadamente sencilla: una primera parte de siete capítulos,

---

[41] Debo advertir que lo que antecede, en el texto, acerca de *Pascual Duarte* es reducción y en parte transcripción de mi ensayo «Reflexiones sobre *La familia de Pascual Duarte*», *Papeles de Son Armadans*, núm. CXLII, Enero 1968, págs. 19-58.

[42] La primera cita procede de *Mrs. Caldwell habla con su hijo*, Barcelona, Destino, 2.ª ed., 1958. («Algunas palabras al que leyere», pág. 13.) La segunda de la «Nota» preliminar a *Pabellón de reposo*, Madrid, 1944.

un intermedio, una segunda parte de otros siete capítulos y un epílogo. Los siete capítulos de la parte primera corresponden a los monólogos de otros tantos enfermos designados por su número: el 52, interesado por la señorita del 37, contempla apenado, recuerda nostálgico y trata de aproximarse a la vida mediante ese incipiente interés por otra enferma; la señorita del 37 escribe su diario, recogiendo sus impresiones sobre otros enfermos y, en especial, su horror a la muerte y su deseo de levantar los ánimos caídos; el joven poeta del 14 recuerda su niñez, pide a Dios conformidad y se reconoce enamorado de la señorita del 40; la señorita del 40 escribe, se interesa por el 52, hombre maduro, y sólo maternalmente por el 14, evoca la noche de su primera hemoptisis y se prepara a sufrir el neumo; el número 11 escribe cartas desesperadas a su novia; la señorita del 103 medita sobre la crueldad de lo sano y vital frente a lo enfermo y caído y rememora a su novio, marino, muerto recientemente; el número 2, negociante y director de una sociedad, escribe cartas a su administrador, orientándole sobre el negocio y pidiéndole cuide de su mujer y de su hija. Todas estas experiencias, solitarias y simultáneas, tienen lugar a comienzos del verano, y la carretilla que lleva y trae los ataúdes no deja de rechinar, empujada por el jardinero. El intermedio, breve, en estilo narrativo, abre perspectivas sobre los médicos, enfermeras y dependientes del sanatorio en su vida activa. En la segunda parte estamos en el otoño. Ha cambiado el temple del paisaje, pero la carretilla mortuoria, empujada por el jardinero, no cesa de rechinar a lo lejos. Ahora, el 52 se desespera sintiendo acercarse la muerte, que ya se ha llevado a la señorita del 37; por las notas diarias de ésta conocemos su amor al 52 y su pena por el 14, muerto hace algún tiempo; el capítulo tercero de esta parte contiene páginas del 14, casi moribundo; la señorita del 40, en el capítulo cuarto, aparece poseída ya de la inminencia de su muerte; el capítulo quinto recoge las cartas angustiadas del 11, tras cuya muerte se recibe la carta de su novia: «No tengo por qué uncirme a un carro ardiendo ni por qué embarcarme en un buque que hace agua»; en el capítulo penúltimo, la 103 vuelve a recordar al marino muerto, sintiendo la invasión de su propio fin, y en el último, el número 2 recibe la visita de su mujer y de su hija, se reconcilia con aquélla y, sintiéndose morir, hace testamento. El epílogo reitera, con variaciones, la descripción inicial de la novela. El tiempo todo lo arrastra. «El mundo, impasible a la congoja, sigue dando vueltas por el espacio, obediente a las complicadas leyes de la mecánica celeste.»

Paul Ilie ha estudiado con acierto los aspectos principales de esta novela: el tiempo, el primitivismo; la simultaneidad, la simetría y la polaridad como cualidades formales expresivas del contenido, y el influjo de *La montaña mágica*, de Thomas Mann. «Gritos de angustia en un doloroso estado del ser», es la definición que da de esta novela. «En este sentido —concluye—, se trata de una novela existencial, aunque Cela no sea un escritor existencialista, es decir, no cree, como hizo Unamuno, con la intención de novelar la filosofía de la existencia»[43].

Pabellón de reposo abre largos y lentos relámpagos sobre siete personas avecindadas a la muerte, desnudando sus luchas íntimas en un tiempo y un espacio que se dicen difusos y desenmarcados, pero que, no obstante, resultan muy concretos: mil novecientos cuarenta y tantos, un sanatorio del Guadarrama donde el autor, levemente disfrazado en el enfermo de la habi-

---

[43] P. ILIE: *Op. cit.*, pág. 111.

tación 52, permanece en lacerante reposo. Los personajes, «pensátiles» y trastornados, dicen su verdad, descubren sus heridas. La situación agónica de los enfermos aparece captada con recio diapasón poético, con
penetrante y trasmigrante lucidez. Los siete haces subjetivos proceden de un solo hontanar que inunda e
ilumina la vida en presencia de la muerte: esa vida de
allí, de la ciudad encendida a lo lejos con sus recuerdos,
y esa vida de ahí, del sanatorio, con sus hablillas entre
los sanos y con los sordos gritos aislados de los mori-
bundos. En el 52 o en la 40, pero sobre todo en el 11 y
en el 2, en sus resignaciones, locuras, clamores de amor
o confesiones de fracaso hay verdad necesaria y necesidad hermosa y profundamente expresada. En tal
sentido, *Pabellón de reposo* es también ejemplo del
nuevo realismo de la novela española, si por realismo
entendemos, con Lucien Goldmann, «creación de un
mundo cuya estructura es análoga a la estructura esencial de la realidad social en el seno de la cual se ha
escrito la obra» [44].

*Nuevas andanzas y desventuras de Lazarillo de Tor-
mes*, al decir de su autor, es «una novela de calendario»: «sigo con la primera persona y me ocupo del despertar de mi pícaro hasta su oficial consideración de
hombre, hasta su entrada en el cuartel para servir al
Rey» [45]. Aquí Cela se propuso ensayar el relato picaresco acoplado al mundo moderno. El prologuista de
este relato, José María de Cossío [46], señalaba todo lo
adoptado por Cela del *Lazarillo* primitivo, pero a continuación, tratando de definir la esencia del género pica-

---

[44] L. GOLDMANN: *Pour une sociologie du roman*, París,
Gallimard, 1964, pág. 211.

[45] En el prólogo a *Mrs. Caldwell* citado en la nota 42,
pág. 14.

[46] J. M. DE COSSÍO: «Prólogo» a *Nuevas andanzas*. Manejo la 6.ª ed., Noguer, Barcelona, 1955.

resco antiguo, hallaba en éste un idealismo de signo
contrario al de la novela morisca o pastoril, ya que el
pícaro tenía una visión rastrera o baja, unilateral, por
tanto, del mundo. Esto nos parece un error muy difundi-
do, que acaso se remonte a Ortega, acérrimo enemigo
de la literatura picaresca. Desde su perspectiva el pícaro escoge, sí, aspectos de la realidad criticable (aunque
no siempre), pero esos aspectos están ahí, son suscep-
tibles de documentación, existen; mientras que el autor
pastoril, caballeresco, o de aventuras moriscas o bizan-
tinas sustituía lo presente por lo pasado y lo que sucede en el mundo por aquello que sólo se suscita eva-
sivamente en su fantasía. En cambio, tenía razón Cossío
al indicar que el tema fundamental de la picaresca, el
hambre, ya no podía ser tratado por el escritor moderno sin gravedad. Evidente. Aunque ocurre preguntar
si en una época en cierto modo todavía feudal podía
denunciarse la presencia del hambre, en el plano literario, de otra manera que aderezándola con las flores
del ingenio y la burla. Pues lo indudable es que en la
novela picaresca del siglo XVII se contiene una crítica
moral y social cuya trascendencia consiste en señalar
el mal para aviso de todos, creyentes y descarriados,
príncipes y truhanes. Por eso, cuando Cossío agregaba
que Cela evitó convertir su novela en obra de preocupación política poniendo al nuevo pícaro en contacto
con gentes singulares que no representan clases sociales, sino individuos de excepción aptos para la complacencia literaria, en primer lugar se contradecía, pues
admitía implícitamente que las antiguas historias picarescas encerraban, además de regocijo artístico, una
acusación contra ciertos estratos sociales de la vida
española, y, en segundo lugar, ponía el dedo en la llaga
de la obrita de Cela. Su defecto no es otro que ser un
relato solamente divertido, desprovisto de vínculos con

la necesidad del mundo actual, situado en un tiempo
que puede valer por cualquier tiempo, o sea, por ninguno. Hasta en los momentos más graves de esa historia,
cuando Lázaro se siente acosado por el hambre, el frío
o la soledad, estas situaciones se refieren a una como
condición humana general: no aparecen causadas por la
cita necesaria de todos los hechos concretos. Y en cuanto a los amos del nuevo pícaro, ninguno representa un
tipo real o una realidad típica del momento: los pastores, los músicos ambulantes, el penitente, los artistas
de circo, el poeta filántropo, el boticario tacaño y la
nigromántica (tales son los amos sucesivos) son individuos superfluos, extravagantes, que no representan
nada. Esta misma gratuidad de acción y personajes recae sobre el estilo. Cela reconoció más tarde que para
él esta obra suya fue como un ejercicio de penetración
en los clásicos. Ejercicio de recreación de una lengua
sencilla, pero que con frecuencia incurre en un artificioso remedo de giros y órdenes sintácticos anacrónicos.

Ahora bien, el nuevo *Lazarillo* atesoraba también algunas virtudes. Suponía un experimento más en la novela de composición sumativa, novela itinerante y abierta que Baroja había postulado como la más semejante
al ritmo de la vida. De otro lado, llamó la atención sobre un personaje que, exceptuada la obra de Galdós,
había intervenido muy poco en la novela española moderna: el niño. Y, así, este Lazarillo de Cela vino a ser
ejemplo valioso para que otros novelistas dirigieran su
reflexión y su amor a ese muchacho huérfano de padres y de guías, doloroso fruto de todas las guerras.
En fin, este Lazarillo que camina por media España
al azar de sus no trágicos accidentes habituó también
el ojo del lector y el pie del escritor a explorar la España campesina y aldeana. El mismo Cela corroboró el
ejemplo con sus numerosos libros de viaje, el más fe-

liz su *Viaje a la Alcarria* (1948). La forma esencial de
la picaresca eso era: visión viandante, camino sin
meta y espejo paseado a lo largo de él. La tradición
picaresca no hubiese influido tanto de no haberse dado
en la España de aquel tiempo, por otra parte, circunstancias parecidas a las que fomentaron el nacimiento
del género en el siglo XVI. Tales circunstancias venían
puestas por el trastorno social y el malestar económico
derivados de la guerra civil. Desigualdad acentuada,
empobrecimiento, ocio forzoso de los sin empleo, corrupción. En semejantes condiciones proliferan el no-
madismo y la delincuencia.

La novela más ambiciosa de Cela, y la que ha tenido
mayor influjo en los rumbos de la narrativa española
de posguerra, es sin duda su cuarta novela: *La colmena*, publicada en Buenos Aires en 1951. Es un reflejo,
que aspira a ser exacto, del Madrid de 1942, visto en
muy varios emplazamientos y durante un breve lapso
de tiempo. Presentando la obra decía Cela: «Esta novela
mía no aspira a ser más cosa —ni menos, ciertamente— que un trozo de vida narrado paso a paso, sin reticencias, sin extrañas tragedias, sin caridad, como la
vida discurre». En estas palabras quedaba condensado
su afán, y el de otros narradores que coincidieron con
él o le siguieron, de superponer la vida al arte, la realidad a la estética. Poco después, el mismo Cela definía
La colmena con estas otras palabras: «En *La colmena*
salto a la tercera persona. *La colmena* está escrita en lo
que los gramáticos llaman presente histórico (...), es
una novela reloj, una novela hecha de múltiples ruedas
y piececitas que se precisan las unas a las otras para
que aquello marche. En *La colmena* no presto atención
sino a tres días de la vida de la ciudad, o de un estrato
determinado de la ciudad, que es un poco la suma de
todas las vidas que bullen en sus páginas, unas vidas

grises, vulgares y cotidianas (...). *La colmena* es una novela sin héroe, en la que todos sus personajes, como el caracol, viven inmersos en su propia insignificancia»[47].

En efecto, se trata de una novela sin protagonista y sin asunto. Los personajes que en ella aparecen, desaparecen y reaparecen fugazmente llegan al número de 296, más los personajes reales aludidos, que son 50. El diálogo hace visibles y audibles a todos esos pobres hombres y mujeres que gozan y sufren, sobre todo sufren, en el Madrid nocturno de 1942. No hay retratos ni etopeyas. Las figuras se definen hablando y moviéndose, y su intermitente reaparición, en breves escenas que reflejan, simultáneamente, su vivir, compone una especie de estridente sinfonía en que la masa diafaniza su ajetreada existencia a manera de una colmena en incesante y vano bullir. Protagonista es, por tanto, la vida, de la que esas gentes son vehículo. Escenario, la ciudad: en sus cafés, tabernas, bares, burdeles, habitaciones, calles y plazas. Y la noche tiende su sombra sobre la angustiada vida de esa ciudad, que no se describe, que se presenta en su inquietud, en la maraña de los *caminos inciertos* (título general del ciclo anunciado y no llevado adelante). Vese desfilar, en este abigarrado calidoscopio, al intelectual pobre (Martín Marco, el único que podría aspirar a protagonista), a los pobladores asiduos de un modesto café (el joven poeta, la prostituta, el señor importante, el limpiabotas, los camareros, la dueña del café). Vese al gitanillo mendicante, al viejo libertino, a la joven obrera que se vende a otro para comprar medicinas al novio, a los novios burgueses que esconden su amor en una casa de citas, a los homosexuales, al vulgar opositor a notarías, al matrimonio hastiado, a la alcahueta, al tabernero lector de

---

[47] En el prólogo a *Mrs. Caldwell*, pág. 14.

Nietzsche, a los guardias que piden la documentación...
Apenas sabemos su fisonomía, su historia, ni llegamos
a su interior si no es tras las señales de su conversación o en entrecortados monólogos. Conocemos casi exclusivamente cómo se mueven, cómo hablan, lo que
hacen en determinado momento. Por fuera. Trasladán-
donos de un ángulo a otro, de un sitio a otro, de un
momento a otro. En tal sentido la técnica de *La colmena* no es nueva, puesto que un tipo de novela de compleja arquitectura según plurales perspectivas venía
abriéndose camino desde los experimentos de Henry
James y de Joyce a través de obras tan revoluciona-
rias como *Les faux monnayeurs* (1925), de Gide; *Man-
hattan Transfer* (1925), de John dos Passos; *Point Coun-
ter Point* (1928), de Huxley; *Berlin-Alexanderplatz*
(1929), de Döblin, o *Le sursis* (1945), de Jean Paul Sartre. El modelo más próximo a Cela debió de ser la obra
de Dos Passos, el cual, no hay que olvidarlo, había pasado del esteticismo a la crítica social influido en parte por
Pío Baroja, a quien dedicara un ensayo en su libro *Rosi-
nante to the Road Again* (1922). Pero esta técnica, que
suele denominarse «pluriperspectivista», «behaviorista»
o «conductista» y, de un modo más general, «objetivista», era hasta Cela desconocida en España. (El único
precedente está en *El ruedo ibérico*, de Valle-Inclán,
uno de los maestros de Cela.) *La colmena* no imita propiamente ninguno de los modelos aludidos. La difícil
organización del libro revela un profundo esfuerzo de
reconstrucción personal y una estilización de los fragmentos presentativos no incompatible con la grabación
rigurosamente fiel del hablar de la gente. Además, el
caos rotatorio en que aquí se ofrece la vida ha sido
concebido como una conmovedora crónica de amor y
pobreza. Se ha definido *La colmena*, en parte, como
una «sinfonía erótica»; pero es preciso añadir: sinfo-

nía erótica en la humillación de la pobreza, material y moral. Las escenas eróticas, muchas a lo largo del libro, culminan en aquella en que Martín Marco, el intelectual desvalido, busca el calor del lecho de la prostituta, durmiéndose ambos olvidados de la carne, exaltados por el hambre hasta un desvarío místico mientras la noche va terminando.

El tema central de *La colmena* es la incertidumbre de los destinos humanos: las gentes no saben adónde van, cuál podría ser su finalidad, y Martín Marco, por ejemplo, aparece expulsado de un lugar al principio y desaparece cuando camina hacia la ciudad ignorando que en ella le espera un peligro. El más importante subtema es la incomunicación: todos viven como separados, en celdillas clausuradas, solos. Las situaciones típicas son: el vacío, la repetición, la náusea, la desesperación. Las formas habituales de comportamiento: violencia, rutina, ensimismamiento. Y las obsesiones: el sexo, el dinero, el recuerdo de la guerra.

La mayoría de estos temas, situaciones, comportamientos y obsesiones confluyen a poner de manifiesto, en las gentes que pueblan la colmena y en el autor de *La colmena*, el resultado más dolorosamente trascendental del desarrollo moderno: la alienación, es decir, el extrañamiento del individuo respecto de los otros y respecto de sí mismo. La alienación, como es sabido, depende del sistema económico capitalista, y es un fenómeno característico de la era industrial; pero la alienación se produce igualmente, a expensas de la libertad humana, bajo cualquier forma de opresión. Esta alienación de raíz opresiva es la que capta Cela en su papel de revelador del Madrid de 1942. Los destinos son inciertos porque, en último término, no está en la mano de la persona forjarse libremente su destino. Este irá haciéndose según un opaco y arbitrario conjunto

de órdenes, permisos, prohibiciones, recelos y vigilan-
cias. Quien no era nada, es un hombre importante. El
que iba para algo, se ha hundido, por la fuerza de esas
circunstancias, en la más inerme postración. En el seno
de la masa, donde más agudamente se percibe la soledad (o no se percibe, pero se padece), los átomos sociales, los individuos, logran a lo sumo rozarse en conversación trivial, pero rara vez llegan a entablar verdadero diálogo. La imagen de «la colmena» sugiere muchedumbre en movimiento, pero de la lectura íntegra
de la novela se obtiene más bien otra imagen: celdillas
incomunicantes, y estructuralmente la obra de Cela podría calificarse de «celular» con más razón que de
sinfónica. (Pascual Duarte estaba en su celda y los enfermos del pabellón de reposo en las suyas.) Por otra
parte, quien no conoce su destino probable ni puede
intervenir en él con sensación de libertad, vive ante al
vacío y se agota en la repetición. «Para esas gentes —señalaba Castellet en nota temprana— el tiempo adquiere un aire de fatalidad, de inexorable regularidad com-
probadora de la monotonía de sus vidas: "Detrás de
los días vienen las noches, detrás de las noches vienen
los días. El año tiene cuatro estaciones: primavera, verano, otoño, invierno. Hay verdades que se sienten
dentro del cuerpo, como el hambre o las ganas de ori-
nar..."»[48]. Náusea y desesperación son situaciones que
se desprenden fácilmente de las anteriores: del vacío
y de la repetición. Martín Marco siente de pronto el
asco de la existencia que le envuelve y lo vomita en algún monólogo, errando por las calles de la ciudad. ¿Puede olvidarse aquella instantánea del sujeto desconocido
que un día se suicida, tirándose por una ventana a un patio interior, sólo porque «olía a cebolla»? Pero en ese

---

[48] J. M. CASTELLET: *Notas sobre literatura española
contemporánea*, pág. 65.

mundo de amedrentada servidumbre la violencia apenas estalla en palabras a mitad de camino (insultos por lo bajo, mudas acusaciones de la mente): en actos sería demasiado peligroso. De las prisiones de la rutina escapan algunos mediante el soliloquio y otros por el sueño, dos formas de ensimismamiento. Pero la vía relativamente más fácil de evasión es el sexo. El dinero, máximo instrumento enajenador, todo lo puede, y dinero es lo que se busca obsesivamente. Al fondo gravita el próximo recuerdo de la guerra, imponiendo a unos angustiosas inhibiciones y proporcionando a otros el derecho a oprimir.

Aunque la alienación se revela sobre todo en esa masa humana recorrida por la cámara del novelista, también está en él parcialmente. Cela mira la superficie de ese mundo y no aspira a adentrarse en su medula. Contra él o a su favor, esta superficialidad se la atribuyen casi todos los comentadores de su obra. Pero quizá no se ha reparado suficientemente en que esa especie de impasible objetividad para captar sólo el exterior de las gentes no es tanto un propósito técnico cuanto el resultado de la dificultad del autor para comunicarse con ese mundo reflejado. Parece claro que si Cela no se interna en las almas de los individuos que contempla es porque se siente ajeno a ellos, distante, incapaz de convivir, ni aun imaginariamente, con ellos, y por tanto de infundirles más vida de aquella que por fuera, muy volatilizada, presentan. Sin embargo, debe decirse en honor a la verdad que Cela da indicios de simpatía o antipatía hacia sus criaturas más a menudo de lo que a primera vista parece. No siempre es ajeno a ellas: conservando la distancia, a veces las acompaña y desvela un poco su remoto interior.

Como revelación de la alienación desde un punto de vista que tiende a rechazar el único remedio de esa alienación, o sea, la compenetración solidaria con la colectividad en busca de su finalidad más fecunda, *La colmena* representa un documento de sensibilidad existencialista. Sin embargo, en grado mucho mayor que las anteriores novelas de Cela y que las posteriores, *La colmena* abre camino hacia el realismo social que no tardaría en explayarse. No se trata ya de un individuo aislado (Pascual Duarte, Lazarillo) ni de una pluralidad de individuos relacionados por una circunstancia que en cualquier momento puede afectar al ser humano (los enfermos de *Pabellón de reposo*): se trata de la sociedad española en una fase determinada de su historia y en una concreta situación.

Si aceptamos las tres etapas de la novela moderna señaladas por Lucien Goldmann (el individuo problemático, desaparición de la importancia del individuo en beneficio de la realidad colectiva, ausencia del sujeto) [49], habremos de reconocer que con *La colmena* Cela pasa de la primera etapa a la segunda. Y esta etapa segunda lo mismo diluye al individuo en la masa sometida al capitalismo o al régimen opresor de cualquier dictadura que en el pueblo solidario que lucha por sus reivindicaciones o goza de ellas. En el caso de *La colmena* no hay sociedad solidaria, sino masa alienada; pero dar testimonio de ésta es ya señalar hacia aquélla. Por eso no tiene nada de sorprendente que novelistas más jóvenes representativos de un realismo social o socialrealismo propagado en la década de 1950 a 1960 viesen en *La colmena* un punto de partida. (Me refiero a Sánchez Ferlosio, Fernández Santos, Aldecoa, Martín Santos y a un crítico como Castellet.) Tres notas estructurales de *La colmena* pasaron pronto a la novela social de 1950 en adelante: la concentración del tiempo, la reducción del espacio, la protagonización colectiva. La razón últi-

---

[49] L. GOLDMANN: *Op. cit.*, págs. 32-33.

ma de que el tiempo sea breve (dos días y una mañana) y el espacio reducido (la ciudad de Madrid, particularmente el café de doña Rosa) es precisamente el papel protagonizador de la masa. El principio unificador del individuo es sustituido por la relativa unificación de las coordenadas tiempo y espacio. En corto tiempo y en breve espacio se intensifica más el encuentro de los átomos dispersos de la colectividad, se evidencia mejor su roce sin compenetración.

José María Castellet, en el temprano comentario aludido, ponderaba las tres circunstancias por las cuales merecía *La colmena* excepcional atención: ser «la primera, la única novela española que, en los últimos quince años, lleva consigo la problemática del hombre español actual», ser «la única novela española que se expresa en un lenguaje literario cuya técnica y espíritu están al día, dentro de su tiempo» y estar el libro «dentro de la mejor, quizá de la única línea posible de nuestra novela: la que arranca de la picaresca para acabar, inmediatamente antes de 'La colmena', en Baroja»[50]. Es decir, las tres virtudes capitales eran el realismo, la modernidad y la vinculación con una tradición española. Aunque en esa tradición española hay que incluir a Valle-Inclán con más derecho que a Quevedo o Baroja, y aunque la modernidad se aminore un poco teniendo en cuenta que los precedentes más seguros de *La colmena* se hallan en obras publicadas durante los años veinte por Dos Passos y el mismo Valle-Inclán, no cabe duda que éstas eran dos virtudes estimulantes. Pero la mayor virtud consistía en descubrir al fin, de pronto, la problemática del hombre español actual: su incertidumbre, su incomunicación, su desesperación. De allí en adelante se multiplicarían los testimonios críticos veraces, unos mejores y otros peores artísticamente,

---

[50] J. M. CASTELLET: *Notas*, pág. 63.

pero todos deudores a la obra de Cela en cuanto a voluntad de revelación y denuncia.

Las tres novelas siguientes de Camilo José Cela han confirmado su talento, pero no su voluntad de intervención crítica en el desarrollo de la sociedad española. *Mrs. Caldwell habla con su hijo,* es un experimento lírico. Deseoso siempre de ensayar nuevos procedimientos, Cela practica un modo de evocación discontinua en el nostálgico soliloquio de una madre con la imagen de su hijo muerto, de donde el empleo constante de la segunda persona del singular, que no es la segunda persona reflexiva de *La Modification,* de Butor, sino la transitiva de los poemas y las epístolas. Mrs. Caldwell, como Pascual Duarte y como los enfermos del pabellón de reposo, está sola, en soledad individual delirante. De esta extremosidad subjetiva retorna Cela en *La Catira* y en *Tobogán de hambrientos,* sus dos siguientes novelas, a la extremosidad masiva ya adoptada en *La colmena.* Narra *La Catira* una trágica historia venezolana, pasando de nuevo por la superficie nominal, gesticulante y conversacional de numerosísimas figuras, pero la novedad de este otro experimento reside en el virtuosismo con que el autor construye un lenguaje «americano», falso quizá en los pormenores, pero de un innegable efecto transfigurador. En cuanto a *Tobogán de hambrientos,* ensayo de estructura vertebral o anular, no es más que otra prueba del costumbrismo «sui generis» en que vino a empecinarse la actividad del escritor durante años.

Pues, en efecto, por algún tiempo Cela se sintió seducido por la confección continua y abundante de libros de viaje, apuntes carpetovetónicos, pintorescos relatos para ilustrar dibujos o fotografías, colecciones de artículos de varia materia, glosas a la torería o a la prostitución, guías, diccionarios, etc. Algunos cualida-

des llaman la atención en esos libros: el esmero de la
prosa, que llega a veces a la afectación; su fragmenta-
rismo; su vacilación entre la invención fantástica y el
comentario escueto de lo visto y oído; la falta de obediencia a una intención precisa; el localismo español.
Esta cerrada españolía —contar y pintar cómo son los
españoles, cómo es España, sobre todo la España árida,
o negra, o triste y espaciosa— es lo que más acerca a
Cela al costumbrismo y lo que más le aleja de la novela.

Se diría que a Cela le interesa, sobre todo, el «hombre-
caso» o el «hombre-masa», pero no, apenas, el hombre
en su pleno valor de persona. Cuando hace novela en
torno a un individuo, éste es un asesino múltiple, un pícaro traído de otra época a la actual, una exótica dama
incestuosa o algún raro ejemplar de una fauna que cae
más bien por debajo del nivel humano. Cuando hace la
novela sin protagonista, la novela de la gente, da el reflejo de la masa: una masa mínima (los enfermos deli-
rantes), una masa media (los llaneros venezolanos, casi
vegetales) o una masa vasta (el Madrid de 1942, mísero e
inerte). En sus libros de andanzas y visiones españolas,
parecido balance: o individuos estrambóticos (el tonto
de pueblo, la torera, el chiflado, la rabiza) o miembros
vulgares, anodinos, intercambiables, de la masa.

Los costumbristas precisamente se han fijado siempre en la excepción o en la regla, observando lo típico
de la gente o lo extraño de tal o cual individuo más o
menos pintoresco o anacrónico. Y aunque es obvio que
también puede hacerse novela (y se ha hecho tantas veces en nuestro tiempo) sobre la masa o sobre la excepción, parece que la especial capacidad de la novela para
trasuntar la vida social de un modo más completo y concreto que ningún otro género la ha llevado, en los mejo-

res casos, a mostrar el valor personal y general del hombre.

Que Cela atiende más al «hombre-caso» y al «hombre-masa» que al «hombre-hombre» se nota lo mismo en sus novelas que en sus libros de andanza y espectación. Para que así sea han obrado, sin duda, circunstancias de muy variado orden: por ejemplo, la influencia de Baroja o Solana, pero sobre todo de Valle-Inclán, que tendía en su última época a mirar a los hombres desde aquella perspectiva superior y distante en que se tornan muñecos u hormigas. Sin embargo, la circunstancia más importante ha tenido que ser el espectáculo de una España postrada, la sensación de haber apuntado a lo mejor y haber salido engañado; en suma, el padecimiento de ese clima sufrido en la juventud (escisión, quiebra, sinsentido de la guerra).

España es, además, el país del costumbrismo. El siglo XIX es un largo combate entre la literatura de costumbres (cuadro y moralización) y la novela (revelación del mundo individual-social a la conciencia del lector). En Cela hay un sutil pintor y un recatado moralista; rara vez un captador de ese valor simbólico que la acción del hombre entraña. «Todo lo que acontece es símbolo», decía Goethe. Para Cela todo lo que acontece es rareza singular o repetición monótona de la misma miseria. Pero en esto hay, además de tradición y de circunstancia actual, mucho de actitud personal, innata o adquirida. Una actitud de distancia y desentendimiento. Al individuo extraño o al hombre masa sólo los vemos a distancia y sin vinculadora comprensión. Para mostrar, al modo costumbrista, como tipos, al idiota, a la prostituta, o bien al limpiabotas, al tabernero, al recluta, al hombre de negocios, etc., es menester haberlos visto y oído desde la alienación, en una lejanía sin cordial contacto. Basta acercarse a esas gentes y comunicarse con ellas, para que dejen de ser gente y se revelen como personas, aquí, ahora, con tal pasado, en este presente, dentro de cierta situación, encaminadas a algún destino. El costumbrismo no llega a ese acercamiento, ni tampoco cierto tipo de novela moderna resultante de la alienación. Cela ha pasado de esta novela a ese costumbrismo simultáneamente, durante varios años, y en los últimos parecía interesado casi solamente por el costumbrismo.

Con distinto enfoque y refiriéndose no sólo a Cela, sino a otros narradores españoles, decía Julián Marías: «El rasgo más saliente y significativo (de la novela española reciente) es que representa una fase de involución respecto al proceso que se inicia en Galdós y se intensifica en manos de la generación del 98: en líneas generales, asistimos a una recaída en el *costumbrismo*. Naturalmente, las formas son distintas y los motivos que llevan a ello también; pero la consecuencia es cierta atrofia narrativa, la infrecuencia de 'verdaderos personajes', la insistencia en 'casos', 'tipos genéricos' o 'ambientes', la tendencia a la premiosidad —repetición, diálogos triviales, *piétinement sur place*— que no es lo mismo que la morosidad propia de muchas novelas. Esto lleva a una consideración de los personajes 'desde fuera', con técnica que pudiéramos llamar 'behaviorista'; pero no como *punto de partida* para una recreación imaginativa de la realidad personal arcana, sino para quedarse ahí. La consecuencia inmediata es la preferencia por los personajes simplicísimos y elementales, mejor dicho, simplificados, elementalizados, proyectados sobre un plano que los hace bidimensionales; pues toda vida humana, por primitiva que sea, tiene intrínsecamente una complejidad proyectiva y electiva que re-

124 GONZALO SOBEJANO

quiere, si ha de presentarse adecuadamente, mucho
más ricos desarrollos»[51].

No suscribo todo lo transcrito ni mucho menos lo creo
aplicable a la novela española más reciente, pero gran
parte sí es aplicable a las novelas de Cela, lo mismo a
las masivas que a las de personaje excepcional o raro.
Ahora bien, aunque entregado por largo tiempo a la
literatura costumbrista, el escritor, cuyo fondo humano
parecía indesmentible —puesto que, ya escogiendo casos
anómalos, ya notando ejemplos triviales, señalaba siempre hacia el hombre en concreto (y no hacia creencias,
conceptos, problemas, objetos o paisajes)— ha vuelto a
la novela. No ha desaparecido la alienación: acaso se
haya intensificado[52]. Pero Camilo José Cela ha de-
mostrado nuevamente, como en sus primeras novelas,
su capacidad para la aventura interior. En 1961 podía escribir el crítico francés R. M. Albérès: «la partida de nacimiento de la renovación de la novela es *La colmena*», «obra que actuó de catalizador de las nuevas tendencias y sirvió de señal, de punto de arranque, de
modelo a veces a la gran ola de renovación»[53]. Hoy
no es ya Cela el promotor de un nuevo estilo de novela,
sino el adaptador de otro —extratemporal, ubicuo, ce-
rradamente monologal— que viene a coincidir, en parte,
con sus más tempranas tendencias. Y al afianzamiento
de este nuevo tipo de novela ha contribuido con dos

---

[51] J. MARÍAS: «La novela española de nuestro tiempo», prólogo al libro de P. ILIE citado en la nota 39, páginas 26-27.
[52] Para la alienación, no sólo del mundo abarcado
por el novelista, sino también del novelista respecto a
su mundo, véase: S. FINKELSTEIN: *Existentialism and
Alienation in American Literature*, International Pu-
blishers, New York, 1965.
[53] R. M. ALBÉRÈS: «La renaissance du roman espagnol», pág. 85.

obras de indudable importancia: *San Camilo, 1936* y
Oficio de tinieblas 5.

A fines de 1969 Camilo José Cela publicó, después de
siete años de inactividad en este género, su novela número ocho: *Vísperas, festividad y octava de San Camilo del año 1936 en Madrid*. A primera vista parece
como si el escritor hubiese querido escapar de la alienación, puesto que la obra puede definirse como un
autodiálogo a través del cual el narrador-protagonista
(en sustancia y muchos accidentes, Cela mismo) se
habla de tú ante el espejo de su propia conciencia,
viéndose en la situación desgarradora de los primeros
días de la guerra civil, a los veinte años de edad, en pleno conflicto íntimo y colectivo. Novela en la guerra,
no novela sobre la guerra, quiere ser, y es. Sin embargo, la proyección que de sí mismo y de su pueblo hace
el narrador, sigue siendo una proyección enajenada:
más que estar dentro de sí, indagando las razones de lo
que ocurre en su conciencia y de lo que acontece alrededor, el joven que constantemente se mira al espejo está
fuera de sí, arrollado por una opaca sinrazón que mantiene a cada momento la temperatura del delirio; y en
cuanto al pueblo español, es presentado (por un procedimiento no muy distante del de *La colmena*) como una
masa pululante, extraviada, inmersa en la lujuria y la
matanza. Es decir, el individuo es un «caso» (un sádico-
masoquista que naufraga en un tremedal de inmundicias)
y la humanidad es una «masa» (compuesta por una
multitud de figuras planas). Pero la enajenación está
expresada con tan honda y auténtica repugnancia que
llega a imponerse sobre la superficialidad de la conciencia del sujeto, invadiendo la del lector con un alu-
vión de imágenes de náusea, crimen, miedo y sinsentido.

La primera parte transmite la impresión de la inse-

guridad española que antecede y provoca el estallido
de la guerra; la segunda, refleja los horrores de la hora
laberíntica; la tercera, comunica el sentimiento de angustia por la destrucción de España que la guerra establece; y el epílogo, en fin, insinúa un futuro mejor mediante la apología que el tío Jerónimo hace del amor,
el sexo, la caridad y la humildad como medios de regeneración. Final éste que no deja de ofrecer un acento
marcusiano: terminar con la represión, para que el pueblo no arda ni queme más. Pero que, desde otro punto
de vista, sobre todo en la exaltación del sexualismo
y de una especie de paz edénica fundada en la satisfa-
ción anárquica de los instintos, descubre el nihilismo
característico de Cela. Escritor que, trasuntando la
alienación y encaminándose al nihilismo (un nihilismo
creador, según fórmula de Américo Castro), no es el primero que pasa de la objetividad testimonial a la sátira
explosiva y condenatoria, pero sí el más importante
y temprano innovador de la novela española que, lejos de estorbar, favorece ese proceso de liberación.

La idea que preside *San Camilo, 1936* quizá podría
formularse así: España es un pueblo en que tanto la reacción como la revolución, en su duelo de siglos, apelan
a la más cruenta violencia (ejemplo inmediato: la guerra
civil de 1936), y para acabar de una vez con estos sa-
crificios periódicos el remedio adecuado sería amor y
humildad, fortalecer el espíritu en la humildad sin des-
preciar el sexo, luchar contra los artificios que adulte-
ran al hombre y hacer que el sexo pasee en triunfo por
el ancho mundo.

En alguna ocasión la tesis transmitida por el tío Jerónimo al protagonista encuentra palabras memorables:
«el amor es un mar abierto a diferencia del odio que es
un claustro cerrado» (pág. 437); en otros momentos su
mensaje («no desbarates tus veinte años en el servicio

de nadie, te aseguro que tu sacrificio sería estéril y lo
que es aún peor estúpido, no hijo, no, tus novias te
aguardan en la cama», pág. 442) apenas se distingue
del que poco antes le comunicó un compañero: «aquí
se jode poco y mal, si los españoles jodieran a gusto
serían menos brutos y mesiánicos, habría menos héroes
y menos mártires pero también habría menos asesinos
y a lo mejor funcionaban las cosas, nadie quiere darse
cuenta de que esto es así» (pág. 317).

Atribuir la violencia sanguinaria (guerras civiles) y
crematoria (quema de herejes por la Inquisición, quema
de conventos por los revolucionarios) a tal causa fisio-
lógica, podrá tener alguna parte de razón, pero en ningún caso puede dar la explicación completa; pueblos
donde la vida sexual viene gozando de escasas represiones, dentro del mundo moderno, como Alemania o
Estados Unidos por ejemplo, no puede decirse que hayan sido o sean modelos de comportamiento pacífico
ni hacia fuera ni en el interior de sus territorios; por otra
parte, aunque el tío Jerónimo se refiere, claro está, a
una sexualidad sana, limpia y alegre, y no a la lujuria
que se compra y vende, lo cierto es que esta última,
en nuestras sociedades, ha venido siendo una válvula
de escape de la represión, inmunda y siniestra desde
luego, pero de relativa utilidad (de no ser así, ninguna
policía estatal hubiera permitido la prostitución, cuya
historia es tan larga). Pues bien, a juzgar por el cuadro
que Cela pinta en *San Camilo*, en las vísperas del día
de este Santo, en el mismo luctuoso día, y durante los
inmediatamente posteriores, los españoles —hombres
y mujeres, viejos y jóvenes, derechistas o izquierdistas,
jefes de familia y amas de casa, señoritos y señoritas,
proletarios, mesócratas y aristócratas— no hacían otra
cosa que fornicar: en la casa, en el burdel, en el
cine, en las afueras. De modo que la impresión que se

saca de la lectura de la novela no es precisamente la
de un claustro de ascetas atribulados por la castidad
forzosa, sino al contrario la de un desmelenado oleaje
de lujuria satisfecha a cada momento y nunca colmada
pero no por falta de ejercicio.

Así como este argumento de la sexualidad reprimida
no es del todo convincente (aunque sí en parte), creo
que, dejando a un lado ese argumento, y el carácter
más bien tópico que otros argumentos adquieren en el
epílogo (tener «fe en la vida, esperanza en la muerte,
y caridad con el hombre», pág. 431), el mensaje que Cela envuelve en el desarrollo mismo de su novela tiene
sentido y grandeza: el desentendimiento entre unos y
otros españoles, la desorganización, la irresponsabilidad, todo lo que en fin desató la guerra civil, debe
y puede corregirse con solo que cada español se deje
habitar por el amor, ese sentimiento que nunca aparece
ni en el joven de veinte años enfrentado a su espejo
ni en ninguno de los innumerables figurantes que pasan
por su memoria: ni en uno solo siquiera.

Es también el tío Jerónimo, nuevamente en el epílogo, página 440, quien hace una declaración sumamente lúcida en contra de esa alienación que varios comentadores hemos creído percibir como característica del
mundo narrativo de Camilo José Cela. Dice el tío al sobrino: «los negros no son todos iguales ni los chinos
tampoco, lo que pasa es que son todos igualmente desconocidos, (...) el mundo está lleno de desconocidos
pero son todos diferentes, te aseguro que son todos
diferentes, cada uno tiene su dolor y su gozo, a veces
minúsculo, y cuando nace o se muere no pasa nada,
eso es cierto, pero nace o se muere una esperanza y
una decepción, no sobrino, los negros del Congo y los
chinos de la China no son todos iguales y sí se pueden
contar». Este es el principio capaz de destruir la visión

de la humanidad como masa y la interpretación del hombre como átomo de la masa. Y que el tío Jerónimo enuncie ese principio de reconocimiento de la personalidad de cada hombre (por idénticamente negro o amarillo que sea respecto a otros) constituye una lección de humanismo que Cela conoce, puesto que es él quien la pone en boca del sensato anciano, pero que no había observado en ninguna de sus novelas, ni observa en sus dos novelas últimas, como si su voluntad de novelar radicase precisamente en dar cuenta cabal del mundo enajenado y en permanecer él mismo (como narrador, se entiende, nunca como hombre) en el plano de la enajenación.

Pues, en efecto, la sociedad descrita en *San Camilo* es una sociedad enajenada vista desde la enajenación del individuo, el cual, pese a su examen de conciencia, no penetra en la conciencia de nadie, sólo en la suya para encontrarla escindida, informe, absolutamente vacía de cualquier proyecto que pueda trascender hacia los otros con sentido afirmativo y creador.

Los españoles de *San Camilo* tienen un mínimo de personas, algunos ni eso. Dejando aparte a los personajes históricos (escritores, políticos, militares) que sólo se nombran pero no intervienen apenas en la acción evocada, los personajes de ficción que aparecen entrecortadamente a lo largo del discurso se agrupan como unidades intercambiables que responden a tipos generales de una masa blanca que bien vale por la negra o amarilla. Don Máximo, Don Roque, don León, don Joaquín o don Comoquieraquesellame, son ese señor don Fulano que, apenas hemos llegado a leer su nombre, cuando helo ahí en el lupanar esperando turno o metido ya en faena. Toisha, la novia del protagonista, es la chica de las experiencias más o menos prematrimoniales, como Maripi, y a un nivel más triste, la Jua-

9

ni y la Lupita (tuberculosas demi-vierges) o la Solita y
la Conchita (las gemelas violadas y periódicamente
revioladas por cierto semental de barrio). Las prostitutas públicas se parecen entre sí como gotas de agua,
llámense Aixa, Margot, Ginesa, Maruja o comoquiera.
También los jóvenes estudiantes, periodistas, militantes de uno y otro bando, tienden a confundirse en un
solo tipo de joven atormentado y vacilante: unos mueren valerosamente, otros por azar. Completan el panorama los sujetos anómalos: delincuentes, maricas como
Pepito la Zubiela, o Matiitas (que se suicida inyectándo-
se una bala por donde más hubo pecado), la vieja si-
filítica que se emborracha a solas, el cerillero satiriá-
sico, el sádico pederasta, el tullido rijoso, la pesetera
chepada... España siempre pródiga en monstruos, como bien sabían Velázquez, Goya o Gutiérrez Solana,
y agudamente comentó en su día Alfonso Reyes.

El narrador-protagonista, que tiene ante sí y a su alrededor ese mundo, participa de lo típico y de lo anómalo. Es, como figura típica, el joven estudiante perplejo, el futuro soldado desconocido, el que puede ser algo
y aún no es nada, presiente lo que le espera, comprueba lo que sufre, estudia Aduanas cara al padre y Filosofía y Letras para sí mismo, se gasta cinco duros con
la novia, soba en el cine a una tísica, está él mismo tuberculoso. Pero, por otra parte, se presenta como un sujeto con rarezas: afecta crueldad rufianesca con las mujeres, rastrea morbosamente los malos olores de rancie-
dad y premuerte, padece pesadillas y delirios, se embriaga en el vértigo de las disyuntivas sin solución y, juguete del caos, oveja bárbara en el sacrificio que empieza, se mira y se mira en un espejo. Así como él se compara con diversas personas mutantes (Napoleón, el rey
Cirilo de Inglaterra, Julio César, San Pablo, el Cid, Bú-
falo Bill) al objeto de incriminarse siempre como un

hombre vulgar y un donnadie, el espejo va transformándose a lo largo del monólogo: primero es un espejo plano, luego paralelepipédico, después ovoide, más tarde casi esférico, finalmente una medusa y nada, ningún espejo. Después de haber estado iniciando y reanudando sus soliloquios memoriales delante o dentro de todos esos espejos, así acaba por confesar el contemplador:

«tú jamás tuviste espejo propio, espejo para ti solo, ciego para los demás, ni espejo plano con la luna picada por la humedad, ni espejo paralelepipédico de multiplicadoras inclinaciones, ni espejo balón de rugby ovoide y monótonamente fetal, ni espejo casi esférico y anestésico y vicioso, ni espejo en forma de medusa sangrante con una enfermedad en cada fleco (...) tú no has tenido nunca espejo, siéntate en la cuneta del camino a ver venir la muerte (...) tú no has tenido nunca espejo (...) tú estás metido en un hondo pozo de obscuridad, quién sabe si estás ciego y lo ignoras, sería preferible estar ciego y saberlo, por lo menos creerías en algo, los cinco puntos cardinales, los nueve signos del zodíaco, las cinco estaciones del año, las dos obras de misericordia, los tres derechos del hombre, las tres virtudes teologales, sobre todo las maltrechas virtudes teologales» (pág. 428).

Si lo propio de la novela «estructural», semánticamente, consiste en buscar la estructura de la conciencia de la persona y la estructura de la totalidad social, *San Camilo* es un ejemplo de este nuevo paradigma de novela, pues no hay duda que esa busca palpita a través de todo el discurso. Lo que ocurre es que sólo es un busca, no un encuentro. Pero eso suele ocurrir en la mayoría de los casos: se quiere averiguar quién

es uno y cómo es, qué figura tiene el espacio humano
en que uno vive, y ni aquella identidad ni esta configu-
ración cobran perfiles claramente reconocibles.

El espejo y la clase de espejo es motivo constantemente operante en el libro: el espejo plano que solo
copia el rostro está ambientado en una habitación de un
burdel y devuelve tristeza; el paralelepipédico, en el
dormitorio de la casa familiar, permite contemplarse
de frente, por detrás, de lado, y con todo eso no proporciona una imagen más nítida; el espejo ovoide tiene
ya una forma de claustro embrionario y un efecto des-
figurador que todavía suscita mayor incertidumbre; el
casi esférico es calificado de «anestésico y vicioso»;
y el espejo medusa sangrienta ya ni copia, ni compone,
ni deforma hacia adentro, ni anestesia, sino que opone al ansia de clarificación la sangre del pueblo en
guerra; por eso no extraña que el sujeto acabe sin
espejo, náufrago en un pozo de sombra.

Hay dolor, hay angustia en ese hombre que mono-
loga, y ningún español dejará de percibir las razones
y la temperatura de esa angustia. Pero no es menos
claro que ese hombre dedica más recuerdo a los otros
que atención a sí mismo: un recuerdo más extenso, que
ocupa mayor espacio en el libro. Constituido éste en un
ritmo de vaivén entre la persona y la gente, la gente
llena más páginas que la persona. De ahí que el sondeo
en la conciencia individual no alcance la profundidad
acaso necesaria. De ahí, y del hecho de que Cela aplique
muchas veces la mirada esperpéntica y no escatime
ni el tremendismo (o crudelismo), ni la comicidad, ni
la escatología, ni el vocabulario malsonante.

San Camilo es también un excelente ejemplo de novela estructural por lo que se refiere a la composición.
El diseño compositivo se nota muy claramente. No es
como aquellas novelas de Galdós o de Baroja, de cons-

trucción laxa y casi imperceptible, sino al contrario una obra construida enfáticamente. El título precisa muy bien tiempo y espacio: *Vísperas, festividad y octava de San Camilo del año 1936* (tiempo) *en Madrid* (espacio). Sólo parece faltar un elemento: la persona, pero está allí por partida doble: en el «San Camilo» onomástico del autor, y en la fotografía de C. J. C. que figura en la anteportada: una imagen de C. J. C., en 1936, ojeroso, escuálido, abatido, con aspecto de enfermo o de joven delincuente. Sigue la indicación: «18 de julio, San Camilo de Lelis, celestial patrono de los hospitales». Y la dedicatoria reza así: «A los mozos del reemplazo del 37 (es decir, a los nacidos en 1916, como Cela mismo), todos perdedores de algo: de la vida, de la libertad, de la ilusión, de la esperanza, de la decencia», que afecta a Cela únicamente en la ilusión y la esperanza; y se completa con esta negativa: «Y no a los aventureros foráneos, fascistas y marxistas, que se hartaron de matar españoles como conejos y a quienes nadie había dado vela en nuestro propio entierro». La intención del autor, al negar su dedicatoria a los intrusos de la política internacional, no puede ser sino buena y noble, pero parece no querer recordar la evidencia: que la guerra de España no fue sólo causa española, sino causa de todos, primera fase de la guerra mundial inminente.

Tres partes (correspondientes a las «Vísperas», «El día de San Camilo» y la «Octava») forman el cuerpo de la obra, más el «Epílogo». La primera parte se compone de cuatro capítulos, la segunda consta de un capítulo único, la tercera se compone de otros cuatro. Las vísperas corren desde el asesinato del Teniente Castillo por los azules y de Calvo Sotelo por los rojos, cinco días antes del estallido, hasta la madrugada del 18 de julio. Al día 18 está consagrada la parte central.

La parte tercera transcurre entre la mañana del 19 y el
21 de julio. Vísperas de inseguridad, día de la explosión, octava de la generalización del conflicto. Y el
epílogo futurista. Si el tiempo se puede ir siguiendo
con bastante claridad, el espacio está desdibujado, o
mejor, dispersado por todos los procedimientos de
presentación simultánea y unanimista. Madrid en los
más varios puntos: calles, plazas, cuartel de la Montaña, casas, burdeles, cafés, teatros, redacciones. El
lugar más frecuente es el burdel o la casa de citas, pero
ningún lugar dura, todos van apareciendo y desapare-
ciendo en vertiginosos cambios sometidos a mayor
indistinción por la falta de todo punto y aparte y por un
empleo de los demás signos de puntuación que tiende
a la continuidad y a la minúscula.

Que el sujeto protagonista es una proyección del autor es cosa transparente: tiene veinte años, empezó
a estudiar Aduanas pero asistía a algunas clases en la
Facultad de Filosofía y Letras, escribía versos, conocía
a escritores, iba a entrar en quintas el año siguiente.
Ahora bien, el autor, queriendo objetivar su «yo» completamente, hace que el protagonista mencione a Camilo José Cela varias veces, como si fuese otro. Cito este
pormenor como síntoma de tal voluntad de objetivación
y porque revela que el autor, más que pretender la evocación exacta de su yo de 1936, va creando aquel
yo según escribe; la novela estructural se distingue
también por esta condición: el narrador no refiere una
historia, sino va haciéndose a sí mismo ante el lector
a lo largo de un discurso.

En este discurso hay una evocación libre de las circunstancias españolas en aquellas fechas. Al obrar y al
hablar de los numerosos personajes añaden densidad
ambiental los montajes de partes radiofónicos, anuncios y noticias de los periódicos, «slogans», cartelera de

espectáculos, etc. Pero muy a menudo el discurso se
vuelve sobre el propio sujeto, que se habla a sí mismo
con ese «tú» de desdoblamiento autorreflexivo que era
ya el modo de elocución dominante en *Señas de identidad* y que aparece también en *Parábola del náufrago*
en los momentos en que el náufrago se mira al espejo.

El autodiálogo del protagonista de *San Camilo* (especie de recorrido de conciencia o, más bien, de vómito
moral) presenta dos rasgos característicos. Uno es el
procedimiento que podríamos llamar «sí/no» o desho-
jamiento de la margarita, por el cual una misma aser-
ción, al formularse primero afirmativa y en seguida
negativamente, anula su valor dejando al sujeto en un
estado de perplejidad sin progreso ni salida. Las aserciones pueden ser idénticas, por ejemplo: «Llamar a
las cosas por su nombre, no llamar a las cosas por
su nombre, renegar de todo lo humano y todo lo divino, no renegar de todo lo humano y lo divino, acostarse con esta mujer que huele a sebo y a agua de colonia,
no acostarse con esta mujer que huele a sebo y a agua
de colonia» (págs. 14-15). O bien, pueden aparecer esas
aserciones, que entre sí se invalidan, con variantes y com-
plementos: «quitarse la vida con gas o con un somnífero no quitarse la vida con gas o con un somnífero
dar de comer al hambriento reírse del hambriento y
empujar a un anciano al paso del tren dar de beber
al sediento reírse del sediento y empujar a dos
ancianas que van cogidas del brazo al paso del auto-
bús llevarle un chivatazo a la policía llevarle a las flores
del monte el chivatazo de que la policía abusa de su
fuerza componer sonetos no componer sonetos o componer sonetos cojos jugar al dominó hacer muecas
obscenas jugando al dominó asesinar alevosamente a
un compañero de colegio asesinar distraídamente a un
compañero de colegio asesinar piadosamente a un compañero de colegio tú no eres Napoleón Bonaparte pero

tampoco el rey Cirilo de Inglaterra córtate la mano derecha antes de que sea demasiado tarde es muy amargo
el destino de las herramientas de las herramientas de las
herram» (pág. 259). El otro rasgo aludido queda de
manifiesto en la tirada que acabo de transcribir: el hablar por hablar, la emisión verbal gratuita, el palabreo,
murmullo o «bla-bla» que reiteradamente busca unos
asideros imaginarios: Napoleón, el rey Cirilo, las formas del espejo, la sangrienta medusa, los corderos
sacrificados, etc.

Autoanálisis, esperpento, elegía confluyen en *San
Camilo*, obra que a algunos ha podido parecer prueba
de un barroquismo experimental más o menos influido
por la nueva novela hispanoamericana. Para Cela esta
obra es ante todo una confesión solitaria (como lo era
desde otra persona *Pascual Duarte*), un panorama fan-
tasmático de la masa de Madrid (como lo era *La colmena*) y un delirante plañido (como lo era *Mrs. Caldwell*). Es, pues, *San Camilo* un experimento nuevo
pero perfectamente arraigado en la biografía del autor
y situado con intrínseca congruencia en su personal trayectoria.

De *Mrs. Caldwell* y de *San Camilo* procede *oficio de tinieblas 5 o novela de tesis escrita para ser can-
tada por un coro de enfermos como adorno de la litur-
gia con que se celebra el triunfo de los bienaventurados
y las circunstancias de bienaventuranza que se dicen:
el suplicio de santa teodora el martirio de san venan-
cio el destierro de san hugo cuyo tránsito tuvo lugar
bajo una lluvia de abyectas sonrisas de gratitud y se
conmemora el día primero de abril.* Con *Mrs. Caldwell* tiene esta novela, de tan solemne título, algunas
semejanzas notables: una conciencia solitaria en cuyo
interior proliferan imágenes disparadas, un «tú» destinatario (transitivo en *Mrs. Caldwell*, autorreflexivo

en *Oficio*), la obsesión erótica y especificamente incestuosa, la construcción a base de breves fragmentos
yuxtapuestos (212 capitulillos allí, 1194 «mónadas»
aquí). Respecto a *San Camilo*, constituye *Oficio de
tinieblas* la segunda pieza de un díptico: allí el comienzo
de la guerra civil, aquí el radiograma de los años siguientes; pero además afirma la relación la igualdad de signo del personaje cuya conciencia, en situaciones distintas, representa el mismo Yo confuso y difuso. Esa
conciencia que, emigrante y disgregada, gira uni-
formemente sobre sí misma, trata de purgarse en ambos
casos por el procedimiento de expulsión de cuantas
imágenes tóxicas la obseden.

«Naturalmente, esto no es una novela sino la purga
de mi corazón», se lee al principio. Y una purga o purificación es, en efecto, el oratorio lento, la letanía monótona, el tenebroso oficio último (precedente al suicidio) del personaje innominado (o llamado Claudio por
única vez, en mónada 458) que asume todas las derrotas. Purificación de venenosas fantasías teñidas de
sadismo, y asunción sacrificial de suplicios, martirios,
destierros y soledades infligidos por unos a otros un
primero de abril general en el que se cifran la injusticia, culpabilidad y crueldad de toda victoria. Escúche-
se: «Oficio de tinieblas que no es el infierno y sus demonios aunque sí pueda parecer su paisaje y su másca-
ra su antifaz de color cuaresma amarillo morado con ri-
betes verde lechuga en el que se guarecen los hombres
para llorar a solas la pálida lágrima de la vergüenza»
(mónada 762); «a la violenta ruptura de todas las fronteras de los oficios se le llama oficio de tinieblas en él
se reúnen los solitarios los viciosos los virtuosos solitarios hubiera sido mejor saberse en el infierno» (m.
1097).

Treinta años (m. 575) parecen haber transcurrido des-

de la victoria, en la que el sujeto participó como «un
espectador muy torpe y ése es tu grave pecado el pecado para el que no puede haber perdón sin penitencia dolorosa sin penitencia de sangre» (m. 21). Y la murmurante letanía («es como una letanía ora pro nobis
ora pro nobis», m. 6 y passim) va desgranándose en el
sombrío corral de las visiones de esa conciencia que,
madura para la muerte, acabará por entregar su propia
esquela después de haber ido despertando a efímera vida figuras planas y volátiles como muñecos de papel,
extravagantes caricaturas de un submundo abyecto,
instantáneos monstruos del letargo de la razón: «tu
padre no pronuncies su nombre» (salvo en m. 458: «tu
padre no pronuncies su nombre o sí pronúncialo una sola vez tu padre se llamaba claudio como tú no vuelvas
a pronunciar su nombre»), enterrado en cementerio civil, «tu abuelita» devoradora de hombres, «tuprimo»
postrado en la cama de las frustraciones, «la novia de
tuprimo», «la madre de tuprimo», «el hombre vestido
de pierrot», «ulpiano el lapidario», «el niño lepórido»,
«el barón de la conjuntivitis y el lunar color naranja»,
«los ancianos ciegos daneses en visita a los museos
de italia», «el canónigo don iluminado», «el verdugo»,
«el bufón», «la mujer vestida de coronel prusiano»,
«la mujer vestida de harapos de oro» y otros muchos
comparsas del lúgubre carnaval. Estos figurines sinies-
tros reaparecen en situaciones casi iguales, con pequeñas variaciones que no ponen en marcha ninguna acción. Esquelas numeradas anuncian de tiempo en tiempo la muerte de algunos de esos monigotes, hasta trece;
pero no importa que unos mueran o hayan muerto y
otros no, todos vuelven y vuelven como apoyaturas
fantásticas y casi puramente nominales que pueblan el
yermo del aburrimiento. De ulpiano el lapidario (o el
apóstata, o el medievalista) es amigo camilo (C. J. C.)

y de él recibe éste la noticia de la muerte de Picasso
en la mónada 1057, una de las pocas que contienen verosímil alusión a una persona real o a un hecho histórico considerados como tales, pues lo normal es que estas
unidades evocativas se produzcan en una esfera autó-
noma, al margen de la realidad, en un pseudoinfierno
tramado a golpes de capricho.

En esa población de monstruosos homúnculos entran
con abundancia figuras mitológicas, personajes históricos, y entes imaginados, pero todos con carácter apó-
crifo, traídos y llevados de acá para allá a merced de su
nombre y de algún rasgo caricatural, como en un diverti-
miento macabro. En Robert Desnos o en Raymond Roussel, en Samuel Beckett o en William Burroughs pueden
encontrarse entidades de parecida inconsistencia (ecua-
ciones fictivas de la pérdida del hombre), y algunas de
Burroughs portan nombres semejantes: «Willy el Ura-
niano El Niño de Metal Pesado», «El Doctor Radio
Sabia», «Los Arqueros Mongoles», etc. (me refiero
a *Nova express*, 1964, traducida por M. Lendínez y publicada en las ediciones de Papeles de Son Armadans,
1973). Sin embargo, Cela lleva prodigando semblanzas
de esta microhumanidad fantasmagórica desde hace
mucho tiempo, prácticamente desde que comenzó a escribir, y donde pueden reconocerse con más claridad los
antecedentes propios, típicamente celianos, del procedimiento es en libros suyos como *Gavilla de fábulas sin
amor* y *El Solitario* (1962 y 1963). Lo único que puede
decirse es que en *Oficio de tinieblas* tal método llega al colmo de la libertad y la prodigalidad, y ahí está
el más peligroso escollo para el lector, que puede llegar incluso a familiarizarse con algunas de esas siluetas
espectrales («tuprimo» o «ulpiano el lapidario» bien
valen, en su ámbito surrealista, lo que cualquier figuri-
lla de *La colmena* en su atmósfera realista), pero difí-

cilmente podrá conceder atención a recuentos como estos: «desde los más altos miradores de la ciudad mientras ulpiano el lapidario se disfraza de josefina la bizca se ven las manchas de los enanos afanosos y sus automóviles el ministro de instrucción pública y bellas artes de bunga el albañil benedícite beliche el carpintero alejo simeón el panadero adriano el embajador plinio gaffarel a quien llamaban el simple porque era hueco como una nuez silvestre el electricista godo walfrido capius», etcétera por toda una página (mónada 1054); o bien: «cura santa cruz xxiv clérigo, torero, guerrillero, hermano de cura merino xxvii dio mala vida muy mala vida con sus exigencias y sus desplantes gratuitos a zósima wilgefortis radegunda infanta de castilla con la que tuvo un hijo natural colasito el funesto», etc. (m. 1143). La consecuencia de tan libérrimo proteísmo se impone: en todo el libro no aparece una sola persona humana; sólo el monologante lo es a pesar de toda esta disolución de la humanidad en escorias quiméricas o por eso mismo.

Si en *San Camilo* el personaje que hacía autoconfesión general ante el espejo miraba en este espejo no solo su rostro, sino la sangría de su pueblo en guerra, en *Oficio de tinieblas* apenas se menciona la guerra, pero la agonía del oficiante es la consecuencia de ella (por ej., mónadas 979, 1083, 1192).

«Novela de tesis» llama el autor a su novela, quizá por el dodecálogo de la ley de Venus con sus dos advertencias y sus corolarios (mónadas 803, 806, 1145) escrito en pergamino por «el bufón». Lo que éste promulga es la satisfacción libre de la sexualidad, fuera de todo fin procreativo, y el carácter sexuado de cualquier relación humana: retorno al instinto, exaltación del placer. Y junto a esta tesis, ya planteada en la novela anterior, se hacen otra manifestaciones de rebe-

NOVELA ESPAÑOLA DE NUESTRO TIEMPO 141

lión contra el Estado administrativo, las cuales forman una especie de disperso breviario de anarquismo
individualista; por ejemplo: «obstaculiza la administración y menosprecia el arte de redactar reglamentos
(...) cuando tu actitud se generalice y por el mundo
entero revienten las señales de que tu actitud se gene-
raliza la administración caerá por sí sola» (m. 873).
Aunque tal vez el término «novela de tesis» convi-
niera entenderlo como cobertura irónica —paradójica—
del más absoluto nihilismo; pues en rigor esta novela
acumula y exhibe la destrucción y la soledad (léase la
prodigiosa mónada 1149: «la soledad la soledad») sin
dejar espacio a afirmación alguna: no en vano el mensaje sexualista lo escribe «el bufón» (¿es ya la verdad
patrimonio exclusivo de bufones?).

Lo más valioso para mí en *Oficio de tinieblas* es el
lenguaje: la libertad ilimitada con que se combinan y
contratacan nombres, motivos, palabras muy precisas
en medio del desorden rimbaudiano del texto, frases
esperadas y giros inesperados, y el inexorable desarrollo del ritmo de la letanía. Ya en *María Sabina* (1967)
había escogido Cela la forma versicular de la letanía para expresar la agonía de una mujer condenada.
Las mónadas de *Oficio de tinieblas*, en su proyección
una a una y en el surgir, dentro de cada una o de grupos de ellas, de repeticiones onomásticas, epítetos inseparables y ritornelos obsesivos, tejen un ritmo de reiteración monocorde para percibir el cual es aconsejable
leer todo el libro sin pausa: leerlo como letanía continua, agobiante, despiadada y, en algunos momentos,
cómicamente absurda; entregándose, pues, al sortilegio de la ceremonia de derrota que la novela propone,
y dejándose envolver por la magia de su lenguaje y el en-
salmo de sus repeticiones, que emiten un hondo gemido
de aniquilación.

IV

CARMEN LAFORET: EL DESENCANTO

Después de *La familia de Pascual Duarte*, primer éxito de la novela española tras la guerra y, sobre todo, primera tentativa de orientación hacia un nuevo realismo dentro de España, el acontecimiento más importante en el mismo terreno lo constituyó *Nada*, de CARMEN LAFORET (n. en Barcelona, 1921). Distinguida esta obra en 1944 con el premio Nadal, recién instituido por la editorial Destino, de Barcelona, se publicó al año siguiente y obtuvo un triunfo resonante.

Carmen Laforet tenía, cuando terminó esta su primera novela, veintitrés años. Era, pues, una escritora de la más joven generación y venía a la literatura por vocación, sin espíritu profesional, ingenuamente. Hasta hoy su producción es más bien tenue, pues se limita a cuatro novelas, un puñado de narraciones cortas y algunas colaboraciones periodísticas. Tal escasez no parece deberse a que la autora se exija mucho: ni la estructura ni el lenguaje de sus narraciones denotan que se haya propuesto metas particularmente difíciles o ambiciosas. Carmen Laforet escribe con dejada sencillez y construye sobre pautas poco arriesgadas. La escasez pudiera deberse, en cambio, al hecho de escribir sólo por complacencia propia, para recrearse en la tarea de expresarse a sí misma un mundo lleno de sugestiones personales, al margen de toda intención competitiva.

Tanto el predominio absorbente de una protagonista femenina, en las tres primeras novelas, como la semejanza de psicología entre ellas y el mantenimiento de un repertorio afín y casi uniforme de situaciones y de personajes secundarios da por resultado una especie de monotonía, originada probablemente en la dificultad de la escritora para transmigrar a otras almas diferentes de la suya. La fórmula de Carmen Laforet es novelar dentro de un ambiente vivido y con un argumento inventado. Pero aunque esto desmiente el carácter autobiográfico que pronto se atribuyó a sus novelas, éstas dan la impresión de ser autobiográficas, principalmente por esa semejanza de las figuras protagonizadoras, todas reductibles, en fin de cuentas, a Carmen Laforet: en sensibilidad, en carácter, en ideales. Esas criaturas visitan el mundo de los otros y aun lo exploran en audaces escapadas, pero la totalidad descrita toma el color que ellas le imprimen, el mismo color del alma femenina que las ha formado a su imagen.

Carmen Laforet tiene, hasta ahora, un tema único, que podría enunciarse así: un alma, capaz de comprensión y de entusiasmo, lucha por salvarse y por salvar a otros de la confusión del vivir, pero el resultado de aquella lucha viene a ser, por regla general, el desencanto. Ese alma comprensiva y entusiasta es, en las tres primeras novelas, un alma de mujer, y en la cuarta el alma de un muchacho adolescente (casi una mujer, si convenimos en que «la adolescencia es la etapa de la indeterminación, de la vacilación normal del sexo»)[54]. Con lo cual queda dicho que la literatura de Carmen Laforet es esencialmente femenina.

---

[54] G. MARAÑÓN: *Don Juan*, Espasa Calpe, Madrid, 7.ª ed., 1955, pág. 73.

La literatura escrita por mujeres ha sido en España bastante escasa, y raras veces auténticamente femenina. La mejor novelista del pasado, Emilia Pardo Bazán, escribía buscando, y casi siempre alcanzando, mentalidad varonil. Todavía en 1919, haciendo un balance de la literatura española moderna escrita por mujeres, afirmaba un crítico: «Las musas inspiradoras se han limitado, por lo general, a repetir las palabras de los hombres inspirados. Entre nosotros, la psicología femenina hay que buscarla en las obras de nuestros novelistas»[55]. El fenómeno se explica si se tiene en cuenta que el movimiento emancipador fue en España más tardío y flojo que en la mayoría de los países europeos, y si se piensa que en España la desigualdad intelectual y social de la mujer respecto al hombre acusa raíces históricas muy consolidadas por los atavismos, el desarrollo económico y la religión.

Carmen Laforet es, hasta cierto punto, una excepción: es novelista verdaderamente femenina. Con lo que no quiere significarse que sea muy sensitiva, sentimental o fantaseadora. Sus novelas tratan asuntos «fuertes», muestran sin embozo realidades turbias y no esconden la verdad tras velos sonrosados. Sin embargo, en ellas siempre está presente la mirada de la mujer: mirada de comprensión y de amor hacia el hombre y las cosas. En sus obras se hace transparente que la verdad de la mujer es la *asistencia*, en todos los sentidos de esta palabra: presencia, auxilio y vigilancia del corazón.

Recordando el clima existencialista de aquellos años (*L'Être et le Néant*, 1943) y el vacío abierto en España por las ruinas, los muertos, los ausentes, los cesantes y los hambrientos de pan y de libertad, *Nada* tenía que pa-

---

[55] R. CANSINOS ASSENS: *La nueva literatura*, Madrid. Editorial Páez, 1919, vol. II, pág. 228.

recer en 1945 un título tan oportuno como fascinante. Se
preguntó a la autora por qué había titulado así su novela, y contestó: «Porque a mí me parece nada: porque
lo que escribí era nada»[56]. Pero con menos modestia y
más precisión hubiese podido responder: porque tras el
entusiasmo acecha el desencanto, bajo la apariencia
misteriosa se oculta la vileza y al fondo de la esperanza
está la nada.

Una joven, Andrea, llega a Barcelona a cursar estudios en la Universidad. Instalada incómodamente en
casa de unos parientes, comienza sus tareas. Pero esos
parientes, que viven entre apuros y en perpetua hostilidad, empiezan a manifestársele como unos desequilibrados. Uno de los tíos de Andrea, pintor malogrado,
sufre arrebatos de patológica violencia, y su mujer sale
de noche a jugar a las cartas para reunir el dinero que él
no sabe ganar. Otro tío, músico, intelectual y hombre
«interesante», que llega a ejercer alguna atracción en
Andrea, trata de seducir a una compañera de ésta. Presidiendo la confusión de la casa, donde todo es des-
agradable e inhóspito, una pobre vieja, la abuela, vegeta en la penumbra de los interiores, medio inválida.
Andrea, que había venido con la ilusión del alma joven, va contemplando y padeciendo aquello que la
vida le presenta: pobreza, frío, frialdad, rencores, mezquindades, mentiras, infidelidades. Pero Andrea, espec-
tadora atónita al principio, intenta comprenderlo todo
y ayudar a sus parientes y a sus compañeros, sacarles
del error. No lo consigue pero esta buena voluntad es
suficiente para que ella misma no se anegue en la pe-
queñez. Diríase, pues, que Carmen Laforet, infundida
en el alma de su protagonista, asiste a la vida, actúa de
testigo de la vida. Una vida vulgar, ruin, que parece llena

---

[56] «*Nada*. Los escritores opinan sobre un éxito.» *La
Estafeta Literaria*, 25 septiembre 1945.

de inquietantes enigmas y que en el fondo no encierra
nada particular, nada valioso, nada. Es esta nada de la
poquedad de todos, rodeando y amenazando ahogar la
esperanza de un alma joven, lo que, apresado en las páginas de la novela, da a ésta una desnuda gravedad humana, situándola en la aurora española de un neorrealismo oportuno.

La narración, llevada en primera persona, hace ver
en todo momento el contraste entre el personaje central,
la joven de corazón generoso y mente soñadora, aunque
a veces «agria e intolerante como la juventud», y el
mundo de los otros: la familia en descomposición y el
pequeño mundo de bohemia de los estudiantes. El sufrimiento injusto, el hambre, la soledad, el desengaño
cercan a Andrea, pero ella conoce el camino recto, tiende la mano al necesitado y preserva la esperanza que la
anima en medio de las circunstancias adversas.

Nada es una novela que, como más tarde *La colmena*,
refleja un ambiente real, descubre un mundo humano
problemático y toma el pulso a una sociedad. Sólo que
aquí esta sociedad no es la ciudad, sino la familia, una
familia llagada por los hechos y las consecuencias de la
guerra y en trance de desmoronamiento. No se trata de
conflicto entre generaciones o entre padres e hijos, ni
tampoco de la alienación que separa trágicamente a los
miembros de la comunidad familiar, sino de una discordia originada por las violencias de la guerra y avivada
por la miseria cotidiana de la posguerra. En este sentido, *Nada* admite más relación (aunque lejana) con *La
familia de Pascual Duarte*. Algunos críticos señalaron
el posible influjo de Dostoyevsky, pensando sin duda en
la desconcertante psicología y en el desgarramiento y
exaltación de algunas figuras, por ejemplo, la del pintor, que tan pronto apalea brutalmente a su mujer
como se echa a llorar infantilmente. Pero si es cierto

que tanto en *Nada* como en algunos cuentos de Carmen Laforet asoman rasgos emparentables con la literatura rusa (Chejov, además de Dostoyevsky), también lo es que esta escritora, en su manera de ver y reproducir, está más bien en la línea del neorrealismo europeo de posguerra, al que se anticipa en cierto modo.

Técnicamente, *Nada*, sin recurrir a ningún procedimiento insólito, tampoco queda rezagada en las pautas de la novela del siglo XIX. La verdad se impone sobre la retórica. En una novela de ambiente barcelonés como *Mariona Rebull*, el realismo del siglo XIX sobrevivía casi en su misma forma: relación cronológicamente ordenada, retrato e historial de los personajes, descriptivismo prolijo. En *Nada* la narración es llevada ágilmente, las descripciones son breves y concentradas con cierto expresionismo (la casa de la calle de Aribau a la llegada, la catedral de Barcelona: «gran corro de sombras de piedra fervorosa») y el diálogo posee calidades dramáticas. Pero el elemento más concorde con la sensibilidad del momento era —tenía que ser en aquellos años— la veracidad al reflejar motivos de miseria humana, no con énfasis pesimista, sino en pequeños y escuetos detalles:

> «Aquella tristeza de recoser los guantes, de lavar mis blusas en el agua turbia y helada del lavadero de la galería con el mismo trozo de jabón que Antonia empleaba para fregar sus cacerolas y que por las mañanas raspaba mi cuerpo bajo la ducha fría.»

> «Más que cualquier clase de alimentos, deseaba dulces. Compré una bandeja y me fui a un cine caro. Tenía tal impaciencia que antes de que se apagara la luz corté un trocito de papel para comer un trozo de crema, aunque miraba a todo el mundo poseída de vergüenza. En cuanto se ilu-

minó la pantalla y quedó la sala en penumbra, yo
abrí el paquete y fui tragando los dulces uno a
uno. Hasta entonces no había sospechado que la
comida pudiera ser algo tan bueno, tan extraordinario... Cuando se volvió a encender la luz, no
quedaba nada de la bandeja. Vi que una señora,
a mi lado, me miraba de soslayo y cuchicheaba
con su compañero. Los dos se reían» [57].

Claro es que en *Nada* hay algo más que esta aprehensión veraz o «verista» de un ambiente concreto y de
una situación atañedera a la mayoría de los españoles
maltrechos por la guerra. Hay tipos e incidentes que
pueden clasificarse como «novelescos», entre comillas
más o menos desdeñosas: el seductor tío Román, que
termina suicidándose; la madre de la compañera de
Andrea, con aquella su historia amorosa tan aleccio-
nante para una joven ingenua; la internada nocturna
en el barrio chino de Barcelona... David Foster, en un
artículo de 1966, considera *Nada* como ejemplo de
«neo-romance», partiendo de la antigua distinción (de
Clara Reeve) entre «romance», fábula heroica que trata
de personas y cosas fabulosas, y «novel», pintura de la
vida y costumbres reales del tiempo que corre [58]. Pero
conviene advertir que casi todas las apariencias «no-

---

[57] *Nada*, Barcelona, Destino, 14.ª ed., 1963, páginas 70 y 126.
[58] D. W. FOSTER: «*Nada*, de Carmen Laforet: ejemplo de neo-romance en la novela contemporánea». *Revista Hispánica Moderna*, XXXII, 1966, págs. 43-55.
J. VILLEGAS estudia el proceso de Andrea como proceso
de iniciación en la vida de la ciudad y fuera del ámbito de la familia, al cabo del cual la heroína consigue
la libertad («*Nada*, de C. L., o la infantilización de la
aventura legendaria», en *La estructura mítica del héroe en la novela del siglo XX*, Barcelona, Planeta, 1973,
págs. 177-201). Véase también: G. ILLANES ADARO: *La
novelística de C. L.*, Madrid, 1971.

velescas» en *Nada* son meras apariencias, detrás de
las cuales se delata el vacío, la mezquindad, la motivación baja o insignificante. Además, la persona que
pasajeramente presta fe a esas falsas apariencias de
misterio, pasión o grandeza, es una muchacha apenas
salida de la adolescencia. No vale, en justicia, imputar
novelería a Carmen Laforet. Si la hay, no es cosa de
ella: es el anverso fascinante que necesitan ver sus
protagonistas juveniles y cuyo reverso es el desencanto,
tema cardinal de las narraciones de la autora.

Tras varios años de relativo silencio, apareció en
1952 la segunda novela: *La isla y los demonios*, que
puede servir de corroboración de lo que acabo de advertir. La propia Carmen Laforet declaró más tarde:
«Su tema principal, aquello que me impulsó a escribirla, fue un peso que estaba en mí hacía muchos años:
el encanto pánico, especial, luminoso que yo vi en mi
adolescencia en la tierra de la isla de Gran Canaria.
Tierra seca, de ásperos riscos y suaves rincones llenos
de flor y largos barrancos siempre batidos por el viento». «El título de esta novela corresponde a las dos
fuerzas que me hicieron escribirla. Una —la más poderosa— fue aquel recuerdo embellecido y mágico. Otra,
la trama de pasiones humanas (...), a las que yo llamo
«los demonios». Como en *Nada*, el hilo argumental
de la novela está unido al despertar de una juventud.
Aquí, sin embargo, se trata de la maduración de una
adolescencia tratada como tema de observación por
el novelista. Los ensueños, las cegueras, las intuiciones
y los choques con una dura realidad en el transcurso
de unos meses de vida de una adolescente...» [59].

Esta adolescente, Marta, es en el fondo la misma
Andrea de la novela precedente. Pero, aún más joven,

---

[59] C. LAFORET: *Mis páginas mejores*, Madrid, Gredos, 1956, pág. 57.

su peso anímico es menor, y más fresca su disposición
a la alegría y al capricho. Entre Marta, ángel adolescente, y los adultos que la rodean y que vienen a en-
carnar, sin prosopopeya, los demonios de las pasiones
desencadenadas, se entabla una especie de sordo combate. Marta, que sabe sufrir, que prepara amor para los
otros y que siempre está pronta a embellecerlo todo
con su fantasía, se encuentra rodeada por una familia
mediocre, por unos parientes estúpidos. La joven se
enamora de uno de ellos, Pablo, gran pintor en otro
tiempo, pero ahora consumido por un erótico enredo
que le va robando facultades. Ignorando el charco de
sensualidad en que Pablo vive, Marta se ha interesado
por él y ha puesto en el artista todas sus ansias de
afecto y comprensión. Cuando descubre la verdad, todavía intenta ayudarle a salir del atasco, pero es ya
tarde. No puede soportar la muchacha éste y otros
desencantos, y decide liberarse por sí sola del poder
de los demonios. Madurada por lo que ha aprendido
y sufrido, resuelta a iniciar vida nueva, se marcha de la
isla. Junto a este asunto, que es casi el mismo de *Nada*,
se hilvana una historia secundaria que tiene por protagonista a la vieja Vicenta, mujer de la isla de Fuerte-
ventura, criada fiel de la casa y que profesa aún las
creencias supersticiosas de los isleños primitivos. El
episodio de esta «majorera» no carece de colorido y
vigor, pero cae dentro de un regionalismo caducado.
(Me recuerda escenas de *El Niño de la Bola*.)

La isla y los demonios delata más ponderación y cuidado que la primera novela, como es lógico si se tiene
en cuenta la edad. Los parientes, que en *Nada* eran
unos seres desquiciados capaces de exaltación y delirio, aquí son sólo unas gentes prosaicas, vulgares, su-
cias. Marta, aunque más joven que Andrea, posee una
voluntad más segura y sabe trazarse pronto su camino

de libertad. Hay en *La isla* una arquitectura más compleja y mayor riqueza de episodios y motivos. Y el estilo alcanza momentos de poemática majestad al evocar las tierras ardientes de Gran Canaria y los mitos ancestrales, las divinidades de las islas.

El desencanto sigue siendo el tema central. Tanto en *Nada* como en *La isla* se diría que Carmen Laforet realizó, seguramente sin proponérselo ni acaso darse cuenta de ello, un tipo de novela femenina que es exactamente opuesto a la usual novela para muchachas, o «novela rosa». La novela rosa, bien sabido es, integra el repertorio de especies narrativas subliterarias que abastecen los mercados más fáciles: para los anhelosos de tensión que desean evadirse de la realidad por los intrincados senderos del enigma, la novela policíaca; para los que ansían escapar mediante el halago de los sentidos, o suplir el vacío de la experiencia con imaginaciones excitantes, la novela erótica o pornográfica; para los niños y adolescentes que sueñan con proyectos de peregrinación, victoria y conquista, la novela de aventuras; para las jóvenes sedientas de felicidad, la novela rosa. Aparte otros ingredientes, la novela rosa cuenta con ciertos elementos fijos. Personajes: una joven bellísima y un hombre mayor que ella, cargado de experiencia, apuesto, cortés, hombre de mundo. Argumento: la jovencita (que también puede ser poco agraciada, pero entonces ha de ser sumamente virtuosa) se prenda del caballero, y éste, que ha estado a punto de caer en algún amorío peligroso con cualquier pecadora (o, efectivamente, ha caído) termina por reconocer la belleza, la bondad y el juvenil atractivo de la chica. Desenlace: los enamorados se prometen, se casan y no pueden dejar de ser muy felices.

Las novelistas españolas de más valer, queriendo sin duda huir de toda tacha de sentimentalismo rosado,

han solido reaccionar tan en contra que sus novelas
parecen escritas por hombres. Así Emilia Pardo Bazán o, en nuestros días, por ejemplo, Elena Quiroga
en más de una obra suya. Carmen Laforet, en cambio,
ha preservado las esencias femeninas (las de su sociedad, se entiende) sin caer por la pendiente de la novela
rosa, antes bien haciendo lo contrario de una novela
rosa sin por eso eliminar algunos de sus elementos,
aquellos que encierran cierta verdad. Andrea o Marta
son, en último término, esa muchacha protagonista de
las novelas rosa: ilusionada, deseosa de amar y de ser
feliz, propensa a buscar en el hombre maduro la experiencia y la serenidad que ella no posee. Un tipo de
mujer así, en nuestra sociedad, es verídico. Pero Marta
o Andrea no son cursis, es decir, son auténticas. Y no
encuentran al hombre de sus sueños. Andrea encuentra
en su tío Román un sujeto que, so apariencia de dominio y de talento artístico, oculta un alma en estado
de lenta putrefacción. Marta cree ver en Pablo al hombre experimentado y al artista famoso, poniendo en
él su necesidad de amor; pero este posible galán es un
abúlico que ya no acierta a hacer nada y que va em-
bruteciéndose poco a poco (en una ocasión, totalmente
borracho, vomita delante de la muchacha y le confiesa balbuceando la servidumbre en que se siente encadenado). Ni *Nada* ni *La isla y los demonios* tienen, por
otra parte, desenlace feliz. Andrea termina reconociendo tras el presunto misterio familiar la nulidad. Marta concluye eligiendo la libertad y dejando al olvido
que cure las heridas del desengaño.

La mujer nueva (1955), tercera novela de Carmen
Laforet, ha sido apreciada, en general, como inferior
a las primeras. «El hecho humano que motivó la temática de esta novela —explicó la autora— fue mi propia conversión (en diciembre de 1951) a la fe católi-

ca... Fe que podría suponerse que me era natural, pues fui bautizada al nacer, pero de la que jamás me volví a preocupar después de salir de la infancia, y cuyas prácticas —para mí enmohecidas y sin sentido— había dejado totalmente» [60].

La «mujer nueva» —réplica del paulino «hombre nuevo»— es Paulina Goya: una mujer que, moralmente descarriada en los años de la guerra civil, recibe un día, inesperadamente, yendo en un tren, la iluminación de la gracia y se siente renacer a la fe. No habría por qué extrañarse de la subitaneidad de este acontecimiento. Tanto en la vida como en la novela puede aceptarse el acceso repentino a la fe religiosa, quizá más verosímil que el lento trabajo de aproximación hacia ella (a mi juicio la fe se recibe, rara vez se conquista). Menos lógico me parece que una persona inteligente y sensible se convierta «a la fe católica» (son las palabras de Carmen Laforet): baste que se convierta a la fe cristiana, e incluso sencillamente a la fe, pues el salto —y de salto se trata— se da desde el no al sí, desde el vacío al abrazo, y todos los demás elementos ratificadores de la creencia serán objeto de busca y selección, pero no de instantánea experiencia reveladora.

Adolece *La mujer nueva* de cierta artificiosidad. La Paulina extraviada e inconforme de la primera parte representa una variación indudable de Andrea y de Marta, pero tras su conversión parece, al menos como figura de creación literaria, perder sustantividad.

En 1963 publica Carmen Laforet su cuarta novela: *La insolación*, parte primera de una trilogía titulada «Tres pasos fuera del tiempo». El protagonista es ahora masculino: Martín Soto. Martín padece de 1940 a 1942, entre sus quince y diecisiete años, durante los

---

[60] *Ibídem*, pág. 208.

tres veranos que pasa en un lugar costero del Levante
español, un deslumbramiento, consistente en percibir
como investido de carácter mágico su trato con dos
jóvenes veraneantes: los hermanos Anita y Carlos Corsi. Al hechizo de esa amistad, todavía un poco infantil,
no tarda en sobreponerse un ansia nueva y arrolladora
de llegar a ser hombre libre, artista, genio (ansia propia ya de un alma viril). Tan súbito anhelo de rebeldía transformadora en Martín es lo que su insuficiente amigo, Carlos, llama con desdén «insolación». Pero
Martín interpreta la verdad de su problema cuando medita que el verano en aquel lugar, los tres veranos reunidos en uno solo en la evocación, «constituía una enorme
insolación, pero no en el sentido en que había hablado
Carlos, sino al contrario. No porque a Martín se le ex-
citase la imaginación hablando de su arte, sino porque
lo olvidaba» [61].

Un olvido de todo, un paso fuera del tiempo, el deslumbramiento de la amistad, la insolación del solsti-
cio en tres veranos reales simbolizadores del encerrado ardor de la adolescencia, tal es el fondo temático
de la última novela de Carmen Laforet. El problema
es, en sustancia, el mismo de *Nada* y *La isla y los demonios*: el conflicto entre el deseo de un alma juvenil
y la realidad circundante.

Martín Soto, hijo de un modesto oficial del Ejército,
vive en Alicante bajo la tutela de sus abuelos mater-
nos. Al terminar la guerra española, el padre, destinado
a Beniteca, trae a su hijo a pasar los veranos con él
y su segunda esposa. En aquel pueblo —ardiente, pe-
dregoso, africano— conoce Martín a los hermanos Corsi, huérfanos de madre como él y tutelados por Frufrú, vieja artista de circo. Anita es una joven caprichosa, castamente provocativa, curiosa, malévola, profun-

da alguna vez, superficial casi siempre. Su hermano, que adora hasta los celos a esta familiar «esfinge sin secreto», es un muchacho de buen parecer, al que su padre —antiguo ilusionista enriquecido— llama «el efebo», pero que nada tiene de anormal, ni siquiera el obsesivo apego a su hermana, del que trata al fin de liberarse. Guiado por una sensación misteriosa de acecho (risas, silbidos que no se sabe de dónde parten) el amilanado Martín traba conocimiento con los que reían y silbaban, con esos hermanos que, para resultar más excéntricos, más ajenos a tiempo y espacio, llevan un apellido exótico, juegan a la osadía y a la venganza y se alojan en una finca donde ocurren cosas aparentemente enigmáticas. Hacia el sortilegio de esa amistad se orienta en seguida el joven protagonista: los tres muchachos tienen su punto de reunión, al que llaman «solarium», pelean y bailan, sueñan, gozan del mar, traman menudas intrigas, se entienden. Lejos de cuanto no estimule su fascinante convivencia, pueblan un bello recinto compartido. Así en el primer verano y, sobre todo, en el segundo. Cuando el invierno llega, apenas se cruza una línea entre los separados amigos. Su relación pide aquel escenario de maravilla: el mar, las dunas, el sol abrasador, la misteriosa finca, la complicada historia de la familia Corsi contada a retazos por la vieja artista de circo... Horas de expansión feliz, tensadas por alguna excitante sospecha o conmovidas por el gusto de la aventura, pasan los amigos, bajo el sol radiante del verano o entre la densa caricia de la noche de plenilunio. Pero llega el momento en que ese mundo de ilusión se resquebraja. Anita coquetea con un necio poeta americano, amigo y acreedor de su padre. Carlos quiere probar el amor venal para emanciparse de la vaga tiranía de la hermana. Martín, que siente en él vocación de pintor y el entusiasmo

del genio en potencia, se da cuenta de que su relación
con los Corsi ha sido sólo el espejismo de la amistad:
uno y otro hermano están muy por debajo de su espiritual preocupación. En ese instante en que Martín
comprende que sus compañeros ignoran la amistad,
el arte, la libertad de quien, dispuesto a prescindir de
todo, traza en su alma los cimientos desde donde poder crear, es cuando parece que Martín estuviese enloquecido por una insolación y cuando él, al contrario,
reconoce que la insolación ha sido lo anterior a aquel
instante: el olvido de todo en el deslumbramiento de
una amistad ilusoria.

Carmen Laforet ha ahondado un poco más en el problema común a sus dos primeras novelas y a ésta. Si
Andrea era una actitud de asistencia y piedad en el
seno de una familia de desequilibrados y Marta un deseo de libertad y pureza frente a los demonios de las
pasiones humanas, Martín (que, como adolescente, encierra en sí al niño, a la mujer y al varón) encarna
una exigencia más radical ante la realidad. El no sale
de su aventura decepcionado del desvarío o la mezquindad de unos seres, sino excitado por la insuficien-
cia de otros, que, ni malvados ni locos, ni vulgares ni
ruines, resultan, sin embargo, incapaces de sentir tan
hondo y pensar tan alto como él siente y piensa, puesta la mirada en un mundo de propia y esforzada creación. No faltan aquí los prójimos mezquinos, entre los
que se destaca la madrastra, que, al acusar a Martín
y a Carlos de homosexualidad, con la intención de echar
al primero de la casa paterna, precipita la catástrofe.
Tampoco faltan los personajes exaltados: el epiléptico,
el criminal refugiado o, en menor medida, la estrafa-
laria Frufrú y los Corsi todos, con sus inesperables reacciones. Pero el protagonista se enfrenta aquí, particularmente, con esos amigos de su edad que, sin ser vul-

gares ni anormales, se manifiestan incapaces de acompañar a Martín en su primer impulso destructivo-creador.

La adolescencia y primeros años de juventud son la edad más subjetiva del hombre. Pero el enfoque necesariamente subjetivo de esta novela se halla enriquecido por breves, pero veraces trasuntos de la sociedad adulta que está al otro lado y mediante los intermedios (entre verano y verano) que bosquejan de modo impresionista la realidad histórico-social de aquellos años de posguerra española y guerra mundial. Carmen Laforet, por lo demás, se proponía en esta trilogía proceder de lo íntimo a lo externo: aquí, la aventura de un alma arrebatada; en la segunda pieza, intimidad expuesta a determinaciones exteriores muy poderosas; y en la última, predominio de la sociedad y del ambiente sobre la persona individual.

Formalmente, *La insolación* no ofrece novedades (ninguna novela de esta autora las ofrece). Salvo algún complejo de acciones simultáneas (por ejemplo, en el capítulo X, el más dinámico) la exposición se amolda al proceso sucesivamente, interpuestos los blancos o silencios necesarios a la economía del conjunto. La primera y la tercera parte —verano del encantamiento, verano del desastre— son más breves y elípticas que la parte segunda —plenitud del deslumbramiento—. Hay, como en todas las narraciones de Carmen Laforet, pericia en el contar, nativa sencillez en el dialogar, y descripciones de suma belleza que recuerdan las de *La isla y los demonios*. El diálogo abusa un tanto de las apoyaturas caracterizadoras, o mejor dicho, de los bordoncillos tipificadores, pues el carácter de los personajes no se define mejor porque el padre de Martín profiera a cada paso el mismo taco, su abuelo siembre cualquier frase con unos «jozú» y «ejem» en exceso frecuentes, o Frufrú llame inalterablemente a los mu-

chachos «demoños». Tales muletillas se limitan a ti-
pificar, no en el sentido de que eleven un carácter individual a representante vivo de una especie de personas, sino en el sentido de que lo reducen a esquema
caricatural de un género de personajes. Muy distinto
es que los Corsi llamen a Martín Soto «martín pescador» cariñosamente, o que los tres amigos usen una
nomenclatura convenida (el «solarium», «nervioso como un flan», etc.). Esto revela el implícito progreso de
su convivencia habitual y evoca con carácter de intimidad un ambiente definido, aquel ambiente hermético que Ortega postulaba para la novela y que, sin
menoscabo de la alusión al contexto histórico y social
de la acción, queda en esta novela muy bien logrado.

Vista en conjunto la obra de Carmen Laforet, ha de
reconocerse que no representa ningún avance importante por el terreno de la experimentación estructural
e idiomática, tan inquietantemente removido por los
novelistas de este siglo y, en particular, durante los últimos lustros. En sí misma, sin embargo, esa obra significa una matizadora profundización del conflicto —tan
juvenil, tan femenino, pero también tan sintomático
de la España de posguerra— entre la necesidad de entusiasmo y la comprobación del desencanto. Las almas
que Carmen Laforet dibuja, o en las que indirectamente se retrata, son almas anhelosas de autenticidad que
verifican su búsqueda de valores en un mundo de re-
percutidas violencias y de rutina y menesterosidad cotidianas. En este sentido debe adscribirse la obra de
Carmen Laforet a la línea de realismo existencial predominante en la España de los años 40. *Nada* no es una
simple novela afortunada que deba su difusión a circunstancias extrínsecas. Si promovió tan vasta y duradera atención hubo de ser, sin duda, porque descubría
certeramente aspectos de la realidad circundante que

habían quedado fuera de las primeras novelas escritas
al acabar la guerra: la actitud espectativa de una generación joven, los estragos materiales y psíquicos de
la guerra en una familia cualquiera, el desajuste entre
esperanza y existencia cotidiana, el hambre, la pobreza,
el desquicie moral. Fue así *Nada* la iniciación española en el «neorrealismo», generalizado poco después por
el cine y la literatura de la posguerra mundial.

El tema básico de Cela era la enajenación: el mundo
español alienado en sí mismo o a través de esa mirada
que lo recorría en su superficie, registrando sólo la
anomalía detonante o la inercia masiva. El tema fundamental de Carmen Laforet es el desencanto: un mundo que parece susceptible de ser mágicamente trans-
figurado por una mirada limpia, pero que se revela deficiente, inferior, indigno. Este tema se desarrolla de
más a menos, o del ser aparente a la nulidad latente,
en *Nada, La isla de los demonios* y *La insolación.* En
La mujer nueva el proceso sigue excepcionalmente la
trayectoria inversa: desde el desencanto de todo hacia
el sobrenatural encantamiento de la fe, que hace ver a
Paulina Goya todos los espacios del mundo en la cima
de un instante distante, lejos de «aquella ardorosa, vulgar, pequeña intriga que era la vida» [62].

---

[62] *La mujer nueva*, segunda parte, cap. I. Cito por
Mis páginas mejores, pág. 236.

V

MIGUEL DELIBES:
LA BUSCA DE LA AUTENTICIDAD

El tercer paso importante hacia el nuevo realismo de la novela española de posguerra fue dado —afianzándose luego, progresivamente, a puntos de consecución cada vez más perfectos— por MIGUEL DELIBES (nacido en Valladolid, 1920). Entre los novelistas españoles de nuestro tiempo nadie deja de conceder a este escritor un puesto de eminencia, y la base de este reconocimiento consiste en que la producción de Delibes —así suele indicarse— es cuantiosa, regular y de calidad creciente.

Ha publicado Delibes desde 1948, fecha de su revelación, hasta hoy, once novelas, tres libros de cuentos y varios de ensayos (caza, viajes, meditación). Estas obras, además, aparecen con regularidad, sin apresuramiento ni largas pausas. Y en cuanto a la calidad, los críticos observan que gana con cada libro, y atribuyen la mejora a diversas razones: superación de un realismo minucioso casi naturalista por otro realismo poético y humorístico más estilizado, eliminación de superfluidades descriptivas, depuración del lenguaje. A estas razones convendría añadir otra muy importante: Delibes ha ido acercándose cada vez con más res-

11

ponsable consciencia a los problemas inmediatos de su sociedad y de su tiempo, y esta consciencia crítica (a la que se deben, creemos, las otras virtudes: superación del naturalismo mecánico, poda de superfluidades y dinamización del modo expresivo) no puede menos de infundir trascendencia mayor a sus novelas últimas. Delibes ha ido pasando de una problemática existencial relativamente abstracta hacia una problemática social muy actual y concreta que le coloca hoy en el mismo frente en que han operado o siguen operando novelistas algo más jóvenes, como Fernández Santos, Sánchez Ferlosio, Martín Santos y otros. A esta actualidad de la obra de Delibes se refiere Ramón Buckley en un libro excelente, un tercio del cual va dedicado a dicha obra [63]. (Allí se encontrarán también referencias a tesis doctorales y monografías sobre el escritor, que demuestran la curiosidad que ha despertado entre críticos de diversos países.)

Suele dividirse la producción de Delibes en dos épocas: una a la que pertenecerían las dos primeras novelas (*La sombra del ciprés es alargada*, 1948; *Aún es de día*, 1949) y *Mi idolatrado hijo Sisí*, 1953; otra integrada por las restantes: *El camino*, 1950; *Diario de un cazador*, 1955; *Diario de un emigrante*, 1958; *La hoja roja*, 1959; *Las ratas*, 1962; *Cinco horas con Mario*, 1966; *Parábola del náufrago*, 1969, y *El príncipe destronado*, 1973. Ciertos críticos hallan la diferencia prin-

---

[63] R. BUCKLEY: *Problemas formales en la novela española contemporánea.* BUCKLEY hace referencia a tres tesis doctorales sobre Delibes, y existen, además, los libros de L. HICKEY: 5 *horas con Miguel Delibes. El hombre y el novelista,* Madrid, Prensa Española, 1968; F. UMBRAL: *M. D.,* Madrid, Epesa, 1970; C. ALONSO DE LOS RÍOS: *Conversaciones con M. D.,* Madrid, Novelas y Cuentos, 1971; J. DÍAZ: *M. D.,* New York, Twayne, 1971; L. LÓPEZ MARTÍNEZ: *La novelística de M. D.,* Murcia, 1973.

cipal entre ambas épocas en el estilo; otros, en la ideología y la temática. La época primera se caracterizaría por la obediencia a la narración tradicional, la tendencia al análisis introspectivo, un argumento susceptible de ser contado, un protagonista insolidario que defiende su individualidad. La época segunda vendría marcada por las siguientes notas: simplicidad narrativa moderna, objetividad, sentimiento de la solidaridad humana; predominio de los tipos, ambientes y situaciones sobre la idea o el argumento; adaptación del protagonista a una sociedad de individuos afines, pero rebeldía contra la sociedad de hombres-masa. Ramón Buckley analiza con perspicacia otras diferencias que atañen a la relación del autor con su obra, a la función del tiempo y a la técnica descriptiva: de su postura de autor Delibes pasa a la de fabulador, de una temporalidad objetiva a una cronología subjetiva, de una técnica acumulativa a una técnica de selección y reiteración; viniendo a ser así la característica del Delibes último (según Buckley) su «selectivismo», vía intermedia, y acaso preñada de futuro, entre las tendencias extremas del objetivismo y del subjetivismo.

Indudablemente, lo que distingue de manera más neta la primera época de la segunda es que en aquélla predomina el análisis y en ésta la síntesis; en aquella se advierte la presencia del autor, que, como tal autor, narra y describe, mientras en ésta el autor da la impresión de haberse infundido del todo dentro de unas figuras que aparecen directamente, presentándose ellas mismas en su vivir. Y puesto que la síntesis, la compenetración, es lo propio de la poesía, no extraña que se haya aplicado a la segunda época de Delibes la designación «realismo poético», frente al realismo analítico de la primera época. También puede decirse que el mundo de la primera época es un mundo observado y el de la segunda un mundo vivido, o, mejor aún, que allí prepondera la abstracción y aquí la concreción.

Ahora bien, toda modificación de actitud y, por tanto, de estilo, supone una modificación en el concepto que se tenga del mundo y de la vida: concepto que suele manifestarse en la presencia nuclear de un tema o problema a lo largo de la obra entera de un artista. Y así como el tema central de Cela es la alienación y el de Carmen Laforet el desencanto, el de Miguel Delibes es —según iremos viendo— la autenticidad, la elección del camino auténtico. La preocupación fundamental de Miguel Delibes no parece ser otra: hallar el camino que conduzca a la plena realización de la persona (o revelar el camino que lleva a su falsificación como persona).

Todas las novelas de Delibes tienen uno o dos protagonistas individuales: ninguna sustituye al individuo por la colectividad o por el mundo de las cosas o de los mitos. Esos protagonistas individuales parten de una cualidad o de una situación que les induce a elegir un camino. Pedro (*La sombra del ciprés*) está poseído por un obsesivo miedo a la muerte de los seres queridos y elige el camino de la soledad, de la desvinculación. Sebastián (*Aún es de día*) es un hombre físicamente deforme y criado en extrema pobreza, pero se sobrepone a esta inferioridad escogiendo un camino de elevación: por el trabajo, por la piedad, la fe y la belleza. Cecilio Rubes (*Mi idolatrado hijo*), abyecto ejemplar de egoísmo, recorre un camino de aparente bienestar que termina, sin embargo, en el fracaso y aboca al suicidio. Daniel (*El camino*), Lorenzo el cazador (*Diarios*) y el Nini y el tío Ratero (*Las ratas*) son seres humildes que en el medio primitivo en que se han criado o en el que prefieren moverse, encuentran el camino de la conformidad, de la vocación cumplida. También es un camino de conformidad, de compartida resignación, el que resuelven tomar al fin el viejo Eloy, asomado a la muerte, y la Desi, amaneciendo de su ignorancia (*La hoja roja*). Los protagonistas de *Cinco horas con Mario* encarnan el contraste entre la costumbre inauténtica (Carmen Sotillo) y el esfuerzo incesante por la autenticidad (Mario). Y el náufrago de la *Parábola*, Jacinto San José, es degradado de su naturaleza de hombre por atreverse a preguntar qué sentido tiene lo que hace. (En *El príncipe destronado*, Quico es demasiado niño para buscar la autenticidad: la encarna con ingenuidad suprema.) En propiedad, casi todas las novelas de Delibes podrían titularse *El camino* (así como las de Cela *Caminos inciertos* y las de Carmen Laforet *Nada*).

Ocurre, sin embargo, que el camino buscado por los personajes de Miguel Delibes, siendo siempre el camino de la autenticidad (salvo en los casos exactamente opuestos, de Cecilio Rubes y Carmen Sotillo), ha ido a parar hasta ahora a distintas metas, que revelan las modificaciones antes aludidas: la soledad individual (Pedro, Sebastián, negativamente Cecilio Rubes), la naturaleza (Daniel, Lorenzo, el Nini, el tío Ratero, Quico), la compañía (Eloy y la Desi) y la sociedad (desde la solidaridad: Mario, desde la libertad: Jacinto San José). Diríase, pues, que a través de estos distintos caminos de sus criaturas, Miguel Delibes ha recorrido él mismo un camino único, con diferente meta (diferente solución) al final de cada una de las cuatro etapas. Y este camino del escritor, desde la insolidaridad a la solidaridad, significa una progresiva toma de conciencia de la responsabilidad humana, un proceso de acercamiento al humanismo social a partir de la angustia existencial.

Lo aquí apuntado no invalida la división en dos épo-

cas, pero contribuirá, espero, a hacer ver más mati-
zadamente el cimiento de cada una de ellas: el aislamiento inicial y la participación progresiva.

Las tres novelas de la llamada primera época son
ejercicios de conocimiento de la condición humana: el
hombre ante la muerte ajena, el hombre en la humillación y la impotencia, el hombre frente a la descendencia.

La sombra del ciprés es alargada —novela galardonada con el Premio Nadal 1947— narraba el caso del
hombre que rehuye la amistad y el amor por miedo
a la privación del ser querido, obsesionado por la muerte. El protagonista, Pedro, renuncia a unir su vida con
la de cualquier otro ser humano (sea amigo o mujer)
a fin de no tener que perderlo nunca. De niño, Pedro
se educa en casa de un viejo preceptor en Avila, la
ciudad mística por excelencia. El preceptor es un teórico del desasimiento, y el contacto con él en el ámbito
de la ciudad amurallada origina en el muchacho una
creciente preocupación por la muerte. La desaparición
de un condiscípulo aumenta la lúgubre obsesión. Privado de su amigo, Pedro se jura no vincular jamás
su vida a la vida de otro. En el fondo, es un instinto
egoísta lo que le mueve: el miedo al dolor de la pérdida, el temor a sufrir una privación. Cuando se hace
hombre, Pedro elige la profesión de marino como impulsado por esa voluntad de independencia y cambio
de horizontes. Una mujer, Jane, llega a enamorarse de
él y a enamorarle, pero el arisco prófugo se resuelve a
dejarla: teme amarla y que se le pueda morir. Jane, obs-
tinada en su afecto, le recupera, sin embargo. Cásanse.
Y cuando Pedro parecía curado de su obsesión, ocurre
que, pocos días después de casado, la muerte le arrebata
a Jane, víctima de imprevisto accidente. El pesimista
por principio ve confirmada su sombría aprensión de la

vida. Lo que siempre le había imposibilitado todo goce vital, la idea de que «fatalmente uno de los dos ha de enterrar al otro» se cumple.

Trátase, pues, del análisis de un caso individual. Delibes se muestra inclinado a cierta especie de determinismo al rodear a su héroe de circunstancias fatales: el hermético recinto de Avila, el ascetismo del preceptor, la muerte del amigo. Desde entonces su forma de vivir es la huida. Privado de espontaneidad y de confianza en las cosas, cerrado a toda apetencia bajo el peso de su autotortura, el protagonista va derecho a la catástrofe que él mismo, con su conducta, parecía prever.

Al análisis prolijo de la tragedia de ese «heautontimorumenos» sucedió, en la segunda novela, el estudio de otro caso singular. *Aún es de día* relataba las angustias del hombre físicamente deforme en lucha por elevarse espiritualmente a través de la soledad, el amor y la voluntad. Sebastián es hijo deforme de un padre deforme (muerto cuando la historia principia) y de una mujer agria, sucia y alcoholizada que a diario le amarga la existencia. A pesar de su deformidad y de su pobreza, Sebastián no se deja apocar. Con firme empeño y un carácter a prueba de fracasos, logra entrar de dependiente en los mejores almacenes de la ciudad provincial donde vive. Una chica del barrio seducida y abandonada por otro, pretende reparar su deshonra atrayendo a Sebastián para que éste venga a ser el padre nominal del hijo que espera. Cuando Sebastián descubre la celada, huye, desengañado de su buena fe. Y empieza a concebir otro amor, enteramente platónico, hacia la señorita más bella y rica de la ciudad. Este amor de silenciosa adoración va despejando su alma de resentimientos y purificando sus ideales. El, que nunca había sido muy religioso,

se siente ahora ávido de confesión, feliz en la soledad
de una iglesia. Y con esfuerzo admirable se propone,
y empieza a conseguirlo, regenerar a su madre y a una
hermana, apartarlas de su vida sórdida. Sin embargo,
su adoración por la señorita Irene llega a tales límites
de fetichismo que un día en que ella va de compras
a los almacenes y se deja allí olvidado un guante, Sebastián lo recoge y lo guarda sin más propósito que
conservar de ella algo que continúe infundiéndole anhelos de perfección. El incidente le es fatal: el director
de los almacenes, al descubrir el hurto, le pone en la
calle.

Todo está empañado de amargura en esta novela:
el confinado ambiente provinciano en que se mueven
las figuras (un mundo de horteras, de pequeños co-
merciantes que van al fútbol los domingos, de novios
que encubren sus besos en la oscuridad de un cine,
de jaques de barrio y mujerucas entregadas al vino);
la herencia fatal; los vanos esfuerzos del protagonista
por alzarse a una esfera de pureza; la despiadada lucidez con que el autor registra los detalles más tristes del vivir cotidiano. El asunto es como una variación de la parábola de la bella y la bestia: el monstruo
de alma bella que se siente angélicamente atraído por
una mujer de gran hermosura, cuya sola contemplación constituye para él motivo de ennoblecimiento.
Delibes despojó esta fábula de todo destello romántico: el monstruo es un simple dependiente de comercio
y la bella una chica de la buena sociedad que frecuen-
ta las tiendas de tejidos. Como en la primera novela,
el autor parece tarado aún por cierta propensión al
naturalismo: pintura fidedigna y detallista, atenimien-
to exacto a lo observable, falta de humor y de ternura,
impasibilidad. Incluso puede comprobarse cierta complacencia en pormenores repelentes que no hubiesen

sido necesarios para la reconstrución del medio y que atestiguan esa falta de perspectiva sintética a causa de la cual suele incurrirse en el prurito de reproducir por reproducir, acopiando inertes superfluidades.

Al año siguiente publicó Delibes la primera obra que difiere de la línea hasta entonces seguida, pero por ser esa obra el punto de arranque de su segunda época a juicio de la crítica, se aludirá antes a su cuarta novela, con la que vino a cerrarse la época del realismo analítico: *Mi idolatrado hijo Sisí*. Aparece amparada bajo el lema bíblico «Creced, multiplicaos y henchid la tierra», y se trata de una novela en la que, por virtud del proceso que cumplen los principales personajes y sin necesidad de prédicas moralizantes, pónese en evidencia la idea de que el matrimonio no debe reducir el número de hijos ni menos limitarlo a la unidad, pues que el hijo único suele malograrse por el mimo y la libertad incontrolada, y si muere, queda destruida la familia. La acción se presenta repartida en tres períodos: 1917-20, 1925-29, 1935-38, que el autor caracteriza recurriendo a insertar copia de noticias y anuncios periodísticos reveladores de toda una atmósfera histórica (política, notas de sociedad, cartelera de espectáculos, etc.). El protagonista de la prosaica tragedia es Cecilio Rubes. Para este comerciante provinciano —un ejemplar más de la estulticia humana— sólo existen muy limitados intereses: las bañeras que vende, sus queridas, su club, su idolatado hijo Sisí. Recién casado, declara a su mujer que no quiere hijos; pero más tarde, cuando empieza a sentir el vacío de su vida, decide tener uno porque así se lo sugiere un empleado de sus almacenes. Lo tiene, lo rodea de caprichos y mimos, no lo educa, le aplaude las travesuras y aun los pecados, lo protege de cualquier peligro. Al perderlo —porque Sisí muere en la guerra española sirviendo en

Intendencia y después de haber tenido relaciones con la querida de su padre—, Rubes se da cuenta empavorecido de todos sus errores e, incapaz de soportar los remordimientos, se suicida.

Esta novela anti-maltusiana, evocadora de un mundo familiar y provinciano agusanado de mezquindad, revelaba en Delibes una gran pericia en el arte de la ambientación y venía a testimoniar, anticipadamente, la actitud crítica que iría abriéndose paso cada vez con más firmeza. Por primera vez escogía el autor como protagonista a un contra-héroe, a un ejemplar de inautenticidad, a uno de esos especímenes de la sociedad burguesa que existen sin conocerse, envueltos en la gregaria nube del egoísmo. Pero el tratamiento dado a esta materia se asemejaba al de las dos primeras novelas: perspectiva individual, planteamiento más bien abstracto, distancia del narrador respecto a sus criaturas, densidad narrativo-descriptiva, análisis observador, tesis.

Con *El camino* se inicia relativamente la segunda y más perfecta modalidad del arte narrativo de Delibes. Es una novela a la vez íntima y panorámica: la evocación, en la memoria de un niño, de una pluralidad de gentes individualmente caracterizadas que forman la población de un pequeño lugar castellano próximo a las montañas; la despedida de una infancia, dichosa en contacto con la naturaleza, en el momento en que el niño ha de empezar a hacerse hombre y tomar el camino de la ciudad o de la civilización. El valor máximo de la obra no es la intensidad de la acción, la trascendente verdad de un problema, ni la complejidad de un alma, sino la visión «simpática» del paisanaje de una aldea y, en menor medida, del paisaje que la circunda. El eje que centra las anécdotas, semblanzas, historietas y aventuras integradoras de aque lla visión panorámica viene puesto por la situación que abre y cierra la novela: Daniel, niño de once años, se encuentra en la cama una noche intentando en vano conciliar el sueño. Le tiene desvelado la preocupación de que al día siguiente ha de abandonar el pueblo para comenzar, en la ciudad, sus estudios de bachillerato. Su padre, quesero de la aldea, aspira a que su hijo progrese y llegue a ser alguien. Pero Daniel siente que el camino de la ciudad no es su camino. Reconoce que éste, más limitado, está en su pueblo, junto a sus amigos, dentro de la esfera en que ha nacido. Ello le hace evocar en visión desordenada, al azar de fortuitos enlaces imaginativos, todo lo que hasta entonces ha constituido para él la vida. Y de esta evocación surge el mundo humano de aquel lugar con sus curiosas figuras: el cura, «que era un gran santo»; el maestro, el herrero, el tabernero, las telefonistas, las solteronas, los novios, etc., y sobre todo los pequeños amigos de Daniel, con quienes éste compartía inocentes aventuras, amenas correrías por los campos. El trío infantil —Daniel «el Mochuelo», Germán «el Tiñoso» y Roque «el Moñigo»— había ido descubriendo con ingenuidad los primeros misterios de la existencia: cómo nacen los hijos, cómo se siente amor y vergüenza, cómo es preciso ser valiente y no llorar... A través de sus juegos y conversaciones se van perfilando sus caracteres: Roque es el vértice de la admiración por su valor, entereza y desparpajo; Germán, el niño enfermizo, el amigo de los pájaros, siempre aureolado de una melancolía precoz que hace presentir su muerte, y Daniel, cándido, enamoradizo, contemplativo, es el niño en quien se han puesto esperanzas de superación acaso excesivas.

La narración no se sujeta a un diseño predeterminado, sino que resulta de la libre evocación, desordenada pero coherente, del protagonista. A caracterizar la mayoría de los tipos contribuyen los apodos o epítetos constantes que a sus nombres se agregan indefectiblemente: «el cura, que era un gran santo»; el zapatero Andrés, «el hombre que de perfil no se le ve», etcétera. Coopera también al realce de las figuras el tono de benévola ironía que el autor les da, acentuando sus rasgos peculiares hasta la caricatura. Tanto el aparente desorden (orden subjetivo) como las reiteraciones y los toques irónicos señalan un nuevo modo de ver: sintético, compenetrativo, capaz de humor y de emoción.

La idea cardinal de *El camino* es expresada por el sacerdote en cierta ocasión: «La felicidad... no está, en realidad, en lo más alto, en lo más grande, en lo más apetitoso, en lo más excelso; está en acomodar nuestros pasos al camino que el Señor nos ha señalado en la Tierra. Aunque sea humilde» [64]. Se trata, pues, de un camino de conformidad. Ni Pedro se conformaba con la muerte de los seres amados ni Sebastián con su inferioridad física y social: el primero huía a la soledad y el segundo se esforzaba por elevarse a toda costa. Sus caminos, no obstante, acababan en la desgracia. Ahora este niño, Daniel, ansía no salir de donde está, quedarse, aquietarse en su propio lugar. Puede decirse, y se ha dicho, que la conformidad cristiana y providencialista representa una limitación, nada recomendable por cierto, para el mejoramiento del destino de los humildes. Y, en efecto, cierto matiz arcádico, de idilio inmovilista, consuena en la graciosa melodía divagatoria de *El camino*. Pero de contrapeso sirve la fuerza irónica de muchas estampas que expresan una fina crítica contra la mojigatería de las beatas, la propensión de las almas simples a escandalizarse por na-

---

[64] *El camino*, Barcelona, Destino, 2.ª ed., 1955, página 184.

derías, o el tenebrismo del alma castellana. Aunque la perspectiva es humorística y lírica, *El camino* evidencia alguna afinidad con *La sombra del ciprés*, tanto en la preocupación por la muerte como en la circunstancia de que quienes aparecen tocados por el ala sombría de la finitud sean niños. A raíz de la muerte de «El Tiñoso», medita Daniel: «Algo se marchitó de repente muy dentro de su ser: quizá la fe en la perennidad de la infancia. Advirtió que todos acabarían muriendo, los viejos y los niños». Todos irían relevándose y «llegarían a desaparecer del mundo todos, absolutamente todos los que ahora poblaban su costra y el mundo no advertiría el cambio»[65]. Sin embargo, aquí la tragedia del existir no emerge con la hosca gravedad de la primera novela, sino como un fondo lejano al que presta los alivios del olvido la policromía pintoresca de una amada decoración cotidiana compuesta de campo natural y de criaturas todavía naturales.

Pues la solución que Miguel Delibes parece proponer en *El camino* a la busca problemática de la autenticidad no es otra que la naturaleza. No sólo aquello que habitualmente así se llama (la materia creada, los elementos), sino también el natural de cada hombre, lo natural de su primaria relación, la naturalidad en el ser, hacer y vivir de las criaturas. No se trata, por tanto, de alabar la aldea y menospreciar la corte: se trata de probar qué puede significar convivencia confiada, conformidad espontánea con el futuro que del pasado se desprende, amistad, familia, trabajo gustoso, artesanía, agricultura, complacencia en las labores y en los días, ingenuidad, sinceridad. A punto de ser desarraigado de su centro propio, el protagonista de *El camino* opta por esa naturaleza, sintiendo él ins-

---

[65] *El camino*, ed. cit., pág. 206.

tintivamente (y sabiendo su autor con plena conciencia) que la ciudad, la civilización, sólo conseguiría enajenarle, despojarle de sí.

Orientación semejante inspiró después a Delibes el *Diario de un cazador* (Premio Nacional de Literatura 1955) y su continuación, el *Diario de un emigrante*. Protagonista de ambos diarios es el joven Lorenzo, bedel en un centro de enseñanza de una ciudad provincial, que en el primer libro refiere, con campechana facundia, sus impresiones y hazañas como cazador de perdices y liebres, y en el segundo sus vicisitudes en la América hispana como emigrante.

Lorenzo, en el segundo diario, es presentado por su autor como un sujeto que, «pese a su modestia, a su candor, a su primitivismo exaltado, puede servir lo mismo que cualquier colosal burgués para darnos mañana la medida de una época un si es no es revuelta y aleatoria, una época en la que están proscritas las señales acústicas; una época, en fin, cuyos prohombres sestean indolentemente, amparados por un acolchado e inexorable bando del silencio»[66]. Encierran estas palabras un aliento de crítica social, al menos indirecta. Y es que, en efecto, Lorenzo es el hombre que sale del letargo y la corrupción de la ciudad, objeto de sus saludables burlas, para buscar en la caza la libertad genuina y los horizontes anchos de la criatura natural.

Lorenzo tiene una vocación y, por tanto, la posibilidad de ser él mismo, de ser auténtico. Esa vocación es la caza. Toda la semana, cumpliendo los rutinarios deberes del bedel, la pasa en espera del domingo, día libre en que, acompañado de sus amigos y sus perros, olvida los monótonos y serviles trabajos para entregarse a la delicia eutrapélica de la caza. Ni la obligación ni el amor, ni otro ideal por alto que sea, le parece compara-

---

[66] *Diario de un emigrante*, pág. 10.

ble a ese juego embriagador de perseguir una liebre,
limpiar la escopeta, azuzar los canes, ojear, acechar, cobrar la pieza. Perezoso para cuanto signifique deber,
Lorenzo, empujado por la muchacha con quien en un
momento de debilidad contrajo matrimonio, ensaya luego fortuna en América, pero ningún oficio de los que
emprende, sea comerciante, ascensorista en un hotel o
dueño de un salón de limpiabotas, llega a retenerle por
mucho tiempo. Nostálgico de su patria, de su ciudad,
de sus amigos, y de la caza sobre todo, vuelve a España. Ambos relatos evocan fragmentariamente los pequeños placeres y contratiempos de este hombre singular. Valioso ejemplar de honradez, dignidad, consecuencia y virilidad. Con desenfado, con franqueza coloquial, Lorenzo escribe esos diarios donde de buena fe
critica el tedio y la sordidez de la ciudad provinciana y
narra sus escapadas vitales hacia el ejercicio más antiguo del hombre. Frente a la corrupción y la modorra del
ambiente, él se alza como portador de sanos instintos y
elemental entusiasmo. No es que Lorenzo se imponga o
proponga una vía de fidelidad a su propio ser (como
Pedro o como Sebastián), sino que no puede menos de
permanecer fiel a su vocación natural (como Daniel en
El camino, aunque con mayor celo). La caza, por mucho
que sea el deporte preferido del mismo Delibes, tiene
en la novela un carácter de trasposición o mediatiza-
ción: es una actividad natural desinteresada en la cual
el sujeto realiza, sin daño de nadie, su voluntad de ser
auténtico. Tal actividad puede parecer, y acaso sea,
solamente juego, deporte, eutrapelia, ocio ocupado.
Posee, sin embargo, una virtud suprema: mantiene al
hombre en contacto con la naturaleza, los sentidos
atentos.

Si la solución del esfuerzo individual solitario no había satisfecho el impulso del escritor hacia la autentici-

dad, tampoco podía lograrlo la solución «conformidad
con la naturaleza», y de ello es prueba no la novela inmediata a los diarios, *La hoja roja*, o sólo de un modo
indirecto, sino la siguiente: *Las ratas*, donde las más
míseras condiciones de existencia, en una olvidada aldea castellana, son defendidas con mentalidad troglodí-
tica por un viejo y vividas con sabiduría angélica por un
niño.

Las ratas se abre con las siguientes palabras evan-
gélicas: «Si alguno quiere ser el primero, que sea el
último de todos. Y tomando un niño lo puso en medio
de ellos» (Marcos 9, 35-38). El Nini vive con el tío Ratero
en una cueva, cerca de un villorrio perdido entre los
montes. El tío Ratero pasa la vida cazando ratas junto
al río y se niega a abandonar la cueva a pesar de las
instancias del alcalde, que le ofrece trabajo retribuido y
una vivienda decente. Cree el tío Ratero que las ratas
son suyas, la cueva suya, y no pide más a la vida. En
cuanto al niño, su actividad consiste en cazar ratas,
pescar cangrejos, castrar cerdos y en mil cosas más,
pues conoce los secretos de la agricultura, la pesca, la
caza, la cría de animales, etc. El pueblo entero recurre
a él en demanda de consejo. Una señora acomodada y
ridícula, apodada «el Undécimo Mandamiento», insiste
en dar instrucción al Nini para que el día de mañana
sea hombre de carrera; pero ni el niño, ni el tío Ratero,
acceden. Para ellos la felicidad está en la cueva, en las
ratas, en el campo que conocen palmo a palmo.

La novela carece de intriga, al igual que *El camino* y
los *Diarios*. Se limita a presentar la vida tal como es habitualmente en aquel rincón castellano, bajo la distinta
coloración vital de las estaciones. Esta presentación se
logra mediante la presencia constante y trabada de tres
elementos: la tierra, los animales y los hombres. Con so-
brios trazos de paisajista describe el autor los campos

nevados o abrasados por el sol, los cerros desnudos de follaje, las riberas, el ondear de las mieses bajo el soplo de un viento providencial anunciado por el Nini y que salva las cosechas amenazadas, la tempestad de granizo que más tarde destroza las espigas...

No menos relieve tiene en la novela el mundo animal. El cazador Delibes se deleita en pintar y contar la figura, las costumbres, los «secretos» de aves de todos los nombres, conejos, ratas, liebres, cangrejos, cerdos, etc. El trasmisor de esta sabiduría es también el niño. Claro es que, entre todos los animales, los más importantes son las ratas. Las ratas son la obsesión, y también el medio de vida, del tío Ratero, que las caza para venderlas y comerlas.

El mundo humano de *Las ratas*, aunque aún más primitivo, se asemeja tanto al de *El camino* que parece como si Delibes hubiese imitado su propia obra. Son gentes del pueblo y de los campos: el cazador furtivo, los labradores, el señor rico, la señora cursi, el tabernero, el cura, un viejo centenario que va pudriéndose en vida y su hija, la Sime, que por su devoción supersticiosa e histérica recuerda a la Sara de *El camino*, etc. Estos y otros tipos, que llevan su correspondiente apodo, llenan la novela con sus conversaciones, sus quehaceres, su trato en cierto modo familiar. El Nini es el ángel custodio de todos ellos. Pero no falta en este mundo la desgracia. Un cazador de las cercanías hace la competencia al tío Ratero, y éste, obsesionado, jura venganza y, en efecto, tras una lucha feroz, mata con una horca al enemigo y a su perro, porque, como él dice, «las ratas son mías», «la cueva es mía». Entristecido, el Nini prevé que nadie comprenderá al tío Ratero y que el castigo no tardará en cumplirse.

Apelando al procedimiento de *El camino*, pinta Delibes la vida de ese pueblo donde las ratas son comestibles, con simpatía y con ternura. Sólo a veces emerge algún cuadro de desolación: la vela del cadáver de «el Centenario», o el crimen final, o los estragos de la tempestad. Faltan, además, en *Las ratas*, por contraposición a *El camino*, los compañeros infantiles. El Nini está solo entre los mayores; su camarada es una perra.

Una excelencia de *Las ratas* es el lenguaje. Han desaparecido ciertas torpezas que el autor cometía al usar, por ejemplo, términos de sabor intelectual y ensayístico en un contexto narrativo sencillo. Pero sobre todo hay virtudes positivas: la pureza castiza del léxico alusivo a tierras, plantas, labores, etc., la naturalidad pintoresca de los diálogos, la concisión impresionante de las partes descriptivas. Prosa en plena sazón.

Cabe preguntarse por el sentido trascendente de *Las ratas*, y dejando a un lado la posible referencia parabólica a la guerra civil (sangrienta lucha por una posesión ante la silenciosa mirada de un niño), quizá el significado de la novela no sea otro que manifestar cómo la naturaleza apenas trabajada por la mano civilizadora del hombre sólo puede engendrar el milagro (el Nini) o el crimen (el tío Ratero), pero no el progreso. Nuevamente se trata aquí de caminos de conformidad, y aun de vocación, pero seguidos pasivamente, en la más absoluta ignorancia, a espaldas de la historia. Todavía el niño, ayudando al pueblo en sus faenas, dándole consejos salvadores, cumple una misión providencial, de infusa beneficencia. Pero el modo de vivir y el modo de matar del Ratero delatan la reducción de lo natural a lo salvaje, o de la primitividad pura a la animal violencia.

Cuando Delibes se muestra ya responsablemente integrado en el contexto de su sociedad y de su momento es cuando se aparta del espejismo de la naturaleza como seno de autenticidad para buscar ésta por el camino de la crítica social, o sea, del conocimiento distin

tivo de los males que afectan a la comunidad española
en el presente. Esta etapa última queda claramente abierta con *La hoja roja* y profundizada en *Cinco horas con
Mario*. Ambas novelas reiteran dos motivos existenciales que son constantes a lo largo de la obra toda de
Delibes: la soledad y la muerte. Pero son las novelas de
mensaje social más fecundo por las soluciones a que
conducen: la compañía afectiva y el compromiso con
el destino trasindividual.

La hoja roja aborda, en el marco de la ciudad provinciana de siempre y en el presente (pues la acción
principal sucede por los años 1955-56), el problema de la
paulatina soledad ante la muerte en que va quedando
un modesto oficinista jubilado, don Eloy Núñez, del Ne-
gociado de Limpieza del Ayuntamiento. Don Eloy ha
cumplido los setenta años y acaba de recibir, en una
cermonia «flaubertiana». la medalla de plata. Retirado
del trabajo, que cumplía con la más escrupulosa dedicación, vive en una soledad sólo compartida por la Desi,
muchacha de servicio, analfabeta, a la que el viejo va
enseñando a leer y escribir. Don Eloy perdió a su mujer
y a un hijo. Tiene un segundo hijo en Madrid, notario,
casado, rico. La jubilación para él significa el aviso de
que su vida poco ha de durar ya, y repetidamente compara su situación con la del fumador que, en el librito
de papel de fumar, ve la hojilla que anuncia: «Quedan
cinco hojas». Además de enseñar a la Desi, don Eloy
emplea el inmenso tiempo vacío de su forzosa y última
vacación en olvidar la proximidad de la hoja roja: dando paseos con otro anciano, esperando cartas que nunca llegan, tomando fotografías imaginarias, visitando alguna vez la oficina en que trabajó, percibiendo los síntomas de su decrepitud, contando las horas que ha vivido y las que aún podría vivir, relatando a Desi cosas
de su vida pasada. La Desi tiene un novio en la aldea,

el Picaza, hombre bruto pero de buen corazón, aunque
a menudo irritable. El Picaza viene a la ciudad, de recluta, a cumplir el servicio militar, y la Desi a duras penas
logra contener la sensualidad del novio. Un día don
Eloy marcha a Madrid a visitar a su hijo, consumido
mentalmente por el esfuerzo de las oposiciones y casado con una mujer «moderna» y estúpida. Lo pasa muy
mal y decide regresar pronto. Mientras, el Picaza, de
juerga con otros soldados, ha matado en un ataque de
rabia a una mujerzuela que le había insultado a su madre, y se le va a formar tribunal militar. La Desi, abati-
da, no sabe qué hacer. Pasa el tiempo. Y don Eloy, que
ha ido viendo morir a sus amigos y tiene ya más amistades en el cementerio que entre los vivos, propone a
la muchacha, con delicadeza paternal, que se case con él.
El durará poco, y lo que alcance a dejar será para ella.
La Desi acepta con un «Como usted mande, señorito».

Otra vez, como en la primera novela de Delibes, la obsesión de la muerte; pero no como abstracto miedo a la
pérdida del ser querido, sino como concreto acobarda-
miento ante la proximidad de la propia muerte. Y la
solución no es la huida (¿hacia dónde?), sino el encuentro de la compañía cordial, la consolidación del afecto
a otra persona. Esta persona, la criada, es en cierto
modo «naturaleza»: ignorante, sencilla, alegre, buena
por instinto. Pero al unir su vida declinante a la vida creciente de ella, el viejo no se limita a procurarse calor o
consuelo: proporciona enseñanza, cariño y seguridad
a un ser desposeído. Su conformidad no es pasiva, sino
redentora.

Hay en *La hoja roja* toques satíricos más resueltos
que en otras novelas anteriores: acerca de la Prensa
oficial, la frivolidad de ciertos círculos burgueses, o la
actitud poco generosa del Estado para esos funciona-
rios que, tras una vida de sacrificio, no pueden llevar

una vejez dignamente recompensada. La historia, sin embargo, no resulta tan sombría como de su asunto pudiera esperarse. Viene presentada en una perspectiva que va de la desolación al consuelo, de la soledad a la compañía, del otoño fúnebre al buen tiempo primaveral de la esperanza. Dividida en 22 capítulos, se dispone como en dos vertientes de igual extensión y sentido contrario: los once primeros capítulos (jubilación, soledades, otoño-invierno, recuerdos del viejo y espera de la muchacha) culminan en la celebración de la Nochebuena con una botella de clarete, como estrenando modestamente el descubrimiento de la buena compañía; en la segunda mitad de la obra, la muchacha ya tiene a su novio en la ciudad y el viejo, deprimido por la muerte de su último amigo, proyecta y realiza el soñado viaje a Madrid, celebrando ambos —después de sus respectivos fracasos: decepción de la visita al hijo, encierro del novio— la entrada de la primavera con otra botella, y confirmando su voluntad de no separarse.

La hoja roja no es sólo la novela del jubilado, sino también la novela de la criada, la semblanza lírica de la sirvienta analfabeta, a quien Delibes eleva al rango de protagonista. No se trata de la sirvienta esclavizada, apta para vindicaciones de retórica socialista, ni por supuesto de la idealizada doméstica de los folletines, seducida por el tiránico señor, ni de la criadita descarada de los sainetes. Se trata de la muchacha buena, fiel, abnegada, que, procedente de alguna aldea primitiva, se mantiene en la ciudad sana de alma y cuerpo como llegara. La Desi, como Lorenzo el cazador, es un tipo extraordinariamente bien visto por Delibes, atraído siempre por las gentes humildes.

Se ha notado repetidamente la simpatía que Miguel Delibes siente por los niños, por las personas de humilde condición y por aquellas que suelen calificarse de primitivas. Y el escritor ha dado razón de ello con las siguientes palabras:

«En lo que atañe a mi preferencia por las gentes primitivas, por los seres elementales, no obedece a capricho. Para mí, la novela es el hombre, y el hombre, en sus reacciones auténticas, espontáneas, sin mixtificar, no se da ya, a estas alturas de civilización sino en el pueblo. Lo que llamamos civilización recata no poco de hipocresía. La educación empieza por disfrazar y termina por uniformar a los hombres. El hombre que reboza sus instintos y se viste en el sastre de moda es un ser desfibrado, sin contrastes, sin humanidad y carente de todo interés novelesco» [67].

Estas y otras declaraciones de Delibes han sido comentadas como «oposición al progreso» y «actitud negativa ante la civilización» por un crítico que, además, le atribuye una estética caricaturesca exenta de ternura, y cierto provincianismo mental. Verdad es que ese mismo crítico juzga toda la novela española de posguerra, con muy pocas excepciones, como un prolongado error. Según él, la novela debe ser «forma de conocimiento del hombre antes que de la historia»; contemplación de la realidad universal, invisible, más que reflejo de lo inmediato y visible; y, en fin, un medio de expresión intelectual, que demanda «talante universitario, mentalidad universitaria de los autores». En suma: cree que la novela social debe ser reemplazada, y ya lo está siendo, por la novela metafísica, por la novela-novela. Naturalmente los representantes de esta nueva novela

---

[67] Citado por M. GARCÍA-VIÑÓ: *Novela española actual*, página 33.

metafísica, que es la buena, son Manuel San Martín, Carlos Rojas, Andrés Bosch y el «autor de estas notas», o sea, el crítico a que me estoy refiriendo, según él mismo tiene la modestia de señalar [68]. Y puesto que consta que al menos dos de esos autores son buenos amigos de M. García-Viñó (que así se llama el crítico-novelista), aparte la entrañable amistad que M. García-Viñó crítico ha de tener con M. García-Viñó autor de novelas, es obvio que... Pero, ¿para qué seguir? ¿Qué «talante universitario», por ejemplo, habrá menester un hombre inteligente que desee escribir una novela? [69]

No merece la pena gastar tiempo en replicar a una opinión de capilla. Concediéndole a la metafísica sus derechos y a la sociología los suyos y creyendo que toda buena novela no puede menos de ser social y metafísica al mismo tiempo, pues de otra manera sería un informe sociológico o un discurso filosófico, pero no una novela, diré solamente que la localización de las novelas de Delibes en escenarios rurales o provinciales no implica «provincianismo mental» (provincianismo mental es, en cambio, citar a Berdiaev o a Teilhard de Char-

---

[68] M. GARCÍA-VIÑÓ: *op. cit.*, págs. 217-221.

[69] Los mejores novelistas del período han hecho estudios universitarios, terminados o no: Cela, Laforet, Delibes, Ferlosio, Fernández Santos, Goytisolo, Torrente, Aldecoa, Martín-Santos, Martín Gaite, Benet y otros. La mejor universidad —dicho al modo de Gracián— es el universo. De necesitar algo parecido, el buen novelista necesitaría una cultura universitaria más bien que un talante, pues talante equivale a estado de ánimo o sentimiento de la vida, según J. L. ARANGUREN, trasladador de este concepto al español, y con un sentimiento universitario de la vida ignoro qué grandes novelas pueden escribirse. Cultura, en cambio, como todo el mundo sabe, es el resultado de una absorción paulatina de conocimientos, hechos sustancia de la persona y asimilados en la unidad de un estilo.

din sin venir a cuento)[70]; que negar ternura a la actitud de Delibes en relación con sus personajes equivale
a haber leído sus obras fijándose sólo en lo inmediato y
visible, sin penetrar en lo sustancial; que la estética de
un novelista no se mide por el volumen de los problemas que plantea o de los conceptos que emite, sino por
la capacidad de hacer artísticamente inteligible el sentido
de la realidad humana concreta; y en fin, y a esto desea-
ba llegar, que la preferencia de Delibes por los seres elementales no significa necesariamente oposición al progreso, sino más bien un intento de hallar la autenticidad
a salvo de las mixtificaciones que un progreso no asimi-
lado suele acarrear. ¿Negará alguien que en la España
de estos años se den con abundancia sofocante tales mixtificaciones? ¿A qué grupo de intereses, partido o capilla
pertenece ya ese sujeto que ha ido recorriéndolos todos
en busca de apoyo que en sí mismo no encontró nunca? ¿Es desarrollo económico, o sigue siendo estraperlo, la actividad de aquel negociante? ¿Creen verdaderamente en Cristo esos sacerdotes, o esos fieles, que tan
en serio toman cualquier nimia modificación de las costumbres eclesiásticas? Y aquellos profesionales ¿se ocupan de su disciplina y sirven al bien común a través de
su profesión o sólo se desviven tras la apariencia y el me-
dro? Y la mujer ¿conserva alguna virtud familiar?, ¿ha
incorporado algún nuevo saber?, ¿ama a los suyos, y a
los otros, tanto como a su automóvil? Etcétera.

No seamos pesimistas. Alabemos el progreso. Aplauda-
mos todo paso nuevo por el camino del perfecciona-

---

[70] Así hace M. GARCÍA-VIÑÓ. En las páginas que a Delibes consagra, y sin contar otras citas y menciones que
parecen oportunas, se refiere a Saint-Pierre, Bellonzi,
Dessauer, Höffner, Berdiaev y Teilhard de Chardin.
Quizá estos arreos sean una manifestación de «talante
universitario». Confieso que no acierto a ver su congruencia.

miento técnico. Agradezcamos los adelantos de la civilización. Pero miremos también si aquellas gentes que nos rodean y aquellas personas con quienes hemos de convivir, conservan, como nosotros intentamos conservar, en medio de todos esos adelantos, y usando de ellos discretamente, su condición de personas, su autenticidad. Y no nos precipitemos a llamar «oposición al progreso» lo que pueda ser solamente náusea ante la explotación inhumana, o la falsificación necia o malvada, de los beneficios del progreso.

Precisamente en *Cinco horas con Mario*, aduce Delibes un ejemplo del estado de cosas que acabo de esbozar: el ejemplo del imposible entendimiento entre una mujer necia y simplista y un hombre inteligente y complejo, entre el dogma de fe y el amor de caridad, entre una España cerrada y una España abierta, entre la autoridad y la libertad, la costumbre inauténtica y el esfuerzo auténtico.

El tema de la novela quizá pudiera definirse así: la simplificación no comprende a la complejidad; la complejidad no puede escuchar la voz de la simplificación. Si aceptamos esta definición del tema, habremos de admitir que la estructura de la novela es muy adecuada: Carmen Sotillo (la simplificación) soliloquia, justificándose a sí misma, haciendo reproches y pidiendo explicaciones a su esposo muerto; Mario Díez Collado (la complejidad) ya no puede oírla ni cuando la oía podía escucharla. La defensa que la mujer hace de sí es una acusación al hombre, de la que éste no puede defenderse; pero la misma acusación le defiende a él, mientras la defensa de ella viene a ser su propia acusación. Ironía, por lo tanto.

Como muchas novelas de nuestro tiempo, la de Miguel Delibes reduce intensamente los elementos estructurales internos: el espacio (casa mortuoria, capilla ardiente), el tiempo (cinco horas entre un anochecer y un amanecer) y las funciones personales (gente, una mujer que habla a un muerto, gente). Pero dentro de estos moldes estrechos cabe todo un mundo. La reducción, por consiguiente, no quita a esta novela su primaria condición de tal: representación de un mundo individual-social a la conciencia por medio del lenguaje; lo único que hace es infundirle virtudes líricas (ritmo, síntesis) y dramáticas (oposición, tensión).

La mayor virtud es seguramente la tensión dramática, y hasta es un síntoma de ello el hecho de que el preludio y el epílogo ofrezcan en cierto modo calidad de acotaciones escénicas largas, entre las cuales se desarrolla a lo largo de los veintisiete capítulos el conflicto simplificación-complejidad. ¿Obedece esta articulación en 27 capítulos a algún principio arquitectónico? ¿Cumple la determinada sucesión de estos capítulos un diseño bien configurado? No parece que obtengan claro relieve tal diseño ni tal arquitectura. Los pasajes bíblicos que, en cursiva, inician los capítulos obran como pretextos (y no como textos) para que la divagación de la mujer comience y vuelva a comenzar, arrancando de ellos, pero recayendo en seguida sobre sus constantes obsesiones. Las palabras de la Biblia, con lo que enuncian y sugieren, introducen variedad de motivos, sin duda; pero las asociaciones que desencadenan desembocan siempre en recuerdos y preocupaciones que se repiten una y otra vez. Cabría decir, pues, que *Cinco horas con Mario*, en lugar de un diseño posee un ritmo: el ritmo del oleaje que recala siempre las mismas oquedades de una roca aplanada.

En el soliloquio de Carmen el despacho convertido en cámara mortuoria se abre a toda la ciudad recordada. Y el recuerdo de los años de matrimonio y de noviazgo, y aún más atrás, amplía las cinco horas de la viuda charlatana a toda una época crítica para España: guerra, posguerra. El mundo humano comprendido dentro del soliloquio es también muy vasto, y pronto aparece repartido según la oposición mayor (simplificación-complejidad) en dos sectores: del lado del difunto, algunos amigos de éste, su propia familia y, además del hijo mayor, todos los pobres y desgraciados; del lado de la viuda, su familia, su hija mayor, las amigas y todos los ricos, los afortunados y los investidos de poder oficial. Para averiguar el sentido de la oposición entablada bastará, sin embargo, fijarse en lo que son y representan los protagonistas: Carmen y Mario.

Carmen es Carmen, es la mujer española común y es cierta España satisfecha de su pasado y su presente. Mario es Mario, es el intelectual español esforzado y es una España que trabaja mirando hacia el futuro.

Carmen, como tal Carmen, apenas se distingue por un rasgo —perdónese la fácil malicia— muy saliente: sus pechos. También sabemos algo de sus rodillas, de su jersey negro, de su rostro inexpresivo, algún pequeño detalle más. Pero ya, si pensamos en sus cualidades y costumbres, Carmen no es meramente ella: es la española normal, regular, habitual (excepciones hay que ratifican la norma, la regla, el hábito). De esta española, tan corriente que no hay más que abrir los ojos para verla, pocos trasuntos literarios existen. El más antiguo pudiera estar en la sobrina del Ingenioso Hidalgo: Antonia Quijana, partidaria de quemar o infamar todas las historias de caballeros andantes. Miguel de Unamuno pensaba, en 1905, que era Antonia Quijana quien domeñaba y llevaba a los hombres en España, y la llamaba gallinita de corral alicorta y picoteadora, gatita casera, guardiana y celadora de la ramplonería del corazón, observando que esas Antonias, incapaces de comprender el anhelo de la gloria, abrigaban en el fondo «furiosos celos de Dulcinea» [71]. (Mario no va, como don Quijote, en pos de la gloria, sino de la justicia, pero el caso es el mismo.)

La mujer española corriente, Antonia Quijana o Carmen Sotillo, se define por ser una mujer con principios, entendiendo aquí por principios ciertas creencias inarrancables que ella misma no ha creado, sino aceptado a ciegas y por costumbre. Esos principios son: hay ricos y pobres y siempre los habrá, pues de otro modo sería imposible que los ricos ejercitasen la caridad; es bien que cada uno permanezca dentro de su clase social y no se salga de ella; la salvaguardia del orden es la autoridad rigurosa; la sabiduría, la ciencia, el arte no sirven para nada si no proporcionan seguridad y felicidad; la única religión digna de fe y de obediencia es la católica; España es el mejor pueblo del mundo; hay que guardar las formas y las apariencias; los hombres han nacido para medrar y las mujeres para casarse; los hijos deben obedecer y callar, etcétera.

Carmen Sotillo, que en cuanto mujer española enemiga del riesgo reconoce por antecesora a Antonia Quijana, en cuanto símbolo de la España inmovilista tiene otro antecedente ilustre: Bernarda Alba. Carmen Sotillo es una joven Bernarda Alba sin tragedia. Hay frases suyas que hubiera pronunciado Bernarda: «los que de mí dependan han de pensar como yo mande» porque «una autoridad fuerte es la garantía del orden»; «siempre debe haber uno que diga esto se hace y esto no se hace y ahora todo el mundo a callar y a obedecer»; «para una mujer la pureza es la prenda más preciada y nunca está de más proclamarlo». Carmen quiere que las mujeres decentes lleven un uniforme que las diferencie y... «la que no sea digna de llevarlo tampoco es digna de contraer matrimonio, al arroyo». Ade-

[71] M. DE UNAMUNO: *Vida de don Quijote y Sancho* (1905). Segunda parte, cap. VI.

más de la autoridad y la virginidad, el luto: luto para entristecerse y para guardar las apariencias. Pero Bernarda Alba profesaba sus principios con autenticidad: sus creencias eran ella misma y por defenderlas hubiera dado la vida. Carmen Sotillo carece de este signo trágico: sus creencias son rutinas; repite lo que han dicho papá y mamá y todas las personas impersonales a quienes va bien en la feria del mundo. Cree que cada uno debe permanecer dentro de su clase, pero no tiene inconveniente en aplaudir el mérito de Paquito Alvarez, de familia de artesanos, tan pronto como le ve dueño de un automóvil, fumando tabaco rubio y perfumado. Habla mucho de su virginidad antes de casada y de su honra conyugal, pero su cháchara deja aparecer deseos reprimidos, decepciones sexuales, sensualidad conquistable por cualquier hombre atrevido. Y así en sus demás creencias: confiesa y comulga, pero halla bien que se corte la cizaña inquisitorialmente; llama a la guerra civil «Cruzada», pero recuerda que aquella guerra fue para ella divertidísima, etc.

Ante Carmen: el cadáver de Mario. A través de la estúpida charla de la viuda y desde su único y monócromo punto de vista va surgiendo, siempre bajo signo negativo, la figura del hombre íntegro. Hombre íntegro no porque sea dueño de unos principios profesados con auténtica responsabilidad (una manera de ser íntegro, aunque los principios fuesen erróneos), sino porque busca la plena razón de ser de unos ideales que le mueven hacia un fin, hacia un mejor futuro. Si a la simplificación de Carmen, creadora de seguridad, hubiera enfrentado el novelista otra simplificación de carácter distinto u opuesto, creadora de otra seguridad, no habría hecho sino incidir en lo que Mario hijo reprocha a su madre y a los españoles: el maniqueísmo, una bondad de derechas y maldad de izquierdas, o lo

que es igual, una maldad de derechas y bondad de
izquierdas. Pero no: Mario Díez Collado no es otra
voluntad simplificativa, sino viva y ardiente complejidad («Complejos, eso es lo que tenéis vosotros, que
estáis llenos de complejos, Mario...»). Mario no tenía principios en qué asentar una fe cómodamente:
buscaba ideales por los que guiarse, a tientas y entre
resbalones, en el camino arduo y angosto de la caridad verdadera. Igualdad de oportunidades y condiciones para todos, honradez en la acción política, cualquiera que sea la forma de gobierno, libertad de expresión, servicio de la ciencia y del arte al bien común,
libertad religiosa, aleccionadora relación con otros pueblos, ejercicio de la justicia, primacía de la verdad interior contra todo formalismo: tales son algunos de
los ideales que orientaban la conducta de este hombre
que ahora no escucha, no puede ya ni oír la vana que-
rella de Carmen. Sin duda no es Mario el español corriente, pero sí un tipo de intelectual (español y de todas partes) para quien serlo no consiste sólo en pensar, sino en ayudar a todos a pensar. «Perseverante,
idealista y poco práctico; alimenta ilusiones despropor-
cionadas», lo retrata la grafóloga del periódico provinciano donde luchaba. Y Carmen, desde su nivel de
chabacanería: «testarudo, iluso y holgazán». Pero la
definición acertada la da Esther: «los hombres como
Mario son hoy la conciencia del mundo». Este hombre
se nos aparece con mayor concreción que ningún otro
personaje, en su físico, en su porte, en sus costumbres,
en sus afanes, obras y palabras. La insistente incomprensión de su mujer le hace más real y evita esa au-
reola de abstracta perfección que tan fácilmente pueden y suelen los narradores mediocres atribuir a sus
héroes, a sus cristos o quijotes. Mario hizo la guerra
del lado que le tocó, padeció penurias, ganó unas opo-

siciones, es profesor de un instituto, escribe novelas y trabaja ilusionado en un periódico modesto. Le vemos con su boina, sus solapas alzadas, la bicicleta y el niño en el sillín de la bicicleta. Fuma tabaco negro, es seco y apático, no sabe contar chistes ni tocar la guitarra ni bailar bailes modernos. Visto en la playa, con sus gafas y su piel blanca, flaco, abstraído, da que reír. Pues bien, este hombre tan modestamente concreto y tan exento de nimbo se va labrando su vía de verdad y de amor, y en eso está su grandeza, que sale indemne de la fusilería de trivialidades de su compañera.

El momento actual de España queda reflejado con precisión en la novela: el intelectual está al servicio de una oposición saneadora, en el mismo frente que algunos vencidos (don Nicolás, Moyano), amparando a la juventud y apoyado por ella (Aróstegui, Mario hijo), y comprendido por un clero joven y postconciliar (el padre Fando), por alguna rara mujer (Esther, excepción de las Cármenes) y por los humildes. Al contrario, con las Cármenes y las Valentinas están el partido (Oyarzun), la monarquía (papá y mamá), las autoridades y la masa burguesa contemporizadora (negociantes, pseudointelectuales, etc.). No son las dos Españas de siempre —lo cual resultaría indudablemente más metafísico—, sino dos Españas de este tiempo nuestro —lo cual es más social y más histórico.

Pero dicho queda que toda buena novela no puede menos de ser, al mismo tiempo, social y metafísica (mejor: universalmente trascendente). El sentido de *Cinco horas con Mario* no es exclusivamente aplicable a las circunstancias españolas de hoy, aunque sí primordialmente. El problema que la obra plantea, el abismo entre la simplificación y la complejidad, concierne a todo el mundo. «La democracia significa visión y acción

políticas según el criterio de la complejidad», ha advertido Enrique Tierno Galván y recordado Manuel Jiménez
de Parga[72]. Quienes reducen la verdad a unos dogmas
y a unas consignas de máxima simplicidad podrán imponerse pasajeramente por la misma facilidad de acción que les presta su carencia de dudas; pero la verdad
es infinitamente más rica, más complicada, y el que es
autor de su verdad difícil, el auténtico, es el que en
justicia merece —no detenta— la última autoridad.

Estilísticamente *Cinco horas con Mario* se distingue
sobre todo por la prodigiosa captación del habla trivial (frases hechas, lugares comunes, coloquialismos
y vulgarismos) y por el arte de dar a sentir la estrechez de un alma por medio de la repetición. Ambas
notas suscitan la impresión continua y total de cierre,
de inmanencia ciega, de egoísmo irredimible. «El rostro de Carmen es plano como un frontón. Y como un
frontón devuelve la pelota en rebotes cada vez más
fuertes». Rostro plano, pensamiento simplificado, in-
capacidad de comprender, reiteración de frases hechas
y de ideas fijas. Recuerda la vulgaridad conversacional
de *El Jarama*, de Rafael Sánchez Ferlosio, el alud de
vulgaridad soliloquial aquí desatado:

> «... que eso de los requisitos, ya se sabe, Ma-
> rio, que no es de hoy, que los requisitos se sal-
> tan a la torera cuando conviene, yo recuerdo la
> pobre mamá que en paz descanse, ''el que no
> llora, no mama'', date cuenta, pero me da rabia
> contigo, Mario, la verdad, que parece como que
> se fueran a hundir las esferas por pedir una re-
> comendación, cuando en la vida todo son reco-
> mendaciones, unos por otros, de siempre, para

---

[72] M. JIMÉNEZ DE PARGA: *Noticias con acento*, ed. cit.
en nota 38, pág. 139.

eso estamos, que estoy harta de oírla a mamá,
"el que tiene padrinos se bautiza", pero contigo
no hay normas, ya se sabe, los requisitos, "soy
funcionario y familia numerosa; no tienen salida", como para fiarse de ti, hijo, que vosotros
os agarráis a la ley cuando os conviene, que no
queréis daros cuenta de que la ley la aplican unos
hombres y no es la ley, que ni siente ni padece,
sino a esos hombres a los que hay que cultivar
y bailarles un poquito el agua, que eso no deshonra a nadie, adoquín, que te pasas la vida tirando puyas y, luego, porque la ley lo dice, ya
te piensas que todos de rodillas, y si te niegan
el piso, un pleito, recurrir, ya ves qué bonito,
contra las autoridades, lo que nos faltaba, *que
yo no sé en qué mundo vives, hijo de mi alma,
que parece como que hubieras caído de la luna»* [73].

Miguel Delibes sabe en qué mundo vive, y no caída
de la luna, sino perfectamente situada en el centro de
su tiempo y de su pueblo, se halla esta excelente novela suya [74]. El buen novelista no sólo habita en su
sociedad: participa de ella, opera con ella y sobre ella,
y con penetrante mirada distingue su hora de vida,
esta hora nuestra, la que se nos ha concedido, la que
podemos juzgar como testigos de vista. Delibes ha

---

[73] *Cinco horas con Mario*, págs. 263-264. Lo aquí expuesto sobre esta novela es reproducción casi literal de mi
artículo: «Los poderes de Antonia Quijana (Sobre *Cinco horas con Mario*, de Miguel Delibes)», *Revista Hispánica Moderna*, XXXV, 1969, págs. 106-112.

[74] Como «la más bella y más terrible novela española
de las dos últimas décadas» la considera en 1971 FER-
NANDO MORÁN (*Explicación de una limitación*, pág. 77).

aportado, con emocionante ironía, un testimonio justo, veraz y alentado por el soplo de la más fina gracia artística.

Parábola del náufrago, publicada por Miguel Delibes en julio de 1969, por su carácter de fábula suprarrealista, parece un ejercicio disonante, pero en verdad no se desvía, en el aspecto intencional, de la trayectoria seguida por Delibes en sus novelas anteriores: la busca de la autenticidad. Más bien supone un avance en elevación y en profundidad. Esta obra es una defensa estremecedora de la libertad del hombre, amenazada en su raíz por el miedo y bloqueada por el abuso de autoridad.

A diferencia de las novelas últimas de Goytisolo, Benet, y del mismo Camilo José Cela, *Parábola del náufrago* tiene un asunto que se puede resumir en pocas palabras. Jacinto San José, probo funcionario que trabaja ya muchos años en la empresa «Don Abdón, S. L.» y cuyo trabajo consiste en sumar cifras, se marea un día haciendo ceros, trastorno que le lleva a preguntar acerca del sentido que tengan los sumandos que suma. Como don Abdón, monopolista absoluto del innominado lugar, paga a sus empleados por sumar pero no por preguntar, la sanción contra Jacinto no tarda en imponerse: es llevado a un refugio de recuperación y se le ordena sembrar y regar un seto, solución para el hombre tímido, según don Abdón. Siembra Jacinto el seto, lo riega, y el seto crece en poco tiempo y envuelve al refugiado en un estrecho islote de sombra y soledad donde finalmente queda convertido en un semental de ovejas que sólo halla la salida al campo una vez extinguida su conciencia de hombre. En esta degradante metamorfosis de hombre a borrego ha precedido a Jacinto San José otro funcionario, compañero suyo, Genaro Martín, el cual, habiendo preguntado años atrás por qué la empresa, en vez de fundar hospitales y refugios, no pagaba más sueldo a sus empleados para que pudiesen alimentarse mejor, estuvo a pique de ser expulsado, y sólo gracias a la intercesión de Jacinto, fue, en vez de expulsado, degradado: degradado a la categoría de subalterno, convertido en perro guardián a la entrada del gran edificio burocrático. Genaro se transformó, pues, en el perro Gen, que murió muerte de perro: Jacinto se va convirtiendo ahora en un caprípedo balante. Animalización de dos hombres, uno en el pasado, otro en el presente, a causa de haber ejercido la facultad (humana por excelencia) de preguntar por la razón de aquello que se hace.

Esta anécdota argumental no parece muy nueva: en seguida se recuerda *La metamorfosis* de Kafka (hombre convertido en insecto), los rinocerontes de Ionesco, o esos hombres tullidos, muñones humanos más bien, de las novelas y dramas de Beckett. (Nombrar a Apuleyo, Luciano o Cervantes no sería pertinente, pues el asno, el gallo y los perros limosneros pensaban y hablaban desde un punto de vista moral hiperlúcido; sus figuras animales eran trasposiciones alegóricas, no degradaciones del ser.)

Pero la grandeza de la *Parábola del náufrago*, y su escalofriante belleza, no radican, como es natural, en el asunto, ni tampoco en la idea: que el abuso de poder esclaviza al hombre y convierte al posible rebelde en un solitario, un prisionero, un náufrago, un animal, nada tiene de insólito o novedoso. Es cosa por demás sabida: dentro de la historia real y a través de las ficciones del arte.

La grandeza de la *Parábola* está en la angustia que logra comunicar desde la primera a la última línea: desde la breve descripción inicial del edificio de mármol blanco tras las verjas picudas en medio de unos jardines enanos, recortados y peinados, con sus grandes ventanas rectangulares y su anuncio luminoso «Don Abdón, S. L.», hasta las líneas últimas que recogen el balido de Jacinto repetido en eco por la vaguada: de la burocracia a la zoología. Y la belleza de la *Parábola* reside en el ritmo complejo, matizado y emocionante con que el autor compone recuerdos, sensaciones y fantasías, figuras, voces y descripciones, con esa poética libertad y ese dominio en la selección de las asociaciones imaginarias que había venido distinguiendo el arte de Miguel Delibes desde *El camino* hasta *Cinco horas con Mario*.

Parábola del náufrago es un eminente modelo de lo que llamo «novela estructural»: por el buceo en la conciencia personal de un hombre (un hombre justo, asediado por el miedo), por la exploración de la estructura de un mundo en total (mundo abreviado pero representativo de cualquier sistema inhumano), y por el señalado relieve que toma la composición de la parábola (esa que podríamos llamar arquitectura musical que preside y concierta tres especies enunciativas: la narración, el dictado y el autodiálogo).

La conciencia de Jacinto San José aparece descrita en la relación de su historia, carácter y hábitos; prenunciada en la evocación, en forma de dictado, del destino de Genaro Martín; y directamente expuesta en el frecuente autodiálogo de Jacinto con la imagen que el espejo le devuelve. Cada una de estas especies enunciativas se distingue por el uso reiterado de un recurso estilístico en apariencia caprichoso (algunos críticos quieren ver en esta obra un esfuerzo vanguardista poco congruente con la labor precedente de Delibes: lo estimo un error); tales recursos no son, a mi juicio, ni capricho innovador ni parodia de la dificultad formal de otras novelas modernas: responden, cada uno, profun-

damente, a una exigencia de entonación del sentido.
Así, en las partes narrativas, el recurso que marca el
tono consiste en la explicitación entre paréntesis de
aquellos miembros oracionales (sujeto, objeto, antecedente, complemento) que un enunciado ordinario no ex-
plicitaría. Por ejemplo: se está relatando la inferioridad que el tímido Jacinto siente con las mujeres: «si
las muchachas son decidoras, él (Jacinto) calla por temor a competir en ingenio, agresividad o talento, y si
callan, él (Jacinto) habla visceralmente (aunque sea
poco, que siempre es poco), pero todo cuanto dice es
insulso y sin alcance (pura y monda palabrería) y piensa
que ella (la chica que calla) está pensando que él (Jacinto), que habla, es tonto de remate y si, por el contrario, la que parla es ella (por supuesto, de carrerilla)
piensa (Jacinto) que ella pensará (la muchacha) que él
(Jacinto) no tiene nada que decir porque es bobo de nacimiento. Total, que por muchas vueltas que le dé a la
cuestión (Jacinto), jamás podrá formularse una respuesta satisfactoria» (pág. 167). Responden, creo yo,
estas aclaraciones al parecer redundantes, a un afán
de precisión, de identificación inequívoca, y aparte la
función melódica que cumplen confirmando con su repetición el tono unitario de los pasajes narrativos, vienen a ser un síntoma del esfuerzo por distinguir la personalidad precisamente en una narración que cuenta
cómo la personalidad es poco a poco sometida, debi-
litada y aniquilada.

Pero entre las partes narrativas se intercalan con frecuencia dictados y autodiálogos. Llamo dictados a
aquellas porciones de la novela donde se evoca la historia del hombre-perro: estas porciones están escritas
siempre de modo que los signos de puntuación no aparecen como signos sino en sus denominaciones. El efecto es como el que se produce cuando se escucha a un

maestro dictar un ejercicio al párvulo, o a un jefe de oficina dictar una carta a la secretaria; y aunque se pueda sugerir esta disyuntiva, la impresión dominante en el lector es la burocrática, no la escolar. Por ejemplo: los hijos gemelos de Genaro, convertido ya éste en el perro Gen, sacan a veces a pasear a su padre por las afueras: «Una vez en el cinturón de verdura de los arrabales coma los mellizos coma extenuados se sentaban en un ribazo o se encaramaban a una arqueta y charlaban coma pero Gen coma ajeno a sus conversaciones coma deambulaba aburridamente entre ellos coma les ponía las manos enlodadas sobre el jersey o les lamía repentinamente la cara y ellos le apartaban riendo papá, ¡anda a echar! coma le decían y Gen coma dócilmente coma examinando el terreno coma se enroscaba a sus pies punto y aparte» (pág. 66).

Esta sequedad de dictado burocrático para referir las más tristes humillaciones produce un choque de eficacia poderosa, y aquí es claro que tampoco se trata de un experimento arbitrario, sino de una buscada disonancia: la metamorfosis del hombre en perro, su pérdida paulatina de todo rasgo humano, la habituación de la mujer y los hijos a tratarle como perro, su muerte del tiro de escopeta que le dispara un hortelano, la venta que de su cabeza hace la viuda para subsistir, el macabro entierro de su cuerpo decapitado..., todas estas y otras circunstancias del más lamentable destino, provocan una conmiseración más honda, menos trivial, por venir redactadas en ese estilo oficinesco del dictado, con esas comas, abrir paréntesis, cerrar paréntesis, dos puntos y punto y aparte, que aparentan congelar los estremecimientos de la lástima y del horror, sin lograrlo: reforzando más bien, por contraste, la emoción.

Y en fin, otros pasajes de la parábola, once exactamente, distinguidos del resto por estar impresos en cursiva, constituyen reflexiones que Jacinto hace a Jacinto mirándose al espejo: monólogos que el yo dirige al tú del espejo o, más precisamente, puesto que hay un yo que habla y un tú que escucha y suscita el flujo de las palabras, siendo el mismo que las pronuncia, autodiálogos. El recurso distintivo de estas secciones, aparte la cursiva, es ese desdoblamiento del yo en un tú, o sea, la segunda apersona autorreflexiva que, dentro de la reciente novela española, había aparecido débilmente en *Tiempo de silencio*, con abundancia en *Señas de identidad* y que, poco después de la *Parábola*, de Delibes, constituirá el molde preferido en *San Camilo, 1936*, y el molde único en *Don Julián*, de Goytisolo. Pues bien, tampoco Delibes emplea esta segunda persona autorreflexiva por ensayar una moda: obedece esa fórmula a la situación del protagonista. Jacinto San José, aleccionado por las insidias y suspicacias de los otros, conversaba poco, «y únicamente si platicaba con el espejo se toleraba algunas licencias, puesto que él (Jacinto), a lo sumo, podría destruir su imagen (el espejo), pero tal agresión no era grave en sí ni acarrearía consecuencias funestas para nadie» (pág. 98). Es, por tanto, el temor a la agresividad y a la necedad del mucho conversar entre los hombres, lo que le empuja a dialogar a solas consigo mismo. Y en estos autodiálogos es donde Jacinto explora, enardecido, fatigado o asustado, sus recuerdos, sensaciones y aprensiones: el dolor de pensar, preferible a la beatitud del autómata; el miedo a casarse y tener hijos que fatalmente hayan de ser o víctimas o verdugos; la nostalgia de la seguridad nutricia en la niñez; los temores tras haber preguntado por el sentido de los sumandos; el padecimiento acrecentado por la sensibilidad y la confusión que consigo traen las palabras; el terror de la enfermedad y la soledad, que ablanda el carácter y hace al hombre capaz

de ceder y claudicar; el convencimiento de que el más
fuerte devora al más débil y de que la historia deberían
escribirla los muertos; la persuasión del fin inminente
que le acecha a él sofocado por la vegetación; la ceguera
y la sordera del mundo en torno y la urgencia de salir
del laberinto, si no por la puerta, por debajo del suelo,
o por el aire; el sentimiento de la desaparición de los
mansos y los justos, y de la injusticia y violencia que
gobiernan el mundo; la comprobación final de haber
sido suicidado: «Te han suicidado, Jacinto» (pág. 228),
es el último diálogo con el espejo, manifiestas ya todas
las señales de la metamorfosis.

A través de estos diálogos de un modo angustioso,
a través de los segmentos narrativos de un modo impersonal, distante y hasta irónico (aunque apremiante en la segunda mitad del libro), y a través de los dictados referentes al hombre-perro de un modo parale-
lístico y anticipativo, se va integrando la imagen de Jacinto como la figuración mítica de la víctima, y nada de
extraño tiene que acabe como acaba si se piensa que
la oveja es el animal sacrificial por excelencia: el símbolo de la inocencia crucificada. Jacinto es el hombre
honrado, biempensante, manso de corazón, justo, miseri-
cordioso. La sociedad, también utópica como él, que le
rodea, representa «el autoritarismo, la crueldad gratuita, el consumismo y todo aquello que en nuestro tiempo atenta contra el hombre» (carta de Delibes a Francisco Umbral, Valladolid, 8 marzo 1969), y es lógico
que ante esa sociedad el individuo auténtico, consciente
de su sino de víctima, viva en perpetuo temor: «Mi sentimiento principal es el miedo», es el lema de Max
Horkheimer que Delibes estampa al frente de la parábola.

El mundo social de la novela es (como la historia
misma y su protagonista) de carácter metafórico: no

real, por tanto, en su modo de aparecer, sino sólo en el fondo, parabólicamente, por condensada analogía. Mundo reducido pero significativo. Sobre él impera don Abdón, el capitalista, cuyo nombre, aunque registrado en el santoral, tiene ya algo de mágico por su circular eufonía, y cuya efigie, a través del prisma de los otros, y de las puntualizaciones descriptivas del relato, cobra caracteres de un absolutismo esperpéntico: es una avutarda cuellihenchida, un buda bajo su baldaquino en abigarrada capilla, es el padre de todos, y por sus pezones de andrógino y la seguridad que ofrece a quienes le obedecen «el padre más madre de todos los padres»; es el dueño de la riqueza y del poder, el dueño del miedo, el gran nadador que no sabe nadar, el adulado, el celebrado en tierra-agua-y aire, el dador de limosnas mezquinas, sueldos recortados y premios al orden y al silencio, aquel cuyo nombre llevan todas las empresas, instituciones y lugares importantes de la ciudad, en suma, el autócrata absoluto y el superlativo tirano. Cuantas gentes viven a su sombra son robots de la burocracia, esclavos y aduladores, y el más autorizado de todos, su delegado mayor, Darío Esteban, capitán de la sumadora colectiva y encargado de encerrar a Jacinto en el «Refugio de Recuperación número 13», laberinto de su perdición.

Pues también en *Parábola del náufrago* encontramos, como en *San Camilo* y *Don Julián*, como en *Una meditación*, la presencia del laberinto espacial, el rompecabezas temporal y el Proteo humano, patrones configuradores de ese nuevo paradigma novelístico que da por perdidos e irrecuperables la línea recta, la cronología sucesiva y la univocidad de la persona.

Escogido el procedimiento parabólico, Delibes puede hacer que lo intrincado en esta novela no sea sólo un movimiento inconducente, un ansia irrealizable de salir,

un recorrer y repetir caminos ciegos; es todo eso, pero
además es un laberinto; no lo parece: lo es, en metáfora realizándose a nuestros ojos. El seto vegetal que,
por mandato, Jacinto mismo siembra y riega alrededor
de su cabaña, crece en horas, en días, en un rápido tiempo confuso, y borra la portilla de salida, se extiende a lo
ancho, se eleva a lo alto formando una bóveda que impide la luz, y en fin, penetra en la cabaña, la invade y
la rompe por todas partes, quedando Jacinto, convertido ya en herbívoro, encepado en la avasalladora trampa, donde, tras haber luchado con angustia de hombre,
se acomoda a pastar con la felicidad material de la
bestia.

Si la condición laberíntica, de sofoco ambiental sin
salida, es nueva en la obra de Delibes, la libre discontinuidad del tiempo no lo es, pues ya desde *El camino*,
y particularmente en *Cinco horas con Mario*, había sido
un procedimiento regular en su arte de componer, y
justamente uno de los rasgos más positivamente apre-
ciados por la crítica en virtud de su eficacia para conseguir lo que Ramón Buckley llamó «selectivismo».

En *Parábola del náufrago* hay una línea de sucesión
bastante clara: desde el momento en que Jacinto es
dejado en el refugio (pág. 34) hasta el momento en
que le es dado salir de él a triscar por los campos
como un borrego, es decir, hasta la página última del
libro, el lector asiste a un proceso completo que, iniciado, según se nos dice, el 5 de mayo de 1968 (página 183), se ignora cuándo concluye (pueden haber
transcurrido días, semanas, un mes). Pero ese proceso
no se despliega seguido, ni en lo externo ni en sí mismo.
No en lo externo porque aparece a menudo entrecortado por su cotejo con el proceso (muy anterior) de la
metamorfosis canina de Genaro y por la relación informativa del narrador acerca de sucesos y costumbres

de un pasado desordenadamente sugerido. En lo interno tampoco, porque Jacinto, aterrorizado por la invasión del seto, no siempre está pensando en ella ni contra ella obrando, sino que una y otra vez se evade a recuerdos e imaginaciones remotas, sobre todo cuando dialoga con el espejo. El lector se entera, eso sí, de no pocos datos temporales: Jacinto tiene cuarenta y cuatro años y nació el 17 de octubre de 1924, por tanto, la acción principal está situada en 1968; había ingresado en las oficinas de don Abdón en 1942, y obtenido varios premios del sumador (el último en el segundo trimestre de 1967); intercedió en favor de Genaro en 1953, y fundó el movimiento «Por la Mudez a la Paz» en 1956. Pero sería ingenuidad, creo, dar a estos datos otro valor que el aproximado y representativo. Con estos datos de apariencia puntualmente realista, lo que el escritor quiere señalar parece ser nada más que Jacinto San José es la persona buena, íntegra y acosada de estos últimos tiempos, y que estos tiempos son los del triunfo de don Abdón: como dictador totalitario y como magnate capitalista. Porque la *Parábola* subraya el signo capitalista de la sociedad, el consumismo desatado que destruye la aptitud para pensar por propio esfuerzo.

En cuanto al proteísmo del protagonista o de algunos personajes del nuevo tipo de novela, presente está en forma muy clara: a lo largo de la fábula en el paralelo Genaro-Jacinto; y en el autodiálogo más largo de todo el libro, en la trasmutación comparativa del refugiado, el marinero, el gaseado y el emparedado. El sujeto no es uno: es equivalente a otro que ya fue, queda desposeído de su condición humana, y, mientras la posee, trasmigra de menos terror a más terror a través de una cadena de víctimas.

Parábola del náufrago es la parábola del miedo a la anulación de la persona, y, como tal, el más conden-

sado ejemplo español de la novela que tiene por tema
la identidad. En Jacinto se ha iniciado ya un proceso
de automatización, pasivamente cumplido por todos los
personajes menos por Genaro Martín. Probado que Jacinto se resiste a ser un autómata (lee libros, cultiva
unas plantas, alimenta a unos pájaros, no discute de
fútbol, no compra televisor, ha intercedido por Genaro
y, sobre todo, «confía aún en el hombre y en la buena
conciencia», pág. 77), es puesto, Jacinto, en observación, y cuando osa preguntar por el significado de los
sumandos que sumando ha estado durante años y años,
la inculpación que sobre él recae es «timidez», y el remedio, el seto estrangulador. Atenazado por el seto,
tiene Jacinto la visión anticipada de su muerte sofocado
por esa maleza vegetal, y es entonces cuando se produce la trasmutación imaginaria de Jacinto prisionero
en Dick el náufrago, y de Dick el náufrago en Heinrich
el encerrado en la cámara de gas, y de Heinrich el gaseado en Pepe o Iván el enterrado vivo tapiado ladrillo
a ladrillo. El diálogo de Jacinto con el espejo, en su cabaña, pasa a serlo sucesivamente de Dick en el sollado,
de Heinrich en la ducha, y de Pepe o Iván en el nicho.
Este proteísmo es una apelación de la memoria desde
un terror vegetal a otro oceánico, a otro gaseoso y a otro
mineral, en un crescendo de agonías. Pero la agonía
descrita con más pavorosa minuciosidad es la del marinero. Jacinto ha empezado su monólogo con las palabras
«Si pareces un náufrago», y como náufrago lanzará después botellas con mensajes, prenderá a las patas de
medio centenar de pájaros otros tantos mensajes, y
agitará desde la chimenea del refugio (único punto aún
no cubierto por la devoradora vegetación) una sábana
y un pañuelo. Pero las botellas que rebasan el área del
seto se estrellan en la roca, los pájaros no pueden so-
brevolar la maleza en que quedan encerrados, y la sá-

bana y el pañuelo de nada sirven, pues en la avioneta que gira alrededor de la cabaña espera el delegado de don Abdón la consumación de la metamorfosis, aquella que permitirá al hombre salir del cerco tan pronto haya dejado de ser hombre.

La transformación del hombre en bestia, decretada por el tirano como puesta en práctica del principio del revolucionismo, o evolucionismo regresivo, constituye un castigo desde el punto de vista del tirano. ¿Lo es igualmente para la víctima? Conociendo el amor de Delibes a la naturaleza, y el apego que a ella profesan Daniel el Mochuelo, Lorenzo el Cazador, o el Nini y el tío Ratero, tentado estaría uno de pensar si en el bienestar que se adueña de Jacinto cuando al fin ha depuesto su condición humana para comer-dormir-comer y rumiar en la paz de la inconsciencia su alimento vegetal no hay acaso alguna resonancia de aquel amor, que ahora, como corolario, pudiera significar que el único modo de escapar a la sociedad inhumana de hoy y del futuro, fuese volver a la naturaleza. Pero nada más lejos de lo cierto, pues aquí no se trata de amor a la naturaleza o predilección del hombre por lo natural, no se trata de fidelidad a la tierra y confianza en sus bienes. Se trata de degradación: el hombre no va a la naturaleza para sentirse más auténticamente hombre; cae desde su rango humano al magma indistinto, al caos desnudo de razón. Que Miguel Delibes ama la naturaleza (animales, plantas, campos) no hay duda de ello, y quien con oído tan fino sabe distinguir las voces de las aves, los ruidos del fuego, los rumores del agua, o de la respiración, y plasmarlos en onomatopeyas tan perfectas (*Parábola del náufrago* es un prodigioso diccionario de onomatopeyas), demuestra de sobra aquel amor atento. Sin embargo, la naturaleza en esta novela de Delibes no es el bien; el bien es el hombre bueno; la naturaleza

en esta novela aparece como una vasta y compleja metáfora del mal, su signo es aquí diabólico.

La tierra sirve para enterrar al perro Gen y al emparedado pero se resiste a la azada de Jacinto sin consentir
el túnel y permitiendo sólo una cavidad en figura de fosa.
Por el aire no puede ascender Jacinto, ni sus palomas
mensajeras; el aire sólo esta ahí para difundir el gas
mortal en la cámara o sostener un ave metálica, la avioneta de inspección de Darío Esteban. El fuego que
debería consumir el seto y abrir un camino de libertad,
es vencido por la humedad y la vegetación, destroza
y ahúma pero no libera ni purifica. El perro come los
testículos de un hombre y sorbe el vómito de otro, es
muerto a perdigonadas y descabezado, y sobre su informe cuerpo hinchado cae la tierra con seco son de tambor. Las aves, alimentadas amorosamente por Jacinto
libre, no son capaces de ayudar a Jacinto prisionero,
suenan y yerran pero no median ni conducen, Jacinto
sólo acierta a cazarlas deslumbrando en la noche con una
lámpara a esos pájaros tanteadores, torpes, ciegos. El
agua del océano bate con el azote gigantesco de su
peso al barco hundido y anega al marinero. Y en fin,
la vegetación, antes de poder servir de nutrimento al
animal, es ejército de materia invasora contra el hombre, selva de su consunción como hombre: tallos y flores, matas y lianas, creciendo y enredándose, estrechan
el alcance de su mirada y de su oído, extienden la sombra y el silencio, despiden un mareante aroma dulzón,
rompen las paredes y penetran durante el sueño por
los orificios todos del cuerpo del cautivo, sometiéndolo,
ahogándolo.

No creo en el propósito de experimentación irónica
o paródica que algunos atribuyen a esta novela de Miguel Delibes. Ya he tratado de indicar a qué profunda
necesidad estructuradora responden aquellos recursos

estilísticos de apariencia un tanto caprichosa. Y aunque no voy a negar ironía y humor ni a esta obra ni a ninguna del mismo autor, la actitud crítica de *Parábola del náufrago* no queda definida por esos términos, sino más bien apelando al grado superlativo de la sátira: el sarcasmo. Casi todo lo que es crítica en esta novela posee calidad esperpéntica: caricatura, animalización, muñequería, teatralería, rebajamiento farsesco (piénsese por ejemplo en las figuras de don Abdón y de Darío Esteban, en las crueles diversiones de la feria de San Abdón, y, sobre todo, en el manteamiento del buda por el coro de ancianitas centenarias). La traza esperpéntica se adecua muy bien al deshumanizado mundo en cuyo seno se atribula el hombre bondadoso. Pero los cauces modales que sirven para dar expresión al destino de ese hombre, son otros: la confesión y la elegía. Los diálogos de Jacinto consigo mismo delante del espejo son confesiones. Grandes partes de la narración y todo el dictado referente al hombre-perro son vehículos del sentimiento elegíaco de la frustración, la destrucción y la desesperanza.

Acentúa el tono elegíaco, desde el punto de vista compositivo, la fluida conexión entre los distintos momentos, como en un sistema de variaciones musicales. *Parábola del náufrago* no tiene capítulos ni segmentos: discurre seguida de principio a fin (como *Una meditación*, como *San Camilo*, aunque con puntos y aparte). Sin embargo, el lector puede fácilmente percibir la sucesión de distintas unidades: narración, dictado, autodiálogo (aunque no simpre, entre ellas, tenga que haber punto y aparte). Pues bien, el paso de unas a otras, además de por el cambio de los recursos estilísticos que ya he señalado, se marca por unas leves pasarelas semánticas: un tema o una imagen del final de una unidad funciona como principio de la unidad siguiente. Así por ejemplo,

en lo que para mí sería la unidad número 27, vemos a
Jacinto esforzarse inútilmente en podar el seto con las
tijeras, con el serrucho, a golpes de hacha, hasta que
acongojado rompe a llorar y murmura: «¡Estoy encerrado; esto es una barrera inexpugnable!» (pág. 134). Hay
aquí un punto y aparte, y el párrafo contiguo comienza:
«—Barrera —dijo (Jacinto) y colocó las dos fichas rojas
en el seguro, una junto a la otra, cuidando de igualar-
las...». Se trata de la evocación narrativa de Jacinto,
en el pasado, jugando al parchís con doña Presenta,
doña Palmira y la señorita Josefita, una tarde de domingo. El seto que ahora obstruye el paso a Jacinto prisionero, se ha convertido en la barrera de dos fichas que
Jacinto libre, en otro tiempo, oponía a sus amigas, sobre
el tablero, jugando para matar el tedio. En esta escena,
que es una admirable descripción onomatopéyica y es-
tratégica del juego del parchís (el dado hace en el cu-
bilete «tol-tol-tol», rodando sobre el cristal «trenteren-
ten», al ser volcado «block»), a la infeliz Josefita le sale
por tres veces el seis, y doña Presenta exclama: «¡Seis,
a casa! La trampa de Dios siempre canta». Y la unidad
inmediata (separada de la anterior por una coma y el
cambio a la letra cursiva) empieza: «Pero tú sabes que
no es así, Jacinto, menuda, tú lo sabes, hijito, que unas
veces canta y otras no canta», y ahí tenemos al hombre
enfrentado a su propia imagen, lamentando que «lo que
uno gana haya de ser siempre a costa de otro». Estos
enlaces temáticos, digo, musicalizan la construcción de
la novela, dando fluencia emotiva al mensaje elegíaco
de la obra: el dolor por el naufragio de la dignidad humana.

Con lo dicho y transcrito se habrá podido notar que
esta novela no cede en riqueza, potencia y complejidad
de lenguaje a ninguna de las otras del mismo autor en
que tales virtudes sobresalían: *El camino, Diario de un*

cazador, Las ratas, Cinco horas con Mario. La captación del habla común, con sus modismos, muletillas
y frases hechas, está aquí principalmente lograda a través de los monólogos de Jacinto, que son al mismo
tiempo una prueba de habilidad para dar proyección
a la voz interior de la conciencia (lo mismo ocurría en
Cinco horas con Mario). Pero en lo idiomático, dos
particularidades quisiera destacar: el uso de las onomatopeyas, y la crítica del lenguaje en sí.

He indicado ya que las onomatopeyas, o reproduc-
ciones interjectivas de sonidos no articulados, se refieren en muchos casos a la naturaleza virgen: el fuego,
el agua, los gorjeos de las aves, los ladridos del perro,
la respiración animal, los latidos del corazón, y que en
esta esfera cumplen el papel de evocaciones de la naturaleza en una ficción en que la naturaleza aparece con
signo protervo. Tales onomatopeyas, al ponernos de inmediato en la sensación de lo natural, podrían familia-
rizarnos con ello; pero la realidad es que, en vez de
como contrapeso de la amenaza, actúan casi siempre
como señales de ella: el «tiqui-tac» del corazón acelerado, o el «cric» del capullo entreabriéndose en el seto
a la vista del náufrago. Así también operan otras onomatopeyas que se refieren a cosas creadas por el hombre: el golpe de gong (¡boooong!), el corte de las tijeras (crik-crak), del serrucho (ris-ras), del hacha (tac-
tac), y entonces estos ruidos adquieren un sentido omi-
noso: son síntomas de la materia y apoyaturas de la soledad; como es reflejo audible de la soledad el eco con
que la vaguada repite los clamores del prisionero: «¡malditos!» - «itos», «¡abrid!» - «brid», «¡Yo no quise preguntar nada!» - «ada», hasta el balido final. Si, pues,
por un lado, las onomatopeyas equilibran lo abstracto
de la parábola metiendo en nuestros oídos la concreción
del mundo, por otro lado, al eludir la interpretación

humana manifestándose en bruto y directamente, llenan
el espacio de la ficción de síntomas irracionales, de materiales emanaciones puestas de relieve por la ausencia
de comunicación y que ponen de relieve la soledad.
Son ruidos, no voces, y por eso muchas veces suscitan el miedo y lo agrandan y propagan.

La otra particularidad es la crítica del lenguaje. En el
reino de don Abdón todos viven repitiendo conversaciones fútiles y *slogans* estupefacientes («Orden es libertad», «Don Abdón es el padre más madre de todos
los padres», etc.). Sólo Genaro y Jacinto reaccionan
contra el lenguaje admitido por todos: Genaro convir-
tiéndose en ingenuo apóstol del esperanto, y Jacinto
en fundador no menos ingenuo del movimiento «Por
la Mudez a la Paz»: «cuantas menos palabras pronun-
ciemos y más breves sean éstas, menos y más breves
serán la agresividad y la estupidez flotante del mundo» (pág. 100). Aunque un fracaso, el contracto inventado por Jacinto («Ni retora ni diala; todo into de compra por la pala es una uta», a base de síncopas y apó-
copes) representa la tentativa intermedia de Jacinto para
aproximarse a la paz: la primera fue hablar poco, la segunda hablar eso poco en su más contraída forma (el
contracto, reacio a la hinchazón de los esdrújulos, par-
tidario de la palabra llana bisílaba), y la tercera será,
desgraciadamente, no una tentativa voluntaria sino la
consecuencia de su castigo: vivir condenado a no poder emitir más que un monosílabo, el agudo balido de
la oveja. Pues en verdad —comprendemos a través de
esta fábula— deben rehuirse los excesos del lenguaje
(simulación y rutina, agresión y estupidez), pero la contrapartida, en sociedades como la que describe Miguel
Delibes en su *Parábola del náufrago*, puede ser, para los
Jacinto San José, el progresivo defecto de lenguaje: pa-

sar de la taciturnidad a la contracción, y de ésta a la pérdida de la palabra.

Ante *Parábola del náufrago* algunos críticos llegaron a pensar en un cambio de rumbo de Delibes, ya pasajero, ya definitivo. Pienso que la *Parábola* no constituye ninguna ruptura, sino un paso más allá sobre la misma trayectoria, tan personal, que viene trazando su obra entera.

La última narración de Miguel Delibes, *El príncipe destronado,* puede parecer un retorno al mundo infantil, familiar y provincial de *El camino, La hoja roja* o *Cinco horas con Mario.* Y si se mira sólo al asunto, los personajes y el ambiente, no hay duda que lo es: el protagonista es un niño, el ambiente es la casa donde vive ese niño con sus padres y hermanos formando el hogar burgués prototípico, y la anécdota tan simple como pudiera ser la de *El camino:* si allí un niño rememoraba su vida campesina en vísperas de partir a la ciudad por decisión paterna que él presentía como una desviación de su verdadero camino, aquí un niño más pequeño, destronado de su dulce imperio de benjamín de la casa por una niña nacida después, trata de retener la atención y el cariño de su madre fingiendo haberse tragado un clavo. Y eso es todo lo que acontece en la jornada única (doce horas con Quico: de diez de la mañana a nueve de la noche) en que vemos vivir a este príncipe destronado, aunque se sucedan diversos incidentes a través de los cuales cobra figura, no muy amplia pero suficiente, el mundo circundante.

Un retorno no ha de significar forzosamente un retroceso. Si desde un punto de vista semántico, *El príncipe destronado* vuelve a las novelas antedichas, desde un punto de vista compositivo y formal, esta «novela corta» consigue una sencillez literalmente pasmosa. Es una narración que se lee con el mismo asombro con que pueda contemplarse un fino estudio pictórico de detalle (por ejemplo, una rosa en un vaso) o escucharse un gracioso ejercicio de piano para un solo dedo.

Quico es un niño que pronto va a cumplir cuatro años. Hacer de un niño tan niño el protagonista de una novela realista (no de un cuento más o menos ingenuo o maravilloso) es una decisión insólita aun para el mismo Delibes, creador de otras figuras infantiles memorables. Ese niño de tan tierna edad, quinto hijo de familia, rubio, ojos azules, confundido a veces con una niña, temeroso siempre de orinarse o repasarse en la cama y fuera de ella, inconscientemente trastornado por la niña que ha venido a quitarle del trono, tan bondadoso y tan deslenguado y aun cruel como puede serlo cualquier criatura de sus años, está presente a lo largo de los doce capítulos del relato, y cuanto ocurre dentro de éste se organiza alrededor de él o dimana de él. A las diez despierta Quico, le bañan, se entera de que se ha muerto el gato de la vecina (y esto le preocupará todo el día), juega con un tubo de pasta (su juguete predilecto), baja con la Vito (la criada) a por la leche, dice unas palabrotas a una señora mimosa, recibe un chupachup, y sube a casa. Las once: el desayuno; por allí anda la hermanita menor, Cris, capaz sólo de repetir de cuando en cuando el ensayo articulatorio más primitivo («atata») y el hermano inmediatamente mayor, Juan, dispuesto a la conquista del Oeste y disparando ya contra el mundo su agresivo «tatatá»; Quico está inquieto; nos enteramos de que Femio, el novio de la Vito, ha sido destinado a Africa. Las doce: trae sus mercancías el mozo de la tienda; la cocina; para Quico la caldera es la imagen del infierno; la Domi, criada más vieja; suena la radio. A la una: en el cuarto de los niños, Juan hace aparecer ante Quico el arco iris (el sol sobre los libros polícromos) y transforma la pantalla pendu-

leante (para Quico el Angel de la Guarda) en un demonio
que le atemoriza; juegan a la pelota y entra la madre,
antes una bata de flores rojas y verdes, ahora un jersey
a rayas, falda gris, zapatillas y un cigarrillo entre los dedos; Quico monta en el triciclo, con un tubo de goma
improvisa en el baño una gasolinera, recibe azotes;
vuelven los hermanos —Merche, Marcos, Pablo— y vuelve el padre que pide un whisky a su mujer. Las dos:
el padre entra en el retrete y Quico le sigue indiscreto;
la comida; ahora está allí Pablo, el hermano mayor,
de dieciséis años, que se muestra reacio a asistir a una
próxima imposición de insignias; porque Quico está in-
apetente, porque Pablo no parece compartir las ideas de
su padre (ex combatiente), porque la esposa parece inclinada a justificar la actitud del primogénito, el alter-
cado se produce, y el padre estrella un plato contra el
suelo, y ya está armada la bronca. Las tres: papá y
mamá, en el salón, ante las tazas de café, una vez que
se han despedido los tres hijos, continúan la disputa a
través de Quico, tomándole como espectador y como
pelota de rebote de sus intemperancias. A las cuatro:
mamá se desahoga con tía Cuqui, tan melosa ésta con el
niño como brusca la madre: «No olvides que hasta hace
un año era el rey de la casa. Es el príncipe destronado,
¿oyes? Ayer todo para él; hoy, nada. Es muy duro,
mujer». Hablan de complejos; aburrimiento; canciones
de la Domi. Las cinco: Quico se ha repasado y vuelve
a recibir azotes; el Femio viene a despedirse de la Vito,
y Quico, que presencia la cita en la cocina, sale diciendo
a voces: «¡Mamá, Domi, Juan, venid! ¡Femio está mor-
diendo a la Vito!». A las seis: la Domi, curiosa, pregunta a Quico cómo era aquel morder de labios; Quico en el baño remueve todos los potingues, pone un
supositorio a la hermanita («atata») y le pinta los ojos
y los labios; la madre se enfada con la Domi por su des-

cuido y amenaza echarla. Las siete: Quico pide a mamá
que no se vaya la Domi; allí cerca de su madre, jugando
como está con un tubo de dentífrico y un clavo, alarma
a aquélla con la desaparición del clavo; la madre cree
que el niño se lo ha tragado y él la deja en esta creencia;
mamá le lleva al médico (antiguo admirador suyo) para
que le vea a rayos X; el médico no encuentra el clavo
pero discursea sobre los príncipes destronados y reco-
mienda una dieta especial para el niño. Las ocho: vuelven los hermanos; cuidados y solicitudes de mamá, y
Quico tan feliz; pero en un descuido, al sacar el tubo
de dentífrico (que ahora es una pistola, como antes un
cañón) el clavo cae del bolsillo del niño a la alfombra,
y se descubre el embuste; la madre se lo comunica al médico y galanteador por teléfono; Juan y Quico suben al
piso de la tía a ver la televisión. A las nueve: Pablo
dialoga con mamá sobre la asociación de veteranos de
guerra, ha prometido al padre ir a la ceremonia de las
insignias e irá, aunque cree que el único modo de lograr
eficacia es ir unidos los de un lado y los del otro; Quico
apenas puede pasar una tortilla por toda cena, sueña
en ser guardia, le alegra que la Domi permanezca en la
casa y, ya en el cuarto, en la cuna, preparado a dormir,
le asalta el tropel de imágenes temerosas acumuladas
durante aquel martes, 3 de diciembre de 1963: el Angel
de la Guarda se transforma en demonio, el orinal verde
de plástico en el gato muerto y arrojado a la basura,
y allí comparecen la bruja, Longinos, el soldado, el
fantasma, y nada puede la Domi para dominar sus so-
bresaltos, sólo le tranquiliza y le aduerme por fin la
mano segura de la madre.

A través de este recuento de una jornada en la vida
del niño, se abre alusivamente, como en el monólogo
de la viuda de Mario, aunque en forma más comprimida,
el mundo social en torno: el derechismo simplificador

del padre, burgués rico, favorecido y muy ocupado; la superficial aspereza de la madre, especie de Carmen Sotillo de la banda izquierda; la tensión entre obediencia y libertad, y el aliento antimaniqueo, del hijo mayor; y no falta una entrevisión del padecer de los humildes a través de las criadas, ni escasean los indicios de ambiente. Pero, sobre todo, la novela es un estudio puramente presentativo (en el presente virginal de los años infantiles) de ese niño que vive un momento crítico, habitante aún de lo que la niñez tiene de naturaleza humana en su forma más inocente, pero asomado ya al miedo, al recelo, al desconsuelo.

Para trasuntar la conciencia incipiente del niño, adopta Delibes el punto de vista objetivo: la jornada no se narra, se presenta como apareciendo por sí sola; el protagonista no es explorado ni comentado en ningún momento: habla y se mueve como si nada ni nadie gobernase su actuación. Pero esta objetividad, esta como neutral contemplación del niño y su doméstica aventura, hora por hora, en línea recta de la mañana a la noche, sin apenas salir del ámbito de la casa, no deja la impresión de un documental fotográfico, sino, repito, la de un ejercicio pictórico o musical, y más propiamente, deja la impresión de un poema. Porque esa objetiva expectación que nos hace olvidarnos por entero del sujeto que contempla, polarizada toda nuestra atención en la figura del niño, está conseguida por procedimientos de extrema delicadeza, tales como los que menciono sólo a manera de ejemplo: la metonimia pictórica que alude a personas y cosas seleccionando sólo un aspecto visual de su imagen (mamá es «la bata de flores rojas y verdes»), las metáforas proteicas y mitificadoras (la caldera es el infierno, la pantalla un ángel o un demonio, el tubo de dentífrico un juguete múltiple, la pequeña Cris un indio pintarrajeado, el orinal el gato muerto).

El valor musical de la obra no puede apreciarse debidamente en tal o cual detalle, sino en el conjunto. Delibes no ama las estructuras geométricas o espaciales, sino las temporales o aritméticas, es decir, el ritmo. El ritmo de *El príncipe destronado* está en el desgranarse de las horas, en las repeticiones de ciertas palabras del niño, determinados ademanes suyos y de sus familiares, en algunas simultaneidades (la voz de la radio y las voces de la casa), en particulares reapariciones de imágenes y motivos. Estas mismas calidades musicales apoyan la interpretación de la obra como un poema, y sobre todo la eficacia aligeradora de la elipsis: entre hora y hora, y dentro del capítulo consagrado a cada hora, la invisible conciencia presentativa no introduce transiciones aclaratorias, sino procede por yuxtaposición, y así los momentos emergen sueltos, alacres, breves, como versos que repudian la concatenación lógica.

En *El príncipe destronado* puede hallar el lector la quintaesencia del arte de novelar y el estilo de sentir de un escritor en quien las cualidades de la mesura (discreción, tino, armonía, sensibilidad, elegancia) adquieren, por intensas e indefectibles, el signo de la genialidad.

Partiendo de un mismo nivel de realismo existencial las orientaciones últimas de los tres novelistas hasta ahora examinados como los más fecundos o trascendentales de la primera generación de posguerra se revelan diferentes: Camilo José Cela se ha ido inclinando cada vez más, después de *La colmena,* hacia una solución nihilista; Carmen Laforet, en *La mujer nueva,* tentó la solución religiosa; Miguel Delibes, desde el individualismo pasó al culto de lo natural y de aquí ha venido a desembocar en la exploración crítica de las circunstancias histórico-sociales de la España actual. Más que la novedad de los experimentos formales es la gravedad ingénitamente moral de este caminar hacia la autenticidad lo que, depurando su técnica de novelista, ha acercado a Delibes a las generaciones siguientes y ha dado a su obra una vigencia creciente.

(Cuando el presente libro se encuentra en pruebas ya ajustadas, llega a mi conocimiento la muy original novela última de Delibes *Las guerras de nuestros antepasados* [Barcelona, Destino, Enero 1975], cuyo comentario siento tener que dejar para otra ocasión.)

VI

OTROS NOVELISTAS

Camilo José Cela, Carmen Laforet y Miguel Delibes
son, a juicio de quien esto escribe, los novelistas más
fecundos de la primera generación que se dio a conocer después de la guerra civil. Fecundos no en cantidad de labor publicada, se entiende; pues en este aspecto les aventajan otros. La fecundidad aquí aludida
consiste en algo muy distinto: la oportunidad de la
actitud, en sí misma y en relación con lo anterior; la
capacidad de desarrollo variado y acorde; la vigencia
de los valores formales ensayados: estructura y lenguaje en correspondencia con contenidos actuales; y,
por último, la trascendencia de la obra, es decir, la proyección ejemplar, la virtud estimulante.

Hay, sin embargo, otros novelistas de edad próxima
que han contribuido, con eficacia, al fortalecimiento
relativo de la novela española, y a ellos voy a referir-
me ahora, si bien más brevemente. La mayoría de estos autores coinciden en ocuparse de la existencia incierta del hombre español de su tiempo, revelando la
perplejidad del individuo, su insolidaridad o muy difícil solidaridad, las consecuencias de la revuelta política de la guerra, la presión decisiva de ciertas situaciones extremas y, en general, un clima de angustia;

por todo lo cual estimo que pueden ser considerados, junto con los tres novelistas ya dichos, como representantes de la primera dirección de posguerra: el realismo existencial.

Quedan fuera de esta ojeada algunos autores que, dados los fines del presente trabajo, ya han recibido mención suficiente, como Ignacio Agustí y José María Gironella, y asimismo aquellos que escribieron y publicaron fuera de España, puesto que a los novelistas del exilio se aludirá al final.

Por razones diferentes tampoco ha de hablarse aquí de esos otros escritores que, al decir de Eugenio de Nora, «obedecen más o menos abiertamente a un imperativo de selección, y tienden a una novela estética, en la que el refinamiento y la calidad de la prosa son valores sustantivos»[75]. No creo que todos los que Nora clasifica como tales respondan a esa descripción, pero sí que junto a un Pedro de Lorenzo o un Carlos Martínez Barbeito, por ejemplo, pueden situarse otros que aquél no consigna: Alvaro Cunqueiro y Rafael Sánchez Mazas entre los de mayor edad, y Elena Soriano o Mercedes Salisachs entre quienes supongo más jóvenes. Excluir a estos autores no significa regatearles valor, sino sencillamente reconocer que sus obras no han alcanzado asentimiento vasto ni generado nuevas y duraderas orientaciones. Además de selección, esteticismo y prosa refinada, lo que revelan las obras de esos novelistas es excentricidad, en el sentido literal y no necesariamente peyorativo de la palabra: subjetivismo, abstracción, consciencia dialéctica eludida.

A pesar de estas supresiones, quedan todavía muchos autores que merecerían atención mayor de la que en las presentes páginas se les podrá conceder. Hablaré,

---

[75] E. G. de Nora: *La nov. esp. contemp.*, III, pág. 177. (Segunda edición, pág. 133.)

en primer lugar, muy por encima, de ciertos realistas convencionales (alguno, ya mencionado en el capítulo I): J. A. Zunzunegui, S. J. Arbó, D. Fernández Flórez, A. Núñez Alonso, T. Salvador. Hablaré, en segundo lugar, con más espacio, de los que propiamente pueden estimarse existencial-realistas, entre los cuales cabe distinguir dos direcciones según la problemática dominante: noveladores de la conciencia en conflicto (G. Torrente Ballester, R. Fernández de la Reguera, E. Quiroga, J. L. Castillo Puche, A. M. de Lera) y noveladores de la cotidianidad y del fracaso (E. Azcoaga, J. Suárez Carreño, I. M. Gil, L. Romero, D. Medio).

1) Llamo realistas convencionales a ciertos escritores que, a distancia ya de la guerra y por los años en que Cela, Carmen Laforet y Delibes desarrollaban su labor, publicaron novelas con propósito realista, no logrando, sin embargo, sobrepujar las convenciones que el realismo había ido adoptando en el pasado —costumbrismo, comedia humana, naturalismo, crónica familiar, documento social— o incurriendo, dentro de esas mismas novelas o mediante otras, en convencionalismos distintos: novela picaresca, regional, histórica, policíaca...

JUAN ANTONIO ZUNZUNEGUI, después de los experimentos humorísticos de *El barco de la muerte* (1945) y *La úlcera* (1949), inició un giro rotundo hacia el realismo, empeñado en documentar la índole de la sociedad española de este siglo en sus varios niveles. Por este camino, abierto ya del todo en *Las ratas del barco* (1950), Zunzunegui ha dado a luz copiosas y compactas novelas, de las cuales, una por una, se han ocupado extensamente Eugenio de Nora y Juan Luis Alborg en sus bien conocidos panoramas. Es certero el juicio —concorde en el fondo— de estos dos críticos, y no será necesario comentar aquí las cualidades del arte de Zunzunegui por uno u otro especificadas: actitud moral

condenatoria; observación distanciada en vez de creación imaginariamente vivida; reflejo acumulativo e in-
discriminado de la realidad; atestiguación del afán de
lucro y de la corrupción económica; composición en
línea biográfica, macicez, detallismo, diálogos veristas,
etcétera [76]. Más oportuno es destacar que Zunzunegui,
al menos en una de sus mejores novelas de esta etapa,
Esta oscura desbandada (1952), logró un cuadro exactamente repulsivo de la podredumbre moral originada
en los medios burgueses de la capital (Madrid, barrio
de Salamanca) por los apuros pecuniarios de la posguerra y por el estraperlo. El protagonista de la historia —enfermo, heredero, opositor— acaba por ceder a
la vergüenza de realquilar parte de su piso a unos vividores y aún tiene que padecer mayor desgracia: ver
deshecho su matrimonio por la decisión de su esposa
de fugarse con mejor postor. El caso, tratado con la
sañuda exageración con que Zunzunegui suele escar-
mentar a sus primeras figuras (¡todas tan mediocre-
mente siniestras!), recuerda otros novelados con más
misericordia por Galdós. Pero no es la relación del
caso, sino la revelación del ambiente, lo que da a *Esta
oscura desbandada* el valor documental que tan expre-
sivamente queda condensado en el título. En cambio,
el título de otra de las novelas más ensalzadas de Zunzunegui, *La vida como es* (1954), resulta a todas luces
desaforado, pues lo que en el corpulento volumen se
ofrece no es otra cosa que las andanzas de unos espa-
distas y hampones del Madrid de preguerra, y el trasunto atmosférico no sólo es indirecto por esta lejanía
temporal, sino, además, por las reminiscencias de los
sainetes y de la literatura costumbrista, más visibles

[76] E. G. DE NORA: *La nov. esp. contemp.*, II, páginas 316-
323. J. L. ALBORG: *Hora actual de la novela española*, II,
páginas 137-144.

que las picarescas, a pesar de que el autor subtitulara
su obra «novela picaresca en muy paladina lengua española», dedicándola a la memoria de Mateo Alemán.

El realismo de Zunzunegui trasmite la impresión de
angustia y de absurdo existencial propia del mundo
contemporáneo, urbano y cosificado que se propone
reflejar. Pero sin duda este escritor no ha sabido o
querido desprenderse de la perspectiva naturalista ni
del aderezo costumbrista, de modo que aquella impresión procede casi únicamente de la materia acotada y
no de la actitud del autor ni de su estilo de componer.
Más que a Galdós, de quien se muestra tan devoto el
escritor vasco, las novelas realistas de éste recuerdan
a Zola y al Blasco Ibáñez de *La horda* [77].

-----

[77] Lo dicho aquí sobre Zunzunegui (como también sobre otros novelistas en este capítulo) parecerá precario
a más de un lector. De una vez por todas debo aclarar
que no obedece esta brevedad a desconocimiento de los
méritos, posibles o efectivos, de tal o cual autor. Me he
guiado por mis propias lecturas, como es debido, pero
también he tenido en cuenta la irradiación actual de los
novelistas hacia dos zonas del público leyente que me
parecen trascendentales para medir esa actualidad: la
juventud y, dentro de ella, ante todo, los escritores en
camino, y, por otra parte, el público no español. Puesto
que no es posible conocer la posteridad de un escritor
coetáneo, deber del crítico me parece completar el juicio
propio con otros que reúnen buenas condiciones de objetividad: el juicio de los jóvenes, porque ellos son quienes más limpiamente buscan la razón de ser, y el de
los lectores ajenos, distantes, porque éstos (si no son
desviados por propagandas interesadas) se hallan en circunstancias de apreciar imparcialmente. Lamento comprobar que los autores a que me refiero —por más que
sus obras se editen y reediten dentro de España— carecen de importante resonancia fuera de ella y tampoco
la logran entre la juventud española. Sobre Zunzunegui
existe una tesis doctoral de consulta recomendable: *Estructuras narrativas cerradas y pensamiento conserva-
dor en J. A. de Z.*, de A. C. ISASI ANGULO (reproducción
fotoestática, Frankfurt a. M., 1971).

A otro Blasco Ibáñez, al de *La barraca* y *Cañas y barro*, recuerdan, en cambio, las novelas rurales (escritas en catalán) de SEBASTIÁN JUAN ARBÓ (n. en San Carlos de la Rápita, Tarragona, 1902), especialmente la que, traducida al castellano en 1941, pudo parecer a algunos obra actual, aunque datase de antes de la guerra: *Tierras del Ebro*. Arbó describe con exaltación el paisaje de la desembocadura de este río y ambienta en estas tierras bajas trágicas historias de pasión. Más tarde ensayó Arbó la novela de atmósfera barcelonesa en *Sobre las piedras grises* (1949), laureada con el Premio Nadal 1948, y en otras obras. De la premiada dice R. M. Albérès que «no tiene hoy su puesto de ''gran precursora'' respecto a la nueva generación, cuyo nacimiento anuncia: Arbó escribió demasiado pronto para que los suyos le reconozcan»[78]. Sin embargo, la triste historia del funcionario sufriente que Arbó relata con más truculencia que objetividad no autoriza a otorgar a *Sobre las piedras grises* la condición de obra precursora, y no es que Arbó escribiese demasiado temprano (ahí estaba *Nada* abriendo vía, cuatro años antes, a la captación «neorrealista» del gris cotidiano), sino que escribió demasiado a la zaga: entre el documento social y el folletín. Y si ésta fue una prueba de convencionalismo decimonónico, la novela ulterior *Martín de Caretas* (1955, 1959) incurre en otro convencionalismo: la picaresca del muchacho cándido, o sea, la picaresca filtrada por Dickens y Galdós.

A las fuentes mismas del género picaresco pretendió remontarse DARÍO FERNÁNDEZ FLÓREZ (n. en Valladolid, 1909) en *Lola espejo oscuro* (1950), ya mencionada. Pero aunque la protagonista de esta historia contemporánea narre su vida desde niña a mujer como antaño

---

[78] R. M. ALBÉRÈS: «La renaissance du roman espagnol», página 85.

lo hiciera la pícara Justina, sólo en algunas de sus primeras andanzas puede notarse la irradiación de los antiguos modelos.

En propiedad, *Lola* no es ni podía ser la autobiografía de una pícara, sino las memorias de una cortesana de los tiempos del estraperlo. Si en parte hay la querencia hacia moldes convencionalizados (a cargo de las Justinas antaño y de las Nanás anteayer), en mayor parte la obra de Fernández Flórez —comparable con desventaja a *La romana*, de Moravia— viene inspirada por una voluntad de presentar la realidad social del momento, a través de las experiencias de una prostituta. La expectación (dos crímenes) y el sentimentalismo (obras de caridad de Lola y amor a un libertino meditabundo) no anulan el significado testimonial del relato, y así en el oscuro sentir de la hembra como en el no menos turbio y desorientado vagar de su amante preferido se percibe lo que Nora llama «cierto difuso clima *existencialista*»[79]. Obras posteriores muestran, sin embargo, que el sensacionalismo policíaco y el erotismo más o menos galante apenas han permitido a Darío Fernández Flórez recuperar el impulso crítico que le movió a escribir su novela más divulgada, a la que ha dado continuación con *Nuevos lances y picardías de Lola, espejo oscuro* (1971), nueve narraciones protagonizadas por la veterana garduña, y *Asesinato de Lola, espejo oscuro* (1974).

ALEJANDRO NÚÑEZ ALONSO (n. en Gijón, 1907) es el menos realista de los autores incluidos en este apartado, y si aquí consta es porque al menos dos novelas suyas contienen indudables síntomas del clima existencialista aludido: insolidaridad del individuo, angustia, situaciones culminantes. En *La gota de mercurio* (1954) el pintor mejicano Pablo Cossío resuelve, a las doce

---

[79] E. G. DE NORA: *La nov. esp. contemp.*, II, pág. 392.

de la mañana de un día de diciembre de 1947, poner
fin a su vida, y la novela no es otra cosa que el relato,
en primera persona, de las acciones, reflexiones y memorias de tal sujeto desde aquel instante hasta las doce
de la noche. El suicidio, fijado para este punto, se ma-
logra, pero Pablo es conducido a un sanatorio de enfermos mentales donde, pasados seis meses, morirá. Durante las doce horas de instalación mental en el ámbito de la muerte voluntaria el pintor desarrolla una actividad febril y lúcida; pide dinero a un amigo, simula
engañar a un banquero para comprobar su venalidad,
visita a una dama aristocrática, se ve acusado de se-
cuestrador por haber querido regalar a una niña una mu-
ñeca, compra una pistola, encarga su entierro, des-
deña a una amante, dialoga con su criado, escribe cartas,
redacta disposiciones testamentarias y, sobre todo,
piensa con adoración en una mujer a quien le unió perfecto amor años atrás. No ahorra el autor esfuerzos
para recargar la confesión con detalles macabros, ardor de deseos indefinibles, tristeza de fracasos reme-
morados y expansiones escépticas y satíricas. Pero «la
causa» del proyecto mortal, constantemente aludida y
nunca declarada, parece residir exclusivamente en la
peculiar intimidad de individuo, entreabierta a través
de evocaciones proustianas y descargas subconscientes
al modo de Joyce. No la situación-límite de la muerte
inminente a orillas de la locura, sino la angustia «que
se experimenta cuando nos hemos muerto en aquello
que fue más caro para nosotros y seguimos viviendo»[80] constituye la otra aventura existencial definida
como *Segunda agonía* en la novela de este título (1955):
novela escrita también en primera persona a manera
de una confesión del protagonista, Ramón Morán, to-
rrero del faro de un islote tropical por vocación de

---

[80] *Segunda agonía*, pág. 329.

soledad tras un desengaño conyugal que le empujó al crimen. Difícil se hace, desde luego, aceptar que pueda haber auténtica vocación de soledad en personaje que resulta al cabo tan accesible a los encantos de una necia actriz cinematográfica, con quien resuelve casarse —rompiendo así su obstinado aislamiento— en cuanto se entera de que su infiel esposa, tras once años de ausencia ha muerto de cáncer, dejándolo legalmente libre para contraer nuevo matrimonio. Que Alejandro Núñez Alonso tiende a desviarse de las preocupaciones comunitarias de su época es algo anunciado ya en estas novelas y en *Tu presencia en el tiempo* (relato psicológico-policíaco) y confirmado rotundamente después en la serie de novelas históricas que ha venido fabricando: *El lazo de púrpura, El hombre de Damasco, El denario de plata,* etc. Por mucha analogía que el autor pretenda hallar (o inyectar) entre aquel mundo de la Roma imperial y nuestro mundo, todavía no se ve el motivo sensato que justifique tan voluminosa reconstrucción, transposición tan remota [81].

Más joven que los cuatro novelistas anteriores, TOMÁS SALVADOR (n. en Villada, Palencia, 1921), policía de profesión, se asemeja a ellos en la tendencia a fabricar varia lectura para consumo del gran público, y particularmente a Zunzunegui y Arbó en el propósito de verismo y acusación. Empezó a escribir en 1951 y desde entonces ha venido publicando toda suerte de novelas: novelas-reportaje, novelas de aventuras, fantásticas, policíacas, de guerra (fue soldado en la División Azul), e incluso una novela psicológica. Las más logradas son las pertinentes al mundo de la delincuencia, tan bien conocido por este

---

[81] A. IGLESIAS LAGUNA se refiere ambiguamente al valor de estas novelas históricas (*Treinta años de novela española,* pág. 184) y comenta con alguna extensión las otras novelas de NÚÑEZ ALONSO (págs. 235-241).

escritor: *Cuerda de presos*, 1953; *Los atracadores*, 1955, *Cabo de vara*, 1958. Fijémonos en esta última, probablemente la mejor.

A comienzos de 1883 llega al presidio de Ceuta un joven andaluz condenado a doce años por homicidio. El joven, conocido pronto en el penal por el apodo de «Botacristo», despierta las simpatías del ayudante Molina, que ve en él un hombre de instintos nobles a quien sólo un minuto de iracunda ofuscación impulsó a matar. «Botacristo», al principio desesperado, va habituándose a los horrores de la prisión y adquiere entre sus compañeros fama de hombre fuerte, listo y ágil. Molina es trasladado por cinco años a la Cárcel Modelo, de Madrid, recién fundada y, al cabo de ese tiempo, regresa a Ceuta como inspector de trabajos, encontrando que «Botacristo», en vez de haber seguido sus consejos para mejorar de situación y aspirar al indulto, se ha dejado llevar de la desesperación y ha intentando la fuga. Este intento fue causa de que su condena se aumentase en cinco años más. Pero Molina, que vuelve de Madrid convencido de que a los presidiarios hay que humanizarlos, volviéndolos al trabajo, mejorando sus condiciones de vida e infundiéndoles esperanza en un porvenir libre, insiste en su empeño de redimir a «Botacristo». Para iniciar su redención le nombra «cabo de vara», esto es, presidiario que, encargado de la vigilancia de los otros, goza de cierta autoridad y vive con un poco más de decoro. Sin embargo, cuando en la sección de «Botacristo» es asesinado uno de los presos que mayor respeto inspiraba a los demás, aquél decide vengar el crimen, para lo cual abdica de su puesto de cabo. Y, en efecto, mata al criminal, hazaña que le consagra entre sus compañeros como el más valiente. «Botacristo», que empezó siendo un homicida por ocasión desgraciada y azarosa, termina, después de ocho años de encierro en medio de un vivir trágico y brutal, convertido en uno de los «matones» del presidio de Ceuta, endurecido, envejecido, deshecho.

Tomás Salvador concibe la novela como una especie de retablo, ofreciendo, sin apenas salirse del recinto del penal, una visión completa de éste. En la parte primera («El presidio») describe la angustiosa vida de los reclusos en diferentes secciones, tomando sobre todo como escenario las cuadras donde duermen hacinados en la más sucia miseria y los patios donde matan el tiempo. En la segunda («La chusma») presenta toda una galería de tipos infrahumanos: los cabos de vara, los «angustiaos», los borrachos, los sodomitas, los matones. Entre todas estas estampas veristas resalta la del monstruoso mendigo Canturrino, una especie de anti-Cristo del presidio, que condensa en su figura todas las depravaciones de que es capaz un delincuente consumido por años de feroz animalización.

El novelista demuestra su puntual conocimiento de la psicología de los presos y una difícil capacidad para mover masas y hacer hablar a gentes embrutecidas sin el menor truco de literato. Le guía, sin embargo, una intención moral, una «tesis»: la falta de libertad, de amor y de soledad conduce a los prisioneros a tal estado de decadencia humana que, cumplida la condena, esos hombres suelen sentirse perdidos para siempre; para evitar lo cual hay que suplantar la cárcel punitiva por un modelo de penal en que los presidiarios tengan celdas individuales y no cuadras comunes, ocupación eficaz y remunerada, y no ocio vicioso, confianza, en fin, en la posibilidad de redimirse por el trabajo y por la atención verdaderamente humana que se preste a cada recluso.

Muestra del verismo de Tomás Salvador es el uso

del lenguaje de germanía en los diálogos de *Cabo de vara* y la inclusión, al final, de un glosario. Por otra parte, el autor, en ésta como en casi todas sus novelas, tiende a expresarse sin selección ni cuidado, y no ya por deficiente cultura de autodidacto, sino programáticamente. Nora y Alborg han transcrito la siguiente declaración del autor: «... el artista debe buscar la fuerza expresiva que es más patente en la fealdad. Casi me atrevo a decir que el escritor debe ser primitivo, grosero en su impulso; el exquisito, el intelectual, no tiene nada que hacer en la novela»[82]. Por supuesto, semejante propósito de rudeza resulta inadmisible. Pero no menciono aquí esas palabras como reproche al modo de novelar de Tomás Salvador, sino sólo para advertir que, a mi juicio, esta declaración personal ha sido tomada por algunos críticos, implícitamente, como una fórmula extensible a la mayor parte de los novelistas españoles de posguerra, y esto es un grave error. Cela, Laforet, Delibes, el mismo Zunzunegui, Torrente Ballester, Ana María Matute, Sánchez Ferlosio, Fernández Santos, Aldecoa, Martín Santos, Juan y Luis Goytisolo, Benet y otros, escriben vigorosamente cuando quieren y con delicadeza cuando lo creen oportuno, y, en general, escriben *bien*.

2) El relativo, difuso y no filosófico «existencialismo» de la novela española de posguerra se advierte, más claramente que en los escritores antedichos, en otros que podríamos de una manera simplificadora considerar como los novelistas de la conciencia en conflicto por cuanto la problemática en ellos primordial viene a ser la incertidumbre, la urgencia de decidirse, la pugna entre ideal y conducta, el choque de

---

[82]   J. L. ALBORG: *Hora actual de la nov. esp..*, I, pág. 210. E. G. DE NORA: *La nov. esp. contemp.*, III, pág. 238.

unas conciencias con otras, el desgarramiento de la propia conciencia individual.

GONZALO TORRENTE BALLESTER (n. en El Ferrol, 1910), bien conocido como crítico literario, publicó en 1943 una novela, *Javier Mariño*, digna de recuerdo. Sucede la aventura aquí relatada en París, a raíz del estallido de la guerra civil española. Javier Mariño, que alterna con gentes de varias procedencias y pensares (griegos, ingleses, americanos, franceses), se enamora de la aristocrática comunista Magdalena y se convierte con ella al catolicismo y, por decirlo así, al patriotismo, decidiendo poner fin a sus vacilaciones y volver a la España en lucha. Es obra donde la ambientación vale más que el mensaje, aunque paradójicamente se anunciase desde la portada como novela trascendente en su intención: «Historia de una conversión». Después de otros ensayos narrativos menores y largo tiempo de silencio en cuanto novelista, Torrente volvió a la memoria pública con una amplia trilogía titulada *Los gozos y las sombras*: I, *El Señor llega* (1957); II, *Donde da la vuelta el aire* (1960); III, *La Pascua triste* (1962), y con *Don Juan* (1963) y *Off-side* (1969), y en 1972 ha publicado su novela más afortunada: *La saga/fuga de J. B.* (Premio «Ciudad de Barcelona» y Premio de la Crítica del mismo año).

La trilogía, emplazada en un pueblo gallego, tiene por principales figuras a un médico, Carlos Deza, que vuelve a ese pueblo, y a un ingeniero industrial que tiene dominados a los pobladores económicamente, ejerciendo sobre ellos un poderío material ilimitado: Cayetano Salgado. Frente al poder de Cayetano, dueño prácticamente de todas las fuentes de riqueza de la localidad y, por tanto, de la suerte de sus vecinos, se encuentra pasivamente el poder espiritual de Carlos Deza, hecho de inteligencia y buenas intenciones. El

industrial, de ideología socialista, beneficia al pueblo
únicamente en lo material, pues por lo demás es todo
un cacique: compra, soborna, domina, humilla a los
hombres, seduce a las mujeres. Por el contrario, Carlos es un intelectual vacilante y abúlico que no quiere
mandar en nadie y cuyo prestigio emana sólo de su
benevolencia y de su comprensión. La pugna entre estos dos antagonistas termina en apariencia con la victoria del industrial, semanas antes de empezar la guerra civil. Pero el intelectual ha encontrado entonces
la mujer verdadera que inconscientemente andaba buscando, su prima Clara, conciencia moral despierta y
voluntad abnegada. Uniendo a ella su destino, se va del
pueblo, resuelto a iniciar una vida de trabajo que le
arranque de su inveterado escepticismo.

Torrente ha logrado poner de relieve, a través de
la confrontación de esos personajes, el duelo entre
la materia y el espíritu en un momento crítico para
los derroteros de España: el materialismo del industrial es provechoso, pero arrastra todavía hábitos de
individualismo autoritario y una ambición que emplea
para sus fines la fuerza por la fuerza; el espiritua-
lismo del intelectual tiene socavadas las bases de la
fe por la tendencia al análisis racionalista sin metas
ideales que abarquen a la colectividad. Cayetano es
tan individualista como Carlos, y uno y otro, a pesar de su oposición, se comprenden, coinciden, y no
logran ofrecer horizontes de justicia y bienestar al
pueblo que padece.

Novela complicada, rica de contenido meditativo,
aborda el problema religioso en la figura de un fraile
teólogo que, ensoberbecido por su inteligencia, se ve
obligado a abandonar el convento y termina aceptando tentaciones comunistas. Pero, aún más que la problemática planteada, sobresale en esta historia la cap-

tación del ambiente y la movimentación de todo un pequeño mundo de personajes enredados en la densa vida del lugar. A pesar de su magnitud, la novela despierta continuamente la curiosidad del lector, que no puede menos de recordar a los buenos novelistas del siglo XIX, sin que esto signifique aquí el más mínimo reproche, pues a tal asunto, tal forma, y el asunto sí que es decimonónico: caciquismo, oposición entre la materia y el espíritu, el fraile rebelde, etc.

En un ensayo de 1948 sobre «Los problemas de la novela española contemporánea» lamentaba Torrente que ésta careciese casi absolutamente de tradición propia y continua y que la crisis formal presentada por Huxley, Joyce o Proust no tuviese correspondencia alguna en España. Resultado de ello era la falta de actualidad de esa novela, el «adamismo» de los novelistas jóvenes o su apelación a modelos remotos (la picaresca en el caso de Cela, los maestros del XIX en el caso de Zunzunegui) y la escasa preocupación por los problemas derivados de la angustiada situación histórica del hombre moderno: «El pensamiento europeo actual —declaraba— ha tomado posiciones frente al existencialismo, opuestas o favorables. Nosotros, sencillamente, lo ignoramos. De donde se infiere que otra posible fuente de tradición literaria española, Miguel de Unamuno, también ha perdido su capacidad fertilizante»[83]. Las soluciones que el crítico proponía consistían en buscar una tradición o inventársela, abrir las fronteras y tomar de la realidad universal lo necesario, interpretándolo con acento español. Ahora bien, esto, que parece en buena parte un proyecto de renovación de la narrativa española por contacto con las corrientes actuales de fuera, en particular con el existen-

---

[83] G. TORRENTE BALLESTER: «Los problemas de la novela española contemporánea», pág. 399.

cialismo, no tiene cumplimiento fecundo en la obra creativa de Torrente, pues si es cierto que tanto en *Javier
Mariño* como en la trilogía se plantean intensos dilemas
de conciencia, pruebas de la autenticidad humana, problemas, en fin, trascendentales que acercan al autor al
enfoque de un Unamuno o de un Sartre, no menos cierto
es —sobre todo en la trilogía— el apego de aquél a
la tradición (tan española como universal) de la novela ochocentista: la novela del héroe problemático,
novela larga, caudal, nutrida de personajes y sucesos, de ambiente interesante, bien localizada y bien
fechada aunque (como en el mismo Galdós) apenas
se noten paisaje y calendario. De todas maneras, el
estilo existencialista de vivir la lucha de las ideas o el
drama de las intenciones con su complejidad de decisiones y fracasos aparece en el intelectual Torrente
más puro que en otros escritores de que se habla
en las páginas de este capítulo.

Algo de unamuniano, pero traspasado de humor ameno y caprichoso, posee el *Don Juan* con que Torrente
Ballester quiso purgarse del empacho de realismo que
la composición de la trilogía le había causado. Es esta
una novela intelectual porque plantea una nueva
versión del mito donjuanesco desarrollada en conversaciones del narrador con Leporello, en razonamien-
tos de éste y meditaciones de aquél, y en autoinspec-
ciones del héroe. Pero quizá más que la interpretación
del mito cautive al lector la libertad de imaginación
y el ágil vuelo humorístico de la trama.

Consciente de que don Juan no es un tema de moda, el autor se complace sin embargo en presentar su
versión del personaje; una versión cuyo acento existencialista («Para mi don Juan, el infierno es él mismo»,
léese en el prólogo) no deja de aparecer a través de
otras notas acaso arbitrarias pero novedosas: don Juan

capaz de sentir plenitud cósmica y divina en su primer
encuentro con la mujer (una prostituta), rival de Dios
en sus ulteriores aventuras mediante las cuales sabe
despertar en cada mujer aquel amor que él mismo ya
no siente ni cumple, sobrehumano en su necesidad de
dolor y en su búsqueda del arrepentimiento, pero sometido a la ley mundanal de sus antepasados hasta el
momento en que rechaza tal influjo para ser por fin
él mismo, individualista, solitario, condenado a no morir. Frente a este don Juan, don Gonzalo es el figurón:
hacia fuera el honor convencional y por dentro la podredumbre (codicia, sadismo, hipocresía, cobardía, libi-
do incestuosa). Mariana la prostituta, casada con don
Juan, se hace santa en su ausencia, y doña Elvira de
Ulloa, no tocada por el matador de su padre, vive esperando en vano que aquél le apague el deseo que supo encenderle. Por allí asoma también, consejero de
don Juan, el viejo Miguel de Mañara, y antes Celestina y después Baudelaire. Pero el urdidor y factótum
es Leporello: él cuenta al narrador la historia de su amo
y le infunde a veces la naturaleza de éste en el París moderno donde conocemos a la última enamorada del burlador, Sonja, la joven intelectual sueca en quien revi-
ven los afanes de doña Elvira.

Partiendo de un estrato aparentemente «realista» (el
narrador, semejante en muchas cosas al autor, se dispone a regresar de París a Madrid, en los actuales tiempos), Torrente Ballester toma el encuentro con Leporello como punto de arranque para una fantástica pi-
rotecnia de ideas y aventuras, disparada hacia diversas épocas (siglos XVII, XIX, XX), lugares (Salamanca,
Sevilla, Roma, Nápoles, París) y personajes (los Te-
norio y los Ulloa, frailes y monjas, demonios, Celestina, la Inquisición, Mañara, el Papa, Baudelaire, la
Gestapo, estudiantes, comediantes). Más que la ver-

sión intelectual del mito, con ser estimulante, es este
desarreglo y entrecruce de planos imaginativos, así
como los injertos legendarios (la «Narración de Leporello», cap. II, y el «Poema del pecado de Adán y
Eva», dentro del cap. V), lo que provoca mayor sorpresa como anticipo, en España, de ese modo de novelar fragmentado, laberíntico, proteico y multigenérico
que luego ha ido alcanzando tanta fortuna. Ya en el
prólogo advertía Torrente su afición igual hacia la vertiente realista unas veces y hacia la contraria otras,
«aunque lo bonito sería valerse de ambas y hacer síntesis de sus contradicciones». En *Don Juan* iba ya camino de esa síntesis, no conseguida hasta *La saga/fu-
ga de J. B.* Pero antes de esta novela publicó otra:
Off-side, inclinada hacia el realismo, como *Don Juan*
lo estaba hacia el lado del idealismo fantástico, o del esperpento (en el capítulo final).

Off-side presenta, en el Madrid contemporáneo,
a una serie de gentes que, por una u otra razón, están en posición antirreglamentaria, fuera de juego, aunque todavía den mucho juego: el financiero que dimite su ambición (Anglada), el genio de los negocios que
por miedo ha vivido esclavo de su protector (Vargas),
el crítico de arte que por su pasado político y su indolencia bohemia vive bajo la misma tutela (Landrove),
el genio desconocido Allones (carácter trazado sobre
la silueta de Valle-Inclán), las prostitutas, los homosexuales de uno y otro género, el comunista fugitivo...
Novela extensa, frondosa, compuesta según la técnica
de cortas escenas cambiantes de *El ruedo ibérico* y *La
colmena*, sin apenas descripciones ni narración, toda
ella un conversar y dialogar caudaloso, ágil y facilísimo.
El mundo está visto a través del hacer y el hablar de
los personajes e incluso la información acerca del pasado o del carácter de éstos llega por los cauces del diá-

logo o, a lo sumo, en breves evocaciones monologales o abruptos ensimismamientos que ponen a tal o cual sujeto, sin transición, dentro del paisaje imaginario de sus deseos.

Si por el modo de composición, *Off-side* se halla en aquel vector de Valle-Inclán y Cela, por la materia humana abordada, por la perspectiva denigrante que casi en su totalidad abarca esa materia, y por el enorme volumen no proporcionado a la importancia del asunto, recordaría más bien a algunas obras de Zunzunegui: hay conversaciones que no conducen a nada y escenas que se prolongan o se reanudan por pura complacencia en la reproducción del hablar. Amenidad no falta en ninguna novela de Torrente Ballester y en ésta viene alimentada por varios factores de tensión: el supuesto cuadro de Goya perfectamente falsificado por un pintor pederasta, la fotografía del fusilamiento del Cristo del Cerro de los Angeles (oculto motivo del miedo de Ricardo Vargas), el acoso del comunista en fuga, la inacabada novela genial de Allones, el intento de suicidio de una mujer y el intento de otra de regenerarse por amor. Todos estos estambres del interés llegan a encontrarse en manos de Leonardo Landrove, detective de la falsificación, curandero indirecto del miedo de Vargas, encubridor del fugitivo, testigo del valer excepcional de Allones, enamorado de la suicida, y de quien la prostituta se enamora. Landrove funciona así como el conductor de este panorama realista: a través de él se entrelazan los destinos diversos. Pero, aparte la amenidad, que no es sólo de acción sino de ideas (y en esto se diferencia radicalmente Torrente Ballester de un Zunzunegui), *Off-side* obedece a un planteamiento de conflictos de conciencia que hemos visto aparecer en las anteriores novelas del autor. El banquero Anglada, al conocer que Vargas se ha sentido frente a él como un esclavo paralizado por el miedo en vez de como un colaborador fraternal, dimite su cargo pero sobre todo abandona su ambición: esa ambición que le instaba a acumular riquezas y honores. Vargas se debate entre el miedo al posible delator de su deicidio y la clarividencia fría de su ateísmo. En Anglada revive a otra luz el Cayetano de la trilogía, como en Vargas Carlos Deza el escéptico. Solo que aquí Carlos Deza parece haberse desdoblado y sus aspectos más humanamente simpáticos los representa Landrove, el cual a su vez padece la tensión entre su ocio inteligente y su necesidad de hacer algo por los otros. No es tampoco débil conflicto el que sufre María Dolores —la licenciada en Filología Románica dedicada a la prostitución selecta— entre su fe asustadiza y su conducta desafiante.

Un personaje de *Off-side* daba a entender que a cierta edad, habiendo seguido cierta trayectoria, no era oportuno ponerse a hacer ejercicios de vanguardismo; y parece que Torrente ha frenado su mucha libertad de ingenio por respeto a esa decencia consigo. Si en *Don Juan* había mostrado lo que podía hacer soltando aquellos frenos, donde el experimento ha resultado más feliz ha sido en *La saga/fuga de J. B.* Ha logrado aquí esa síntesis de realismo e irrealismo hacia la que, de una manera desequilibrada, venía encauzándose. El procedimiento de la parodia le ha ayudado decisivamente a transformar su técnica permaneciendo fiel a aquella decencia consigo mismo, y ha renovado y liberado su facultad de fantasear sirviéndose del humor como avenida de acceso.

La saga/fuga de J. B., cuyo título con su contrasonancia «saga-fuga», su guión diagonal y sus iniciales enigmáticas, constituye un reclamo gráfico de la curiosidad, es una saga porque refiere la leyenda colectiva de un pueblo y de sus héroes los J. B., y una fuga en el sentido de huida apresurada (José Bastida huye con Julia, de Castroforte del Baralla, cuando esta ciudad asciende por los aires) y en el sentido de «composición que gira sobre un tema repetido por diferentes tonos».

Definir el tema no es difícil: se trata, nuevamente, de la identidad personal amenazada de anulación; tema que, en sustancia, es el mismo de *Señas de identidad*, *Parábola del náufrago*, *San Camilo, 1936* y *Reivindicación del Conde don Julián*. Pero la forma que aquí toma la amenaza de anulación de la persona no es la inmediata historia de España (como en *Señas*), ni la represión autocrática (como en *Parábola*), ni la caótica confusión de la patria en guerra civil (como en *San Camilo*), ni la tradición casticista de la España sagrada (como en *Don Julián*), sino todas estas formas conjugadas y proyectadas sobre un radio temporal de «más de mil años» y sobre una zona imaginaria alusivamente limitada a una pequeña ciudad gallega, a través de una sola persona capaz de variadas hipóstasis, transmigraciones y multiplicaciones.

Esta persona, que habla por sí misma como «yo», que se habla a sí mismo como a un «tú», o de quien habla el narrador como de un «él», busca afanosamente la estructura de su conciencia y la estructura del espacio histórico y social que habita, y por ello, y porque la novela misma se complace incesantemente en el juego de su composición, haciendo resaltar con alarde los experimentos formales, puede decirse que nos hallamos inequívocamente ante otro caso de novela estructural. Pero, y aquí está la particularidad más notoria de la obra de Torrente Ballester, no es una novela estructural derecha, genuina, en serio, sino oblicua, refractada, en broma; o dicho de otra manera, es la parodia de la novela estructural. (Toda parodia, como es sabido, implica la asimilación del género parodiado y, en cierto modo, su consagración.)

El carácter paródico de la obra se percibe en seguida porque los elementos están llevados a un exceso ridiculizador. El sujeto protagonista es un desgraciado gramático, feo, hambriento y pusilánime, o sea, lo contrario del héroe de una saga. La saga, gesta, o leyenda, es una sarta de milagrerías y una crónica de rivalidades entre liberales extravagantes y reaccionarios mascarones. Castroforte del Baralla es un lugar tan olvidado por el poder central que no tiene existencia político-administrativa y que, a fuerza de humos, termina elevándose, como el humo, por el aire. Sus posibles cien años de soledad (como en Macondo) son aquí más de mil años de superstición, de esperanza mesiánica e hipotética historia. El laberinto espacial resulta tan inconducente que la única salida practicable para J. B. y su amada es saltar de la ciudad volante al edén que deja su vacío. El rompecabezas temporal se resiste de tal modo a la ordenación que ni en la acción presente ni en las varias colocadas en los siglos xx, xix, xviii, xvi y mucho más atrás, reina otra ley que la de la baraja. Y, en fin, el proteísmo de José Bastida se multiplica por cuatro interlocutores particulares (Bastide, Bástid, Bastideira y Bastidoff) y cinco o seis avatares en el pasado y en el presente: el obispo Jerónimo Bermúdez, el nigromante Jacobo Balseyro, el almirante John Ballantyne, el vate Joaquín María Barrantes, el profesor Jesualdo Bendaña y el traidor Jacinto Barallobre, más las copiosas combinaciones con cuya imagen trata de divertir su soledad y eludir su posible muerte inminente en los Idus de Marzo el desgraciado José Bastida: Jerónimo Ballantyne mitra y casaca, José Balseyro desgraciado y nigromante, etc.

No sólo J. B. se multiplica. El canónigo don Acisclo, actual enemigo de la libertad de ideas y de cuerpos, tiene sus avatares correspondientes en cada época: don Asclepiadeo, don Asterisco, don Apapucio y don Amerio.

Hay cuatro Lilailas, si yo no he contado mal. Jacinto Barallobre, fingiendo haber muerto para huir de la muerte fatídica en los Idus de Marzo, se disfraza de obispo, de almirante, de brujo y de vate. Los actuales restauradores de «La Tabla Redonda», círculo progresista de la ciudad llevan sus nombres (Merlín, Lanzarote, Artús, etcétera) como los llevaban quienes un siglo atrás habían fundado esa sociedad masculina que tenía su correspondiente institución femenina en «El Palanganato», nombre surgido de una combinación entre la palingenesia postulada por esas mujeres y la palangana con que hacían sus rituales abluciones. Y no tengo más remedio que poner otra vez: etcétera.

Ante esta vasta parodia de la novela estructural, y del estructuralismo en términos generales, caben dos posibilidades por parte del lector: o deleitarse en el libérrimo juego imaginativo (y esta opción es fácil porque amenidad no le falta a la novela de Torrente), o bien, sin menoscabo o con menoscabo de tal deleite, preguntarse por el sentido de la broma (opción legítima, pues una broma de 585 páginas sin un solo punto y aparte puede resultar, no obstante la amenidad, una broma un tanto pesada).

Como el narrador —sea José Bastida en el primer capítulo y partes del tercero, sea el relator impersonal en todo el capítulo segundo y otras partes del tercero, y en la coda— aspira a complicar las cosas al máximo, lo cual es lógico, pues se trata de componer una parodia de un tipo de novela que tantos esfuerzos exige al lector, éste (el lector) puede sentirse llevado a despejar las brumas simplificando también las cosas al máximo. Tal simplificación arrojaría los resultados siguientes. Desde el punto de vista argumental, *La saga/fuga de J. B.* refiere cómo un hombre feo, modesto, pusilánime, etc., pero también inteligente, sensible, soñador, José Bastida,

es buscado por una mujer, Julia, abandonada por otro
hombre, para compartir el amor, y ambos huyen del
oprimente mundo en que viven al ámbito paradisíaco
de ese amor. Corolario: No importan las cavilaciones
solitarias, ni las contiendas cívicas, ni las ambiciones de
poder, ni los mitos, ni los ritos, ni aun la misma gramática (disciplina a cuya enseñanza se dedica el indi-
gente Bastida, agarrado hasta el final a un ejemplar de
la *Gramática* de Andrés Bello): lo que importa es el
amor: amor de los cuerpos que se comunican felicidad,
y amor de las almas también, porque Bastida siente compasión y ternura hacia la hija del fondista que le da mísero alojamiento, y ella, Julia, cariño y respeto hacia
Bastida como hombre bueno. He aquí, pues, un mensaje
muy parecido al que Cela brindaba al final de *San Camilo*: menos ambiciones, menos odios, más amor. Pero
el punto de vista argumental es insuficiente para dar
cuenta cabal de la novela, pues como aquellas novelas
cuya parodia traza, *La saga/fuga* no es una fábula que
se cuenta más que en la mínima medida en que esa fábula —espera y encuentro del amor que salva— sirve
de marco, y casi de pretexto, a un discurso a través del
cual la persona se busca.

El discurso de *La saga/fuga*, como el de *Don Julián*,
la novela a la que más se asemeja, no en la técnica, pero
sí en intención desmitificadora y en fuerza satírica, es
un discurso que podría calificarse de enciclopédico en la
extensión y, precisamente, desmitificador en el propósito.

Es una novela enciclopédica por su tendencia a contener dentro de aquel marco único una muchedumbre
de acciones, personajes, aspectos del mundo, épocas de
la historia, ideas, imaginaciones, variaciones temáticas
y formas de arte. En *La saga/fuga* encuentra el lector
entreveradas en la acción que protagoniza José Bastida,

otras muchas acciones que, sumergiéndose y volviendo a emerger, protagonizan (a veces en distintas versiones y con diferentes desenlaces): el poeta Barrantes y sus pares de la «Tabla Redonda», en particular el extraño inventor don Torcuato del Río; el almirante Ballantyne, que al servicio de Napoleón socorrió a Castroforte afrancesada contra Villasanta antinapoleónica; el nigromante Balseyro encausado por la Inquisición; el obispo heresiarca Bermúdez, que tuvo trato con Abelardo y Eloísa (los cuales a su vez podrían ser Jean Paul Sartre y Simone de Beauvoir); el profesor Bendaña, de Cornell University, y el señor Jacinto Barallobre, rivales por el amor de Lilaila, y Jacinto seducido o tiranizado por su hermana Clotilde. Con estas acciones de los J. B. se entremezclan otras, como la del canónigo don Acisclo en sus anatemas y delirios eróticos, la del boticario don Perfecto Reboiras y su loro historiador, las aventuras de Coralina Souto, las vicisitudes de «La Tabla Redonda» y de «El Palanganato», el misterio del Santo Cuerpo de Santa Lilaila de Efeso y la lucha entre estorninos y lampreas, etc.

Pero no todo consiste en este relato entrecortado y yuxtapositivo de acciones a cargo de distintos sujetos y en épocas que se barajan al margen de la sucesión cronológica. Las ideas solubles de Bastida, a solas con sus interlocutores secretos francés, inglés, portugués y ruso, o en coloquio con Barallobre, o a través de manuscritos y de artículos publicados en «La Voz de Castroforte», o bien mediante poesías crípticas por él mismo inventadas y comentadas, representan un nutrido repertorio de reflexiones, de sentido casi siempre irónico y crítico, con el que Gonzalo Torrente Ballester atestigua su celebrada condición de novelista intelectual. Partes reflexivas, éstas, bien ligadas a la fábula, que proporcionan oportuno contrapeso a la libertad a

veces francamente desbocada y casi gratuita de sus fantasías. (Yo no sé qué fatiga más: la escasez de fantasía
de una novela social, por ejemplo, o la sobreabundancia
de fantasía de algunas de estas recientes novelas estructurales. Cuando no se narra la realidad común, la
que une a diario a los hombres en una comprobación
individual y colectiva de sus límites, sino que el individuo narra o parafrasea todas las posibilidades que a
su conciencia se le ocurren, el peligro de fatiga me
parece más fácil, como es más fácil —contra lo que parece— soñar a solas que vivir entre todos y con todos.)

Con el mismo ademán enciclopédico con que desparrama y recoge acciones e ideaciones, colecciona y siembra el autor formas de composición. Cada uno de los
tres capítulos va precedido de un preludio en versos alejandrinos: «Balada del Santo Cuerpo Iluminado», como
una leyenda medieval; «Alejandrinos proféticos del vate
Barrantes», de tono más prosaico y satírico contra el
arquetipo del godo imponente, «capataz del silencio»,
y la «Invitación al vals»: «Coge desde ahora mismo las
rosas de la vida / mientras la ciudad asciende en el cielo entreabierto». Pero además abundan los sonetos en
jitanjáfora, y hay un ludibrio del romance a la manera
goda, y unos versos onomatopéyicos alrededor del acto
amoroso. En la presentación material muestran paródi-
camente esta tendencia vanguardista al alarde gráfico
los cuadros, esquemas, listas y dibujos que salpican las
páginas del tomo, la ausencia de puntos y aparte, la doble columna para dos versiones de un mismo hecho, la
cursiva, o las varias líneas de puntos suspensivos. Torrente somete a parodia los procedimientos yuxtapositi-
vos de la novela estructural, sobre todo en el capítulo
último, donde dentro de la masa de líneas sin solución
de continuidad se pasa de un J. B. a otro con velocidad
de vértigo. Pero la parodia afecta a otros géneros: el

romance, la poesía hermética, el artículo periodístico, el sermón, el discurso forense, la disertación científica, las clasificaciones del estructuralismo, los análisis estilísticos, el folletín, los «slogans» del turismo. Abundan más estos casos de parodia que aquellos en que la fantasía alcanza efectos poéticos intensos. No sin razón José Domingo lamentaba «la falta de una dosis mayor de poesía capaz de lubricar el peso de la crueldad satírica, del razonamiento y las lucubraciones cerebrales, de las ingeniosas piruetas de todo género que el novelista prodiga a todo lo largo de su obra» [84]. Aunque como ejemplo de nivel poemático logrado yo mencionaría la descripción penúltima de la afluencia de las barcas de los J. B. al Círculo de las Aguas Tranquilas, y la descripción última de la ascensión de la ciudad.

Creo que el enciclopedismo de *La saga/fuga* se debe en buena parte a la intención satírica con que el autor persigue la parodia de la novela estructural: todos los recursos de ésta deben quedar en evidencia por acumulación y abuso. Pero en gran parte obedecen también al empeño desmitificador de la obra: todos los mitos de cierta España vista a través de Castroforte del Baralla deben aparecer desmitificados o desmitificables.

Hagamos un recuento somero de los mitos antiguos y modernos sacados alegremente a la vergüenza, por el orden en que van surgiendo por primera vez en la narración. El Santo Cuerpo Iluminado de Santa Lilaila, traído del Círculo de las Aguas Tranquilas más de mil años antes por el intrépido marinero Barallobre, y llevado al mismo Círculo por su descendiente Jacinto Barallobre al morir como otros J. B., víctima de constelación adversa, es el símbolo con que se explota la credulidad del pueblo, el espíritu de rivalidad localista frente a Villasanta de la Estrella (Santiago de Compostela), el

---

[84] Reseña en *Insula*, núm. 312, pág. 6.

objeto alrededor del cual se tejen leyendas mesiánicas,
e incluso el atractivo turístico de Castroforte, o sea, el
centro (¿sagrado?, ¿falseado?) de una mitología religiosa
y patriótica acaso alimentada en el fondo por motivos
económicos. Con el misterio de la desaparición del Santo
Cuerpo empieza el relato y con la aclaración del misterio
termina. En Castroforte hay una sempiterna contienda
entablada entre los godos (la España oficial) y los nativos (la España local y terruñera), y a través de ese conflicto discurre, tropezando en intrigas o en guerras, su
historia. Godos son el alcalde Irureta, el policía Poncio,
el canónigo don Acisclo Azpilcueta y, en fin, las fuerzas
vivas. Las fuerzas malheridas están representadas por los
nativos, que hacen lo que pueden por mantener en pie
la estatua del almirante, restaurar «La Tabla Redonda» y,
en general, por combatir la opresión y el oscurantismo.
Otro mito ridiculizado es el centralismo: Castroforte, capital de una quinta provincia gallega, silenciada desde
la Restauración en los mapas y catastros, acusada de
haber querido constituirse en República, no existe para
Madrid: su existencia es cosa de imaginación poética
y patriotismo local de los nativos. He aquí cómo la sátira
del centralismo sirve a la vez de motivo fantástico en
que se inspira el autor para hacer a su ciudad fantasmal
capaz de milenarias soledades y de místicas levitaciones.

El busto de Coralina Souto presidiendo la renovada
Tabla Redonda tras haber permanecido encerrado sirviendo de musa a un escondido onanista, muestra a la
par la pudibunda alarma de unos y el procaz fetichismo
de otros, y a través de su historia y vicisitudes aparece
el común desequilibrio sexual de los unos y los otros;
aspecto éste, de la vida sexual española, que recibe constantes descargas de esperpéntico humor en distintos episodios: el afán de don Acisclo de meter en el convento
a las castrofortinas y su propio erotismo delirante; la

relación de Julia con el seminarista que la abandona;
el culto fálico de las palanganatas; la erotización refinada propuesta por el hiperpotente septuagenario don Torcuato del Río; la polémica de los godos y los nativos
sobre si en castellano abundan más las denominaciones
para los genitales masculinos (tesis de los godos) o para
los femeninos (tesis de los nativos), polémica que da pie
a una sátira jocunda del machismo español; el juicio
inquisitorial o juicio final a que son sometidas las pe-
cadoras de Castroforte cuando Bastida, arrastrando la
toga, toma la defensa de Julia; o el presunto incesto entre
Jacinto y su hermana o no hermana.

La superstición milagrera, el mesianismo, la guerra civil entre las dos Españas, el centralismo, el espíritu inquisitorial, la obsesión por el sexo, son mitos tradicionales, expuestos al ridículo en la leyenda de Jota Be.
También lo es el maniqueísmo del clero, simbolizado
en don Acisclo. Pero Torrente Ballester hace burla también de los mitos modernos o, si no mitos todavía, modas que pueden derivar en mitologías anubladoras de la
verdad y de la autenticidad. Tales son: la explicación
exclusivamente económica de la historia, ejemplificada
en las lampreas del río Mendo, base de la vida en Castroforte; el estructuralismo antropológico y lingüístico, con
sus esquemas de parentesco, combinaciones de modelos,
e interpretaciones a nivel textual; la versión freudiana
pansexualista de los móviles humanos; el proteísmo
transmigratorio de la personalidad en busca de la esencia perdida; la explotación turística de lo más respetable; la pederastia, la metempsicosis, el espiritismo, y aun
la misma desmitificación que todo lo racionaliza, encarnada en el emigrado Jesualdo Bendaña, profesor en
América que, si se ha visto privado por muchos años
del trato con su tierra, al menos tendrá la compensación de quedar eximido del sino adverso de los J. B.

Ante este Bendaña racionalizador al máximo, el pobre Bastida, aunque receloso de los mitos inflados, todavía parece un poeta, pues es capaz de poner en duda los corolarios de una razón excesivamente propensa a negar el misterio y contar solamente con la lógica y la economía.

En fin, para que no falte ningún factor crítico, Torrente pone en boca de Jacinto Barallobre un juicio acerca de su propia novela dirigido a José Bastida: «Que (la novela) es de usted, no cabe duda, a juzgar por el modo embarullado que tiene de contar las cosas, ese modo desordenado, fragmentario, que más obedece a un capricho o a una asociación momentánea que a un plan preconcebido y artístico. No es que yo no admita modos de contar distintos del cronológico y lineal. Pero el de usted, no siendo esto, tampoco es lo otro, sino que se queda a mitad del camino, con un falso aire de espontaneidad, pero demasiado ligado a su carácter para que sea realmente artístico». Esta crítica de la novela dentro de la novela (pág. 548 de la segunda edición: febrero 1973) no podía faltar en un crítico y novelista tan igualmente fecundo en ambos campos como Gonzalo Torrente Ballester.

Y un último ingrediente de encanto de su novela, último en esta exposición, no en importancia: el lenguaje esotérico al que Bastida recurre en sus momentos de inspiración: la jitanjáfora. Torrente ha explicado a Andrés Amorós que no es en Joyce ni en Cortázar en quienes se ha inspirado, sino en el orensano don Juan de la Coba Gómez, que inventó a principios de siglo, acaso antes, un lenguaje con su gramática y todo (*Insula*, número 317, abril 1973). Lo mejor de este recurso en *La saga/fuga* no es la jitanjáfora misma (a veces contiene como una chispa irracional, otras veces parece un grecovascuence contrahecho y expelido a presión); lo mejor es la explicación del caso. El temeroso gramático Bastida, encarcelado por haberse visto obligado a escribir un poema a la victoria del Frente Popular y luego otro, o el mismo levemente alterado, en alabanza del Frente Nacional, decide forjarse una lengua poética en clave, y cada vez que le visita el demonio de la inspiración huye del lenguaje convenido hacia un idiolecto de puras jitanjáforas: «Lasculavi tebafos can moldeca...» Jerigonza que no anda lejos del contracto que Jacinto inventara en la *Parábola del náufrago*. Otro testimonio de la desconfianza en los efectos humanos del lenguaje.

Jota Be, en el fondo, no es sino aquel náufrago de Delibes, pero salvado a tiempo, o el Don Julián de Goytisolo que, en vez del sarcasmo exterminante, elige cierto humor a través del cual, si no extermina, mina sonrisa a sonrisa, carcajada tras carcajada, los mismos falsos ídolos.

Dada su dedicación última a la novela histórica de asunto contemporáneo, acaso debería figurar entre los autores propensos al convencionalismo («episodios nacionales»), en vez de en este segundo sector, RICARDO FERNÁNDEZ DE LA REGUERA (n. en Barcenillas, Santander, 1916). Dos novelas suyas, sin embargo, no deben olvidarse a la hora de auscultar matices existencialistas en la literatura narrativa de nuestro tiempo: *Cuando voy a morir* (1951) y el reportaje bélico ya aludido *Cuerpo a tierra* (1954). Los solos títulos refieren directamente a la situación-límite por excelencia: el hombre asediado por la muerte. *Cuando voy a morir*, título que parece una torpe traducción de *As I Lay Dying* (pero la semejanza no pasa de esta portada), es la historia de una pasión amorosa delirante. El protagonista confiesa su vida: un forcejeo por levantarse y llegar a más, que deja paso a un enamoramiento contumaz y malogrado. La confesión la escribe este intemperante maniático de la

posesión durante la enfermedad que le tiene condenado a muerte. Traducida esta obra al alemán con el
muy metafórico título *Schwarze Stiere meines Zorns*
(«negros toros de furia» es la imagen del encendimien-
to amante en la parte II, capítulo XI, de la novela),
obtuvo en Alemania un éxito considerable que no sé
si pueda explicarse por la conjunción en la figura del
protagonista de la voluntad autoafirmativa y la desmesura pasional, cualidades sólitas en tierra germa-
na. Hay, además, en el relato ciertos ingredientes ex-
portables: la furia varonil, la rudeza de un pueblo castellano, una bárbara capea de la que mana la simbo-
logía erótico-taurina. La pulsación existencialista se nota
no sólo en la premoriencia del sujeto, sino en su soledad,
en su miedo, en su rebeldía contra todo, en el sadismo
con que quiere clavarle a la amada desdeñosa su recuerdo lo mismo que un puñal, y quizá también en el
carácter de grito de conciencia que la confesión reviste;
carácter que aproxima *Cuando voy a morir* a ciertas
obras de Unamuno, como *Abel Sánchez* o *Nada menos
que todo un hombre*.

Cuerpo a tierra expone otro combate, pero ya no
interno. Es la historia de un soldado que, tras haber
escapado a múltiples peligros, viendo caer a enemigos
y camaradas y creyendo poder llegar indemne hasta
el fin de la guerra (la guerra española), muere precisamente en las últimas horas de ella, cuando la alegría de la terminación y el deseo de prevenir a un
compañero le impiden resguardarse de las explosio-
nes. Nora encuentra excesivamente genérica la visión
de la guerra, y tiene razón desde el punto de vista
español. Pero precisamente esa generalidad (el hombre acosado de peligros, la muerte absurda cuando menos se teme) denuncia el tono «existencial» del relato,

la constancia que quiere dejar de la condición humana.[85].

Conciencias conflictivas, vacilantes ante el reconocimiento de su malestar o resueltas a sofocarlo o atajarlo, aparecen con frecuencia en las novelas de ELENA QUIROGA (n. en Santander, 1919). *Viento del Norte* (1951) es la historia, situada en el retiro de un pazo gallego, del amor entre un viejo caballero y una joven sirvienta: la diferencia de clase y de edad no la borra el matrimonio. Había en esta novela, «Premio Nadal 1950», dos componentes principales —el tema de la relación entre señores y criados y la descripción del paisaje regional— que motivaron la comparación entre su autora y Emilia Pardo Bazán. La crítica subrayó el parentesco espiritual de ambas, y cabía añadir una semejanza estilística: prosa plástica, rotunda, más descriptiva que sugerente. En la segunda novela, *La sangre* (1952), Elena Quiroga ensayó una novedad técnica: el relato, en primera persona, corre a cargo de un castaño, árbol centenario plantado delante de una casa de campo, que contempla a las gentes que lo habitan y cuenta sus impresiones de ellas a lo largo de cuatro generaciones. De manera entrecortada, pero sin que llegue a perderse la línea de continuidad, el árbol parlante evoca lo presenciado: el sucederse de padres, hijos,

---

[85]   Las dos novelas aquí aludidas de R. FERNÁNDEZ DE LA REGUERA me parecen las más logradas. *Perdimos el paraíso* (1955), *Bienaventurados los que aman* (1957) y *Vagabundos provisionales* (1959), respectivamente referidas a la infancia, el adulterio y la juventud aventurera, acusan convencionalismos temáticos. En cuanto a los *Episodios nacionales contemporáneos*, confeccionados por este escritor y su esposa, Susana March, a volumen por año, no hay que decir en qué suerte de convencionalismo incurren. La primera entrega, *Héroes de Cuba*, apareció en 1962. De 1971 es el noveno episodio (*La Dictadura, II: El régimen civil*). Han de ser doce.

nietos, biznietos, a quienes mueven idénticas pasiones
(el amor, la ambición, el odio). En el pazo gallego,
cerca del bosque y del mar, hombres y mujeres se
aman (el amor toma a veces forma de odio y a veces
de furioso placer, casi nunca aparece como armonía
de almas) y hombres y mujeres mueren (algunos, también, matan). Todas las acciones traducen la fuerza
de la sangre: sangre de amor, de crimen, de muerte,
sangre familiar que se trasfunde de unos a otros e
impera sobre la descendencia. Aunque el relato finaliza
hacia el año 1933, en él no se dibuja el cambio histórico, pues el ambiente reducido de la mansión cam-
pestre parece como aislado del país, cerrado a la penetración de la vida ciudadana. Tras esta novela poemática y, a ratos, folletinesca, la escritora efectuó experimentos de renovación, procurando alejarse del paisaje regional y dar a sus tramas y a sus caracteres una consistencia psicológica y social mayor.

Es lo que se echa de ver a partir de *Algo pasa en
la calle* (1954), novela que podría definirse como un
estudio de conciencias llevado a cabo con el concurso
de procedimientos faulknerianos (espacio y tiempo actuales muy reducidos, afluencia del pasado al presente por medio del monólogo memorativo, pluralidad de
puntos de vista). Se trata de la separación de un matrimonio y del amor entre el esposo separado, un
profesor universitario, y una joven alumna suya. Este
buen amor busca legitimación y el cobijo bajo un mismo techo. El profesor sufre una caída mortal, y ante
su cadáver evocan el pasado varios personajes, especialmente tres mujeres: la esposa, que, con su egoísmo, provocó la separación; la hija, y la amada. En el
corto tiempo de la vela, mientras el cuerpo destrozado
de Ventura yace en el abierto ataúd, aquellas personas
verifican un examen de conciencia en torno a sus re-

laciones con el difunto, de modo que es ahora cuando éste comienza a vivir con intensidad en los otros. Sus palabras, subrayadas en el texto, alcanzan ahora verdadero eco en la conciencia de la esposa altiva, de la hija que casi le desconocía y de la compañera abnegada. El problema de la relación legítima sin amor frente al amor auténtico sin legitimación en una comunidad donde no existe el divorcio queda planteado así con oportuna franqueza. Por lo que hace al experimento formal, hay que subrayar su semejanza con el de Ignacio Aldecoa en *El fulgor y la sangre* (1954) y el de Juan Goytisolo en *Duelo en el Paraíso* (1955): varios personajes evocan a una persona que ha muerto o se cree que ha muerto. La fuente común, conocida o no, parece ser Faulkner.

La pluralidad de puntos de vista se reitera en *La enferma* (1955). En una primera parte, la narradora relata su viaje a un pueblecito marino de Galicia para arreglar la venta de una casa de su esposo y su hospedaje en otra casa donde vegeta enajenada, muerta en vida, una enferma, Liberata. La segunda parte se compone de las distintas versiones que del caso de Liberata dan a la narradora diversos personajes. La demencia se produjo a causa de un amor absorbente malogrado. Liberata, al fin, viene a simbolizar el doble cohibido y sepulto de la yerma e insatisfecha visitante. «Una mujer que nada dice, que nada pide, no habla, ni ríe, ni llora. No llorar importa menos, pero no reír, no sonreír, ¿te haces cargo? Exhalaba una gran dignidad, había renunciado a vivir, aunque no había muerto, había renunciado a mirar, aunque veía»[86].

Hay, pues, una duplicidad: la narradora-protagonista vive en la cotidianidad burguesa y matrimonial, pero al conocer a aquella esfinge postrada se reco-

---

[86] *La enferma*, pág. 238.

noce en ella; reconoce un yo oculto que late en desolado aislamiento.

El conflicto de conciencias, expuesto en un plano individual en *Algo pasa en la calle* y en *La enferma* cobra, sin perder éste, un segundo plano generacional en *La careta* (1955), novela narrada a dos vertientes, una rememorativa y otra actual. Moisés, el protagonista, quedó huérfano al comienzo de la guerra civil. Unos policías vinieron a su casa, mataron al padre e hirieron a la madre. El niño, aterrorizado, tapó a ésta la boca para impedir que sus gritos de auxilio atrajeran de nuevo a los policías, con el resultado de que la madre se desangró y murió ante sus ojos. La gente, ignorante de la verdad de lo sucedido, creyó que el niño había intentado proteger a su madre con su cuerpo, considerándole luego como un héroe. Sólo Moisés conocía la verdad, y su vida fue un remordimiento escondido y un constante chocar contra el mundo. Entre sus primos, con quienes se reúne a cenar una noche —y ésta es la situación que constituye la vertiente actual en la breve novela—, encuentra la antipatía que él mismo, con su actitud despegada y desafiante, ha ido sembrando. Sólo uno le admira como a héroe y modelo, pero precisamente a éste ha perjudicado Moisés más que a ninguno, arrebatándole la amante, de quien espera un hijo. Durante la velada familiar, que sirve de pretexto para enfrentar a todos los parientes y presentar a retazos su pasado y su estado actual, Moisés y el primo engañado se embriagan y llegan a una lucha a muerte, de la que sale victorioso el primero musitando unas palabras que le certifican animalmente de la supervivencia: «Mientras estás, estás». Elena Quiroga pretendió diseñar los perfiles de una generación intermedia entre los que hicieron la guerra y los que no la conocieron ni siquiera como

niños: generación contorsionada por las violencias que
pasaron ante su mirada infantil, dejando amarga huella. Moisés, convulso y sin meta, sería el representante de tal generación. Pero, ¿la representa de un modo
convincente? Más bien no. La escritora presenta a
una víctima de la violencia, pero no a una víctima de
esa guerra civil. Si los padres de Moisés hubiesen sido
asesinados por unos ladrones en vez de por unos agentes de la España comunista, el caso hubiera sido el
mismo. No arrastra Moisés un conjunto de penalidades sociales y políticas, sino la carga de un bárbaro
acto de violencia cometido ante él, el trauma de una
crueldad imprevista. Por lo demás, tanto él como sus
primos son gente mediocre que no pueden ser representantes de ninguna actitud trascendente. La joven
Felisa, hija de uno de esos primos, tiene razón cuando les dice: «Habéis querido ser algo; ya os diré cómo
os vemos: una generación puente entre el pasado y
nosotros. Lo importante no es ser puente, es ser el
camino que pasa debajo, o el río. O el terreno de un
lado y otro que lo sostiene, o lo que va por encima...» [87].
Pero tiene razón no porque con estas palabras defina
a esa presunta «generación puente» (los que éramos
niños en la guerra no hemos sido puente para nada),
sino porque con ellas describe la esterilidad de unos
cuantos seres desequilibrados y vulgarmente egoístas
que, por azar, pertenecerían a dicha generación, pero
que podrían pertenecer a cualquier otra. Parece como
si la autora no hubiese partido de un caudal vivo de
experiencias, sino elegido un problema (la diferencia de dos generaciones) y planteádolo en términos
de experimento forzado. Forzadas parecen también las
palabras con que la joven sobrina increpa a sus tíos:
«Si la guerra la hicisteis por algo y la lograsteis, tened

---

[87] *La careta,* pág. 161.

el pudor de vuestras desdichas. ¡Basta! No seáis tan
egoístas ni tan bestias que no la queráis infligir a los
demás, hacernos cirineos —más bien Cristos— de vues-
tros rencores, de vuestras reivindicaciones. ¡Basta!»[88]

El traslado de la conflictividad desde el ámbito personal a la órbita de las edades o generaciones se
prolonga en las últimas novelas de Elena Quiroga. En
La última corrida (1958), con técnica dialogal más objetivista, se contrasta la dignidad del viejo torero en
retirada, la aparatosidad del triunfador más joven y
la esperanza del principiante. *Tristura* (1960) tiene por
protagonista a una niña, Tadea, que es quien escribe
sus memorias de adolescencia en *Escribo tu nombre*
(1965). Sirve de pórtico a este libro el poema de Paul
Eluard titulado «Libertad», acompañado de una dedicatoria a los jóvenes universitarios inquietos y limpios,
«creadores de vuestro propio mundo y co-autores del que
viviréis mañana». Ante la creciente rebeldía de la juventud española (y de todo el mundo), Elena Quiroga
parece haber adoptado una actitud de curiosidad analítica más atenta a descubrir la procedencia remota del
descontento que a descifrar su finalidad. Tadea abandona el colegio de monjas en que ha sido educada: «No
volvería. Mi sitio no era allí: que regresaran las que
esperaban algo, o las que querían dejar correr el tiempo. Yo quería ser el tiempo mismo, cualquier cosa
menos aquella criatura engañada, pretendida embau-
car»[89]. Se delinea así otro motivo de estirpe existencialista: la ruptura con las imposiciones apenas
perceptibles de la costumbre, de la cotidianidad envolvente, para asumir la responsabilidad de una elección auténtica.

La elección definitiva, la muerte voluntaria, es asunto

---

[88] *Ibídem*, pág. 162.
[89] *Escribo tu nombre*, pág. 677.

de *Presente profundo* (1973), novela que recuerda en algunos aspectos a *La enferma*. Dos mujeres muy diferentes, y entre sí alejadas: Daría, cincuenta y nueve años, panadera, vecina de un pueblo gallego, y Blanca, veintinueve años, brasileña adinerada que transita por Madrid y por esos mundos. Daría se arroja al mar; Blanca, en segundo impulso suicida, se envenena con una dosis masiva de su droga predilecta. La persona que pone en relación póstuma ambos destinos, en unos cavilosos apuntes, es un joven médico, Rubén, amante de Blanca hace años y testigo ahora del caso de Daría. Unas veces narra el narrador impersonal, otras veces es el médico quien rememora, indaga y medita. El contraste no es ya de dos generaciones, sino de dos mundos: el humilde de Daría y el sofisticado de Blanca, entre los cuales el médico cumple socialmente un papel intermedio (hijo de boticario y de señora de buena familia) y psicológicamente ocupa el centro aleatorio. Quizá Daría se suicidó por la «melancolía involutiva de la vejez», acaso Blanca hizo lo mismo por empeño en «autodestruirse», por versatilidad y apatía, por masoquismo. Las dos «se salieron de filas» y, ante un «tiempo-nada», objetivaron en el acto de matarse un presente total, el presente profundo de esa muerte tan llena de vitalidad que hace que los muertos sean sucedidos y repetidos por los que se quedan (Blanca por el trotamundos Theo, Daría por su nuera, la trabajadora incansable). Ambas mujeres se quitaron la vida no sólo por esas enfermedades contrapuestas, y de sentido idéntico, que las minaban (agotamiento por trabajo la mujer del pueblo, agotamiento por ociosidad la ciudadana del mundo), sino también por una serie de circunstancias familiares y sociales que en la novela trasparecen hábilmente aludidas y matizadas. El médico que explora ese pasado ajeno, y su propio pasa-

do, levanta a través de tal díptico, o tríptico, de destinos otro presente profundo. Novela sugestivamente
planteada, ésta de Elena Quiroga, construida con sobriedad y a un ritmo de aproximada alternancia. Todo lo
que a la panadera se refiere parece revivido y dimana
fuerza y verdad; la historia de Blanca parece más bien
supuesta que sentida, se diría como contrahecha para
hacer interesante de algún modo lo que apenas alcanza
a serlo (pero se trata, naturalmente, de una impresión
de lectura).

Los tormentos de la indecisión que enturbian los caminos del hombre y conducen, por su misma tensión
desgarradora, a despejar el engaño, constituyen el tema
esencial de las mejores novelas de JOSÉ LUIS CASTILLO
PUCHE (n. en Yecla, Murcia, 1919): *Con la muerte al hombro*, 1954; *Sin camino*, 1956; *El vengador*, 1956; *Hicieron
partes*, 1957; *Paralelo 40*, 1963; *Como ovejas al matadero*,
1971. Los principales portadores de la acción de cada
una de estas novelas creen ser algo (un enfermo, un futuro sacerdote, una persona capaz de satisfacerse por la
venganza, con la fortuna o mediante el servicio total a
una causa política), pero a través del tiempo y de la duda
llegan a ver con claridad que no son lo que creían ser y
que deben salir del camino de esa errónea creencia. No
se trata de «desencanto», pues lo que ha habido previamente no ha sido encanto (la fascinación de una imagen maravillosa): se trata de «desengaño» o, mejor, de
«descubrimiento», pues lo que había era engaño, encubrimiento de la verdad propia, ofuscación pasiva, padecimiento de error. Los personajes de esas novelas no
han tendido velos de ilusión sobre la realidad; se han visto envueltos, casi siempre por causa de los otros y no
de ellos mismos, en nieblas que dificultaban la percepción de la verdad personal; y el sentido de su sufri-

miento no es otro que hallar el acceso a esta verdad,
cualquiera que sea, noble u ordinaria.

Julio, el protagonista y narrador de *Con la muerte al
hombro*, es víctima de la obsesión de la muerte. Ha perdido a sus padres y hermanos, y él, el hijo menor de la
devastada familia, debe ser un tísico más y el último
cadáver. Así lo murmura el pueblo atroz en que nació
(Hécula: Yecla) y así llega a creerlo él mismo. Paralelamente a la supuesta enfermedad pulmonar discurre,
por el cauce turbulento de la confesión, la enfermedad
verdadera: el encogimiento infantil ante la manía fúnebre de los vecinos de Hécula; la espectación de cuantas
barbaridades sanguinarias se produjeron delante de sus
ojos al comienzo, en medio y al fin de la guerra civil; los
vaivenes de su adolescencia arrollada por esa guerra
que le hace luchar en la retaguardia «roja», resultar
agente enemigo y salir, en fin, vencedor entre los «azules»; el desgarramiento entre la niñez devota y la mocedad olvidada de Dios; la victoria sobre el pavor de morir, concluida por una muerte absurda y en la creencia
de haber cometido un crimen. Claro indicio del carácter existencialista de esta novela es ya la individualidad
exasperada de la confesión, pero además en ella se encuentran acumuladas todas las situaciones de estre-
chura y tropiezo en que el ser humano percibe su límite
o su fracaso: la muerte, el sufrimiento, el combate, la
culpa. La muerte: «Si rehuyo en ocasiones la cercanía
de Dios es porque me llega demasiado vinculada a mi
muerte. Sé que para llegar a El se me hace preciso cru-
zar este desfiladero. Pero, ¿qué es lo que hay después
de la muerte, después de la muerte de los míos, de la que
ellos no me han hablado, después de la muerte mía que
a nadie podré contar? ¿Después de la muerte está exactamente Dios? ¿Para abrazarle, entonces, he de paladear
la nada, la nada propia, que por nada quisiera que fuera

la nada de la nada?»⁹⁰. El sufrimiento: «La paz me produjo la misma sensación de vacío que les produce a los
niños el logro de un juguete. Tan pronto lo tienen en las
manos comienzan a sentirse defraudados. ¿Valía la pena
tanto anhelar, tanto sufrir y esperar, tanto soñar?»⁹¹.
El combate: «No es tan difícil como parece librarse de
una guerra. Yo tenía la certeza de que en el frente no
habría durado ni un día. Me habría puesto a disparar
al aire, sin ton ni son, y no hubiera aceptado nunca que
los de enfrente, a quienes yo no podía considerar como
enemigos, se me acercaran tirando a dar»⁹². Y la culpa:
«con la muerte al hombro», que no significa meramente
arrastrar el peso de una calamidad familiar ante el
plañido de un vecindario tétrico, sino sentirse portador,
literalmente apesadumbrado, de un sinfín de muertes
inútiles cometidas y padecidas por toda una nación en
armas.

Había mucho, en esta primera novela publicada, de
conversión: tránsito de la obsesión por la enfermedad
al asombro de la salud, de las intrigas bélicas a la difícil paz, de la perplejidad a la decisión suicida. La conversión era ya —en dirección opuesta a la católicamente
usual— el tema de *Sin camino*, la primera novela escrita. Enrique, el protagonista y no narrador (pues la
narración corre en tercera persona), hizo la guerra y,
tras la guerra, enderezó sus pasos hacia el sacerdocio.
Pero el seminarista no cuaja en sacerdote. Lo impide el
descubrimiento de no pocas mezquindades en el ambiente del seminario, lo impide la inteligencia decepcio-
nada en la selva de la teología, lo impide el instinto eró-

---

⁹⁰ *Con la muerte al hombro*, pág. 284.
⁹¹ *Ibidem*, pág. 297.
⁹² *Ibidem*, pág. 254. Véase un buen estudio de *Con la
muerte al hombro*, en el libro de G. ROBERTS *Temas
existenciales en la novela española de postguerra*, páginas 236-266.

tico que vuelve por sus derechos, lo impiden súbitas experiencias del mundo como fuente de placer y, sobre todo, de hermosa e integral libertad. En rigor nada ni nadie hacían del sacerdocio de este hombre necesidad imperiosa: «Si esto durara, si esto pudiera seguir, si yo pudiera mirar las cosas abiertamente, ser libre, tener independencia, gozar la vida. Y, sin embargo, la realidad es que puedo. ¿Quién me lo prohíbe?». Nada, nadie; pero el obstáculo, por ofuscación, se había implantado en su vida fluctuante: «mientras su alma naufragaba en la vacilación y la apatía, se dedicó por aquellos días a escribir él mismo cartas llenas de decisión y de mística entrega» [93]. La margarita acaba por deshojarse. La carne de la mujer, el fuego del castigo (Santander en llamas) y un crimen alucinado (como en novelas de Julien Green), preparan el abandono de la quimera eclesiástica: «Desorientado, pero con paso firme, Enrique avanzaba por en medio de la calle con la maleta en la mano» [94]. Por en medio del mundo la persona sola.

En *El vengador* el sentido «político» del conflicto de conciencia, visible ya en *Con la muerte al hombro*, se acentúa. Luis, alférez del ejército nacional, regresa a su pueblo (Hécula) a los pocos días de terminar la guerra. No vuelve feliz por el triunfo, sino más bien en un estado de ánimo complejo en el que se mezclan la urgente necesidad de vengarse y el vacío de energías producido por la terminación de la lucha en los frentes y el anonadador advenimiento de la paz. Al empezar la guerra, gentes de aquel pueblo y región habían matado a su madre, a un hermano falangista y a otro hermano inocente. El alférez se aloja en casa de unas piadosas primas, únicas personas que quedan de su familia, y comien-

---

[93] *Sin camino*, Madrid, Editorial Bullón, 1963, páginas 151 y 253.
[94] *Ibídem*, pág. 273.

za a hacer averiguaciones para descubrir a los asesinos.
Sin embargo, la prolongada búsqueda que lleva a cabo
el juez de la localidad, con sus complicadas fases bu-
rocráticas, y la saña con que un falangista del pueblo
pretende acelerar la venganza recurriendo a palizas,
purgas y otros procedimientos crueles, van debilitando-
do en Luis la idea de tomar venganza personal de los
asesinos, cuya identificación no es nada fácil. En vista
de que los pequeños intereses egoístas de sus paisanos
han amortiguado su primer impulso de reparación, decide abandonar el intento y reincorporarse a su servicio como oficial. Castillo Puche vuelve aquí al relato en
primera persona y a la descripción encarnizada de Hécula: fúnebre y salvaje lugar donde la vida se concentra en el cementerio, la iglesia y la taberna; gentes recelosas, brutales, de una devoción primitiva asociada
con la más torpe mezquindad. Entre esas gentes el joven ex combatiente, que a veces parece confundirse con
el medio, va poco a poco desprendiéndose y aislándose,
de modo que emerge una tensión hostil entre el protagonista (vacilante, inconforme, desesperado) y el resto de los personajes de la novela. Se diría una modesta
adaptación del *Hamlet*, pero este indeciso no se entrega a reflexiones generales que llenen el vacío. Busca,
pregunta, se mueve y medita poco. Pero es débil y ha
perdido la palpitación de ira que pudiese hacer rápida
y terminante su venganza. Luis es un poco histrión:
discute, se emborracha, aparenta que va a ejecutar la
venganza que el pueblo desea. Y de las discusiones, de
las borracheras y de los paseos vuelve siempre con
ganas de llorar o de huir. Es lo que hace al final: huir.

La intención última del autor pudiera condensarse
en estas palabras del protagonista: «Aquellos seres a
los que yo había liberado me vencían en una batalla
diaria llena de tapujos y ruindades. Sobre Hécula im-

peraba un miedo paralizador y terrible. Era como si
los propios vencedores tuviéramos pavor del don de la
propia victoria, y como si los vencidos nos desafiaran
a ser justos, sabiendo que ansiando serlo íbamos a dar
el espectáculo de no serlo». Y en estas palabras de un
fraile: «Tan importante como salvar la vida después
de una guerra es sacar puro el corazón»[95]. No es un
ideal pacifista lo que mueve al escritor, sino más bien
un ideal de justicia indulgente y de pureza de sentimientos, y, no obstante, el signo político está claro: que
la guerra no degenere en odio.

La siguiente novela de Castillo Puche, *Hicieron partes*, expone el destino de una herencia repartida entre
diversos parientes. Entre éstos corresponde al arcipreste don Luciano la mejor porción del legado, con la
que él piensa proteger a otros familiares y, sobre todo,
mejorar su templo. Hombre apegado en exceso a todo
lo exterior y desprovisto de auténtica religiosidad, don
Luciano resulta culpable, sin embargo, de que dos familias emparentadas con el difunto hayan quedado
incluidas en el testamento sólo como beneficiarios «sub
conditione»: al obrero Trinidad se le impuso la condición de abandonar su contacto con los elementos que
en el pueblo laboraban por la causa democrática, y
a esto renunció Trinidad, prefiriendo su libertad al dinero; a Lorenzo, joven seminarista, se le impuso la
condición de cobrar su parte únicamente si terminaba
la carrera, pero Lorenzo descubre su falta de vocación,
abandona el seminario y queda así desheredado. Por estas imposiciones y por su carácter y costumbres, el arcipreste se había atraído la antipatía de los coherede-
ros y de los desheredados, y es Lorenzo quien se venga
de él huyendo del pueblo con su sobrina y con algún
dinero suyo. Don Luciano experimenta entonces una

---

[95] *El vengador*, págs. 272 y 250.

crisis. Se siente solo, avergonzado, y reconoce al fin
su injusto proceder. Pretende huir del pueblo, pero le
retiene el deber de asistir a un amigo agonizante. Esta
experiencia le hace cambiar. Arrepentido y deseoso de
alejarse de todos los intereses materiales, marcha a
Roma para entrar en la Orden jesuítica. Cuando en la
novela reaparece es para morir a manos de Cosme, el
hijo del obrero desheredado.

Precisamente la parte más intensa de la novela, y la
más representativa del mundo espiritual de su autor,
está formada por el cuaderno de impresiones y confidencias de Cosme, preso y condenado a muerte a poco
de terminar la guerra civil. Su condena no se debe sólo
al hecho de haber dado muerte al arcipreste, sino a
matanzas y desafueros perpetrados durante la guerra
contra gentes de la retaguardia y a robos cometidos en
un dinero destinado a las familias de los combatientes.
Sin embargo, el prisionero sólo se siente abrumado
por el crimen contra el sacerdote. En el cuaderno quedan descritos los sentimientos, las vacilaciones, las
cóleras y ternuras de un hombre enfrentado a la muerte que, al fin, se confiesa con un sacerdote ejemplar y
se reconcilia con Dios. Este otro sacerdote volverá al
pueblo con la voluntad de apoyar a la familia del prisionero ejecutado, a quien había tomado cariño. Sólo
encuentra incomprensión entre los vencedores, atentos más a reparar las pérdidas materiales de la guerra que sus tragedias humanas; pero ello no le impide iniciar el cumplimiento de su intención, prote-
giendo e infundiendo amor y esperanza a un hermano
del ajusticiado: un niño que sólo había vivido la guerra como inocente víctima espectante.

A primera vista puede parecer que la idea fundamental de *Hicieron partes* es hacer ver los trastornos
y equivocaciones que en el destino de los hombres en-

gendra el dinero no ganado por propio esfuerzo. Pero lo esencial es, más bien, el problema de la vida egoísta y materialista frente a la verdad de la llamada religiosa y del ansia de reconciliación con la Gracia. Cómo el mal sacerdote llega a la santidad y cómo el hijo del pueblo, desamparado, se eleva desde los rencores y malas pasiones hasta el encuentro con la última esperanza; esto es lo que parece haber querido expresar Castillo Puche, interesado nuevamente, a un nivel religioso, por las vivencias conflictivas, los meandros del destino y los procesos de conversión desde la ofuscación a la lucidez.

Con *Paralelo 40*, la novela de los americanos residentes en Madrid, el tema básico sigue siendo el conflicto de la conciencia individual entre dos instancias. Aquí se trata de la idea, el partido, el compromiso político, de un lado, y el sentimiento, la amistad, la obligación moral, de otro lado. O servir eficazmente una causa que se cree justa para todos, sacrificando a ella la personal dignidad; o conservar ésta, traicionando el compromiso. Genaro, el protagonista, opta por la persona, su propia persona y la de su amigo, un negro de la colonia americana. Y sucumbe a manos del inflexible y fanático servidor de la causa.

La primera novela de la trilogía *El cíngulo*, titulada *Como ovejas al matadero*, reincide en el tema del sacerdocio. No se trata ahora del seminarista que abandona la carrera cuando aún es tiempo, sino del proceso mismo de la ordenación sacerdotal vivido en la conciencia de cuatro misacantanos —Fulgencio, Ramiro, Cosme y Alfredo—, el último de los cuales se vuelve loco en los postreros momentos de la ceremonia. Tiene lugar ésta en la capilla del palacio episcopal de Murcia, un día de julio de 1936, poco antes de la explosión de la guerra, entre las ocho de la mañana y el mediodía. Los prepa-

rativos de la ordenación, el largo ritual de ésta durante
la calurosa mañana y después, hasta la caída de la noche, las primeras horas de Alfredo en el sanatorio
adonde es llevado con urgencia proporcionan el marco
dentro del que aparecen, en libre y yuxtapuesta emisión,
las memorias y preocupaciones de los cuatro ordenan-
dos, curiosamente no moldeadas en monólogo interior,
aunque ésta hubiera podido ser la horma oportuna.

Si Fulgencio, de familia protestante, y Ramiro, hijo de
un psiquiatra no creyente, manifiestan una vocación a
prueba de obstáculos y avanzan seguros hacia el destino
para el cual reciben la consagración (en Ramiro se perfila además una denodada voluntad de reforma, un consciente afán de implicar a la Iglesia en la obra social
cada vez más necesaria), los otros dos jóvenes presbíte-
ros atestiguan el peligro que puede representar la consumación del voto cuando se llega a ella sin plena responsabilidad. Cosme, homosexual, adoptará —ha adoptado ya— la vía acomodaticia y contentadiza del cura
más práctico en tareas de administración y en pruebas
de obediencia a lo convencional que en la curación del
alma propia y de las almas que hayan de encomendár-
sele: durante la investidura la voz cantora de Camilín
le hace recordar sus aproximaciones sensuales a este muchacho, y tales roces y caricias enervantes en la noche
de la ciudad o en la siesta del campo dan lugar a preg-
nantes descripciones de conciencia tentada. Pero el caso
críticamente desgarrador, por la vehemencia con que es
vivido y por su desenlace, lo representa Alfredo: yeclano, de familia modesta, huérfano de padre, con una hermana jorobada y una madre que muere al hundírsele en
el vientre el hierro de una devanadera (muerte que Alfredo interpreta como fatal parricidio suyo). Este orde-
nando, traumatizado por la salvaje ninfomanía de la
primera mujer que lo seduce, y objeto de otros acosos

femeninos que se suceden por donde quiera que pasa, vive imantado por el sexo, ve en el sexo una maldición y en la mujer la encarnación del demonio, pero sobre todo siente una repugnancia angustiosa hacia su indominable onanismo y la imagen de sus manos ensuciadas le aflige de tal modo a la hora de emplearlas para consagrar el pan y el vino de su primera misa, que allí mismo enloquece. Contra la voluntad del padre de Ramiro, que ha hecho conducir al enfermo a su clínica con camisa de fuerza, Ramiro y Fulgencio se asoman a la celda del insano para verlo entregado a la adoración idiota de su falo. Y la jornada que había empezado encauzando cuatro destinos hacia el sacramento que debía glorificarlos, termina arrastrando a una de las ovejas al sacrificio total de la razón, ambientado el proceso en un clima de fiebre desde la mañana hasta la noche. En la mañana: «La capilla comenzaba a desplegar su fragancia inundadora, mareadora, al mismo tiempo que la cera se derretía curvada sobre las flores, unas flores grandes, blancas, de una pureza desfalleciente, y fuera, en el jardín de la plaza y en el claustro de palacio, las chicharras habían logrado hacer sinfonía de sus rabiosos frenesíes». Al final del día: «La noche ruidosa, mitad bronca, mitad deleite, se echaba encima. Toda Murcia hervía con sus gritos perdidos, sus múltiples campanas, sus agresivos altavoces, y en los ratos de silencio, la huerta entera era también como un tambor delirante de mugidos apagados de cuando en cuando por el compacto fragor de la grillería total».

En estos tiempos en que tanto se discute el celibato eclesiástico, la novela de Castillo Puche parecerá a muchos lectores, entre otras cosas, una acusación contra aquél, y desde luego la crudeza con que se ofrece aquí el problema de la castración sacerdotal sirve a una actitud dimanada del actual reformismo, como también subrayan esta tónica postconciliar las ideas que Ramiro fomenta mientras sueña con la urgente apertura social de la Iglesia. Pero en Castillo Puche el modo dilemático y dilacerante de presentar la elección del sacerdocio viene de lejos, de lo hondo de su propia experiencia, y en todo caso no es el mensaje reformador lo que justifica la novela; es el sostenido temple patético de ésta (pese a cierta prolijidad en la evocación de la ceremonia), su impresionante aprehensión de la servidumbre al cuerpo, y su poderoso reflejo del delirio de una conciencia atormentada por la represión sexual, lo que imprime vigor trascendente a aquel mensaje.

Hay en todas las novelas de Castillo Puche una irradiación religiosa de manantial católico (como no podía menos de ser); pero exceptuando *Hicieron partes*, las decisiones de los protagonistas conflictivos —que en el fondo son un solo y mismo personaje: el autor— no terminan en la meta de la salvación por la fe o la gracia. El desenlace, sea mortal como en *Con la muerte al hombro*, *Paralelo 40* o *Como ovejas al matadero*, sea vital como en *Sin camino*, y *El vengador*, tiene lugar hacia dentro del mundo, fuera del supremo negocio ignaciano de salvar o no el alma. Por esto creo que las novelas de Castillo Puche pueden calificarse, si acaso de «religiosas», pero no de «católicas». En propiedad sería más justo calificarlas de «existenciales» siempre que se precise que el sentimiento existencial presente en todas estas novelas arranca de una actitud moral (exploración del modo de conducta más auténtico) y no de posiciones intelectuales o filosóficas.

Es indudable que Castillo Puche ha aprendido mucho de Baroja y de Hemingway, sus amigos y maestros. La exasperación de sus criaturas, enloquecidas o vaciadas de dirección por la sacudida de la guerra, tiene mucho en común con la que muestran tantas figuras creadas por el novelista norteamericano. Pero igualmente indudable es que la fácil identificación esencial (no circunstancial) de Julio, Enrique, Luis, Genaro o Alfredo con José Luis Castillo Puche (yeclano, huérfano, soldado, seminarista, testigo de USA en Madrid) y, sobre todo, la temperatura confesional de sus novelas, impone considerar a éstas como fragmentos declaratorios de su propia vida, testimonios cálidamente sinceros de la compleja persecución de su propia verdad. Que se deslicen algunas de esas novelas hacia el tremendismo o la truculencia (descuartización de un cura, delirio asesino, un cadáver desconocido en una tumba familiar, etc.) o que el lenguaje resulte en general más enérgico que puro no resta, sino añade ardor a la traza oral y casi clamante de sus páginas. (No conozco la última novela: *Jeremías, el anarquista*, 1974.)

ANGEL MARÍA DE LERA (n. 1912) es otro novelista propenso a la manifestación de la desgarradura y el conflicto. En *Los olvidados* (1957), entre audibles resonancias de Galdós, de Gorki y de Baroja, se abre a la contemplación el desolado paisaje de las chabolas suburbanas de Madrid. Un viejo maestro, vapuleado por los azares de la política y la guerra, acoge en su solitario albergue a una joven pobre que se resiste a prostituirse, y el pretendiente de ésta —ladrón de las afueras y buena persona— acaba encarcelado y loco. La muchacha protegida muere, su protector no tarda en evadirse por el mismo camino. Estas gentes, y un médico idealista que recuerda vagamente a Nazarín, son todavía los ex hombres, los olvidados. La trama se desenvuelve en sus últimos percances e intercalados en distinta letra asoman los fragmentos del ayer. Señalo esta dualidad de planos porque expresa un motivo característico de Lera y de los novelistas de quienes vengo tratando: la gravitación de un pasado confuso sobre un presente incierto.

La obra que dio renombre a este autor fue *Los clarines de miedo* (1958), a pesar de que, como ha indicado Nora, la materia aquí escogida venía lastrada por los más peligrosos tópicos: la suerte y la muerte en los toros, la barbarie de la España plebeya, la lujuria[96]. Lera ha sabido infundir tensión dramática a su relato: preliminares joviales de una corrida en un pueblo, la corrida misma, y la noche que sigue a la corrida; en total, una sola jornada. Pero además, a mi juicio, logra interpretar tan resabiado asunto desde un punto de vista directamente situacional, existencial, evitando los rodeos pintorescos y las amplificaciones sentimentales. Dos hombres bajan a la arena: «el Filigranas», joven, ambicioso y dispuesto a triunfar para asegurar el sustento de su madre, para enamorar a una mujer y para convencer de su valía a unos periodistas que han venido de Madrid; y «el Aceituno», limpiabotas metido a torero, que sólo desea salir del paso. Y ocurre que el primero sufre una cogida mortal, y que el segundo, aterrorizado ante la desgracia del amigo y obligado a matar a la fiera, realiza una soberbia faena sin querer. La mujer pública que esperaba aquella noche a «el Filigranas» para premiar enamoradamente su triunfo coincide, ante el cadáver de éste, con el inesperado y desesperado triunfador: «El Aceituno», y la fuerza del deseo se impone. Figuran, insertas entre paréntesis, algunas evocaciones breves del pasado por parte de los dos toreros atormentados por el miedo, pero en general el relato discurre seguido y escueto, con mucho de España negra al fondo y una rápida crudeza verista en lo descrito y en lo dialogado. El mayor acier-

---

[96] E. G. DE NORA: *La nov. esp. contemp.*, III, páginas 224-225.

to de Lera, sin embargo, es el haber encadenado en
intensa y desnuda pulsación tres situaciones elementales: el pánico, la muerte absurdamente injusta, el vértigo del deseo. Los clarines del miedo son los clarines
del azar, que, a ciegas, hunde a este hombre en la
muerte y levanta al otro al poderío de la fama.

Las novelas siguientes de Lera le aproximan a la órbita de la generación inmediatamente más joven en el
sentido de que abordan estados sociales (situaciones comunes a grupos y clases, endurecidas por el tiempo) en
vez de captar dilemas personales (situaciones problemáticas del individuo, exacerbadas por la opción instantánea). Así *La boda* (1959), *Hemos perdido el sol*
(1963) y *Tierra para morir* (1964), testimonios de la limitación, el sufrimiento y el riesgo de campesinos y
obreros (obreros en el apuro de la emigración económica); y así *Bochorno* (1960) y *Trampa* (1962), testimonios de la clase media ciudadana. Pero aun en estas
novelas de tendencia social se echa de ver la prioridad
que Lera concede a los conflictos personales de índole moral respecto a los factores sociales determina-
dores de modos de conducta colectivos; para mostrar
lo cual bastará referirse aquí a una de esas novelas,
Bochorno.

Un negociante desaprensivo, de los que se sirven de
la impostura para hacer fortuna, ha solicitado del banco donde un buen padre de familias (Luis) trabaja, un
importante crédito. Luis ha de informar en pro o en
contra y de su informe depende que se conceda o no
el crédito a Leandro (el corruptor). Por intermedio
de un amigo común, Leandro decide sobornar a Luis,
pero no directamente, sino a través de su hijo (Miguel).
Conociendo que éste vive obsesionado por la insaciada
necesidad de la carne, le pone en relación con su querida para que ésta atraiga al muchacho y, sin conceder-

le nada, lo doblegue a su voluntad. Así el padre hará
lo que el hijo le pida, y el hijo lo que le pida la amante
del Urdemalas. Pero al Urdemalas le salen mal los
cálculos. La hembra venal se enamora del joven y hace
de él su amante furtivo. La perdición, la vergüenza, el
bochorno caen sobre Miguel provocándole un sentimiento de asfixia moral. Sin saber cómo, se ve convertido en amante mantenido, y el asco que esta situación
le infunde crece conforme va haciendo insospechados
descubrimientos: su hermana sostiene relaciones con
un desconocido, un amigo suyo resulta ser homosexual
y, en fin, su propio padre, en cuya integridad siempre
había creído, se había dejado ya sobornar incipiente-
mente por emisarios de Leandro y estaba dispuesto a
firmar el informe favorable sobre éste, aun sabiéndole
un estafador.

Tal bochorno moral, que coincide con el bochorno
atmosférico de una avanzada primavera madrileña, alcanza su momento de crisis. Un día el joven encuentra
a la mujer brutalmente apaleada y forzada por Leandro,
celosamente iracundo al conocer el engaño. El aprendiz de hombre de mundo reflexiona sobre su caída y
decide salvarse, yendo al encuentro de su antigua novia,
que le espera bajo el árbol de las citas, mientras la
tormenta se desata sobre la ciudad. Poco antes, Miguel
ha tenido una declaración con su padre y le ha convencido para que rompa el informe y se apresure a devolver hasta el último céntimo del iniciado soborno. Padre e hijo resisten la atracción del precipicio. Su conciencia del bien y del deber les redime.

La intención de la novela era presentar al desnudo los
problemas entre los cuales se debaten los «jóvenes corrientes», los que sin ademán rebelde sufren y trabajan y que, al enfrentarse con la vida, resuelven su
caso dentro de unas reglas de juego estrechísimas, opre-

soras de su carne y de su espíritu. El protagonista —un joven inexperto y débil— había admirado en su padre la rectitud, y esta admiración por un ideal superior de justicia evita a tiempo su derrumbamiento y el de la persona que encarnaba aquel ideal.

Escrita la novela con acelerada concisión y en trance de continuo coloquio dramático, parece aproximarse a los desnudos relatos de Unamuno: ritmo veloz, situaciones forzadas, ejemplaridad. Se diría, casi, una novela de tesis. La juventud española «corriente» (no la minoritaria y sofisticada de García Hortelano y compañía) padece el agobio de muchos problemas, fundamentalmente dos: el sexo, el dinero. El sexo plantea una lucha continua entre el mandato del instinto y la norma moral, degenerada tan a menudo en convencionalismo insensato. El dinero coloca al alma débil del adolescente ante esta alternativa: o permanecer honrado en la estrechez o medrar participando en el pacto convenido por los vividores.

Lera ha visto premiados sus afanes al recibir el «Premio Planeta 1967» por su novela sobre la guerra civil *Las últimas banderas*. Novela compensada con la cuantía económica muy alta de ese galardón y, sobre todo, con reediciones inmediatas y numerosas, además de con el aplauso de algunos críticos del frente opuesto, *Las últimas banderas* narra el fracaso de la España republicana y las últimas fechas, banderas y tribulaciones de marzo de 1939 en Madrid. ¿Podrá ser considerada esta novela como una interpretación inteligente y justa de los sucesos? Quién sabe. Pero compruebo y preveo que ha sido y será estimada acaso por una gran mayoría de españoles como un testimonio honesto de la verdad de esos sentimientos que movieron a hombres como el capitán Federico Olivares (Lera mismo) a optar por la lealtad republicana en julio de 1936 y a

preferir la pena a la simulación hipócrita en marzo de
1939, después de haber combatido con buena fe, sin
mala conciencia, y haber arriesgado la vida por la
causa. La calidad dilemáticamente personal de las primeras novelas de este autor reaparece en *Las últimas
banderas*: además de concentrarse el conflicto primariamente en el espíritu del protagonista —compartido a
veces con varios compañeros y, otras veces, a punto de
descomponerse en debilidades sugeridas por el lado
contrario— invade toda la novela un contraste melancólico entre lo que era posible a partir de 1936 desde la
fidelidad al pueblo y lo que era imposible tres años más
tarde desde el alma de un vencido puesto en la encru-
cijada: o la carretera llana y bicolor o el «pasillo largo
y oscuro» [97]. Desde un punto de vista puramente literario, *Las últimas banderas* se distingue, por ejemplo,
de la serie de Gironella porque es menos neutra, menos
panorámica, menos burocrática, menos compositiva:
más ingenua y, como tal, más limpia. Es una novela
nacida de la memoria que selecciona y vivifica; no un
reportaje fabricado. Un oscuro destino de la España
de posguerra es objeto de la novela de Lera: *Se vende
un hombre* (1973). *Los que perdimos* (1974) continúa el
ciclo iniciado con *Las últimas banderas*.

3) Noveladores de la cotidianidad y del fracaso son
otros escritores de edad aproximada a la de los precedentes. No es que su significación se agote en el cumplimiento de ese fin común: expresar la inercia de la
vida diaria y la distancia entre la aspiración y la realidad. Pero estos autores, más que otros, han dado forma, adaptada a su tiempo, a tales aspectos: la monotonía sin horizonte, el designio incapaz. Son portavoces de lo que algunos han llamado la España «enterra-

---

[97] *Las últimas banderas*, Barcelona, Planeta, 4.ª ed.,
1968, pág. 410.

da» (a diferencia de la «transterrada» de los exiliados).

ENRIQUE AZCOAGA (n. 1912) aduce en *El empleado* (1949) la interpretación tragicómica del lunes perpetuo del oficinista. JOSÉ SUÁREZ CARREÑO (n. 1914) expone en *Las últimas horas* (1950) la noche mortal de un burgués acabado, una burguesa prostituida y un golfo pseudo-proletario, y en *Proceso personal* (1955) el deterioro de un matrimonio. Traza la parábola de otro fracaso ILDEFONSO MANUEL GIL (n. 1912) en *La moneda en el suelo* (1951), confesión dolorosa del artista mutilado, y el tema adopta una modulación rural en *Juan Pedro, el dallador* (1953). ¿Qué trasunto más fiel de la repetición, del absurdo trasiego de la existencia, que *La noria* (1952), de LUIS ROMERO (n. 1916), tan semejante al laberinto neoyorquino de Dos Passos y a la colmena madrileña de Cela? (Romero ha escrito después novelas muy diferentes y muy estimables: *Los otros, El cacique, Tres días de julio*.) Finalmente, DOLORES MEDIO (n. hacia 1920) testimonia la vulgaridad de la vida provinciana en *Nosotros, los Rivero* (1953), las tribulaciones del empleado modesto en *Funcionario público* (1956), la monotonía cotidiana de un vecindario en *El pez sigue flotando* (1959) y las cuitas de una madre de familia modesta en *Bibiana* (1964). Novelas todas éstas cuajadas de motivos existencialistas: repetición, vacío, enajenación, frustración, desesperación, esfuerzo inútil por descubrir en medio del sofoco y la estrechez del tiempo impersonal una vía de autenticidad[98].

---

[98] En la poesía aparece, antes que en la novela, toda esta silva de motivos conformadores de un clima existencialista, «humano» y «cotidiano». Recuérdese a MIGUEL HERNÁNDEZ y CÉSAR VALLEJO, y algunos títulos: *Hijos de la ira* (1944), de DÁMASO ALONSO, *El canto cotidiano* (1943), de ENRIQUE AZCOAGA, *Tranquilamente hablando* (1947), de JUAN DE LECETA (G. Celaya), *La casa encendida* (1949), de LUIS ROSALES, *Defensa del hombre* (1950), de RAMÓN DE GARCÍASOL.

VII

CARACTERES COMUNES

Tras este examen particular e incompleto de novelistas que pueden considerarse representativos de una dirección «existencial», parece conveniente plantearse en líneas generales la cuestión del sentido homogéneo de sus obras. Huelga decir una vez más que por «existencialismo» se entiende aquí una actitud o sensibilidad, no una filosofía. Desde un punto de vista crítico han usado ese término y otros términos semejantes, en relación con la novela española, comentadores de ésta como Domingo Pérez Minik, Eugenio de Nora, Julián Palley, Manuel Durán y quizá algunos que no conozco o no recuerdo en este momento [99]. Palley, por ejemplo, en muy breve ensayo, pasaba revista a la novela española desde Unamuno hasta Elena Quiroga o José Suárez Carreño, apuntando sus conexiones con ciertos mo-

---

[99] D. Pérez Minik, E. de Nora y J. Palley en los trabajos citados en la bibliografía final; M. Durán, en «Spanish Literature since the War», contribución a la antología de ensayos críticos *On Contemporary Literature*, ed. by R. Kostelanetz, New York, Avon Book Division, 1964, páginas 193-202. Véase además el libro de Gemma Roberts *Temas existenciales en la novela española de postguerra*, que es una bien lograda exploración de este campo.

tivos del ideario existencialista: situación, desesperación, nada, libertad, opción, responsabilidad, angustia,
lo absurdo, «el otro». Por lo que se refiere a la novela
alemana, francesa o americana, ocioso sería recordar
con cuánta frecuencia y con cuánto mayor fundamento
ha sido estudiada a la luz del pensamiento existencialista.

Lo que en líneas generales permite hablar de una dirección existencial en la novela española de postguerra
no es ningún «a priori» clasificativo: es la comprobación de que en autores y novelas de este tiempo se dan,
con frecuencia y afinidad sintomáticas, rasgos verdaderamente concordes con ese modo de pensar la existencia
que, por debajo de tantas diferencias personales, asemeja en un plano profundo los mensajes de Kierke-
gaard, Unamuno, Kafka, Heidegger, Jaspers, Malraux,
Beckett, Sartre, Camus o Faulkner [100]. Si los novelistas
españoles de que ahora se trata conocieron o no directamente la obra de estos pensadores y artistas, importa
sólo de modo secundario. Indirectamente, a través de
comentarios escritos o verbales, deben de haberla conocido. Y al conocimiento directo o indirecto hay que
añadir, como factor más decisivo, la participación de
tales novelistas en un momento histórico (guerra española y guerra mundial con sus correspondientes secuelas) dentro del cual obtuvo mayor irradiación que nunca
la imagen existencialista del mundo.

Intento a continuación señalar las características co-

---

[100] Véase W. KAUFMANN: *Existentialism, from Dos-
toievsky to Sartre*, Cleveland, World, 1962; E. MOUNIER:
Introducción a los existencialismos, Madrid, Guadarrama, 1967; el libro de S. FINKELSTEIN citado en la nota 52;
el librito de M. LAMANA, *Literatura de posguerra*, mencionado en la bibliografía final, y GUILLERMO DE TORRE: *Problemática de la literatura*, Buenos Aires, Losada, 2.ª ed.,
1958, págs. 167-205.

munes de la personalidad y la obra de esos novelistas. Para ello me fijaré en los siguientes aspectos: los autores, los temas, los personajes, los ambientes, la técnica y, finalmente, la relación de la novelística hasta aquí examinada con la tradición, la coetaneidad y el futuro (que es ya presente nuestro).

1. *Los autores.*—Los novelistas representativos de lo que hemos llamado realismo existencial vivieron la guerra civil como adultos y, cualquiera que fuese su actuación en ella y después de ella, una actitud ha venido a ser común a los más: su escasa o ninguna solidaridad, tanto consigo mismos como entre ellos y respecto a la colectividad que los abarca.

Insolidarios consigo mismos, primero, porque han sido propensos a cambiar de vocación o a seguir diversas rutas dentro de una sola vocación. Gironella fue seminarista, dependiente de comercio, soldado, viajero y corresponsal antes de centrarse en la novela. En 1953 Camilo José Cela se retrataba como «hijo de familia con un buen pasar, soldado profesional, poeta, torero, andarríos, funcionario, novelista, pintor, actor de cine, periodista y conferenciante» [101], y de entonces a hoy ha sido, además, y al menos, editor y erudito. Carmen Laforet estudia dos carreras, no acaba ninguna, llega a la novela sin aspiraciones profesionales, se convierte, prodiga silencios. Según propia declaración, Miguel Delibes arriba a la novela sin saber cómo y, alternando el periodismo, la enseñanza y la literatura, revela en ésta la inquieta búsqueda de sentidos que atrás queda apuntada. Podríamos seguir indicando ejemplos: Núñez Alonso, Reguera, Azcoaga o Suárez Carreño, divididos entre América y España; Tomás Salvador, policía y divisionario azul; el camino de Torrente Balles-

---

[101] C. J. CELA: «Breve autobiografía del inventor», al frente de *Baraja de invenciones*, Valencia, Castalia, 1953.

ter «desde puestos importantes del falagismo, hasta
su retiro de profesor en Pontevedra, y su extrañamiento final a una universidad extranjera» (según escribe
Soldevila-Durante)[102]; Angel María de Lera, novelista
«tardío»; Castillo Puche, ex seminarista, soldado provisional, escéptico de la victoria, universitario casi, periodista a los cuatro vientos...

Además de esta infijeza, de este urgido polifacetis-
mo, que tanto recuerda el de la «generación perdida»
norteamericana, se echa de ver en estos escritores la
falta de vínculos entre sí. Podría decirse que carecen
de voluntad para marcarse un ámbito generacional
compartido. Ignoran qué móviles y proyectos pudieran reunirles en un camino dirigido hacia un mismo
fin. Ni desean configurar el cuadro representativo de
un movimiento literario coherente, ni proceden (siquiera en intención) hacia una meta política definida, ni
convergen en la defensa de unos intereses de clase o
de grupo, ni, por último, comulgan en un credo religioso o en parecida esperanza nacional.

Cela, el primero en aproximarse a un realismo idóneo, da este importante paso casi a tientas, bordeando
la teratología en su primera narración y el lirismo
irrestañable en la segunda; adapta luego, con personales matices, el conductismo americano en *La colmena*,
pero recae más tarde en distintas pendientes de ama-
neramiento esquizoide. Delibes necesita recorrer no
pocas estaciones hasta comprender por dónde ha ido
y hacia dónde debe ir. Carmen Laforet apunta, acierta,
repite, se estanca, vuelve a empezar. Otros se orientan
sin luz nueva por caminos retrospectivos. Nadie es
completamente conformista ante la actualidad españo-

---

[102] I. SOLDEVILA-DURANTE: «La novela española actual»,
página 104. Hace pocos años TORRENTE BALLESTER ha regresado a España.

la, pero tampoco inconforme en grado suficiente para romper.

Estos novelistas, con muy pocas excepciones, pertenecen a una clase burguesa menos penitente que satisfecha, pero que no sabría sacrificar sus conveniencias ni enorgullecerse de sus ventajas. Situados más bien del lado de los menesterosos, ventilan su causa con más remordimiento que esperanza y con un sentido más vivo de la piedad que de la justicia.

Es difícil descubrir en ellos una honda capacidad religiosa, pero fácil tropezar con su catolicismo: ya demasiado patente (como en Carmen Laforet), ya matizado por un complejo de contrastes (Gironella, Delibes, Castillo Puche) o invisiblemente instalado en los penetrales de un aparente laicismo (Cela, Lera, Torrente). *La mujer nueva* sería la única novela católica, al modo español, de esta generación, y consiste en una iluminación milagrosa, no en un proceso de esfuerzo y renuncia. En las novelas de Gironella y en las primeras de Delibes hay mucho de devoción común, seminario, parroquia, pero nada o casi nada del problematismo que late en la verdadera religiosidad.

A ninguno de estos escritores cabrá objetar ausencia o tibieza de preocupación por el problema España; pero su españolía es, de tan apasionada, obsesiva, y, por tan cerrada en los propios horizontes, incapaz de engendrar referencias fértiles. La guerra civil; la España de los campos y pueblos perdidos; el presente español envuelto en rutina y rodeado de sombra: esto aparece en sus novelas. Rara vez asoma una imagen del porvenir de España sustentada sobre un deseo claro y firme. El amor, con su séquito de disgustos y quejas, prevalece sobre la razón y la justicia.

2. *Los temas.*—Podrían reducirse a dos: la incertidumbre de los destinos humanos y la ausencia o difi-

cultad de comunicación personal. Incertidumbre e incomunicación coinciden en la modalidad: el signo negativo; y en un significado último: la perplejidad.

Caminos inciertos, título general del ciclo iniciado por Cela con *La colmena*, podría servir como denominación común del sentido principal de estas novelas: dar expresión a un existir no orientado. Ir el hombre hacia sí mismo no es una orientación, sino un encierro. La existencia orientada sólo puede consistir en dirigirse hacia los otros o hacia un ideal que trascienda el acotado tiempo histórico del propio vivir. Lo que distingue a la novela existencial es su falta de fin trascendente a la persona, su permanencia en la negatividad y la perplejidad.

Esa falta de fin trascendente indica, y revela, la falta de comunicación: la persona está sola, se siente insolidaria, no sabe adónde dirigir su palabra o su acto.

De la incertidumbre consustanciada con la falta o mengua de solidaridad dan fe muchos títulos que connotan la confusión, la dispersión, el aislamiento, la pérdida y perdición del hombre español de este tiempo: *El laberinto mágico, Nada, El camino, Lola espejo oscuro, La forja de un rebelde, La colmena, La moneda en el suelo, La isla y los demonios, Esta oscura desbandada, La noria, Segunda agonía, Sin camino, Los olvidados;* títulos mencionados ya y a los que podrían agregarse otros muchos: *El hombre solo, Un hombre a la deriva, La sal perdida, Los esfuerzos inútiles, La pendiente, El vencido, No sé, La raíz rota, Perdimos la primavera, Este tiempo amargo, En la noche no hay caminos...*[103].

---

[103] Nombro autor y señalo fecha de edición de los títulos últimos: PABLO DE LA FUENTE, 1938; R. FERNÁNDEZ DE LA REGUERA, 1947; PEDRO DE LORENZO, 1947; P. DE LA FUENTE,

En páginas anteriores queda mostrado lo que significa tal insistencia en la incertidumbre y en la dificultad de comunicación: alienación del individuo respecto a sí y a la colectividad en que pulula más que participa, colocación quimérica al margen del tiempo integrador, exploración del camino auténtico a través de sucesivos tanteos, experiencia de largos conflictos o súbitas conversiones, vivencia del fracaso.

Las acciones en que van concretándose los personajes de estas novelas no suelen formar pasos enderezados a una meta, sino traspiés, vueltas, equivocaciones, desvíos, deslices, caídas. Cometen esas acciones personajes apresados en un laberinto, encerrados en las celdillas de la estéril colmena, atados a la noria, expuestos a seguir el falso sendero, colocados ante un espejo turbio, aislados frente a los demonios de las pasiones, asomados a la oquedad de la nada, lanzados a la deriva, puestos sobre la pendiente, desarraigados. Dónde hallar las raíces, cómo alumbrar la trayectoria, hacia qué centro encauzar la voluntad son los interrogantes implícitos en novelas que se nutren de oscuro embarazo y apenas admiten otro final que la violencia o la continuación indeterminada en el nudo mismo de la ansiedad.

La novela moderna expresa la busca de valores auténticos por parte de un individuo problemático opuesto a su sociedad y forzado a relacionarse con ella para dar con su último sentido. Lo característico de la novela española existencial, inmediata a la guerra, consiste en que, reflejando esa busca, pierde de vista el fin, a causa del efectivo dolor del camino. A un nivel metafórico la incomunicación y la incertidumbre dan

1949; PEDRO ALVAREZ, 1949; MANUEL ANDÚJAR, 1949; EUSEBIO GARCÍA LUENGO, 1950; ARTURO BAREA, 1952; EUGENIA SERRANO, 1952; P. DE LA FUENTE, 1953; JUAN JOSÉ MIRA, 1953.

por resultado sendas imágenes de la inmanencia: la isla y el camino («el punto indeciso que más se parece a la nada, que llevando a todos los sitios termina por no tener horizontes, es el camino», leemos en *Cuerda de presos*, de Tomás Salvador)[104]. El aislamiento de la persona y su andadura incierta se delatan en estas novelas como si fuesen, además de circunstancias del hombre español en un tiempo preciso, condiciones de todo hombre en cualquier tiempo. Pero la motivación básica de ambos temas mayores es bien concreta: la guerra española; guerra que estos novelistas tienden a interpretar en su porqué y en su cómo: el desconcierto que a ella condujo. su arrasador estallido y la prolongada repercusión del espíritu de hostilidad. Sólo alguno, tardíamente, se plantea la cuestión del para qué, de las consecuencias latentes y profundas.

3. *Los personajes*.—Seleccionando en la memoria, a modo de ejemplo, algunos personajes de los que ocupan el primer plano en novelas de esta época, fácilmente podemos repartirlos en tres categorías: los violentos, los oprimidos y los indecisos.

Los violentos: asesinos de hecho como el prieto Trinidad, Pascual Duarte, Rafael Serrador (*Campo cerrado*), Juan Garayo (*Cuerda de presos*) y Botacristo (*Cabo de vara*), los forajidos de *Muertes de perro*, el Ratero; o criminales en potencia, a un paso del homicidio o del suicidio, como los tíos de Andrea en *Nada*, el médico rural de *Cuando voy a morir*, el obseso protanista de *Con la muerte al hombro* y los no menos desequilibrados de *La gota de mercurio* o de *La careta*.

Los oprimidos: los tuberculosos de *Pabellón de reposo*, el Martín Marco de *La colmena* y la inmensa mayoría de la gente que puebla esta novela, los dobles

---

[104] *Cuerda de presos*, Barcelona, Editorial Bruguera, 1967, pág. 292.

desencantados de Carmen Laforet, las víctimas del
mundo angosto en *Aún es de día, La moneda en el
suelo* o *Esta oscura desbandada*.

Los indecisos: combatientes de su interna incertidumbre como Arturo Barea, Javier Mariño, Ignacio
Alvear, Enrique (*Sin camino*), Luis (*El vengador*), Genaro (*Paralelo 40*) y Alfredo (*Como ovejas al matadero*),
Carlos Deza, Martín Soto; o padecedores semiconscientes de un vivir desenfocado, como los niños de Delibes, Lorenzo el cazador o Paulina Goya.

El novelista, de acuerdo en ello con una de las más
fecundas premisas del existencialismo, presenta a esos
personajes en su situación, haciendo más hincapié en
ésta que en cualquier otro dato (la herencia, el pasado, las cualidades psíquicas). Casi todas estas novelas
son novelas de situaciones e incluso de esas situaciones
extremas donde el pensamiento existencialista cree
auscultar, a un máximo de tensión, los límites del hombre: el vacío, la repetición y la náusea (*Nada, La colmena, La noria, La cabeza del cordero*); la culpa, el
sufrimiento y el combate (*Pascual Duarte, El laberinto
mágico, El vengador*, etc.). Pero sobre todo el asedio
de la muerte: *Pascual Duarte, Pabellón de reposo, La
sombra del ciprés, Cuando voy a morir, Con la muerte
al hombro, Los clarines del miedo, La hoja roja, San
Camilo, Parábola del náufrago, Oficio de tinieblas*. Es
frecuente, además, que los personajes aparezcan sometidos a la gravitación de una inminencia: urgidos a
elegir un camino, empujados a matar, tentados a suicidarse o amenazados de muerte cuando no por el delirio y la locura. Son precisamente las situaciones, más
que el temperamento o el carácter, lo que conduce a
esos seres a la violencia, la rutina o el ensimismamiento. Violencia para descargarse de la incertidumbre. Rutina de las ocupaciones menudas que, en la árida mo-

notonía de una paz insular, carecen de finalidad colectiva estimulante. Ensimismamiento en el alma deshabitada que sólo visitan los espectros de un pasado nefasto. La violencia lleva al tremendismo (desde *Pascual Duarte*); la rutina, al neorrealismo de *Nada* y al conductismo de *La colmena;* el ensimismamiento, al empleo del monólogo, cauce del recuerdo y de la espera a solas. O las gentes que habitan el mundo de estas novelas claman, destruyen, violan, asesinan; o asisten, yerran, matan el tiempo; o recuerdan y aguardan, abismadas.

4. *Los ambientes.*—Con preferencia estas novelas reflejan ambientes urbanos: la urbe caótica o la ahogada ciudad de provincia. Ignacio Agustí reconstruye la historia de Barcelona desde fines del siglo pasado; Max Aub implanta en Barcelona el *Campo cerrado* de su *Laberinto* y el ulterior *Campo de sangre;* Carmen Laforet sitúa su *Nada* en la maltrecha Barcelona de la inmediata posguerra, vista por Luis Romero a través de la metáfora de *La noria.* Madrid es, sin embargo, el escenario más repetido: desde los tiempos del organillo a los del mono azul (Barea); durante el asedio bélico (Max Aub, Lera); a lo largo de épocas y barrios, galdosianamente (Zunzunegui), y en su más tupida miseria de posguerra (*La colmena* de Cela, Suárez Carreño, Fernández Flórez y otros muchos). La Gerona de Gironella, el Valladolid de Delibes o el Oviedo de Dolores Medio pueden servir de exponentes del mate decorado provinciano. Y así del caos de la gran urbe como del letargo y la estrechez de la ciudad provincial, padecidos por gentes de clase media y modesta sobre todo, se desprende la nota ambiental preponderante: la angustia. (*Pascual Duarte* y los libros de viaje del mismo Cela, así como algunos relatos de Delibes, Lera o Castillo Puche y las evocaciones de ciertos exiliados,

abren paso a la tendencia a explorar aspectos olvidados o desconocidos de la España de campos y aldeas,
tendencia que afianzarían pronto narradores más jóvenes.)

Insolidaridad, incertidumbre, incomunicación, violencia, rutina, ensimismamiento, angustia ciudadana, exploración de la tierra incógnita: tales son, creo, algunos
rasgos esenciales del contenido de muchas novelas que
podemos estimar expresivas de un realismo existencial. Entre los vencedores o entre los vencidos, sus autores habían de ver su propia vida quebrada en dos
vertientes, como la vida de su pueblo: revolución, con-
trarrevolución. Tenían que novelar destinos inciertos,
exponer acciones nacidas de un ímpetu sin soporte ni
meta y mostrar el desvarío de las ciudades o el desamparo de los campos.

5. *La técnica.*—¿Será tan ocioso como a primera vista parece, buscar en los títulos mismos de estas novelas una afinidad sintomática? Hay títulos que nombran o indican personas singulares: Pascual Duarte,
Trinidad, Lazarillo, Lola, un rebelde, un campesino
español, Mrs. Caldwell, la Catira, la enferma, el vengador, la mujer nueva, el cazador Lorenzo, el náufrago.
Otros denotan, mediante sustantivos o partículas, un
sentido situativo o circunstancial: *Campo cerrado, Pabellón de reposo, Aún es de día, Cuando voy a morir,
Las últimas horas, La Colmena, La noria, La isla y los
demonios, Esta oscura desbandada, Con la muerte al
hombro, Cuerpo a tierra, Sin camino, La última corrida,
Tres días de julio, Las últimas banderas.* Por otra parte, abunda en semejantes títulos la nota negativa: «cerrado», «morir», «oscuro», «último», «ciprés»... Si es
posible deducir de aquí al menos estos tres caracteres
afines (singularidad, circunstancialidad, negatividad), es
ante todo por contraste con otros hábitos de titular,

por ejemplo, los de los narradores subsiguientes, en quienes —según veremos— prevalece la alusión a una colectividad (*Los bravos, Los hijos muertos, Nuevas amistades*) o a un lugar de encuentro (*El Jarama, Gran Sol, Las afueras*, etc.).

El propósito de innovar en la estructura externa es muy débil y, salvo en Cela y Delibes, se produce a ejemplo de la generación más joven. Los capítulos, generalmente no titulados, se subdividen a veces en secuencias o fragmentos separados por líneas en blanco. Algunos emplean la letra cursiva o el paréntesis para señalar la interpolación de un plano temporal distinto. Y es típico de estos novelistas actores de la guerra el anhelo de bucear en los orígenes y en el proceso de ésta. La reconstrucción del pasado, movida por tal deseo, conduce a una nueva vitalidad de las formas memoriales e históricas: la evocación (*Crónica del alba, Requiem por un campesino español, Pascual Duarte, Las últimas banderas*), el «episodio nacional» más o menos fecundado por la gesta, y el ciclo. Si los novelistas posteriores ensayan, expresa o tácitamente, ciclos de traza espacial, según áreas sociales, los mayores componen ciclos siguiendo la línea del tiempo: antes de la guerra, en ella, después de ella. (En capítulos anteriores queda señalado lo pertinente.)

Tampoco en la estructura interna se deja sentir un enérgico ánimo renovador, y ya hemos visto cómo algunos narradores se pliegan con facilidad a moldes tradicionales. Cela y Delibes son los menos acomodaticios en este sentido, y de sus tentativas y de las de otros compañeros de edad se derivan algunos avances en el orden de la composición interna.

El espacio tiende a la reducción y a la interioridad. Trátese de la celda de una prisión, hospital o convento, de un café o una taberna, de una casa, de una sim-

ple habitación, de la capital laberíntica o del perdido
rincón provinciano o campesino, el lugar de acción
suele ser constantemente estrecho, como corresponde
a situaciones de incerteza y soledad individual. Entre
los novelistas de la promoción siguiente esta angostura temática se haría formal; pero en los novelistas de
que hablamos la constricción espacial no es casi nunca
un enmarque preparado, sino propiedad inherente al
tema mismo: no saber adónde ir, sentirse incomuni-
cado. Y tan es así que, a menudo, el espacio es puramente la imaginación del personaje en su aprieto, la
mente asediada que delira (los enfermos del pabellón,
Mrs. Caldwell, la isla de la ilusionada Marta Camino,
y tantas confesiones de espíritus en clausura). Nada
más lejos del objetualismo francés que esta presencia
saturadora del hombre preocupado, para quien los objetos apenas son apoyaturas de su mental obsesión
(prendas numeradas en *Pabellón de reposo*, grifos tor-
cidos en *Nada*, fúnebre ciprés, pitido de tren o cámara
fotográfica vacía en novelas de Delibes.)

Prescindiendo de la datación clara y la duración larga de los ciclos, el tipo de novela predominante entre
estos autores manifiesta, paralelamente a la reducción espacial, la tendencia a reducir el tiempo narrado
a unas horas, un día, unos pocos días. El curso novelesco viene a ser, de este modo, el trasunto de un
breve fragmento de vida a través del cual se muestra la situación de un individuo o de un segmento de
la sociedad (familia, concurrencia, inquilinos, un barrio, un vecindario aldeano). Inevitablemente, el peso
de la situación durante el escaso tiempo del primer
plano narrativo tiene por consecuencia una ampliación
de éste en planos evocativos que, ordenada o desordenadamente, sacan a flote el pasado. Así ocurre, en
formas variadas que no cabe aquí puntualizar, en *Pas-*

cual Duarte, Nada, El camino, La hoja roja, Cinco horas con Mario, La gota de mercurio, Cuerda de presos, Algo pasa en la calle, La careta, Las últimas banderas y en otros relatos. *Pabellón de reposo,* en cuya superficie tanta importancia cobra el paso de una estación a otra (como también, con distinto sentido, en *La hoja roja*), ejecuta un sabotaje lírico de las circunstancias tempo-espaciales. Líricamente queda asimismo suprimido el tiempo en los borbotones de delirio de *Mrs. Caldwell* como más tarde en *Oficio de tinieblas.* Y en *La colmena* la uniformidad del vivir sin finalidad desordena la sucesión cronológica en un resultado de indistinción o indiferencia. No hay que olvidar, sin embargo, la predisposición a la línea biográfica que revelan muchas novelas de esta época, en consonancia con la preocupación individual por un pasado oscuro y un presente incierto: muchas novelas de Zunzunegui siguen aquella línea, pero en otras se aprecia con bastante claridad al fondo de las evocaciones desordenadas (por ejemplo, *La sombra del ciprés, Cuando voy a morir, Con la muerte al hombro, Tristura* y *Escribo tu nombre*).

Y es que, en rigor, los novelistas más avanzados que aspiran a reemplazar la omnisciencia autorial del siglo XIX por lo que llamó Castellet «las técnicas de la literatura sin autor» (relato en primera persona, monólogo interior y narración objetiva)[105], se muestran, en esta generación, más capaces de manejar las dos primeras que de imponer la última. El relato en primera persona es estrictamente autobiográfico en *La forja de un rebelde;* es un vehículo narrativo apto para trasponer a escala de ficción experiencias observadas o vividas por el yo del autor en *Pascual Duarte, Nada, Con la muerte al hombro, Cuando voy a mo-*

---

[105] J. M. CASTELLET: *La hora del lector,* cap. I.

rir, *El vengador*, *La enferma*, *Escribo tu nombre*, y un cauce «lírico» de expansión imaginativa o desahogo vital en *Mrs. Caldwell* y en *Diario de un cazador*, en *Parábola del náufrago* y en *San Camilo*. Parece evidente que en todas estas novelas el personaje-narrador, en parte y en el fondo, es un desdoblamiento del autor. Pero, además, estos autores no sólo se inclinan a infundir en sus criaturas algunos o muchos de sus propios modos de sentir y pensar, sino que necesitan la forma del «yo» incluso con significados muy ajenos, y de aquí (más que de un propósito de objetividad por transmigración) el empleo frecuente que hacen del monólogo: *Pabellón de reposo*, *La gota de mercurio*, *Algo pasa en la calle*, *Los clarines del miedo*, *Cinco horas con Mario*.

El objetivismo, es decir, la técnica casi cinematográfica de la eliminación del autor o de su doble, a fin de registrar impasiblemente el habla y el movimiento de los hombres y el aspecto externo de la realidad, sólo se da —y con ciertas limitaciones— en *La colmena*, de donde rebota, para intensificarse, en novelas de autores más jóvenes. En Carmen Laforet y en Miguel Delibes (especialmente en las últimas novelas de éste) predomina el selectivismo, como ha mostrado Ramón Buckley. Castillo Puche, Elena Quiroga, Ángel María de Lera, son marcadamente subjetivistas. (Inútil advertir que en las novelas sobre la guerra, voluntaria o necesariamente panorámicas, la perspectiva es la del autor omnisciente y ubicuo.)

De acuerdo con el relieve del individuo en situaciones de incertidumbre e inconexión, la mayoría de estas novelas tienen un protagonista individual, cuyo complejo carácter gravita continuamente sobre el conjunto del relato. La excepción mayor es, de nuevo, *La colmena*, novela de protagonista colectivo dispuesta en perspectivas cambiantes, mediante un montaje de escenas simultáneas y en un contrapunto de conversaciones triviales y soliloquios abruptos.

Estilísticamente, y por comparación con la novela
de anteguerra, prevalece ahora el lenguaje funcional
sobre el artísticamente ambicioso, aunque novelas como
Pabellón de reposo, La colmena, La Catira, Las ratas
y *Cinco horas con Mario* constituyan verdaderos alardes de prosa descriptiva y habla coloquial ejecutados
con perfección. La ausencia de cuidado estilístico, que
es lo dominante, ha podido producir excesos de ordinariez en algunos casos; pero no conviene olvidar la
congruencia del lenguaje funcional, desentendido del
prurito de hacerse admirar, respecto a la índole generalmente confidencial y urgida del mensaje. Cuando lo
que ha de expresarse es el sufrimiento, la vergüenza,
el error, la soledad opresora o el inútil afán dentro de
un mundo decaído, está de más cualquier apariencia
de lujo, ni aun verbal. Debe reconocerse, por otro lado,
la menor valía, en total, de los estilistas de este tiempo: aquellos escritores sobre quienes no hemos hablado aquí, y no porque escriban un lenguaje excelente.
Escriben un lenguaje excelente acaso, y tales o cuales
páginas suyas podrían pasar a las antologías. Pero, en
conjunto, su obra no ha sido tan responsable ni tan
fecunda como la de estos escritores de quienes aquí
venimos hablando [106].

---

[106] Los «estilistas» a que me refiero no podrán quejarse de la atención que la crítica española les viene
concediendo. En los libros de ALBORG, GARCÍA-VIÑÓ e IGLE
SIAS LAGUNA se hace una calurosa reivindicación de algunos de esos escritores, y el mismo E. G. DE NORA les
concede liberalmente aprecio y espacio. No sucede igual
entre los lectores ni, lo que es más decisivo, entre los
novelistas jóvenes. Sospecho que aquellos críticos cometen un error de enfoque: la aversión a la prosa descuidada de ciertos narradores «sociales» (aversión que

Del funcionalismo correcto se levantan hacia un ritmo artístico más logrado Camilo José Cela y Miguel Delibes. Ciertas cualidades de la prosa última de éste señaladas por Buckley, como la selección intensificativa, la ironía, la repetición de nombres, los ritornelos, deberían ponerse en relación, para ser justos, con esas y otras cualidades de la prosa de Cela: no porque haya imitación por parte de Delibes, en absoluto; sino para comprender que uno y otro, personalmente, independientemente, son dos grandes prosistas que saben por igual imprimir tensión, gracia y musicalidad al lenguaje.

6. *Conexiones.*—La tradición literaria no ha influido grandemente en el modo de novelar de esta generación, que debe mucho más a la realidad ambiental que a estos o aquellos modelos narrativos. Sin embargo, tras la guerra civil resurge el interés por la novela picaresca, directamente o a través del ejemplo de Baroja. No es sólo *Pascual Duarte* y el nuevo *Lazarillo*, sino también *Lola, La vida como es, Martín de Caretas* e incluso *El camino* y *Las ratas,* donde el humor y la ternura con que están referidas las experiencias de los niños que habitan regiones de olvido o de miseria recuerdan vivamente al *Lazarillo* primitivo. El pícaro, o el golfo, de la novela de este tiempo aparece como portador de la incertidumbre de su destino, que

---

comparto) les lleva a exaltar a otros de lenguaje esmerado y rico, con riqueza de diccionario; y de ahí pasan a creerles más cultos, universitarios, inteligentes o imaginativos, sin percatarse de que novelistas dotados de suma consciencia social e histórica, como FERNÁNDEZ SANTOS, FERLOSIO, MARTÍN-SANTOS o JUAN BENET, son tan imaginativos, inteligentes, etc., como puedan serlo esos otros y, además, poseen aquella consciencia de la realidad, imprescindible para hacer obra trascendente. (No necesito decir que, por esto mismo, escriben mejor que los «estilistas».)

es la incertidumbre del destino humano, y la forma
esencial de la picaresca (la visión viandante) no deja
de influir en la composición lineal y sumativa de algunos relatos contemporáneos. Claro es que la picaresca
no hubiese resucitado si no se hubiesen dado, en la
realidad posbélica de este tiempo, las condiciones ya
señaladas al hablar del *Nuevo Lazarillo* de Cela. De
otra parte, en la obra de Pío Baroja —particularmente en *La lucha por la vida*— encontraban estos escritores un eslabón próximo. Baroja había remozado
el género picaresco sin necesidad de atenerse a los
dechados, observando meramente las zonas del hampa madrileña y haciendo recorrer a sus hombres de
acción los caminos de España. Los nuevos novelistas,
mirando a su realidad y admirando la novela permeable, itinerante y democrática de Baroja, se remontan
a las fuentes y aprenden de ellas.

Que muchos de estos autores hayan preferido la
lección de Baroja a la de Unamuno, Azorín o Pérez de
Ayala, pone al descubierto la reanudación de una línea
vitalista tras el paréntesis de experimentación formal
e intelectualista de los años veinte. El vitalismo de
Baroja era más histórico, más socializado, menos
abstracto que el de Unamuno y, por tanto, más concorde con el difuso existencialismo de posguerra, a
la vez que dotado de posibilidades mayores de proyección crítica.

A la influencia principal de Baroja hay que agregar la ejercida por algunos novelistas norteamericanos (Dos Passos, Steinbeck, Hemingway, Faulkner) y
franceses (Malraux, Sartre) y las emanaciones del pensamiento existencialista francés en la atmósfera de la
segunda guerra mundial y años inmediatos.

Tendencia a la objetividad a partir de un subjetivismo todavía difícil de sobrepasar, pero en ningún

caso gratuito, sino representativo; alejamiento del análisis psicológico, viva atención al contexto social, iniciación en nuevos ensayos estructurales, son rasgos que distinguen a la generación de la guerra de su predecesora y la vinculan con la siguiente. Su insolidaridad, su incertidumbre, su desgarradura y su angustia son las cualidades que en sí misma mejor podrían definirla.

NOVELA SOCIAL

VIII

INTRODUCCION
RAFAEL SANCHEZ FERLOSIO:
LA INVARIABILIDAD

La segunda dirección de la novela de posguerra, como se dijo al comienzo, la constituye la «novela social», o sea, según la definición entonces apuntada, un tipo de novela que tiende a hacer artísticamente inteligible el vivir de la colectividad en estados y conflictos a través de los cuales se revela la presencia de una crisis y la urgencia de su solución.

Esta definición, emitida ya públicamente en 1966[107], viene a coincidir en sus líneas esenciales con la propuesta por Pablo Gil Casado en 1968: «Diremos que una novela es "social" únicamente cuando se trata de mostrar el anquilosamiento de la sociedad, o la injusticia o desigualdad que existe en su seno, con el propósito de criticarlas»[108]. Gil Casado especifica las

---

[107] En una comunicación proferida el 27 de diciembre de 1966 en la reunión anual de la Modern Language Association of America (New York). La definición fue literalmente incorporada al ensayo «Reflexiones sobre *La familia de Pascual Duarte*» (págs. 33-36), citado en la nota 41.

[108] P. GIL CASADO: *La novela social española*, p. VIII.

siguientes peculiaridades de la novela social: 1) trata
del estado de la sociedad o de ciertas desigualdades
e injusticias que en ella existen, 2) las cuales carecen de sentido individual, ya que se refieren a la sociedad en todo o en parte, 3) hace patente el estado
de cosas por medio de un testimonio, 4) el cual sirve
de base a una denuncia o crítica, 5) tiende a un realismo selectivo, y 6) crea un héroe múltiple o per-
sonaje-clase, [109]. De estos seis caracteres —puede observarse— los dos primeros afectan al contenido y
equivalen en nuestra definición a «el vivir de la colectividad en estados y conflictos», el tercero y el cuarto conciernen a la actitud del autor («a través de los
cuales se revela la presencia de una crisis y la urgencia de su solución» en la fórmula nuestra) y los dos
últimos se refieren al tratamiento formal: un realismo
selectivo en vez de cumulativo, y un personaje múltiple en vez de singular. Estos dos caracteres últimos
no figuran en la definición aquí dada, porque, a mi
juicio, no son necesarios en una definición, toda vez
que la actitud crítica del autor reclama el procedimiento selectivo, así como la plasmación de estados sociales impone el personaje múltiple. Se trata de dos rasgos importantes, pero cuya enunciación resulta tau-
tológica en el momento de formular la esencia de la
novela social (el mismo Gil Casado describe más que
define cuando los menciona).

La novela social predomina —fijábamos también en
las primeras páginas de este trabajo— entre los na-

---

[109] *Ibídem*, pág. XVI. En la segunda edición de su libro, GIL CASADO modifica los términos de su definición
sin alterar la sustancia de ésta (pág. 19), y en vez de
seis características propone diez (pág. 66), aunque las
añadidas o son meras especificaciones (no inoportunas)
o evidencias innecesarias (por ejemplo, que la novela
social no se limita a temas proletaristas).

rradores que durante la guerra eran niños y que se dieron a conocer en los años 50, circunstancia por la cual suele agrupárseles en una «generación del Medio Siglo». Debe ahora subrayarse el término «predomina», el único adecuado, pues ni todos los narradores de esa generación componen exclusivamente novelas sociales ni estas novelas han sido escritas exclusivamente por ellos, sino también por otros novelistas de más y de menos edad, incluso por algunos nacidos después de la guerra.

La generación del Medio Siglo surge dentro del mismo clima de posguerra que evocábamos al empezar esta exposición, pero las circunstancias en que como escritores se inician sus miembros son forzosamente otras, y no les inducen a la evasión (por retraso o distracción) ni al recuerdo inmediato de la guerra, sino al compromiso y a la memoración del conflicto ya lejano.

No pueden ser aquí objeto de análisis, sino, a lo sumo, de mención encuadradora, las nuevas circunstancias. Después de 1948 la situación política de España, tolerada cuando no fomentada por las principales potencias extranjeras, se estabiliza. Abrense las fronteras, se reanudan las relaciones diplomáticas excepto con el bloque soviético, tienen lugar los convenios de ayuda hispano-norteamericana, España ingresa en las Naciones Unidas. Esto en cuanto al exterior. En el interior los acontecimientos dignos de señalarse serían la proclamación del régimen como vicario de una monarquía católica, social y representativa ya en 1947 y el tránsito de dicho régimen desde la inspiración falangista adoptada durante la guerra hacia una forma de autocracia que toma como soporte la consigna —defensiva— del anticomunismo.

El estado económico-social del país sólo empieza a

mejorar, en parte, hacia 1960. Durante la década del 50, que es aquella en que brota la novela social, apenas se advierte mejoría. Desaparece el racionamiento y se elimina o debilita así el mercado negro, pero ni la ayuda americana ni un justo reparto de la riqueza nacional o una acción reformadora a fondo modifican seriamente la economía de posguerra. Encarece la vida y el malestar se hace apremiante entre los desposeídos, mientras la antigua burguesía capitalista y la surgida a favor de la guerra gozan de privilegios. Continúa la abrupta separación entre burguesía y proletariado, sin visos de acercamiento o de moderación de los contrastes.

A tal situación trata de poner remedio (pero años después de haberse afianzado la novela social de denuncia proletaria) una serie de medidas gubernamentales: devaluación de la peseta, créditos internacionales, liberación del comercio exterior. Los planes de desarrollo económico que luego se suceden no hubieran significado mucho en el alivio de la penuria si no hubiesen cooperado otros fenómenos de eficacia más rápida: auge del turismo, inversión de capital extranjero en España, emigración de trabajadores españoles al extranjero...

Aunque sostenido en puntales de dudosa firmeza, el desarrollo económico de España en los años 60 no admite comparación con lo alcanzado (con lo no alcanzado) anteriormente. El país se ha llenado de televisores, lavadoras, automóviles de propia fabricación y la construcción ha tomado proporciones notables. Ciertos contingentes de la clase modesta han podido hacerse con aquellos artefactos e incluso con una vivienda; pero queda mucho por conseguir y los contrastes entre bienestar y miseria siguen a la vista de quien sepa mirar más allá de las fachadas urbanas y los espejismos de estío. (En todo caso, es a raíz de ese «desarrollo» cuando la denuncia proletaria, sin desaparecer, deja paso en la novela social a la crítica del ocio burgués y de la «dolce vita».)

El despliegue económico ha ido asociado indudablemente con adelantos de orden político y cultural. La entrada de turistas y la salida de trabajadores han sacudido a España de su encierro; obreros y estudiantes han ido capacitándose cada vez más desde 1956 para plantear sus protestas; se ha incrementado, ya que no fortalecido, la oposición; en algunos casos se ha hecho viable la libre asociación, y la censura previa ha sido derogada (por la ley de Prensa de 1966). A esta liberalización político-cultural han contribuido la evolución de una parte del clero de acuerdo con las nuevas directrices conciliares, la progresiva atenuación del ideario falangista, la posibilidad de regreso para los exiliados políticos y algunas concesiones (pocas y sólo culturales) a las tierras de inclinación autonómica.

Como consecuencia de todo ello, en los últimos años la Iglesia se ha abierto a la crítica y se ha humanizado, han podido llegar a conocerse mejor las concepciones e ideologías foráneas (existencialismo, marxismo, democracia cristiana, neocapitalismo, estructuralismo, etc.), se ha avanzado hacia un conocimiento menos parcial de la historia española reciente y de la actualidad mundial y se ha dado, en fin, un movimiento general de abertura. Pero no hay que olvidar con qué lentitud y entre cuántos obstáculos, ni menos debe olvidarse, para justipreciar la actitud de los novelistas jóvenes, que tales logros han sido para ellos tardíos, puesto que cuando empezaron a publicar la situación era, si cabe, más agobiante que en los años 40: en éstos la guerra civil y la mundial estaban próximas; posteriormente toda prolongación de la atmósfera de posguerra tenía que aparecer como un peso insufrible.

En palabras de su portavoz crítico más madrugador, José María Castellet, los novelistas sociales enfocaron el problema de España «desde la perspectiva lógica de una generación que no hizo la guerra, debido a su temprana edad, y que ha manifestado reiteradamente su voluntad de superar muchas de las actitudes de los bandos contendientes». Inconforme con la situación dentro del país y no del todo conforme con los grupos exiliados, dicha generación —sigue expresando Castellet— estudia los errores cometidos por quienes la precedieron y, huérfana de ayuda y comprensión, «busca una voz propia con ahincado esfuerzo, una voz personal que surge preñada de preocupación social y de deseos de paz y libertad» [110].

El respeto a la tradición literaria del realismo español y el ansia de incorporarse activamente al momento literario occidental (ansia muy explicable en una juventud educada entre muros) convergen en los novelistas de esta generación, que viene a dar plenitud al intento de socialización de la materia y objetivización de la forma emprendido con irregularidad por los novelistas de la generación anterior.

Los jóvenes encuentran ya un ambiente de curiosidad pública hacia la novela española que sus hermanos mayores hubieron de empezar por promover, y encuentran además que los poetas han abierto el camino del inconformismo y de la crítica social, fenómeno comprensible puesto que siendo la lírica el género menos leído y, por tanto, el más inofensivo según la mentalidad de los censores, en ella había de refugiarse primeramente el ánimo de protesta.

---

[110] J. M. CASTELLET: «La novela española, quince años después», págs. 51 y 52.

La crítica literaria sigue siendo poco eficaz después de 1950, pero de todos modos más estimulante y densa que en el decenio anterior, gracias sobre todo a la labor de Castellet, Pérez Minik, J. R. Marra-López, José Domingo, Andrés Amorós, Rafael Conte y pocos más [111]. Al Premio Nadal se van sucediendo otros no menos codiciables: «Menorca», «Planeta» (desde 1952), «Gabriel Miró», «Concha Espina», «Ciudad de Barcelona», «Premio de la Crítica», «Biblioteca Breve», «Alfaguara», etc. «A la alienación del hombre por la vía de un consumo mixtificador y por la totalitaria de la amputación de la realidad, sirven y han servido los premios literarios de nuestra posguerra», ha afirmado Isaac Montero [112]. Pero, aunque esto es cierto, no puede negarse que los premios han servido para que algunas gentes compren libros con interés parecido al que dedican a la lotería y, siquiera a veces, los hayan leído; ni se puede negar que, gracias al reclamo del premio, hayan obtenido mayor difusión pública autores realmente dignos, como Carmen Laforet, Delibes, Sánchez Ferlosio, Aldecoa, Ana María Matute, Luis Goytisolo, Hortelano o Marsé.

En los años 50 puede considerarse extinta la moda de las biografías noveladas y en curso de desaparición la boga de los «roman-fleuve» más o menos exóticos, y el cinema que ahora influye sobre la novela es el mejor: neorrealismo italiano, nueva oleada francesa. Las novelas españolas premiadas, y también algunas de las no premiadas, se reeditan copiosamente. Cela, autor

---

[111] PÉREZ MINIK, MARRA-LÓPEZ y J. DOMINGO, en *Insula;* ANDRÉS AMORÓS, en *Revista de Occidente;* RAFAEL CONTE, en *Cuadernos Hispanoamericanos,* hoja literaria de *Informaciones,* etc. Críticos de gran valía, entre los que se ocupan de novela, son también PERE GIMFERRER, JOSÉ CARLOS MAINER, JOAQUÍN MARCO y FERNANDO MORÁN.

[112] I. MONTERO: «Los premios o treinta años de falsa fecundidad», pág. 84.

ajeno a los premios, no es por eso menos leído, y su *Colmena* se lee clandestinamente, con malsana curiosidad por unos, con limpio afán de comprensión del pasado inmediato por los mejores.

De gran importancia es la actividad editorial que por entonces se inicia, actividad revisada con documentación y lucidez por Valeriano Bozal[113]. Títulos y autores del período anterior se popularizan en colecciones de bolsillo («Libros Plaza»); circulan con más frecuencia y libertad traducciones sudamericanas; aparece la «Biblioteca Breve» de Seix Barral, que da a conocer el «nouveau roman», literatura neorrealista italiana, algo de la eslava y a valiosos narradores de Hispanoamérica, acogiendo con predilección a los novelistas sociales de España y más tarde a los experimentadores de la llamada «nueva novela»; otras editoriales, como Taurus, Guadarrama, Gredos y Aguilar, contribuyen con eficacia al examen crítico (Alborg, Nora) o al fomento de la narrativa española de nuestro tiempo mediante estudios, colecciones o antologías, y, en fin, a partir de 1966, el ámbito intelectual se ve estimulado por el dinamismo y la selecta divulgación de empresas tan meritorias como Alianza Editorial, Anaya, Ariel, Castalia, Ciencia Nueva, Edhasa, Edicusa, Labor, Península, Prensa Española y otras.

Hasta el año 1956, fecha en que Juan Goytisolo empezó a colaborar como asesor de Gallimard, fuera de España se conocía mal la producción narrativa de posguerra. Algo se había traducido de Cela, Laforet o Agustí sin gran éxito, y de Gironella con éxito desproporcionado. En 1956 aparece en francés la primera novela de Goytisolo y a partir de ahí Francia y otros países traducen novelas españolas actuales a un ritmo en prin-

---

[113] En el ensayo de este autor, citado en la «Selección Bibliográfica».

cipio bastante intenso. Se ha dado así el caso de que la generación más joven haya abierto camino a la difusión en el extranjero de sí misma y de la generación más madura. Caso notable, pero no injustificado, pues, aparte la acción ocasional de Goytisolo en los medios editoriales franceses, su promoción estaba destinada a suscitar mayores expectativas: por el valor intrínseco de sus obras y por su calidad de generación no tocada de las parcialidades de la guerra civil.

En efecto, lo que distingue más hondamente a los novelistas sociales, cualquiera que sea la categoría artística alcanzada por cada uno, es un invencible propósito de veracidad testimonial, el empeño de no incurrir en falseamiento alguno acerca del estado de su pueblo. Ahora que es ya lugar común de viejos y jóvenes reprochar a la novela social el anacronismo de la actitud, el corto radio imaginativo de la materia plasmada, el «desfase» de los procedimientos y la grisura o vulgaridad del lenguaje, es justo oponer a tales reproches algunos argumentos: primero, que no es anacrónica la actitud, sino la realidad española por aquellos novelistas abordada, y que si una realidad —política, social, económica, total— se revela anacrónica respecto a otras, el novelista responsable no debe adoptar miméticamente la actitud de los autores que viven en el seno de esas realidades mejor desarrolladas, sino aquella que, mediante la atestiguación del anacronismo, impulse a la superación de éste; segundo, que si la materia escogida refleja una realidad necesitada de urgente arreglo, lo que importa sobre todo es arreglar la realidad; tercero, que el desfase técnico no es tan seguro como semejantes jueces opinan, y aun se diría que de todos los modernos recursos de novelar (objetivismo, corriente de conciencia, usos nuevos de las personas gramaticales, montaje, discontinuidad y simultaneidad

de tiempos y lugares, rotación de perspectivas, obje-
tualidad, etc.) hay mucho, bastante, a veces demasiado,
en la novela social española, y cuarto y último, que la
modestia o la vulgaridad expresivas, siempre que no
procedan del lenguaje de los personajes, sino de la
pluma del escritor, sólo se dan en algunos narradores
incipiente o definitivamente inmaduros, pero no en los
más representativos.

Los adversarios de la novela social arrancan de
sutiles complejos que no cabe tratar de descubrir aquí.
Es evidente, sin embargo, que a los mayores les des-
agrada ver extenderse una preocupación social tan resuelta porque ellos nunca la sintieron o sólo muy de
soslayo, y a los menores acaso porque se estimen en
peligro, si ceden a tal preocupación, de pasar por rezagados o ignorantes a la vista de aquellos senadores o
de las juventudes vanguardistas de otros países. No es
esto proclamar la novela social como el modelo inconmovible de la perfección en el género ni tener a quienes
la han cultivado por los mejores sin excepción, sino solamente reconocer que aquel tipo de novela ha sido para
España, en este tiempo, el necesario, y que, prescindiendo ahora de toda comparación con la novela española del pasado o con la no española del presente,
las mejores que han visto la luz en España después
de 1939 (*La colmena, Los bravos, El Jarama, Las afueras, Nuevas amistades, Tiempo de silencio, Cinco horas
con Mario, Ultimas tardes con Teresa, Señas de identidad*) son novelas sociales: novelas que, artísticamente,
hacen intuir y comprender la vida de la colectividad
española en estados y conflictos críticos cuya solución
urge. Ni arte ni responsabilidad ni espíritu de justicia
podrá negarse a los autores de estas novelas, todas ellas
alentadas por esa conjunción de belleza, conciencia y
verdad que cada día se hace más preciso lograr, y esa

conjunción se debe ante todo a aquel empeño de veracidad, virtud primaria de tales narradores.

Que otro tipo de novela, la aquí denominada «novela estructural», sobre la que se hablará en el capítulo XIII de este libro, haya adquirido preponderancia a partir de 1962 (*Tiempo de silencio*) y que desde los postreros años 60 hasta hoy aparezca como contraria a la «novela social» o invalidadora de ésta, no quita verdad a lo sustentado en los dos párrafos precedentes. En este libro se entiende la «novela social» en un sentido más amplio que el de novela escrita en pro del pueblo o en contra de la burguesía desde puntos de vista simplistamente maniqueos y a base de un testimonialismo yerto, y por ello se abarca bajo tal rúbrica la mayor parte de la obra de Sánchez Ferlosio, Fernández Santos, Juan y Luis Goytisolo, García Hortelano, Juan Marsé, Ana María Matute y otros escritores que, aun por las calendas epidémicas del «populismo», quedaban muy por encima de tales simplificaciones y sequías imaginativas. De las obras de estos escritores creo que ninguna podría entrar en la «escuela de la berza», vilipendio lanzado desde la revista *Triunfo,* en 1969, por el crítico cinematográfico César Santos Fontenla y que, si alguna aplicación tuviera, recaería a lo sumo sobre media docena de narradores aficionados al reportaje.

Preguntado en 1971 Juan Benet, el más consecuente constructor del nuevo tipo de novela, acerca del sentido de la literatura social anterior, decía lo que a continuación transcribo (por su clarividencia y como corroboración de lo por mí escrito en esos párrafos un año antes): «...quiero suponer que su mejor justificación está en el hecho de que en aquellos años apenas se podía hacer otra cosa. La situación cultural se hallaba dominada totalmente por la política, de suerte que el más tímido intento de independizar la cultura de la

política había de empezar por las zonas fronterizas
entre ambas, esto es —y por decirlo así—, las zonas
propiamente menos cultas de la cultura. Así, pues, para
buscar la independencia de juicio y de gusto era menester pasar a la oposición tanto de la literatura patriótica como de la neutra —fuera blanca, rosa o de acentuado color local—, para lo cual el cúmulo de iniqui-
dades, arbitrariedad e injusticia de la vida social española ofrecía un campo inagotable. La desgracia de esa
literatura fiscal es que ni siquiera podía hablar de la
tragedia en toda su extensión; estaba casi amordazada,
y lo que se leía en las novelas de la acusación era un
pálido remedo de lo que pasaba en el país. En cuanto
a información, suministraba mucha menos que lo que el
hombre despierto podía recoger en la calle, y en cuanto
a estilo, había hecho renuncia voluntaria de toda dificultad en gracia de la severidad y la sequedad en las
sentencias. Y si bien me parece de poca utilidad esta-
blecer el balance cultural ateniéndose a cánones que entonces no eran posibles, es forzoso reconocer que el
esfuerzo de aquellos hombres que alzaron su protesta
colaboró no poco a una mayor independencia de la
cultura y fue el acicate para una reacción que para ser
duradera ha de basarse en algo más que en la oposición a la primera tendencia» [114].

---

[114] E. GARCÍA RICO: *Literatura y política (en torno al
realismo español)*, Edicusa, Madrid, 1971, pág. 19. Entién-
dase que Benet, como todos los que responden a la encuesta, y el propio encuestador, se están refiriendo ahí
a la literatura social en su más estrecho sentido. En el
folleto de GARCÍA RICO se traza la más clara y mejor informada semblanza, que yo sepa, de ese movimiento.
La justificación más lúcida de éste, después de la de
Juan Benet, la hace FERNANDO MORÁN, el mismo año
1971, en su opúsculo *Explicación de una limitación*,
donde dice muy bien que si a la narrativa constituida
en los años 50 se la puede motejar de escuela de la

El orden observado en la exposición que sigue es simétrico al observado en los capítulos anteriores. Se revisa primeramente, con algún detenimiento, la producción de los novelistas más fecundos en consecuencias, que a nuestro juicio son Rafael Sánchez Ferlosio, Jesús Fernández Santos y Juan Goytisolo; posteriormente, de manera más breve, la producción de otros novelistas sociales, agrupados según el predominio que en ellos ofrece la actitud de defensa del pueblo, ataque a la burguesía o reconocimiento de la problemática social desde el punto de vista de la persona (los más importantes entre los primeros serían Aldecoa y Luis Goytisolo, entre los segundos García Hortelano y Marsé, y entre los últimos Ana María Matute), y, finalmente, como se ha hecho para la generación mayor, se sintetizan los caracteres comunes que los miembros de ésta permiten inducir.

Si hubiera de seguirse aquí un orden estrictamente

---

berza, «no debe olvidarse que la cultura oficial seguía siendo la de la rosa, o la de los luceros» (pág. 57): una cultura «de arcángeles» (pág. 72). Del mismo crítico, en *Novela y semidesarrollo*, son estas afirmaciones: «En la literatura del desarrollo el valor estético es un atributo del bien literario. (...) En el semidesarrollo el valor predominante sigue siendo la veracidad documental; pero comienza a apuntar la duda de que los hechos sean aprensibles directamente gracias a su presentación pura y simple, en su desnudez» (pág. 408). Diría yo, con todo, que así en el subdesarrollo, como en el semidesarrollo y en el pleno desarrollo, el buen escritor nunca presenta los hechos simplemente en su desnudez, ni olvida que el valor estético sea un atributo de la obra bien ejecutada; se trata sólo de una cuestión de grado: en épocas de estrechez económica, injusticia social, y opresión política, es lógico que el escritor intente poner su arte (*arte*: no información) al servicio de la causa primordial, de un modo más patente y más intenso que en épocas de mayor desarrollo económico, menor desigualdad social y relativa apertura política.

cronológico sería menester comenzar en 1951, año en
que Aldecoa publica su primer volumen de relatos «sociales» y Sánchez Ferlosio su novela primera (nada
«social» por cierto), o sería preciso principiar en 1954,
año que viene considerándose auroral porque en él
aparecieron *El fulgor y la sangre*, de Aldecoa; *Los bravos*, de Fernández Santos, y *Juegos de manos*, de Juan
Goytisolo. Pero, junto a esta cronología de hechos, hay
una cronología más significativa, de funciones, y la
obra que funcionó como despertadora de la conciencia
social en la narrativa española no fue ninguna de las
aludidas (la más autorizada para llegar a serlo, *Los
bravos*, pasó inadvertida salvo a algún crítico de tendencia afín), sino la segunda novela de Ferlosio, Premio Nadal 1955, editada al año siguiente: *El Jarama* [115].

Con una narración desconcertante, aleación peregrina de motivos picarescos y motivos de maravilla, se dio
a conocer RAFAEL SÁNCHEZ FERLOSIO (n. en Roma, 1927).
La narración, titulada en 1951 *Industrias y andanzas
de Alfanhuí*, mostraba en común con la picaresca la condición de ser el relato de las aventuras de un muchacho
en busca de amo y a vueltas con el desamparo, y en esto
no dejaba de acusar alguna semejanza con el *Nuevo Lazarillo* de Cela, quien hizo un buen elogio de la primicia
de su joven colega al calificarla de «libro sin edad» [116].

---

[115] Véase J. M. CASTELLET: «Notas para una iniciación
a la lectura de *El Jarama*», *Papeles de Son Armadans*,
número 2, 1956, págs. 205-217. Del seguro prestigio de *El
Jarama* es prueba el hecho de que sea la novela sobre
la cual se han dado más votos favorables (seguida por
Tiempo de silencio y *Pascual Duarte*) en la encuesta
publicada por *Cuadernos para el diálogo*, núm. XIV,
extraordinario, Mayo 1969, págs. 67-69. Idéntico resultado en otra encuesta posterior: *Informaciones de las
Artes y las Letras*, núm. 256, 1 junio 1973.

[116] Cito por J. L. ALBORG: *Hora actual de la nov. esp.*,
I, pág. 310.

Pero el protagonista difería del modo de aspirar picaresco porque no iba tras la seguridad material, sino guiado por el instinto de la posibilidad sobrenatural omnímoda. Criado de un maestro disecador en Guadalajara, de un títere de palo en Madrid, de un herborista en Palencia, Alfanhuí aprende para siempre del primero la vocación del experimento transformador. Obedeciendo sin saberlo los principios del ilustrado abate Spallanzani, con curiosidad tan digna del hombre prehistórico como de un laborioso Feijoo, empeña su acción en la posibilidad —vivida de un modo absolutamente ingenuo— de ensayar la metamorfosis de la realidad: generar aves de pluma vegetal, dar alas y nuevos colores a las hojas de los árboles, explorar las recónditas virtudes de las plantas... Compendia Alfanhuí, en el ámbito de la imaginación irreprimida, el anhelo primitivo, infantil o lúdico de la eterna variabilidad.

En *El Jarama* la libre variabilidad fuera del tiempo ha desaparecido para dejar paso a lo contrario: el sentimiento de la invariabilidad del vivir en pleno curso del tiempo fugitivo. «El agua que tocamos en los ríos es la postrera de las que se fueron y la primera de las que vendrán; así el día presente.» Con este lema de Leonardo da a entender el autor que su novela se propone la captación del día presente, la fijación de lo instantáneo, que, como una ola palpada, resume el pasado y abre el porvenir. Tal lema heraclitano cumple doble papel, real y simbólico, como introducción a la obra, pues en ella se nos trasmite en efecto el reflejo de un día y las horas de ese día transcurren concretamente junto a un río, el Jarama. En las inmediaciones de él hay una venta, adonde acuden para pasar un domingo de agosto once amigos, once jóvenes madrileños de la clase modesta: empleados en garajes, fábricas, tiendas, cafeterías. Dejan sus bártulos en la venta de Mauricio, bajan a la orilla del Jarama, se bañan, charlan, se esfuerzan por divertir el fastidio, suben a recoger el almuerzo, comen, beben, se pasean, se arrullan sin mayores ilusiones y, al caer la tarde, mientras unos suben al jardín de la venta a bailar y cantar, otros se quedan en la orilla. La muchacha más insignificante, la más tímida, vuelve a bañarse, sufre un desmayo y perece ahogada. Sobrecogidos por la desgracia que ha puesto tan sombrío remate al día de fiesta, los compañeros regresan a Madrid, después de levantada el acta judicial y depositado el cuerpo de la joven Lucita en la sala de autopsias del cementerio.

La acción de la novela, comenzada a registrar a las nueve menos cuarto de la mañana en la venta, termina en la misma cuando el ventero se queda solo, cerca de la una de la noche. Maneja el autor tres planos espaciales: el Jarama con su geológico alrededor de cerros pelados y orillas limosas; el interior de la venta, y el jardín de ésta. A orillas del río, en apariencia manso, pero voraz como un animal armado de fauces y garras, se sitúa el grupo de empleados en excursión y numerosas familias de la capital. En el despacho de la venta beben y conversan varios hombres del pueblo: el ventero, el barbero, un viejo pastor, un señor inválido... En el jardín de la venta pasan horas de expansión dominical un taxista de Madrid y su familia, más luego aquellos excursionistas y otros que con ellos se reúnen.

Novela conductista en grado más riguroso que sus inmediatos precedentes (*La colmena* y *Los bravos*), ni un solo personaje de ella eleva por encima de los otros una individualidad rica o complicada. Sebastián y Paulina, Fernando y Mely, Miguel y Alicia, Tito y Lucita, Santos y Carmela, y el impar Daniel, absorto en la modorra de su hosco desvío, son muchachos como todos los de su clase y oficio, átomos de una parte de la masa, que traba-

jan para nada, con paciencia inconsciente, minados por
un aburrimiento al que tratan de escapar lo que dura un
domingo. Sin embargo, ellos y los demás, en su aparente comunidad típica, emiten limpieza humana de
fondo y resignada inocencia. Lo que en *La colmena* era
buscado contraste de cinismo y ternura, es en *El Jarama* fruto espontáneo de impasible piedad. El viejo fracasado convertido en parásito involuntario, el barbero
temeroso de los abusos de poder en su aldea, los jóvenes sin juventud que quieren olvidar la semana de
trabajo alienador en la embriaguez del día de fiesta,
todos más o menos tienen razones de pesadumbre y
queja, y todos, cogidos en el cepo de su esclavitud, revelan una resignación de pueblo desvalido.

El propósito de objetividad testimonial («objetivismo») persigue en *El Jarama* su extremo límite. El autor funciona casi siempre como aparato que consigna
lo que las figuras dicen y hacen. Las conversaciones
quedan reproducidas con fidelidad minuciosa y con-
centrada, los movimientos se dibujan con la sugestiva
sobriedad de la pantalla cinematográfica. A través de
aquel hablar y actuar aparecen los personajes en su
bulto no por típico menos concreto, con su historia
aflorando a través de cada palabra y cada gesto, en un
por fuera absoluto. Pero esta exterioridad conlleva una
intensidad, este objetivismo está traspasado de poesía.
No se trata sólo de la poesía del Yo del autor, que, aun
tan recatado, deja sentir su presencia por la manera
como escoge los dichos y los hechos, distribuyendo el
marco del relato, las conversaciones y los fondos descriptivos: río, puente y tren en el ápice del mediodía,
devastaciones del Jarama, luna asomante, ronda purifi-
cadora de los buitres. Se trata sobre todo de la poesía
que late en el respeto sin condiciones al puro aparecer,

a la escueta evidencia de la vida. Las trivialidades, los
vacíos, las partes muertas de la charla (medias palabras,
idiotismos, ripios, anacolutos, perogrulladas) adquieren
grandeza por la intocada verdad humana de que informan. Pero además hay en *El Jarama* otra intensidad:
la del día de fiesta, con el ascenso de la temperatura
estival de la tierra y de la temperatura alcohólica, erótica y música de esos seres que ansían en vano gozar
de la libertad de veinticuatro horas que el lunes des-
hará. Esa subida hacia el placer inasequible tiene por
conclusión la pequeña tragedia de todos los años: cada
verano muere al menos un bañista en el Jarama; cada
segundo el río de la vida arrastra al mar de la muerte
un jirón de humanidad, y ésta apenas percibe el despojo.

La soledad, no ya individual sino en fracciones colectivas, círculos, grupos o clases, constituye precisamente el fundamento de la novela social y, por ende,
de *El Jarama*. Y esa soledad se transparenta en la estructura misma de la obra: tres planos rara vez tan-
gentes; cincuenta y seis apartados o momentos (contando la descripción geográfica del principio y del final
serían cincuenta y ocho) dispuestos por lo común en
ritmo de alternativa simultaneidad; sustitución de la unidad «hombre» por las unidades «tiempo» (un día) y
«espacio» (junto al Jarama); revelación de la gente por
medio de conversaciones, silencios y ademanes, sin sondeo psicológico. En la venta, los viejos fatigados y está-
ticos glosan, como desde un alto miradero, el modo de
ser de los jóvenes o entran en discusión con algunos;
los que llegan de la ciudad no entienden a los que vegetan en los pueblos, ni éstos se explican muchas de las
reacciones de aquéllos; los jóvenes excursionistas no
vienen para vivir más plenamente, sino para olvidar que

no viven, para olvidarlo y olvidarse en el vino, en el beso o en el baile. La situación social concreta trasparece en algunos rasgos particulares: viejos cesantes, atemorizados o exasperados, la guardia civil que vigila las «costumbres», un «Gran Merendero Nueva York» y la noticia de que los americanos se instalarán en Torrejón, etc., pero adquiere neto resalte en el sentimiento general que impregna la conducta de viejos y jóvenes, un sentimiento de desesperanza y de inercia.

El Jarama caracteriza óptimamente la intención y los nuevos valores de la novela social. Esa intención estriba en atestiguar los aspectos negativos de la vida española, sin criticarlos expresamente, dejándolos notar en forma que impresione y mueva. Tales aspectos son de orden económico y social. Los jóvenes trabajadores sin estímulo y esos otros ex hombres del pequeño lugar, sujetos a temores y represalias, denuncian sin necesidad de que hablen sobre ello la indigencia material y civil en que existen. Por otra parte, esta intención social provoca el hecho de que no haya protagonistas ni personajes de excepcional carácter. La colectividad parcial, particular, partida, protagoniza la acción al nivel inmediato. Al nivel profundo —pues, como toda buena novela, ésta trasciende el documento— el protagonista es el río, metáfora de la fuerza constructiva y destructiva del tiempo, símbolo de la transitoriedad envolvente experimentada por los hombres como invariabilidad: la invariabilidad de un vivir tediosamente idéntico en su impotencia, en su cierre, en su falta de finalidad redentora.

Distingue a Sánchez Ferlosio la voluntad de aprehender el sentido de la existencia con la radicalidad de una mirada virgen, y esto explica que sus dos novelas alcancen la misma novedad *genial* (no es ditirambo, sino

etimológica precisión) no obstante abordar extremos
contrapuestos: la infinita politonía de lo posible y la
perpetua monotonía de lo «real». Acaso tal radicalismo
explique también por qué este autor ha escrito sólo
dos novelas y por qué ha desertado de la novela [117].

---

[117] Deserción prolongada, aunque nadie pueda considerarla definitiva, puesto que ese radicalismo de SÁN-
CHEZ FERLOSIO puede conducirle a intentar nuevos experimentos y estoy seguro de que los ha intentado.
Véase ahora la excelente monografía de DARÍO VILLA-
NUEVA: «El Jarama» de Sánchez Ferlosio, su estructura
y significado, Universidad de Santiago de Compostela,
1973, y el agudo ensayo de MEDARDO FRAILE: «El Henares,
el Jarama y un bautizo. La obra unitaria de Rafael Sánchez Ferlosio», Revista de Occidente, 122, Mayo 1973,
págs. 125-147.

IX

JESUS FERNANDEZ SANTOS: EL APARTAMIENTO

Todos los rasgos específicos de la novela social, indicados en el capítulo anterior, se encuentran artísticamente conjugados en la primera novela de JESÚS FERNÁNDEZ SANTOS (n. en Madrid, 1926), publicada por la editorial Castalia en 1954: *Los bravos*. Estudiante de Filosofía y Letras, como Ferlosio y Aldecoa, y posteriormente director cinematográfico, Fernández Santos ha dado a luz cuatro novelas más: *En la hoguera* (1957), *Laberintos* (1964), *El hombre de los santos* («Premio de la Crítica 1969») y *Libro de las memorias de las cosas* (1971, «Premio Nadal 1970»), aparte los excelentes volúmenes de relatos *Cabeza rapada* («Premio de la Crítica 1959»), *Las catedrales* (1970) y *Paraíso encerrado* (1973). En *Siete narradores de hoy* (1963) ha presentado narraciones cortas de escritores con quienes se siente solidario: Ferlosio, Ana María Matute, Luis Goytisolo, Medardo Fraile, Francisco García Pavón e Ignacio Aldecoa, todos ellos iniciados en lo que «aún se llama realismo social, y otras veces, un poco menos vagamente, realismo objetivo» [118]. No es que Fernández Santos pueda ser cali-

---

[118] *Siete narradores de hoy*, pág. 8.

ficado íntegramente de social-realista ni de objetivista,
pero ésta es desde luego su tendencia inicial, puesta de
relieve sobre todo en *Los bravos*, para Eugenio de Nora
«la primera obra plenamente representativa de la nueva
promoción»[119]. Nadie podrá discutir desde un punto
de vista estrictamente cronológico dicha prioridad. Sin
embargo, como ya queda apuntado, fueron pocos los
lectores y los críticos que, *a su tiempo*, percibieron la
ejemplaridad de *Los bravos* y muchos, en cambio, los
que acusaron inmediatamente el efecto provocador de
El Jarama.

Los bravos presenta el vivir de los escasos vecinos
de un pequeño pueblo leonés cercano a la frontera de
Asturias. No se nombra el pueblo, pero esta anonimia
no le hace menos concreto. Singular y bien definido,
ese pueblo vale al mismo tiempo como ejemplo típico
de la España campesina, aunque usar el adjetivo «rural» en conexión con ésta o cualquier otra novela de
Fernández Santos me parece desafortunado por las
asociaciones que aquel adjetivo despierta y de las cuales dista mucho la visión del autor (me refiero a asociaciones como apología de los trabajadores del campo,
exaltación del terruño, regionalismo, paisajismo, «comedia bárbara» o tragedia de pica y hoz).

El autor no ha pretendido hacer una novela de costumbres rústicas ni de «tipos y paisajes». Todo lo que

---

[119] E. G. DE NORA: *La nov. esp. contemp.*, III, pág. 312.
Los dos críticos que de una manera más inteligente y
con mejor base informativa se han ocupado del *neorrealismo* cinematográfico y narrativo en España han sido
HIPÓLITO ESTEBAN SOLER («Narradores españoles del medio siglo», págs. 275-281) y DARÍO VILLANUEVA («*El Jarama*» *de Sánchez Ferlosio*, págs. 45-50). Ambos señalan
la trascendencia de *Los bravos* en los años de su composición y publicación, y VILLANUEVA comenta la reseña
que sobre esa novela publicó en octubre de 1954 RAFAEL
SÁNCHEZ FERLOSIO.

a su obra pudiera dar marcado acento regional queda esfumado y se reduce a pocas e incidentales alusiones: pobreza del terreno, alturas montañosas en la proximidad, pesca de truchas en un río, ida y venida de asturianos, referencia a los puertos divisorios. Por lo demás, ni el habla de las gentes ni su modo de ser ofrecen rasgos peculiarmente locales. El paisaje y las costumbres aldeanas, en cuanto tales, desempeñan en la novela un papel mínimo. Lo que ha interesado primordialmente al autor ha sido captar la incolora monotonía de la existencia cotidiana de esos hombres y mujeres del agro español. Para ello reparte casi por igual su atención entre los pobladores de la aldea, sin destacar a unos de otros. No es, en consecuencia, *Los bravos* una novela con protagonistas señeros ni provista de una acción dramáticamente planteada. El relato empieza en un punto cualquiera de los que forman la cadena del vivir diario y se interrumpe en otro punto cualquiera de esa línea. La escena inicial nos pone en conocimiento con el médico del pueblo, que está comenzando a practicar en él su profesión. La obra se interrumpe cuando, poco después de la fiesta de la Virgen de agosto de un año reciente, se verifica el entierro del anciano don Prudencio, y Pepe, el trasportista y cartero del pueblo, abandona éste para marchar a Madrid a probar mejor fortuna. Breve, pues, la duración (doce o quince días de verano) y breve el marco espacial, limitado al pueblo y los campos circundantes excepto en la escena en que el rico y egoísta don Prudencio, el cacique, visita la ciudad para consultar a un médico.

Entre las varias figuras que aparecen en la novela se establece una red de relaciones ya amistosas, ya —más a menudo— hostiles. Ello no configura una intriga, pero desenvuelve, naturalmente, un segmento de vida cuyos incidentes de más peso dibujarían esta sombra de «trama»: El médico, joven procedente de la ciudad como el protagonista de *El árbol de la ciencia*, de Baroja, cuida con solicitud a sus enfermos, entre los cuales está Socorro, la sirvienta y querida del odiado don Prudencio. En Socorro, explotada por el anciano, halla el médico un afecto que le ata más vivamente a aquel desolado rincón de pobres campesinos. Estos, sin embargo, no ven con buenos ojos lo que él, hombre exento de prejuicios, se ha atrevido a hacer: sacar a la muchacha de la vergonzosa tutela en que estaba y convivir con ella sin lazos matrimoniales. Pero no es esto lo más grave. Poco antes apareció en el pueblo un viajante que, de puerta en puerta, indujo a muchos vecinos a entregar sus modestos ahorros a un banco del que se hacía pasar por delegado y que ofrecía buenos intereses. Su intención no era otra que despojar a los lugareños procurándose, con tal superchería, el dinero que necesitaba. Descubierto el engaño en un pueblo próximo, el viajante está a punto de ser linchado. El médico, que le tropieza ensangrentado por un camino, se hace cargo de él, le cura las heridas y lo libra a la justicia. Pero, deseosos de venganza, los aldeanos no comprenden la acción del médico. Este resiste las malquerencias y, cuando don Prudencio muere, compra la casa del difunto y se queda allí a vivir con Socorro, dispuesto a echar raíces.

Una pluralidad de sujetos aparece en plano quizá menos relevante: Manolo, dueño de la tienda-taberna; su hermano Pepe, que sueña siempre en liberarse de la penuria ambiente; Alfredo, que desafía la vigilancia de los guardias buscando truchas en el río; el presidente Amador, cuyo hijo delira postrado en la cama años y años; la solterona Pilar; la joven Amparo, seducida por el viajante; labradores, pastores, vaqueros...

El procedimiento que sigue Fernández Santos para presentar la mezquina existencia del vecindario, sus apuros y fatigas, sus inútiles deseos, su esclavitud, sus recelos, consiste en una sucesión de momentos levemente protagonizados por éste, por aquél, por el de más allá. Estos momentos, que a veces son simultáneos, a veces sucesivos en contigüidad o separados por horas, días o cambios de lugar, quedan marcados por unos simples asteriscos. Las transiciones están elididas; los huecos de silencio, lapsos de tiempo en blanco o mutaciones de la línea visual se suponen. Elévanse así las escenas sobre un fondo común determinado por la unidad espacial: el pueblo. Pero en las pausas mencionadas se opera como un traslado de cámara cinematográfica; método que recuerda el de pequeñas estampas sueltas usado por Cela en *La colmena* y que será muy semejante al aplicado por Ferlosio en *El Jarama*. En *Los bravos* las escenas, más sucesivas que simultáneas, parecen ajustarse reposada y penetrantemente a los movimientos de una cámara experta en la distribución de primeros y segundos términos, mediante los cuales el observador, contempla el exiguo y sufrido vecindario desde un ángulo de sencillo reconocimiento y aun de estoica impavidez. La óptica cinematográfica se percibe con claridad en algunos rasgos, principalmente en la elisión de las transiciones, en la complacencia sensorial con que se exponen pequeños detalles (el batir de la gasolina contra las paredes del bidón al detenerse la camioneta bruscamente, por ejemplo), y en las perspectivas fragmentarias a través de las cuales se va componiendo una imagen total (por ejemplo, del desastrado viajante se ven primero los zapatos polvorientos e incluso cuando ya aquél ha intervenido en la acción se sigue insistiendo en sus zapatos y en sus lentes). Relieve de los detalles concretos, tranquila agregación de momentos, proceso descriptivo desde lo desconocido ambiguo a la clara representación, reticencia, y perspectiva cinematográfica, constituyen las notas peculiares de la técnica de Fernández Santos en esta primera novela y en las restantes.

Como es habitual a todo narrador objetivista, el autor de *Los bravos* no profiere en ningún momento ideas o puntos de vista personales, pero a través de la obra quedan de manifiesto, por el modo de conducir los datos, varios rasgos propios del vivir español en la zona escogida: la pobreza de esos «bravos» que todo lo sufren, el aislamiento y falta de asistencia y de guía, la embrutecedora adyacencia de la mujer, el estéril esfuerzo de los trabajadores, la soledad de los enfermos, el vacío ambiental que han de arrostrar los que algo ambicionan y no hallan estímulos, la angostura de horizontes que mueve a las gentes a una pueril curiosidad (hacia el viajante) o las incita a un rencor injusto (hacia el médico). Hay en el médico preocupación y disposición de buen samaritano, y su actitud encarna, a mi juicio, la tendencia a armonizar el amor y la justicia. Por amor ampara al que puede y contrarresta los abusos de quienes se sienten demasiado seguros en su prepotencia económica o en su posición de autoridad. Por justicia defiende al mal ladrón de las iras del pueblo. «Sin desearlo, estaba del lado del prójimo que más sufría...» «... El sabía bien que a más de médico era un hombre, y que en ese pueblo o en otro cualquiera, por corazón o interés, por propia supervivencia, la vida no le iba a dejar permanecer al margen»[120]. Su ejemplo, al afincarse en lugar tan inhóspito, es de signo contrario al del protagonista de

---

[120] *Los bravos*, Barcelona, Destino, 2.ª ed., 1960, página 199.

El árbol de la ciencia. Este odiaba al pueblo en que
le había tocado servir y decía a sus avasallados moradores: «Lo único que pueden ustedes hacer es mar-
charse de aquí»[121]. El médico de *Los bravos* nada
dice. Reflexiona, y se queda. (Confieso no entender la
interpretación de Gil Casado, según la cual este médico viene a ser el nuevo cacique que sustituye a don
Prudencio, conquistando primero la mujer de éste;
luego, su casa, y, por fin, a todo el pueblo para some-
terlo a otra tiranía[122]. Si uno es viejo, terrateniente,
lujurioso y egoísta, y el otro joven, médico, enamorado
y justo, incluso caritativo, no veo posible que éste
reproduzca el oficio de aquél. Lo que ocurre es que Fernández Santos elude, con muy buen tino, aureolar a su
«médico rural» con el aura de la perfección, sabiendo di-
bujarlo como un hombre, complejo y vacilante.)

La segunda novela de Fernández Santos, *En la hoguera,* tiene notorios puntos de semejanza con *Los
bravos*: sobria objetividad, reflejo del apartamiento y
soledad en ambientes campesinos, presentación desligada y flotante, cuidado de los detalles y de los valores visivos; pero, en líneas generales, resulta una obra
de acento sentimental más fuerte.

El joven Miguel, tuberculoso, se ve llamado a cumplir el penoso deber de trasladar a un tío suyo de un
sanatorio de Madrid al manicomio de la misma ciudad.
Cumplida la obligación, deja la capital y, sin propósito
particular ni rumbo fijo, recorre pueblos segovianos
buscando paz y salud. Por las mismas fechas y en el
mismo Madrid, una joven, Inés, intenta suicidarse in-
giriendo una dosis excesiva de veronal. Está esperando

---

[121] P. BAROJA: *El árbol de la ciencia* (1911). *O. C.,* II,
1947, pág. 531 b.
[122] P. GIL CASADO: *La novela social española,* páginas 67-68.

un hijo de su primo Agustín, que se niega a reconocerlo. La tía de Inés (y madre de Agustín) advierte a
tiempo el intento de suicidio y traslada a su sobrina a
una clínica, logrando salvarle la vida. Estos dos sucesos, que ocupan los dos capítulos iniciales, forman en
su inconexión y por su brusco diapasón patético, una
especie de obertura angustiosa: la enfermedad, la irresolución, la locura, el suicidio se agolpan en estas primeras páginas que sirven para presentar a Miguel y
a Inés, dos jóvenes situados en un momento de inter-
sección entre el instinto de vivir y el instinto de morir.

Peregrino por varios pueblos, Miguel se detiene al
fin en uno (innominado) y toma habitación en casa de
Zoilo, donde permanece en meses de primavera y verano. Zoilo tiene una hija, Soledad, muchacha animosa
y sufrida, que se siente atraída por el forastero, y en
la casa vive también el abuelo de Soledad, un viejeci-
llo que relata con entusiasmo y orgullo sus experiencias de la lejana guerra de Cuba. A la misma aldea
llega Inés, que, reintegrada a la vida, ha resuelto abandonar la ciudad y recogerse en casa de su padre y de su
hermana María hasta dar a luz. El padre no cruza la
palabra con ella ni con nadie. La hermana, que prepara su boda, trata a Inés con despego por aquello de la
mancha en la honra familiar. Poco a poco Miguel se
siente apiadado y enamorado de la fugitiva.

Otros personajes, gentes del pueblo, habitan la novela: entre ellos el gitano Alejandro, que viola bárba-
ramente a Soledad a orilla del río, en venganza de lo
cual Zoilo le mata y va a presidio; la viuda doña Cons-
tanza, que se debate entre el recuerdo del difunto y
sus constantes caídas con el también viudo Zoilo; los
«Rojos», dos hermanos que trabajan en las minas y
que roban para sobrevivir; el cura, el capataz, obreros, mujeres del pueblo...

Miguel tiene que volver a Madrid al entierro de su pariente, fallecido en el manicomio y, ávido de conocer al seductor de Inés, regresa sin haberlo conseguido. Inés da a luz una criatura muerta y se hunde en muda pasividad. Cerca del pueblo se está construyendo un pantano. Los hombres abandonan las minas y los campos para trabajar por mejor salario. Violada Soledad, muerto el gitano, apresado Zoilo, frustrada la maternidad de Inés, vacío el pueblo de árboles y de varones, recrudecida la enfermedad de Miguel, éste se aleja del lugar.

Y el último capítulo es, nuevamente, una escena inconexa: Es invierno. En un sanatorio de la ciudad Miguel, conducido por un enfermero, se aproxima a la sala de operaciones mientras un primo suyo, que jamás estuvo enfermo, le alienta con frases tan bienintencionadas como triviales. El enfermo, a quien hemos conocido buscando el amor y la vida y huyendo de la tristeza y de la imagen de la muerte, sin encontrar a su paso más que la derrota, la tristeza y la muerte de los otros, arrostra al fin su propio sacrificio, ¿a la vida?, ¿a la muerte? La camilla, la puerta del quirófano, las hirientes blancuras del hospital forman el epílogo de esta novela, recorrida por un aire tembloroso que no se sabe si va de la vida a la muerte o si de ésta viene hacia la vida.

La obertura patética de *En la hoguera* va antecedida por una página a manera de preludio que evoca el muro de un cementerio, cuadriculado de sepulcros infantiles, en contraste con el ruido, las sombras y el movimiento que bullen al otro lado. Y este motivo de la infancia malograda (abandonada, impedida, no nacida, muerta, o insinuándose contra su negación) se reitera a lo largo de la obra en imágenes dispersas que tienen un sentido convergente: mujer pobre en el tren

con un niño en los brazos, Elena la estéril propone a
Inés adoptar al hijo que le nazca, el cura lava los pies
a los niños del pueblo, el hijo de la viuda juega con
una caja de cartón y un pez dorado, en el vientre de
Inés la criatura por nacer ya está muerta como dentro de un sepulcro, cuando los vengadores vienen a
buscar al gitano que violó a Soledad lloraba un niño,
Miguel se sobrepone a todos sus pesares en la plaza
del pueblo donde jugaban niños... Y Miguel e Inés,
destinos desesperados que el azar aproxima sin poder
unir, ¿qué son sino dos huérfanos? En el centro de la
novela el ciprés de Baltasar, marido de Elena la estéril, es un árbol roto, pero lleno de música, que recuerda a los niños.

Entre la obertura y el epílogo (capítulos I-II y
XXIV, respectivamente), quedan los 21 capítulos sin-
fónicos cuya estructura se asemeja a la de *Los bravos*:
protagonización colectiva, recorrido de estados y situaciones encarnados en diferentes figuras, ambiente de
postración y tedio. En esta segunda novela quizá sea
todavía más patente la calidad cinematográfica del procedimiento: instantes como aquel en que Miguel se
contempla atónito en el espejo después de una hemoptisis o aquel en que Inés descubre el cuerpo de Soledad medio sumergido en el río parecen captados en
un gran plano fílmico subsiguiente a un oscurecimien-
to. En general, el estilo de Fernández Santos es así:
elíptico en sus presentaciones, libre de pesadas conca-
tenaciones, lleno de visibilidad delicada.

La sensación básica que transmite *En la hoguera* parece condensada en estas líneas: «Un golpe de tos interrumpe la lectura. Semana Santa..., morir... Soledad,
que desde abajo mira hacia la ventana; Inés cosiendo
ensimismada junto a ella... El deseo, el amor que surge en el enfermo, más fuerte porque están contados

sus días y apremian (...) Un deseo de vivir, un deseo de morir...»[123]. El deseo de vivir está en Miguel, que huye de su agobiante dolencia; en Inés, que espera el fruto de su carne y va poco a poco enamorándose del enfermo; en los «Rojos», urgidos a robar para salvarse; en la mujer estéril que cose ropas para los niños del pueblo; en el viejo soldado pendiente de sus recuerdos; en el ánimo de la infeliz Soledad; en la fornicación de los viudos; en el rapto del gitano. Pero el instinto de la muerte, sea como rendición a la enfermedad, como evasión suicida, como tedio roedor, o como delectación morbosa en el sentimiento de la vanidad de vanidades, ensombrece el conjunto: «La vida, la edad, el tiempo, el dolor —medita Miguel a solas—, nada existía; sólo las diminutas estrellas que se iban desvaneciendo, y el negro vacío tras ellas. Un vacío, una nada infinita donde nace ese soplo que anima el corazón del hombre. No temía a la muerte en aquellos instantes porque vivir y morir era una misma cosa, porque había olvidado por un instante aquel cuerpo maltrecho. Pero cuando el sueño, la fiebre, el frío, le hacían volver a casa, toda su carne parecía rebelarse...»[124]. Estar «en la hoguera» significa estar consumiéndose, ya muerto y todavía vivo, parte ceniza y parte llama que aún ilumina esa ceniza, mitad en la nada del haber cesado y mitad en el algo de estar ardiendo por ahora; y esta es la verdad física y metafísica que la novela artísticamente recrea y «socialmente» atestigua. Se nombran lugares concretos: Madrid, Cuéllar, Turégano, Sepúlveda... Sabemos de minas, labranzas, pantanos, de curas, obreros, intelectuales, gitanos, faranduleros, del «honor» convencional y de la necesidad de robar, de

---

[123] *En la hoguera*, págs. 136-137.
[124] *Ibídem*, pág. 175.

la soledad y apartamiento de esa España, tan olvidada, que sufre en los campos y en los pueblos perdidos.

Con su tercera novela, *Laberintos*, Fernández Santos sale de la contemplación preferente del ámbito campesino y pasa al examen del mundo ciudadano en su estrato precisamente más selecto: los círculos de intelectuales y artistas. *Laberintos* tiene en común con la segunda novela dos particularidades por lo menos: el escenario es Segovia (aunque no el campo, sino la capital de la provincia) y también aquí hay un reflejo de la Semana Santa (más amplio y relevante, pues la acción toda transcurre durante esa semana).

Un joven matrimonio —Pedro, novelista, y Celia, pintora— van de Madrid a Segovia, en la Semana Santa, para escapar del tedio. Se les reúnen otros jóvenes: pintores, críticos de arte, intelectuales. Todos pertenecen a un grupo, el «grupo 60», que ahora se encuentra en disolución. No sólo se encuentra el disolución ese grupo, sino también el matrimonio de Pedro y Celia. Esta es infiel a Pedro con un pintor, Pablo, amigo de ambos. Y Pedro lo sabe, pero nunca habla de ello con franqueza porque se siente incapaz de tomar una resolución. El viaje a Segovia no es más que una tentativa de hacer las paces con su mujer. Sin resultado. La estancia en Segovia, durante una semana desapacible y lluviosa, matando el tiempo en reuniones y excursiones, sólo sirve para acentuar la escisión del grupo y la discordia del joven matrimonio. Pedro evoca entrecortadamente su infancia en Segovia, en los tiempos de la guerra, y sus relaciones con Celia por los años en que eran compañeros en la Facultad de Letras y en que iniciaron su vida conyugal en París. Más vigor que estas retrospecciones que puntean el presente vacío cobra la satírica visión de este presente: turismo, procesiones, y ese grupo de intelectuales que es sólo un nido de intrigas, imposturas, esnobismo, mercantilismo, inversión sexual, codicia de subir, celos y envidias; y todo sin entusiasmo, sin vibración pasional: laberínticas formas de aburrimiento en almas que no conocen una finalidad estimulante.

Laberintos sigue siendo una novela sectorial, protagonizada por un grupo social representativo, y también en ella se siente el apartamiento. Apartados estaban los aldeanos de *Los bravos* y *En la hoguera;* apartados de la órbita comunitaria, y entre sí discordes, los jóvenes burgueses de *Laberintos*. El propósito continúa siendo social más que individual. El triángulo erótico (Pedro, Celia, Pablo) funciona sólo como leve pretexto para dar testimonio de un sector social que vive sin conciencia de posible adhesión a la totalidad, empequeñecido por sus egoísmos, enrarecido por su falta de abertura al pueblo y de integración dentro de él.

Si desde cierto punto de vista puede considerarse *Laberintos* como una de esas «novelas de la vida intelectual» al modo de *Troteras y danzaderas* o *La Calle de Valverde* —enfocadas hacia grupos de escritores, artistas y universitarios—, no hay más remedio que reconocer el descenso de temperatura moral de esta España de los años 60 respecto al entusiasmo, anárquico, pero inspirado, que en la España de 1912 veía Pérez de Ayala, y a la estudiosa diligencia, algo esnob y envenenada de irracionalismo, pero muy productiva, que Max Aub contaba acerca de su Madrid de 1926. En este sentido *Laberintos* sólo atestigua miserias: por no ser, el «grupo 60» no es ni un grupo; a lo más, una «peña» que se desmorona.

Los intelectuales de *Laberintos* no son únicamente intelectuales: son todavía jóvenes. Desde este ángulo cabe relacionar la novela de Fernández Santos con otras de su propio tiempo: *Juegos de manos, Nuevas*

amistades, Tiempo de silencio, Las mismas palabras (anteriores) o *Ultimas tardes con Teresa* (posterior).
Y entonces, sí, aparece una clara comunidad de fondo:
Fernández Santos concuerda con Juan Goytisolo, García
Hortelano, Martín-Santos, Luis Goytisolo y Juan Marsé
en saber y en dar a sentir que la juventud española ocupada en labores de inteligencia sólo se preocupa por ella
hasta ciertas cotas muy cortas, pasadas las cuales todo
es mixtificar, confundir, desistir.

Los bravos, En la hoguera y *Laberintos* coinciden en el
contrapunto ciudad-campo (o pueblo, o ciudad provinciana). Alguien, desamparado en el marco de la con-
glomeración ciudadana, ingresa en los horizontes del
desamparo campesino o provinciano, y el resultado es
la sensación de apartamiento, partición, particularismo,
decadencia.

Desde Bourget y Nietzsche la decadencia viene enten-
diéndose como un proceso negativo por el cual las
partes componentes de una totalidad, en vez de responder, todo lo variamente que se quiera, a una unidad de sentido, operan como totalidades aparte [125]. Esto
conviene tenerlo presente antes de precipitarse a reprochar a los novelistas sociales el haberse propuesto, según la oportunidad, escribir la novela de los mineros, de los labradores, de los electricistas, de los
empleados, etc. Prescindiendo de que algún novelista mediocre haya acometido tan fastidiosa tarea informativa, lo ocurrido a los mejores es que hubieron
de enfrentarse desde niños con una sociedad cuarteada
en fragmentos inconexos por debajo de la aparente y
forzada unidad totalitaria, y al dar expresión al mundo individual-social en la novela no han podido menos
de reconocer a fondo, por ser veraces, esa decadencia.
Decadencia porque no se trata de que la sociedad por

---

[125] NIETZSCHE: *Der Fall Wagner*, parágrafo 7.

ellos reflejada manifieste conflictos y crisis en trance
de ejecutiva resolución: toda sociedad viva los manifiesta y gracias a ello cambia y avanza. Se trata de que
estados críticos y conflictos aparecen sin horizonte de
solución, en calidad de circunstancias estacionarias desprovistas de acento dinámico. Aunque Fernández Santos insiste más en el apartamiento de los grupos sociales (colonos, mineros, artistas, artesanos) que en la
invariabilidad de su sentimiento de la vida, este sentimiento de invariabilidad, tan intenso en *El Jarama*,
se percibe también a lo largo de sus relatos: temáticamente, en la impotencia de las gentes para salir de su
postración y en el ambiente de atraso y de olvido que
respiran; formalmente, en la factura estática, reiterati-
va e interminada de las novelas mismas.

El hombre de los santos evidencia estrecha afinidad
con las novelas anteriores en los aspectos señalados:
valor testimonial que encierra una crítica implícita, contraste de la capital y la España campesina o provincial,
brevedad del tiempo narrado, visión social que pone
al descubierto el apartamiento de individuos y grupos,
composición a base de momentos sueltos o emergen-
tes, lenguaje de una exquisita precisión evocativa levantada sobre detalles hondamente percibidos y expre-
sados con gran fuerza visual y poética condensación.
Sin embargo, en esta cuarta novela adquiere inusitado
relieve la figura de un protagonista singular, el que da
título al libro: don Antonio, «el hombre de los santos»
o simplemente «el de los santos». Ya las otras novelas,
no obstante el predominio en ellas alcanzado por el
cuadro colectivo sobre el retrato personal, tendían a
esbozar con rasgos marcados y a través de una más
frecuente aparición, la imagen de una conciencia destacada: el médico (*Los bravos*), el enfermo (*En la hoguera*) y el escritor (*Laberintos*); pero en *El hombre de*

los santos don Antonio Salazar, el pintor frustrado,
no es sólo la conciencia principal por cuya mediación
se contempla el estado de una comunidad o de un
grupo, sino un destino personal casi constantemente
presente y sondeado desde sus comienzos hasta su declinación. ¿Retorno a la novela de línea biográfica? Tal
vez, pero sin menoscabo del punto de vista social, pues
la historia íntima del protagonista —su escondido amor
hacia una prima, tardíamente reavivado como para apresar el último calor de una esperanza— no sólo no impide,
sino que realza el significado representativo de su biografía: prematura experiencia de los desastres de la guerra y renuncia a la vocación para ganar el sustento en
los años inmediatos, adaptación a unas comodidades y
rutinas domésticas fomentadas por la economía del
desarrollo, trabajo duro y aislado bajo el signo de la
arbitrariedad, pérdida del tono creativo, solitario pere-
grinar al encuentro de otras soledades por pueblos y
campos donde anidan recelos, brotan delirios y sobrevi-
ven arcaicos restos de una devoción moribunda.

El hombre de los santos está acabando de arrancar
los frescos de una iglesia en un pueblo del norte donde
la entrada del otoño ha ahuyentado a los últimos turistas. Enfermo de reúma, postrado en un camaran-
chón, rematando su laboriosa faena (siempre la misma:
rescatar frescos de probable valor a la humedad, el descuido y el olvido) don Antonio piensa en la próxima boda
de su hija Anita, recuerda su pasado, rememora particularmente de su pasado la atracción que sentía hacia
una prima suya que durante la guerra le ayudó a librarse del frente, y a veces escucha los relatos de caza de su
rústico oficial, y a veces intercambia unas palabras con
el párroco, un hombre todavía joven, pero tan solitario y preocupado como él. El párroco soporta la humi-
llante visita de sus padres, que no desearon para él la

vida que ahora lleva, y recuerda con obsesiva fijeza a
un amigo que, en los tiempos del seminario, murió de
un accidente y cuya voz parece que le llama desde el
fondo de los bosques.

En Madrid, rodeado de mujer, sobrina e hija, don
Antonio aguarda la hora de la boda de ésta. Quiso velar
por ella y hacer que dibujase y pintase, pero la madre lo estorbó. Anita ha roto sus clandestinas relaciones con el jefecillo de la agencia de publicidad donde
está empleada y va a casarse con un modesto viajante. Don Antonio se aleja del hogar, un chalet mediocre
cerca de la Casa de Campo, y en la mañana de abril se
dirige al Museo del Prado y visita al secretario del Patro-
nato para el que trabaja. Sigue recordando retazos de
su vida: su aprendizaje en el museo, los solitarios que
conoció en sus viajes (aquel párroco, un cartujo, un
fotógrafo ambulante, mujeres gallegas enlutadas por
los maridos que nunca volvieron, un viajante de comercio, un camarada de guerra que ahora es el padrino de
su hija, un guerrillero que salió de los montes en busca
de venganza). Mientras se encamina a la peluquería,
Anita divaga también por su pasado y se despide solilo-
quialmente del padre.

Ya es la tarde de la boda. Antes de la ceremonia
don Antonio ha salido a un café cercano y ha escuchado
charlas populares sobre toros y toreros y sobre «tener
o no tener», y ha continuado evocando los temores de
la guerra y, en medio de ellos, a su prima, esfinge a la
que vanamente trató de insinuar su deseo. La boda se
celebra, con el obligado cortejo de trivialidades, frases
hechas y actitudes previstas. El jefecillo asiste y, en silencio, envía su adiós a Anita, sustituida ya en su imaginación por otra joven empleada. En la ceremonia el
hombre de los santos ha hablado un momento con su
prima y a la noche, para celebrar la fecha, sale en com-

pañía de su antiguo camarada, dueño ahora de una tienda, y beben. De madrugada su regreso es una turbulenta fantasía alrededor de su vida frustrada.

Y es ya el verano, y don Antonio está en otro pueblo pequeño, de calles estrechas y estrecho horizonte. Su misión, la de siempre: arrancar y limpiar una pinturas antiguas, en un convento de monjas esta vez. A cambio del despojo las monjas esperan algunas mejoras materiales, pero la obstinación de la madre vicaria y un incendio vagamente relacionable con los trabajos del hombre de los santos, dejan a éste con la labor interrumpida para siempre. Antes del suceso, don Antonio ha seguido recordando cosas pretéritas: el Madrid luminoso y pequeño que en la infancia conoció, los preliminares de la guerra, su noviazgo con Carmen, sus lecciones de dibujo con un profesor también fracasado. Intercaladas entre estas remembranzas aparecen estampas interiores del convento e íntimas miniaturas de la psicología de las monjas: la monja anciana y demencial que cuenta siempre las mismas historietas y se traspone contemplando viejas fotografías, la vicaria ambiciosa que vela por la propiedad de la casa, la abadesa enferma que sabe que puede espantar la faz repulsiva del lagarto suspendido sobre ella, pero que no podrá espantar la última hora, y la monja atemorizada por tener que dejar la que hasta entonces ha constituido su única familia. El médico de las monjas, tan «ido» y delirante como algunas de ellas, conversa una noche con el hombre de los santos, sin poder comprender lo que ocurre en la España de hoy (estudiantes prochinos en huelga, expolio vertiginoso de iglesias y palacios), pero aferrándose a la idea de que las monjas, en su existencia abstraída, en su estático retiro, tengan razón.

Y después, en el mismo verano. Don Antonio vuelve a encontrarse con su prima a solas, pugnando por acercar-

la a su deseo y apurar el verdadero amor. Pero ya es
tarde. Mientras conoce que no reanudará las obras en el
convento, sobre las cuales se ha echado tierra, y mientras conoce que aquel párroco solitario de su trabajo
otoñal ha sido recluido en un manicomio, intenta borrar
el hastío insoportable de su vida incitando a la amada a
la postrera oportunidad. Pero ella, también sola, no se
entrega. Después de una provisional despedida, el hombre
de los santos, de regreso a su hogar, descubre un destello en la sombra, un destello inmóvil que vive de la
sombra y que se anima a ratos: tal vez una brasa pálida
de su existir «en la hoguera», la imagen de su última
posibilidad.

Con toda certeza esta abreviatura de *El hombre de los
santos* dará una impresión muy débil de lo que es la novela, pero habrá proporcionado al menos una reseña
coherente de sus motivos cardinales: el trabajo en soledad, la soledad por los caminos y pueblos y en el seno
de la sociedad ciudadana, el persistente recuerdo de la
guerra como un foco de extravíos y fracasos, la angustia subconsciente de las religiosas enclaustradas, el convencionalismo matrimonial y familiar, el terror prolongado con que un individuo representativo de la clase
media española arrostra la irreversibilidad de su derrota como profesional y como hombre.

El hombre de los santos es quizá la novela mejor escrita de este autor, la que contiene más momentos de
turgente esplendor en la descripción, en el modo de relatar y evocar, en las transiciones de la tercera persona
expositiva a la primera monologal y a la segunda de lírica invocación; la novela también donde Fernández Santos logra el pleno dominio de las formas interlocutivas,
así en el diálogo importante como en la charla superficial. Y todo ello depende, en gran parte, de la noble actitud: el autor ha auscultado la verdad social de su tiem-

po y de su pueblo y la ha trasparentado dentro del radio
de un asunto aparentemente «individual», lo que representa una matización nueva respecto a la novela social
al uso y simultáneamente una hazaña de sobriedad respecto a esa novela individualista, de vanguardismo dis-
locado y premioso, que iba entrando en moda. Y depende aquello asimismo, en buena parte, de la elección
de un tema de mucha trascendencia para los españoles hoy: no la situación desesperada de un sujeto excepcional, ni la problemática exorbitada del proletariado o de la alta burguesía, sino el estado común de la
clase media en este tiempo en que se desmantelan tem-
plos y mansiones, agoniza la Iglesia, se exportan los
tesoros y se trabaja para cumplir con unas exigencias
de bienestar, pero en general solitariamente, a un compás de espera indefinida, temiendo que la enajenación
y la dispersión acaben por tapiar con invencibles barreras el último impulso de amor y de libertad.

Libro de las memorias de las cosas prolonga y acentúa
el tono elegíaco que caracteriza toda la obra de Fernández Santos, inspirado en la aprehensión, contenida-
mente emotiva, de los destinos que se agostan en un
medio adverso. Aparece aquí, a través de esfuerzos colectivos y tribulaciones personales, el proceso de integración y declinación de una pequeña comunidad protestante en un lugar castellano: problemas de convivien-
cia y problemas de conciencia, éstos especialmente puestos de relieve en las hermanas Sedano, la menor de las
cuales, Margarita, lacerada entre el llamamiento vital
del amor y los severos hábitos de la comunidad, pone
fin a su vida desesperadamente.

A primera vista podría estimarse esta novela como
ejemplo sobresaliente y poco común de novela religiosa;
y sin duda el autor ha sabido componer un cuadro revelador de la oscura suerte del protestantismo en España.
Lucio Sedano, ayudado por su primera mujer, la inglesa

Cecil (lo correcto sería Cecilia, Cecile o Cecily), y luego
por la segunda, madre de sus dos hijas, y por unos pocos más, fundó en aquellas soledades esa capilla de los
Hermanos Misioneros que ahora, después de 1968, y a
pesar del ecumenismo postconciliar, cada vez es menos
visitada. Y a través de las memorias, dispersamente evo-
cadas, de varios adeptos de esa confesión, van asomando
las relativas a otras iglesias protestantes y a las vicisitudes por las que la práctica de la creencia cristiana
(incluida la católica) ha ido pasando durante casi un
siglo de historia española: dificultades —repito— de convivencia, peligros de anteguerra e intolerancias de posguerra, ulterior liberalización que sin embargo coincide
con un descenso general del sentimiento religioso de la
vida. Un comentario, pluralmente personificado, de esta
abrupta caída de la religiosidad, es sin duda el *Libro*
de las memorias de las cosas, donde la apretada tristeza
procede, sí, de las conciencias atormentadas por la represión antivital que impone la norma religiosa (Margarita, su hermana Virginia, Miguel Molina), pero también de esas otras conciencias de las que imperceptible-
mente se va adueñando la indiferencia: «el hecho es que
los hombres dudan, cuanto más jóvenes más, porque
la vida tiene para ellos otras respuestas, otras salidas,
a saber: formas nuevas de vivir, artificiales o no, llámense moral, amor, protesta, drogas, o lo que sea» (página 345).

Por debajo, no obstante, de esta problemática religiosa,
hay un segundo plano de conflictividad pura y generalmente humana, de la que aquella problemática es sólo
una manifestación. Y esto es lo que, en mi entender,
hace de la última novela de Fernández Santos una obra
digna de ser leída tanto por el laico como por el hombre religiosamente preocupado. Es más, creo que el autor
mismo no debió de sentirse movido a componer esta
novela por semejante género de preocupación: la labor

y la conducta de los Hermanos de las Misiones están
presentadas con respeto pero sin calor, desde la posición
expectante de ese sujeto anónimo que, a manera de «doble» del autor, pregunta, visita, escucha y toma nota.
Y cuando el Hermano Molina (expulsado de la Comunidad por vivir fuera de matrimonio con la mujer aquí
siempre llamada irónicamente su «demonio») oye a otro
Hermano enumerar las Iglesias que solicitaron inscribir-
se en el registro de Asociaciones no católicas (evangéli-
cos, bautistas, presbiterianos, testigos de Jehová, adven-
tistas, etc.) su extrañeza parece trasmitirnos la del autor
y expresa desde luego la nuestra: «había comenzado
a preguntarse cómo la Palabra del Señor podría ser
tan difícil de interpretar, cómo podría ser tan complicada
como para dar ocasión a tal número de Comunidades,
dispares entre sí, diferentes» (pág. 213).

Lo que parece haber impulsado a Fernández Santos
a emprender este sondeo es nuevamente su atención sensitiva hacia los que trabajan y sufren aislados. El pueblecito en que se alza la capilla, la ciudad provinciana
(calle mayor, casino, adormecida biblioteca) de donde
los más aspiran a salir, la reclusión de las dos hermanas en su islote de virginidad, la soledad de Molina en sus
montañas y de Muñoz y otros Hermanos en su minúscula Comunidad, todo está visto y auscultado con el mismo
cuidadoso acercamiento que condujo al novelista a re-
velarnos las soledades de los bravos, de Inés y Miguel,
o del hombre de los santos. Quizá en esta última novela
llegue el motivo del apartamiento a su grado álgido:
estos Hermanos viven en un apartamiento que es el
desierto del páramo y es la estrechez de la pequeña ciudad quieta, pero también viven por su religión extraña
al margen del vecindario, algunos entre sí —dentro de
su común creencia— distanciados por la distinta interpretación de su código o por su adscripción a generaciones diferentes, y otros en sí —en lo interior de su

conciencia— separados de la vida: «Espero que a fuerza de separarnos de la vida, no se acabe la vida separando de nosotros», teme el Hermano Muñoz (pág. 355).

Hacia la vida, hacia la pasión ha huido Molina, y por eso es segregado de los otros; hacia la pasión, hacia el amor (en un precipitado viaje a Barcelona para asistir a un congreso religioso) trata de evadirse, sin lograrlo, Margarita Sedano, y antes de que la expulsen por no cumplir los deberes de la Comunidad, ella misma pone fin a su amargo fracaso humano; y aun Virginia, la solterona mayor, resecada y cérea, sierva de aquellos deberes, sufrirá enajenación pasajera antes de avenirse a compartir con Molina el culto matrimonial. De estos parajes donde el grupo misionero trata de ejercitar la pureza e independencia del cristianismo primitivo, todos, incluso algunos miembros del grupo, desean huir. Sobre esos parajes cae la dura y larga nieve del invierno, el duro e implacable sol del verano, el duro y sordo olvido de la soledad en que nada hay que hacer porque nada se puede hacer: «sin nada que hacer desde por la mañana más que mirar un poco por el balcón y comer o dormir, o arreglar la capilla» (pág. 363); y «la capilla no es nada», en la capilla «no hay nada»: «sólo un par de biblias y unos libros de himnos sobre una mesa tan vieja como el resto de la madera, como todo el edificio; folletos viejos también, comidos por la humedad, manchados por el moho, y dos ramos artificiales que debieron servir para alguna ceremonia» (pág. 365). «Puede que vivir así, tan apartados, tan tranquilos no sea un bien según creyeron siempre, puede que eso que llaman crisis venga a ser esa sal de la tierra de que tan a menudo habla Muñoz tantos días, tantos años, con las mismas palabras, en la misma capilla» (pág. 357).

Un estudio de la angustia individual y colectiva ante el vacío es el *Libro de las memorias de las cosas*, novela de ritmo lento y cierta prolijidad en su mitad primera,

y más acelerada y dramática (con dramatismo interior)
en su mitad segunda; novela que sigue mostrando la
singular eficacia del lenguaje descriptivo de su autor y
una gran pericia para configurar la voz interior de la
conciencia.

Entre los de su generación, es Fernández Santos, a mi
ver, el novelista más fiel a sí mismo, más seguro en la
posesión y perfeccionamiento progresivo de un estilo unitario de novelar, y uno de los que mejor representan las
virtudes de la novela social y más lejos se han mantenido de sus habituales escollos.

De sus colecciones de relatos conviene recordar que
ya *Las catedrales* estaba muy cerca del ámbito de la
novela, pero lo está sobre todo la última, *Paraíso encerrado*, libro construido a base de breves pasajes retrospectivos y de capítulos independientes entre sí y referi-
dos al presente. Aquellos pasajes recuerdan la construcción, destrucción y reconstrucción del Palacio y jardines
del Buen Retiro en el Madrid de Felipe IV. Los capítulos
independientes traen a primer plano estados de ánimo
y conflictos vitales de distintas personas que en el Madrid de hoy frecuentan el Retiro o viven en sus inmediaciones: una casada en aventura, un guarda del parque
retirado a su soledad condolida, dos lesbianas, un falso
héroe, un niño que pasa de la mágica ilusión infantil
al vaciamiento de ilusiones de la pubertad, una actriz
en decadencia, dos hermanos atraídos por secreto afecto
incestuoso, barcas nuevas y barcas viejas en el momento
del relevo, un joven drogado y pseudo-contestatario. El
protagonista es el Parque mismo, con sus estatuas, sus
arriates, su estanque, sus guardas y su zoo abandonado.
Paraíso en medio de la ciudad, encerrado entre verjas
que no guardan ya inocencia alguna.

X

JUAN GOYTISOLO:
LA BUSCA DE LA PERTENENCIA

La trascendencia y ejemplaridad de *El Jarama* y *Los bravos* coloca fuera de duda la fecundidad de sus autores, en el sentido en que más atrás quedó precisado el concepto de fecundidad. Pero Sánchez Ferlosio y Fernández Santos no son los únicos novelistas de su promoción a quienes ésta deba lo decisivo. Podrían aspirar a parangonarse con ellos algunos autores de firme reputación: Ignacio Aldecoa, Juan Goytisolo, Ana María Matute, Juan García Hortelano, Juan Benet o Luis Martín-Santos. Admitiendo provisionalmente a éstos (y no creo pueda proponerse a otros) en un imaginario certamen de «importancia», del cual hubiese que extraer un solo nombre, eliminaríamos primero a Aldecoa (porque es en el cuento donde ha hecho labor renovadora), a Ana María Matute (porque la cantidad de su obra no impide que ésta quede, con pocas excepciones, a un nivel general de novelería inconsistente) y a García Hortelano (porque sus testimonios del ocio burgués no siempre alcanzan suficiente elevación literaria). En cuanto a Juan Benet, su obra se desarrolla después y fuera de la novela social tal como aquí se ha definido. Habría que decidir entonces entre Juan Goytisolo y Luis Martín-Santos.

La única novela de Martín-Santos, *Tiempo de silencio*, es, sin discusión, una obra eminente: por la oportuna actitud poética y satírica que, nacida de un brioso inconformismo, rompe con los hábitos objetivistas en el momento en que éstos degeneraban en rutinas; por la estructuración amplia y variada que abarca tanto la intimidad de la persona como el panorama de la sociedad; por la insólita riqueza y novedad del lenguaje, y porque es obra que ha logrado pronto y duraderamente una proyección estimulante en otros escritores. Ninguna de las novelas de Goytisolo puede compararse a *Tiempo de silencio* en los aspectos mencionados, excepto *Señas de identidad*, que acusa, precisamente, entre otras, la influencia de aquélla. Y, sin embargo, habiendo muerto Martín-Santos sin publicar segunda novela, parece justo que las excelencias de la única sean reconocidas como una magnitud excepcional, fuera de cotejo, y así es como más adelante se considerará *Tiempo de silencio*, en distinto capítulo. Lo que no parece proporcionado es comparar una sola obra con toda una labor en proceso.

La labor en proceso, de JUAN GOYTISOLO (n. en Barcelona, 1931), añade a las notas definidoras de la fecundidad que en la obra de Martín-Santos estimamos cumplidas (oportuna actitud, vigencia de los valores formales ensayados, efectos trascendentes) una nota que a ésta desgraciadamente hubo de faltarle: la capacidad de desarrollo variado y acorde. Precisamente esta capacidad de variación y desenvolvimiento de posiciones, temas, géneros y recursos hace que Juan Goytisolo, para el público y gran parte de la crítica, venga a representar mejor que nadie la fisonomía característica de su generación. Autor de novelas, cuentos, libros de viaje y ensayos críticos; introductor de novelistas españoles en Francia y, por tanto, en el mundo; promotor de campañas y manifiestos; autoexiliado en París y visitante de la miseria y del lujo españoles..., todos estos aspectos configuran sin duda la personalidad más dinámica entre los novelistas de su edad o siquiera la personalidad dotada de un dinamismo más proyectado hacia fuera, más «traducido».

Que Juan Goytisolo sea por hoy el novelista joven más divulgado fuera de España se deberá, en parte, a su situación en París, con lo que ello significa en cuanto a relación con el mundo editorial y literario en la capitalidad de la cultura europea. Sin embargo, yo me inclinaría más bien a invertir el orden: a pensar que la instalación de Goytisolo en París y su contemplación de la realidad española desde fuera sean consecuencias de su españolidad problemática, vacilante, gracias a la cual resulta desde el principio, aun antes de salir de España, un escritor apto para ser entendido bien por otros públicos.

Al hablar de una españolidad vacilante no trato de formular un vituperio ni tampoco de expresar un elogio, como pudieran hacerlo, respectivamente, el patriota apologético y el propagandista cosmopolita, sino de indicar lo que considero el núcleo fundamental de la personalidad y la obra de Juan Goytisolo: la busca de la pertenencia.

De origen vasco y nacido y criado en Barcelona, hijo de acomodada familia (pierde a la madre en un bombardeo en 1938), estudiante de Derecho, temprano lector de americanos, franceses e italianos, contertulio de los como él catalanes Ana María Matute y Mario Lacruz, residente en Francia a partir de 1956 con frecuentes viajes a España a la que ve cada vez con más extrañeza, insatisfecho de ella, pero también del otro mundo en que vive, Juan Goytisolo deja sentir desde su primera novela hasta la última la obsesión de no haber poseído

nunca, o de haber perdido, el vínculo con el mundo al
que su ser propiamente pertenezca. De ahí arranca, a
mi parecer, la dualidad conflictiva que los críticos vienen
notando: distensión entre la imaginación y la realidad
o entre la fantasía evasiva y la veracidad por imperativo
de ética social, según Eugenio de Nora, quien cree debida esa distensión a que en el espíritu de Goytisolo
subsisten algunos de los elementos cultural y vitalmente
residuales (burgueses) que él mismo se esfuerza por combatir [126]; subjetivismo al borde de la poesía y objetivismo
al borde de la sociología, para Ramón Buckley, que habla
también de irrealidad y realidad, y de inadaptación, des-
tacando la figura del «mixtificador» en las novelas de
Goytisolo y la tendencia de éste al personaje arquetí-
pico y a la estructura e imaginación míticas [127]. En todo
caso, es cierto que desde *Juegos de manos* hasta *Señas
de identidad* se percibe una tensión entre el parecer y
el ser, el disfraz y el rostro, el soñar y el hacer, la transfiguración y el reportaje, la evasión y el compromiso,
y que estas dualidades tensivas se producen a partir de
una vacilación inicial acerca de qué sea lo propio, cuál
la justificación última del ser: las verdaderas señas de
identidad.

Debe entenderse, sin embargo, que esta busca de la
identidad no tiene un signo individualista metafísico,
como ocurre en algunos novelistas de la generación mayor intensamente preocupados por el sentido de la
existencia, la autenticidad de la criatura humana o la
vinculación con un fundamento ultraterreno. A Goytisolo
le urge primordialmente conocer a qué programa de acción, a qué clase o grupo, a qué ideal político, a qué patria pertenezca, y esta urgencia no cae fuera del radio

---

[126] E. G. DE NORA: *La nov. esp. contemp.*, III, páginas 318-319.
[127] R. BUCKLEY: *Problemas formales*, págs. 157-182.

trazado por la narrativa social, sino dentro, casi en el vértice mismo.

La obra de Goytisolo que tomaremos aquí en consideración está constituida por nueve novelas: *Juegos de manos*, 1954; *Duelo en el Paraíso*, 1955; la trilogía «El mañana efímero» integrada por: I, *Fiestas* (1958); II, *El circo* (1957), y III, *La resaca* (1958); *La isla*, 1961; *Fin de fiesta*, 1962, *Señas de identidad*, 1966, y *Reivindicación del Conde Don Julián*, 1970.

Basándose en declaraciones del propio autor, los críticos J. F. Cirre, J. M. Martínez Cachero y R. Buckley vienen a coincidir poco más o menos en señalar tres períodos: el primero, subjetivista (*Juegos, Duelo*), el segundo, de transición político-revolucionaria (la trilogía) y el último, de realismo objetivo predominante [128]. Como, según todos aceptan, *La resaca* marca el giro hacia una forma de novelar mejor fundada en la experiencia directa del mundo externo, creo que sería más aclaratoria una división en dos etapas: en las cuatro primeras novelas prevalece la ilusión, el engaño acerca de lo que se cree ser o respecto a la realidad a la que se cree pertenecer; a partir de *La resaca* prepondera la desilusión, el desengaño, la verdad en sus límites. Evidentemente, ilusión y desilusión, engaño y desengaño, encubrimiento y desnudamiento, se dan en todas y cada una de las novelas, pues son extremos que se necesitan para destacarse,

---

[128] J. M. Martínez Cachero: «El novelista Juan Goytisolo», *Papeles de Son Armadans*, núm. XCV, págs. 125-160.—J. F. Cirre: «Novela e ideología en Juan Goytisolo», *Insula*, núm. 230, enero 1966, págs. 1 y 12. Consúltese también: M. Durán: «El lenguaje de J. G.», *Cuadernos Americanos*, 173, nov.-dic. 1970, págs. 167-179. K. Schwartz: *J. G.*, New York, Twayne, 1970. J. Ortega: *J. G. Alienación y agresión en «Señas de identidad» y «Reivindicación del conde don Julián»*, New York, E. Torres, 1972. P. Gimferrer: «El nuevo J. G.», *Revista de Occidente*, 137, agosto 1974, págs. 15-39.

pero es notorio, desde los títulos mismos, el contraste
entre el mundo predominantemente ilusionista de las
cuatro primeras (juegos de manos, simulacros de guerra, fiestas de escarnio, mixtificaciones circenses) y el
mundo predominantemente purgativo y elucidador de
las cinco últimas (sacudida, aislamiento, ocaso de quimeras, autoconfesión general, desmitificación de España).

Juegos de manos presenta a un grupo de jóvenes que,
criados en el seno de familias pudientes y corruptas, se
asocian bajo pretexto de una misión política de índole
subversiva. Sobre el joven más sensible, David, recae la
obligación, trucada, de asesinar a un importante personaje, pero en el momento decisivo el improvisado terrorista se retrae, y no le queda ya sino esperar que la banda castigue su fracaso con la muerte. Quien ejecuta el
castigo viene a ser, precisamente, su más antiguo amigo,
Agustín, cínico para cumplir el cometido con lujo de
macabros adornos, pero lo bastante noble aún como
para entregarse a la policía, mientras los compañeros
consienten la muerte del uno y la entrega del otro sin
ponerse al lado de Cristo ni de Judas, por lo cual su
condena resulta ser la anulación del sentido de su existencia: «Es como si al matar a David nos hubiésemos
matado a nosotros, y como si al negar a Agustín hubiésemos negado nuestra vida» [129].

Aunque algunos han juzgado esta primera novela como
el principio de una línea de denuncia antiburguesa centrada sobre todo en el descontento juvenil, línea que obtiene notoriedad cinco años más tarde, con *Nuevas amistades*, sólo muy moderadamente cabe admitir tal función
iniciadora. Los jóvenes anarquizoides de *Juegos de manos* entrañan un valor testimonial mínimo, y eran, a comienzos de la década del 50, en el ámbito español, más

---

[129] *Juegos de manos*, pág. 272.

bien una rareza. No era raro, en cambio, que algunos
jóvenes intelectuales disconformes tendiesen a plantear,
en el plano de la teoría o en el de la ficción, el problema
del «compromiso», desde un punto de vista más existencial que social, y esto es lo que se trasluce, a mi ver, en
Juegos de manos, cuyo mundo recuerda no la realidad
española del tiempo en que la novela fue escrita, sino
la atmósfera y el tema de una obra como *Les mains
sales* y la psicología de *Demonios* y *Crimen y castigo*.

Goytisolo demuestra ya en *Juegos de manos* lo que
siempre ha de distinguirle: apasionamiento, facilidad
compositiva y una gran soltura para contar y para hacer
hablar a sus personajes. Más importante que el reproche de incorrección idiomática que solía hacerse a este
escritor, hubiese sido el de un cierto mimetismo, debido,
según creo, a aquella misma facilidad para inspirarse
y componer. Acabo de aludir a Sartre y a Dostoyevsky.
Leyendo las sucesivas novelas es inevitable recordar a
otros autores. Alguien ha señalado la semejanza de *Duelo
en el Paraíso* con una novela del inglés Golding [130], y en
general son evidentes los reflejos de Faulkner y otros
americanos e italianos neorrealistas dentro de la trilogía
El mañana efímero. *La isla* parece al mismo tiempo un
eco de la primera novela de Hortelano y un precedente
de la segunda. Y en *Señas de identidad* saltan a la vista
los vestigios de Martín-Santos, Luis Cernuda, Julio Cortázar, Max Aub y Raymond Queneau por lo menos [131].

---

[130] F. Díaz-Plaja: «Náufragos en dos islas. Un paralelo narrativo: Goytisolo y Golding», *Insula*, núm. 227,
octubre 1965, pág. 6. Pero aquí la dependencia parece
que debe descartarse por razones de cronología.

[131] Alguna semejanza con Martín-Santos se puntuali-
za más adelante. El caso de madame Heredia y el pederasta Frédéric (cap. VI) recuerda el de Berthe Trépat
y Valentín, en *Rayuela*, 23 (1963). Las conversaciones de
los emigrados en el café de madame Berger (cap. V, página 285) delatan la huella de Max Aub, y los juegos de

Inútil decir que sin la asistencia educativa de algunos
ecos suficientemente interiorizados no hay voz de artista
que logre afianzar su singularidad, pero es lo cierto que
Juan Goytisolo parece demasiado impresionable, demasiado sugestionado por sus recientes lecturas, y no es la
presencia de influjos asimilados dentro de una personal
armonía lo que se apunta aquí como un defecto, sino
la variabilidad de ellos y su carácter un tanto aleatorio.
Cuesta trabajo admitir que un escritor tan ducho, capaz
de levantar con tan sabia arquitectura una novela como
Señas de identidad, pueda recordar tan de cerca, en ocasiones, el verboso sarcasmo de Martín-Santos o la voz
reflexiva y extrañante del poeta de *La realidad y el
deseo*.

La segunda novela de Goytisolo, *Duelo en el Paraíso*,
traspone el crimen juvenil de *Juego de manos* a crimen
infantil, pero sostiene el mismo clima de engañosa confusión, de equivocación fatal que aniquila tanto o más
que a la víctima al culpable. «La acción discurre en un
pueblecito español, durante la guerra civil, en el inte-
rregno que media entre la retirada de las tropas repu-
blicanas y la llegada del ejército vencedor. Los protagonistas son un grupo de niños que se han hecho dueños de
la escuela y poseedores de unas armas encontradas en
el lugar, deciden matar —y matan— a otro niño, vecino
de la escuela, del que les separa un pasado y una clase
social distintos. Al hacerlo creen obedecer a unas consignas de última hora oídas por la radio y, sobre todo, a
una ilusión de independencia y libertad. En definitiva

---

palabras con los titulares de un periódico bien pueden
remontarse a los «ejercicios de estilo», de RAYMOND QUE-
NEAU. En cuanto a la presencia de CERNUDA, desde el lema «Mejor la destrucción, el fuego» (primitivo título de
Señas de identidad) hasta cuestiones de composición (el
«tú» autorreflexivo) y de lenguaje (por ejemplo, págs. 103,
157, 235-237, 344), salta a los ojos.

este asesinato no es más que una parodia de las innumerables muertes de toda una guerra, cometidas por hombres y no por niños» (J. M. Castellet) [132].

El asunto, según se ve, recuerda ligeramente (aparte
Golding) a aquella película francesa en que unos niños se
entretenían coleccionando cruces, en una morbosa asimilación del ambiente funeral promovido por la guerra
mundial segunda. En *Duelo en el Paraíso* los chicos des-
harrapados, en la angustiosa espera de los vencedores,
imitan la crueldad de la guerra misma y se creen soldados con derecho al pillaje y al crimen. No es éste el
único contacto de la obra con el mundo cinematográfico. Hay otro aspecto técnico igualmente relacionado con
el cine: el procedimiento de la retrospección o disolvencia del presente hacia un pasado que se evoca. De manera
parecida a como en *El fulgor y la sangre*, de Aldecoa, las
mujeres de unos guardias civiles, para olvidar la insufrible tensión de la espera, evocan su vida pretérita, y el
novelista abre así remansos de recuerdo moroso en el
breve intervalo de unas horas de inquietud, Goytiso ras-
ga a menudo la malla de una sola jornada, doce horas escasas, haciendo continuamente retroceder a los personajes que en la acción intervienen hacia tales o cuales
momentos de su pasado.

En realidad la acción comienza al amanecer, cuando el
soldado Elósegui, recién despierto, descubre en el bosque
el cadáver del niño asesinado, y concluye por la noche
de ese día, cuando las pesquisas de los oficiales fran-
quistas, que han conquistado ya aquel tramo de tierra,
dan por resultado el esclarecimiento del crimen y el so-
metimiento de los niños rebeldes. Pero esta acción ocupa, a lo sumo, una quinta parte del libro. Las cuatro
partes restantes están construidas sobre el procedimien-

---

[132] J. M. CASTELLET: «La novela española, quince años
después», pág. 52.

to evocativo: ya es el soldado quien rememora su juventud perdida y la muerte de su novia en un bombardeo; ya el niño asesinado quien aparece, por directa relación del autor o a través del recuerdo de algunos vecinos del pueblo o familiares suyos, en su destino trágico, tempranamente huérfano, fugitivo luego, recogido después en una finca de sus parientes y traicionado finalmente por los muchachos de la escuela con quienes él mismo se había lanzado a ingenuas aventuras de heroísmo; ya es la vieja sirvienta de la finca, o la tía del niño, o su prima, o el oficial encargado de averiguar su muerte, quienes, absortos por un momento, convierten la atención del lector hacia hechos y sentimientos que descargan su peso sobre el presente. Diríase que toda esta avenida de recordaciones es como una red de afluentes que por diversas partes llegan a engrosar el caudal de un río. Sin esos afluentes la obra sería una novela corta o un cuento: con ellos se forma la corriente densa de una novela.

Y aquí es de notar cómo, entre los novelistas de esta edad, los hay que reinciden con frecuencia en este procedimiento (los hermanos Goytisolo, Mario Lacruz, Ana María Matute, en parte Aldecoa) y los hay que se inclinan más bien a la pura sucesión de momentos presentes (Ferlosio, Fernández Santos en sus dos primeras novelas, Hortelano, Grosso). Siendo la evocación del pasado desde las perspectivas subjetivas de varios personajes un recurso de expansión imaginativa y emocional, podría caracterizarse a los primeros como novelistas líricos. Siendo la narración de presentes continuados, sin excursiones ni desvíos memoriales, el procedimiento propio de la narración «presentativa», podría calificarse a los segundos de novelistas épicos. En aquéllos se echa de ver a un tiempo el encanto y el peligro de la idealización, en éstos se impone un realismo impersonal con su magia (la presencia de la realidad inmediata) y su riesgo (la escasez de temperatura afectiva). Lo evidente es que en una novela como *Duelo en el Paraíso* los personajes mismos acaparan la atención del lector, sacudiéndole de un espacio ambiental a otro y arrastrándole en sus sentimientos, mientras que en novelas como *El Jarama* o *Los bravos* no hay arrebato impuesto: el lector se siente testigo del acontecer y, serenamente, asiste a lo que pasa.

Duelo en el Paraíso no se sale, sin embargo, del propósito común a la narrativa de esta generación: entregar al que lee un testimonio social; testimonio que, como es lógico, aspira a lograr en él la vital resonancia de lo artísticamente sentido, ideado y construido. En ésta como en las demás novelas de Goytisolo se da más bien una trabada combinación de lo líricamente expresivo y lo objetivamente testimonial. Los delirios de la anciana tía del muchacho recordando a sus dos hijos muertos baten sobre la sensibilidad del lector con vibración poética; pero las crueldades de los niños, el primer encuentro entre los vencidos y los vencedores y muchas escenas más reproducen una verdad vista por fuera. El testimonio que esta novela aporta, al referirnos cómo unos niños, imitando a los adultos que en guerra se matan, asesinan a un igual suyo por considerarle de esfera superior y para hacer alarde de libertad y de supuesta hombría, queda de manifiesto en las palabras que el maestro de la escuela pronuncia: «A esos niños que no tienen padre ni madre es como si les hubiesen estafado la infancia. No han sido verdaderamente niños». «Las ruinas, los muertos, las balas han sido sus juguetes...» [133].

En la trilogía *El mañana efímero* Goytisolo parte de

___

[133] *Duelo en el Paraíso*, Barcelona, Destino, 2.ª ed., 1960, pág. 137.

23

unos versos del poema de Antonio Machado que lleva
ese título: versos que anuncian para España un mañana vacío, idéntico al presente del novelista (*El circo*),
que hablan de una España de rezo, bostezo y embesti-
da (*Fiestas*) y que invocan otra España futura, la «España de la rabia y de la idea» (*La resaca*) [134].

El paisaje de *El circo* es un pueblecito catalán, Las
Caldas, lleno de olvido y de míseras barracas: allí un
pintor ilusionista y tarambana, Utah, cae preso en la
red de sus misma mentiras, buscado por la policía
como autor de un crimen que no llegó a cometer (otra
vez un crimen con su culpable-inocente). En *Fiestas*
presenciamos la Barcelona urbana y suburbana del Congreso Eucarístico: fe y caridad hipócritas en las esferas
burguesas; prostitución, desahucio, pobreza impotente
en las gentes marginadas, entre las cuales sobresalen
unos niños impelidos a la crueldad y el delirio (una
niña, aquí, es víctima de la insania de un degenerado).
Finalmente, en *La resaca*, la España de la rabia y de
la idea apenas se insinúa en las protestas del obrero
socialista Giner, viniendo a constituir la mayor parte
de la novela un cuadro desolador de las afueras de
Barcelona: pobreza, soledad, desunión, perversión infantil, farsas a la sombra de la devoción, «paz encharca-
da», hampa, sin que falten tampoco aquí los sucesos
mortales (la niña-muñeca que se traga un petardo, el
obrero desahuciado que se corta las venas). *La resaca*
es la pieza de la trilogía que ofrece más variedad, en el
aludido testimonio de la miseria de los humillados, y
más unidad. La unidad la aporta el mayor relieve de
un protagonista: Antonio, un niño desamparado, que
entra a formar parte de la pandilla del Metralla y hace
su aprendizaje de golfo puesta la esperanza en emigrar

---

[134] El poema de Machado «El mañana efímero» es el
número CXXXV de sus *Poesías Completas*.

con su jefe, el cual le deja en tierra en el último momento, tras haberle inducido a robar a su protectora, la mujer de un imaginero, obsesionada por la memoria de un hijo perdido.

Característico de varias novelas de Goytisolo (*Duelo* y el tríptico) es el interés prestado en ellas a la conducta infantil. Este interés, que se nota también en los cuentos de Aldecoa y Fernández Santos, y en relatos y novelas de Ana María Matute, Luis Goytisolo, Juan Benet y otros, halla sobrada explicación en el hecho de que estos escritores padecieron, por causa de la guerra, la infancia anormal, prematuramente reflexiva, que es sabido. La importancia del niño en la novela española no es nueva: además de la picaresca, con sus protagonistas infantiles obligados a bregar con el hambre y el desamparo, hay figuras de niños inolvidables en la obra de Galdós, Clarín y Baroja y, sin ir tan lejos, en Cela y en Delibes[135]. Los pequeños héroes de las novelas de estos autores son, sin embargo, muy distintos: son chicos hambrientos, escolares avergonzados, ladronzuelos, mendigos, camaradas de pupilaje o simples criaturas libres por los campos. Los niños que se perfilan en la narrativa ulterior, hagan lo que hagan, vivan donde vivan, poseen todos un estigma común: la precocidad del dolor, y por eso dan muchas veces la impresión de ser ya hombres, y de razonar (o desvariar) con mentalidad adulta. Así, a los niños que pinta Goytisolo «les gustan los disfraces, lo mismo si son inocentemente pintorescos (Pira, una de las heroínas de *Fiestas*), que belicosos y feroces —y es el caso más frecuente—, simplemente por juego (el delicioso

---

[135] Me refiero a novelas como *La desheredada* y *El doctor Centeno*, de GALDÓS; *Pipá*, de CLARÍN; *La busca*, de BAROJA; el nuevo *Lazarillo*, de CELA; *La sombra del ciprés es alargada*, *El camino*, el relato «La mortaja», de *Siestas con viento Sur*, y *Las ratas*, de DELIBES.

pequeño Pancho, en *El circo*), o sencillamente por crueldad (los niños salvajes de *Duelo en el Paraíso* o los
pequeños murcianos de *La resaca*)». «Arquitectos de
sus fantasmagorías (...) se evaden» hacia regiones reales, aunque impropias de ellos. «De este modo se adap-
tan sin esfuerzo a la realidad del mundo, en el que se
complacen en desempeñar los papeles más viles de
los adultos». (E. M. Coindreau) [136].

Por los mismos años en que Juan Goytisolo publica-
ba la trilogía *El mañana efímero*, escribió y publicó
una serie de artículos recogidos poco más tarde, en
1959, en el librito *Problemas de la novela*, el cual manifiesta gran afinidad de criterios con el de José María
Castellet *La hora del lector*, editado por la misma casa Seix Barral en 1957. Defiende Goytisolo en estos
escritos teóricos la novela objetivista y social, dando
fe de sus preferencias: Baroja frente a Unamuno, la
novela americana de Faulkner, Caldwell o Steinbeck,
las tentativas de Marguerite Duras, el neorrealismo italiano en el cine y en la narrativa de Pavese, Levi y Vittorini, la antigua picaresca española y el objetivismo
de Cela, Ferlosio y Fernández Santos. Sus ideas encuentran explícito apoyo en textos de Malraux, Lukács,
Brecht, Vittorini, Claude-Edmonde Magny, Nathalie Sa-
rraute y otros estudiosos de la novela.

Lo que mayor interés tiene en el marco de nuestra
exposición, es la discrepancia respecto a Ortega (que
suscitó polémica con Guillermo de Torre) y sobre todo
la justificación del nuevo objetivismo. A obras como
La colmena, Los bravos y *El Jarama* se les había pues-

---

[136] E. M. COINDREAU: «Homenaje a los jóvenes novelistas españoles», pág. 46. A mi juicio, la más profunda y
sutil semblanza de la conciencia de un niño en las soledades de la guerra civil la ha logrado JUAN BENET en su
portentosa novela corta *Una tumba* (Lumen, Barcelona,
1971).

to algunas objeciones: falta de contenido ideológico, carencia de análisis psicológico de los personajes y ausencia de intención final o mensaje. Goytisolo contestó a estos reparos y quiso, al mismo tiempo, definir los propósitos que inspiraban a los narradores de su generación:

a) Falta de contenido ideológico: «No se trata, como pudiera pensar algún incauto, de que los novelistas no dejen expresar ideas a sus personajes, sino de que estas ideas deben estar en función de sus temperamentos y caracteres, es decir: deben ser ideas de los personajes, nunca del autor». En tales novelas «el lector no obtiene de los diálogos más que un conocimiento más íntimo de los héroes».

b) Carencia de análisis psicológico de los personajes: «El empleo del método psicológico o de análisis implica (...) la exigencia de unos personajes que, por su privilegiada situación cultural y económica, tengan capacidad, tiempo y medios materiales de observarse. A causa de ello, la casi totalidad de las novelas publicadas en España durante los últimos treinta años se ocupan sólo de una minoría selecta —clase alta y media— y dejan de lado, por defecto de técnica, a esos otros sectores menos favorecidos, cuyo descubrimiento constituye el mérito fundamental de obras como *El Jarama, Los bravos* o *La colmena*». Estas obras, a ejemplo de Gide, Dos Passos y otros americanos, practican el behaviorismo o método objetivo del comportamiento externo, que considera sólo como real en la vida psicológica de un hombre lo que puede percibir un observador exterior al mismo. «(...) Sin vínculos, sin ataduras, los personajes de *El Jarama, Los bravos* o *La colmena* nos dan una poderosa sensación de realidad que no hubiera logrado el más sagaz o profundo análisis de sus conciencias.»

c) Ausencia de intención o mensaje: Los autores de esas novelas conductistas «han logrado ofrecernos tres retablos de la vida española contemporánea, más veraces —social y literalmente hablando— que lo habrían sido (...) con reflexiones, comentarios y anatemas sobre el hombre, la desespiritualización y la pobreza de los sectores por ellos retratados». «Su intención (...) radica precisamente en el empleo de su técnica. Evitando toda clase de retórica y explicaciones inútiles, Cela, Ferlosio y Fernández Santos nos proponen una visión de la realidad, abandonándonos al cuidado de tomar —o no tomar— partido frente a ella.» «Sus obras son 'realistas', pero su realismo (...) está como embebido de intención» [137].

No importa mucho que las argumentaciones de Goytisolo, como también a veces las de Castellet, pequen de simplificativas e inexactas, pues en propiedad las páginas de *Problemas de la novela*, según se insinúa en la nota preliminar, no aspiran a formar un tratado de estética narrativa, sino que tienen una función principalmente programática y un valor próximo al de un manifiesto. Es obvio que el buen novelista, desde Cervantes hasta hoy, pone en boca de sus personajes ideas que estén en proporción con sus temperamentos y caracteres; más obvio aún, que todo ser humano dispone de una psicología, por elemental que sea, y de aptitud para reflexionar sobre sí mismo, aunque la observación del comportamiento externo —esto había de concedérsele a Goytisolo— resulta más adecuada que la introspección a aquel género de novela que pretende captar el modo de ser colectivo y, en particular, de grupos sociales inmersos en la miseria y la enajenación; y, finalmente, que la intención del autor se infie-

---

[137] J. GOYTISOLO: *Problemas de la novela*, págs. 13, 18, 19, 21 y 26.

ra del conjunto de su obra y no venga formulada directamente por él, parece —con excepciones malas y buenas— lo normal.

Lo que importa en estas páginas periodísticas de Goytisolo (por cierto no vueltas a editar) es su valor sintomático. La admiración hacia esas novelas de Cela, Ferlosio y Fernández Santos demuestra la homogeneidad de su sentido social revelador y la voluntad de Juan Goytisolo de adherirse a un modo de narrar realista, veraz y apto para sortear la censura en busca de un lector que no sólo se recree leyendo, sino que recree el mensaje implícito y, por medio de esta intervención, contribuya a que un estado de opinión se fortifique.

A raíz del Primer Coloquio Internacional de Novela, celebrado en Formentor en 1959, Goytisolo, como Castellet, abogó por la intención social de la novela española frente al esteticismo del «nouveau roman», y esto es lo que años después indujo a J. Martínez Cachero a considerar a Goytisolo como el escritor acaso más destacado de un «grupo Formentor», dentro del cual incluía a A. Ferres, J. M. Caballero Bonald, Fernández Santos, F. Morán, García Hortelano, A. Grosso, F. Avalos, J. López Pacheco, D. Sueiro, J. Marsé, R. Nieto y Luis Goytisolo, más otros que serían, por edad, ligeramente excéntricos al grupo (G. Celaya, R. Carnicer y L. Martín-Santos) y otros que, fuera del grupo, mostrarían ciertas afinidades con él (Ferlosio, Carmen Martín Gaite y Gonzalo Torrente Malvido). «Para todos ellos (...) la guerra civil española y la posguerra y los acontecimientos mundiales coincidentes con esta última fueron algo así como el hecho generacional, que actúa de eficacísimo revulsivo. Merced a él han elegido una actitud y han cargado deliberadamente de intención social (entendamos con larga generosidad significativa este vocablo) sus narraciones. Incluso han militado en política y el signo de su orientación y actuaciones determinó alguna vez su encarcelamiento. Cuando desde sus relatos testimonian denunciadoramente, la burguesía, cierta política y cierta vida religiosa, tres fuerzas que estrechan lazos en su pluma, salen muy mal paradas»[138].

No puede ya otorgarse partida de nacimiento a un «grupo Formentor», pero la confluencia de propósitos y técnicas de todos los novelistas mencionados, de dramaturgos como Alfonso Sastre, y de poetas como Celaya, Blas de Otero, Eugenio de Nora, José Agustín Goytisolo o Angel González, está fuera de duda, y estableció entre la mayoría de ellos una solidaridad notable. Tampoco puede dudarse que, entre los novelistas citados, el que mostró una inclinación más manifiesta a justificar tales propósitos y técnicas fue, al menos en los años 50, Juan Goytisolo, y por eso se recuerda aquí esta su campaña crítica.

Después de la cual Goytisolo, con *Campos de Níjar* (1960), hizo de adelantado de un tipo de literatura social, el de los *libros de viaje*, estudiado con amplitud por Pablo Gil Casado en el capítulo VI de su libro, razón por la que nada se dirá aquí acerca de ello, salvo que tanto *Campos de Níjar* como *La Chanca* (1962), del mismo Goytisolo, y los demás «libros de viaje» (debidos a Antonio Ferres, Armando López Salinas, Ramón Carnicer y Alfonso Grosso) representan el extremo límite de la narrativa social, puesto que tratan de ser

---

[138] J. M. MARTÍNEZ CACHERO: artículo citado en la nota 128, pág. 132. En *La novela española entre 1939 y 1969* este historiador modifica levemente lo arriba transcrito (pág. 156) y desde luego parece reconocer el carácter meramente momentáneo del «grupo Formentor» (página 164).

reportajes económico-sociales sobre regiones españolas menesterosas y olvidadas.

El giro de Goytisolo hacia un realismo escueto, perceptible desde *La resaca*, halla confirmación en esos libros de viaje (no exentos, sin embargo, de rasgos novelescos ni de tintes apasionados) y en los relatos del volumen *Para vivir aquí* (1960), que inician un incremento en la denuncia de la decadencia burguesa, patente en *La isla* (1961) y en *Fin de fiesta* (1962).

La isla «se limita a exponer la clase de vida que lleva, en Torremolinos, un grupo de gente rica perteneciente a la generación que hizo la guerra y que se enriqueció por medio del favor oficial», grupo «aislado» del resto del mundo y cuyo horario «incluye, únicamente, tres actividades: la lujuria, la bebida y la fiesta». Así resume Gil Casado [139] esta novela sobre la vida fácil en la Costa del Sol, viendo en ella el punto de partida de *Tormenta de verano*, de García Hortelano, aunque habría de notarse que en la primera novela de este escritor, *Nuevas amistades*, (de 1959 y, por tanto, anterior a *La isla*), fue donde hizo aparatosa eclosión la novela de denuncia contra una burguesía ociosa entregada al sexo, el alcohol y el vano pasatiempo.

A medio camino entre la colección de relatos y la novela se encuentra *Fin de fiesta*, obra que me inclino a estimar como novela por la unidad temática de los cuatro episodios que la integran, de manera semejante a como fue considerada novela *Las afueras* (1958), de Luis Goytisolo, y a como debiera haber sido considerado novela el libro de Antonio Martínez Menchén *Cinco variaciones* (1963) [140].

---

[139] P. GIL CASADO: *La novela social española*, pág. 27.
[140] Precisamente estas tres obras (*Las afueras, Fin de fiesta, Cinco variaciones*), *Las catedrales* y *Paraíso*

En *Fin de fiesta* las variaciones son cuatro: 1) Un muchacho refiere la crisis de una pareja escandinava en Málaga: la mujer tiene amores con Ramón, portuario compañero del relator, y acaso con otros, y el marido se embriaga hasta llegar al borde del suicidio, aunque todo quede luego en tormenta de verano. 2) Alvaro, casado con Ana, en Barcelona, cuenta el desequilibrio que en su matrimonio produce la irrupción de Loles, una jovencita frenéticamente enamorada de él; pero en ambos cónyuges acaba por imponerse la conciencia del lento envejecer. 3) Marta, casada con Juan, arquitecto, observa y describe cómo éste se siente inseguro y trastornado al conocer las relaciones anteriores que ella tuvo con un tal Jaime, marido ahora de Asun, y ambas parejas pasan unos días enervantes a orillas del Mar Menor, hasta que el acceso de celos se disipa. 4) A una masía próxima a Barcelona llega Bruno, narrador de este episodio, para visitar a su amigo Miguel, casado con Mara, y halla a aquél desmoronado en su aislamiento, y se siente atraído hacia la mujer; pero nada ocurre, pues los tres acusan demasiado el cansancio de vivir. La situación en los cuatro casos consiste en una crisis matrimonial, evidenciada por la intromisión de una tercera persona que pone en peligro (pero no llega a deshacer) el vínculo; y quien relata la historia es siempre un sujeto distinto: un observador al margen, el marido, la mujer, el amigo. El tema unitario no es, como pudiera parecer, el matrimonio amenazado, sino la propensión de una relación hecha costumbre a dejarse asaltar por una pasión —lateral, repentina, pretérita o posible—

---

encerrado, de JESÚS FERNÁNDEZ SANTOS, y *Las tapias*, de A. MARTÍNEZ-MENCHÉN, representan una forma de novelar muy propia de nuestro tiempo y cuya estructura es elocuente testimonio del existir fragmentado e incomunicante que lo caracteriza.

que revela, de pronto, su poder de arrebato. Ahora bien, aquella relación inveterada acaba por apagar el corto deslumbramiento de esta pasión, y la quimera entrevista cede ante algo que puede ser cariño, pero que puede ser también hábito, fatiga, declinación.

De todos modos, el engaño y la evasión de las primeras novelas de Goytisolo se subordinan, desde *La resaca*, al desengaño y el desenmascaramiento de la verdad: en *La resaca* Antonio se queda solo con su niñez perdida; en *La isla* Claudia no espera nada de su vivir desviviéndose; en *Fin de fiesta* las parejas entienden que toda aventura ha terminado, y en *Señas de identidad* cualquier afán se consume en una desesperada vocación de suicidio. Porque *Señas de identidad* no es otra cosa que la acumulación a un tiempo turbulenta y clarividente de los datos precisos para probar el desarraigo de una persona que, así desarraigada, se precipita hacia la aniquilación.

En *Señas de identidad* Juan Goytisolo realizó, sin duda, el esfuerzo mayor de su carrera de novelista hasta entonces, y la excelencia de su trabajo descansa conjuntamente en la riqueza de la construcción y en la radicalidad del examen de conciencia.

La riqueza de medios en la construcción de una novela sólo debe valorarse como virtud si sirve a un contenido naturalmente complejo que la requiera y a una posición del espíritu justificada por las circunstancias históricas y sociales que la novela hace intuir. En otro caso, la riqueza sería dispendio. No sucede así en *Señas de identidad*, donde apenas hay algo superfluo. Con lo cual quiero decir que me parece más importante la autenticidad del examen de conciencia acometido que la opulencia de los recursos compositivos demostrada, aunque ambos aspectos deban verse en su interrelación.

En *Señas de identidad* una persona, Alvaro Mendiola, transparente «doble» de Juan Goytisolo, se inspecciona por el conducto polimorfo de unos heterogéneos materiales: las fotografías del álbum familiar, las lápidas del cementerio de Barcelona, una carpeta de papeles, partes policíacos, conversaciones con amigos, un mapa, biografías de emigrantes, cartas y narración y, en fin, las imágenes que de Barcelona transmiten los telescopios del Montjuich. Cada uno de los tipos de material que en la anterior enumeración se indican, proporciona al protagonista (que habla de sí como a una segunda persona), al relator objetivo (que habla en tercera persona) o a otros sujetos (que hablan en primera persona o de los cuales el narrador habla en tercera) una documentación que esclarece el tema primordial de cada uno de los nueve capítulos de la novela: familia, condiscipulado, guerra civil, política dentro y fuera de España, fracaso de esta política rebelde dentro y fuera de España, amor, sufrimiento obrero, revolución cubana, visión sintética de la España actual. Tanto la variedad de «fuentes» como las mutaciones de persona gramatical, como, más importante aún, los cambios de encuadre espacial y temporal (España-Francia-Cuba, fin de siglo, anteguerra-guerra-posguerra, actualidad) cumplen una función integradora de considerable poderío sinfónico: persona, familia, ciudad, generación, profesión, política, amor, trabajo, nación, todo entra en la ardua tarea de reconocimiento de un destino individual que, merced a estas ondas «concéntricas» en que aparece «descentrado», asume la exploración de su sentido social e histórico.

El significado de la pesquisa se lo expresa a sí mismo el protagonista una y otra vez: «Familia, clase social, comunidad, tierra: tu vida no podía ser otra cosa (...) que un lento y difícil camino de ruptura y desposesión». «Los hechos se yuxtaponían en el recuerdo como estratos geológicos dislocados por un cataclismo brusco», «los diversos elementos de la historia se descomponían como los colores de un rayo luminoso refractado en un prisma y, en virtud de un extraño desdoblamiento, asistías a su desfile ocioso simultáneamente como actor y como testigo, espectador, cómplice y protagonista a la vez del remoto y obsesionante drama»; los sucesos, desempolvados mediante documentos y pruebas, «permitían iluminar no sólo tu biografía, sino también facetas oscuras y reveladoras de la vida en España (juntamente personales y colectivos, públicos y privados, conjugando de modo armonioso la búsqueda interior y el testimonio objetivo, la comprensión íntima de ti mismo y el desenvolvimiento de la conciencia civil en los reinos Taifas)», etcétera [141].

De búsqueda interior y de testimonio objetivo se compone, en efecto, la emocionada documentación de esta novela. Durante cinco días de agosto de 1963 el protagonista, enfermo del corazón en el sentido físico y en el moral de la palabra, rememora, en una finca cerca de Barcelona, echando mano de las «fuentes» señaladas, y unas veces a solas, otras en compañía de su mujer (Dolores) o de algunos amigos (Antonio, Ricardo, Artigas, Paco), el pasado suyo y de su pueblo.

El álbum de fotografías, en el capítulo I, sugiere la evocación de las dos ramas familiares: burguesía, tierras y esclavos en Cuba, una demente, un suicida, damas y caballeros piadosos, la institutriz, los comienzos de la guerra, el colegio, los primeros pecados. Y la consecuencia de este sondeo en la familia y en la infancia es una especie de abjuración de ambas,

---

[141] *Señas de identidad*, págs. 55, 116 y 165.

que recuerda vivamente a Alberti y, sobre todo, a Cernuda [142].

Al día siguiente de esta evocación (capítulo II), Alvaro asiste con sus amigos al entierro del profesor Ayuso, intelectual políticamente derrotado, y la memoria de este hombre, la visión del cementerio y la presencia de antiguos compañeros universitarios hacen recaer el examen del pasado sobre la juventud de Alvaro: sus condiscípulos (Antonio el disidente, el falangista Enrique, convertido más tarde a la oposición; Sergio el cínico), el desgarramiento de Alvaro entre la anarquía moral y la urgencia de comprometerse, la protesta de 1951 en Barcelona contra el aumento de las tarifas tranviarias y las tentativas iniciales de acción política.

Una carpeta llena de papeles, fotografías, programas y recortes sirve luego (capítulo III) de expediente a una reconstrucción imaginaria tan difícil como bien lograda por el novelista: en Yeste tuvo lugar poco antes de la guerra civil, en 1936, una represión sangrienta contra campesinos en manifestación, y en Yeste, en 1958, siendo ya Alvaro fotógrafo de la France-Presse, trató de filmar un documental sobre el encierro de unos novillos con ocasión de las fiestas locales: la descripción de aquella batalla y de esta capea (una bandera roja entonces, como después una roja capa) corre alternamente, contrapunteada, a veces confundida, y ambos hechos cruentos —la matanza y el espectáculo—, con su distancia temporal y cualitativa, abren el compás de una rememoración dolorosa centrada en la guerra civil, a comienzos de la

---

[142] Compárese, por ejemplo, el «cónclave familiar» evocado en *Señas*, cap. III, págs. 157 y siguientes, con el «concilio familiar» y «cónclave fantasmal», del poema de LUIS CERNUDA «La familia» (*La realidad y el deseo*, Méjico, Tezontle, 1958, pág. 201).

cual el padre de Alvaro había sido ejecutado con otros, precisamente en Yeste, por el pueblo en armas.

Auxiliándose con la copia de unos diarios de vigilancia de la Policía y de conversaciones con su amigo Antonio, al día siguiente (capítulo IV) Alvaro proyecta su atención sobre sus experiencias de exiliado voluntario en París (desde fines de 1952 hasta comienzos de 1963), y el recuerdo de sus primeros entusiasmos y de sus crecientes decepciones, causadas por la indiferencia o la apatía de políticos franceses y españoles, se yuxtapone a los informes policiales que en Barcelona registran las actividades de jóvenes conspiradores y al relato del encarcelamiento de Antonio y de su libertad vigilada en un pueblo de Levante.

La llegada de Ricardo, Artigas y Paco para pasar el fin de semana con Alvaro y Dolores (capítulo V) proporciona una información conversada que el novelista transforma en relato objetivo (éste es el único capítulo escrito enteramente en tercera persona, frente a la habitual barajadura de perspectivas), a través del cual se va exponiendo el fracaso de la política de oposición tanto en París como en Barcelona: allí los distintos estratos de emigrados planean acciones y organizan reuniones inútiles mientras algunos jóvenes se encenagan en pasatiempos alcohólicos, eróticos y bohemios; en los medios españoles los ensayos de protesta sucumben por abandono o bajo los rigores de la Policía.

Tras este capítulo, marcadamente satírico, sobreviene el VI, el más lírico del libro y uno de los dos (el otro es el último) que mantiene en toda su extensión la segunda persona de desdoblamiento autorreflexivo; esa segunda persona que distancia y objetiviza el yo y que no procede, como pudiera sospechar-

se, de Butor, sino de Luis Cernuda[143]. Ante un atlas
antiguo evocan Alvaro y Dolores aquella parte del
pasado que más candentemente atañe a ambos: su
encuentro en París, en la pensión de madame Hérédia, en 1954 (y madame Hérédia da pretexto a un episodio filarmónico-homoxesual comparable a las estampas parisienses de Cortázar en *Rayuela*), la profunda
pasión que les une, sus viajes (Amsterdam, Hamburgo, Brujas, el Ruhr, Venecia, Ginebra) y las decisiones
«mortales» de Alvaro (obligar a Dolores a un aborto
para no dejar huella de sí mismo sobre la tierra, y
subir al tobogán de la Bastilla, en marzo del 63, a fin
de provocar su propia muerte por angustia cardíaca,
decisión que no le libra de la vida aunque le asegure
el próximo y deseado final).

Apuradas estas memorias, las tres personas gramaticales intervienen de nuevo en el capítulo VII para
recomponer patéticamente el destino de los obreros
españoles al terminar la guerra y a lo largo de la
emigración, y de este cúmulo de testimonios personales de los trabajadores, «voces oficiales» de la España
de hoy (que en éste y otros capítulos irrumpen como
un anónimo coro en alabanza de la paz y el despegue económico) y de las meditaciones de Alvaro, ocupado por un tiempo en trazar un documental sobre
la emigración, se deduce la incertidumbre de éste respecto a su entera y estable adhesión a esas gentes de
su pueblo.

No menos perpleja es la actitud del protagonista du-

---

[143] Lo indicado en las notas 131 y 142 basta para conocer la procedencia. El mismo poema «La familia»,
mencionado en la nota anterior a ésta, puede servir de
ejemplo probatorio. Me extraña que no señale el antecedente cernudiano FRANCISCO YNDURAIN en su docto estudio sobre «La novela desde la segunda persona», publicado en el tomo colectivo *Prosa novelesca actual* (1968).

rante su estancia en La Habana como testigo de la revolución «dionisíaca» de Fidel Castro (capítulo VIII). Cartas antiguas de esclavos, recortes viejos, soliloquios sombríos, diálogos titubeantes con una adolescente enamoradiza, la visita a la casa de sus antepasados, la asistencia a una ceremonia negra y otros ingredientes, dan cuenta de un Alvaro Mendiola que «estaba dispuesto a morir por la Revolución, consciente de que la Revolución era imposible, del mismo modo que quería a su mujer, a sabiendas de que el amor desembocaba en la nada»[144].

Por último, en el capítulo IX, vemos a Mendiola-Goytisolo contemplando, al amanecer, por los telescopios de Montjuich, a Barcelona y, en ella, a la España de hoy. Su monodiálogo interior, que aquí, como en otros puntos del libro, se desata en versículos

---

[144] *Señas de identidad*, pág. 437. En la segunda edición de *Señas de identidad* (México, J. Mortiz, septiembre 1969), además de dos segmentos del capítulo II (encuentro con un mendigo en Tánger; voces oficiales condenando el boicot de tranvías en Barcelona), se ha suprimido todo el capítulo VIII, a excepción de cuatro segmentos, uno de los cuales (ceremonia de los negros) ha pasado parcialmente, con cambio de la tercera persona plural a la segunda singular, al capítulo VI, y los tres restantes (llegada a Barcelona de un pariente negro en 1946, Cuba imaginada por Alvaro a sus trece años de edad, y supuesta liberación de los esclavos por el bisabuelo) han pasado, en letra cursiva, al capítulo último, que antes era el IX y ahora es el VIII. Toda referencia a la Cuba de Fidel Castro ha sido, pues, eliminada, salvo la muy leve del segmento incorporado al capítulo VI. Si dejo mi comentario como estaba, aunque notando aquí las modificaciones de la segunda edición, es por pensar que a quienes sólo hayan leído ésta pueda interesarles conocer el contenido de la primera, y a quienes sólo leyeron la primera pueda interesarles quedar advertidos de las alteraciones de la segunda. De las cuales —advierto yo a mi vez— sólo he tenido noticia tiempo después de haber publicado mi estudio.

tumultuosos, refleja el dolor y la vergüenza ante el
olvido en que yacen las víctimas de la injusticia (desde Companys hasta el profesor Ayuso) mientras bor-
dean esa voz interna consumida en su rabia las voces
triviales y babélicas del turismo y aquellas voces oficiales que le dicen:

«reflexiona todavía estás a tiempo
nuestra firmeza es inconmovible ningún esfuerzo
[tuyo logrará socavarla
piedra somos y piedra permaneceremos
no te empecines más márchate fuera
mira hacia otros horizontes danos a todos la
[espalda
olvídate de nosotros y te olvidaremos
tu pasión fue un error
repáralo
SALIDA
SORTIE
EXIT
AUSGANG» [145]

Pero no es tan consumado el nihilismo de Alvaro
Mendiola que no pueda oponer un último desafío,
condensador del sentido total de la obra:

«pero no
su victoria no es tal
y si un destino acerbo para ti como para los otros
[te lleva
no queriéndolo tú
antes de ver restaurada la vida del país y de sus
[hombres
deja constancia al menos de este tiempo no olvides
[cuanto ocurrió en él no te calles

---

[145] *Ibídem*, pág. 484.

alguno comprenderá quizá mucho más tarde

....

qué orden intentaste forzar y cuál fue tu cri-
[men»[146]

El versículo aquí subrayado recuerda, y por eso
ha sido subrayado, el motivo que expresa el título
Tiempo de silencio, novela con la cual *Señas de identidad* presenta más de una relación. Ofrecía *Tiempo
de silencio* una visión panorámica de Madrid en sus
aspectos sociales más varios y, a través de Madrid,
de la España de los años 40; visión que no se limitaba a testimoniar un estado de cosas con esa objetividad reticente postulada antes por Goytisolo y otros
narradores que podríamos llamar de «la hora del lector», sino que rebasaba el conductismo y echaba por
la borda las reticencias, manifestando con alta temperatura satírica, poética y (en los procedimientos)
vanguardista, la voluntad explosiva de un protagonista y su creador. A la novela colectivamente protagonizada (desde *La colmena* a *Nuevas amistades*) su-
cedía así, súbitamente, una novela con protagonista
individual ostensible; pero, curioso por demás, un protagonista individual que no se conoce a sí mismo, que
trata de reconocerse a través de los otros y por medio de una experiencia múltiple de fenómenos y estados sociales. La desaparición del individuo seguía, pues,
en vigencia, pero no dejaba paso a los «objetos», como
en la novela francesa, sino a la busca del desaparecido sujeto singular mediante el contraste de su espectro
con los otros, la gente, clases, grupos, círculos todavía humanos. La inconexión de las escenas y la
misma desorbitación de la voz personal venían a probar esa busca afanosa y azarosa del individuo. Pues

---

[146] *Ibídem,* págs. 484-485.

bien, todo esto puede predicarse igualmente de *Señas de identidad*, cambiando Madrid por Barcelona, los años 40 por los 50 y 60 y teniendo en cuenta que Goytisolo ensancha geográfica e históricamente el campo de inspección y profundiza el examen de conciencia buceando en las raíces familiares. Técnicamente, Goytisolo sobrepasa también a Martín-Santos: en el empleo de los más diversos materiales, manejo del contrapunto, la discontinuidad y la superposición temporal, juego de personas gramaticales, uso del versículo impuntuado y contraste entre la voz íntima y las voces corales; pero debe a Martín-Santos la franqueza de la sátira, la ostentación iracunda de la persona, el barroquismo de la prosa narrativa y del discurso monogal y una verbosidad exasperada que viene a compensar la ascesis del largo tiempo de silencio y a invalidar todo «understatement» en un enconado, histérico desahogo.

Recuérdese el siguiente texto de *Tiempo de silencio*:

«¡Allí estaban las chabolas! Sobre un pequeño montículo en que concluía la carretera derruida, Amador se había alzado —como muchos siglos antes Moisés sobre un monte más alto— y señalaba con ademán solemne y con el estallido de la sonrisa de sus belfos gloriosos el vallizuelo escondido entre dos montañas altivas, una de escombrera y cascote, de ya vieja y expoliada basura ciudadana la otra (de la que la busca de los indígenas colindantes había extraído toda sustancia aprovechable, valiosa o nutritiva) en el que florecían, pegados los unos a los otros, los soberbios alcázares de la miseria (...) ¡Pero qué hermoso a despecho de estos contrastes, fácilmente corregibles, el conjunto de este polígono habitable! ¡De qué maravilloso modo allí quedaba patente la capacidad para la improvisación y la original fuerza constructiva del hombre ibero! ¡Cómo los valores espirituales que otros pueblos nos envidian eran palpablemente demostrados en la manera cómo de la nada y del detritus toda una armoniosa ciudad había surgido a impulsos de un soplo vivificador! ¡Qué conmovedor espectáculo, fuente de noble orgullo para sus compatriotas, componía el vallizuelo, totalmente cubierto de una proliferante materia gárrula de vida, destellante de colores que no sólo nada tenía que envidiar, sino que incluso superaba las perfectas creaciones —en el fondo monótonas y carentes de gracia— de las especies más inteligentes: las hormigas, las laboriosas abejas, el castor norteamericano!»[147]

Y compár
esele el siguiente texto de *Señas de identidad*:

«Allanad con el pie las múltiples bocas de un hormiguero, pacientemente construido grano a grano sobre un terreno ingrato y arenoso y pasad el día siguiente por el lugar: lo veréis de nuevo sutil y floreciente, como una plasmación del instinto gregal de su comunidad laboriosa y terca, así la habitación natural de la fauna española, la ancestral y siempre calumniada barraca de caña y latón, condenada a desaparecer, ahora que sois como quien dice europeos y el turismo os obliga a remozar la fachada, por la vía expeditiva y un tanto brutal, preciso es reconocerlo, del moderno y pujante neo-capitalismo de organización, barrida un día de la Barceloneta y Somorrostro, Pueblo

---

[147] L. MARTÍN-SANTOS: *Tiempo de silencio,* págs. 41-42.

Seco y La Verneda, resurge inmediatamente, lo-
zana y próspera, en Casa Antúnez o en el puerto
franco como expresión simbólica de vuestra primitiva y genuina estructura tribal.

»Tú contemplabas aquel reino Taifa compuesto
de casucas y chozas, tan semejante al que filmas-
te tiempo atrás (reino destruido después por decreto con entrega solemne de viviendas conforta-
bles y limpias a sus toscos y recelosos habitantes)
y la indignación que te poseyera antaño te re-
sultaba tan extraña como el aspecto consabido
de sus moradores (pequeños y secos, oscuros y
reconcentrados). Sentías asombro (eso sí) ante
la obstinación y empecinamiento con que intentaban aferrarse a una vida cuyas premisas jamás
ponían en duda, como si su finalidad (te decías)
fuera nacer, crecer, multiplicarse y morir con la
resignación muda de los animales, oh pueblo español (invocabas), comunidad ruda, grey silvestre, forjado en el frío y desamparo de la estepa
(tuya y de tus paisanos).» [148]

En ambos textos la misma sintaxis implicante, adversa al punto, proclive al anacoluto; la misma ironía en los símiles y conceptos: «soplo vivificador» / «sutil y floreciente»; «hormigas... abejas... castor» / «hormiguero»; «fuerza constructiva del hombre ibero» / «vuestra primitiva y genuina estructura tribal»; y el mismo fondo de irritación velado por
aquella grandilocuencia y esta ironía.

A pesar de éste y otros ecos, *Señas de identidad* es
una obra digna de parangonarse con *Tiempo de silencio* y, como se ha indicado, todavía más ambiciosa. Pero sobre todo *Señas de identidad* tiene un valor

---

[148] *Señas de identidad*, pág. 64.

de eminencia que estriba en la sinceridad a ultranza del autoanálisis. Goytisolo, tan inclinado en sus otras novelas al sombreado fantástico, a los efectos de disfraz y a cierta novelesca evasión, desarrolla en esta obra un inexorable proceso en el que él mismo comparece como reo. *Señas de identidad* da expresión a la angustia del hombre perdido que ansía encontrarse recuperando a su pueblo perdido, entrando en contacto integrador con él si alcanza a descubrir la verdad de sí mismo y de su pueblo. Y esa verdad se llama justicia. El anhelo de justicia y el empeño en no callar en tiempo de silencio redimen la existencia de ese meditador sometido al interrogatorio del recuerdo, aunque a través de este interrogatorio emerja una figura débil amenazada por los resabios del «vicio» burgués, por la anarquía moral, las erosiones de la ausencia y por la tendencia a desposeerse y a no ser. Una confesión tan exhaustiva y tan reveladora del conjunto social, en su sentido más amplio, no se había dado aún en la novela española de nuestro tiempo, y ésta es la principal razón por la que debe concederse a Juan Goytisolo el reconocimiento a que tiene derecho. Sus «señas de identidad» no son borrosas o nulas, como él imagina. Por el contrario, le «identifican» como un pensador y sentidor responsable, «señalando» inequívocamente (al menos para nosotros) su pertenencia a España. Pertenencia corroborada por los dos libros últimos de Goytisolo: la colección de ensayos *El furgón de cola* (Ruedo Ibérico, París, 1967) y la ya citada novela *Reivindicación del Conde Don Julián* (1970).

En *El furgón de cola,* secundando el clamor de Martín-Santos, afirmaba Goytisolo que: «Nuestro anquilosado lenguaje castellanista exige (...), con urgencia, el uso de la dinamita o el purgante. El futuro renovador de nuestra narrativa será aquel, creo yo, que corte más

audazmente sus amarras con el pesado lastre de la
tradición que soportamos». Y en otro punto: «La destrucción de los viejos mitos de la derecha tendría que
partir de un análisis y denuncia de su lenguaje. Impug-
nando las palabras sagradas impugnaría los valores
que se expresan en ellas. La tarea de minar los fundamentos de la metafísica española exige la crítica implacable de esa rancia prosa castellanista que es, a la
vez, santuario y banco de valores sublimes del Buen
Decir» (págs. 56, 183). Estas últimas palabras pertenecen al escrito titulado «Examen de conciencia», de lectura indispensable para comprender bien el paso de
Juan Goytisolo, desde la actitud testimonial anterior, a la
actitud hipercrítica, satírica e iconoclasta que ha inspirado *Señas de identidad* y sobre todo *Reivindicación
del Conde don Julián.*

Guarda *Don Julián* patentes semejanzas con *Señas*:
la intención es también condenatoria; el mensaje es
igualmente la demolición de la España consagrada; estructuralmente hay parecida reducción del tiempo-espa-
cio presente en contraste con amplias aberturas hacia
el pasado o hacia la imaginación intemporal; el soliloquio del narrador se dirige, ahora invariablemente, a
sí mismo, interpelado como «tú»; y, en fin, el lenguaje,
con sus enumeraciones caóticas, reiteraciones, neologis-
mos, frases separadas por dos puntos, versículos y
juegos lírico-satíricos, recuerda bastante el de la novela anterior.

Pero *Don Julián* va más allá. La visión satírica se
ha intensificado al máximo: la España tradicional y sobre todo la actual (desarrollo, neocapitalismo, auge turístico) aparece agredida en iracundos denuestos y fan-
tásticamente violada por el legendario Don Julián re-
divivo, por el enemigo secular, el moro (aquí el salvador). Al servicio de este ataque pone el autor ese en-

mascaramiento psíquico que da título a la obra: el protagonista, un exiliado en Tánger, obsesionado con la España que contempla a la otra orilla, se infunde en don Julián, preparando en su fantasía la traición de España, su invasión, violación y aniquilación. Este sujeto ya no tiene que esperar ninguna orden de destierro, ya está fuera: «Tierra ingrata, entre todas espuria y mezquina, jamás volveré a ti», es lo primero que dice. Polivalente en su unidad, uno en su multiplicidad, este personaje dice haber abandonado todo anhelo de identificarse, y su empeño es radical: «destrucción de la España sagrada» (pág. 52), «hacer almoneda de todo: historia, creencias, lenguaje: infancia, paisajes, familia: rehusar la identidad, comenzar a cero» (pág. 135). El pensamiento de la destrucción de España coincide con el deseo de destruirse a sí mismo. Acogido al marqués de Sade, inspirado por el conde de Lautréamont, imagina un crimen que no tenga disculpa, una blasfemia absoluta que jamás deje reposar su conciencia: violar, corromper a un niño (él mismo en el recuerdo). Rumiando este suicidio, equivalente a la destrucción de España, el nuevo don Julián recorre su laberinto de Tánger, contempla la costa frontera, llega idealmente a la meseta castellana. Se van sucediendo y enlazando las imágenes agresivas: insectos, inoculación, serpiente, veneno, violación del antro virginal, flagelación, sacrilegio. En el estrecho marco temporal de un día por las calles y una noche en el fumadero, Julián asalta, viola, corrompe y devasta a España, mirada en su largo pasado engañoso y en su trivial día de hoy. La condenación es grave unas veces, otras veces irónica, paródica, grotesca: esencias carpetovetónicas, capra hispánica, tauromaquia, clero, virginidad, purismo, senequismo, honor, Noventa y Ocho, Falange, franquismo, pseudointelectualidad de este tiempo; todo ídolo va saltando de su peana.

De las cuatro partes de que se compone el discurso (pues discurso es, y no acción narrada) la primera ofrece la imagen ambulante del exiliado en la ciudad; desata la segunda, desde el café nocturno donde Tariq tiende la pipa al absorto Julián, delirios que desembocan principalmente en el pasado (nacional y personal) entretejido con el presente, y que ostentan un irritado tono de invectiva; la parte tercera, la más extensa, proyecta desde la misma situación hacia un inmediato futuro la conquista y ruina de España, en la mente cumpliéndose ya; y la parte cuarta, llevando a consumación esa gesta, compagina el crimen nacional con el moral y físico del protagonista, en una especie de vértigo hacia dentro que tiene su melancólico anticlímax en el retorno del sujeto al cubil donde empezando la novela le habíamos visto despertar y donde ahora se tenderá a dormir para, al día siguiente, reemprender la invasión.

Don Julián es modelo excelente de novela estructural, de esa novela que intenta definir la estructura de la sociedad desde la persona y la estructura de la conciencia personal desde el contexto social. El resultado más notorio de este nuevo tipo de novela es el esbozo de una imagen humana opaca y descompuesta. El omnipresente protagonista se agita en el dédalo suyo y de su mundo tratando de liberarse por objetivación y transmigración múltiple, y haciéndose ejecutor equívoco, proteico e incesante de metamorfosis a través de las cuales parece buscar la clave que le defina y le haga comprender la indigesta mole social en que existe.

La intertextualidad de esta novela, su condición de coloquio con otros textos fue bien notada por J. M. Castellet en un ensayo de *Cuadernos para el Diálogo* (XXVI, extra, Julio 1971, págs. 30-33). *Don Julián* encie-

rra un repertorio abundante de alusiones y citas literarias, como es evidente al lector nada más abrir el libro,
y más evidente aún al ir a cerrarlo, pues al final encuentra una lista de colaboradores póstumos o involun-
tarios de quienes Goytisolo ha tomado palabras sin
entrecomillarlas. Abarca esa lista las más diversas jerarquías cualitativas, desde Cervantes a Joaquín Arra-
rás; pone en convivencia imaginaria a autores de épocas distantes desde Virgilio a Blas de Otero; convoca
a cultivadores de los géneros más varios, desde Ibn
Hazm a Luis Buñuel. Esta intertextualidad y el hormi-
gueo inaquietable de motivos recurrentes, tan sintomáticos de la obsesión del protagonista, hacen del discurso
una selva monodramática por la que la razón no puede
cómodamente transitar. Las alusiones, referencias y variaciones repetitivas, de pregnante efecto poético, entor-
pecen la contemplación del diseño pero estimulan, en
cambio, la percepción de complicados y sutiles ritmos.

Como he analizado en un trabajo todavía inédito, y del
que aquí sólo tomo algunos párrafos, el cometido que
parece haberse propuesto Goytisolo en su desmitifican-
te novela ha sido derribar los ídolos y arrumbar los lugares comunes inoperantes desarrollados alrededor de
la tradición española por los hombres del 98 y por sus
hijos, nietos y bisnietos. Aquellos hombres empezaron
proponiendo la europeización de España para en seguida pasar a la solución interiorista y autentificante. La
reacción contraria de muchos hijos y nietos hizo creer
que la europeización, entre 1918 y 1938 aproximadamente, había triunfado. Pero esos mismos y sus sucesores
inmediatos llevaron nuevamente el péndulo hacia la
banda opuesta. En la «mezquina sociedad de los años
cuarenta para siempre malditos» (pág. 221) la españoli-
zación de España, su apartamiento del curso europeo,
se recrudeció, y así prosperó ese otro 98 cultural de

introspección y clausura, eco de otros ecos, hasta que
España cambió, pero no para ser más europea, ni más
ella misma, sino para americanizarse. Ante este resultado, que si se compara con los sueños de los noventiochis-
tas y sus adeptos no puede menos de calificarse de incongruente, Goytisolo propone una solución esperpéntica: africanizar a España. *Don Julián* no es, sin embargo, otro ensayo de regeneración: es un ejercicio poético, en peligro a veces de deslizarse hacia la fácil an-
tiespañolada, pero, por lo general, sostenido al nivel
de intensa altitud que la desesperación garantiza.

En *Don Julián* llega a su extremo la sátira del lenguaje, preludiada por autores tan diversos como Max
Aub y Francisco Ayala, Cela y Delibes, y desencadenada
por Martín-Santos. Satiriza Goytisolo el lenguaje hablado, con sus vulgaridades, la cursilería de las modas,
casticismos y esteticismos, y la pedantería de la jerga
intelectual; pero sobre todo el lenguaje escrito: lengua
oficial, lengua literaria. Aquélla en sus manifestaciones
oratorias y periodísticas, propagandísticas y comerciales. La lengua literaria, en el estilo 98 (tuétano, santa
costumbre, me duele España), la retórica que va de Ortega a la propaganda falangista (fibra carpetovetónica,
sentido ascético y militar de la vida, orden jerárquico y
vertical, áspera y recia Castilla) y en las prolongaciones
más recientes del temple 98 (ensayismo castizo de posguerra, canciones de Blas de Otero).

Lo que Juan Goytisolo pretende, con todos sus es-
carnios, es abrir camino a la lengua de la verdad y de
la creatividad: «palabra liberada de secular servidumbre» (pág. 125) abierta a la inventiva personal y capaz de
integrarse en la órbita de todas las hablas vivas hispá-
nicas (aquí el ejemplo de Carlos Fuentes, Julio Cortázar
y Guillermo Cabrera Infante ha sido estímulo decisivo
y confesado). Desde que Ortega dijo, hace medio siglo,

que, situado él en El Escorial en trance de cosechar sus meditaciones, la realidad tomaba para él, desde tal perspectiva, «un semblante carpetovetónico» (*El espectador*, I, 1916: «Verdad y perspectiva»), los abusos de singularidad ibérica y vanidad racial aun en lo peor han ido adquiriendo proporciones alarmantes, así en el plano de la política como en el de la cultura (¡menos mal que siempre hay españoles capaces de autocrítica!). Descarpetovetonizar el lenguaje, universalizarlo no por cosmopolitismo mimético, sino por genuino sentimiento de humanidad comprehensiva, define una tarea muy necesaria. En esta tarea asiste a Goytisolo el poeta predilecto, Góngora, no imitado en su verbo, sino seguido en su total ejemplo. *Don Julián* es un discurso inconexo, autónomo, liberado, ilusorio, alusivo, que ciñe la palabra, quiebra la raíz, fuerza la sintaxis y todo lo violenta, y en algunas de estas cualidades puede notarse el efecto de la relectura de Góngora. Pero el gongorismo de Goytisolo no es (como lo era el de la generación de 1927) esteticista: se fundamenta (como la devoción de Luis Cernuda a su homónimo cordobés) en la ejemplar fortaleza necesaria a quien, desterrado, sólo tiene por patria la vertical que su propio anhelo sea capaz de describir, ya hacia el lóbrego reino del espanto, ya hacia las altas latitudes del deseo infinito. Expresado con los mismos versos de Luis Cernuda sobre Luis de Góngora:

Pero en la poesía encontró siempre, no tan sólo her-
[mosura, sino ánimo,
La fuerza del vivir más libre y más soberbio,
Como un neblí que deja el puño duro para buscar las
[nubes
Traslúcidas de oro allá en el cielo alto.

(«Góngora», en *Como quien espera el alba*)

Más que nunca, en este odio exterminante de su *Don Julián,* que no puede brotar de otra fuente que de amor dolorido, muestra Juan Goytisolo —aunque mentira parezca a los miopes— su pertenencia a España.

XI

OTROS NOVELISTAS

Si en el terreno de la novela cultivado por la generación del Medio Siglo no ha sido fácil escoger a los caminantes de mayor capacidad sembradora, menos fácil aún resulta seleccionar, entre los muchos nombres, aquellos que, inmediatamente después o a nivel muy próximo, merecen ser destacados. Ni es fácil, sino todo lo contrario, ordenar la labor debida a esos nombres en un cuadro justo, clarificador y satisfactorio.

Previendo objeciones más o menos razonables, me atrevo a manifestar la certeza subjetiva —aunque no aislada— de que los más fecundos novelistas de esta órbita sean, luego de los ya comentados, Ignacio Aldecoa y Luis Goytisolo, a quienes es común la atención preferente *hacia el pueblo;* Juan García Hortelano y Juan Marsé, relacionados por su convergente protesta *contra la burguesía;* y Ana María Matute y Carmen Martín Gaite, que coinciden en la inclinación a centrar la problemática social *en la persona.*

Quienes principalmente (y no de una manera exclusiva, por supuesto) atienden a las necesidades del pueblo, o exhiben los hábitos de la burguesía, o anudan la interpretación del conjunto social en la persona, no son únicamente los indicados, pero otros pueden, según creo, agruparse al lado de ésos, y así se hace en este capítulo. Señalado queda, de este modo, el orden del bosquejo que sigue. En su justificación debe decirse: primero, que si la novela *social* es la especie dominante en esta generación de narradores, el criterio ordenador conforme al contenido social preferentemente abarcado, parece más idóneo que otros posibles criterios de carácter formal, de manera semejante a como la novela existencial de la generación mayor fue enfocada desde puntos de vista situacionales (enajenación, conflicto, experiencia de lo cotidiano); y segundo, que en los mismos novelistas estimados anteriormente como los más fecundos apunta ya —no digo que se imponga— la distribución adoptada, pues es visible, en efecto, que Sánchez Ferlosio mira más *hacia* el pueblo, como Fernández Santos más bien *contra* los modos de vida que al pueblo dañan, y Juan Goytisolo más bien *en torno* a las determinaciones sociales de la persona.

La novela populista se preocupa por la menesterosa colectividad trabajadora; la novela antiburguesa reprueba la desarticulada existencia de las clases que consumen el ocio usurero; la novela personalista subsume aquella defensa y este ataque —por lo común implícitos— en el descubrimiento de problemas personales que reclaman una verificación del estado general de la sociedad. Por lo que tal vez podría decirse que este último tipo de novela representa la fecundación de la sensibilidad existencial angustiada por la conciencia social responsable.

1) Miran con característica preocupación o insistencia *hacia el pueblo* trabajador Ignacio Aldecoa y Luis Goytisolo, como se ha dicho, y otros novelistas, entre los cuales están Francisco Candel, Lauro Olmo, Jesús

López Pacheco, Ramón Solís, Antonio Ferres, Armando López Salinas, Ramón Nieto, Alfonso Grosso y José Manuel Caballero Bonald. La obra de estos narradores se extiende desde principios de la década del 50 a principios de la del 60, y su apogeo podría situarse entre los años 1956 y 1960: ven la luz en estos años *El Jarama, Gran Sol, Las afueras, Central eléctrica, La piqueta, La mina* y algunas novelas de intención semejante.

Por su condición sectorial proletaria (novela de los horteras, gitanos, pescadores, de los suburbios, la chabola, la mina, la zanja, las bodegas, etc.) suele verse en este grupo de obras la encarnación por antonomasia del realismo social. Tan realista y tan social como la representación del trabajo de unos pescadores o de unos mineros puede ser la representación del «farniente» —generalmente más amargo que dulce— de tal banquero o negociador, o de sus consortes y vástagos, puesto que el realismo no depende de la materia, sino de la actitud, y sociedad no equivale a clases proletarias. De todos modos, resulta claro que para trasuntar en novela el mundo de las minas, las zanjas o los lagares precise el escritor un conocimiento específico y nada fácil de tan ásperos ambientes de trabajo; conocimiento que es espontánea reserva, y no esforzada adquisición, en el caso del escritor, generalmente de extracción burguesa hasta ahora, que refleja en sus novelas hábitos burgueses. De ahí que para escribir esta clase de testimonios proletarios se requiera o pertenecer originariamente al proletariado, como ocurre a algunos de los escritores mencionados arriba, o adentrarse estudiosamente en él por imperativo de veracidad. En ambos casos el atributo «social» se tiñe de un fuerte colorido trascendente: el proletario asciende a escritor o el escritor desciende a los proletarios, y de esta trascensión de fronteras se desprende como consecuencia una intensificación del acento político y, por tanto, social.

Independientemente de si proceden o no del área proletaria, hay entre estos escritores quienes alcanzan un alto grado de madurez artística (Aldecoa y Goytisolo, pero también dos o tres más), en tanto que de algunos no puede afirmarse lo mismo. No se debiera, pues, caer en la fácil generalización de considerar a todos estos novelistas del pueblo como anacrónicos, incorrectos, aficionados o ramplones. La calidad artística insuficiente no es peculio de la novela populista: se halla también, con más frecuencia de lo que se cree, en tipos de novela muy distintos.

Advertido lo cual revisemos —con brevedad ineludible— las aportaciones.

IGNACIO ALDECOA (n. en Vitoria, 1925, y m. en Madrid, 1969), estudiante de la carrera de Letras en Salamanca y Madrid, se dio a conocer inicialmente como autor de cuentos. Entre sus colegas distínguese Aldecoa sobre todo por la voluntaria limitación que impuso al repertorio humano de sus novelas (guardias, gitanos, pescadores, o sea, hombres humildes y de psicología más bien primitiva) y por su esmerado tratamiento del lenguaje. Tanto la reducción de tipos y ambientes como la vigilancia estilística dan a su obra un efecto mixto de veracidad y de distancia.

Según confesión propia, Aldecoa entendía su misión literaria como el cumplimiento de una ética vocacional, y, a impulsos de esta conciencia del deber, se había forjado un programa. Su programa consistía en «desarrollar novelísticamente... la épica de los grandes oficios», penetrando así en el conocimiento concreto del vivir de los obreros españoles. Su actitud no quería ser sentimental ni tendenciosa: era la actitud de un hombre convencido de que «hay una realidad española, cruda y tierna a la vez, que está casi inédita en nuestras novelas» y que llevar esa realidad al plano del arte representa un servicio doble: primero, coadyuvar al mejoramiento de esa realidad mediante una exposición imparcial de sus circunstancias reprobables, y segundo, ensanchar el horizonte temático y humano de la novela, haciendo entrar en ella gentes y ambientes hasta entonces no novelados con autenticidad [149]. Conforme a estos principios, Aldecoa tenía pergeñado un proyecto a base de tres trilogías. La primera abarcaría el mundo de los guardias civiles, los gitanos y los toreros. La segunda, el vivir de los trabajadores del mar: pesca de altura, pesca de bajura y labores en el puerto. La tercera sería la trilogía del hierro: el trabajo en la mina, el trabajo en los altos hornos y la utilización de las herramientas.

De este plan ha podido realizar Aldecoa muy pequeña parte. Además de varios libros de cuentos, que son lo mejor que en el género de la narración corta se ha producido en España desde hace varios decenios, Aldecoa ha publicado dos piezas de su primera trilogía: *El fulgor y la sangre*, 1954, y *Con el viento solano*, 1956; el primer volumen de la trilogía marina, *Gran Sol*, 1957, y una cuarta novela, también de escenario marino, titulada *Parte de una historia*, 1967.

El fulgor y la sangre tiene por personajes a los guardias civiles. En un viejo castillo de un pueblecito castellano se halla instalada una pequeña guarnición de la Guardia Civil, compuesta por un cabo y cinco gendarmes. Las familias viven con ellos en unos pabellones del castillo, que se alza en medio de la agres-

---

[149] Según unas declaraciones de diciembre de 1955 que recoge y glosa J. L. ALBORG, en *Hora actual de la novela española*, I, págs. 261-264

te soledad de la meseta. Un mediodía ardiente de verano se recibe en el despacho del puesto la noticia de que uno, entre cuatro guardias ausentes, ha sido mortalmente herido en el monte. Durante varias horas de tensa expectativa ni los dos guardias que están de servicio en el castillo ni las angustiadas familias de los que se hallan ausentes saben quién de éstos será la víctima. Las mujeres viven horas de terror luchando contra el presentimiento de que el muerto pueda ser su respectivo esposo. Por fin, al atardecer, tres guardias suben hasta el castillo, ayudados por otros hombres, el cadáver del cabo, el único soltero. Un gitano, con ocasión de una pelea en la feria del pueblo, le había disparado un tiro de pistola.

La narración comienza a mediodía, cuando las agujas del reloj, unidas, marcan las doce en punto, el sol cae recto sobre la tierra adusta y la silueta del vigilante aparece fundida con su fusil, y se cierra cuando el crepúsculo extiende las sombras de la noche. En los capítulos centrales, que van marcando los momentos álgidos de la espera conforme se desgranan las horas, Aldecoa abre grietas en el tiempo presente mostrando a retazos, en visiones retrospectivas, las vidas de aquellas mujeres y de sus hombres. Casi todas estas retrospecciones se detienen con particularidad en las experiencias de las mujeres durante los años de la guerra, cuyos desastres pesan sobre su destino. Ahora, en la incomunicada soledad de aquel paraje, hombres y mujeres que un día abrigaron aspiraciones, han perdido la capacidad de ambicionar. Y van viviendo entregados a pequeñas rencillas, a costumbres monótonas, en amargo abandono. La dramática alarma de aquella tarde es como un aldabonazo en sus conciencias adormecidas. El novelista, a través de estos pobres seres que evocan sus desventuras, pone de relieve el desvalido vivir y la cortada trayectoria de los sueños. Recuerdos tristes brotando del nudo de la espera —hecha de desamparo, desasosiego y miedo—, tal es el esquema de la obra, escrita con objetividad rigurosa. A pesar de lo cual, la pulcritud y el tono poético de la prosa parecen interponer a menudo un delicado cristal entre la órbita del lector y el mundo apresado en las páginas de la novela, como en este bello ejemplo de estilización:

«Sobre la muralla, sobre los muchachos, alzó el hombre la mirada observando el vuelo de un azor. Alta volaba el ave y alto estaba el sol. Pesaba el mediodía de la meseta. Las doce, con las dos agujas, el fusil y el hombre, unidas, sin sombra. El cielo, azul; en el horizonte, blanco espejismo de nubes. A la noche sería cielo profundo y sin luna, y los lejanos relámpagos emplomarían los movimientos de las personas haciéndolos torpes o agotadores» [150].

La segunda novela, *Con el viento solano*, se enlaza por su asunto con la primera. Si en la anterior vivíamos las horas de angustia de las mujeres en espera del guardia asesinado, en ésta asistimos a los días de miedo y desesperación que vive el asesino del guardia, un gitano llamado Sebastián, hasta que, acosado por el remordimiento, se entrega él mismo a la Guardia Civil. Sebastián es un sujeto de vida desarreglada que, cuando bebe más de la cuenta, llega fácilmente a la violencia y al sadismo. Habiendo provocado una reyerta en la feria del pueblo, los guardias le persiguen a través del monte, y Sebastián, axecerbado por el alcohol y el pánico, envuelto en el «dulce y pagajoso olor de tor-

---

[150] *El fulgor y la sangre*, pág. 7.

menta del viento solano»[151], pierde la cabeza y dispara
contra uno de ellos. Sin saber si le ha matado, emprende la huida por campos y aldeas y busca refugio en
Madrid. Aquí encuentra a algunos conocidos, que no
quieren comprometerse. Cada vez más acorralado, toma
el camino de su casa, pero tampoco la familia le da
duradero asilo, al conocer el crimen. Una semana entera se prolonga la fuga del gitano (lunes del crimen,
martes del temor, miércoles de la serenidad, jueves de
la tristeza, viernes de la sangre) hasta que al fin el
sábado, Sebastián pasa el día embriagándose y, poco
a poco, va subiendo su fiebre impulsiva y la acomete-
dora violencia que es estigma de su temperamento. Ya
a altas horas de la noche, ebrio de vino y de solitaria
pesadumbre, el gitano va por su pie al cuartel de la
Guardia Civil y se entrega.

Esta novela tiene factura parecida a su precedente.
La tensión actual consiste aquí en una huida, como
allí consistía en una espera. Pero la huida es también,
en el temeroso y temerario gitano, una espera: la espera del momento en que la policía lo prenda o en que
él mismo fatalmente haya de entregarse. Esta huida
acongojada, esta espera dinámica, apenas soporta como
consuelo la evocación del pasado. Por ello, en esta segunda novela de Aldecoa el recurso para escapar a la
tensión presente no es el recuerdo de tiempos idos,
sino la dispersión centrífuga hacia distintos lugares y
el contacto pasajero con gentes que van saliendo al
paso: pueblos, campos, suburbios y gitanos, prostitutas, artesanos, taberneros, artistas ambulantes, campesinos. Es, pues, *El fulgor y la sangre* una novela de
superación de la angustia mediante el recuerdo, y *Con
el viento solano,* una novela de evasión de la angustia
mediante el cambio de lugares y los encuentros con la

---

[151] *Con el viento solano*, pág. 56.

gente. La primera tiene, por eso, un tono más lírico y escoge la forma del ensimismamiento; la segunda ofrece un desarrollo épico y observa un ritmo de enajenamiento en el espacio vario de un paisaje y un paisanaje. Pero ambas, por exponer situaciones extremas de aguardo y de rechazo de la muerte, llevan un fuerte acento existencialista.

Sebastián Vázquez ha vivido la triste infancia de la familia gitana sin medios, ha pasado hambre, ha sufrido, ha buscado suerte en las capeas y, sobre este amargo fondo de su pasado, su alma se encuentra, cerca de los treinta años, sujeta al miedo y malacostumbrada a la pereza. Podrían haber enmendado su vida el amor de Lupe, la caridad de un buen amigo como José Cabeda, la fe de otro como Roque el faquir, o el cuidado de un padre, que murió pronto. Pero, ya tarde, Sebastián vive de pequeños y sucios negocios, sin otras pasiones que los toros y el vino, el cante y la carne. Su crimen no es gratuito, aunque lo parezca. Provoca al mercader de feria porque está borracho y ha creído que aquél iba a agredir a un compañero; al guardia lo mata por miedo. Cometido el crimen, el miedo mismo es lo que le empuja a huir. En su fuga hay una busca de la voz amiga, del disfrute del mundo, y una pesquisa intermitente de sí propio. Entre el recuerdo tenebroso y el futuro blanco y vacío de quien se sabe condenado, el presente es una espera henchida de temor. La intensidad de la huida acrecienta en el fugitivo el celo animal por conservarse vivo, que alcanza su momento culminante en la feria de Alcalá. Aunque el gitano siempre está en camino, las metas una por una van fallándole y lo único cierto es la persecución. Tiempo comprimido, tenso, es la nota determinante de la estructura de esta novela: semana de pasión y vía crucis del culpable-inocente. Cierta sugestión simbólica posee el hecho de que los días de julio en que la acción sucede vayan completados por el santoral (Santa María Magdalena, San Apolinar, Santa Cristina, Santiago, Santa Ana, y un sábado sin santo) y en el hecho de que Sebastián inicie su huida por «el sendero del Via Crucis»; connotaciones religiosas que no proponen ninguna semejanza con Cristo, pero crean un clima solemne de perdición y de agonía. Equilibran esta compresión temporal la abertura y la variedad de los espacios (campos, pueblos próximos a Madrid, la capital), pero la acechanza conduce a Sebastián una y otra vez a lugares cerrados o insignificantes donde su presencia pase inadvertida. El ritmo del relato es acelerado y jadeante en el primer capítulo y en el último, y más pausado en los días intermedios, de manera que éstos, dedicados a buscar un modo de escapar, quedan flanqueados por esas dos jornadas vertiginosas: lunes del crimen y sábado de la capitulación.

Como el río en *El Jarama*, como la caila en *Gran Sol*, como la tormenta en *Tormenta de verano* y en *Dos días de septiembre*, el viento solano es aquí el elemento figurativo que cifra la fuerza del sino y cobra una trascendencia mítica de constante eficacia. El es la ciega fuerza diabólica que desencadena los males en el seno de las criaturas: cólera y concupiscencia, tristeza y corrupción. La desmesura alcohólica, el calor que da mal ánimo y el soplo putrescente del viento solano se alían para hundir al hombre en las redes de una culpa de la que es dudoso predicar si el hombre es agente voluntario o instrumento pasivo.

Con el viento solano es la novela realista de los gitanos, como *El fulgor y la sangre* es la novela de los guardia civiles, unos de otros enemigos sempiternos. Aldecoa no ha paliado los defectos de estos hombres, pero les ha mirado con comprensión. Ni el guardia, dada la vida de continua abnegación que lleva, puede ser más humanitario, ni el gitano, más civil, dada la miseria que soporta. No obstante su furia alcohólica, Sebastián Vázquez parece una víctima más que un delincuente. Nació en la pobreza mayor, no fue educado, se vio despreciado y perseguido en él y en su raza.

En *Gran Sol* comienza la trilogía de los trabajadores del mar. Nada hay aquí del pintoresquismo regional de Pereda, ni del alegato proletario de Blasco Ibáñez, ni del sesgo folletinesco de alguna novela náutica de Baroja. Aldecoa ha pretendido y conseguido apresar la verdad de la existencia de los pescadores en su mismo ambiente, en su escueto marco real. *Gran Sol* posee una trama muy sencilla. Dos barcos pesqueros, el «Aril» y el «Uro», salen de la costa cantábrica rumbo al Atlántico Norte, hacia el «Great Sole» o «Gran Sol», y el autor refiere el curso y las incidencias de la travesía del «Aril». Uno de los patrones del barco, Simón Orozco, muere aplastado por la red cargada de peces y es enterrado por sus compañeros en el cementerio de Bantry. El patrón que le sustituye es un navegante cauto, práctico, que piensa retirarse a tierra y dedicarse al comercio antes de envejecer. El papel principal corre a cuenta de la tripulación entera. En esta protagonización colectiva, así como en el reflejo de la charla ordinaria, y en la reducción espacial, Aldecoa coincide con otros novelistas de su generación, sobre todo con el autor de *El Jarama*. Lo que ha logrado plenamente Aldecoa en esta narración de proceso tan simple es un animado trasunto de las faenas de los pescadores de altura dentro del barco. Estos hombres rudos conversan, fuman, beben, se pelean, pescan, limpian los pescados, parten hielo, cazan pájaros, comen bazofia, se quejan, recuerdan, alientan esperanzas, resisten los ataques del mar, se aburren, juegan, duermen, se relevan. Y toda esta vida, rodeada de peligro, no les lleva siquiera a obtener un retiro holgado, una seguridad merecida. Con este cuadro verídico Aldecoa no trata, sin embargo, de abogar por los derechos de los obreros del mar; si acaso, esto es aquí lo secundario. Lo esencial está en expresar la realidad de esos hombres, testimonialmente, sin discurso de la defensa. Y, sobre el testimonio, o más bien, en él, dentro de él, la hermosura, como en esta descripción: «Las olas traían un extraño rumor, como de grandes hojas de acero quebrándose, como de alas batiendo en el aire lenta e insistentemente. Rozaban los costados del barco, rompían en la punta de proa, se sucedían en la lontananza, y lo llenaban todo de un rumor metálico, alado y escalofriante»[152].

Por lo demás, *Gran Sol* ostenta motivos míticos de gran poder sugestivo. Simón Orozco es el pescador con algo de eterno y de sagrado (Simón Pedro). La «caila» que obsesiona a Simón Orozco encarna esa indefinible hostilidad que el hombre anhela conjurar por medio de su esfuerzo (y aquí parece haber un eco de Melville). Y la visión del «arrendote» moribundo supone una variación del simbolismo de «L'albatros» de Baudelaire:

«El pájaro, tras el golpe, se calambraba en la agonía, estirando las patas y abriendo los dedos palmeados con las membranas tensas y brillantes. La rota cabecilla caída, el pico feroz en su desmandibulado ahogo de muerte, las alas todavía trenzadas, hacían del pájaro un grotesco fracaso de la hermosura»[153].

Cada una de las dos partes del libro se articula en siete capítulos, cuyas correspondientes líneas finales

---

[152] *Gran Sol*, pág. 107.
[153] *Ibídem*, pág. 163.

(rumbo al Norte, rumbo al Sur) marcan con nítida simetría el ir a la hazaña y el volver al refugio, o el vaivén de esperanza y fracaso que ordena las singladuras de la vida.

En 1967 publicó Ignacio Aldecoa su cuarta y última novela: *Parte de una historia*, ambientada en una pequeña isla del archipiélago canario. A esta isla llega, después de cuatro años de ausencia, para pasar una temporada, el narrador-protagonista, innominado, lejano de sí mismo, ansioso de encontrar un punto de humana solidaridad. Huésped del tendero Roque y de su familia, amigo de pescadores y hombres de mar, asiste con ellos a las faenas y comparte sus asuetos y conversaciones. La población ve transitoriamente alterada la monotonía letárgica de sus días por el naufragio del yate «Bloody Mary» y la estancia, en la isla, de los náufragos, unos ricos americanos entregados a la disipación y de los cuales el más desesperado acaba ahogándose en la mar ribereña con ocasión de unos fuegos de carnaval. Enterrado el muerto, y conducidos sus compañeros a la Isla Mayor, el vecindario retorna a su ser de siempre, y el contemplativo visitante sabe que, al día siguiente, dejará la isla.

Si el caso de los náufragos suscita en la mente del narrador-testigo imaginaciones que podrían completar pero que no completan ese «trozo de novela» de aventuras, su caso propio, por lo enigmático y desligado de su presencia en la isla frente a la evitada memoria de su existencia habitual en una ciudad lejana, constituye asimismo un fragmento de biografía sumergida. Pero la verdadera «parte de una historia» es, en último término, ese segmento que el autor recorta del vivir cotidiano de una humilde colectividad: tareas pesqueras, visita a un faro, ascenso a una montaña, venta de una camella, el ambiente de la tienda y de sus asiduos contertulios (sobre quienes domina la voz alcoholada, narradora y blasfema del señor Mateo el Guanche), el cabildo de los viejos, los «porreros» del carnaval, la incomunicada soledad atlántica, y el «mucho trabajo para nada».

Parte de una historia: parte de la intrahistoria del pueblo español. Tal sería la más exacta definición de cada una de las novelas de Ignacio Aldecoa, dueño, en su última, de un lenguaje tan rico y esenciado que puede competir con el de las mejores páginas de Valle-Inclán o de Gabriel Miró. ¿No satisface las mismas exigencias de estos poetas de la prosa el siguiente «nocturno»?:

> «Hoy no hay luna o saldrá más tarde. Las estrellas brillan fuertes y bajas, y parece que el firmamento se derrumba sobre el acantilado, entrevisto como en lo más oscuro de lo oscuro, destacada la cima como un negro horizonte. El muelle se pierde en el río de mar y no podría decirse dónde acaba sino por el golpear timbaleado del agua en el cemento. La bolsa de la caleta es una noche en sí sola, con las formas borrosas de las falúas brizadas, danzando levemente. Y en la población brillan las luces de las casas, a través de las entornadas contraventanas, muy distantes y tenues» [154].

Hay quien descarta a Aldecoa del panorama de la «novela social» o supone que sus testimonios sólo involuntariamente conllevan intención crítica. Si para desarmar tal opinión no bastara lo aquí apuntado, recuér-

---

[154] *Parte de una historia*, pág. 143. Véase: M. GARCÍA VIÑÓ: *I. A.*, Madrid, Epesa, 1972, y G. GÓMEZ DE LA SERNA: «Un estudio sobre la literatura social de I. A.», en *Ensayos sobre literatura social*, págs. 65-210.

dese, además, que Aldecoa abre camino a la narrativa social con sus excelentísimos relatos recogidos en varios volúmenes: *Vísperas del silencio* y *Espera de tercera clase* (1955), *El corazón y otros frutos amargos* (1959), *Caballo de pica* (1961), y otros. Narrativa social es la de Ignacio Aldecoa, sólo que su clave, como dejó escrito Gaspar Gómez de la Serna en el libro citado en la nota precedente, no es el resentimiento ni el odio clasista, ni el espíritu de subversión ni la ira provocada por la injusticia, sino el amor.

A partir de 1956 está en auge, como ya se ha dicho, la novela social. Ejemplares de este tipo de literatura son los libros de FRANCISCO CANDEL (n. en Casas Altas, Valencia, 1925): *Hay una juventud que aguarda*, 1956; *Donde la ciudad cambia su nombre*, 1957; *Han matado a un hombre, han roto un paisaje*, 1959; *Temperamentales*, 1960; *Pueblo (Los importantes, I)*, 1961. Y otra prueba de la boga alcanzada es el hecho de que en 1958 vean la luz cinco novelas de las mejores de esta clase: *Entre visillos* (Premio Nadal 1957), de Carmen Martín Gaite, luego más inclinada a versiones personalistas; *Ayer, 27 de octubre* (finalista del mismo concurso), de Lauro Olmo; *Central eléctrica*, de Jesús López Pacheco; *La resaca*, de Juan Goytisolo, y *Las afueras*, de su hermano Luis.

La única novela del cuentista y dramaturgo LAURO OLMO (n. en Barco de Valdeorras, Orense, 1922) presenta la vida privada de personas y familias que habitan un inmueble de un barrio de Madrid durante un día cualquiera, un 27 de octubre, desde que amanece hasta el amanecer del día siguiente. Separados por espacios en blanco se suceden una serie de fragmentos que reflejan, mediante el diálogo, la acción y algunas rápidas anotaciones del autor, el vivir de proletarios y burgueses modestos (la clase rica apenas se esboza en un personaje,

el hijo de un fabricante que reparte su tiempo entre
el coche y la manceba). En el edificio hay una portería,
una fontanería, una pensión y pisos particulares que sirven de morada a gentes diversas: el dueño de la fontanería, un inválido, una anciana empobrecida, un administrativo, un coronel retirado, una familia de payasos...
Restringidas las coordenadas tempoespaciales a un día
y a una casa de vecinos, la acción está desarrollada con
el propósito de sorprender de modo simultáneo la vida
cotidiana, las pequeñas tragedias de la vida vulgar. El
único acontecimiento que adquiere, por su longitud, carácter extraordinario es la muerte de la portera, borra-
cha y enloquecida por el asesinato de su gato, escena que
recuerda a Poe, a Goya o al Cervantes del *Coloquio de
los perros*. El resto se integra de incidencias, quehaceres, charlas y soledades, sin más relieve trágico que el
que toman en la intimidad de cada vecino. Olmo expresa por medio de algunas de sus criaturas el anhelo de
otra vida futura, sin vencedores ni vencidos, sin señores ni esclavos, para lo cual le basta dejar que aparezcan los seres condenados a caducar (la señora intransigente, el obrero ladrón y violento, el calavera, el chu-
lo...) y los que con su conducta sostienen el principio
deseado (la sufrida familia del inválido, la criada com-
pasiva, el obrero de consistente honradez...). Después
de *La colmena, La noria, El fulgor y la sangre* o *El Jarama,* la técnica de *Ayer, 27 de octubre* no ofrece ningún
aspecto nuevo, como no sea el acento utópico de las
mayúsculas: el Hombre y su Compañera, la Vida, la
Historia. Pero no se puede negar al autor espíritu de
solidaridad, vibración fraternal, arrojo en la protesta
ni, a veces, cierto sentido tragicómico y caricatural que
le ayuda a desembarazarse del lugar común y las simplificaciones baratas. En cierta ocasión el inválido (man-
co de los dos brazos) grita así: «¡Gentuza! ¡Rodeado de

gentuza es lo que está uno! ¡Habría que quemar, purificar y construir de nuevo! ¡Estamos podridos! ¡Y el hedor brota de algo que a fuerza de tiempo hemos ido incrustando hasta nuestras entrañas! ¡Algo que ya somos nosotros! ¡Algo que nos pudre, que nos hace carne de pudridero! ¡Porque no morimos! ¡Nos pudrimos! ¡Y no nos merecemos otra cosa!». Pero su mujer, que saca adelante a la familia trabajando de lavandera o como puede, piensa mientras contempla dormido al más pequeño de sus hijos: «Toda la vida está por delante. No ha sucedido nada. Eso que cuenta la gente es falso, ¡mentira! Cosas de resentidos, de seres que no quieren a los niños. No ha habido guerras. Nadie ha matado a nadie. ¡No! Los asesinos, los ladrones, los deshonestos, toda la baja ralea de nuestra sociedad, es un cuento. ¡Un mal cuento! ¡Un cuento de fantasmas, os lo juro! Toda la vida está por delante. Aquí empieza, ¿no la véis?» [155].

Considerablemente superior a la única novela de Olmo en la también única hasta ahora de JESÚS LÓPEZ PACHECO (n. en Madrid, 1930): *Central eléctrica.* Gil Casado, que estudia con amplitud esta obra, la relaciona, no obstante su base autobiográfica, con *La turbina,* de César M. Arconada, y concluye, con toda razón, calificándola de «más épico-social que realista-social». En todo caso, es la mejor novela del mundo obrero que se ha publicado en España después de la guerra.

Se distribuye en tres partes: 1) «Aldeaseca». Es este un pueblecito español hundido en la más absoluta pobreza. Sus habitantes se alimentan de patatas, berzas y sopas de ajo. No saben leer, ni escribir, ni tratar con forasteros y, cuando llega algún raro visitante, le reciben a pedradas. En Aldeaseca hay un mozo holgazán y ladrón que roba a los demás sus mujeres, sus animales,

---

[155] *Ayer, 27 de octubre*, págs. 245 y 177.

sus escasos bienes. Un día todos los campesinos, unidos, matan a pedradas y a palos al enemigo. El pueblo está enclavado en un pequeño valle y todas sus gentes viven de lo poco que dan aquellos campos resecos. La «Compañía Española de Electricidad» decide hacer un pantano en el valle para montar una potente central eléctrica, y ello significa que Aldeaseca desaparecerá bajo las aguas y sus vecinos habrán de irse a vivir a un poblado de nueva creación. Empiezan las obras. Los campesinos se resisten al despojo, no comprendiendo el sentido de aquella empresa. Por fin, no tienen más remedio que evacuar el pueblo.—2) «Saltos de Aldeaseca». La presa ha sido construida, las aguas han anegado los caseríos del valle, se está montando la central. Todas las obras duran ocho años. En esta parte de la novela se describe la vida de los ingenieros, electricistas, empleados, obreros y de sus familias en la colonia constituida por todos los que trabajan en los «Saltos de Aldeaseca». Hay un idilio entre un joven ingeniero tuberculoso y una muchacha. Suceden desgracias: obreros enterrados en el cemento, electrocutados por cables de alta tensión, arrollados por las aguas que revientan el muro... Se pinta, en suma, todo un mundo en pequeño, con sus clases sociales: la aristocracia de los ingenieros, la honrada clase media de los especialistas sin títulos y de los empleados administrativos, la clase baja de los obreros y de los campesinos que son utilizados como peones. Entre éstos hay muchos de la antigua Aldeaseca, que no han hallado otro medio de vivir. Sus mujeres e hijos viven en un poblado nuevo, de casas blancas, adonde con el tiempo ha de llevarse la corriente eléctrica.—3) «Nueva Aldeaseca». La central está terminada. La mayoría de los empleados, con sus familias, han partido a otros puntos de España, donde recomenzarán el mismo trabajo. En Nueva Aldeaseca llega el momen-

to de dar luz a todas las casas. Así sucede. Y hay una
fiesta conmemorativa, con asistencia de las autoridades
y reparto de distinciones a cuantos colaboraron en
la instalación de la central. No obstante, los moradores
de la antigua Aldeaseca, habitantes ahora de la Nueva,
no comprenden, y muchos de ellos siguen aferrados a
su protesta. Les han dado una luz que ilumina sus casas
en la noche, pero esto les parece obra del demonio.
¿Para qué la quieren? En cambio, les han quitado los
campos heredados, la faena que llenaba sus vidas. Al
poblado ha llegado un maestro de escuela, el primero
para aquellos analfabetos. En la escuela aún vacía, el
maestro enciende la luz, pensando en la obra que le
aguarda: esparcir otra luz, la luz de la educación, del
cultivo de la inteligencia.

López Pacheco hace ver, junto a los adelantos de
la técnica, imprescindibles, pero no siempre aplicados
con oportunidad y clarividencia, la España irredenta
que todavía precisa de la luz espiritual para apreciar
el progreso y beneficiarse de él. Novela ésta henchida
de vitalidad y dramatismo, de noble intención y de un
magno aliento épico. Pasajes como los referentes al
linchamiento de «El Cholo» a manos del pueblo unáni-
me, o a las tragedias de la presa (el reventón sobre el
túnel, el furioso vaciamiento del pantano) demuestran
en el autor una capacidad magistral para mover grandes
conjuntos de personajes y reflejar con patetismo an-
gustiosos momentos. López Pacheco denuncia defectos
sociales que, pese a la datación antes de la guerra civil,
parecen referirse parcialmente al tiempo posterior: la
mezquindad y negligencia de algunos patronos, la pseu-
doaristocracia del ingeniero que firma y no trabaja, y
el primitivismo de las gentes bestializadas por la ignorancia y la miseria. Juan Lobo, jefe de montajes, con
su «manía» honrada del trabajo, hace de figura ejem-

plar o héroe positivo. Según Gil Casado muestra al pormenor, el realismo del autor se apoya en una visión
mítica y universal que, conducida con vigorosa expresi-
vidad, eleva el testimonio a verdadera obra de arte.

En el mismo año 1958 se publica *Las afueras* (primer
premio «Biblioteca Breve»), de LUIS GOYTISOLO-GAY (n. en
Barcelona, 1935). En la introducción a esta obra su
autor informa sobre el lugar de la acción (Barcelona),
la fecha (a los dieciocho años de la guerra civil) y los
personajes, con su cédula de identidad. El catálogo de
éstos incluye, por ejemplo, cuatro sujetos que se llaman don Augusto, o doña Magdalena, o Víctor, tres
que tienen por nombre Ciriaco, dos Amelias, dos Domingos, etc. Hay personajes, pues, distintos en la entidad, pero de nombre igual. Y es que *Las afueras* no
constituye un relato seguido, sino que se compone de
siete relatos, independientes desde el punto de vista
de la acción, pero coincidentes en varios puntos: la
localización en Barcelona o sus afueras, el ambiente
social (miseria sola o miseria contrastada con el bienestar), la actualidad (1957) y, claro es, la representativa semejanza de aquellos personajes portadores del
mismo nombre. Estos personajes vienen definidos sobre todo por su profesión o situación social: el llamado don Augusto es un terrateniente, o un rentista,
o un hombre de negocios, o un médico; la mujer de
cada don Augusto es siempre una doña Magdalena;
el llamado Víctor es siempre un individuo de buena
posición que trata de acercarse al pobre y que parece
minado por un remordimiento o vacilación de espíritu (figurará como hijo de un gran terrateniente, o como un ex combatiene muerto en automóvil, o como
el propietario de una fábrica textil, o como médico de
un pueblo), etc. Sin menoscabo de su individualidad,
los personajes principales de este septenario son, en

suma, éstos: los viejos acomodados cuya existencia carece de un cometido socialmente importante, el señor rico que hizo la guerra y duda entre su seguridad y un vago impulso de justicia social, el señorito centrado en sí mismo, los niños desamparados que sufren por culpa de sus mayores y a consecuencia de la injusticia social, las mujeres endurecidas por un trabajo inhumano, los obreros víctimas del desnivel de clases, los ancianos víctimas del abandono y del olvido. Todos ellos participan en un mundo social donde la injusticia, la indiferencia, la pobreza, el sacrificio inútil, el atraso, la lucha por la vida se imponen sobre la justicia, el amor y el orden posibles.

En el primer relato, el más largo, Víctor, ex combatiente, casado sin hijos, se refugia en una finca solitaria. Todos los días espera en vano una carta, y un día viene una que dice simplemente: «No». Víctor caza, pasea, se encuentra en el café con viejos conocidos. A todas partes le acompaña, testigo mudo, desconcertante por su tácita coquetería prematura, la niña Dina, hija de Claudina, la aparcera de la ruinosa finca, cuyo marido está en la cárcel y cuyo padre, Domingo, vegeta allí sumido en la idiotez de su inútil ancianidad. Claudina siempre anda quejándose. Víctor la apacigua y entretiene dándole dinero. Quería él hacerse cargo de la niña y educarla, pero la madre se opone. Una noche, recibida la carta lacónica y fatal, Víctor se embriaga, pega brutalmente a la niña y, abrazado a una bata rosa, se duerme y tiene un sueño erótico. Solitario delante del fogón, al día siguiente, contempla arder ramas de algarrobo. La nada del pueblo, la soledad de la finca, el trabajo agotador de Claudina, la mudez contemplativa de la niña, la vitalidad represada de Víctor en su elegida vacación que no desemboca en solución alguna, las penalidades de aquellas gentes de las afue-

ras, todo viene presentado con sobriedad impresionante, que tiene su contrapunto en la jugosa pintura del
paisaje campesino, como si la naturaleza compensase
un poco, con su hermosura, el dolor cotidiano de aquel
mundo de parias.

En el segundo relato conocemos a don Augusto y
doña Magdalena, que viven en una villa fuera del centro de Barcelona con su nieto Bernardo, cuyos padres
murieron en accidente de automóvil. Don Augusto prepara un libro sobre cuestiones económicas y tiene la
manía de cuidar geranios. En perpetua riña con su esposa, ambos se acercan al niño desde su desequilibrada y diferente ternura, quieren hacerle la vida grata,
pero de hecho lo convierten en espectador de incesantes desavenencias. El niño, indolente, retraído, con sus
mapas por única distracción, mira y escucha a aquellos viejos que le hacen confidencias como si él pudiera
comprender, largas confidencias sobre menudos problemas, hostilizándose uno a otro sin parar.

A mi entender, el relato mejor conseguido es el tercero. Aquí Víctor, ex combatiente y fabricante, decide
pasar una noche de diversión con su desocupado amigo Nacho. En un bar le descubre un limpiabotas, Ciriaco, asistente suyo en la guerra. Y el limpiabotas,
tísico, obsesivo, resentido, desesperado, ya no les deja.
Insiste en invitarles, pero Víctor paga. Les lleva de un
lado a otro, bebiendo, hablando, gritando. El limpiabotas estuvo en Leningrado, estuvo luego en la cárcel,
y ahora los médicos le han desahuciado. Toda la estampa es un diálogo de Víctor, Ciriaco y Nacho: aquél,
vacilante, apiadado y sin saber cómo tratar al limpiabotas para no herirle; éste, por el vino y la tos, exor-
bitado, susceptible, invitándoles a la fuerza, insultando
cruelmente a un pobre guitarrista, refiriendo su vida
aventurera y sus cambios de oficio, intentando ocultar

su miseria y su enfermedad; Nacho, fastidiado por ver estropeado su plan nocturno. Al final Víctor, después de haber despedido bruscamente al limpiabotas so pretexto de una cita imaginaria, se queda agobiado, pensativo, destrozado por aquel jirón de vida dolorosa que acaba de revelársele, y quiere irse, alejarse a las afueras, para respirar un poco de aire puro.

Cuarto relato: El anciano Domingo creció y sirvió en una finca de don Augusto y fue su tartanero en Barcelona. Casado con la sirvienta Amelia, el único hijo de ambos murió en un bombardeo. Habiendo dejado el oficio de jardinero, que los dueños le confiaran, vivía realquilado, con su mujer, en un piso de suburbio, y llevaba en arriendo una huerta de flores. Ambos ancianos vegetan en la más fría desolación, mientras por las afueras la ciudad se va tragando al campo. Un día, en la carretera hormigueante de tráfico, Amelia es atropellada y Domingo, entre la muchedumbre, apenas acierta a verla cuando se la llevan. Se queda solo. Mirando allí un letrero: «Terrenos adquiridos para el nuevo Asilo Municipal».

Quinto relato: Mingo Cabot, viudo, con su hijo Nap y su hija Dineta, toma en arriendo una masía, después de haber sido aparcero en otros lugares. Mingo trabaja como una bestia de carga y cuando un joven labrador, Tonio, le propone unirse con él y con otros para la compra y uso de un tractor, Mingo, hombre a la antigua, ahorrativo, independiente («cada uno a lo suyo»), se niega. La tragedia sobreviene cuando Tonio, que ya compró el tractor y cuyos campos rinden cada vez más, se hace novio de Dineta. Mingo apalea y echa de la casa a su hija, y se queda solo, con el agobio de su trabajo impotente y con Nap, un infeliz medio deforme, llorón y débil, que profesa un enfermizo apego a su padre. En este relato se contrapone el sentido

nuevo de colaboración en los trabajos y el tradiciona-
lismo cerril que no ve sus propios errores. Mientras
el tractor de Tonio anima los campos con su jovial
«tuc-tuc», he aquí a Mingo Cabot segando con su hoz:

> «Mingo Cabot segaba dos bancales más abajo.
> Se dobla uno por la cintura, la hoz en la mano
> derecha y la izquierda sujetando un manojo de
> trigo por la parte baja de los tallos, estirando
> como para arrancarlos. La hoz da un rápido mo-
> vimiento giratorio, de atracción, paralelo a la tie-
> rra, y los trigos quedan sueltos en la mano izquier-
> da. Se dejan, se toman otros, se da a la hoz un
> movimiento giratorio. Se toman otros. Ringlera a
> ringlera el bancal se concluye y entonces uno pasa
> al de abajo frotándose los riñones, con el olor a
> paja caliente y seca todavía metido en la garganta.
> Se dobla de nuevo entre los tallos, se toma un
> manojo y la hoz gira paralela a la tierra. Gira
> paralela a la tierra, gira»[156].

En el sexto relato, Ciriaco, murciano trasplantado a
Barcelona, trabaja de peón albañil, mientras su mujer, Claudina, hace la casa y sirve como lavandera por
las tardes. Su hijo Bernardo, un niño, parece la obsesión de un hermano que murió quemado en un bra-
sero. Ciriaco, hombre bueno, pero que no puede pa-
sarse sin beber algo y salir con los amigos, roba un
día unas tuberías. Vienen los guardias a detenerlo, y
es el niño quien, sin saber nada, informa a aquéllos
del paradero de su padre, por quien le preguntan. En
el bar de abajo, donde los desastrados trabajadores
van a tomarse su vasito de vino, un gitanillo dichara-
chero y compasivo anima al niño, pero es burlado por los

---

[156] *Las afueras*, pág. 233.

otros. El niño se consuela con sus anises y colarse tal vez en un cine. El hermano de Claudina ampara a ésta y a su hijo cuando Ciriaco va a la cárcel, y piensa en un tiempo en que todo llegue a cambiar.

El relato último es la semblanza del señorito acomodado, hijo de médico, que estudia su bachillerato, recibe su reloj de oro por el examen de reválida, practica deportes, baila, se divierte y se aburre. Un día marcha a Barcelona para comenzar su primer curso universitario. Toma billete de primera clase. La indiferencia misma del autor hacia la figura retratada, y su falta de crítica explícita, hacen más acusada y acusadora la silueta de este trivial e inimportante Alvarito.

Consiste el procedimiento seguido en casi todos los relatos en presentar al principio el hecho actual, aquel que decide el rumbo de la situación, para en seguida retroceder al pasado, esbozar la historia desde lejos y regresar al punto de arranque, prolongar las circunstancias derivadas de éste y dejar el asunto en una fase sin solución, vibrando de problema o de espera. La narración y las descripciones se distinguen por un laconismo objetivista que con frecuencia admite ritmos emotivos. Pero acaso lo mejor sean los diálogos y conversaciones, la verdad oral de todos esos personajes que, por la semejanza de su situación y función social, componen una novela: siete modulaciones de una misma realidad. La simpatía hacia los trabajadores y el ideal de la unión de los hombres entre sí para ayudarse y mejorar, son los móviles que inspiran a Goytisolo en esta su obra primera, pero ya en ella asoma una crítica de la vaciedad y superfluidad de las clases favorecidas, crítica más patente en la segunda novela: *Las mismas palabras* (1963).

«Las mismas palabras, los mismos gestos, todo volvió a suceder igual que antes, cuando Rafael salía con

Berta y los amigos y no se acostaban hasta la madrugada...» Así comienza esta novela, cuya excelencia me
parece que no ha sido apreciada como se merece. Su
acción, desempeñada principalmente a través de charlas, conversaciones y diálogos, sucede a fines de un
mes de septiembre, de lunes a lunes. Los dos primeros
días entramos en conocimiento con una pluralidad
de personas pertenecientes a la burguesía barcelonesa,
cuyo vivir habitual adolece de sumo desaliento y hastío. Tres figuras se destacan en seguida: Rafael, joven
profesor que prepara un breve viaje a París dentro
de esa semana; Santi, otro joven catalán, de pudiente
familia, que se reúne a menudo con un grupo de chicas y chicos vagamente interesados por el arte y las
labores intelectuales; y Julia, señorita de veintiocho
años, empleada en una casa de decoración. Cada uno
de estos tres personajes principales tiene su ambiente
y sus «nuevas amistades», y la acción a que cada uno
de estos círculos da lugar discurre por separado, aunque aquéllos vivan en la misma ciudad, observen costumbres semejantes y acudan para distraerse, comer,
bañarse, platicar o beber —sobre todo, para beber—
a sitios próximos o idénticos. Alguna figura secundaria, conocida del uno o del otro, funciona de pálido
enlace entre los destacados portadores de la acción,
la cual se produce alternativamente, ya presentando
a Rafael en contacto con sus compañeros, ya a Santi,
ya a Julia con los suyos. (Así lo que eran siete relatos
independientes en *Las afueras* son aquí tres relatos
también independientes, pero constructivamente simul-
taneados.)

Lunes, martes y miércoles conocemos a los sujetos
mencionados. El miércoles, día de la Merced, todos salen de Barcelona: Rafael, a un lugar costero donde
vivió de niño y donde la boda de unos parientes re-

clama su ensimismada presencia; Santi, a Tossa, con sus amigos, a embriagarse; Julia, a la playa, donde conoce a un estudiante por quien se sorprende atraída.

Apurado hasta las heces el día festivo, que en todos deja resacas de alcohol y de ilusión, retorna cada uno a su quehacer, a su no hacer. Jueves, viernes y sábado transcurren entre los efectos de la resaca, los relativos deberes cotidianos y las escapadas a un mundo que, so color de amistad, rezuma únicamente suspicacias, celos y pesadas melancolías. El domingo, Rafael emprende su viaje a París (donde se suicidó, tiempo atrás, Berta, su silencioso amor); Santi vuelve a bailar y a beber con sus «amigos», y Julia espera iniciar con el estudiante la ya inaplazable aventura. El lunes último ya Rafael se marchó y nada nuevo sabemos de su persona; Santi se dirige a la playa buscando el espíritu del mar, y Julia recibe una llamada telefónica citándola para aquella noche.

Las mismas palabras constituye un panorama vasto, vario y objetivo de la juventud burguesa de Barcelona; juventud inteligente y negligente, capaz pero vacía. Frente a Rafael, presumible figuración del autor; al lado de Santi, ocioso y preocupado compañero de enceguecidas disipaciones; y en torno a Julia, romántica mujer martirizada por la aspereza de los días laborables y de su oquedad afectiva, murmuran las mismas palabras de siempre otros jóvenes burgueses; éste dice chistes, la otra destila rabia acumulada, unos recelan, otros arrían pronto cualquier impulso bienhechor, aquéllos quieren olvidarse, uno se abre las venas, y todos se aburren, todos divagan, ninguno desemboca.

Divídese la novela en setenta capítulos, dispuestos en cuatro partes de longitud desigual. La segunda parte (boda, orgía en Tossa, «dolce vita» de la playa) cobra tonos patéticos por el contraste repetido de las

palabras iguales y triviales de la gente con la voz perpetuamente nueva y pura del mar. En la parte cuarta
la inanidad de todos se refleja en ese final no conclu-
sivo donde parece contenido el simbolismo de la obra:
nadie realiza nada, nadie consigue nada, nadie encuentra acepción de futuro entre aquellas palabras, palabras, palabras.

Goytisolo, cuya afinidad con los autores de *Nuevas
amistades* o de *La isla* es patente, ha escrito una novela
comparable a *El Jarama*, pero con dos diferencias principales: el nivel social e intelectual menos bajo de la
juventud, cuyo tedio aquí se registra, y el escenario catalán de ciudad y playa, ramblas y Costa Brava corrompida. Cuando no actúa de grabador de charlas, cuando
se infunde con necesidad en la situación de su «doble»,
alcanza penetrantes acordes de alma y ciudad en finales de capítulo cuya intensidad expresiva denuncia
al gran poeta de *Las afueras*. (Por ejemplo, el final
de los capítulos 1, 27, 35 ó 52.)

Parece haber querido atestiguar el autor cierto estado de ánimo de la juventud española burguesa. Anhelos
quiméricos, apatía, depresión ante el fracaso de cualquier tentativa de mejora; vicio del dinero, del alcohol,
del erotismo, de la pereza. Y todo ello, en duelo con
un último deseo de justicia, deseo que el medio ambiente sepulta en ciega cotidianidad. (Muy tarde he conocido
la última novela de Luis Goytisolo: *Recuento*, 1973.)

En pleno auge de la narrativa centrada en la revelación testimonial de los padecimientos de los humildes se sitúan las primeras novelas de Ramón Solís, de
Antonio Ferrés y de Armando López Salinas.

RAMÓN SOLÍS (n. en Cádiz, 1923) noveliza primeramente, en *Los que no tienen paz* (1957), las inquietudes vo-
cacionales y circunstanciales de unos jóvenes enfrenta-
dos a la necesidad de decidir, y en su segunda novela,

Ajena crece la hierba (1962), es de los que se adelantan a atestiguar los infortunios del emigrante económico, en este caso un campesino andaluz que, al regreso de la recolección en Francia, sufre imprevistos accidentes, simbolizando en el drama de su angustiosa limitación multitud de dramas semejantes.

Aun en su más ambiciosa novela, *Un siglo llama a la puerta* (1963, Premio Bullón de Novela), el trasunto ficticio del Cádiz de las Cortes y de la Guerra de Independencia, conseguido con animación y amenidad, cuaja en una novela que es histórica, sí, pero comporta un sentido social muy acentuado: su protagonista, Chano, vástago de la hacendosa burguesía de aquella época, trabaja en la forja de su destino propio poniéndose al servicio del pueblo y del progreso y la libertad de éste. Ambientada también en la Andalucía Baja, *El canto de la gallina* (1965) coteja dos frustraciones: la del torero retirado que perdió su masculinidad en la más brava de las lides, y la de la mujer que antepone a la satisfacción sexual su deber de fidelidad al vínculo.

En *La eliminatoria* (Premio Nacional de Literatura 1970) presenta Solís, mediante montaje de cortos fragmentos sucesivos o simultáneos, tres días en la vida de una ciudad de provincia, de viernes a domingo. La eliminatoria es el partido de promoción que disputarán la tarde del domingo el equipo local, aspirante a primera división, y otro equipo forastero, resuelto a no descender. Se exponen los manejos que conducirán a la compra de la victoria por el equipo forastero, y la novela acaba cuando un joven escritor en ciernes vuelve de la estación, de acompañar a un renombrado poeta, y encuentra la ciudad vacía: todo el mundo está en el campo de fútbol. Entre los diversos casos que en el relato se yuxtaponen, manifiestan significación simétrica la aventura del poeta con la dama casada (desliz que reafir-

ma en ella la lealtad ulterior a su honrado marido)
y la aventura del futbolista de éxito con la jovencita
ilusa (evitación del desliz y descubrimiento de un verdadero amor). Entreveradas en esa urdimbre se suceden una serie de escenas locales protagonizadas por sujetos despreciables: el intolerante alcalde, el comerciante rijoso, el «respetable» ingeniero de turbia vida privada, y los preparadores de la corrupción deportiva,
ejemplo concreto que parece metáfora —nada poética,
desde luego— de la corrupción de la ciudad y del país.
En *La eliminatoria* se hace evidente la huella del realismo crítico antiburgués.

Mayor acierto acompaña a Solís en otra novela histórica de ambiente gaditano: *El dueño del miedo* (1971),
donde el coronel liberal que en 1831 había conspirado
contra Fernando VII, al ser nombrado gobernador militar de Cádiz, traiciona a sus cómplices y, acosado él
mismo por el miedo, se convierte en tirano de la ciudad
y dueño del miedo de todos. El despótico Bengoa es asesinado y su cadáver, con el puñal clavado, permanece
largas horas en medio de la calle junto a la tea que proyecta agigantada su sombra. Pagará con su vida la vengativa sed de las autoridades el inocente capitán Vargas, para quien probar la coartada hubiese significado
difamar a la mujer que amaba. En ésta como en todas
sus novelas, Ramón Solís parece renunciar de antemano a cualquier tentativa innovadora y a todo propósito
de realzar o cuidar las virtudes del lenguaje. Paladino
heredero de Galdós y Baroja, gobierna una prosa fluida,
fácil e incolora que se adapta mejor que a otras especies de novela a ésta de evocación intrahistórica en la
que, con agilidad, se explayan hacia lo imaginativo sus
probadas dotes de historiador.

Aparte libros de viaje escritos por Antonio Ferres,
por Armando López Salinas, o por ambos en colabora-

ción, de los que puede hallarse amplia noticia en el libro de Gil Casado, la producción estrictamente novelesca de uno y de otro ha alcanzado sus resultados más característicos en la órbita del mundo obrero y sus problemas.

ANTONIO FERRES (n. en Madrid, 1925) fundamenta su renombre en su primera novela: *La piqueta* (1959). La piqueta municipal derriba la chabola mísera que ha albergado a un albañil y su familia, sin que estos pobres emigrantes andaluces, venidos a la capital del país en busca de trabajo, encuentren ayuda efectiva en nadie: sólo la muda protesta de la muchedumbre de sus vecinos, que impotente se dispersa mientras la piqueta hurga y repiquetea sobre los últimos escombros en el silencio de una mañana de verano. Dar forma intuitiva sobria a este grave problema de la posguerra española que a tantos trabajadores ha atormentado, y lograr en esa forma una rapidez y una intensidad que no impiden la honda capacidad social del testimonio, son méritos indudables de esta novela. Ciertos esquemáticos contrastes a base de buenos y malos, honrados inermes y deshonestos explotadores, no es que carezcan de respaldo en la realidad, pero suscitan una imagen tendenciosamente simplificada, a la que cooperan algunos ingredientes de inevitable regusto dicentiano (los buenos novios pobres, el señorito que abusa de la joven empleada de una fábrica) y la torpe decisión de reproducir en los diálogos la fonética del vulgo, para colmo sin suficiente fidelidad. En su segunda novela, *Los vencidos* (publicada en italiano en 1962 y en español tres años después) Ferres abarca la España posbélica hacia 1945: prisioneros, hambre, persecuciones, represalias, indigencia. *Con las manos vacías*, salida a luz en 1964, plasma en independiente variación el error judicial novelado ya por Ramón Sender en *El lugar de un hombre*.

Trasplantado después Antonio Ferres a los Estados Unidos, ha intentado dar su visión de la desconcertada sociedad norteamericana a través de las represiones y angustias de una joven psicótica a la busca de sí misma, en la novela *En el segundo hemisferio* (1970), y parafraseado otro caso extremo de alienación en *Ocho, siete, seis* (1972), tomando aquí como objeto la errante conciencia de un español —antaño vencedor, ahora vencido—, Octavio (Sietevidas Seisdedos), que recorre, sin moverse de su presente paralítico, los laberintos infernales de la memoria en demanda de la razón de su fracaso. Esta novela muestra a su autor en pleno ensayo de técnicas «estructurales»: libre discurso en vez de historia trabada, planos reales junto a planos oníricos, siembra de motivos dominantes, frecuentes tiradas de versículos sin puntuación, uso reiterativo del condicional hipotético, y otras maneras.

También ARMANDO LÓPEZ SALINAS (n. en Madrid, 1925), literariamente tan autodidacto como Ferres, y coautor con él del libro de viaje *Caminando por las Hurdes*, ha dedicado a la España de los primeros años 40 una novela: *Año tras año* (1962), pero su novela social más típica es la pareja de *La piqueta*: *La mina* (1960). Presenta el caso del labrador (andaluz asimismo) que huye de su pueblo natal, donde no encuentra faena ni sustento, para marchar con su familia a un poblado minero (Los Llanos, en Ciudad Real). El nuevo minero, añorante siempre de los campos que no le fue dado cultivar, entra a formar parte de una cuadrilla en la que hay variedad de tipos humanos: el reivindicador justiciero, el delator venal, el obrero de vocación, el vividor, etc. Por incuria de los dirigentes, que permiten que el trabajo se desarrolle en condiciones inhumanas, la cuadrilla perece aplastada por un derrumbamiento de bóvedas en el seno de la mina (recuérdese *Central eléctrica*). Las familias desamparadas se quedan a vivir en el pueblo, naufragadas en suelo hostil después de haber padecido el primer desarraigo lacerante. El agricultor de vocación ha tenido que cambiar de oficio por la urgencia de las circunstancias. El hombre no puede escoger libremente su actividad porque la pobreza le impone un camino único. La simple claridad de este planteamiento no borra la complejidad de lo vital, cuya trama de sucesos y situaciones imprime veracidad convincente al relato. Queda aquí representada la fisonomía del minero y su vida: seis días de ahogo en el infierno subterráneo y un día de expansión (alcohol, juego, amores) entre el aire reconquistado. El protagonista individual, Joaquín, vale por muchos. Como el albañil de *La piqueta*, el minero de *La mina* no es sino el obrero español forzado a emigrar por la geografía de su patria, como tantos otros, poco después, habían de emigrar por la geografía europea y muchos más habían venido proyectando hacia América su instinto de sobrevivir.

Aunque la novela social en esta su más obvia cara popular ha sido estudiada por Pablo Gil Casado con especial detenimiento (así a través de los autores que comentamos, salvo Aldecoa y Luis Goytisolo, como a través de otros que aquí no se nombran), conviene recordar todavía a tres autores: Ramón Nieto, Alfonso Grosso y J. M. Caballero Bonald.

Ramón Nieto (n. en La Coruña, 1934) ha publicado, además de cuentos y novelas cortas, cuatro novelas mayores: *La fiebre*, 1959; *El sol amargo*, 1961; *La patria y el pan*, 1962, y *Vía muerta*, 1964. La primera y la última aportan testimonios críticos de la estrechez y el anquilosamiento burgueses; las otras dos documentan

distintos aspectos de la postración de los desposeídos.
En *La patria y el pan* se trata, nuevamente, de campesinos andaluces en chabolas madrileñas y de la injusticia social que acibara la existencia de los pobres.
Tema menos trillado ofrece *El sol amargo*: el turismo,
no como diversión de quienes lo practican, sino como
aleatorio y exiguo medio de vida para quienes no hallan
otro empleo que servir al visitante como guías, vende-
dores de postales y «souvenirs», o abrecoches, o busca-
hoteles. Estudiante en El Escorial, Nieto eligió esta localidad y la época más lánguida del año turístico (desde la extinción del verano hasta el inicio de la primavera) para mostrar la penuria y los desvelos de sus
vecinos, parásitos obligados del imponente Monasterio.
El hilo argumental lo proporciona el destino de una
familia: el padre, que emigró a América abandonando
su puesto de «maître» en un hotel, no encuentra empleo cuando regresa fracasado; la madre trabaja de
lavandera; el hijo mayor se envilece en empresas su-
cias y sin éxito; el menor, un muchacho de quince
años que trae viajeros a los hoteles a cambio de una
pequeña comisión y cuyo ánimo infantil no puede
sobrellevar ciertas decepciones morales, es aplastado
por un camión, y el hermano intermedio, Mateo, que
vende guías y baratijas a las puertas del Monasterio,
no alcanza a realizar sus ambiciosos planes de auto-
educación y resuelve, al fin, huir con su madre hacia
una tierra más clemente y agradecida. Mateo es el
personaje que reúne mejores cualidades para protagonista, pero aquí, como en casi todas las novelas sociales, el verdadero protagonista es colectivo: familia,
vecindario, gentes de un mismo oficio. Como en casi
todas las novelas sociales hay también en *El sol amargo* una voluntad de experimento estructural que establece la distancia respecto al naturalismo documental

de antaño: tres partes (tres estaciones) sucesivas pero de integración muy semejante, de tal modo que, aunque el tiempo pasa, parece que nada termina ni se renueva. (No conozco *La señorita*, de 1974.)

Otra de las mejores novelas sociales de este tiempo es *La zanja* (1961), de ALFONSO GROSSO (n. en Sevilla, 1928). Autor de relatos breves, de libros de viaje en colaboración y de un reportaje sobre la Semana Santa sevillana, Grosso ha escrito novelas testimoniales de los camioneros en *Un cielo difícilmente azul* (1961), de los pescadores del Sur en *Testa de copo* (1963) y de los campesinos andaluces en *El capirote* (1966). Distinto rumbo siguen sus novelas últimas: *Inés Just Coming* (1968), *Guarnición de silla* (1970, Premio de la Crítica 1971) y *Florido mayo* (Premio Alfaguara 1973).

Se dan en *La zanja* todos los rasgos puestos en vigencia por *La colmena*, *Los bravos* y *El Jarama*: composición a base de momentos o secuencias separados por blancos, reducción del tiempo (un día de julio desde el alba hasta la noche), reducción del espacio (un pueblecillo andaluz), protagonización colectiva matizada según las clases, y aquel además de constatación objetiva de la realidad con denuncia implícita o expresa, trasunto fiel del habla ordinaria, sobriedad presentativa y poderosas estilizaciones al evocar o describir. Lo típico de tales rasgos da a *La zanja* un valor representativo considerable, de manera que no extraña que Gil Casado dedique a esta novela cerca de veinte páginas de análisis. En sus escasas proporciones, *La zanja* viene a ser una novela social paradigmática, que abarca sobre una pauta apenas visible toda la contextura social de España a escala reducida: abajo los peones que trabajan en la pavimentación y conducción de aguas, entre quienes se destacan el atormentado Toto y Carlos, tuberculoso, encargado de poner los

faroles de señalamiento de la zanja, y abajo también
los labradores parados, el transportista, la criada, y
aún más abajo el organillero ambulante o la solitaria
prostituta-madre; en medio, el teniente de la Guardia
Civil que adiestra al somatén, el alcalde, la celestina
jubilada que enciende velas a las ánimas benditas y
la fondista «entresacada y salida» (para decirlo con
Quevedo); arriba (¿arriba?) el caballero de industria
que muere del corazón aquel día, con su secretaria y
amante por único testigo; la esposa del caballero, en
crisis de relaciones con un forastero que viene a hacerle chantaje también aquel día, y los hijos de ese
matrimonio, Andrés, que reposa su tuberculosis en el
huerto; Lisi, que anda de excursión con otros jóvenes
por los alrededores; y, en frente, los americanos, ebrios
y filántropos. La jornada concluye con una tormenta,
bajo cuyos primeros goterones acude el desahuciado
Carlos a encender sus señales como quien se precipita
en un sepulcro. Los cambios de perspectiva en cada
fragmento, la concisión impresionista de cada uno de
éstos, la fluencia de la imagen que con ellos se va
perfilando, el colorido de las pinceladas descriptivas,
obligan a reconocer en *La zanja* una novela social excelente, por más que se ajuste al canon consagrado.
Se denuncia aquí la explotación de campesinos y obreros con franqueza hasta entonces poco frecuente, como
puede notarse en la discusión final de los parados sobre el ir o no ir a manifestarse en silencio en la plaza del
pueblo. Pero lo que predomina es la visión objetiva:

> «Toto clava la piocha en la zanja. De la piocha
> saltan chispas azules y rojas. A veces, en vez de
> hundirse blandamente, se engancha en la zahorra
> del firme. Es difícil mantener la regularidad de
> las cavadas porque el firme se resquebraja con
> los golpes y la línea ideal tirada a cordel bajo la

que ha de enterrarse la conducción de agua, se vertebra en secciones como una cinta métrica plegable mal estirada» [157].

En la solapa editorial de *La zanja* se lee que Grosso presenta allí la vida de un pueblo andaluz «sin pintoresquismo alguno» y que el título de la obra procede de una zanja que «simboliza la separación entre las clases sociales». Lo primero es cierto, pues Grosso no intenta dar una estampa regional. Gil Casado se manifiesta en desacuerdo con lo segundo. Para él la zanja no simboliza nada, sino que es «el término de las aspiraciones del peón campesino» y «un punto de referencia dentro de la novela». Pero a mi juicio la indicación editorial no es arbitraria. En novelas de este tiempo hay títulos puramente metafóricos como *La colmena, La noria, La resaca, La isla*. En otros, sin embargo, la cosa concreta enunciada (Jarama, afueras, piqueta, mina o zanja) conlleva un halo de simbolismo que no merma esa concreción: el río es el fluir invariable; las afueras, el lugar de las existencias dejadas al margen; la piqueta, la destrucción del hogar pobre; la mina, el infierno del trabajo, y la zanja, no sólo esa separación entre clases, sino además la tumba en que viven enterrados los peones del esfuerzo, como Toto y como Carlos.

A partir de su quinta novela, *Inés Just Coming (Compás de espera de un ciclón en el Caribe)*, Alfonso Grosso trata de incorporarse, con verdadero celo, a las técnicas de dificultación y disolvencia del relato, explotando una veta de barroquismo que algunos creer ver predibujada en obras anteriores. La preocupación social sigue viva en estas novelas, pero se desenvuelve de otro modo: por sondeos y contrastes históricos, verticalmente, en

---

[157] *La zanja*, pág. 43. Nótese el descuido: «A veces, en vez de...».

vez de sobre la horizontal de un presente observado.
Así, en *Inés Just Coming* lo que interesa al novelista
es contrastar la Cuba anterior a la revolución y la Cuba
revolucionaria, para lo cual se sirve de las conciencias de
tres personajes (la mulata Melania, la burguesa Helena
y el aventurero Dionisio) cuyas distintas perspectivas
reflejan la experiencia revolucionaria simbolizada por el
ciclón.

Guarnición de silla trasunta la historia de una población meridional cercana a la frontera portuguesa desde
los tiempos napoleónicos a los actuales, concentrando la
evocación, dispersa y entrecortada, en unas familias aris-
tocráticas decadentes. El pretexto que infunde tensión a
la novela es parecido al de *The Bridge of San Luis Rey*,
de Thornton Wilder, aunque sin implicaciones teológicas
ni corolarios éticos: el azar de un accidente que siega
la vida de cuatro hombres: el camionero anónimo en ruta
de Bilbao hacia el suroeste, el paria portugués a quien
el camionero recoge casi desfallecido por las carretera,
y dos fugitivos que en sendos automóviles viajaban en
sentido contrario al del camión. Uno de estos fugitivos
es el joven Jaime, viciado redrojo de aquella aristocracia
sureña. El otro es el solitario Ignacio, que había llegado a la ciudad el día antes para rescatar de la fosa común los restos de su hermano Leonardo, ejecutado al
comienzo de la guerra civil y, sin lograr esto ni haber
querido denotar su presencia, había emprendido la vuelta
al extranjero, de donde hubo venido. Las rememoraciones parten de Ignacio y de otras personas con él relacionadas: la indecisa Begga, la moribunda Claudia desde
la celda conventual a que se retiró cuando perdió a Leonardo, y otros sujetos apenas esbozados.

Dentro de los seis capítulos que integran la novela,
el montaje de los varios fragmentos parece preparado
con esmero, pero no para crear claridad, sino precisa-

mente para plantear ese rompecabezas que sólo poco a poco, en la segunda mitad del volumen y sobre todo en las páginas finales, el lector llega a recomponer, si llega. Este método de desarreglo y ocultación (tan semejante al de *La ciudad y los perros* o *Volverás a Región*) promueve dificultades de lectura, pero no es inadecuado al proyecto de la obra: destinos relacionados entre sí hasta que el acaso los reúne mortalmente. Más sensible es la influencia de *Tiempo de silencio* en la prosa perifrástica, abigarrada, cultista a menudo, y eruptiva adrede, de Grosso: prueba, la «travesía de Madrid» con que se inicia el capítulo V.

Reconociendo a *Guarnición de silla* riqueza léxica, voluntad de estilo, agilidad presentativa y capacidad crítica para plasmar tiempos lejanos, ejemplares sociales caducos y destinos miserables dentro de un ámbito geográfico familiar al autor, debe decirse también que éste lleva el barroquismo al extremo de la tumefacción por el procedimiento enumerativo. Resultado de ello es la impresión de garrulería que en muchas páginas se hace inevitable. No está mal, por ejemplo, la abundancia elocuente en la invocación a los caballos del capítulo V, que adquiere así un tono de himno irónicamente acorde (por tanto, desacorde) con el turbio negocio de que esos nobles animales han sido objeto. Pero cuando aparece por vez primera el desdichado emigrante portugués Joao Dias Sousa y se va leyendo que escapó «por montes, vaguadas, atajos y veredas», que fue metido en un camión de carga «como un fardo, como un bulto, como una saca, como una simple mercancía» junto a otros hombres que, como él, habían abandonado «sus hogares, sus mujeres, sus hijos, incluso sus nietos», después de haber malvivido vendiendo «sus cerdines, sus borregas, su maíz, su centeno, sus bellotas o su trigo», y se sigue leyendo que Joao Dias Sousa se ocultaba a la

sombra «de un chaparral, de una zarza, de las encinas
de una dehesa o de los frontales calizos de una cantera
abandonada, un chamizo abandonado, o unas ruinas milenarias», y que pasaba una noche «y otra y otra más,
frente a un paisaje apenas cambiante, frente a unos
páramos idénticos y unas serranías idénticas, y unos al-
cores idénticos, eludiendo pueblos, aldeas, caseríos, tierras habitadas o simplemente frecuentadas», y notamos
que todas estas enumeraciones y otras que pudieran ci-
tarse (en este capítulo IV y en todos los de la novela)
aparecen encabestradas en frases tan redundantes que
sería vano tratar de precisar, muchas veces, cuál sea
el predicado verbal de un sujeto escoltado por tantos
circunloquios y prendido a tantas cadenas de sinónimos,
la imagen que se obtiene resulta mucho menos eficaz
que la que podría lograrse insinuando (sólo insinuando)
los sufrimientos de ese hombre inerme y taciturno, en
vez de puntualizarlos tan inacabablemente. La enumeración, como no sea imprescindible, se convierte en una
retórica del hastío.

Todavía más prolija, llena de enumeraciones fatigosas,
de incisos inseguibles, de comparaciones y adjetivacio-
nes múltiples, polisíndetos e hipérbatos violentos, im-
perfectos de subjuntivo a la galaica o a la modernista,
y otros lujos, es la prosa de *Florido mayo*, crónica apó-
crifa de una familia burguesa, ambientada en Sevilla y
sus contornos. Con esta novela parece que Alfonso Grosso desea consagrar un neobarroco andaluz, ya ensayado
en la novela anterior. Y se nos ocurre, ante semejante
empresa, preguntarnos si en verdad el barroquismo, entendido como complicación y profusión del ornato, es
la forma artística que mejor corresponde al carácter de
Andalucía y, en particular, de Sevilla. *Florido mayo*
consta de tres partes: «Espejismos», «Ensoñaciones»
y «Oratorio», y cada parte exhibe como lema unos versos

de Cernuda, de Bécquer y de Antonio Machado. Tres poetas sevillanos, ciertamente, pero de palabra límpida y enjuta, y los tres resueltamente antibarrocos. (Acogerse a Góngora, como otros hacen, o a Juan Ramón Jiménez y Rafael Alberti, andaluces pero no sevillanos, hubiese sido más oportuno.) Quizá la presencia de aquellos lemas predisponga contra esa estructura dislocada y ese lenguaje artificioso escogidos por Grosso, cuyo sevillanismo será tan legítimo como el de Cernuda, Bécquer o Machado, pero diferente a más no poder.

El pintor Alberto Gentile está esperando la llegada del sepulturero para exhumar los restos de su madre y de un hermano de ésta. Mientras aguarda, y aun después de la fúnebre tarea (que recuerda el motivo inicial de *Guarnición de silla*) dirige invocaciones monologales a una mujer, Delia, de quien estuvo enamorado en la adolescencia. Delia ha ido materializándose para él en cuantas mujeres ha conocido carnalmente, sea en la realidad o en la alucinación. Delia ha sido una camarera (Liselotte) y una «prima ballerina» (Frau Wickweber) en el Berlín oriental; una joven hispanista americana en Madrid: Sara; una estudiante portuguesa en el país hermano: Amelia; una geriatra finesa en Estocolmo: Irina; una monja enfermera en el Pirineo: Sor Benigna; una judía sin nombre en el Mediterráneo; una anglista armenia en Brihuega: Olimpia-Achylus-Delia-Sherezade. A la amada única, así metamorfoseada en tan heterogéneas amantes, se dirige, pues, el pintor desde su soledad, entremezclando en los soliloquios retazos de su historia familiar y, entre otras cosas, un repertorio de esquelas de toreros y un muestrario de divisas de ganaderías. Pero, de trecho en trecho, los soliloquios de este inmaduro y caótico Edipo (que en todas las mujeres buscaba a la madre, de quien pronto se vio separado) quedan rotos por numerosos pasajes que, aducidos por narrador invi-

sible, reconstruyen, en deliberado desorden cronológico,
las generaciones, semblanzas y hechos de toda la familia: esos Gentile trasplantados de Génova a Sevilla en
el siglo XIX, abuelos, tíos y tías, padre, madre, hermanos del protagonista. Se desparrama así, por las dos
partes primeras de la novela (las más largas), la historia de la consunción de una familia en caída vertical
desde su prepotencia: «las veleidades de Augusto, los
desenfrenos de Javier, los histerismos de Esther, las año-
ranzas de Natalia y la severidad de sus padres para
juzgar hijos, sobrina, parientes, servidores y operarios
vinculados a un hogar, en apariencia risueño, y a una
razón social en continuo auge que extiende sus tentácu-
los mercantiles por los palacetes, los bancos, las iglesias, los museos, los conventos, el recinto del cementerio, y alcanza incluso los graderíos, recién restaurados,
de la Real Maestranza de Caballería de la Ciudad Fluvial
gracias a la feliz conjunción de mejores precios, más
alta calidad artística, el prestigio de un apellido ítalo
y el perfecto manejo de las relaciones sociales» (páginas
139-140).

En la parte última de la novela ya sólo se oye la voz
de una persona: Delia. Es una mujer envejecida y alcoholizada que, mientras se celebra la boda de su hija
(destinada, como ella, a un matrimonio de interés), declara quiméricos los amores de Alberto Gentile. Jamás
éste le había dicho su pasión. Pero Delia va dejándose
persuadir de las quimeras que refuta y, al fin, proclama
el «sí yo quiero sí» de Mary Bloom, deseando haber vivido esos amores. Candidez parece el declarado remedo
del *Ulysses* en este monólogo epilogal, y candidez poner
sobre el tapete, mediada la novela, el propósito del «puz-
zle» con enumeración de datos y noticias que pudieran
contribuir a resolverlo, pues de este modo la impresión
de capricho se acentúa y, con ella, la sospecha de que

todo hubiese podido ser más claro, y así más eficaz, sin
merma de la curiosidad del lector. Como en las primeras novelas de Benet, pero después de Benet y sin la
filosofía de la realidad enigmática que fundamenta los
procedimientos de éste, Alfonso Grosso abusa de las
alusiones misteriosas a sujetos anónimos u homónimos,
a objetos de obsesiva presencia, a circunstancias reite-
radas y a presagios, alucinaciones y fatalidades. Todo
ello sobrepone a su discurso un sello de artificio, de forzada adaptación al nuevo canon de la novela «estructural». A tal canon obedece, en efecto, *Florido mayo*, aunque sin abandono de la intención crítico-social. Sin abandono porque en esta novela se pone al descubierto el
contraste entre burguesía y pueblo, de cuyo vitando cruce
desciende Alberto, el cual, en su impotente búsqueda de
la madre perdida (la campesina Estrella), parece encar-
nar a través de la confesión suya y de la «genealogía»
añadida por el narrador (comparables a las de Mendiola-Goytisolo en *Señas de identidad*) la imposibilidad
de saltar —ahora sí— la *zanja* entre una clase y otra.

Hermana de *La zanja* es la novela de José Manuel
Caballero Bonald (n. en Jerez, 1926): *Dos días de setiembre* («Premio Biblioteca Breve 1961», publicada en
1962). Dado que en ella se advierte mayor empeño constructivo, podría considerarse una novela todavía más
arquetípica del realismo social que *La zanja*, y desde
luego me parece la última de las buenas novelas publicadas en defensa del pueblo, pues ya en 1962 (año de
aparición de *Tiempo de silencio* y *Tormenta de verano*)
lo que ejerce predominio es la crítica del ocio burgués,
pasando a segundo plano los temas proletarios: trabajo
infructuoso, desahucio, emigración, etc.

Dos días de setiembre es la novela de las viñas an-
daluzas, e inmediatamente acude a la memoria *La
bodega*, de Blasco Ibáñez. En ambas obras se pone

de relieve la distancia social y moral entre los propietarios y los jornaleros, en ambas se describen las faenas de éstos y los pasatiempos de aquéllos, en ambas un señorito de la clase poseedora despoja a una muchacha humilde de su honra, y en ambas se dibuja un movimiento de protesta que viene, como es natural, de los de abajo. Y, sin embargo, *Dos días de septiembre* difiere de la novela de Blasco en importantes aspectos: la actitud objetiva imposibilita toda prédica doctrinal y cualquier excrecencia folletinesca, de modo que aquí no hay ningún portavoz de ideas políticas ni tampoco un vengador de la honra mancillada; la disposición del conjunto adopta una forma sobria, a base de toques esenciales que rehusan prolijo acarreo documental; y del énfasis fatídico con que están realzados ciertos elementos (la viña, el lagar, la bodega, el viento, la tormenta), así como de los matizados contrastes de caracteres y de la concentración de los recursos idiomáticos (veraces diálogos sin tipismo, enjutas descripciones atemperadas al proceso narrado, vívidos trasuntos de monólogos y delirios) se deriva un efecto total de realidad poéticamente concebida, de verdad artísticamente respetable por sí misma.

La novela, por descontado, está al servicio del pueblo, pero no idealiza a éste. En sólo dos días de septiembre, mientras la tormenta próxima amenaza a la vendimia, vemos a los cosecheros exclusivamente dedicados a ociar, beber, dormir, fornicar y calcular ganancias, y a los pobres trabajar, servir, padecer y calcular deudas y desempleos, en tanto que como aduladores de aquéllos y explotadores de éstos prosperan ciertos medianeros que van a su interés, parásitos, gorrones, trapisondistas, gestores de enredos. Caballero Bonald recarga los trazos negativos de los propietarios y sus secuaces y de los representantes de una autoridad desalmada (un alcalde, unos guardias civiles), pero esta tendenciosidad, diáfana a pesar del tono objetivo de la narración, queda equilibrada por la circunstancia de que en ningún momento trata de poner a los trabajadores como dechados de bondad: con señalar su sufrimiento injusto y los efectos ruinosos de la iniquidad y la miseria en ellos le basta.

Don Andrés, propietario nato de Las Talegas y otros muchos viñedos, proyecta dar una comida de caridad a los pobres y regalar a la Verónica un manto fastuoso; don Gabriel Varela, propietario de Monterrodilla, enriquecido por el estraperlo, pasa la vida degustando sus soleras, seduciendo a sus criadas y humillando a sus peones; don Felipe es un viejo verde que deshonró a Encarnita y malvendió los bienes de su sobrino Miguel; Perico Montaña, condiscípulo de Miguel, vive alegremente y halla gusto en arrebatar a sus viejos rivales un equipo de cortadores pagándoles unos duros más para que adelanten la vendimia en su finca de Valdecañizo... De este círculo de pudrición intenta escapar Miguel, raído ya por el ocio, el desencanto y el alcohol. Este hombre de cuarenta años, que volvió de la guerra, que halló su herencia disipada, que no tuvo inconveniente en usar de querida a la misma Encarnita, que ahora trabaja unas pocas horas al día en la publicidad de los vinos y consume las demás en el tormento de sus recuerdos solitarios o en orgías extravagantes, quiere «hacer algo», y se aproxima a un grupo de jóvenes descontentos, entre los que hay campesinos y señoritos (algunos, hijos de aquellos abyectos bodegueros). Si Miguel se destaca entre los de arriba es por esa insatisfacción y este incipiente propósito de «hacer algo». Entre los de abajo el personaje más destacado, porque acumula en él todos los

rasgos de la víctima, es «el hombre del lobanillo», Joaquín el cantaor, Joaquín «El Guita»: preso durante
años después de la guerra, al salir de la cárcel fue
expulsado del pueblo, y ya su sobrevivir consistió sólo
en andar de agobio en pena, buscando chapuzas, trabajando a destajo, robando en las viñas, cantando para divertir a los señores. Con un papel muy semejante
al del enfermo Carlos en *La zanja*, Joaquín, víctima de
todo y de todos, sucumbe en las bodegas aplastado
por una bota de vino el mismo día 14 de setiembre
de 1960 en que, por cuidados de Miguel, había obtenido trabajo. El accidente coincide con el desencadena-
miento de la tormenta y promueve en algunas conciencias remordimiento, cólera, urgencia de redención.

El tema de la novela no es otro que la explotación
del sudor de los desvalidos por el capitalismo ocioso,
y en el seno de esta ya tópica materia operan condiciones históricas (la erosión de la guerra civil, los abusos jurídicos y económicos de la posguerra, los hábitos feudales y rutinaria devoción del campo andaluz)
y motivos morales (libertinaje, codicia, negligencia, oposición entre las perspectivas éticas de viejos y jóvenes).
Distribuida la acción en dos partes («Primer día: Viento de Levante», 12 capítulos; «Segundo día: La tormenta», 13 capítulos), la alusión a los sucesivos momentos de esas noches y días y al constante avance del
viento, el bochorno y las nubes, va marcando con poderoso sentido rítmico la pauta en que se disponen
las escenas sueltas, esos fragmentos a través de los
cuales se refleja el vivir colectivo. Cuando Miguel bucea en su pasado y en su angustia presente, el discurso
es monologal (1.ª persona) y la tipografía distingue en
cursiva este monólogo del resto de la novela, construida en tercera persona, a base sobre todo de charlas
y de descripciones intensas e impregnantes, como ésta,

que bien puede estimarse como algo más que ambientadora:

«La tierra olía como si le hubieran abierto el vientre. Por el aire, por debajo de cada piedra, la tierra olía a fermentos estancados y a zumos en elaboración. Era un olor agobiante, mefítico, que parecía producirse por una especie de amalgama de todos los demás olores. De los entreliños, de los blancos y cuarteados terrones de albariza, subía un vaho denso y pegajoso, un enervante turbión de malsanos y turbulentos gérmenes que se habían ido propagando como una desbocada nube de langostas. Entre las agrias vetas del mosto despunta a veces como un viscoso relumbre genital, como si algo estuviese engendrándose en el útero de la tierra. Cuando el mosto empieza a fermentar, se filtra por la madera de la bota un áspero barrunto a semen, a jugos de placenta, a entraña recién fecundada. Oliendo ese olor durante horas y horas se termina por no saber a qué huele. El aire va saturándose de una especie de principio embrionario de la borrachera que se asimila por todos los poros del cuerpo y va depositando en la memoria la vaga procedencia de los olores. De modo que huele a moho y a cera virgen y a sulfato de cobre y a fruta putrefacta y a ovario vegetal. Desde los lagares y los almijares se levanta como una hedionda y enloquecida algarabía de pájaros que vienen a posarse sobre el fétido paridero de la tierra» [158].

Anticipaciones, retrospecciones, simultaneidades, con-

---

[158] *Dos días de setiembre*, Barcelona, Seix Barral, 2.ª ed., 1967, págs. 188-189.

cordancias buscadas, poda de transiciones y de pormenores fáciles de suponer, relieve insólito de algunos complejos sensoriales, son recursos que infunden dinamismo al estilo directo y elocuente de esta novela. Sobre *Agata ojo de gato*, anunciada pero no publicada que yo sepa hasta ahora, remito al lector a las declaraciones del autor en la revista *Triunfo* (10-VIII-1974): «Trasvasar a un lenguaje barroco una situación barroca» es uno de sus principales intentos.

2) Aunque el tipo de novela que acabamos de rememorar se preocupa principalmente por la colectividad trabajadora, claro habrá quedado en el anterior repaso que el testimonio de las penalidades de campesinos, pescadores, obreros o empleados modestos casi nunca deja de producirse en contraste explícito con el testimonio de las clases que consumen el ocio usurero, causa mayor de tales penalidades. En algunas de esas novelas el contraste se esboza levemente; pero en otras se perfila con caracteres decisivos: así ocurre en *Parte de una historia, Central eléctrica, Las afueras, La piqueta, La zanja* y *Dos días de setiembre*. Sin el complemento del ocio culpable (desocupación, pasatiempo, turismo, libertinaje, orgías, yates, casinos, fincas, adulterio, alcohol) perdería densidad significante la mostración del trabajo estéril. Sin embargo, en las novelas hasta ahora recordadas es el trabajo, no el ocio, el elemento que aparece en primer plano, dando al testimonio un sentido primordial de defensa del pueblo. Por el contrario, en las novelas de que ahora se hablará es el ocio, no el trabajo, el factor social atestiguado con mayor relieve, lo cual infunde a tales narraciones una significación primaria de ataque (todo lo objetivamente ejecutado que se quiera) *contra la burguesía*.

La novela antiburguesa de la generación del Medio Siglo tiene sus más próximos antecedentes en algunas obras (que a estas alturas no será preciso mencionar) de Cela, Delibes, Zunzunegui, Agustí y otros. Pero Ignacio Soldevila-Durante, que nombra a los dos últimos, señala con claridad la diferencia entre los mayores y los más jóvenes cuando dice:

«... los mayores están inmersos, aunque sólo sea por su edad, en las generaciones biológicas que suben al banquillo, y su manera de ataque es una acusación a sus contemporáneos, frente a los que ofrece en contrapartida la nostálgica visión de unos antepasados enérgicos y representativos de las buenas virtudes burguesas; los hijos de esa generación a la que los novelistas pertenecen y acusan, sólo aparecen indirectamente y como consecuencia. En cambio, en la visión de los jóvenes, ha desaparecido esa nostalgia por unos posibles y lejanos antepasados que se ignoran. Ellos son, o creen serlo, las víctimas del materialismo egoísta, de los vicios sórdidos, de sus padres, y presentan a la nueva generación en toda su vaciedad» [159].

Así es, pero sólo muy vagamente puede admitirse que *Juegos de manos*, de Juan Goytisolo, inaugure la serie en 1954, como Soldevila piensa. Tanto esta novela, como *Dinero para morir* (1958), de Ramón E. de Goicoechea, carecen de la virtud inaugural necesaria, aquella virtud que, para el caso de la novela social en términos genéricos, atribuíamos a una obra como *El Jarama*. Lo que el propio Soldevila llama «el testimonio de la decadencia moral de la burguesía española a través

---

[159] I. SOLDEVILA-DURANTE: «La novela española actual», página 107.

del ocio y el gasto ostensibles a que se entregan desen-
frenadamente los retoños de la última generación» [160]
alcanza, a mi juicio, su primer paradigma fertilizante
en *Nuevas amistades*, «Premio Biblioteca Breve 1959»,
publicada ese año. La oleada de expedientes novelescos
sobre la «dolce vita», desatada con *Nuevas amistades*,
se extiende de 1959 hasta 1966, cuando menos. Contribuyen a ella importantes novelas de que ya se ha proporcionado noticia en páginas anteriores, como *La isla*,
Las mismas palabras, *Laberintos* y en buena parte *Dos
días de setiembre* y *Señas de identidad*, pero los autores especialmente representativos de esta corriente
me parecen Juan García Hortelano, Juan Marsé, Daniel
Sueiro, Gonzalo Torrente Malvido, Francisco Umbral
y, en un lugar de excepción por lo completo del cuadro
social abarcado, pero como impulsor decisivo del signo satírico que marca este tipo de testimonios, Luis
Martín-Santos en su *Tiempo de silencio*.

JUAN GARCÍA HORTELANO (n. en Madrid, 1928) intenta
en *Nuevas amistades* mostrar el comportamiento de
un grupo de jóvenes de la burguesía madrileña situados al margen del trabajo y exentos de todo ideal.

Gregorio, de veinte años, llega a Madrid y se aloja
provisionalmente en casa de Leopoldo, dos años mayor. Este va presentándole a los amigos con quienes
mantiene trato habitual y sobre los cuales ejerce una
especie de anónima jefatura: Pedro, débil, sentimental,
y su novia Julia; Isabel, soltera de más de treinta años,
escéptica y alcohólica; Jacinto y Neca, pareja matrimonial en edad madura y excelente posición, lo que
les permite actuar de anfitriones; Jovita, fácil y resba-
ladiza, y Meyes, un poco más inteligente, aunque tarde en percatarse del vacío de su vida. Poco a poco, gracias a su simpatía y a su carácter enérgico, Gregorio

---

[160] *Ibídem*, pág. 106.

va ganando el respeto y la adhesión del grupo, por más que a él mismo con frecuencia le asalten dudas acerca del sentido de estas «nuevas amistades».

La trama de la novela, si cabe llamar trama a un pretexto anecdótico destinado a hacer narrable o novelesco un repertorio de conversaciones, viene determinada por las reacciones que provoca en el grupo de amigos un acontecimiento excepcional. Pedro, novio de Julia muchos años, confiesa a Leopoldo que su novia está encinta. Aunque piensan casarse, pues dicen quererse sinceramente, resuelven de momento, por razones sociales y pecuniarias, eliminar la causa del posible escándalo. La única solución que se les ofrece es intervenir a la futura madre para que no llegue a serlo, y así lo deciden Pedro y Leopoldo con el consentimiento de ella. Hay que buscar, entonces, la persona que realice la operación. Contra su propia voluntad, Leopoldo encuentra que lo mejor será encomendar la gestión a un ex amigo del grupo, Juan, muchacho de origen humilde que abandonó semejantes amistades para irse a Vallecas a trabajar de mecánico y vivir independiente. Esto trae por consecuencia que Leopoldo confíe a Gregorio el secreto de los novios, encomendándole la visita a Juan. Desde tal momento, Gregorio, con entereza y lealtad, se encarga de llevar a cabo la delicada busca. Visita a Juan en su chabola, da a éste la cantidad solicitada para la operación y localiza a la persona que ha de hacerla: una mujer que, después de la guerra, quedó sin trabajo por motivos políticos. El mismo Gregorio proporciona el local y asiste a Julia en sus dolores y fiebres postoperatorios. Lentamente, y contra el parecer del nuevo adalid del grupo, los amigos han ido enterándose de lo ocurrido. Luego de apremiantes temores y angustias, viendo que los sufrimientos de Julia no cesan y sospechando que puede morir, confiesan la verdad a un médico amigo, Darío, persona de criterio moral muy rígido. Viene el médico a visitar a la enferma en la finca de la sierra adonde la habían transportado para que el hecho no trascendiese, y comprueba en seguida que la presunta doctora no había hecho más que cometer una estafa: en realidad Julia no estaba encinta, pero aquella mujer, para cobrar la elevada suma, había fingido una intervención, produciendo a Julia heridas externas, dolorosas, pero sin gravedad. Tras largos días de vela, angustia y tensión insoportable, el descubrimiento deja a todos estupefactos. Gregorio, no pudiendo tolerar la suficiencia y desdén de Darío, y resistiéndose a creer que todo lo padecido haya estado montado sobre tan burda farsa, da al médico una paliza.

A pesar del dramatismo de las situaciones que el presunto hecho criminal provoca, frisando a veces con la truculencia, la virtud principal de la novela no hay que buscarla en el tratamiento de la fábula, sino en la visión social que trasmite de los modos de sentir y hablar de ciertos jóvenes burgueses intoxicados de hastío: alcohólicos, vagos, resentidos, desganados, cínicos, amorales.

Novela de protagonista colectivo, destaca en ella, sin embargo, la figura de Gregorio. Su mayor energía le hace estimable a los otros y le lleva también a recorrer, periféricamente, los cuerpos, fáciles a la electricidad erótica, de Isabel, de Jovita, de Meyes, de la misma Julia y aun de la encanecida partera que comete la estafa. Con ninguna de estas mujeres experimenta verdadero amor, y es que las nuevas amistades de Gregorio, y en ocasiones él mismo, poseen un rasgo común: no saber qué quieren, no poder querer.

El procedimiento que sigue Hortelano consiste en presentar a los personajes hablando, manifestando su vacío a través de un irrestañable hablar, y en esto, como en la protagonización de la novela por una pandilla de jóvenes, y en la perspectiva conductista, *Nuevas amistades* depende a todas luces de *El Jarama*. Pero los jóvenes de *El Jarama* revelaban una indolencia, por decirlo así, inocente. Los jóvenes de *Nuevas amistades* al contrario, conocen su inactividad culpable y la falsedad de su conducta, que unas veces comprenden derechamente y otras veces, las más, refractan mediante la ironía y el cinismo. «Pero si soy un intelectual (exclama Gregorio). Mejor dicho, un aprendiz de intelectual. Burgués. Y más burgués que intelectual, quizá. Tendré, como Meyes, una casa muy ordenada y sin animales. A cargo de una mujer elegante y algo decadente. Excepto a la hora de ser madre, se entiende. Con sus buenos cuadros, sus buenas reuniones y sus buenos rincones para chismorrear. Hasta es posible que a los cincuenta y tantos mantenga una querida y todo.» A Juan, el prófugo, los del grupo le juzgan un resentido: «Hay muchos así. Tipos que se dedican a la cultura, pero que rabian por vivir como nosotros, por ir de un sitio a otro, por conocer mujeres y manejar billetes» [161].

El contraste entre la febril expectación de los personajes y el vacío del engaño sobre el que aquella expectación se ha edificado, tiene mucho que ver con el ludribio del «malentendido», y no sorprende que quien pronuncia al cabo la verdad sea atacado por los que han estado viviendo más intensamente en la maraña de un error, a lo cual hace referencia el lema de Camus puesto al frente de la obra: «Ce jour-là, je compris qu'il avait deux verités dont l'une ne devait jamais être dite».

Publicada en 1962, la segunda novela de Hortelano,

[161] *Nuevas amistades*, págs. 282 y 107.

Tormenta de verano («Prix Formentor 1961») tiene alguna semejanza con *La isla*, de Juan Goytisolo.

Goytisolo hacía relatar sus impresiones durante once días de estancia en Torremolinos a una mujer casada que vive con su marido por razones de mera conveniencia, pero que, del mismo modo que el esposo, intenta —inútilmente— anegar su náusea en la orgía. Registrada con impávido fastidio la interminable crápula de aquellas gentes encenegadas en su desesperación, Claudia debe acompañar a su cónyuge a un nuevo destino, pero no hacia un destino nuevo, pues en ellos, como en todos los figurantes de la estival mascarada, avanza incontenible la erosión: nada podrá salvarles del hundimiento.

García Hortelano escoge la misma materia social, un círculo de burgueses acaudalados en edad culminante, y los sitúa en otra metafórica «isla»: una colonia veraniega de la costa catalana, durante un mes al principio borrascoso y luego abrasador. Como Goytisolo —pero no necesariamente en dependencia de él— deja el relato a cargo de una sola persona (Javier, un negociante de cuarenta y seis años, casado y con hijos), sin duda para así, cediendo el punto de vista a un miembro de la misma sociedad criticada, hacer más genuino el testimonio. Sin embargo, *Tormenta de verano* posee dimensiones que faltan en *La isla*: primeramente, el contraste entre esa insular burguesía y el pueblo alrededor; después, la crisis —no por pasajera menos iluminante— que ese contraste suscita en la conciencia del protagonista; y, en fin, el desarrollo amplio y demorado del cuadro social y de la trama de sucesos en que éste se apoya.

La trama tiene, otra vez, carácter de pretexto. Unos niños de la «Ciudad Residencial Velas Blancas», hijos de Javier y de sus amigos o socios, descubren un día sobre la playa solitaria el cadáver de una mujer joven, hermosa y... desnuda. Javier, que vive física y espiritual-

mente disociado de su esposa, en clandestina aventura
con Elena (mujer de su primo) y en perpetua y tediosa
disipación con todos sus vecinos, pronto se siente preocupado por el enigma de la sirena exánime. Las sospe-
chas recaen aparentemente sobre jóvenes pescadores, a
menudo sobornados por la lujuria de las turistas extranjeras. Impelido por su conciencia intranquila a proteger
a esos humildes, Javier abandona cada vez con más frecuencia la colonia para entrar en contacto con la gente
del pueblo. Se cree enamorado de Angus, prostituta sentimental que le habla de la muerta, compañera suya de
oficio, y, frente a la realidad de su vacío, anhela terminar
de una vez con la hipocresía y el criminal egoísmo que
hasta entonces han regido su vida y la de sus iguales.
Propone a Elena, y propone a Angus, huir y empezar desde el punto cero: aquélla prefiere el convencionalismo,
ésta le aguarda aunque en vano. En vano porque Javier,
pasado el arrebato, retorna a la vida de siempre, incapaz de trascender el cerco que él mismo se ha ido
creando. Sirve de precipitador de su retorno la necesidad
de acudir en defensa de los niños de la colonia cuando
éstos van a ser interrogados por la policía. La misteriosa
mujer de la playa había muerto de un exceso de alcohol
y había sido abandonada por unos señoritos de Madrid,
temerosos del escándalo; pero la única incógnita de la
policía, el hecho de que hubiese aparecido desnuda, no
es ningún desdichado pescador, sospechoso de robo,
quien la despeja, sino uno de los niños ricos, Joaquín,
hijo de Elena y mimado de Javier: curioso de saber la
anatomía femenina, había despojado al cadáver de sus
ropas y había ocultado éstas como un tesoro, bajo jura-
mento de silencio por parte de sus compañeros.

Trama, pues, de novela policíaca. Trama que, si infunde
amenidad y clima de suspensión al relato, no impide que
éste se constituya ante todo como una exposición con-

ductista del «apartado» social que forman esos veraneantes de «Velas Blancas»: gentes enriquecidas por toda
clase de manejos comerciales y administrativos a favor
del río revuelto de la postguerra, sujetos entregados a
un ridículo puritanismo familiar, como Emilio (adverso
siempre a las tolerancias «modernas» con los hijos), o
más frecuentemente, como Javier y los demás, arrollados
por la rutina del negocio turbio y del ocio turbulento. Y
es precisamente Javier quien, resumiendo la conciencia
pervertida del grupo que capitanea, experimenta la crisis que hubiera podido y al fin no puede salvarle. Se
inicia esa crisis como un vago sentimiento de compasión hacia la prostituta muerta, cuya existencia trata de
reconstruir. La imagen del cadáver le lleva a pensar en
aquellas personas que hasta entonces consideró como
objetos y no como personas: maleteros, limpiabotas,
pescadores, y a preguntarse dónde está la culpa; pero
como la confidente de estas obsesiones, Elena, le autoriza, como hombre de éxito, capaz de fundar ciudades y de
amasar montañas de dinero, a sentirse diferente y a no
inquietarse por «ciertas cosas», Javier busca comprensión en la prostituta viva, ejemplo inmediato de las humillaciones y peligros que en la muerta ha imaginado.
Y cuando la policía detiene a unos pescadores como
sospechosos, su urgencia de participar en el destino de
los humillados y ofendidos cobra nuevo incremento:

> «Estoy cansado de no ver más que con mis
> ojos, de pensar con arreglo a lo que aprendí hace
> muchos años. Y ahora no me vale, porque
> siento que es falso. Cada vez que empiezo: Yo,
> yo, yo, algo me remuerde y me avisa que no es
> por ahí. Entonces, trato de pensar tal como lo
> harán esos chicos que han detenido o mi chófer

o la criada o la guardia civil. Todo se me embro-
lla y acabo histérico» [162].

Sin embargo, aunque Javier está a punto de romper
con sus viejas amistades, y así se lo grita a Elena en
el ápice de su hartura («Hicimos la guerra, la gana-
mos y nos pusimos a cuadruplicar el dinero que tenían
nuestras familias antes del 36. Pero basta ya. Cuadru-
plicando dinero, teniendo hijos, yendo a cenas y a
fiestas, echándome queridas y aguantando idiotas para
conseguir permisos de importación o contratos del
ochenta por ciento, he perdido de vista otras cosas») [163]
quien vence es Elena o, mejor dicho, todo lo que ella
simboliza. El incipiente rebelde vuelve a sumirse en
la modorra de la mala fe, y convencido de que, pasada
la tormenta de verano, o diluida la tempestad moral en el estrecho vaso de su alma, todo volverá a ser
igual, sucumbe para siempre «al doble esfuerzo de la
mentira y el éxito». Y todo, efectivamente, vuelve a
ser como antes. Javier ha regresado al hogar, a la
colonia, al grupo: «porque si no estoy con los míos,
¿con quién voy a estar?» [164]. A la entrada del sendero
de «Velas Blancas» acaba de colocarse un cartel que
advierte: «Prohibido el paso, camino particular».

Como la mayoría de las novelas de este tiempo, pero
de un modo especialmente intenso, *Tormenta de verano,* da expresión al particularismo de la sociedad española, incapaz de abolir barreras. La pérdida de contacto con el exterior, mantenida por las demasías de
riqueza, orgullo y ocio de estos propietarios, produce
insensiblemente una degeneración de signo hermético

---

[162] *Tormenta de verano,* Barcelona, Seix Barral, 3.ª
edición, 1966, pág. 212.
[163] *Ibídem,* pág. 250.
[54] *Ibídem,* pág. 321.

e incestuoso, por encima de la cual no logra remontarse nadie, ni siquiera ese inconformista titubeante
que, como es lógico, identifica su ensayo de aproximación al pueblo con una serie de acciones típicamente
burguesas: acostarse con una prostituta, «recomendar»
a la Policía a unos pobres pescadores encarcelados,
proponer a su amante furtiva la romántica solución
de dejar la familia, trasladarse a Italia y empezar una
vida nueva, más otras simplezas de este tenor, a través de las cuales se ratifica la impotencia en que viene
a hallarle su tardío remordimiento.

Tormenta de verano es el no va más de la novela
española en cuanto testimonio de la llamada «dolce
vita»: el fin de fiesta de las parejas que a la madrugada riegan unos rosales con ginebra acusa el precedente del filme de Fellini, así como el caso de la mujer
muerta en la playa recuerda sucesos coetáneos de
resonancia internacional, aunque también cabría pensar en *Le voyeur*, de Robbe-Grillet, donde el misterio
de la pastorcilla desnuda y muerta entre las rocas
sirve de pretexto para la captación fascinante de un
mundo no social, como en *Tormenta de verano*, sino
objetual.

A pesar de las opiniones poco favorables que esta
segunda novela de Hortelano —acaso por la magnitud
del galardón obtenido— provocó en buena parte de
sus comentaristas, se trata, a mi juicio, de uno de los
esfuerzos mejor logrados de la novela crítico-realista.
Y ello no sólo por ciertas excelencias técnicas (uso
de imágenes simbólicas y objetivismo riguroso desde
la primera persona subjetiva, como señala Buckley,
sobresaliente destreza en el arte de reproducir la charla por medio de cortes, interferencias, acotaciones ges-
tuales y otros recursos, según estudia Gil Casado),
sino también, y sobre todo, por la impasibilidad casi

flaubertiana con que Hortelano desenvuelve tan fidedigno retrato de la idiosincrasia de un grupo cerrado en su declive hacia la moral idiotización.

La última novela de Juan García Hortelano, *El gran momento de Mary Tribune*, fechada en Madrid 1964-72 y publicada en octubre de 1972 en dos gruesos volúmenes, parece un laborioso intento de aproximarse a la novela estructural sin abandonar la crítica antiburguesa de las dos primeras obras. El tema es como una fusión de los temas de ambas: nuevamente se trata, como en *Nuevas amistades*, de un grupo de amigos, residentes en Madrid, sin otro proyecto que charlar, beber y fornicar; sólo que ya no son jóvenes burgueses, sino burgueses de la edad del protagonista de *Tormenta de verano*, edad delicada que inclina a algunos a reflexionar sobre la necesidad de cambiar pero les encuentra faltos de voluntad para realizar el cambio.

Como en *Tormenta de verano*, la perspectiva es unitaria: la del narrador-protagonista, nunca nombrado. Este sujeto, que trabaja en una oficina ministerial y aborrece su rutinario trabajo, disipa las horas laborales en un desesperado combate con el tedio (leyendo novelas policíacas, en cháchara con los colegas, o chicoleando con la mecanógrafa, a quien da los más pintorescos sobrenombres que le inspira el momento: Guadaopulencias, Guadabrazosdenata, Guadanardo, Guadacurvas). Pero sobre todo consume las horas libres de la tarde y la noche, y las muchas que roba a su mecánica obligación, en dar rienda suelta a las tres obsesiones mencionadas, que en él se ordenan por este orden: beber, fornicar y charlar. El individuo y sus amigos —a veces enemigos— desayunan, almuerzan, meriendan, cenan y desayunan refrescantes, itinerantes, mareantes vasos de ginebra, ron, whisky, vodka y ginebra, fornicando, charlando, peleando, aburriéndose, pe-

GONZALO SOBEJANO

leando, charlando y más que nada fornicando o tratando
de fornicar, inmersos en la semiconsciencia de la di-
lapidación rotatoria de un existir que a todo los erosio-
na. Tiene una noche el recalcitrante bohemio una aventura con la ciudadana estadounidense Mary Tribune, y
esta mujer, aunque incapaz de frenar el alcoholismo y
la ansiedad poligámica de su amigo, trata de polarizar,
y de ordenar un poco, durante un verano, esa desman-
dada afectividad. Inútilmente. Liberado de la noria burocrática e instalado en una solitaria casa de la sierra,
que Mary Tribune sigue costeando desde su ausencia, el
sujeto ve deshacerse sus propias tentativas de recogerse
y corregirse: continúa bebiendo, y continúa fornicando,
ahora por turnos, con una casada de su edad (Sagrario)
y con una jovencita (Julia), últimos eslabones —dentro
del tiempo abarcado por la narración— de una cadena
de mujeres con quienes ha tenido trato: Bert, antes de
la aventura con la americana, y Matilde, Encarna y alguna prostituta durante esa aventura.

Desde la primera a la última página el sujeto se manifiesta románticamente enamorado de una sola mujer
(Dorotea o «Tub»), tan vacua o más que las otras. Pero
tal único amor impedido parece sólo el pretexto, no la
causa, de la malversación de sus facultades sexuales y
sentimentales. Débil de carácter, y bondadoso en la medida en que puede serlo un hombre débil, este prójimo,
que tan aceleradamente bebe, charla y hace el amor con
quien esté más a mano, se conduce así por un complejo
de motivos cuya última explicación estriba en que no
acierta a descubrir el porqué suficiente de nada. Esclavitud a una profesión que le repugna, absoluto desinte-
rés por cualquier causa política, irresponsabilidad moral y social a pesar de su bondad de fondo, descontento con el país y las nuevas generaciones, dificultad para
superar el hedonismo a que vive entregado años y años,

tales son algunas de las razones de la sinrazón de su vida. Vida que el propio agente refiere con una curiosa mezcla de remordimiento e inocencia, cinismo y ternura.

En época en que la novela presta escasa atención a la forja de caracteres, García Hortelano sabe crear caracteres perfectamente definidos casi sólo a fuerza de diálogo, y aunque todos se perfilan con nitidez, cobran relieve inolvidable algunos (aparte el protagonista): la masculinizada Bert, la jovenzana Matilde, la zalamera prostituta de oficio, la buenaza marmota Merceditas y en verdad todas las mujeres del largo catálogo, no en último lugar Mary Tribune, cuya eficiencia y corrección, sustancial insipidez y sentimentalismo superficial, por bien percibidos, justifican el privilegio del título. Mary Tribune, sin merma de su ser concreto, ejemplo traslúcido de «shallowness», aparece como un símbolo de la penetración americana en la España de los 60. En cierta ocasión el protagonista increpa así a Mary: «Te acuso de haber elevado mi nivel de vida» (I, pág. 337), y en otro momento enumera su relación de agravios de este modo: «Luces inútilmente encendidas, anarquía, imposición de vida social (bien es verdad que con mis amigos), maternalismo, sentimentalismo, un cierto imperialismo erótico, dominación económica, zapatos de zorra, falta de interés por mis auténticos problemas (de los que nunca le había hablado), superioridad racial encubierta pero notable, astucia, inflación, intenciones matrimoniales quizá» (I, 341-342). En la parte primera de la novela expónese casi día por día la aventura de Mary Tribune en su gran momento vital (¿reminiscencias de la película de Vivien Leigh *The Roman Spring of Mrs. Stone*, 1962?); en la parte segunda la americana es evocada de lejos, a través de postales de Venecia y fotos de Angulema, y a través del recuerdo de su intento de suicidio y de aquel benéfico encanto que supo introducir en el

grupo de amigos. Borrosa y vacua es Mary Tribune,
como la ha calificado algún crítico, pero no insignificante: significa, en semblanza personal concreta, el temple americanizado del Madrid de estos últimos tiempos,
que Hortelano ha sabido apresar con desgarro ibérico
y vario humor.

Técnicamente, en esta novela el conversar incesante de
los miembros de la camada constituye un verdadero monumento de trivialidad oral. García Hortelano se supera
a sí mismo como registrador de charlas cruzadas que
no van a ningún fin y logra retratar hablando a la em-
brutecida criada de buenos sentimientos, a la cantonera
de las carantoñas, a la filantrópico-erótica Mary Tribune con sus leves inflexiones sajonas, a los intelectuales
más o menos marxistas y a los oficinistas demacrados.
La jerga del covachuelismo, la hiperlúcida parla de los
borrachos sabios (su coloquio absurdista en II, 384-
388, es de lo más ingenioso de toda la novela), el español
anglificado de la sociedad turística y televisiva de los
últimos años, todo queda sorprendentemente vivo en las
páginas de *El gran momento*. En su primera parte (primavera a verano, 27 fragmentos) y en su parte segunda
(invierno siguiente, 5 fragmentos) la sucesión de las unidades viene ordenada, salvo algunas elipsis temporales
en la parte primera, por el sistema de los días contiguos:
jueves, viernes, sábado, domingo, el nefasto lunes, etc.
Lo que pasa un día, pasará al siguiente, con variaciones
sólo accidentales, y como la noche es el mejor ámbito
para lo que el héroe y su tertulia buscan, apenas hay
interrupción: la noria laboral pronto se convierte en
volante rueda de feria, y el mareo de la vana vida de
todos se trasmite al lector imponiéndole el vértigo de
la reiteración infinita. Los amigos entran, salen, vuelven;
las amantes se superponen o se confunden; el protagonista hace de la noche día y del día noche, de la reali-

dad alucinación y de la alucinación realidad; escapa
hacia el pasado (Proust al fondo), se desgasta en el presente, vuela al sueño. No escasean los ejercicios formales, y así en las páginas 148-151 del volumen II el narrador presenta en doble columna sucesiva un rompecabezas anticipado de lo que irá contándose en otras páginas
(152, 174, 253, 258, 294); o, de trecho en trecho, aparecen
citas marginales (Cicerón, Casanova, Campoamor, Nica-
nor Parra, Barral, Berceo, Guelbenzu, Kristeva...) que
consuenan con el relato o disuenan provocando un efecto buscadamente cómico. El idioma entontecedor del
consumismo, volcándose a golpes de imagen desde la
televisión, desintegra por absurda simultaneidad la visión del mundo: «...sus detergentesqueleobsequiancon-
unabecadeayudantemecánicoelectrónicountransistortama-
ñopulga, sus coñacs, sus cigarrillos, sus cervezas rubias-
comolasmismasqueestáusteddisfrutandoconexpresiónino-
cente, sus detergentes, sus problemas de crédito queen
cualquieradenuestrassucursalessepulverizarán, sus coñacs.
Y sólo, fíjese bien, no por el de su prójimo, ni por el
de sus parientes, ni por el de su vecino, ni por el de su
municipio, ni por el de su prostituta más apreciada,
¡no!, sólo por SU dinero. Después, la pantalla ennegreció.
A los tres minutos aparecieron los contornos difumina-
dos de una operación quirúrgica y, sin solución de continuidad, pudo contemplarse, como un relámpago, un
ring lleno de tipos, dos de ellos en calzón. A continuación se proyectó lo que, en términos técnicos, podría
denominarse interferencias y, en artísticos, cuadro de
César. Que continuaba, cuando me tendí de nuevo, ahora con una ginebra como defensa. La locutora apareció
que uno creía que estaba allí.» (II, 8). Pero, a pesar de
estos y otros experimentos, la novela de Hortelano no
deja una impresión de artificio: lo más convincente en
ella es su aprehensión de la realidad inmediata en un

estilo presto, jugoso y colorido y desde una actitud de revuelta franqueza, por la cual el anónimo oficinista exasperado viene a fraternizar con el Martín Marco de *La colmena* y el don Pedro de *Tiempo de silencio*, añadiendo el avatar del desarrollismo a ese ejemplario de urbanos Ulises del fracaso.

La novela de denuncia antiburguesa tiende a poner de relieve, desde *Nuevas amistades* (y, si se admite como primer paso, desde *Juegos de manos*) el descontento de la juventud. Como la burguesía cuyas lacras se muestran es específicamente aquella que se ha formado o ha medrado a favor del trastorno de la guerra civil, resulta lógico que sean los jóvenes quienes asuman la acusación, pues sólo ellos —niños en la guerra o nacidos más tarde— se encuentran en condiciones de juzgar sin sentirse de antemano comprometidos con ninguno de los grupos que ventilaron el conflicto. Esto no significa que dicha acusación concierna exclusivamente a los mayores; concierne también, y muy a menudo, a los jóvenes mismos: por su irresolución, por su inercia, por su irresponsabilidad, por la parte de mentira que pueda haber en las ideas que adoptan o en la conducta que preconizan.

Crítica de la decadencia burguesa permanentemente centrada en la juventud es lo que hace el novelista barcelonés JUAN MARSÉ (n. 1933) en las novelas que hasta ahora dio a luz: *Encerrados con un solo juguete* (1960), *Esta cara de la luna* (1962), *Ultimas tardes con Teresa* («Premio Biblioteca Breve 1965», publicada en 1966) y *La oscura historia de la prima Montse* (1970). En 1973 se publica *Si te dicen que caí*, que no conozco.

En la primera quiso el autor perfilar los rasgos de una juventud que, carente de planes y esperanzas, concentra una atención obsesiva en el sexo. Andrés, Tina, Martín, son tres muchachos que existen a la deriva, sin

energías, sin proyecto, sin trabajo. Lo único que les une
y aparta, que les distrae y preocupa, es un solo juguete
peligroso: Eros. El foco de este erotismo que, por ausencia de otros estímulos, ha tomado caracteres de único
fetiche, es Tina, desconcertante esfinge de diecinueve
años, que se pasa la vida echada sobre la cama, leyendo
el «Reader's Digest» y los reportajes de algunas revistas
ilustradas, oyendo la radio y coqueteando con Andrés.
Esta joven abúlica, que disfruta en darse y reservarse,
en rechazar y atraer, movida por apasionamientos y
odios instintivos, es el personaje dibujado con más consistencia, mientras en Andrés y en Martín, el indiferente
y el sádico, se tiene la impresión de una psicología «lite-
rarizada», más cerca de Dostoyevsky o de Faulkner que
de la realidad.

Junto a la obsesión sexual, Marsé ha querido señalar también la escisión entre los padres, los que vivieron la guerra, y los hijos, que nada quieren saber ya de
ella. Andrés reacciona contra los recuerdos y las fáciles consagraciones de la España fratricida: «Dema-
siados años lamentando lo que ya no tiene remedio,
envenenándonos. No quiero saber nada más, no deseo
conocer más detalles, ni de un frente ni de otro. ¡Estoy harto!» Le fatigan los símbolos huecos, las simplificaciones heroicas de los vencedores, las lamen-
taciones y resentimientos de los vencidos. Perseguido
por esta pugna entre viejos fantasmas, no halla de
momento más alivio a sus amarguras que el juguete
erótico encarnado por Tina, su «caja de música»; pero
hacia el fin, cuando ésta queda en absoluta orfandad,
Andrés robustece su descontento y ensaya un ademán de resurrección: «Debemos quedarnos, hay que
luchar aquí, si es que en verdad hay que luchar por
algo».

Marsé maneja bien el diálogo, vehículo principal de

esta novela, consiguiendo dar carácter y dimensión a sus figuras. Sin apenas incursiones hacia el pasado, la acción se despliega sucesivamente, fortaleciendo el interés de la lectura. En algún momento, por ejemplo la descripción de la muerte y entierro de la madre de Tina, recarga el autor los trazos sombríos, de un naturalismo despiadado. La expresión falla a menudo, bien por la presencia de giros catalanes traducidos, bien por el uso de algunas comparaciones poco afortunadas; pero no es en los detalles, sino en la fuerza y consecuencia del conjunto, donde se halla la mejor virtud de esta primera novela.

En *Esta cara de la luna* aparece todavía más marcado el desentendimiento entre los padres («generación de hamaca y balancín con fábrica al fondo») y los hijos, y el desconcierto de éstos se condensa en un personaje que pasa de la oposición revolucionaria al cinismo más desmoralizador. Marsé expresa aquí una actitud condenatoria, sobre todo contra la intoxicación del pueblo a través de la mentira y estupidez de los medios informativos, por manera tajante. Y la expansión satírica, afinada con recursos irónicos y burlescos parecidos a los de Martín-Santos, apenas admite freno o embozo en *Ultimas tardes con Teresa*.

Un «murciano» de los suburbios de Barcelona, Manolo Reyes, alias «el Pijoaparte», descuidero de motos, sueña con la conquista de una muchacha bella y rica que le ayude a medrar. En el verano de 1956, con el nombre de Ricardo de Salvarrosa, acude a una verbena de señoritos y enamora de modo fulminante a una joven presente en el festejo. Tarda en volver a verla, pero ello ocurre con los mejores augurios, puesto que la joven habita en una soberbia «villa» torreada, frente al mar. La misma noche del reencuentro, Manolo entra por la ventana y yace con su enamorada, descubriendo a la mañana siguiente que ésta, Maruja, no es sino la criada de la casa. A pesar de esta humillación, que desencadena su cólera, el desgraciado ratero sigue visitando a Maruja noches y noches, no por amor, sino porque espera, con ayuda de la chica, cometer un lucrativo robo en la «villa» de la familia Serrat. Le incita sobre todo a proseguir la aventura el saber que un miembro de esta familia, la señorita Teresa, estudiante universitaria de diecinueve años, gusta de relacionarse con gentes del pueblo, iniciada como está en las clandestinas tareas del estudiantado de izquierdas, progresista o resistencial. A través de Maruja, el joven proletario sin trabajo consigue aproximarse a Teresa: enferma de gravedad la criada, es la señorita quien hace sus veces con Manolo, exceptuando el lecho. La intención de «el Pijoaparte» es librarse de su pasado de hambre y hampa; la intención de Teresa, emanciparse de su pasado de bienestar fútil y doncellez inútil. Se basa el idilio entre ambos en un grotesco error: Teresa ha creído desde el principio que Manolo es un obrero comprometido con la causa, y en tal creencia, no desmentida por Manolo, ha puesto a éste en contacto con sus compañeros de programa. Los apuros de Manolo para hacerse pasar por militante, la candidez de Teresa en suponerle tal y las dudas de sus amigos respecto a lo mismo, constituyen el entramado de situaciones equívocas que ocupa la mayor parte de la novela. La evidencia termina por imponerse: Teresa no ha amado en el fondo al correligionario, sino al hombre que podía satisfacerla, mientras Manolo, que hubiese podido satisfacerla harto mejor que cualquiera de los politizados condiscípulos, no se ha atrevido a ello por respeto a la persona en quien precisamente creía ver la clave de su acceso al trabajo, el orden y la prosperidad. La burguesita aprende a conocer el mundo de las chabolas, y el ratero el mundo de las «villas»; el blanco «Floride» de aquélla airea su estela de lujo por los arrabales de la miseria, y el porte y la palabra plebeyos de «el Pijoaparte» detonan pintorescamente en los círculos frívolos o sofisticados del señoritismo barcelonés. Como Julien Sorel (pero sin conocer el latín ni las buenas formas), Manolo Reyes fracasa en su intento de escalar la fortuna, denunciado a última hora (como Sorel) por una mujer despechada, la cual sólo en esto recuerda a Mme. de Renal, ya que, por lo demás, se trata de una chiquilla del barrio, Hortensia «la Jeringa», flor sin aroma entre las escombreras de Monte Carmelo.

Con inexorable befa y a soberana distancia de sus personajes (salvo cuando expresa los delirios de la moribunda criada, los sueños infantiles del ratero y la enjaulada soledad de la señorita), Juan Marsé hace ver, en la aguda y centelleante prosa de esta novela ingeniosa, la zanja que separa una clase de otra, para suprimir la cual el deseo de bajar no representa aquí más que un salto caprichoso y el ansia de subir, una audacia temeraria. Parecería, pues, como si dominase la mentalidad del autor un pesimismo absoluto acerca de la posible atenuación de las diferencias sociales, pero en verdad, por encima de cualquier conclusión fatalista, lo que sobresale es la crítica mordaz de la primera generación universitaria subversiva: no por su aspiración democrática, claro es, sino por su inseguridad, confusión, «snobismo» y señoritismo, por su inautenticidad en último término.

Los jóvenes rebeldes de 1956-57, los aquí llamados Luis Trías de Giralt, Ricardo Borrell, Jaime Sangenís, Leonor, María Eulalia o Teresa, son vistos así:

«Crucificados entre el maravilloso devenir histórico y la abominable fábrica de papá, abnegados, indefensos y resignados, llevan su mala conciencia de señoritos como los cardenales su púrpura, a párpado caído humildemente, irradian un heroico resistencialismo familiar, una amarga malquerencia de padres acaudalados, un desprecio por cuñados y primos emprendedores y tías devotas, en tanto que, paradójicamente, les envuelve un perfume salesiano de mimos de madre rica y de desayuno con natillas: esto les hace sufrir mucho, sobre todo cuando beben vino tinto en compañía de ciertos cojos y jorobados del barrio chino. Entre dos fuegos, condenados a verse criticados por arriba y por abajo, permanecen distantes en las aulas, impenetrables, sólo hablan entre sí y no mucho porque tienen urgentes y especiales misiones que cumplir, incuban dolorosamente expresivas miradas, acarician interminables silencios que dejan crecer ante ellos como árboles, como inteligentes perros de caza olfatean peligros que sólo ellos captan, preparan reuniones y manifestaciones de protesta, se citan por teléfono como amantes malditos y se prestan libros prohibidos.»

Esta resistencia universitaria fue para algunos un juego de niños, para otros un esfuerzo meritorio: «De cualquier modo, salvando el noble impulso que engendró los hechos, lo ocurrido, esa confusión entre apariencia y realidad, nada tiene de extraño». «Con el tiempo, unos quedarían como farsantes y otros como víctimas, la mayoría como imbéciles o como niños, al-

guno como sensato, ninguno como inteligente, todos
como lo que eran: señoritos de mierda.» [165]

Lo que en *Ultimas tardes con Teresa* parece una sátira destructiva, no debe considerarse, a mi juicio,
bajo ese signo solamente negativo. Era oportuno que
un escritor joven, partícipe en ese frente, examinase
a conciencia, sin recato y aun con cierta crueldad,
el sentido real de aquella acción juvenil, pues de un
reconocimiento tal de los móviles, supuestos sociales
e ideológicos, consistencia y finalidad de aquella campaña, sólo claridad puede venir hacia quienes más
tarde han seguido batallando por los mismos objetivos.

Si como testimonio social *Ultimas tardes con Teresa* encierra, tras la superficie de su aparente cinismo,
una saludable llamada de atención hacia la autenticidad como premisa indispensable de toda labor en
pro de la solidaridad entre las clases, en su condición
de novela poco tiene que envidiar a sus hermanas
más próximas: *Tiempo de silencio* y *Señas de identidad*. A ellas se asemeja en virulencia crítica, vastedad
del panorama, destreza compositiva y opulencia de
medios expresivos, así como en un efecto total de
inteligencia lúcidamente alerta.

Es verdad que, salvo un preludio (consistente en
una escena previamente desgajada de la parte final
de la novela: Teresa y Manolo caminando sobre un
lecho de confeti y serpentinas, una madrugada de setiembre, tan extraños ambos al paisaje como su
manera de vestir lo es entre sí) y excepto los dos monólogos de Maruja agonizante (intercalados en las
páginas 207 y 277 y considerados como capítulos aparte en el índice pero no dentro del texto), la obra apenas

---

[165] *Ultimas tardes con Teresa*, pág. 232 (el texto más
extenso) y 236 (los dos más breves).

ofrece, a diferencia de *Tiempo de silencio* y *Señas de identidad*, alardes experimentales: es el autor quien narra, describe y hace dialogar, a incluso a veces deja sentir su voz de autor, distanciándose de sus criaturas y opinando por sí mismo. También es cierto que Marsé no renuncia a algunos elementos de índole folletinesca: el donjuanismo saltaventanas de Manolo Reyes, la enfermedad y muerte de Maruja, traídas una y otra en momentos críticos, o la delación de la celosa Hortensia, tan efectista. A pesar de esto, *Ultimas tardes con Teresa* resulta en todo momento una obra quizá no amable, pero sí admirable, atributo que debe a su sinceridad y al clarividente gobierno de la ironía que la distingue. A propósito de la ironía indicaré dos de los más frecuentes recursos empleados, ambos especialmente curiosos para el entendido en literatura.

Uno es el uso de citas al frente de la obra y de cada capítulo. El efecto irónico procede, por un lado, de su heterogeneidad, y por otro, de su discrepancia de significación o de tono respecto al texto que encabezan. (Hortelano imitará, en parte, el procedimiento en *Mary Tribune*.) Las citas son de Baudelaire (tres veces), Espronceda, San Juan de la Cruz, V. Hugo, una «Historia del cine», Neruda (dos veces), Llorenç Villalonga, Jaime Gil de Biedma, «Información Nacional Bursátil», San Mateo (dos veces), Pedro Salinas, Miguel Barceló, «Otelo», Rimbaud, Balzac, Trilling, V. Woolf, Góngora y Apollinaire. Esta mezcolanza de fuentes, que bien puede atestiguar la informe y arbitraria cultura de «aquella generación de héroes», baraja poetas con agentes de bolsa, amigos desconocidos con santos y evangelistas, y sintomatiza una confusión acorde con el confusionismo de la juventud retratada. Pero el efecto irónico mayor deriva de la inadecuación irrisoria entre el lema y el texto. Ya el lema de la obra toda, tres

estrofas de «L'albatros», de Baudelaire, establece una
disonancia hilarante: el «vaste oiseau de mers», el
«roi de l'azur», el «voyageur ailé» otrora «si beau» y
ahora tan «gauche et veule», tan «comique et laid»,
resulta ser, tan pronto se ha comenzado a leer la novela, «el Pijoaparte». Y «les hommes d'equipage» que
tripulan aquel navío a través de «les gouffres amers»
y que hacen burla del hermoso pájaro no son otros
que los Luis Trías de Giralt y demás universitarios
en danza. Y, ¿quién es aquel «joven de alma enérgica
y valiente, clara razón y fuerza diamantina» cantado
por Espronceda?: «El Pijoaparte». La mofa llega a sarcasmo obsceno cuando, leído el capítulo tercero de
la parte segunda, en el cual se trata de la impotencia
de Luis Trías de Giralt a la hora de acometer la an-
siada desfloración de Teresa, releemos la cita correspondiente: «Poco antes del final, después de algunas
reacciones esporádicas, el mucho saliente provocó des-
ánimo y flojera por ambas partes y reinó la depresión
hasta el cierre. (Información Nacional Bursátil)». Y así,
por el estilo.

El otro recurso consiste en la crítica indirecta de
autores, libros y tópicos pedantes. Entusiasmada con
una novela de Juan Goytisolo (*Duelo en el Paraíso*),
Teresa quiere prestársela a Luis, quien a su vez le
habla de un libro de Blas de Otero. En la playa, acom-
pañada de Maruja, la señorita leía un libro, que Luis
le había dejado, de Simone de Beauvoir: lo «leía entre
líneas, atenta a las palabras de Marujita de Beauvoir,
compañera envidiable de Manolo Sartre o Jean Paul
"Pijoaparte"». Creyendo a Manolo obrero comprometido, Teresa habla de representar «alguna cosilla de
Brecht», de quien el supuesto obrero nada sabe, naturalmente. En un local de la plaza Real, de Barcelona,
adonde acuden estudiantes, actuaba cierta tarde un

conjunto español a base de instrumentos de hueso: el «Maria's Julian Jazz». Y en otra página se condena oblicuamente una opinión de Castellet sobre los novelistas del siglo XIX, y en la misma página Teresa declara preferir Balzac a López Salinas. Marsé mismo, automencionándose, asoma por un instante en la novela como un muchacho «bajito, moreno, de pelo rizado», que en un baile dominguero «siempre anda metiendo mano», y en un desván del local dominguero, conturbenio simbólico, «Madame Bovary y Carlos Marx rodaban por el suelo estrechamente abrazados». Teresa, decidida a reemplazar a los cretinos de la Facultad por su flamante compañero, mira a éste, en cierta ocasión, con una mirada «muy seria, solidaria», reprochándole luego que haya insultado a un camarero anciano, porque esto es una cosa que no se debe hacer «cuando se tiene conciencia de clase». En la terraza de la «villa», a altas horas de la noche, mientras Teresa espera que Luis Trías se resuelva a hacerle el amor, éste sólo piensa en convencerla de que el cambio de la situación del socialismo respecto al capitalismo, en el mundo actual, es un cambio cualitativo, no cuantitativo, o en enunciar doctoralmente que «es absurdo hablar del destino sin relacionarlo con la naturaleza social del mundo en que uno vive» [166].

Ultimas tardes con Teresa podría definirse como la parodia —sarcástica— de la novela social en sus dos vertientes, como testimonio de los sufrimientos del pueblo y como testimonio de la decadencia de la burguesía. Amargo y pequeño *Quijote* de la narrativa

---

[166] Por el orden en que se suceden en este párrafo las referencias son a las siguientes páginas de *Ultimas tardes con Teresa;* OTERO, 118; BEAUVOIR, 129; BRECHT, 158; SALINAS y CASTELLET, 243; MARSÉ, 256; BOVARY-MARX, 258; mirada solidaria, 158; conciencia de clase, 162; cambio cualitativo, 114; destino, 117.

social, este libro es en sí, al modo como el *Quijote*
fue el mejor libro de caballerías posible, una excelente
novela social, pero ya no derecha, ya no «objetiva»,
sino más bien (siguiendo el rumbo marcado por *Tiempo de silencio*) indirecta, subjetiva, expansiva, satírica,
airada. La sátira parte siempre de una sensibilidad
moral presa de irritación: este punto de partida moral
no puede negársele a la novela de Juan Marsé, la cual,
por ello mismo, yo así lo creo, entraña una intención
saneadora, un mensaje purificativo.

Purificativo también es el mensaje de *La oscura historia de la prima Montse*, y en un sentido trágico que
suscita profunda conmiseración. Trágico es, en efecto,
el sino de autenticidad de esa muchacha, Montse Claramunt, que se quita la vida cuando ve torpemente derribado su ideal de ajustar la conducta a «aquel viejo
sueño de integridad, de ofrecimiento total, de solidaridad o como quiera llamarse eso que la había mantenido en pie, con sus grandes ojos negros alucinados y
el corazón palpitante, frente a miserables enfermos, presidiarios sin entrañas y huérfanos de profesión» (líneas
finales).

Montse, de buena familia de fabricantes catalanes, trabaja en una institución caritativa de «señoritas visita-
doras», no por hacer méritos para el cielo, sino por
verdadera vocación de asistencia. Confiado a sus cuidados el preso Manuel Reyes, lo visita, le escribe, le
ayuda, busca empleo para él cuando recobra la libertad, sigue amparándole por todos los medios y, en fin,
de la manera más natural, sin habérselo propuesto, se
adentra en su propio ambiente, le ama y cree ser amada
por él. Abandonada la casa paterna, convive con el joven delincuente en sórdido refugio, espera de él un
hijo y se afana inútilmente por encontrarle trabajo.
Pero la familia Claramunt deshace esta incoada alian-

za (de la caridad al amor) entre pueblo y burguesía:
ofrece al ex presidiario dinero y empleo bajo la condición de que se aparte de la muchacha. El encargado
de la compra de Manuel es el arribista Salvador Vilella,
pretendiente a la mano de Nuria (hermana de Montse),
quien en un arrebato de ardor se entrega al protegido
de su hermana, aceptando más tarde el matrimonio
con Vilella. Demasiado tarde llega Paco Bodegas, siempre atraído por la prima Nuria y siempre comprensivo
hacia la prima Montse, para atenuar o impedir el desengaño de ésta. Montse no puede resistir la múltiple destrucción de su ideal único, y se mata.

Lo resumido había tenido lugar en 1960. Ahora, ocho
años después, lo evocan en la cama, entre whisky y
whisky, Paco y Nuria, de un sábado a un lunes, en ausencia del marido. A raíz de la tragedia, Paco Bodegas,
vástago ilegítimo del árbol de los Claramunt, tolerado
por ellos a pesar de su sangre andaluza y menos válida, había emigrado a París, de donde ha venido en rápido viaje profesional. Nuria, que ya se le ha entregado,
quiere separarse de Vilella y seguir a su primo a la capital francesa. Pero de momento Paco, tras haber reme-
morado la historia de Montse y conocido, por Nuria y
por el asustado y abyecto Vilella, los detalles del caso,
regresará solo. Es Paco quien lleva el peso principal de
los recuerdos, interrumpidos a veces por una narración
impersonal que ocupa los espacios de sus inhibiciones
en el silencio o en el sueño. Y a través de la ágil, en-
trerrota y selectiva reconstrucción de aquella historia
trágica, lo que aparece con mayor relieve es el contraste entre la integridad absolutamente excepcional de
Montse, rodeada siempre de un halo de penumbras, y la
degeneración moral del medio humano en que se
movía.

Manuel Reyes es el mismo «Pijoaparte» (aquí nunca

nombrado de este modo) protagonista de *Ultimas tardes con Teresa*. La identidad puede fácilmente comprobarse en pormenores anecdóticos, pero importa mucho menos como caso de reaparación de personaje que como ejemplo de la fecundidad de un mito. Porque Manolo Reyes parece ser, para Marsé, el héroe mítico que simboliza la aspiración del hampa hacia el bienestar burgués y, como tal héroe mítico, capaz de numerosas variaciones. La variación que *La oscura historia* significa respecto a la novela anterior consiste principalmente en que la persona burguesa hacia quien tiende el desvalido Manuel no representa la frivolidad (como Teresa Serrat) sino la entereza, y esta entereza de Montse se proyecta de algún modo sobre aquellos que pueden apreciarla: sobre el relator (Paco) y, al menos por algún tiempo, sobre el protagonista de la aventura (Manuel). Esto hace que la nueva novela de Marsé posea, mucho más que la anterior, un respaldo ético de sólida consistencia: la santa ingenuidad de esa alma limpia y diferente alrededor de la cual fermentan los males. Tal consistencia fundamenta el significado trágico del mensaje y subraya la delicada poesía que emana de la figura en sombra de la muchacha. Pero ello sin debilitación de la fuerza sarcástica con que Marsé fustiga, como en *Ultimas tardes con Teresa*, a figurones y figurillas de la burguesía catalana, ahora no en los medios universitarios, sino en los medios industriales y, sobre todo, en los círculos religiosos y de la sociedad escogida. La conferencia y cena-homenaje de Vilella, europeante, dialogante, posibilista y postconciliar (cap. 5); el esperpento en tres jornadas sobre los ejercicios espirituales de los cursillistas en Vich (caps. 15 y 17-19), donde Manolo Reyes y un estudiante ateo son los únicos que resisten al cerco de la confesión general; y el baile de las debutantes en Castelldefels, narrado en adulatorio y ceremonioso estilo *Hola* incluso en sus peripecias menos convencionales son tres alardes de la capacidad satírico-burlesca de Marsé iguales o superiores a los alcanzados por Martín Santos en *Tiempo de silencio,* por el propio Marsé en *Ultimas tardes* y por Goytisolo en *Don Julián* (novela publicada el mismo año que *La oscura historia*).

Pero no todo es parodia y burla. Paco Bodegas, que pudo quedarse en un Manolo Reyes o llegar a ser un Salvador Vilella y que por suerte no vive entre escorias ni sobre rosas, se encara, por ejemplo, con el arribista ya arribado: «quise saber por qué insistían tanto en acusar de violentos a los pueblos subdesarrollados y oprimidos que intentan rebelarse: ¿acaso no es una forma de violencia, le pregunté, el poder que ejercen sobre ellos las minorías privilegiadas? ¿No es una forma de violencia la ignorancia, el hambre, la miseria, la emigración laboral, los salarios insuficientes, la prostitución organizada, la discriminación intelectual, etc.?, le dije. ¿Por qué nunca le llamáis violencia a todo eso, reverendo?» (pág. 63). La «explosión sarcástica» de que Vargas Llosa habló a propósito de *Ultimas tardes con Teresa* sigue abrasando hipocresías, falsedades e injusticias en *La historia de la prima Montse,* sátira inexorable de la mentira burguesa que se cree todopoderosa.

Antes que Luis Martín-Santos dióse a conocer también el novelista coruñés DANIEL SUEIRO (n. 1931) con relatos cortos y con su primera novela, *La criba* (1961), que estuvo a punto de alcanzar el «Premio Biblioteca Breve 1960» en competencia con la primera novela de Marsé. Daniel Sueiro ha escrito después varias novelas de distinto carácter: *Estos son tus hermanos* (1965), sobre el exiliado que vuelve a España para encontrar la misma aversión cainita que antaño le desterró; *La noche más caliente* (1965), *Solo de moto* (1967) y *Cor-*

te de corteza (1969), esta última en torno a un imaginario «trasplante de cerebro»; pero en *La criba* es donde podemos hallar una actitud más afín a la que estamos comentando.

En el Madrid actual, a fines de febrero, un hombre joven —cuya debilidad personal queda subrayada por el hecho de que nunca se le nombra— acompaña a su esposa a la consulta del tocólogo. De un día a otro se espera el nacimiento del primer hijo. Pero «él», el protagonista, ni siente amor por su mujer ni el menor entusiasmo ante su inminente paternidad. Su vida está hecha de humillación, tedio y desesperanza. Por las mañanas trabaja en una empresa de concursos y loterías, cuyos dirigentes se enriquecen mientras los empleados apenas sacan para malvivir; por las noches acude a la redacción de una revista, «Lauro», si es que no decide callejear sin rumbo o meterse en un cine. Durante los días de espera del parto «él» sufre centuplicadamente el dolor de la vida que siempre, y sin grandeza, le aqueja. Tiene una amiga con quien hace el amor sin amor. Su esposa, al fin, da a luz un niño, al que no puede criar. «El» tiene que ir todos los días a un dispensario a buscar leche de madre y llevarla a la clínica donde aún yace su mujer. Un día los compañeros de redacción se emborrachan con el dinero que iba destinado a subvenir a las necesidades de un colega tuberculoso. En la delirante euforia de la embriaguez, «él» reta a sus amigos a beber del botellín de leche materna que lleva en el bolsillo. Más tarde, pasada la borrachera, recurre a su amiga en demanda de dinero, pues no sabe con qué pagar los gastos de la clínica. Entretanto el recién nacido ha muerto. En «él» se recrudecen la ansiedad y el hastío. La vida sigue.

La criba interesa especialmente por el reflejo de la burocracia y el periodismo en sus niveles bajos.

La sociedad «Los millones» es una empresa capitalista que especula con la ingenua pasión de los pobres por la lotería y pone en movimiento una gigantesca máquina burocrática para el provecho de unos pocos. La descripción de la rutina oficinesca y de las humillaciones que los empleados sufren de parte de sus superiores es penosa. Un clima de menor resignación domina en la redacción de la revista, intervenida por la política oficial. Los periodistas estallan a veces en ataques de rabia, pero ninguno se arriesga a perder el sueldo. Uno enferma de tuberculosis; otro despotrica contra el director, pero nunca le afronta; otro, desaprensivo, pone su pluma a disposición del mejor postor; un corrector de pruebas, enloquecido por su embrutecedora faena, hiere a un necio locutor de radio en una disputa acerca de si «septiembre» se escribe con «p» o sin ella; y el protagonista, esposo sin amor, amante sin pasión, padre indiferente, burócrata y periodista por necesidad, hombre vaciado por una lenta desesperación pasiva, resume todas las cuitas y degradaciones del mundo que le rodea.

«Cada uno de estos hombres y cada hombre, en general, es como una criba: un trozo de piel repleto de agujeros por los que sale, a bocanadas, la sangre o la esperanza, y se vacía», escribe Sueiro al frente de su libro. La generalización es, a todas luces, excesiva. Ese derramamiento estéril a través de la vida sólo afecta a hombres como éstos, empleadillos sin dignidad ni carácter, periodistas serviles o venales. Y si la novela posee algún aliento constructivo, no puede ser otro que mostrar la desmoralización bajo el peso abusivo de un desdichado orden social, económico y político. Sólo en el protagonista, víctima de una pena «desgarradora, indescifrable e inútil», parece la desesperación algo consustancial. En los demás personajes las taras

que se advierten resultan de las condiciones en que
trabajan y viven. Con medios mayores, con más libertad y una función útil dentro del sistema, esos hombres
no dejarían rodar por la era el trigo de sus almas a
través de la criba del tiempo, sino que sabrían recogerlo
y nutrirse de él. Si bien, por tanto, al autor se le ha
agrandado la tristeza en términos universales, el cuadro de infelicidad por él dibujado tiene sus límites
precisos en esa ruin atmósfera de oficinas y redacciones. Y ello se evidencia en las numerosas alusiones críticas: sobre el arribismo, la prostitución de algunos
escritores y políticos, el desprecio de jefes y magnates
hacia los trabajadores modestos, la censura, etc.

La criba sigue la pauta de la narrativa social: duración breve, abundancia de figuras que se definen
dialogando, rotación de escenarios (oficina, casa, redacción, calle), visión realista del mundo cotidiano,
lenguaje funcional. Unicamente se singulariza la novela
por la mayor dimensión de reflexividad concedida al
protagonista, por otra parte tan impersonal. Todo
está visto desde «él», pero «él» no tiene nombre.

Aunque en este lugar correspondería, por algunas razones, tratar de *Tiempo de silencio* (1962), de LUIS MAR-
TÍN-SANTOS, la trascendencia de esta obra en sí misma
y como promotora de un nuevo tipo de novela nos induce a considerarla en distinto capítulo.

En el marco de la narrativa de denuncia antiburguesa habría que recordar todavía dos novelas de GONZALO
TORRENTE MALVIDO (n. en Ferrol, 1935): *Hombres varados* (1964), visión de la juventud estragada sobre un
fondo de playa mediterránea, y *Tiempro provisional*
(1969), donde a motivos como la oposición de generaciones, el desmoronamiento de la familia y el adulterio
se añade el hodierno de las drogas.

Consecuencia de *La colmena, Nuevas amistades* y

Tiempo de silencio es la novela de Francisco Umbral *Travesía de Madrid* (1966), que desenrolla otra vez la película de la urbe babilónica y putrescente. Novela «pop», concebida según juicio del autor como una «biografía en el espacio», tiene por narrador-protagonista a un pícaro de la corte «de los milagros, el progreso, la industrialización, el turismo, la delincuencia juvenil y la exacerbación erótica»[167]. La simultaneidad de imágenes pasadas y presentes en el interior de cortos párrafos y las series de anuncios y «slogans» que Umbral inyecta de súbito en la vertiginosa corriente del relato, pueden dar impresión de relativa novedad, pero el conjunto fatiga: por la aglomeración de existencia «canalla» y, sobre todo, por la inevitable comparación (no hay que decir que desventajosa) con los precedentes de Joyce, Dos Passos, Cela y Martín-Santos. Aunque no es improbable, en cambio, que de *Travesía de Madrid* haya sacado enseñanzas el autor de *El gran momento de Mary Tribune.*

3) Queda por ver, respecto a la generación del Medio Siglo, el tipo de novela menos social: ese tipo de novela que descubre problemas personales más o menos determinados por la sociedad, pero, en cualquier caso, reconocidos principalmente a través de una persona, *en la persona,* y no ya tanto a través del explícito reflejo de la colectividad (nación, clase, grupo).

Atendiendo al contenido característico de tales novelas es evidente que han de darse, y se dan, dos modalidades: novelas en que los determinantes sociales aparecen relativamente marcados y novelas en que és-

---

[167] F. Umbral: *«Travesía de Madrid. Autocrítica»,* en *Prosa novelesca actual,* págs. 108-109. De ésta y otras novelas de Umbral (*Si hubiéramos sabido que el amor era eso,* 1969; *Las europeas,* 1970; *El Giocondo,* 1970; *Los males sagrados,* 1973) se ocupa A. M. Navales en *Cuatro novelistas españoles,* págs. 215-290.

tos funcionan de manera casi imperceptible porque
los recubren otros factores (fantasía, pasión, ensueño,
intimidad, utopía, fe, ideas, problemas eternos). Dentro de la producción de un mismo autor, por ejemplo
Ana María Matute, una novela como *Pequeño teatro*
pertenece a la segunda modalidad, mientras *En esta
tierra* correspondería a la primera. Comparando autores distintos, parece inequívoca la mayor inclinación
hacia la problemática social en Carmen Martín Gaite
o Antonio Martínez-Menchén, y la menor o ninguna en
Mario Lacruz o Carlos Rojas.

Si se considera esta línea novelística en su proyección histórica, a lo largo de nuestro tiempo de posguerra, hay que distinguir cierto número de autores
que pueden ser calificados de independientes (Matute,
Lacruz, Manuel Arce, Castillo-Navarro, Martín Gaite,
Fernando Morán, Jorge C. Trulock, Martínez-Menchén,
Héctor Vázquez Azpiri, Jesús Torbado) y otros que,
por obra de algunos manifiestos brotados de su propio
seno, han venido a constituir una promoción, plantel,
grupo, sector o frente de «novela metafísica» o «novela
de conocimiento» (Carlos Rojas, Manuel García-Viñó
y Andrés Bosch ostentan el triunvirato, acompañados
no sé si voluntariamente por Antonio Prieto y póstumamente por Manuel San Martín y J. Vidal Cadellans).
Por ahora no me parece ilegítimo considerar a todos
los novelistas mencionados «en relación con» la novela realista social: los independientes se relacionan con
ella por proximidad (y algunos de ellos han escrito novelas sociales a ciencia y conciencia); los otros se relacionan por oposición, que es una manera muy estrecha
de relacionarse.

Se sigue aquí, como de costumbre, una pauta de
cronología funcional, conforme a la cual los independientes vienen primero y sólo más tarde, casi en nues-

tros días, los agrupados. La revisión no será muy extensa, pues el criterio que ha guiado siempre este trabajo (la fecundidad cualitativa) no tiene ni muchos autores ni grandes novelas que destacar por el momento.

Quien más tempranamente publica novelas al margen del realismo social es ANA MARÍA MATUTE (n. en Barcelona, 1926). Aparte numerosos libros de cuentos, algunos excelentes, Ana María Matute ha dado a conocer hasta hoy nueve novelas que, por su orden cronológico de redacción, no de edición, se suceden así: *Pequeño teatro* (1954, «Premio Planeta» del mismo año); *Los Abel,* 1948; *En esta tierra,* 1955; *Fiesta al Noroeste,* 1953; *Los hijos muertos,* 1958 («Premio de la Crítica» del mismo año y «Premio Nacional de Literatura 1959»), la trilogía *Los mercaderes*: I, *Primera memoria,* 1960 («Premio Nadal 1959»); II, *Los soldados lloran de noche,* 1964, y III, *La trampa,* 1969, y *La torre vigía,* 1971. En este caso es de importancia la fecha de redacción porque ella explica la marcha de la escritora desde una narrativa de gratuita imaginación hacia otra de imaginación coordinada con la realidad española de su tiempo, y vuelta a empezar.

En *Pequeño teatro* un misterioso forastero, Marco, que alardea de alcurnia y desata sin cesar «palabras, palabras, palabras» (lema de la novela), llega a un pueblo marino, donde convive con el adolescente analfabeto Ilé Eroriak y seduce a la joven Zazu. Finge proteger a aquél y amar a ésta, hasta el momento en que se descubre la verdad: era un contrabandista ex carcelado que no tenía medios de subsistencia y que venía huyendo de la justicia y preparando la fuga, para lo cual había robado al pueblo el dinero de la colecta organizada en favor de Ilé, a éste su buena fe y a Zazu su corazón. Prendido Marco, suicidada la mucha-

cha, Ilé acude al viejo titiritero Anderea, en cuyo pequeño teatro trabajará como ayudante. Se trata de un
cuento entre fabuloso y folletinesco, al que la autora
pretende dar densidad psicológica con monólogos interiores y cierto simbolismo. Ilé es el alma simple en
torno a la cual se teje una urdimbre de insensatas
pasiones, y los demás personajes cumplen en la obra
el papel de los muñecos chillones y pintarrajeados
gesticulando en el tablado de un teatrillo, ante la mirada de un niño. Orienta la trama el paralelo simbólico entre el «pequeño teatro» de Anderea y el teatro
pequeño, mezquino, de la vida real. El contrabandista
de incógnito, la infidelidad, el fraude al pueblo, el suicidio de la protagonista lanzándose al mar son factores «románticos» cuyo pobre efecto no logra borrar
la figura más poética de la historia: el mendigo de
alma inmaculada, con su ciencia infusa y sus ilusiones.

El simbolismo casi desaparece y, en cambio, la novelería aumenta en proporciones alarmantes en la segunda novela: *Los Abel*. Confinados en un ambiente
rural, siete hermanos apellidados Abel recorren tra-
yectorias irregulares. Aldo, el mayor, único que cuida
de la hacienda paterna, casa con una joven, enamorada
antes de su hermano Tito, y, desengañado de que ella
pueda cobrarle afecto, asesina a su hermano. El segundo, Gus, aspira a ser artista, pero, sin dotes suficientes, opta por la actividad política y acaba en la
cárcel. Tito, el tercero, jovial y amigo del pueblo, incansable buscador de la dicha, muere víctima de los
celos del primogénito cuando se había decidido a entregarse con fervor a la agricultura. El cuarto vástago
de la familia es Valba, que narra toda la historia: áspera, fría, reflexiva, desprecia a quien la corteja y en la
ciudad vive una rápida y desgraciada pasión, tras la
cual retorna a la casa familiar para velar por sus her-

manos y presenciar el fratricidio, dándose cuenta entonces de que en Tito alentaba lo que a ella siempre le faltó: la voluntad de vivir para la felicidad. El quinto hermano, Juan, tullido, resentido, experimenta la vocación religiosa del místico y se hace fraile. Finalmente, los pequeños Octavio y Ovidia sólo están allí para asistir al desequilibrio de sus mayores. En Aldo y Tito se dibuja ya claramente la oposición entre hermanos, tema que, a la sombra del mito cainita, invade la narrativa de Ana María Matute con acento obsesivo. Pero en *Los Abel* dicha oposición no pasa de ser un motivo argumental. Ni el emplazamiento de la actividad de Gus como agitador socialista en los preliminares de la guerra civil, ni el estudio de un alma como la de Valba, tardía en el descubrimiento del amor y de la libertad, representan valores de interpretación histórica o psicológica bastantes a contrapesar el carácter folletinesco del conjunto. Los Karamazov y los ambientes salvajes y conflictos familiares de las novelas de Emily y Charlotte Brontë han servido, sin duda, de antecedentes a esta comprimida saga. Pero una deformación de las figuras y del mismo paisaje, no procedente de original visión, sino de «pathos» sobrepuesto, lo echa todo a rodar por declives melodramáticos, sintonizados a base de «¡maldito!», «¡condenado!», «¡gran Dios!», «¡cielos!», «¡el diablo te lleve!» y otros alaridos.

La tercera novela, *En esta tierra,* escrita ya en 1949, parece que no pudo publicarse antes de 1955 por razones de censura política [168]. La protagonista es aquí Soledad, una adolescente a quien «los rojos» le mataron al padre a comienzos de la guerra. Vive en Barcelona, con abuela, madre, un hermano y unos refugia-

---

[168] *Luciérnagas* era el título primitivo de dicha novela. Véase J. M. CASTELLET: *Notas sobre literatura española contemporánea,* pág. 88.

dos. Mientras Soledad trabaja en una escuela, donde tiene que defenderse de las solicitudes del director, antiguo preceptor suyo y ahora mutilado, el hermano se dedica a robar y malvivir, en compañía del pillete Chano y de un tal Daniel, que muere tuberculoso. Daniel tiene dos hermanos: Pablo, anarquista, y Cristián, opuesto a Pablo en ideas, pero que siempre ha dependido de él. En un bombardeo muere el padre de estos muchachos y Pablo queda tan malherido que se suicida para no tener que seguir viviendo como un muñón de hombre. Antes del suicidio, entrega a Cristián las llaves de su torre, donde se refugian Soledad y Cristián, descubriendo el amor. El S. I. M. los encuentra y los conduce a cárceles distintas. Al acabar la guerra los amantes se buscan y cuando Cristián corre hacia ella una bala lo derriba ante los tanques de los vencedores. La novela está integrada por las rememoraciones de los principales personajes y construida más bien narrativamente, con escaso diálogo. Su sentido estriba en exponer, sobre el fondo de la guerra, la transformación de una joven burguesa desde las suavidades de su vivir habitual hacia el conocimiento del amor y el dolor verdaderos. Los hermanos Pablo y Cristián ejemplarizan a nivel familiar la pugna armada entre unos y otros españoles. No obstante lo que tiene de testimonio histórico, esta novela adolece de recargamiento en sus escenas capitales: muerte del tuberculoso, suicidio de Pablo, idilio de los jóvenes supervivientes.

La obra más alabada de Ana María Matute ha sido siempre *Fiesta al Noroeste*, quizá porque con ella se asentó su renombre (fue la segunda publicada). Trátase de una narración de breves proporciones, de ambiente rural y cuyo asunto es, nuevamente, la discordia entre dos hermanos, aquí dos hermanastros: Juan Medinao, encadenado a creencias tradicionales, sometido a la humillación de su deformidad corporal y al tormento de su alma resentida, hombre injusto, amargado y vacío que no halla valor para suicidarse, y Pablo Zácaro, sereno, sencillo, enérgico, desconocedor de la muerte, enamorado de la vida hasta el punto de no necesitar la fe en un Dios consolador. La seguridad vital de Pablo es un continuo insulto a la mísera flaqueza de Juan, y éste se venga por todos los medios: le aleja de los campesinos a quienes protegía forzándole a abandonar el pueblo, le arrebata la novia y, en fin, llega hasta abusar del cuerpo, ya decrépito y siempre servil, de Salomé, la madre de Pablo. Pero éste permanece lejos, se niega a volver, y Juan arrastra una vida estéril, entregado a la gula y a la indolencia, después de haber ejercitado los otros pecados: la soberbia y la envidia frente a su hermano, la avaricia y la ira con sus subordinados, y la lujuria con las mujeres más directamente ligadas al corazón de su hermano. Todo lo escondido en la conciencia del torpe Medinao llega al lector por dos caminos: por el de la evocación (en primera persona) cuando este hombre vela el cadáver de un niño, atropellado en el pueblo por un titiritero, y por el de la confesión (en tercera persona) cuando, vuelto a su casa, busca alivio en el nuevo cura de la localidad. La oposición fraternal se desarrolla en un ámbito de naturaleza campesina, fondo adecuado a la elemental pasión del protagonista. En el cementerio del Noroeste queda enterrado el niño. La esperada fiesta del titiritero Dingo se convierte así en un suceso luctuoso que desencadena en la memoria de otro hombre los padecimientos de una infancia anormal y los rencores de una juventud fracasada. Aquí, sin duda, a la universalidad del conflicto descrito agrega plasticidad y poesía un lenguaje vehemente, pero mejor en-

frenado que en otros libros de la autora. A través de
ese lenguaje la parábola de la envidia, con su aura bí-
blica y sus resonancias de Machado, Unamuno y Pérez
de Ayala, cobra resplandores de legendaria solem-
nidad:

> «Juan se asomó a la ventana. También la luna
> doraba el campo del Noroeste, y le llegaban el
> clamor de los titiriteros y los ladridos de los
> perros. El estaba como los muertos, taladrado y
> sordo a la alegría, dejando que la luna le resbala-
> ra insensiblemente, con una angustia de niebla.»
> «(Juan) devoraba su comida, sin sal, y notaba
> que su ruta hacia la muerte estaba sorprendida,
> acechada, amenazada por la fuerza de aquél (Pa-
> blo) que daba un concreto valor a la existencia.
> Un deseo extraño, indómito, le empujaba hacia
> él» [169].

Siguiendo la línea de acercamiento a la realidad histórica de España, iniciada con *En esta tierra*, Ana María Matute se esforzó por conseguir un amplio cuadro
de la España bélica y posbélica en su voluminosa novela *Los hijos muertos*, cuyas tres partes, aunque en-
cierren hechos y recuerdos aparentemente desordena-
dos, corresponden en lo fundamental a tres épocas o
generaciones. En la parte primera («El tiempo») las
evocaciones del protagonista, Daniel, se refieren a su
infancia en el paraje de Hegroz y a su mocedad en
Barcelona hasta que, como un vencido más de la guerra civil, emigra a Francia. Principalmente se refleja
en estos capítulos la vida de los Corvo, una familia que
se arruina y más tarde vuelve a sobrenadar gracias a

---

[169] *Fiesta al Noroeste*, Barcelona, Pareja y Borrás, 2.ª
edición, febrero 1959, págs. 86 y 99.

la actividad de Isabel, tipo de mujer huraña y voluntariosa. Ella, como su primo Daniel, recién regresado, su padre siempre ebrio y el director del Penal, Diego Herrera, es una víctima del tiempo: un tiempo que pasó por todos ellos robándoles entusiasmos y reduciendo a ceniza sus ideales. La segunda parte («El hambre y la sed») mantiene como figura principal a Daniel Corvo, pero las evocaciones de éste alternan con las de otro personaje, Miguel Fernández, que va ganando relieve hasta el fin de la novela. El hambre y la sed son de estómagos vacíos y de almas maltratadas. El marco temporal de los recuerdos es aquí, para Daniel, el comienzo de su exilio en Francia y, para Miguel, su niñez fustigada por las crueldades de la guerra hasta la hora en que, muerto su padre y separado de su madre, es transportado con otros niños al Sur de Francia. La autora simultanea la visión del exilio y de la guerra: aquélla, a través de un combatiente vencido; ésta, a través de un niño que crece entre los destinados a sucumbir. Y la tercera parte, en fin («La resaca») recoge sobre todo los recuerdos de Miguel en Francia, su repatriación en 1945 y el progresivo hundimiento de su moral en Barcelona hasta 1947, año en el cual, dedicado al contrabando de drogas, es detenido y condenado a trabajos forzados en el Penal dirigido por Diego Herrera. La resaca es el dolor de cabeza de Daniel después de sus libaciones y es, ante todo, el dolor de vida, el desvarío de la voluntad y la descomposición del alma que, como violento reflujo de la oleada turbia de la guerra, arrastra a vencidos y vencedores a la desmoralización.

Una novela de historia española contemporánea es, pues, *Los hijos muertos*, de la que se desprende esta conclusión: el país padeció una catástrofe, y así los que la experimentaron en su juventud como los que la sufrieron en su niñez no hallan hoy comunión ni esperanza. De esa guerra sólo han quedado hijos muertos: en el campo de batalla, en el vientre de sus madres masacradas, o en la ola de criminalidad e impotencia de la posguerra. Estilísticamente esta novela hubiera ganado mucho si la autora hubiese dado un orden más claro al relato, más severidad y equilibrio a la dicción, y más concreción al paisaje (nieblas, bosques misteriosos, lluvias y vientos, lobos y flores de extraño aroma saben a decoración cinematográfica).

Decidida ya, desde *En esta tierra*, y sobre todo desde *Los hijos muertos*, a una actitud de enfrentamiento con la realidad social e histórica de su pueblo (sin perjuicio de conceder a la fantasía amplios derechos en relatos como los de *Tres y un sueño* y aun en sus novelas), Ana María Matute compuso después la trilogía *Los mercaderes*, más ambiciosa que bien lograda.

La parte mejor de la trilogía es la inicial: *Primera memoria*. Una mujer, Matia, evoca unos meses de su adolescencia en Mallorca, desde el verano de 1936 hasta el invierno siguiente. Muerta su madre, situado su padre en «zona roja», la muchacha es recogida por su abuela, la despótica doña Práxedes, y asiste, en compañía de su primo Borja y de otros rapaces de la misma edad, a las primeras represalias de la «zona azul», de las cuales es objeto indirecto el joven Manuel Taronjí, por quien Matia siente compasión y un comienzo de amor. El padre putativo de Manuel, José Taronjí, aparece asesinado en la playa, a la madre le cortan el pelo unas mujerzuelas, a la familia le echan en el pozo un perro muerto. Borja, niño rico, no puede soportar la verdad de que Manuel no sea hijo del propietario Taronjí sino de un gran señor pariente de su familia (Jorge de Son Major) y le imputa un robo del que ha sido autor el propio Borja; a consecuencia de lo cual,

Manuel es llevado a un reformatorio. La enemistad entre clases, partidos y personas, bajo la misma sombra de Caín, retorna, pues, en esta delicada memoria juvenil: en ella la narradora-protagonista, con su limpia intención y su resistencia al mal, ocupa el centro, entre la nobleza de uno (Manuel) y la infamia de otro (Borja).

Los soldados lloran de noche plantea el mismo dilema, pero a través de distinta mujer: Marta. Manuel ha salido del reformatorio y ha heredado los bienes de su progenitor, aun cuando él siga teniendo por padre verdadero a quien le enseñara el camino de la verdad, y no al caprichoso y delirante Jorge de Son Major. Sabiendo Manuel el encarcelamiento de Alejandro Zarco, llamado «Jeza», como destacado miembro del Partido y correligionario de Taronjí y otros, le visita y asiste, y cuando «Jeza» es ejecutado (octubre de 1938) busca a su viuda, Marta, con quien se dispone a partir hacia la península para entregar unos documentos del difunto. Marta entonces evoca ante Manuel su vida y se la va refiriendo: hija de una viuda alegre dedicada a vicios y drogas, cayó en manos del amante de su madre, Raúl, llevando con él una vida sin norte, hasta que se enamoró del hermano de éste, o sea, «Jeza», que la devolvió a la vida real, inspirándole el sentido del deber solidario y del sacrificio por los demás. Entregados por Marta y Manuel, en Barcelona, los papeles del difunto, ambos se enfrentan con los tanques triunfadores y mueren matando (desenlace que se asemeja al de *En esta tierra*). A diferencia de *Primera memoria*, aquí se combinan la tercera persona y la primera, aunque la mayor parte de la novela sea también un rememorar de Marta, es decir, la historia de la intimidad de otra mujer. La acción abarca de 1937 a 1939, y de nuevo hay dos hermanos contrapuestos (Raúl el perdido y «Jeza» el salvador), entre los cuales lucha una mujer que quiere hallar digna finalidad al confuso hecho de vivir.

La trampa, por último, vuelve a presentar a la protagonista de *Primera memoria,* ahora mujer casada, divorciada y con un hijo de veinte años, al que llama «Bear». Por medio de un diario de Matia, del relato de las andanzas de «Bear», de la exposición del pensamiento íntimo de Mario (profesor y jefe de un grupo resistencial en que «Bear» toma parte) y de las impresiones, casi siempre soliloquiales, de Isa (una muchacha que tiene amores con Mario), se reconstruye —alternando no rigurosamente estas cuatro perspectivas— una historia de claudicación y de fracaso. Matia se reunió con su padre en Puerto Rico y en Estados Unidos, donde casó con el alcohólico David, padre de «Bear». Este vino a España, patria de sus antecesores, y entró en el grupo acaudillado por Mario. Pero Mario, que refugiado en la casa de Matia para organizar el atentado contra un supuesto enemigo de la resistencia, se enamora de ella y la posee, resulta ser víctima de un complejo de venganza personal: quería matar a aquel hombre no como enemigo de la causa común, sino como la persona que un día, durante la guerra, le hizo a Mario, traidoramente, delatar el escondite de su padre. Mario desiste ahora de su hipocresía y de su falsificación, pero es tarde, porque «Bear», aun conociendo la verdad, ha matado a ese hombre, resuelto a comprometerse totalmente y enamorado, como tantos jóvenes de su edad, de la rebelión por la rebelión, a todo evento y sin subterfugios. Matia, Borja, el mismo Mario, las gentes de cuarenta años para arriba, aparecen como individuos claudicantes y mixtificados frente al arrasador impulso de esa juventud que asiste, en España, a los progresos del bienestar. En *La trampa* la oposición (habitual en las novelas de Ana María Matute) entre el idealista íntegro y el torpe convencional se manifiesta doblemente: entre la conciencia de Mario como defensor de una causa colectiva y la conciencia última del mismo como engañado hasta allí por un complejo de desquite personal, y entre este último Mario y el joven «Bear» identificado con su deber hasta el límite de la gratuidad. La mujer se halla otra vez entre los dos, pero vencida hacia el lado que más fácilmente puede justificar sus derechos personales al placer, al amor, a la satisfacción privada.

Por qué la trilogía se titula *Los mercaderes* no queda muy claro. Es verdad que Borja, en *Primera memoria*, vende a Manuel en cierta manera, y también lo es que en *Los soldados* la madre de Marta y su cómplice negocian con la corrupción y, en diversas ocasiones, se dice que por todas partes hay mercaderes que explotan la necesidad de los demás, que el Mediterráneo es «el mar de los héroes y de los mercaderes», o «mercaderes somos» [170]. En *La trampa* se lee que «los mercaderes son siempre los mismos» y que no importan las causas, pues «sólo los hombres las pervierten, comercian con ellas», y Mario deplora haber estado comerciando consigo mismo como «un vulgar mercader» [171]. Pero en rigor el título le viene demasiado ancho y demasiado vago a esta historia de la declinación de una familia burguesa incapaz de adoptar una actitud fecunda ante la pugna perpetuamente entablada entre la libertad y la convención, la verdad consecuente y la mentira caótica.

Como una liberación del realismo comprometido ensayado en *Los mercaderes* puede estimarse la peregrina

---

[170] *Los soldados lloran de noche*, págs. 75, 159 y 176.
[171] *La trampa*, págs. 61, 129 y 191.

novela última de Ana María Matute: *La torre vigía*. Aquí
se desentiende la escritora de toda referencia al mundo
de hoy y escapa en alas de su imaginación a una remota
Edad Media abarcada no como materia de historia, sino
como horizonte de ficción. Del fondo de aquellos tiempos (entre los dioses rubios y el Dios de Roma) viene
la voz del protagonista a referir su vida desde los seis
a los quince años: los ingratos recuerdos de su niñez
en la casa paterna, su aprendizaje al servicio del barón de Mohl, su investidura como caballero, y su huida
final hacia lo desconocido. El relator anónimo de su
propia vida llega a la sociedad caballeresca y guerrera
desde la soledad salvaje de la infancia, y en la soledad
se pierde al final del relato: su furia creciente termina
en una remontada dimisión. Ha aprendido las pasiones
y corona su aprendizaje en una asunción de la totalidad
que le induce a alejarse.

Si *La torre vigía* contiene algún mensaje, no parece
ser otro que la propuesta de una mirada infinita en la
cual los tiempos, los espacios y las relaciones se ven
dentro de una naturaleza completa, por encima de las
contingencias del mundo; mirada que le es infundida
al joven por el vigía de la torre del castillo de Mohl,
aquel antiguo amigo y amigo único, al que recobró después de tantas pruebas aleccionantes y decepcionantes.

La autobiografía se estructura como una sucesión de
experiencias pasionales que concluyen en la renuncia.
Primero es el trauma del árbol de fuego: dos mujeres,
acusadas de brujería, quemadas en la hoguera, ante el
rumoroso odio de una muchedumbre en fiesta vendi-
mial, y el niño es invitado por su madre a presenciar y no olvidar el tremendo castigo. Luego, es la soledad del niño: pérdida de la madre, vergonzosa decadencia del padre, hostilidad de los tres hermanos mayores, entrenamiento para la fuerza, encuentro fugaz

con un mendigo (el futuro vigía) y revelación de la carne en la aventura, nuevamente báquica, con la niña del Herrero. Cuando el adolescente marcha hacia el castillo para emprender su noviciado, en noche de insomnio inexplicable, abiertos los ojos como ante el árbol de fuego, se apodera de él la visión sinóptica del mundo y de la vida, con el sentimiento arrebatador de un continuo nacer y de un persistir sin límite. Más tarde, en el castillo, durante su proceso de paje a escudero, irá padeciendo experiencias que le mantendrán en desasosegada avidez de saberes, mientras se fortifican sus dotes de cazador y soldado: la baronesa de claros ojos y dientes agudos posee al muchacho en raptos de ogresa; el barón, encaprichado en toda variedad de vicios, dedica sin embargo al novel atención y enseñanza, y una especial protección que le hace aún más odioso a sus espectrales hermanos; en el atroz castigo impuesto por el barón a otro joven favorito tiene el protagonista la revelación de que no morir es no querer morir, y cuando él mismo mata a los asesinos de su primer maestro (Krim-guerrero, que domó para él al prodigioso Krim-caballo), su justificación enardecida le librará de la muerte. Es, con todo, el vigía de la torre quien en visionarios coloquios matinales adoctrina al héroe en la superación y el desprendimiento, tanto que éste, en la víspera de su investidura, mientras cumple los ritos de la vela de armas y mientras sueña que sus hermanos le cercan para matarle, se despoja para siempre de todas sus ambiciones. Ahora sube a la atalaya, encuentra muerto al vigía, y en la última realidad del ensueño arrostra el gran combate, dando muerte al Señor de los Enemigos (el Mal) y por promesa al barón Mohl (el Bien), y huyendo sin retorno, en una trascensión de la vida que le convierte en algo impalpable, como una fuerza de la naturaleza, como un viento.

En este abreviado libro de caballerías ha intentado
seguramente Ana María Matute dar expresión a un permanente anhelo suyo: la superación del odio en cualquiera de sus formas (calumnia, envidia, venganza, sadismo, guerra). En su elogio hay que reconocer que lo
ha logrado de una manera más poética que didáctica, y
el lector atento guardará en la memoria escenas de una
eficacia descriptiva considerable: el árbol de fuego (capítulo I), el éxtasis en el lagar (III), la entrevisión del
dragón y la muerte de la baronesa ahogada en un remolino de agua, flotando como un girasol (VI), la caza
y castigo del joven delincuente en el patio del castillo (VII) o la fusión de realidad y presentimiento durante la vela de las armas (cap. X y último). Por el relato, además, se esparcen con cuidadoso pulso musical,
imágenes y motivos de una extraña belleza: el viento
inmóvil y visible, el jinete solitario sobre la estepa, el
zumo de las moras, el jabalí dorado y la maléfica ca-
bra de ojos amarillos, el galope circular, los asaltos
de la «pequeña muerte», el halcón, la torre vigía, y sobre todo los reiterados contrastes de blanco y negro
(tres abedules blancos y tres jinetes oscuros, los caballos blancos y los caballos negros, el blanco corcel de
la baronesa y el negro guante del barón, la sombra
blanca y la sombra negra, el blanco lino y la negra
espada, paganía y superstición, nieve y manchas de
muerte, día y noche, bien y mal). Con esta constante
oposición de extremos se prepara la fuga trascendente
del héroe, que no es decisión hacia uno de los extremos, sino ascensión hacia esa especie de estación total o vértice cósmico desde el que emite sus últimos
murmullos. Desgraciadamente esta poética indeterminación, que tan bien realza la magia de la parábola,
viene moldeada en un lenguaje que con frecuencia es-
tropea el propósito, ya sea por un arcaísmo mal enten-

dido («otrora», «amén de», «de tal guisa», «tuve para mí», «harto», «asaz», «a fuer de», «de todo punto» y otras innecesarias antiguallas), ya sea por abundancia ocasional de expresiones familiares, e incluso vulgares, que sorprenden más por el entono literario, y precisamente arcaizante, de la historia (palabras como «sesera», «caletre», «mollera», «cacumen», «mamporro», «ceporro», «perol», «desembuchar» y otras tales). Y no obstante, en sus páginas más logradas esta novela quizá sea, con *Fiesta al Noroeste*, el mejor testimonio de la capacidad de la escritora para dar forma acabada a un mundo suyo, de creencias propias y de criaturas modeladas a imagen y semejanza de sus libres sueños.

El mensaje de las novelas de Ana María Matute no es dudoso: el odio arruina familias y pueblos, y sólo el amor a los otros y la proyección activa de este amor puede salvar de la ruina moral, aunque lo más sólito es que los moralmente salvados sucumban al atropello de los portadores del odio. Pero cuando se trata de iluminar esta verdad en términos especificadores, persuasivos e interesantes, la autora retrocede y no sabe emitir idea alguna que rebase el tópico. Sabe, sí, en algunas novelas, evocar con cierta grandeza ciudades batidas por los bombardeos, escenarios de hostilidad y venganza en la retaguardia, largos procesos familiares o amorosos. Niña durante la guerra, hubo de conocer la injusticia y la violencia de unos y otros, y no es raro que al comienzo de sus relatos surja la visión de algún hecho horrible (tortura, represión, asesinato, hoguera) a partir del cual se abre una vía hacia la comprensión de nobles principios: compasión, amor, equidad.

Es lástima, empero, que la mayoría de los personajes de Ana María Matute resulten invalidados por su maldad excesiva (Marco, Aldo, Medinao, Borja mis-

mo) o por su idealizada perfección o santidad (Pablo
Zácaro, Manuel Taronjí y, sobre todo, ese «Jeza» invisible al lector). Y es lástima también que las ex-
crecencias retóricas (señaladas ya por Alborg y por
Nora) no cedan ni aun en sus más recientes libros.
En *Los Soldados* y *La trampa* la escritora continúa
abusando de la adjetivación enfático-crispante, los sin-
tagmas reiterativo-improgresivos, las imágenes desenca-
jadas y, en general, de un lenguaje que aparenta ser
más de lo que es. Por ejemplo: «la carta rayada de
mamá está pautando una vida locamente estúpida,
desbocadamente insípida, inhumanamente feliz», «un
par de ojos grises —inhumana, salvajemente vivos—»,
«hacia paredes desconchadas, cuadros cara a la pa-
red, gatos ladinos y sustitutivos de un afecto espar-
cido, huido o muerto. Hacia el sonambúlico Limbo
de los muertos remolones, rezagados, cegatos, sordos,
glotones, delirantemente suntuosos»[172]. Por desgracia, este derroche de hipérboles no es la única mácula
estilística de Ana María Matute. Su lenguaje es, a menudo, impreciso. ¿No demuestran desconocimiento del
exacto significado de las palabras «vulnerable» y «augurio» estas frases?: «la yugular (tan vulnerable a la
muerte)», «pierden su agorero y mordaz augurio»[173].
¿Hay posibilidad razonable de imaginar los ojos de
una mujer como «dos espesos grumos de almíbar»?[174].
¿Es artísticamente verosímil que una madre, por cul-
tivada que sea, diga a su hijo: «No soy tan ferozmente
tribal, puedes creerme. Lo que me preocupa es la gratuidad de tus acciones»?[175]. Aquí no se trata ya de

---

[172] *La trampa*, págs. 57, 264 y 266.
[173] *Los soldados*, pág. 86; *La trampa*, 156. En *La torre
vigía*: «Sangre, delicada y fresca, pero muy cruenta»
(pág. 86).
[174] *Los soldados*, pág. 139.
[175] *La trampa*, pág. 127.

incorrección, sino de ingenua pedantería, como cuando la narradora se obstina en anteponer el prefijo «auto-» a no pocas palabras, creyendo tal vez dar así más profundidad psicológica a los conceptos. Bien está, por ejemplo, que una persona sea «de una autofidelidad envidiable», pues se puede ser fiel a sí mismo y fiel a otros, pero resulta superfluo y pomposo decir «me he autovendido», «mi verdad en venta ha sido bien autocotizada», «una etapa de independencia, autofirmeza y tal vez amor» [176].

Los defectos de expresión apuntados —énfasis, imágenes insostenibles, imprecisión, redundancia— tienen fundamento común en la tendencia de esta escritora a la «novelería». Uso este término como descripción de esa actitud que consiste en contemplar la vida (y asumirla en obra artística) como si fuese materia de fábula, argumento de novela o, en los peores casos, intriga de película o de folletín. Un indicio más de ello son los nombres que portan algunos personajes: nombres teñidos de exotismo (Ilé, Marco, Zazu, Kepa, Anderea, Aldo, Valba, Medinao, Dingo, Matia, Borja, Jeza) o de romancesca eufonía (Cristián, Pablo, Soledad, Daniel, Salomé, Raúl, Elena).

La tendencia de Ana María Matute hacia lo «novelesco» recuerda bastante la misma propensión de Juan Goytisolo en sus primeras novelas (*Juegos de manos, Duelo en el Paraíso, El Circo*), y no sólo en particularidades, como la onomástica, la extravagancia de ciertas figuras o la frecuente aparición de niños raros y torturados, sino también en cuestiones de actitud (hibridez de fantasía y realidad), contenido (lu-

---

[176] *La trampa*, págs. 213, 191, 192 y 225. Sobre Ana María Matute consúltese: M. JONES: *The Literary World of A. M. M.*, Kentucky, Lexington University Press, 1970, y J. DÍAZ: *A. M. M.*, New York, Twayne, 1971.

cha entre «hermanos») y técnica (abundancia de retrospecciones y monólogos, lirismo metafórico). No
puede sorprender el parecido, ya que Ana María Matute y Juan Goytisolo concurrían en sus comienzos a
los mismos círculos literarios de Barcelona, donde es
de creer que existiese comunidad de lecturas, criterios y aspiraciones.

A esos círculos concurría igualmente un novelista
poco conocido, MARIO LACRUZ (n. 1929), autor de tres novelas: *El inocente* (1953), *La tarde* (1955) y *El ayudante
del verdugo* (1971).

En *El inocente*, valiéndose de un asunto propio de
novela policíaca y de una construcción musical (el
libro se reparte en cuatro movimientos: «Andante»,
«Adagio», «Scherzo» y «Allegro con fuoco»), realiza
Lacruz un estudio delicado del sentimiento de culpa
de un hombre que, objetivamente, es inculpable. Virgilio Delise, enamorado de su hermanastra, muerta
años atrás, odió siempre a Montevidei, sustituto de
su admirado padre en el lecho materno. Complejo de
Edipo. Incesto mental. Aunque inocente del presunto
asesinato del viejo Montevidei, Virgilio no se extraña de que la Policía le persiga y le prenda, pues él
se siente culpable. Por eso mismo el lector le cree
culpable hasta el final, incluso cuando se revela que
no hubo crimen. En su mente Virgilio había cometido
ya mil veces parricidio e incesto. La pistola del joven
policía que, ignorante de la inocencia real del fugitivo, acaba con su vida, sirve de instrumento de una
justicia sobrenatural. «La inocencia necesitaba recorrer un largo camino de culpa, en donde fortalecer-
se» [177]. Enmarcada en la estructura musical, la materia narrativa se compone del presente de Virgilio
(huida) y de su pasado (recuerdos), más los subplanos

---

[177] *El inocente*, pág. 179.

o perspectivas de Montevidei, del ambicioso Doria, del joven policía que se cree fracasado, y del inflexible abogado Lucius Costa. Así, la narración se enriquece con diversos puntos de vista y desniveles temporales, y lo que pierde en tensión «policíaca» lo gana en variedad psicológica y en interioridad.

La tarde sucede en Barcelona, en 1935. David René, que nació con el siglo, vive solo en un espacioso piso heredado. Cuando su familia le llama a Figueras para ponerse al frente de la fábrica paterna, David titubea, pero al fin vuelve, y allí encuentra a Clementina Reynals, de quien siempre estuvo enamorado. Deseoso de recuperar la juventud perdida, proyecta huir con ella a Francia y abandonarlo todo, pero comprende que esta aventura destrozaría el encanto del puro amor tantos años callado y no haría feliz a ninguno de los dos, y comprende también que su deber es asistir a su familia y dirigir el negocio. Decisión tan «sensata» no obsta para que siga alimentando sus recuerdos y sus sueños, literarios e íntimos, que se explayan por los infinitos caminos de la tarde. Pasada la guerra y restablecida la economía familiar, David retorna a Barcelona, y en un breve epílogo (en 1940) le vemos cobijado en su soledad y en la agridulce tristeza de quien ha renunciado a realizar muchas ilusiones para poder conservar su intacta belleza en el sagrario del alma. La acción presente (1935) alterna, a lo largo de la novela, con las visiones del pasado: niñez, juventud, amigos, hermanos. La sombra del hermano mayor, que murió en accidente cuando escapaba con Clementina impulsado por una pasión naciente y por el ansia de libertad, impidió a David declarar a ella sus sentimientos. Cuando lo hace descubre que Clementina jamás había recibido un beso. Pero es ya tarde: el tiempo de la plenitud pasó. Convertir su amor en aventura pasajera o en confortable matrimonio le parece a David igualmente sacrílego, pues la entrega al goce de los sentidos destruiría el carácter casi religioso de un amor que se convirtió previamente en la razón secreta de vivir.

La tarde está relatada en primera y en tercera persona, de un modo alternativo. Cuando la acción se refiere al presente, el novelista expone lo que David y los otros personajes piensan y hacen, y el texto aparece en cursiva. Cuando la acción se refiere al pasado, es el propio David quien rememora y el texto aparece en tipo normal de letra. Poco o nada importan la época y el lugar en un estudio psicológico como éste. «Todo un mundo en la mente; no una sociedad», dice David [178]. Y, en efecto, este hombre que lleva dentro de sí todo un mundo parece un fantasma cuando se ve obligado a actuar en el mundo de todos. Su tesoro es su interioridad. Buscando el tiempo perdido desde la cima de la madurez, sabe que nunca logrará la felicidad efectiva, pero que nadie podrá arrebatarle el deleite de haber amado el amor y haber sido fiel a su recuerdo. Tanto o más que el problema del amor que no quiere empequeñecerse a través de una felicidad tardía, y del recuerdo ávido de sobrevivir en toda su pureza, hace interesante esta novela el contraste entre las infinitas posibilidades de un alma sensible e inteligente y la pobreza de la realidad, incapaz de agotar esas posibilidades. «Un hombre no puede agotar la capacidad de vida del hombre» [179], piensa melancólicamente el protagonista, compendiando el sentido de su desgarradura entre la realidad y el ensueño.

José María Castellet, refiriéndose sólo a *El inocen-*

---

[178] *La tarde,* pág. 105.
[179] *Ibídem,* pág. 212.

te, advertía en esta novela «la inquietud técnica y una preocupación poética, lo que confirma —agregaba— la tendencia de los novelistas que como él, Ana María Matute y Goytisolo, escriben o se han formado en Cataluña, frente a los que como Aldecoa, Fernández Santos y Sánchez Ferlosio lo han hecho en Castilla y cuyas preocupaciones son más estilísticas y sociales» [180]. Y, por su parte, Eugenio de Nora, considerando *La tarde*, «tanto por su concepción como por el finísimo arte con que está realizada, una de las mejores, de las escasas novelas psicológicas de estos últimos años» [181], no dejaba de notar la inactualidad y, en el fondo, la insignificancia del protagonista, así como la falta de sentido crítico, siquiera implícito. En declaración que Nora parcialmente transcribe, el mismo Lacruz confesaba su ausencia de vinculación a generación o grupo determinado, admitiendo sólo la etiqueta de «francotirador». Y tal parece seguir siendo su postura cuando, después de largos años de silencio, en plena oleada de experimentos estructurales, aborda en forma límpida y sencilla, en *El ayudante del verdugo*, la historia de un sujeto que, conociendo el bien, se pone al servicio de los que maliciosamente prosperan.

Con el «Premio Planeta» de 1955 fue galardonada la primera novela de Antonio Prieto (n. en Almería, 1930): *Tres pisadas de hombre* (1955). Un contrabando de esmeraldas, en tierra tropical, es narrado sucesivamente, en sus partes componentes, por tres hombres, el último de los cuales, que refiere su parte hasta el instante de morir, asume el papel más destacado. Otro trío de perspectivas, ahora no sucesivas, sino cruzadas, sirve de contextura a la segunda novela: *Buenas*

---

[180] J. M. Castellet: *Notas sobre lit. esp. contemp.*, págs. 89-90.

[181] E. G. de Nora: *La nov. esp. contemp.*, III, pág. 308.

noches, Argüelles (1956). Un niño, una anciana moribunda y un oficinista que intenta al borde de la vejez vivir la pasión no vivida, formarían una semblanza posible del madrileño barrio de Argüelles, y aquí se aproxima Prieto a la novela testimonial. Pero de ésta, y del exotismo de la primera, pasa después el autor a un tipo de novela «metafísica» o «simbólica». Ello le ha permitido ser comentado por Manuel García-Viñó en el libro *Novela española actual,* distinción considerable si se tiene en cuenta que en este estudio no figuran Cela, Goytisolo ni Martín-Santos, como si no fuesen novelistas, ni españoles, ni actuales. El comentario de Viñó favorece poco a Prieto, pues se limita a comprobar que obras posteriores de éste (*Vuelve atrás, Lázaro,* 1958; *Encuentro con Ilitia,* 1961; *Elegía por una esperanza,* 1962) quieren ser trascendentales y abordar una problemática metafísica —busca del propio ser, viaje de la vida y humanidad en crisis, respectivamente—, pero no alcanzan su objeto por las caídas frecuentes del autor en la vulgaridad y en «lo rosa» [182]. Es de notar que *Encuentro* y *Elegía* reducen aquella tríada de las primeras novelas a una dualidad: en ambos casos un hombre y una mujer. También dos personajes aislados, y uno de ellos sordomudo, protagonizan la novela *Prólogo a una muerte* (1965).

En 1972 aparece *Secretum*: en una utópica sociedad futura en que, mediante esterilización, se ha eliminado la muerte, permaneciendo cada ser humano en una edad inmutable, un individuo rehúsa la obediencia a esa Ley general, ama a una mujer y tiene de ella un hijo. El tribunal que juzga al acusado y finalmente le condena a la hoguera se compone de un supremo magistrado, un sociólogo, un médico, un economista, un diputado de

---

[182] M. García-Viñó: *Novela española actual,* pág. 166.

las naciones, un jurista y un profesor. Cada uno, en monólogos artificiosamente construidos por medio de machaconas anadiplosis, enfoca el caso desde su peculiar punto de vista. El Profesor reitera en lo esencial el criterio del Acusado (mejor vivir intensamente el amor camino de la muerte que durar en el fastidio de la inmovilidad: el «secreto» es sentir la vida «en despedida»), y al final Profesor y Acusado se identifican en una sola fisonomía abstracta, en la que se funde asimismo el cantor de Laura, cuyas cavilosas confidencias, salpicadas de primeros versos del *Canzoniere* y destinadas a poner de relieve el esfuerzo por eternizar lo fugitivo mediante la palabra, se esparcen entre los debates procesales, los soliloquios de los jueces, las rememoraciones del Acusado y las gestiones del Profesor. A los relatos y parlamentos de estos dos últimos personajes (a los de Petrarca no era necesario) les presta el autor una expresión «lírica» forzada hasta un punto de cursilería, de lo cual da testimonio el abuso de esta peregrina construcción locativa: «sonrió en alegría», «la había visitado en piedad», «abrazándonos en imposible», «los ojos en tristeza», «sabiéndome en profundo», «recordar en victoria», «el mar en despedida». Los suspiros intelectivos de este resucitado Petrarca no soportan el precedente abrumador de los estertores instrumentados por Hermann Broch en *La muerte de Virgilio*. El proceso al enamorado de la vida mortal, en su esquemático y monótono interrogatorio, no consigue crear un clima de suficiente angustia: pronto el lector comprende que el dilema 'amor con muerte' o 'vida sin muerte ni arriesgado amor', planteado en el vacío atmosférico de la parábola, no afecta a ningún personaje verdaderamente humano ni, por tanto, puede afectar al lector mismo en otro plano que el del mero capricho intelectual. Y en fin, el simbolismo aparentemente trascendental de Petrarca

y de la futura utopía se trivializa a cada instante en esos
encuentros del Profesor y su amada a la orilla del siempre móvil mar, sea en Pisa (cursillo universitario), sea
en alguna Costa del Sol o de la Luz (el «Tablao», el
«Blow-up», la discoteca).

MANUEL ARCE (n. en San Roque del Acebal, Asturias, 1928) constituye otro caso de oscilación, parecido al de Prieto. Sus novelas se titulan: *Testamento
en la montaña*, 1956; *Pintado sobre el vacío*, 1958; *La
tentación de vivir*, 1961; *Anzuelos para la lubina*, 1962;
Oficio de muchachos, 1963, y *El precio de la derrota*,
1970. De una problemática personal y existencial —el
empleo de la libertad, el peso de la culpa, el sentido
de la esperanza— Arce ha pasado a una preocupación
colectiva y social. Su segunda y su penúltima novelas
pueden servir aquí como ejemplos ilustrativos de esta
duplicidad de intereses.

Pintado sobre el vacío tiene un protagonista individual, el escritor Benjamín Borbolla, que, retirado en
la soledad del campo, remembra sus últimas y amar-
gas experiencias. Casado con la estéril Adela, fue ale-
jándose de ella y entró en relación íntima con Esther,
patrocinadora de un grupo de artistas y literatos. Un
día muere Adela atropellada por un tranvía y en circunstancias que lo mismo pudo ser accidente que suicidio. Esther se ausenta, decidida a reunirse con su
marido, de quien vivía separada. En la paz del campo,
débil de salud, Benjamín sufre el tormento de sus dudas acerca de la muerte de Adela. La meditación, la lectura de un diario, el alejamiento de su amante y las
conversaciones con el cura del lugar le llevan a un estado que, sin ser el final de la desesperación, representa un leve comienzo de esperanza, aunque el mundo
no sea otra cosa (dice el autor en palabras últimas, re-

pitiendo una frase del Lama Yongden) que «un fresco pintado sobre el vacío».

Los pasajes dedicados a exponer la situación del protagonista en su retiro agreste, y las lecturas del diario, que reflejan lo ocurrido en los meses en que conoció a Esther, fue infiel a Adela y murió ésta, se alternan; pero esta alternancia es mera variación estilística, pues tanto las partes narrativas en tercera persona como las confidenciales en primera, mantienen un mismo tono soliloquial y se refieren a una sola alma, la única caracterizada con suficiente fuerza. Ni la mujer, ni la amante, ni los amigos y colegas del novelista, todos a medio dibujar, alcanzan consistencia bastante. Benjamín, en cambio, aparece como un sujeto definido: con su esquinado orgullo de escritor, su inconsciente crueldad conyugal, su apasionamiento entre infantil y escéptico hacia la amante, con su remordimiento y su incertidumbre. No es un problema religioso el que preside la concepción de la novela, sino de pura relación interhumana: la angustia de haber podido causar la muerte voluntaria de un semejante. De todos modos, las conversaciones con el sacerdote conducen a ese hombre a la incipiente busca de Dios, a la esperanza como necesidad y al deseo de salvación suscitado por el peso íntimo del arrepentimiento. Por otro lado, las confidencias diarísticas entrañan a menudo ideas sutiles y originales que prestan al relato un bienhechor acento meditativo. En general, *Pintado sobre el vacío* delata una voluntad de retorno a la buena novela psicológica.

Novela social de denuncia antiburguesa es, por el contrario, *Oficio de muchachos*, comparable en intención, ambiente y hechura a otras bien conocidas de Goytisolo, Hortelano y Marsé.

«A mí me parecía que nuestro oficio de muchachos

era rendir a la mujer. Hacerla nuestra. ¿Qué otra cosa se podía hacer en el mundo?»[183]. Así enuncia su postura Nacho, joven ocioso que vive en Santander, aburriéndose los inviernos y procurando los veranos distraerse en compañía de otros mozos. Entre éstos (Maite, Merche, Niky, Pancho, Lucas, Juan) el más atento a las verdades importantes es Lucas y el más cínico Juan, el cual, enterado de que su madre (Elvira) lleva dos veranos gratificando a Nacho por su «oficio», intenta hacerla víctima de un chantaje que le saque a él de los apuros en que su precoz depravación le tiene atascado.

Nacho es quien refiere la historia: primero, los amores furtivos con Elvira, llenos los dos de recelo frente a los demás y ante su propia conciencia, y luego, cuando el anónimo chantaje se ha planteado, los temores, dudas y pesquisas hasta el descubrimiento. Se trata, pues, de una novela con intriga excitante, a la que infunden ritmo intensificador esos dos movimientos sucesivos: el secreto y la sospecha. Cuando la intriga se distiende es para mostrar al joven donjuán del Sardinero rodeado de sus amistades, aburrido de sí mismo y de todo, indiferente, fatigado, pero reincidiendo en la costumbre: baño, canoa, baile, jarana, disipación estival. El autor ha querido contraponer al vacío de esa playera juventud burguesa otro mundo menos liviano (trabajo, inquietud social, actividad política). Pero los personajes que significan algo menos liviano apenas se esbozan y las verdades de Lucas quedan en barruntos de verdades, que sólo por su altitud y su concreta eficacia podrían apreciarse. Arce se da por enterado, y entera al lector cumplidamente, de la corrupción de unos muchachos; deja, al contrario, en sombra la conseguida o la incipiente nobleza espiritual de otros o de esos

---

[183] *Oficio de muchachos*, pág. 84.

mismos jóvenes. Cierto que esta captación de lo negativo, sin contrapartida de afirmación, no es singularidad de su novela, sino rasgo común a casi todas las de su especie.

En JOSÉ MARÍA CASTILLO-NAVARRO (n. en Lorca, 1930) tenemos otro caso de narrador independiente que se ha sentido tentado por distintos caminos. Tres de sus novelas (*La sal viste de luto*, 1957; *Las uñas del miedo*, «Premio Ciudad de Barcelona 1957», 1958; *Manos cruzadas sobre el halda*, 1959) plantean con intensidad dramática experiencias existenciales: el crimen como tentativa de afianzamiento de la personalidad impotente, la angustiosa espera de la muerte, y la relación imaginaria de un ser vivo con un muerto amado e insustituible.

Tomando como ejemplo *Las uñas del miedo*, he aquí su asunto: Unos hombres de cierto partido político van a buscar al joven Zenón, le prenden, le llevan a la cárcel y le sacan para matarle junto con otros condenados. La madre de Zenón y la hermana de éste dialogan mientras le aguardan en vano, los vecinos de la casa hacen comentarios mientras oyen gritar a la madre, los apresadores hablan con los presos, y Zenón (en el pasado) dialoga con su hermana. Entre María, fea y resentida, y su hermano hubo algo como una atracción aberrante. Ante ella y ante los sicarios que le vejan, Zenón pasa por hombre frío, sin ilusión ni fe, un destructor en su misma inactividad. El relato, que se produce a manera de un rosario de diálogos reiterativos y exasperantes, tiene por motivo central la angustia, el terror del prisionero y de sus familiares, en medio de la indiferencia de los vecinos y bajo el odio de los enemigos. Está repartido en tres esperas: la espera del cautivo, que no vuelve; la espera de la cárcel o de la ejecución; la espera de los familiares de los condenados, antes de

que éstos sean llevados al paredón. Entrecortadas y zig-
zagueantes conversaciones, llenando estas esperas y ahon-
dando hacia el pasado, brotan envueltas en una miste-
riosidad irritante, de modo que el lector no acierta a
comprender qué hay al final de toda esa parla existen-
cialoide cuajada de alusiones a la libertad, el destino, la
muerte, la negación, Dios. Quizá no haya otra cosa que
una frustrada pretensión de trascendencia, pues el
relato no convence ni seduce, y las figuras se mueven
como sombras chinescas, faltas de nombre y de carácter. Aquí como en otras obras Navarro abusa de la
frase mínima:

> «El sonrió a medias y aclaró deseaba probarla.
> Demostrarle la medida del amor: como estaba
> viendo, no optaba por lo libre. Si creía oportuno
> intervenir, lo hacía. Si tenía que supeditar, supe-
> ditaba.»
> «Además de la voz, la inflexión. Además de la
> inflexión, el sentimiento. Además del sentimiento,
> el alma. En los ojos es llanto. En las manos, tiri-
> tera. En el corazón, frío y desasosiego» [184].

Lo que aspira a ser una instantánea impresionante
del miedo humano a la muerte se desvirtúa a causa de
la condición del protagonista: un alma yerta, incapaz de
sustentar una actitud consciente. El incesto mental,
apuntado en forma de discusión pseudofilosófica entre
el pálido héroe y la monstruosa hermana, queda en
puro desvarío.

Castillo-Navarro es un autodidacto y ello puede explicar la dificultad con que ha ido labrándose un lenguaje.
En sus novelas hay aciertos de ambientación y de temperatura pasional, pero la presunta filosofía degenera

---

[184] *Las uñas del miedo*, págs. 109 y 200.

en confuso embrollo de conceptos, cuando no en desquiciada pedantería. Más auténticas y discretas son las novelas de atestiguación social: *Con la lengua fuera* (1957), intenso retrato del campesino que se niega a abandonar su reseca tierra frente a la decisión emigratoria de la mayoría; *Caridad la Negra* (1961), historia de la mujer nacida en la prostitución y destinada a ella; o *Los perros mueren en la calle* (1961), que opone al egoísmo y abulia de los vástagos burgueses el dilema de algunos trabajadores entre la honradez hambrienta o la delincuencia suicida.

Juan Luis Alborg consagró todo un capítulo a encomiar la obra de Castillo-Navarro por su intensidad, grandeza, caracteres míticos y trágicos, sentido cósmico de la naturaleza, aunque reconociendo algunos defectos: enumeraciones, reiteraciones, esquematismo, sequedad, oscuridad [185]. También García-Viñó parece valorar positivamente a este escritor, en quien ve a uno de los escasos cultivadores de un realismo trascendental, que no se ciñe a dar testimonio del estado social, sino que penetra en regiones de sobrerrealidad o infrarrealidad [186]. En lo que de ella conozco, la obra de Castillo-Navarro me parece indecisa, inmadura y muy desigual.

Uno de los ejemplos más claros de la evolución de la novela social desde la perspectiva de la colectividad hacia la de la persona lo suministra la producción, reducida, pero en extremo valiosa, de CARMEN MARTÍN GAITE (n. en Salamanca, 1925). Su primera novela, *Entre visillos* (1958), constituye un cuadro de la sociedad media de una capital provinciana; la segunda, *Ritmo*

---

[185] J. L. ALBORG: *Hora actual de la nov. esp.*, II, páginas 406-419.
[186] M. GARCÍA-VIÑÓ: «La nueva novela española», páginas 66-67.

lento (1963), es el retrato de una persona tan individua-
da que su signo consiste precisamente en no encajar
dentro de ninguna conformación social. Y, sin embargo,
el contraste es más de superficie que de fondo, pues
en ambas novelas se pone de relieve la rebeldía de algunos sujetos veraces a dejarse moldear por un ambiente hecho de rutinas, limitaciones y convencionalismos. Esto mismo puede predicarse de la tercera novela: *Retahílas* (1974).

Pertenece *Entre visillos* a esa línea de novelas críti-
co-realistas sobre la estrechez provinciana que tuvo su
exponente supremo en *La Regenta*. La ciudad que aquí
no se nombra, pero se ve, es Salamanca, aunque pudiera ser igualmente cualquier otra ciudad castellana, con
su río, su puente, su alameda y sus callejas a la sombra
de la catedral. A esta ciudad llega Pablo Klein para
enseñar en el Instituto, y durante los pocos meses que
allí permanece, visita el casino, hace amistad con una
cantante, se ve atraído y rechazado por la difícil Elvira
(que al fin se aviene a matrimoniar con el enamorado
de toda la vida) y conversa a veces, paternalmente, con
Natalia, alumna suya, toda fervor y rectitud en medio
de la caterva de las chicas de su edad. Subordinados a
este asunto, o sea, las relaciones del profesor con tres
mujeres (la animadora del casino, buena y afectuosa;
la señorita amargada por su ansia de libertad y el peso
de los prejuicios, y la adolescente sincera, seria, superior a su medio, pero atada aún a la familia) discurren
otros asuntos bien desenvueltos: la tenacidad del joven
opositor a notarías enamorado de Elvira y las discor-
dias entre Julia (una de las hermanas mayores de Natalia) y su novio, provocadas por la independencia de
criterio de él y los temores y presiones ambientales de
ella.

Lo sustancial no está, naturalmente, en estos entreverados casos de amor, noviazgo o chichisbeo, que apenas darían para una novela más o menos «rosa», sino en la atinada sencillez con que la autora hace sentir la angosta existencia de la burguesía provinciana: los visillos, el mirador, la mesa camilla, las galletas de limón, la feria, los toros, los paseos por la Plaza Mayor, los cotilleos de las jovencitas, los bailes en el casino, la angustia de las solteras, el «atrevimiento» de algunas reuniones sofisticadas, el hastío de las tardes dominicales, la ambición impotente de la mujer que anhela ser distinta, la enmohecida autoridad paterna, la aislada madurez de una conciencia adolescente. Articulada en dos partes (desde las fiestas setembrinas hasta el comienzo de curso, y desde aquí a las navidades) y en dieciocho capítulos en total, la novela alterna rigurosamente la tercera persona y la primera; ésta es siempre la persona de Pablo recordando su experiencia en la ciudad, salvo en dos capítulos, en que viene sustituida por la persona de Natalia a través de sus diarios. La objetiva cámara registradora es, pues, continuamente relevada por el punto de vista del forastero o de la adolescente (alma forastera también). Y esta composición responde con fidelidad al propósito de la autora: destacar de la mostrenca medianía dos actitudes signadas por la insatisfacción y el impulso hacia la libertad. Elvira quiere parecer original, pero no lo es. Originales, genuinos con plena conciencia, lo son únicamente el visitante y la muchacha retraída, a quienes habría que agregar el novio de Julia, pero éste vive fuera, en Madrid, adonde finalmente marchan (por casualidad, en el mismo tren) Julia y Pablo, en tanto que Natalia permanece en el andén, esperando la vuelta de éste y presintiendo que no se cumplirá.

No comparto la opinión de Juan Carlos Curutchet acerca del menor valor de las páginas presentativas res-

pecto a aquellas otras en primera persona, pues allí
precisamente logra Carmen Martín Gaite una traslación
sobre todo oral del modo de ser provinciano, de poder
sintético y caracterizador que apenas admite parangón.
Acierta, en cambio, aquel crítico al advertir que *Entre
visillos*, como tentativa de análisis de almas inconformes, supone un avance más allá del realismo periférico [187].

Ritmo lento es a primera vista el análisis de una individualidad anómala. El protagonista, David Fuente,
retirado en un centro psiquiátrico desde el momento
en que, en el banco donde trabajaba, promoviera un
escándalo al lanzar por el aire un fajo de billetes de
una distinguida cliente, rememora, al sesgo de las asociaciones internamente motivadas y de los estados de
ánimo, el curso de su vida. Criado desde niño fuera de
la escuela, bajo la guía liberal y sin prejuicios de su
padre (investigador médico, pensador independiente),
se ve pronto considerado, por la mayoría de las personas con quienes trata, como un ser «anormal». Lo que
le distingue de todos es su resistencia a admitir aquello
cuyo sentido él mismo no ha averiguado y, mediante la
averiguación, justificado. Esta necesidad de conocer
por sí mismo la razón última de todo cuanto los demás
inertemente aceptan, da a su comportamiento un lento ritmo, incompatible con el ordinario. Si llevado al fin
al Instituto, debe tomar apuntes del profesor, sus apuntes consistirán sólo en las dudas que la explicación le
sugiere; si ha de escoger carrera, comenzará Letras nada
más que por acompañar a una chica de quien se siente
enamorado, pero dejará esos estudios tan pronto como
ella se ausente, sin iniciar otros, empleando el tiempo
en pintar por pintar y en pensar por todos; cuando más

---

[187] J. C. CURUTCHET: *Introducción a la novela española de posguerra*, pág. 124.

tarde entra en relación con otra joven elude imaginar
el matrimonio; tampoco le alienta jamás el proyecto
de ganar dinero, no sólo porque de su padre reciba el
suficiente para seguir viviendo, sino por aversión a las
servidumbres del interés y del deber, y así en todo.
Esta terca pasividad no proviene exactamente de abulia, sino de un afán de autenticidad llevado hasta tal
extremo que cualquier ensayo de acción que hubiese
de concordar con la utilidad general se agosta en germen ante los planteamientos absolutos y radicales acerca del sentido de todo valor.

El protagonista va sondeando este su modo de ser
desde la niñez hasta la juventud, y contrastando esa
aparente «anormalidad» suya con el proceder de distintas personas que desempeñaron un papel en su vida:
la abuela, la madre, el padre, la hermana, el maestro
don Isaías, un condiscípulo, una prima, un cuñado, la
amada primera y la segunda. A lo largo de este irregular
y lúcido autoanálisis se va perfilando un complejo de
adoración al padre, de quien, sin embargo, David ha ido
distanciándose, no físicamente, ni en ideas y afinidades,
sino empujado por los desarreglos de su misma indolencia y, sobre todo, a causa de una recóndita necesidad
de librarse de la total identificación con él. Cuando el
padre, minado por la edad y las preocupaciones, se suicida, David, al descubrir su cadáver, sufre una conmo-
ción: acuchilla el cuerpo, lo desfigura, lo muestra a la
gente, se atribuye el crimen, y a continuación se arro-
dilla ante él, cubriéndole de besos y de lágrimas. (Este
epílogo fue suprimido en la segunda edición, de 1969.)

La historia, pues, de un loco para la mayoría de la
gente. En sí mismo, para algunos testigos de su vida, y
ante el lector, David Fuente no es un loco, ni siquiera
un «anormal», sino la lucidez absoluta, la encarnación
del espíritu de veracidad. No se trata de un maniático

con lúcidos intervalos, como don Quijote, sino de un hombre en quien la lucidez exige demasiado, exige todo: la pregunta por el significado último de la realidad y por la adhesión razonada de la conducta a aquel significado. ¿Para qué memorizar sin haber entendido, para qué imponerse una profesión sin estar seguro de la vocación, para qué sujetarse a respetos públicos sin respetar el propio ser, para qué esclavizarse a las obligaciones, para qué amasar dinero, para qué engendrar hijos sin saber educarlos, para qué embriagarse con supuestos placeres vacíos de convencido amor, para qué mentir, sobre todo para qué mentirse? El personaje no es un inadaptado porque su deseo sea superior al horizonte de realizaciones que el contorno le pueda ofrecer, sino porque su clarividencia acerca de la inautenticidad en que la mayoría de los hombres vive le arrebata todo deseo de incorporarse a su sociedad. Y desde este ángulo, claro es que la crítica de *Ritmo lento* no incide sobre la persona situada al margen, por estéril que su existencia pueda parecer, sino sobre la sociedad miope y convencional que tantas perplejidades suscita y de cuya esterilidad efectiva es prueba irrefutable el fracaso de este hombre, tan inteligente, tan bien dotado, tan sanamente intencionado. El mejor dictamen sobre el caso de David lo pronuncia el padre cuando dice al psiquíatra: «No creo que sea camino el de empeñarse en hacerle sentirse como los demás. Se habría tratado más bien de que aceptase el ser como era sin desesperación, y que hubiera hallado un medio de expresión propio» [188]. Pero en una sociedad como la entrevista en *Ritmo lento* no se puede llegar a ser el que se es, se ha de ser como los demás, ir de prisa, comprometerse y producir, sin reflexionar, sin detenerse.

Retahílas enlaza con las dos novelas primeras de Car-

---

[188] *Ritmo lento*, pág. 254.

men Martín Gaite por el problema de la incomunicación.
Los protagonistas, Eulalia y Germán, tía y sobrino, en
aislado diálogo durante una noche de agosto, mientras la
centenaria abuela agoniza, entretejen por manera prodigiosa sus retahílas de palabras, pero es para confesarse
mutuamente las insatisfacciones de sus pasadas soledades y para exaltarse en el disfrute de esa lumbre que
han llegado a encender con su coloquio y que tan raras
veces en la vida es dado encender. Desde el punto de
vista compositivo es ésta la novela más novedosa y mejor lograda de la autora: en su breve volumen consigue, casi sólo por medio de la palabra hablada, poner
en ebullición un vasto mundo de experiencias familiares
y generacionales e iluminar los interiores de dos almas
en su aproximación y confluencia. Un preludio conciso
presenta a Germán, joven de poco más de veinte años,
recién llegado a una aldea gallega, dirigiéndose al ruinoso pazo donde va a morir la bisabuela. Los seis capítulos que integran el cuerpo principal de la novela se
desdoblan: suelta primero Eulalia su retahíla y a continuación Germán le recoge la palabra última metiéndola
entre las primeras de su retahíla inmediata, y así siempre excepto en el capítulo final, ocupado por un solo
y breve cabo del hablar de Eulalia. Y cuando, salvadas
del olvido sus vidas, tía y sobrino se tienden a descan-
sar mientras avanza el amanecer, sobreviene el epílogo:
Juana, que ha estado velando a la moribunda, entra para
anunciar el esperado desenlace y, como en una alucinación que la colma de celos y resentimientos, cree tener
ante sus ojos a Eulalia joven y al hermano de ésta (Germán, padre de este otro Germán); pero, al encender la
pantalla, quien se incorpora rechazando la luz no es aquella muchacha con quien Juana creció y por quien fue
siempre inconscientemente relegada a la sombra, sino
una mujer en cuyo rostro descompuesto y surcado de

arrugas se lee la verdad de sus cuarenta y cinco años.

Es genuinamente estimulante, y está planteada y per-
filada con brío, la idea medular que sustenta el conjunto
de la novela: esa necesidad de hablarse que a veces, por
azar o por hado, coincide con la plena congruencia de
los que se hablan y con la libertad de hacerlo en una
zona de excepción alzada por encima de las reservas
consuetudinarias. De la abundancia del corazón habla
la lengua del emisor, que nada sería si no hallase la
correspondiente abundancia cordial en el destinatario,
emisor a su vez del complemento indispensable para
que el texto común siga tejiéndose y la hoguera siga
ardiendo. Ese encontrar el hilo y ponerse a tramar el
coloquio, ese desenrollarse de los rollos con feliz soltura en privilegiados momentos, halla cauce preciso e
inspirado resplandor en esta fábula, que constituye un
emotivo homenaje al poder de contacto de la palabra:
«hablar es inventar, naturalmente que se le calienta a
uno la boca, lo pide el que escucha, si sabe escuchar
bien, te lo pide, quiere cuentos contados con esmero»
(página 98); «hablar es lo único que vale la pena (...),
nos consolaría de todos los males» (pág. 99); «existe
la palabra (...): la solución está en ella» (187).

Dentro de ese discurso a dos voces (monólogos aten-
tamente escuchados, más que interlocución) caben
múltiples hechos recordados, sentimientos vividos y pensamientos compartidos. El aspecto argumental más obvio es la historia familiar: la marquesa de Allariz, esa
anciana que ahora agoniza, casó con un indiano, desaparecido hace tiempo; su hija Teresa, también desaparecida, fue la madre de Germán y de Eulalia, hermanos inseparables y casi enamorados que compartie-
ron sus juegos con Juana, la huérfana acogida por la
abuela, deslumbrada por Germán y luego apartada por
los dos hermanos a la soledad del pazo, donde la té-

trica y embrujada mujer, doblegada al reúma y al alcohol, escribe cartas a los hermanos para recordarles el pasado por ellos abolido; Germán se casó más tarde con Lucía, compañera de estudios de Eulalia, ésta feminista entonces y aquélla puramente femenina; murió Lucía, contrajo matrimonio Germán con la institutriz de sus hijos Germán y Marga; el Germán último soñó siempre con su madre y después, durante una niñez desamparada de afectos, con su tía Eulalia; ahora ésta vive separada de su marido (Andrés) sin poder comprender cómo ha llegado a quedar fuera de la vida de ese hombre a quien admira y necesita; los encuentros de la tía y el sobrino fueron en el pasado escasos y fugaces; pero ahora, como llamados por una cita recóndita, ambos están juntos y pueden comunicarse sin tropiezos en las cortas horas de esa noche de plenilunio, junto a la muerte. Alrededor de los hechos familiares y de los destinos personales, las alternas peroratas de Eulalia y su sobrino abren un ancho horizonte de alusiones al pasado colectivo de los años 40 (generación de la tía) y de los años más recientes (generación del joven Germán) y el cuadro ágilmente esbozado de esas circunstancias generales posee un efecto muy clarificador. Por ejemplo, en lo que atañe al hablarse —motivo cardinal de la novela—, queda de manifiesto la importante distancia entre aquella generación que no jugaba, pero cuidaba la palabra, y estas generaciones que abusan del juego y reducen la palabra a monosílabo o mugido cuando no la sustituyen por la música o el sexo.

Retahílas proyecta su luminaria oral sobre ideas, circunstancias y sentires muy varios y es, sobre todo, un ardoroso testimonio de la necesidad de entusiasmo en tiempos de omnipresente aburrimiento. Es una llamada a la verdad de la convivencia plena que mitiga las devastaciones del tiempo, y una invitación a des-

cubrir el ser verdadero del prójimo sin otra terapéu-
tica que la palabra. Que Eulalia significa «bienhablar»
lo recuerda Germán en cierto momento (pág. 222); que
Germán significa «hermano» puede fácilmente deducir-
lo el lector.

Entre los cultivadores independientes de una novela
centrada en torno a problemas personales con implicaciones sociales más o menos notorias habría que considerar todavía a FERNANDO MORÁN (n. 1926), autor de
También se muere el mar (1959) y *El profeta* (1961); a
JORGE C. TRULOCK (n. 1932), que en *Las horas* (1958) da
expresión al más sombrío nihilismo mediante las vivencias de un personaje sin pasado ni futuro, habitante
de un mundo sonámbulo descrito con la minuciosidad
de un Kafka o un Robbe-Grillet, y en *Trayecto Circo-
Matadero* (1965) combina esos elementos —atmósfera
gratuita de sueño y detallismo escrupuloso— con un
material ruinmente «solanesco» (su última novela es
Inventario base, 1969); a HÉCTOR VÁZQUEZ AZPIRI, autor
de *La arrancada* (1965) y *Fauna* (1968), y a JESÚS TOR-
BADO, moralista en *Las corrupciones* (1966) y experimental y simbólico en exceso en *La construcción del odio*
(1968); más otros a quienes renuncio a nombrar no
sólo por mal conocimiento de su obra, sino también
por la proximidad de ésta, la sospecha de su escaso
valor y, últimamente, porque este estudio no pretende
ser completo, de acuerdo con la sentencia de un clá-
sico olvidado: «No se debe decir cuanto hay y se puede
en la materia propuesta; que fuera de moler al lector o
al oyente con la continuación de cosas graves, conviene
dejar algo para el que en otra ocasión quisiere tratar
puntos semejantes» [189]. Exceptuaré a un novelista (A.

---

[189] C. SUÁREZ DE FIGUEROA: *El pasajero* (1617). Ed. Rodríguez Marín, Madrid, Renacimiento, págs. 131-132. De
todas maneras, deberían figurar aquí autores como GA-

Martínez-Menchén) y a un grupo de supuestos renovadores de la novela (los «metafísicos»).

ANTONIO MARTÍNEZ-MENCHÉN (n. en Linares, 1930) se dio a conocer con *Cinco variaciones* (1963), cinco relatos que modulan el tema de la soledad como aislamiento en medio de la multitud ciudadana. La unidad reside en la localización (Madrid), el tiempo (actualidad) y el tema ya indicado, pero también se manifiesta en la semejanza de las personas. Así, el estudiante tímido que, en «Domingo», la primera variación, sigue a una muchacha desconocida por las calles como un mendigo de amor verdadero que diese exasperada acogida en su conciencia a las figuraciones de la sensualidad, pudiera ser —aunque no lo sea— el mismo que, en «La bordadora» (segunda variación), pasa bajo el balcón de esta doncella ocupada en trazar imaginativamente un complejo bordado de temores y esperanzas; y esta muchacha, sin nombre como él y ellos, reaparece, con historia distinta, en la soltera de más de cincuenta años que, al morir su dominante hermana, queda sola para siempre entre objetos antiguos e inútiles («Las cosas», cuarta variación) y acaso también en la anciana de «Invierno» (quinta variación), quien, mientras paladea su merienda en un café, cautiva la atención dispersa del viejo solitario frecuentador de ese local. El anciano, con otra biografía, padece enajenación y timidez similares a las del estudiante y, como éste, podría haber tenido en el otoño de su vida la soledad y el superior resentimiento, la capacidad fracasada y el ansia agónica del oficinista de «Bacanal», intérprete de la náusea en la variación tercera. Al servicio de la expresión de estos cinco sujetos aislados pone el autor el procedimiento del monólogo interior, indirecto o

BRIEL G. BADELL, RAMÓN GIL NOVALES, AQUILINO DUQUE, ISAAC MONTERO, VICENTE SOTO.

directo (este último sin puntuación, manante y caótico, como en Joyce): reflexiones de la persona sobre sí
misma hacia dentro (recuerdos, comprobaciones, impulsos) y hacia fuera (percepción intermitente de situaciones concretas), o reflexiones de la persona sobre
lo otro (naturaleza, humanidad, historia, trasmundos
fantásticos). La soledad aparece aquí como el sentimiento general de una sociedad desintegrada, arrojada sobre
el desierto de asfalto.

En la segunda obra de Martínez-Menchén, *Las tapias* (1968), hay una pulsación muy semejante de la
humanidad enajenada, pero ahora la enajenación es
reconocida en sus fronteras patológicas. Abre el volumen un preludio nostálgico en que el autor recuerda
sus salidas a caza, con su padre, por tierras de Segovia,
y el pánico que le provocaba siempre la visión de las
altas tapias de un asilo mental. Con el paso del tiempo
aquel terror se le ha desvanecido, al comprobar que el
miedo, el demonio, la locura no viven precintados detrás de unas tapias, sino que brotan por dondequiera,
tornando arbitraria la separación entre «ellos» (los llamados «locos») y «nosotros». A ilustrar la generalidad
de la enajenación van dedicados los nueve relatos de
este libro, que son otras tantas variaciones del tema
único. Sólo cuatro de esos relatos tienen que ver propiamente con «alienados» en la acepción médica de
esta palabra: «El visionario» (un paciente que vive la
identificación con todos los seres humanos pasados,
presentes y futuribles, en consuntiva simultaneidad),
«Casandra» (dos ejemplos de misteriosa profecía de
catástrofes), «Dédalo» (monólogo del inventor acorralado por la burocracia) y «Las luces de la laguna» (caso
de una alucinada que somete a todo un vecindario a
la superstición y el fanatismo derivados de sus delirios). Los demás relatos descubren la alienación fuera

de las clínicas y manicomios: en «Antes que venza la noche» un joven artista habla con su propio desamparo mientras esquiva a esos borrachos noctámbulos que buscan intelocutor; en «La opresión» una mujer, en un pueblo que los emigrantes van dejando desierto, padece la obsesión de un pétreo encierro y de unos ojos insomnes que la precipitan al crimen; «Vieja, encantada mansión (Homenaje a Cortázar)» refiere el caso de dos hermanas que, tras haber perdido a sus familiares, amedrentadas por los ruidos y visiones que creen percibir en las estancias de sus difuntos, van tapiando una por una, quedando como enterradas vivas en la mansión, antaño la más suntuosa de la pequeña ciudad, y ahora sepulcro de una decadencia; «El demonio», con una anécdota situada en Alemania y alusiva a los modernos extravíos políticos de este pueblo, hace ver cómo en la mente de un niño la figura tremenda y omnipotente del mal se transforma en la realidad de un anciano rugoso, paralítico y moribundo; finalmente, «Un reflejo en las vidrieras» es un análisis de la tristeza invencible, inspirada en remota experiencia infantil y conducente a una depresión que inhabilita para la felicidad.

Estampas de soledad (Cinco variaciones) o estampas de locura (Las tapias), las narraciones de Martínez-Menchén no por antojo ni por ineptitud para novelar aparecen desgranadas, sino porque la imagen que este escritor obtiene de su contemplación de la sociedad responde de modo espontáneo a la fragmentación de ésta, no pudiendo producir otra cosa que destinos incomunicantes, partes de historias, secciones del dolor. No deja de ser curiosa, por otro lado, la afinidad temática de Las tapias con Ritmo lento. Si el protagonista de esta novela pasaba por loco ante la mayoría siendo, sin embargo, su lucidez lo que ponía al descubierto la estulticia de la gente, los alienados o solitarios de *Las tapias* testimonian con sus extravíos las «locuras» de la sociedad que los excluye:

> «... no sé hasta qué punto podemos estar seguros de nuestra razón, podemos creernos nosotros sanos y ellos enfermos. ¿No nos estarán mostrando, con su alienación, nuestra propia alienación? ¿Con su mundo contradictorio, las propias contradicciones de la sociedad que les aísla? ¿No será su irracionalismo un grito de protesta contra el irracionalismo de la media social dominante? ¿No será la negación de nuestros esquemas una simple consecuencia de que nuestros esquemas no son válidos? ¿Dónde comienza la razón y dónde comienza la locura?» [190].

Estas cuestiones plantea aquí un psiquíatra, pero lo mismo pudiera plantearlas un sociólogo, y las ha planteado Michel Foucault, el historiador de la locura. Lo indudable es que, desde este ángulo de la aparente «anormalidad» individual, escogido por los autores de *Ritmo lento* y *Las tapias*, se logra otro tipo de novela «social» tan importante como aquel que se funda en la atestiguación de las conductas medias o de los estados normales-demasiado normales.

Carlos Rojas, Manuel García-Viñó y Andrés Bosch se constituyeron no hace muchos años, según ya quedó anunciado, en presuntos ejecutores prácticos y en voceros teóricos de lo que ellos llaman la «nueva novela». Para conocer las directrices de ésta será sufi-

---

[190] *Las tapias*, pág. 121. Véase J. ORTEGA: *La nueva narrativa española: Antonio Ferres y Martínez-Menchén, novelistas de la soledad*, Universidad Católica Andrés Bello, Caracas, 1973.

ciente que el lector consulte el librito de García-Viñó *Novela española actual* y un ensayo del mismo titulado *La nueva novela española,* incluido en el tomo antológico *La nueva novela europea,* donde se contiene también otro ensayo acorde, el de Carlos Rojas sobre *Problemas de la nueva novela española* [191].

El frente de «novela metafísica» que estos autores desean representar, parece haber tomado conciencia de su voluntad diferencial entre 1965 y 1967, aunque sus obras comenzasen a ser publicadas entre 1957 y 1959. Esa voluntad de diferenciación encuentra apoyo en críticos adversos al realismo social, como Alborg, Torrente Ballester o Benítez Claros, entre los más tempranos, y Vintila Horia, S. Alvarez Turienzo, G. Díaz-Plaja y algunos reseñadores periodísticos entre los más inmediatos. El teorizador máximo de esa «nueva novela» ha sido, con todo, Manuel García-Viñó, movido a ello —como es palmario— por un espíritu de grupo [192].

Siempre que un movimiento más o menos «nuevo» intenta abrirse paso, se produce un rechazo de otros movimientos coetáneos y una busca de antecedentes o precursores. Lo rechazado por Viñó y sus compañeros es el realismo social, descalificado a base de términos como «intrascendencia», «relato reporteril», «retrato epidérmico», «burdo reflejo del mundo más cercano», «transcripción fotográfica o magnetofónica», «crónica... de lo vulgar cotidiano», «novela reportaje», «entronque... con el llamado realismo socialista... por razones políticas», etc. Las «excepciones» del aborrecido realismo social son para Viñó escritores como

---

[191] Véase la «Selección bibliográfica» final.
[192] Síntoma de ese espíritu de grupo es el hecho de que las pocas fotografías que ilustran su libro reproduzcan profusamente las imágenes de Viñó, Rojas y Bosch: exentos, juntos, con amigos y hasta con familiares.

Torrente Ballester, Castillo Puche, Alvaro Cunqueiro, Antonio Prieto, Vidal Cadellans y, a duras penas, Jesús Fernández Santos o Ana María Matute en cuanto vistos «al margen del realismo» [193].

Lo que propugna la «nueva novela» (así la bautizan a capricho sus adalides) queda compendiado por Viñó en las siguientes características:

> «Primero: concepción de la novela como forma de conocimiento del hombre antes que de la historia; es decir, como contemplación de la realidad universal, invisible, más que como reflejo fotográfico de lo inmediato y visible. Segundo: preocupación estética, culta, universitaria, por el género, que se toma como medio de expresión intelectual, como un arte, independiente, por tanto, de todo tipo de servidumbre política.» [194].

Dos vocablos («fotográfico» y «servidumbre») revelan la intención de degradar —no de vencer con razones— al adversario, cuando es obvio que las más y las mejores novelas social-realistas ni están al servicio de un determinado partido ni reflejan la realidad fotográficamente, sino por medio de técnicas selectivas y a menudo por procedimientos indirectos, sutiles y harto complicados. Contraponiendo «contemplación de la realidad universal» a «reflejo fotográfico de lo inmediato», y «preocupación estética» a «servidumbre política», nadie que no sea un necio dudará en resolverse a favor de los primeros términos. Pero, ¿qué ocurriría si, como

---

[193] El lector perdonará que no consigne las páginas donde se hallan las expresiones que acoto y las opiniones que indico, pues ello resulta superfluo en un librito de tan fácil consulta.

[194] M. GARCÍA-VIÑÓ: *Novela española actual*, pág. 221.

sería justo, los segundos términos se formulasen así: «comprensión de la realidad concreta en su proceso actual», «preocupación social y política»?

A vista de las líneas arriba transcritas y de otras manifestaciones programáticas de Viñó y sus amigos, cabe decir que lo intentado por ellos quiere ser una novela intelectual y universal, en oposición a la novela histórico-social, o en otras palabras: una novela para el hombre de siempre y de dondequiera, en vez de atenta al destino de la colectividad propia en su ahora y en su aquí. Dicen amar estos escritores la invención, el exotismo, la utopía, la poesía, la «tensión cultural», la problemática metafísica y teológica, la «intra-historia», los «universales», el simbolismo, la trascendencia, la totalidad. Seguramente este amor a instancias tan eternales y genéricas es lo que les ha decidido a llamar «novela metafísica» a su desiderátum: «mientras las (novelas) realistas describen las cosas de la realidad como pertenecientes al *mundo que está a mano,* las otras, que podríamos llamar metafísicas, las describen como pertenecientes a una segunda capa en que las cosas se presentan como problemáticas; como portadoras de una esencia que el artista, como el filósofo, quiere conocer». En tales novelas, más que el tema, importa el escritor mismo, su cultura, «su concepción filosófica del mundo, de las cuestiones últimas del hombre» [195].

No niego que en estas elucubraciones exista un saludable principio de alarma frente a los peligros del realismo social en sus niveles inferiores: inercia, trivialidad, ganga documental, falsedad o mimetismo al tomar la defensa o el ataque de unas circunstancias colectivas. Tampoco niego que la imaginación, la poe-

---

[195] M. GARCIA-VIÑÓ: «La nueva novela española», páginas 65 y 79.

sía y la riqueza cultural y espiritual del escritor cumplan funciones primordiales en la forja de una buena novela. Lo que juzgo pernicioso es anteponer la problemática metafísica y teológica, el simbolismo, la trascendencia, la intelectualidad y la universalidad (y no digamos el exotismo o la utopía) a la comprensión directa y lúcida del proceso histórico de que el escritor —como todo hombre— forma parte y a la interpretación del espacio social que habita. El proceso histórico y el mundo social deben ser reconocidos y trasuntados responsablemente por el novelista, y la forma artística en que éste logre darles expresión comportará, si ha sido bien elegida, una actitud de clarividencia intelectual, un valor simbólico de general alcance y, en suma, una trascendencia humana, un mensaje fértil para la mejor relación entre los hombres (la exploración del ser es cometido específico de la metafísica y el estudio de la posibilidad de Dios corre a cargo de la teología).

Estatuyendo que la novela, antes que la consecuencia de un modo de concebir el hombre su momento histórico y su ámbito social a través de una potenciación imaginativa en obra de arte, deba ser un método de conocimiento de la realidad universal e invisible y un medio de expresión estética e intelectual, lo que se pretende no puede estar más claro: llevar al lector de la intervención práctica en el mundo a la reflexión especulativa sobre el mundo, de la conciencia política y moral a la meditación filosófica y religiosa, de la concreción a la abstracción, y de la crítica posiblemente eficaz a la divagación comprobadamente estéril. No es extraño que a las novelas fundadas en estas premisas les falte por ahora resonancia apreciable: se siente en ellas una «profundidad» agregada, postiza, y una especie de recaída en el solipsismo existencialista de hace veinticinco años.

CARLOS ROJAS (n. en Barcelona, 1928) ha publicado numerosas novelas de esta filiación: *De barro y esperanza*, 1957; *El futuro ha comenzado*, 1958; *El asesino de César*, 1959 («Premio Ciudad de Barcelona 1958»); *Las llaves del infierno*, 1962; *La ternura del hombre invisible*, 1963; *Adolfo Hitler está en mi casa*, 1965; *Auto de fe*, 1968 («Premio Nacional de Literatura 1968»); *Aquelarre*, 1970, y *Azaña*, 1973 («Premio Planeta» de ese año). *El asesino de César*, por ejemplo, presenta la comedia de la vanidad del poder a través de la historia del empinamiento y caída de un caudillo sudamericano, asunto tratado mucho antes por Valle-Inclán y Asturias, como es sabido, tratado un año antes por Francisco Ayala, el mismo año por Claudio Bassols (*El carnaval de los gigantes*, 1959), y, poco después, por José María Mendiola (*Muerte por fusilamiento*, 1963) y hasta por Gabriel García Márquez, sin contar los que ahora olvide. El asesino de César es César mismo, el demonio interior del poderoso: su ambición. La historia del poder se desarrolla siempre igual y el fin de un tirano es el comienzo de otro. Más que metafísica (a pesar del repetido «¿ahora qué, Señor?, ¿ahora qué?» con que el sucesor del tirano va jalonando su ascenso) lo que se siente en esta abigarrada alegoría es derrotismo, conciencia paralizadora del «vanidad de vanidades». Escrito el libro con agilidad y facundia, ensarta semblanzas y biografías de las personas relacionadas con el dictador y retrata el destino y carácter de éste. Gracias a las animadas conversaciones, las historias intercaladas, los cambios de sujeto y la certera evocación de ambientes, una novela como ésta se lee con curiosidad. Por el contrario, *Auto de fe*, otra obra premiada, no excita precisamente la curiosidad. Los destinos comparados y alternados de Lázaro resurrecto y de un enano de la corte de Carlos II, con su abstrusa pretensión de trascendencia, su derroche de imaginería esperpéntica y su léxico arcaizante y caprichoso difícilmente se dejan leer.

Más afortunada me parece *Azaña,* y no, claro es, porque aquel egregio prosista y presidente se halle más cerca o más dentro de nuestro mundo que Lázaro de Betania o Carlos el Hechizado, sino porque, cualquiera que sea la fidelidad de este **Azaña** ficticio respecto al histórico, como criatura de ficción guarda una perfecta congruencia, de principio a fin, consigo mismo; y Rojas ha sabido definir, a través de las agónicas recordaciones del personaje y de sus diálogos con el Obispo de Tarbes, con Negrín y otros políticos, la inteligencia y el verbo de una conciencia escindida: escindida entre el miedo y el orgullo, la incredulidad hacia este mundo y el ansia de perduración, el pesimismo y el frío temple de la voluntad de poder. Se ha criticado el engaste, no acotado, de numerosos textos del presidente de la República en la prosa de esta novela, pero tal procedimiento (ya usado, por ejemplo, por Hermann Broch para narrar la muerte de Virgilio) es legítimo con tal que se declare su empleo, como aquí se hace en las páginas finales. Más justo sería reconocer que, en este unamunesco soñar a Azaña, se alcanza, además de una conmovida rememoración de las tragedias de España y del mundo entre 1933 y 1940, una intachable cohesión del estilo «Azaña» a lo largo de todas y cada una de las páginas, así de las que contienen textos del protagonista como de las que no.

En cuanto a MANUEL GARCÍA-VIÑÓ (n. en Sevilla, 1928) el número de sus novelas no es menor que el de su amigo: *El caballete del pintor,* 1958; *La última palabra,* 1958; *Nos matarán jugando,* 1962; *El infierno de los aburridos*, 1963; *La pérdida del centro*, 1964; *El escorpión*, 1969; *La granja del solitario*, 1969, y otras. En *El escorpión*, contra lo que podría esperarse de un novelista «metafísico», lo mejor conseguido es el ambiente: la luz, el calor, la soledad, la sensualidad de un remoto lugar en Sierra Morena; pero aunque el escritor se esfuerce por imprimir sentido trascendente y misterioso a las experiencias del protagonista (sus cambios de atracción amorosa, sus dudas y congojas), tal sentido acaba por parecer mucho más misterioso que trascendente. La más elogiada novela de Viñó, *La pérdida del centro*, es también, por lo que a trascendencias respecta, un malogro. En cambio, como ejemplo de la dificultad de un joven de familia pobre para elevarse a la profesión universitaria, al amor digno y a la vocación cumplida, constituye un documento espontáneo, vívido, lleno de sinceridad y de ternura. La adoración del muchacho por una señora bella y piadosa, que había venido a ser el centro de sus ideales desde niño, y a quien él trata con una ambigua manera de pureza y tímida sensualidad, pierde su inicial encanto, no ya porque la dama, sepultada por el derrumbamiento de su mansión, deje a Manuel sin centro, sino porque este idilio mirífico se cruza con el noviazgo de Cristina, una joven de la buena sociedad bética, la cual, por ejemplo, ante los arrebatos del galán, propone rezar una salve. Manuel, poeta, estudiante, hijo de la pobreza, despierta admiración cuando se eleva a su centro (Beatriz), pero cuando teme haber «pecado de pensamiento», cuando duda entre aceptar el consuelo de un cura o rehuirlo, cuando gesticula y manotea al lado de la novia o en la estrechez de la casa paterna, entonces su inadaptación, su «impotencia disconforme» o «libertad ineficaz» lejos de parecernos trascendentes, se nos antojan pasajeras erup-

ciones de una mocedad más atropellada que heroica. Por otro lado, pese a la sublimación de Beatriz, a los rodeos poético-filosóficos dados al problema de la pérdida del centro y al ritmo furioso de
angustia con que todo va contado en la novela (alternando, por cierto de una manera mecánica el «yo»
y la tercera persona) y no obstante la cultura que
implica mencionar en los preliminares de una novela a Sedlmayr, García Morente, Etienne Gilson, De-
lacroix y Edgar Poe, o citar dentro de la narración
versos propios, dudo que en ninguna novela realista social —de nivel cultural mucho más bajo— se
haya llegado a escribir una prosa menos cuidada.

El más discreto y sólido de los tres novelistas «metafísicos» me parece ANDRÉS BOSCH (n. en Palma de Mallorca, 1926) aunque la opinión de Viñó según la cual
este escritor es, con Carlos Rojas, «el novelista más
importante que ha surgido entre nosotros después de la
guerra civil» [196] no sólo no me convence —como Viñó
prevé que ocurrirá a algunos lectores— sino que me
deja atónito.

Ha publicado Bosch, si no yerro, cinco novelas: *La
noche*, 1959 («Premio Planeta» del mismo año); *Homenaje privado*, 1962; *La revuelta*, 1963; *La estafa*, 1965, y
El mago y la llama, 1970. El tema común de las cuatro
primeras es el fracaso: el boxeador que se queda ciego,
el opositor que no gana las oposiciones, la revolución
sudamericana malograda (otra vez), y el emigrante que
regresa al punto de donde salió. Tal fracaso es aceptado
y sobrepujado, con la clara conciencia de quien comprende que el cimiento de la verdad yace en la persona
y no sólo en las circunstancias. Tema, por lo tanto, único; reincidencia «monótona» (en el sentido positivo que

---

[196] M. GARCÍA-VIÑÓ: *Novela española actual*, pág. 175.

Alborg aplaudía) en un mismo dominio de motivos o preocupaciones.

Las novelas de Andrés Bosch están construidas con entereza, con meticuloso cuidado de los detalles y las concordancias de carácter, y según una norma de sobriedad antes que de lucimiento. La paciencia y el entusiasmo de Luis Canales, el boxeador de *La noche*, y su fiebre antes del asalto, durante él y saboreando el triunfo o pugnando por salir de la depresión de la derrota, están recogidos con exacta empatía. La recomposición del ambiente de Caracas, del vivir de los emigrantes ávidos de empleo y predispuestos a la decepción, comunica un acento de limpia verdad a lo narrado en *La estafa*, a pesar de algún giro folletinesco al final y del prejuicio «metafísico» que convierte a los protagonistas (Juana y Luis) en portadores, activos o pasivos, de la «teoría de las esperanzas y las frustraciones» y de la teoría de la antítesis entre el «allá» y el «aquí» [197]. Lo que seduce al lector es nuevamente, y a contrapelo de la metafísica, la matización psicológica, la ambientación, el descubrimiento de las condiciones sociales, un delicado y minucioso fervor en la reconstrucción de los rasgos que explican a las personas en tiempo, lugar y relación. Disgusta, en cambio, al lector (y de qué otro lector podría hablar sino de mí) la abundancia de fórmulas pseudofilosóficas para describir tan común infortunio como el de la emigración: «imposibilidad de ir siendo», «condena de no ser», «miedo de ser libre», o esta parrafada:

> «Las circunstancias y el modo de vida en el Oriente carecían de validez para él, nada significaban. Y Luis se perdía en la nada, en la libertad total. Comenzó a dejar de ser, a dudar de su mis

---

[197] *La estafa*, págs. 276 y 285.

ma existencia y a soñar, no en ir a un 'allá' abs
tracto y libre, sino en regresar a la concreta Caracas que le limitaba, recortaba su libertad, llega-
ba a esclavizarle y de este modo le daba un perfil,
un modo de ser, un existir» [198].

No es inconveniente que la novela social haya aprendido, tras el predominio de su inquietud colectivista
y del respeto acaso excesivo a las formas externas de
conducta, ciertos modos de profundización existencial.
El narrador, sin embargo, debe percatarse de que la posible metafísica de una novela no debe ser adherida
como glosa especulativa, sino que debe manar del conjunto de la obra, destello de inteligencia comprensiva
que ilumine aun la materia más ciega.

---

[198] *Ibídem*, pág. 286. Véanse ahora los libros, registra-
dos en la bibliografía final, de E. DEL RÍO, S. I.: *Novela
intelectual*, y de A. BOSCH y M. GARCÍA-VIÑÓ: *El realismo y la novela actual*, títulos engañadores, pues tras
ellos no hay más que el comentario y la defensa de lo
antes llamado «nueva novela» o «novela metafísica» y
ahora, por BOSCH (págs. 87-89) y por VIÑÓ (pág. 129) «realismo total», otra designación demasiado general, demasiado amplia, para un grupo de novelas demasiado particular, demasiado estrecho.

XII

CARACTERES COMUNES

La novela social examinada a través de sus representantes mayores y menores en los cuatro capítulos que anteceden, no necesita ser nuevamente definida; lo fue ya en su momento. Tampoco demanda justificación la rúbrica «novela social», toda vez que, con excusas o sin ellas, la crítica viene usándola, ya en una acepción restringida, ya en otra más amplia (que es la aquí adoptada). El hecho de que exista un libro con el título de *La novela social española* (el de Pablo Gil Casado) hace superflua cualquier información sobre la viabilidad de la denominación. Sin embargo, por amplio que sea el alcance de ésta, no lo es tanto que dentro de ella quepan todas las novelas habidas y por haber. No conozco argumento más obtuso, ni por desgracia más socorrido, que aquel que consiste en responder a la pregunta «¿Escribe usted literatura social?» (o: «Qué piensa de la literatura social?») empleando estas o parecidas razones: «Todo poema (o: toda novela, todo drama) es social porque se refiere al hombre, ser social por naturaleza (o bien: porque es una creación del hombre, el cual necesariamente pertenece a una sociedad y trabaja para ella)», etc. No. Una obra literaria, como cualquier obra humana, revela desde luego en

su contenido *y en su forma* el contexto social en cuyo
seno se produce y que ella misma ayuda a configurar,
pero sólo podrá calificarse de «social» si el centro de
su voluntad —sentido y expresado como tal centro— es
la justicia colectiva. Conceptos indispensables para
identificar como «social» aquella obra son la participación, la solidaridad, el propósito de transformación
y el humanismo, pero el foco hacia el que estos conceptos convergen no es otro que la justicia colectiva. El
escritor se siente «partícipe» de la colectividad, solidario con «la parte» de ella que reclama justicia, dispuesto a hacer «lo que esté de su parte» para cambiar
el desorden injusto en un orden justo, y con tal sentimiento y por tal disposición labora en favor de la
humanidad, es humanista, nada humano le resulta
ajeno.

«Social» no es un determinante que se oponga a «religioso», «moral», «estético» o «intelectual». Una novela social podrá ser, pues, religiosa, moral, intelectual,
y tendrá que ser siempre estética (obra de la imaginación, obra bella). Los valores más estrechamente relacionados con el valor «social» son, sin embargo, los
«económicos» y «políticos»: la base material de la colectividad y su organización civil. En rigor, el único
determinante opuesto a «social» es «individualista»,
es decir, «antisocial» (para ser antisocial no hay que
combatir a la sociedad, basta abstenerse de toda activa
preocupación por ella) [199].

J. M. Castellet ha llamado al realismo social de la
novela española de nuestro tiempo «realismo histórico»,
por su recordación del pasado (guerra civil), discon-

---

[199] Véase *Poesía social*, selección, prólogo y notas
de Leopoldo de Luis, Madrid, Alfaguara, 1965. Una de
las posiciones más claras allí enunciadas me parece
la de Eugenio de Nora.

formidad con el presente y esperanza en un futuro constructivo [200]. Pero tal designación, no ambigua en esa fórmula, lo resultaría si, en vez de «novela social», dijésemos «novela histórica». En todo caso, la finalidad de justicia colectiva sería ininteligible si no se aplicase a una colectividad concretamente histórica, incursa en el movimiento de la historia.

Advertido esto, intento a continuación poner de relieve los caracteres comunes de la personalidad y la obra de los novelistas sociales, siguiendo el mismo orden de aspectos del capítulo VII, y más que nunca consciente de las simplificaciones que habré de cometer, perdonables —espero— en beneficio de la claridad.

1. *Los autores.*—Distingue a los exponentes de la novela social una solidaridad mayor que la de sus antecesores inmediatos. Si la guerra, con su cernido y su diáspora, había causado en éstos escisiones y divergencias, en la generación siguiente la experiencia infantil de la guerra y la uniformidad de la España ulterior donde todos han crecido actúan como factores de aproximación.

Esta mayor solidaridad se nota, primeramente, en la relativa unidad y consecuencia de cada escritor consigo mismo, en el terreno profesional. Todos viven, claro está, de alguna otra fuente que la composición de novelas, pues dudo que ésta dé para vivir a ningún español (y si alguno hubiera, sería de la generación mayor). Pero lo característico es que estos novelistas se desvían de su vocación lo menos posible. Los casos de ejercicio profesional distante de la literatura y mantenido al par de ella son muy pocos. Más abundan los casos de práctica de un oficio o de un empleo (abandonados o no después de la iniciación literaria). Pero

---

[200] J. M. Castellet: «Veinte años de novela española», pág. 295.

la tónica general viene marcada por la dedicación a las letras, sin cambios de rumbo importantes, sin fácil entrega al periodismo, de un modo que no llamaré universitario, porque el término resultaría estrecho, pero sí artístico-intelectual. La mayoría no sólo han sido desde temprano escritores con conciencia profesional de tales (apenas distraída en actividades afines: trabajos editoriales o cinematográficos, enseñanza, crítica de arte), sino que han mostrado una decidida y sostenida vocación de novelistas.

Solidarios consigo, estos escritores se han sentido también muy próximos entre sí. Nacidos entre 1924 y 1935, aproximadamente, se saben miembros de una generación amanecida bajo el signo de la guerra civil e, inconformes con el estado de cosas, confraternizan en el deseo de alumbrar la verdad de su contorno. Salvo Ana María Matute que publica sus primeras novelas en 1948 y 1953, actuando en cierta manera como enlace con la generación de la guerra, los demás no publican novela alguna antes de 1954, año inaugural, como quedó advertido. Y no sólo se da entre ellos una sensibilidad generacional bastante clara, sino, además, una tendencia a la agrupación. Muy marcada es esta tendencia en los novelistas «metafísicos». Pero, aunque con espíritu más amplio, existen también un sector catalán y otro sector madrileño de perfiles reconocibles. El sector de Barcelona, formado al principio por Goytisolo, Matute y Lacruz, encuentra en Castellet y en el mismo Goytisolo sus portavoces críticos, en las revistas «Laye» y «Destino» sus palenques y en las editoriales «Destino» y sobre todo «Seix Barral» sus órganos de publicidad. En Madrid la conciencia de grupo es menor, pero también aquí se significan por su afinidad y amistad Ferlosio, Fernández Santos y Aldecoa, también aquí algunos críticos (Alborg y Nora principalmente), sirven de intérpretes adecuados; editoriales como «Castalia» y «Taurus» se suman a las más poderosas de Barcelona, y junto a las revistas que por ser madrileñas son de toda España, alguna, como la «Revista Española», recoge con especial atención los primeros escritos de Aldecoa, Ferlosio o Fernández Santos. Este último, en la presentación de su antología *Siete narradores de hoy*, refiriéndose a esa efímera revista y a los comienzos literarios suyos y de sus amigos, manifiesta, al mismo tiempo que su solidaridad con ellos, una conciencia de su distinción (no de su oposición) respecto al sector catalán, pues catalanes sólo incluye a dos: Ana María Matute y Luis Goytisolo. Las palabras con que explica esta inclusión son dignas de recuerdo aquí, pues atribuyen a Ana María Matute un nuevo papel de enlace, ahora no con la generación mayor, sino con los narradores formados en Cataluña: «A Ana María —dice— la vi por vez primera, creo, en ocasión de un premio literario y, después, en sus breves viajes por Madrid. Es de los escritores que en Barcelona viven el que en todos sentidos vive y escribe más cerca de nosotros, y Luis Goytisolo, de entre los catalanes, el que anda más cerca de la Cataluña que yo me imagino, aunque bien no conozco» [201].

En un sector o en otro, los novelistas sociales coinciden, desde luego, en su inconformismo, voluntad de testimoniar los males y las necesidades de la colectividad, desprecio de toda simulación y esfuerzo por contribuir a la transformación de las circunstancias. Muchos, cuando han podido, han laborado en el campo político, pero no como profesionales de la política, sino como ciudadanos responsables. Hay algunos en quienes la rebeldía se hace notar, por el motivo que sea, más tenuemente (Aldecoa, Fernández Santos, Hor-

---

[201] *Siete narradores de hoy*, pág. 8.

telano, Matute, por ejemplo), y otros en quienes esa actitud ha tenido mayor proyección (Juan y Luis Goytisolo, López Pacheco, etc.). Cualquiera que haya sido esta actividad, casi siempre de oposición, no es ningún programa político lo que les infunde homogeneidad, sino su actitud social; ésta, sí, coherente. El inconformismo que les distingue va más allá de la mera negación, puesto que, sin necesidad de criticar explícitamente ni —durante mucho tiempo— libertad para hacerlo, han atestiguado su presente preocupados por la misma causa: la defensa de los derechos del pueblo sometido, el ataque contra los abusos de la clase explotadora, el desciframiento de los problemas aparentemente individuales como problemas realmente colectivos. Unos pertenecerán a la burguesía acomodada, otros a la burguesía mediana y otros a la muy modesta o al proletariado, pero todos defienden, atacan y descifran estados sociales con la misma intención central y constante: la justicia.

La novela existencial se hallaba más cerca del posible sentimiento religioso, a pesar de que en este dominio produjese escasos frutos. La novela social apenas roza este orden de problemas. Hay algunas novelas de sacerdotes, y Jesús Torbado o Manuel García-Viñó son nombres que, fuera del sacerdocio, pueden recordarse a tal propósito. En los demás los motivos religiosos brillan por su ausencia, y los motivos eclesiásticos apenas hallan sino un enfoque sombrío (Fernández Santos) o adverso (Juan Goytisolo).

La actitud social predominante en estos escritores no parece que brote de un subconsciente instinto de reparación clasista, sino de la precisa atención con que han experimentado la vida española en propias y ajenas familias, en barrios centrales y marginales, en ciudades grandes y pequeñas, en aldeas y campos perdidos. Nada de fácil españolismo afectivo se descubre en sus obras. Su actitud no es patriótica (¡tampoco, en modo alguno, antipatriótica!), sino social. Postulan ante todo la libertad, la igualdad de condiciones, la paz, la justicia.

2. *Los temas.*—Temas capitales de las obras de estos novelistas son: la infructuosidad, la soledad social y la guerra como recuerdo y en sus consecuencias. Movidos sobre todo por su anhelo de resolver, salen estos hombres a la España de los caminos, campos y pequeños lugares en busca del pueblo perdido (perdido en el esfuerzo estéril y en el aislamiento) y algunos vuelven a las ciudades para reconocer otra parte de pueblo perdido (perdido en el apartamiento de grupos y clases).

Los guardias, gitanos y pescadores de las novelas de Aldecoa están solos, como los segadores, fogoneros, albañiles o camioneros de sus cuentos. Los jóvenes empleados y dependientes de *El Jarama*, los campesinos que pueblan *Los bravos* y *En la hoguera*, están solos. Solos los niños soñadores de Ana María Matute y los ilusionistas o crueles de Juan Goytisolo. Desamparados al borde de la ciudad, solos, por tanto, los colonos que su hermano Luis retrata en *Las afueras*, y solos los peones de López Pacheco, los mineros de López Salinas, los viñadores de Caballero Bonald, los picapedreros de Grosso. Distinta soledad, pero soledad también, soportan los burgueses, jóvenes o no, en los compartimentos estancos de su material bienestar, como es perceptible en las novelas de Hortelano y Marsé. Pero aquellos y estos hombres viven su soledad de un modo no individual, sino social: por círculos, colonias, barrios, sectores, grupos, clases. Es una soledad engendrada por la desconexión entre pobres y ricos, naturales e intelectuales, trabajo y capital, campo y ciudad, pueblo y Estado, vejez y juventud. Cada grupo solitario labora u ocia, pero las zanjas abiertas hacen estéril la labor y criminal el ocio. Es estéril el trabajo porque se produce fuera de todo proyecto estimulante, y es criminal el ocio porque no supone una situación compensatoria conquistada con esfuerzo, sino un estado permanente de marasmo que corrompe. La última razón de esa soledad e infructuosidad está en la división de los españoles, recrudecida, en vez de mitigada, por la guerra y sus secuelas. Por eso, junto a los dos temas primordiales indicados, aparece un tercer tema fundamental: la guerra, no en sí misma, en su porqué y en su cómo, sino como memoria ineludible y a través de sus resultados. A esta lejanía se vislumbra mejor su para qué. Ninguna novela importante de este tiempo deja de transparentar, al fondo de su tema particular o entre las peculiares facetas de su asunto, la pregunta por el sentido de aquella guerra y la significación del estado de cosas que creó. Se tratará unas veces de un escenario manchado por la tragedia: el Jarama, la arruinada iglesia de *Los bravos*, el matadero de Yeste o el cementerio de Montjuich en *Señas de identidad*, la Barcelona bombardeada o la playa sangrienta en novelas de Ana María Matute, o después la «Región» simbólica de Benet. Otras veces será, en «primeras memorias», el tiempo mismo de la guerra (*Duelo en el Paraíso, En esta tierra, Primera memoria*) y repercusiones dolorosas por todas partes y en incontables destinos (*El fulgor y la sangre, Las afueras, Los hijos muertos, Tiempo de silencio, El hombre de los santos*). O primeros y segundos «aprovechamientos» del río revuelto: *La isla, Tormenta de verano, Dos días de setiembre, La oscura historia de la prima Montse*. Distintivo es, en todo caso, que ninguno de los novelistas de esta generación, aquí mencionados o comentados, haya escrito novela alguna sobre la guerra, pero que en su obra toda aparezca ésta como punto de referencia, como trasfondo lejano, como reminiscencia o como antecedente determinador.

Pablo Gil Casado, en su libro *La novela social española*, clasifica el material, desde un punto de vista temático, en seis secciones: «abulia», «campo», «obrero y empleado», «vivienda», «libros de viajes» y «alienación». Como es lógico, la clasificación aquí ensayada, a base del contenido social preferentemente abarcado (hacia el pueblo, contra la burguesía, en la persona), me parece dotada de mayor claridad; si así no fuese, no la hubiera adoptado. Y también me parece justificable la deducción de temas capitales que acabo de apuntar: infructuosidad, soledad social, guerra al fondo. Si cito la agrupación de Gil Casado es para indicar que no está en desacuerdo con la mía. Efectivamente, infructuosidad y soledad social aparecen en todas y cada una de aquellas especies de novela: en las que tratan de la «abulia», como ocio usurero y desarticulación respecto a la totalidad social; en las que tratan del «campo», de «obreros y empleados» y de la «vivienda», como trabajo estéril y fraccionamiento en células impotentes, y en las que tratan de la «alienación», ello es evidente, pues, ¿qué es la alienación, sino la soledad infructuosa? Sólo especificaré una equivalencia. Lo que Gil Casado llama «abulia», con terminología psicológica finisecular, equivale a un estado infructuoso del grupo social sufrido pasivamente, y ese estado o situación estabilizada proviene de la soledad: una soledad que es de la fracción laboral (campesinos, obreros, empleados), de la totalidad descoyuntada (*Tiempo de silencio*) o de la persona que en el complejo convivencial lucha por reconocerse (*Señas de identidad*). Por su parte, la guerra, más que tema, es elemento temático nutricio, sustrato de innúmeras motivaciones.

Infructuosidad y soledad, consustanciadas, se anuncian ya en muchos títulos: *La resaca, Los hijos muertos, La zanja, La criba, El sol amargo, Tormenta de verano, La pérdida del centro, Vía muerta, Hombres varados, Las tapias*, etc. La acción de la mayoría de estas novelas es una «acción pasiva». Más que hacer, más que obrar, los personajes, a lo sumo, se mueven, y normalmente ni eso, se limitan a estar, a seguir estando. Y no porque no conozcan una meta, sino a causa de la obstrucción y del silencio. *Los bravos* (los sufridos) y *Tiempo de silencio* son los títulos que mejor podrían compendiar ese sentido general de «acción pasiva» o movimiento obstaculizado que encierran las novelas de estos años. «No pasa nada», «Aquí nunca pasa nada», es frase que puede encontrarse con sintomática frecuencia y que, si no se encuentra, es fácil adivinar entre las líneas del texto.

3. *Los personajes.*—Contemplando en conjunto la obra novelesca de que hablamos salta a los ojos, como primera evidencia, la protagonización colectiva. En ella, o en la protagonización personal, que también se da a veces, cabe distinguir tres categorías de actores: los pacientes, los esforzados y los comprometidos.

Pacientes son todos en grado sumo: «los bravos» de Fernández Santos, los seres marginados en *Las afueras*, los niños sin infancia pintados por Juan Goytisolo y Ana María Matute, los jóvenes indolentes a la orilla del Jarama o entre los visillos de la ciudad estrecha, el médico amordazado por el tiempo del silencio, los individuos y familias que Ana María Matute o Fernández Santos ven sometidos a un largo proceso de desilusión y escéptico conformismo, los alienados de Martínez Menchén, el náufrago de la penúltima novela de Delibes. La paciencia de estas gentes, su maniatada pasividad, les viene de haber sido víctimas de la violencia o del abuso autoritario, y les lleva a seguir siéndolo.

Esforzados son muchos: los pescadores del Gran Sol o del Estrecho, los constructores de la central eléctrica, los picadores de la mina o la zanja, los transportistas, los colonos, los emigrantes. El trabajo es en ellos, por la aspereza de las condiciones, esfuerzo doloroso, inmolación para sobrevivir. En otras novelas, como *Ritmo lento* o *Volverás a Región*, no se trata ya de un esfuerzo que asegure el mínimo de subsistencia, sino de un empeño por hallar o recobrar aquella verdad que permita vivir auténticamente, con fundamento y esperanza.

Comprometidos son algunos: tal labrador que propone el uso común de unas máquinas (en *Las afueras*), unos obreros unidos para reivindicar sus derechos (*La zanja*), algún activista más o menos nebuloso en novelas de Ana María Matute (Manuel, Jeza, Bear), los estudiantes en *Señas de identidad* o *Ultimas tardes con Teresa*, la abnegada prima Montse, los hermanos misioneros del *Libro de las memorias de las cosas* y, sobre todo, el médico anónimo de *Los bravos*, cuya voluntad se cifra en la colaboración: no abandonar a los otros, no perder la esperanza, cultivar el campo de todos en vez del huerto propio, alzar el cuello a las adversidades y no dejarse envenenar por la incomprensión.

A primera vista los personajes de las novelas antiburguesas parecen escapar a estas tres categorías principales, pero en realidad se les puede considerar dentro de la primera, porque en efecto, y dicho sin ninguna ironía, ¿qué padecimiento y qué paciencia no suponen en esos personajes su tedio, su vacío, su pereza, sus fiestas, sus fraudes, sus vicios, su descomposición y ese no poder hacer nada contra el proceso canceroso en que ellos mismos se han envuelto?

Los novelistas sociales dibujan a estos personajes —pacientes, esforzados, comprometidos— en la penumbra de sus estados, conflictos y aisladas resoluciones. No narran situaciones, sino más bien presentan estados, hacen sentir conflictos y esbozan decisiones vacilantes, todo ello en tiempo durativo y habitual, pudiéramos decir, en vez de en un tiempo ejecutivo. Estados de pobreza impotente, inocencia atacada o estragada, aburrimiento e indolencia, sujeción, paulatino descaecimiento, enajenación progresiva. Conflictos entre el trabajo y la pobreza, el trabajo y el ocio, el ocio y la riqueza. Decisiones que se inician poco a poco, o que se saben condenadas a un heroísmo inútil, o que avanzan con más voluntad que fe y a menudo se agostan en la anonadadora tibieza del ambiente. No hay en estas novelas violencia, sino sufrimiento; no rutina, sino dura labor o amarga fiesta; no ensimismamiento, sino aislamiento, del que sólo pocos logran salir.

4. *Los ambientes.*—Predominan en las novelas sociales, como es comprensible, los ambientes de intemperie: campo, mar, aldeas, riberas, carreteras, trigales, viñedos, olivares, arrabales. Si la ciudad interesa aún es para, presentada la vida de los humildes, dar a conocer en ella los hábitos de la clase media y, sobre todo, de la burguesía adinerada, reclusa en sus cómodas redes.

Hay en muchas de estas novelas un vasto despliegue espacial y social y una penetración más honda que extensa en la memoria.

El mundo rural y obrero es recorrido en los más diversos oficios o faenas y contrastado con su opuesto. Tal contraste se produce de tres modos: o la ciudad va al campo, o el campo viene a la ciudad, o ambos confluyen en las afueras, en esa zona donde la ciudad cambia su nombre. Van de la ciudad al campo, o de la civilización al abandono, autores de libros de viajes que, como Juan Goytisolo, Ferres o López-Salinas, ponen empeño en pulsar el estado económico y social de las regiones españolas más míseras (Níjar, La Chanca, Las Hurdes), pero también el médico novel de *Los bravos*, el joven tuberculoso de *En la hoguera*, el universitario de *Las mismas palabras*, el visitante de *Parte de una historia*, el cronista del *Libro de las memorias de las cosas*. Vienen del campo a la ciudad, en pos de trabajo, innumerables gentes que sueñan en mejores recompensas (el transportista de *Los bravos*, los emigrantes de *La piqueta*, etc.). Pero acaso lo más característico sea el contraste ciudad-campo mediante el emplazamiento total o parcial de la acción en suburbios y zonas periféricas. En estas áreas próximas al deslumbrante foco económico de la ciudad se encuentran, o más a menudo se cruzan sin encontrarse, los desposeídos que entran en busca del pan y los posesores que salen en busca del aire: así en *El Jarama*, *Donde la ciudad cambia su nombre*, *Las afueras*, *La resaca*, *La piqueta*, *Tiempo de silencio*, *Ultimas tardes con Teresa*, *La oscura historia de la prima Montse*. Las estaciones terminales de autobuses o tranvías, los desmontes y estercoleros, las chabolas, las colonias de bañistas, las orillas del río cercano o las playas del mar próximo, constituyen una escenografía muy repetida.

El tiempo de acción de estas novelas suele ser la actualidad, como corresponde al común intento de iluminar el presente. La época anterior a la guerra interesa poco o nada a estos escritores que no la vivieron: les importa el momento actual, de cuya atestiguación emane un llamamiento hacia el futuro. Es sintomático que, mientras los ciclos novelescos de la generación mayor abarcaban la preguerra y la guerra, los ciclos de los más jóvenes sean socialmente descriptivos del presente (así los proyectados por Aldecoa y la trilogía *El mañana efímero*, de Goytisolo). Cuando algunos sienten la necesidad de volver los ojos al pasado lo hacen, a semejanza de sus mayores, recurriendo a retrospecciones y monólogos, excursos que abren la trama de la actualidad hacia una infancia o mocedad entenebrecidas por la guerra. La trilogía de Ana María Matute, única de carácter histórico, se inicia precisamente semanas después del estallido de 1936 y conduce al personaje central desde la adolescencia (*Primera memoria*) hasta la madurez vencida.

Solidaridad, infructuosidad, soledad social, paciencia, esfuerzo, tentativas de compromiso, exploración de una España maltrecha por absentismo o centralismo: tales serían algunos rasgos típicos del contenido de muchas novelas que pueden estimarse representativas del realismo social. Sus autores, criados en la España del Movimiento Nacional, comenzaron poniéndose en peregrinación hacia la verdad de la tierra y del pueblo, de donde volvieron enriquecidos de experiencia contemplativa y urgidos a una acción que, en su propio terreno y dadas las circunstancias, sólo podía manifestarse como testimonio, es decir, como una constatación de certeza, exenta —por mucho tiempo— de argumentaciones apologéticas y de explícita acusación, pero conducente a un claro veredicto.

5. *La técnica.*—Señalado fue más atrás el signo apagado que prevalece en muchos títulos de novelas sociales, de acuerdo con la infructuosidad y soledad que denotan. Esta negatividad es el único rasgo común que, en los hábitos de titular, ofrece la novela social

respecto al tipo de novela que la precedió, ya que por
lo demás se advierten significativas diferencias. Así,
frente a títulos alusivos a personas singulares (Pascual
Duarte, Lola, el Cazador, etc.) los novelistas jóvenes
prefieren, en consonancia con el carácter no individual
de sus testimonios, los títulos en plural: *Los bravos,
Los hijos muertos, Nuevas amistades, Encerrados con
un solo juguete, Hombres varados.* Y así también, a
diferencia de los títulos significadores de situación temporal (*Aún es de día, Las últimas horas,* etc.) prefieren
otros que, formulados gramaticalmente en singular o
en plural, denotan en todo caso una colectividad o lugar de encuentro, cruce o recorrido para muchos: *Duelo
en el Paraíso, El Jarama, Hay una juventud que aguarda, Entre visillos, La resaca, Central eléctrica, Las
afueras, La mina, La isla, La zanja, Trayecto Circo-
Matadero, Travesía de Madrid.*

En la estructura externa el propósito de renovación
es considerable. Son estos escritores quienes, precedidos
por Cela en algún aspecto, instauran un paradigma de
novela de reducidas proporciones, dividida en largos
capítulos generalmente no titulados y estos capítulos a
su vez en numerosos y breves fragmentos separados por
asteriscos o por líneas en blanco; algunos de ellos re-
curren a la letra cursiva para distinguir los fragmentos
que corresponden a un plano temporal diverso (así
Ana María Matute o Mario Lacruz, por ejemplo) o para
realzar la función de algún personaje (así, por ejemplo,
en *La zanja, Dos días de setiembre, Señas de identidad*); y, según fue registrado en su lugar, ciertos novelistas hacen un empleo original de recursos como la
impuntuación, el versículo, la mayúscula, el lema, la
nota a pie de página, la ocultación de un nombre o su
variación indistinta (Martín-Santos, Juan Goytisolo,
Marsé y Benet son los que ensayan estos procedimien-

tos de una manera más audaz, aunque ya cerca o dentro del nuevo paradigma de la «novela estructural»).

Con excepción de Juan Goytisolo, Aldecoa y Ana María Matute, ninguno se siente atraído por el desarrollo de ciclos novelescos, y aun de esos tres autores hay que descontar en cierto sentido a los dos primeros, puesto que sus trilogías no son temporalmente continuas, sino socialmente ejemplares y proyectadas desde un punto de vista espacial. Con esto quiero decir que los escritores jóvenes rehúsan el género histórico: los amplios panoramas de época, las «memorias», los «episodios nacionales». Su preocupación por la historia es presentánea, actualista, de suerte que cuando a través de algunos personajes se evoca el pasado biográfico —y ello sucede con frecuencia— ese pasado no aparece descrito como elemento «crónico», sino asumido como sustancia vital y psíquica: oleadas de recuerdo inmanente que van y vienen, se agitan o se aplacan, llenando o vaciando la conciencia en un desorden natural (piénsese, por ejemplo, en las últimas novelas de Alfonso Grosso).

Por aquí puede ya apreciarse la fuerza novadora de estos escritores en la interna estructuración de sus relatos; estructuración en general compleja y sobre la cual no he de extenderme mucho, ya que los comentarios a cada novela habrán servido (así lo espero) para destacar los principales aspectos.

La generación del Medio Siglo acentúa al principio el proceso de ocultamiento del autor tras sus figuras de ficción y pasa luego (a partir de *Tiempo de silencio*) al extremo opuesto de ostentar los fueros de la personalidad; incrementa el uso del monólogo a base de esas incursiones en el tiempo interno, con las cuales rompe la continuidad; abrevia la duración de la acción y reduce el espacio en que sucede, procurando también por estos medios mayor intensidad; protagoniza colectivamente; logra una insuperada objetividad en el reflejo del habla común, y abre por entero la novela a la vida bajo la inspiración (que no el dictado) de una actitud social comprometida.

El espacio tiende a la reducción, pero no tanto a esa interioridad psíquica que distinguía la novela existencial, cuanto a la limitación del lugar físico. Se echa de ver un cierto formalismo de la estrechez: ni la infructuosidad ni la soledad agrupada, temas fundamentales, exigen un área angosta, pero de hecho ésta es escogida como ámbito de aquellos temas, como un molde en el que verter condensadamente el resultado de la experimentación del vivir colectivo. Mina, zanja o lagar, barraca, pensión o salón, quiosco, taberna o café, convento, cárcel o cuartel, barco, isla o playa, edificio, colonia o barrio, campo, aldea o ciudad: estos escenarios surgen no como fondo general del que sobresalen unas pocas figuras señeras, sino como unidades sectoriales abarcadas en su conjunto. Esta visión, como se ha notado a menudo, se produce con la agilidad aparentemente impersonal de la cámara cinematográfica, y desde luego la influencia del cine no sólo se manifiesta en esta facilidad de recorrido de un conjunto por medio de encuadres, cortes y frecuentes traslados de enfoque, sino también en el énfasis de los valores visuales, eliminación de transiciones, fundidos, disolvencias, retrospecciones, imágenes superpuestas, secuencias de motivos, planos detallados y, en fin, en un complicado arte del «montaje», método cuya finalidad consiste en «mostrar la multiplicidad» y «trascender o modificar las barreras arbitrarias y convencionales del tiempo y del espacio» [202].

---

[202] R. HUMPHREY: *Stream of consciousness in the mo-*

Si se tiene esto en cuenta y se recuerdan las mejores novelas del período, no hay razón para desprestigiar el objetivismo con un adjetivo como «fotográfico», pues desde el principio, entre los mejores objetivistas, el término adecuado sería «cinematográfico», referido no al contenido peliculero, sino a una asimilación de la enorme capacidad del séptimo arte para plasmar la realidad exterior y la más íntima. Hay en estos novelistas, incluso en los más sobriamente objetivos, como el autor de *El Jarama*, una destreza de «montaje» que responde a la más refinada inteligencia selectiva. Y en cuanto a la evocación de los objetos, autores como Ferlosio, Fernández Santos, Aldecoa, Martín-Santos, saben verificarla con una gama de posibilidades que va desde la descripción minuciosa próxima al objetualismo francés, hasta una fascinante potenciación simbólica que alcanza a veces la trascendencia del mito: el río, la luna o los buitres en *El Jarama;* los zapatos polvorientos del viajero en *Los bravos* o las pinturas murales en *El hombre de los santos;* el fusil en *El fulgor y la sangre* o la caila en *Gran Sol;* la celda, o el cuadro de Goya, en *Tiempo de silencio;* y ya me referí en otro momento al fatídico simbolismo que entrañan otros objetos y lugares, como la piqueta, la mina, la zanja (o «las tapias» en el libro de Martínez-Menchén).

Correlativa a la reducción del espacio es, de modo semejante a como ocurría entre los autores de la generación anterior, la reducción del tiempo presente, contrabalanceada por la expansión hacia el pretérito o hacia la intemporalidad de la corriente de conciencia. Datado o no datado, pero hecho perceptible mediante cambios de luz, temperatura o actividad, el tiempo del

dern novel, Univ. of California Press, Berkeley and Los Angeles, 1962, págs. 49-50.

primer plano suele ser corto: un día (*El Jarama, El fulgor y la sangre, La zanja, Ayer 27 de octubre*), una noche (*Retahílas*), dos días (*Dos días de setiembre, Guarnición de silla*), unos pocos días (*Tiempo de silencio, Señas de identidad*), una semana (*Con el viento solano, Las mismas palabras*), una breve temporada (*Los bravos, Entre visillos, La isla, Tormenta de verano, Oficio de muchachos, Parte de una historia, El gran momento de Mary Tribune*). Ese tiempo escaso basta para proporcionar una visión de cierto sector social o de la sociedad toda en sus varios estratos, por lo común en un estado de pasividad inalterable, a veces en un conflicto que origina un leve cambio o, más a menudo, ningún cambio. A pesar de esta inmovilidad habitual, las conciencias en su intimidad atraviesan fases emocionales y se sumen en la rememoración del pasado que sobre ellos gravita. Nuevamente se hace sentir aquí el influjo del montaje cinematográfico: en la variedad de ritmo, rápido o lento, con que se manifiesta el recuerdo; en la continuidad interrumpida; en saltos atrás, repeticiones y anticipaciones; en la simultaneidad de acontecimientos o memorias que se yuxtaponen. La novela entra por los cauces del cinematógrafo, consiguiendo la temporalización del espacio y la espacialización del tiempo, fluctuación que comentó agudamente Arnold Hauser en las páginas finales de su *Historia Social de la Literatura y el Arte* [203]. Huelga alegar ejemplos a este propósito, pero los más notorios alardes de montaje temporal se encuentran en *Duelo en el Paraíso, Los hijos muertos, La tarde, Dos días de setiembre, Señas de identidad, La trampa, Tra-*

---

[203] A. HAUSER: *Historia social de la literatura y el arte* (1951). Segunda ed. popular, Madrid, Guadarrama, 1968, vol. III. Las relaciones de la novela con el cine fueron expuestas por CLAUDE-EDMONDE MAGNY: *L'âge du roman américain,* Paris, Seuil, 1947.

vesía de Madrid, El gran momento de Mary Tribune y
Florido mayo.

De las «técnicas de la literatura sin autor» —relato
autobiográfico, monólogo interior y narración objetiva— la menos usada es la primera (apenas hay que
destacar *Tormenta de verano* y *Ritmo lento*). La narración objetiva impersonal caracteriza obras maestras
como *El Jarama* y *Los bravos.* Pero esta notación del
comportamiento externo, escueta, desnuda, reticente, no
se cumple de un modo tan extenso y continuo como
se ha querido suponer. Lo más sólito es la combinación
de los puntos de vista de distintos personajes con la
narración objetiva en tercera persona. Esta combinación infunde a las novelas de este tiempo gran variedad.

Una producción narrativa que en tan breve intervalo
(me refiero en particular a los años 1954-64) usó procedimientos tan diversos no creo que pueda calificarse
de rezagada. Distinta cuestión es la originalidad de los
experimentos: de cerca o de lejos, los acometidos por
los narradores españoles de esta generación dependen
de Hemingway y Dos Passos (behaviorismo), Faulkner
(perspectiva múltiple, monólogos), Joyce (simultaneidad) y Proust (asociaciones) [204], dependencia que es la
misma en que están todos los buenos novelistas del
mundo y algunos no tan buenos. Las técnicas narrativas de los españoles responden bien, por otra parte,
a su dominante inspiración social: el objetivismo es
vehículo adecuado al testimonio, la perspectiva cambiante posibilita la mostración «directa» de una pluralidad de representantes sociales cuya defensa o ataque
el autor rehúsa hacer por sí mismo; a la exploración

---

[204] Sobre esos y otros creadores de nuevas realidades en la literatura, véase GÜNTER BLÖCKER: *Líneas
y perfiles de la literatura moderna*, Madrid, Guadarrama, 1969.

de una conciencia individual mediante su contraste con el estado general de la sociedad se adapta el «tú» de desdoblamiento autorreflexivo en *Señas de identidad* mucho mejor que el «yo» de las confesiones existenciales.

Por lo que respecta al lenguaje, la virtud unánimemente reconocida a los novelistas sociales es la fidelidad con que auscultan y característicamente recrean el habla de las gentes de toda clase, y en este sentido hay que ponderar por igual la sabiduría de Ferlosio en la grabación de los giros triviales y populares, de Carmen Martín Gaite y Hortelano en la plasmación de la insulsa charla de unos burgueses aburridos, y de Marsé en el reflejo algo caricaturesco de la fraseología universitaria y «snob». Por el lado de la verosimilitud se llega al extremo de la concienzuda documentación en *Gran Sol* (habla de los pescadores) y al extremo de la torpe contrahechura en algunas novelas proletarias que no es menester nombrar.

El descuido lingüístico y, sobre todo, la chatedad expresiva de unos pocos novelistas sociales llegaron a alarmar a algunos comentadores españoles, entre los que puede contarse quien esto escribe [205]. Sin embargo, la prosa narrativa y descriptiva de Jesús Fernández Santos e Ignacio Aldecoa, de Sánchez Ferlosio y Luis Goytisolo, de Martín-Santos y del último Juan Goytisolo, compensa debidamente la grisura, la incorrección, el desenfreno o el aplanamiento de otras plumas. Fluidez y vibración, precisión y limpieza, sobriedad expositiva animada oportunamente por alientos de poesía, variedad y empuje neologista en algunos casos, son cualidades que lucen en tales escritores, sin que ellos pertenezcan al linaje de aquellos que a todo trance buscan el luci-

---

[205] G. S.: «Notas sobre lenguaje y novela actual», 1966.

miento y que por castigar el estilo castigan al lector,
como decía Clarín y Unamuno gustaba repetir.

6. *Conexiones.*—La experiencia directa de la realidad
circunstante ha tenido sobre los novelistas testimoniales
un efecto mayor que la ejemplaridad de estos o aquellos modelos. Pero incluso para autores inspirados
en una actitud tan poco «artista», tan marcadamente
comprometida, la tradición literaria (pretérita y coetánea) cuenta de manera decisiva, como para todo escritor. Esta tradición puede reconocerse en los tres componentes básicos de la narrativa social: el realismo, la
socialidad y la experimentación formal.

La tradición realista preferida es española, americana e italiana. Dentro del ámbito español operan con
mayor fuerza la picaresca (en Juan Goytisolo), Clarín
(en Carmen M. Gaite, por ejemplo), el Azorín de *Los
pueblos* (en los autores de libros de viajes) y, sobre
casi todos, el disconforme Baroja y el solitario y solidario Antonio Machado, más algunas sugestiones pro-
cedentes del Valle-Inclán esperpéntico, del Pérez de
Ayala intermedio y del último Cernuda. Escueta con-
signación de lo hablado, contención emotiva y diafa-
nidad para presentar el comportamiento externo sin
arrogancias psicológicas, aprenden estos novelistas de
varios norteamericanos, entre quienes el más conocido
hubo de ser, aunque no el único, Hemingway. Y, finalmente, el cine italiano y la novela: Pavese, Levi,
Silone, Vittorini. Como recuerda Gil Casado, los españoles del Coloquio Internacional de Formentor (1959)
concordaron casi unánimemente con Vittorini en la
idea de que el novelista debe contribuir a la transformación de la sociedad y que de esta concepción dinámica y social de la novela se desprende «un tratamiento
realista de los temas novelísticos, una crítica de la
sociedad y un compromiso del escritor con el tiempo

en que vive»[206]. Hasta que no se haga una seria indagación del movimiento editorial de estos años no se podrá precisar en qué grado fue conocida la novela italiana neorrealista. El cine italiano tuvo la fácil difusión propia de este arte, y Darío Villanueva, en su documentada monografía sobre El Jarama, ha recordado el revolucionario efecto de la «Semana del Cine Italiano» (Madrid, 1950) y la influencia del teórico neorrealista Cesare Zavattini en algunos jóvenes escritores[207]; pero la literatura no pudo alcanzar tan vasta proyección, aunque algunas versiones aparecieron en Seix Barral, y, por otra parte, no es menos importante la personal relación de algunos escritores con Italia (Ferlosio, Fernández Santos, Juan Goytisolo, López Pacheco).

Así como no logro percibir parentesco alguno entre el costumbrismo decimonónico y la novela social del 54, dado el nacionalismo de aquél y el impulso socialista de ésta, tampoco me parece persuasiva la aproximación de la novela social reciente a la incoada antes del 36 (Arconada, Carranque, Sender). Dudo mucho que los jóvenes, salvo algún caso aislado, pudieran conocer la novela social de preguerra, pero además existen profundas diferencias entre la perspectiva a menudo sentimental y simbólica allí y la testimonial e inmediata aquí. Más accesible hubo de ser la obra de Blasco Ibáñez, y con seguridad los tanteos de Zunzunegui, el decisivo ejemplo de La colmena, la insinuación de Carmen Laforet y la creciente conciencia social de Delibes, por no hablar ya de la poesía española, adelantada en esta ruta. Como influencias no españolas hay que re-

---

[206] P. GIL CASADO: La novela social española, página 5.

[207] D. VILLANUEVA: «El Jarama» de Sánchez Ferlosio. Su estructura y significado, Universidad de Santiago de Compostela, 1973, págs. 23 y 33-35.

cordar a John Dos Passos, Bertolt Brecht y al teórico
Georg Lukacs (secundariamente también a Arnold Hauser, T. W. Adorno, M. Merleau-Ponty, Lucien Goldman
y otros). La defensa de Lukacs del realismo histórico-
social (concreción, valores típicos, consciencia del proceso dinámico y de las estructuras sociales) y su ataque
a la Vanguardia, han servido de plataforma teórica,
muy respetada, sobre la cual los jóvenes novelistas españoles han podido corroborar la dignidad y utilidad
de su labor. (Los escritos teóricos de Castellet y J. Goytisolo, y parcialmente de Nora y Curutchet, remiten a
Lukacs, acerca del cual y de Bertolt Brecht hace pertinentes comentarios en relación con la novela social
española Pablo Gil Casado.)

Por lo que atañe a la experimentación formal, los
novelistas de estos últimos veinte años han sido todo
menos pasivos. Ninguno dejaría de suscribir estos principios de Michel Butor: «La invención formal en la
novela, lejos de oponerse al realismo, como imagina
a menudo una crítica miope, es la condición *sine qua
non* de un realismo más avanzado». «A una nueva
situación, a una nueva conciencia de lo que es la novela, de las relaciones que ésta mantiene con la realidad, de su constitución, corresponden formas nuevas
en el plano que sea: lenguaje, estilo, composición, estructura. Inversamente, la búsqueda de nuevas formas,
al revelar nuevos asuntos, revela relaciones nuevas»[208].
Proust, Joyce, Faulkner, son los autores más influyen-
tes en esta determinación de experimentos formales.
Faulkner me parece el primero en ejercer atracción
(sobre todo en Juan Goytisolo, Ana María Matute y, después, en Benet). La huella de Joyce se percibe sobre

---

[208] M. BUTOR: «Le roman comme recherche», texto reproducido en M. NADEAU: *Le roman français de-
puis la guerre*, París, Gallimard, 1963, págs. 246-247.

todo en Martín-Santos y Martínez-Menchén. Y posteriormente se hace sentir la seducción de Proust, como también la de algunos hispanoamericanos (Cortázar, Vargas Llosa, Carlos Fuentes, Gabriel García Márquez). El «chosisme» de Robbe-Grillet y el «réalisme mythologique» de Butor han tenido resonancias limitadas y esporádicas, en la técnica descriptiva más que en la concepción del novelar; pues a los novelistas sociales las relaciones de los hombres entre sí y de éstos con la totalidad del mundo de su época les parecen infinitamente más importantes que los objetos materiales, las sublimaciones míticas y las nuevas modulaciones de la náusea. En cuanto a la vinculación de esta narrativa con el cinematógrafo, es tan grande que apenas podría entenderse su capacidad de experimentación si no se la considerase «bajo el signo del cine» [209].

Según queda advertido en la nota preliminar de este libro y en su capítulo VIII, la narrativa de la generación del Medio Siglo ha sido objeto de varios estudios durante los últimos cinco años. Por esto mismo no creo necesario añadir otras precisiones. Sólo querría llamar la atención sobre la variedad de enfoques y estilos que dicha generación presenta, sobre todo porque el cuadro de «caracteres comunes» que acabo de proponer acaso pueda dejar en el lector una impresión excesiva de homogeneidad. Confío en que el tratamiento por separado de tres novelistas y el examen de otros bajo tres rúbricas distintas haya hecho entrever las peculiaridades de aquéllos y la variedad de direcciones que puede observarse dentro de la obra de un mismo autor. Por si así no fuese, por si la imagen de conjunto acabase imponiéndose sobre las diferencias, me permito recomendar la consulta del estudio de Hipólito Esteban Soler

---

[209] «Bajo el signo del cine», se titula el capítulo final del libro de Arnold Hauser.

«Narradores españoles del medio siglo» (Pisa, 1971-73), que en mi opinión es el esfuerzo más lúcido, hasta ahora intentado, por especificar y matizar las tendencias de la citada generación: «neorrealismo», «realismo social», «novela metafísica» y «realismo crítico». Lo que Esteban Soler llama «realismo crítico» es lo que denomino yo aquí «novela estructural».

NOVELA ESTRUCTURAL

XIII

DE LUIS MARTIN-SANTOS A JUAN BENET

A comienzos de 1962 publica Seix Barral *Tiempo de silencio,* anunciando como lo más significativo del libro «su decidido y revolucionario empeño por alcanzar una renovación estilística a partir —ya que no en contra— del monocorde realismo de la novela española actual». Su autor, LUIS MARTÍN-SANTOS (n. en Larache, 1924), psiquiatra de probada competencia, perdió la vida en accidente de automóvil el 21 de enero de 1964. Póstumamente se han publicado sus *Apólogos* (1970) y partes de su inconclusa segunda novela *Tiempo de destrucción* (en *Gaceta Literaria,* Madrid, núm. 1, Mayo 1973, págs. 143-168, y en *Plural,* México, III, núm. 1, 15 octubre 1973).

A *Tiempo de silencio* ha sido indispensable referirse en páginas anteriores muy a menudo. Considerada desde el punto de vista de su contenido social, para mí es claro que esta novela dirige su más intensa fuerza satírica contra un contingente que puede calificarse de burgués y en el que caben no sólo la élite socioeconómica (Matías y su mundo), sino también los círculos intelectuales (el café de artistas, el salón de conferencias), los medios burocráticos (laboratorio, ministerios, comisarías) y la vergonzante clase media en busca de conveniencias (las gentes de la pensión, el público de fiestas y teatros). No teniendo representación alguna en esta novela la clase trabajadora, sino sólo, por lo que atañe a la parte «inferior» de la sociedad, el «subproletariado delincuente», es claro que *Tiempo de silencio* no constituye un testimonio en defensa del pueblo. Pero tampoco es, plenamente, una invectiva contra la burguesía. Este aspecto es, sin duda, importante, pero más importa el hecho de que las deficiencias de la estructura social se centren en el destino de una persona constantemente destacada durante el curso de la acción: Pedro, el protagonista. Tal enfoque hace de *Tiempo de silencio* una novela antiburguesa (por su reprobación de la desarticulada existencia de las clases ociosas) y una novela personalista (por su descubrimiento de problemas individuales que requieren una verificación del estado general de la sociedad). Pero ante todo *Tiempo de silencio* es el prototipo de la novela estructural, o quizá más exactamente su germen.

Como la solapa editorial anunciaba, y como cualquier lector pudo percibir en seguida, la novedad de *Tiempo de silencio* es de forma, no de asunto. Ramón Buckley observa bien el «conflicto entre la anécdota de la obra (acontecimientos y ambientes familiares al lector) y su temática (nuevo y sorprendente enfoque de estas realidades)», aunque creo más exacta la formulación que en otra página hace: «un continuo desajuste entre la realidad que el novelista describe y la forma en que la describe»[210]; porque lo conocido, lo harto conocido del lector de 1962 tenía que ser la realidad descrita, el asunto (o anécdota) y el tema (¿qué otra cosa es el tema sino la definición abstracta del asunto?), mientras lo que había de sorprender como nuevo era

---

[210] R. BUCKLEY: *Problemas formales,* págs. 195 y 197.

la forma interior y externa, o sea, la actitud desde la cual está ideada la novela, su estructura y lenguaje.

La realidad descrita en *Tiempo de silencio* es la sociedad española en el Madrid de 1949 (los «años del hambre»). Con pocas diferencias en cuanto a la latitud del panorama y la fecha precisa, esa realidad había sido presentada ya en otras novelas: *Lola, espejo oscuro, Las últimas horas, La colmena, Esta oscura desbandada,* por citar sólo las de mayor renombre. La chabola, el burdel, el café nocturno, la pensión, la comisaría y (aunque más rara) la casa elegante, eran escenarios habituales en esas y otras novelas.

El asunto no supone tampoco novedad de consideración. Pedro, que se dedica a hacer investigaciones sobre el cáncer en un laboratorio, busca ratones para sus experimentos en la chabola del Muecas, inducido a ello por Amador, mozo del laboratorio. Una noche se embriaga en el café de los artistas, acompañado de su amigo Matías, joven de la buena sociedad, visita con él el prostíbulo de doña Luisa, y al regresar a la modesta pensión donde se aloja, entra en la habitación de Dorita, hija y nieta de las dueñas de la pensión, y la hace suya, celada que la abuela venía preparando, en la creencia de poder dar a la niña un marido que sacase de penurias a las tres mujeres. Esa misma noche el Muecas suplica al doctor que venga a su chabola a operar a su hija Florita, repentinamente asaltada por una hemorragia. La operación tiene el peor resultado, si bien Florita estaba ya casi muerta, a consecuencia de un aborto provocado por el padre, incestuoso autor del malogrado fruto. Codiciaba y tenía a Florita por prenda suya un maleante, el Cartucho, el cual intimida a Amador para que le confiese quién la ha matado. Por encubrir las faltas de su pariente el Muecas, Amador echa la culpa al médico. La policía busca a Pedro, quien después de asistir a una conferencia de Ortega y Gasset y a la recepción consiguiente, es llevado por Matías al prostíbulo, donde se oculta suponiendo que le buscan por carecer de autorización para operar. Ya encarcelado, Matías y Dorita tratan de ponerlo en libertad, pero quien lo consigue es la mujer del Muecas, al revelar la inculpabilidad del doctor en la muerte de su hija. El director del laboratorio expulsa al joven investigador por lo que considera un escándalo, y Pedro, adulado y atrapado por las tres mujeres de la pensión, se dispone a casarse con Dorita. Pero el Cartucho, que no ha cedido en su afán de vengarse del asesino de su hembra, persigue a Pedro, convencido aún de que fue él. Nada vale que Amador declare a Pedro la verdad y le prevenga. Una noche, en una verbena, el Cartucho mata a la prometida del médico. Este, desesperado de no sentirse más desesperado, toma el tren con destino a una aldea, donde se dedicará a despachar recetas, a cazar y a jugar al ajedrez en el casino.

Se notarán en esta trama argumental algunos ingredientes novedosos (la investigación en el laboratorio, la conferencia filosófica), pero la mayoría no pueden ser más trillados en las novelas de la época: deambular nocturno, café literario, enredos de pensión pobre, la policía, el prostíbulo, la furia asesina de un facineroso, e incluso el aborto. Particularmente con *La colmena* ofrece *Tiempo de silencio* estrechas semejanzas de ambiente, argumento y determinación local y temporal, y Pedro mismo recuerda muchas veces al Martín Marco de aquella novela: errabundo, desamparado, acosado, fracasado.

Si el tema de *Tiempo de silencio* puede definirse como el fracaso de un joven hombre de ciencia a causa de la mezquindad y la injusticia del complejo social en que se halla inserto y a causa de la imposibilidad de sobreponerse —durante un tiempo de coactivo silencio— a la tiranía de esas circunstancias, el protagonista de ese fracaso (determinado y no fatal, condicionado y no consustancial) tiene que parecernos tan representativo como aquel Martín Marco que vagaba por las calles de Madrid, expulsado del café de doña Rosa como aquí Pedro del laboratorio, como él buscando refugio en una casa de prostitución, como él perseguido por la policía con motivo de un delito inexistente o ignorado, y como él llevado hacia un destino incierto. La diferencia mayor sería la que hay entre un intelectual vacante y un investigador, pero este investigador, degradado, acaba por convertirse en algo más triste que un intelectual vacante: un practicón de pueblo, sin anhelo, sin horizonte.

Por lo dicho se verá que Martín-Santos no pretendió evadirse de la tónica general a la novela española de su tiempo: el realismo. Al contrario, habiendo sufrido la misma realidad de aquella aislada España de los tiempos del hambre (racionamiento, estraperlo, carencia, opresión, silencio mandado) quiso dejar testimonio de ella y se diría que, lejos de prescindir de sus antecesores inmediatos, escogió adrede la materia por ellos abordada. Con esa misma materia hizo, sin embargo, algo profundamente original, en virtud de una perspectiva, una estructuración y un lenguaje que rompían con lo acostumbrado. En trance de definir su posición, Martín-Santos habló de un «realismo dialéctico», consistente en «pasar de la simple descripción estática de las enajenaciones, para plantear la real dinámica de las contradicciones *in actu*»[211]. Quizá tales palabras se referían más bien a lo que estaba haciendo en su segunda novela que a lo ya hecho en la primera, pero en

---

[211] R. DOMENECH: «Luis Martín-Santos», *Insula*, número 208, marzo 1964.

550 GONZALO SOBEJANO

todo caso *Tiempo de silencio* difiere de las novelas sociales anteriores por su resuelta voluntad de no describir la enajenación estáticamente, sino con un poderoso e interventor dinamismo.

Dinámica es la actitud que inspira la novela, y si algo tan complejo y sutil como una actitud pudiera condensarse en una sola expresión, la única adecuada sería «sátira». No «humor», porque el humor absuelve siempre y, por tanto, poca o ninguna posibilidad de paralelismo cabe hallar entre Cervantes y Martín-Santos, a pesar de los agudos y congeniales pensamientos que aquél suscita en éste. Sí, «sátira»: generalmente manifestada por medio de la ironía, presentación del pensamiento en una forma contraria a la que derechamente le corresponde, y a menudo mediante el sarcasmo, grado superlativo —amargo y cruel— de la ironía. En tal sentido, más que la relación con Cervantes (propuesta por Buckley) debe admitirse la relación con Quevedo y Goya (apuntada por Gil Casado), si bien no parece lícito considerar la de Martín-Santos una «actitud anti-nacional» (Gil Casado) [212], pues tanto valdría declarar enemigos de España a Quevedo, Goya, Larra o Valle-Inclán, cuando quizá no haya ejemplares tan genuinos de hispanidad como estos artistas. (Pero es cierto que así como el anacrónico don Quijote se estrella contra el mundo moderno, el moderno don Pedro, hombre de ciencia, se estrella contra la anacrónica España, relación contrapuesta que ha visto muy bien Julián Ríos, en *Plural*, México, 15-X-1973, pág. 3.)

Hasta entonces en la novela de intención social había dominado el humor negro de Cela o la objetiva atestiguación de Ferlosio, Fernández Santos, Goytisolo, Hortelano y otros. Lógicamente había de significar una verdadera remoción de principios el enfoque satírico

---

[212] P. GIL CASADO: *La novela social española*, pág. 281.

de Martín-Santos, su eléctrica descarga de irritación frente a tantas cosas: el desvalimiento de la ciencia española, la codicia y estolidez de una clase media tan pobretona como convencional, la esterilidad de los círculos artísticos y literarios, la presunción de las altas esferas, la animalidad de los avasallados por la miseria, la crueldad o mendacidad de los burócratas, el odio latente en la fiesta de los toros, la disforme y vana vida de la capital, la inerte permanencia del país en unos prejuicios y modos de conducta tan dañinos para la mente ansiosa de verdad y para la voluntad deseosa de iniciativa y eficacia.

Desde el punto de vista del tratamiento imaginativo del proceso narrado, esta novela fundamenta los efectos irónicos y sarcásticos sobre la disonancia entre la realidad y la visión: los criaderos de ratones del Muecas se ofrecen a la mirada como «campos de cunicultura y ratología» y su chabola como una mansión residencial, las tres mujeres de la pensión obran como las Parcas tejedoras del destino del hombre, las andanzas de Pedro y Matías por el Madrid nocturno se interpretan como una navegación, quien primero interviene a Florita es llamado el mago de la aguja y quienes la amortajan adquieren la hierática jerarquía de un coro de plañideras, de la contemplación del «Grand Bouc» de Goya pasa Pedro a la contemplación del filósofo disertante como «gran buco en el esplendor de su gloria», las damas y los donceles que al filósofo agasajan figuran pájaros culturales encaramados en perchas y con vaso de alpiste en la mano, los sujetos que van en busca de Pedro por las calles de la ciudad cavilando en sus culpas segregan un creciente hilo de baba similar al de la procesionaria del pino, los sótanos de la Dirección General de Seguridad componen un laberinto infernal que engulle al preso como un gigantesco aparato di-

gestivo, Amador es un Yago benigno, Cartucho un Otelo de cloaca, y el torturado y paciente Pedro un San
Lorenzo asado en la parrilla de torquemadas paganos.
Otras veces la disonancia no proviene de la visión, sino
del tono, como ocurre, entre innumerables casos, cuando el autor dedica un altisonante ditirambo a Madrid
para ridiculizar sus menguas y sus ínfulas, cuando en
estilo indirecto atribuye al Muecas una petición cere-
moniosa y cortesana que nunca pudo salir de sus labios,
o cuando describe el guateque de las mujeres de la
pensión como un sarao frustrado, o cuando pinta el éxtasis de la muchedumbre ante el espectáculo de una revista sicalíptica. La mayor estridencia es, desde luego,
como Buckley ha analizado certeramente, el empleo de
un lenguaje culto, científico y neologista para expresar
una realidad inculta, anticientífica y trivial [213].

La interpretación de esa realidad acusa una manifiesta tendencia a la potenciación mítica, pero del desacuerdo entre realidad y mito se deriva un resultado
lindante con la parodia. Y es esto, y no la técnica monologal ni aun las audacias idiomáticas, lo que pone a
Tiempo de silencio en el linaje del *Ulysses*. Pedro vive
una odisea urbana, con su Dorita-sirena, su Florita-
Nausicaa, su accidentado periplo, sus escollos y su
descenso a los infiernos.

El objeto de la sátira es España, pero no una fan-
tasmática España eterna, aunque así pueda parecer en
alguna ocasión sino esa que todavía era como era
en 1949. En esta España un hombre joven, encauzado hacia el estudio de una verdad útil para todos, ve imposi-
bilitada su tarea y deshecha su vocación por una trama
de azares, que más que mostrar lo absurdo de la existencia, demuestran lo inexorable de los condicionamien-
tos sociales. Si el laboratorio hubiese contado con el

---

[213] R. BUCKLEY: *Problemas formales*, págs. 198-205.

equipo necesario para proseguir los experimentos, Pedro no hubiese tenido que recurrir a la peligrosa industria ratonil del Muecas. La necesidad de ratones lleva a Pedro a la chabola del Muecas y la necesidad de ocultar un incesto y un aborto conduce al Muecas a la pensión de Pedro. Se produce así, por pobreza, un choque pensión-chabola (o clase media-subproletariado) fatal para ambos términos, como ilustran las víctimas Florita y Dorita. Pero es que, además, fuera de atmósfera en la triste pensión donde consume pescadilla, Pedro sucumbe no ya al delito con que supuestamente le enfrenta la chabola, sino a la mediocridad que poco a poco va tendiendo sobre su alma el ambiente de la pensión (celestina, clases pasivas, convencionalismo y ñoñez general). Los círculos más refinados tampoco le brindan estímulo ni apoyo: en el café de artistas prevalece la pacatería neogarcilasista, el «bajorrealismo» y la inepcia apayasada; el máximo filósofo de la época explica, en cenáculo intelectual, con el ejemplo de la manzana, cómo «la Weltanschauung de cada uno depende de su propio puesto en el cosmos», desde lo alto de un privilegiado miradero que no pierde de vista al público «snob» y nada sabe del vulgo olvidado. La policía acabará encontrando al joven médico en la casa de prostitución y para sacarle de la celda su amigo apelará a recomendaciones que debe pedir indistintamente en un ministerio, en un bufete o en un fumadero de grifa. De su infierno sale el prisionero para verse inmediatamente repudiado por los sacerdotes de la ciencia y someterse a la «bêtise» de sus Parcas de ganchillo, chocolate y mecedora. No le quedará otro camino, en fin, que anegarse en el nirvana, ponerse a secar para hacerse mojama en los aires castellanos de Santa Teresa: «Yo el destruido, yo el hombre al que no se le dejó que hiciera lo que tenía que hacer, yo a quien en

nombre del destino se me dijo: 'Basta' y se me mandó
para el Príncipe Pío con unas recomendaciones, un
estetoscopio y un manual diagnóstico del prurito de
ano de las aldeanas vírgenes».[214].

La humanidad que pasa por las densas páginas de
Tiempo de silencio es una humanidad enajenada, pero
el tema de Martín-Santos no es propiamente la enajenación, como en Cela, sino el fracaso: el fracaso visto
desde la indignación.

Buckley y Gil Casado, entre otros, se han ocupado
del lenguaje innovador de esta novela con suficiente
extensión para que aquí fuese oportuno demorarse en
analizar los recursos de tan poderoso estilo: neologis-
mos, cultismos, extranjerismos, nomenclatura científica,
miembros de frase a base de palabras enlazadas por
guiones, grandilocuencia irrisoria, anacolutos volunta-
rios, perífrasis, juego de conversaciones, monólogos y
discursos (o excursos) del autor, interpolaciones ensayísticas.

La estructura de la novela —salvo esos juegos y estas interpolaciones— no ofrece rasgos detonantes. De
acuerdo con *La colmena, Los bravos* o *El Jarama*, tiempo y espacio se comprimen (unos días, la ciudad) y,
aunque destaque enfáticamente el protagonista individual, su destino obliga a una comprobación del estado general de la sociedad, de modo que *Tiempo de
silencio* sigue siendo más bien una novela «de espacio»

---

[214] *Tiempo de silencio*, pág. 218 de la primera edición.
Debo advertir que en esa primera edición no figuraban
los fragmentos 18, 19 y 20 (visita de Matías y Pedro al
prostíbulo en la noche orgiástica) ni el fragmento 37
(los dos amigos visitan a doña Luisa por el día y la
invitan a comer en compañía de algunas pupilas). Estos
cuatro fragmentos se publican en la edición de 1965,
donde por cierto los fragmentos 50 y 51 desdoblan el
unitario fragmento 45 de la primera edición.

que una novela «de personaje» (en la terminología de W. Kayser) [215].

Me limitaré, pues, a unas pocas observaciones. En la estructura de *Tiempo de silencio* creo importante señalar esto: los 63 fragmentos de que (si no he contado mal) consta la novela se distribuyen de manera que del 1 al 11 transcurren varios días imprecisamente esbozados; entre el 12 y el 28 se narra con casi perfecta continuidad lo acontecido durante la noche sabática en que Pedro experimenta la vanidad del mundo, el vértigo de la carne y la hórrida presencia de la muerte; del 29 al 56 se presenta lo sucedido en los tres días que siguen: náusea, salón, prostíbulo, prisión y libertad; y los fragmentos finales, del 57 al 63, abarcan nuevamente varios días indeterminados, desde la libertad hasta la huida. Hay, pues, una simetría entre el comienzo y el final, mientras en el centro quedan, bien localizados y datados, y expuestos con larga y seguida intensidad, los trances de pasión, muerte, encierro y libertad que hacen pasar al protagonista de su esforzada vocación a su obligada renuncia. En esto Martín-Santos parece haberse adherido a la técnica de Dostoyevsky, comentada antaño por Ortega, según la cual la densidad se obtiene, no por yuxtaposición de muchas aventuras, sino por detenimiento en algunas («non multa, sed multum») [216].

Merece subrayarse también el procedimiento por el cual a veces una representación mental del protagonista funciona como tránsito imperceptible hacia su cumplimiento en la realidad: cuando Pedro vuelve a la pensión en la madrugada del fatídico sábado la imagen de la posible ejecución de su deseo de Dorita con-

[215] W. KAYSER: *Interpretación y análisis de la obra literaria*, Madrid, Gredos, 4.ª ed., 1961, págs. 483-485.
[216] J. ORTEGA Y GASSET: *Op. cit.* en nota 4, pág. 400.

fluye con la efectiva entrega de la muchacha, que le está esperando (fragmento 21); algo semejante cuando en el fragmento 32 Pedro se sumerge en la contemplación del cuadro de Goya y de aquí se pasa automáticamente, en el fragmento 33, a la conferencia del filósofo, gran buco del conciliábulo cultural que tiene lugar al día siguiente. Se trata de un recurso dinámico casi cinematográfico. Como cinematográfica es la óptica de primer plano detallado con que se describen en esta novela, acaso por sugestión del «nouveau roman», las chabolas, los enterramientos verticales, o el interior de la prisión (la celda, la luz, el lecho, los ruidos, la espera, el tiempo de angustia).

Pero lo más importante, a mi entender, es la exploración que Martín-Santos hace de la conciencia o semiconciencia de un miembro del vulgo, del miembro más insignificante del vulgo: la mujer del Muecas. Al bucear en esta conciencia íntima y hacer de ella el portavoz de la justicia, Martín-Santos se aparta del enajenamiento «autorial» de Cela y del objetivismo ascético de los más jóvenes. La mujer del Muecas es también el personaje a través del cual se percibe el ánimo correctivo del autor y su capacidad de conmiseración dentro de lo que pudiera parecer únicamente una sátira implacable. Leído el indirecto y tutelado monólogo de la pobre mujer, ¿cómo asentir a Carlos Rojas cuando imputa al autor de *Tiempo de silencio*, arbitraria si no calumniosamente, deshumanización, desprecio, humor negro, falta de conciencia y quién sabe qué otras maldades? [217]:

---

[217] C. ROJAS: «Problemas de la nueva novela española», págs. 125-135. La bibliografía sobre *Tiempo de silencio* es abundante. Me permito recomendar el extenso capítulo IV del libro de G. ROBERTS *Temas existenciales en la nov. esp. de posguerra*, y C. FEAL DEIBE: «Consideraciones sicoanalíticas sobre *T. de s.* de L. M. S.», *Re-*

«... enterrarse en grasa pobre, ser redonda, caminar a lo ancho del mundo envuelta en esa redondez que el destino otorga a las mujeres que como ella han sido entregadas a la miseria que no mata, huir delante de un ejército llegado de no se sabe dónde, llegar a una ciudad caída de quién sabe qué estrella, rodear la ciudad, formar parte de la tierra movediza que rodea la ciudad, la protege, la hace, la amamanta, la destruye, esperar y ahora gemir.

No saber nada. No saber que la tierra es redonda. No saber que el sol está inmóvil, aunque parece que sube y baja. No saber que son tres Personas distintas. No saber lo que es la luz eléctrica. No saber por qué caen las piedras hacia la tierra. No saber leer la hora. No saber que el espermatozoide y el óvulo son dos células individuales que fusionan sus núcleos. No saber nada. No saber alternar con las personas, no saber decir: 'Cuánto bueno por aquí', no saber decir: 'Buenos días tenga usted, señor doctor'. Y, sin embargo, haberle dicho: 'Usted hizo lo que pudo'.

Y repetir obstinadamente: 'El no fue'. No por amor a la verdad, ni por amor a la decencia, ni porque pensara que al hablar así cumplía con su deber, ni porque creyera que al decirlo se elevaba ligeramente sobre la costra terráquea en la que había estado hundida sin ser capaz nunca de llegar a hablar propiamente, sino sólo a emitir gemidos y algunas palabras aproximadamente interpretables.

... ...

vista *Hispánica Moderna*, XXXVI (1970-71), págs. 117-127.

'El no fue' y seguir gimiendo por la pobre muchacha surgida de su vientre y a través de cuyo
joven vientre abierto ella había visto, con sus
propios ojos, írsele la vida preciosísima que, como único bien, le había transmitido»[218].

Entre la publicación de *Tiempo de silencio* (1962) y
la de *Volverás a Región* (1967), de Juan Benet, hay que
situar como hitos importantes de la aquí llamada «novela estructural» algunas novelas de las que, por no
desintegrar la visión conjunta del autor correspondiente, se ha tratado en páginas anteriores: *Cinco horas con
Mario*, *Señas de identidad* y *Ultimas tardes con Teresa*
(las tres publicadas en 1966).

Pero de quien ese tipo de novela recibe más fecundo
impulso es de JUAN BENET (n. en Madrid, 1927), autor de:
Volverás a Región, 1967; *Una meditación*, 1970 («Premio
Biblioteca Breve 1969»); *Un viaje de invierno*, 1972, y *La
otra casa de Mazón*, 1973, además de varios volúmenes
de ensayos y relatos.

La insistencia en la materia estrictamente social y en
la técnica objetivista se venía dejando sentir como una
rémora desde la aparición de *Tiempo de silencio*, y es
explicable que algunos escritores se dispusiesen a intentar algo nuevo. En la primera novela de Benet, *Volverás a Región*, el ensayo innovador no estriba en la ironía vindicativa, la explosión de la personalidad que asume plenos derechos, el experimentalismo integral o la
reversión paródica, sino en el empleo de un método de
transfiguración mítica de la realidad.

El tema central de la novela es la ruina, o mejor, la
Ruina, con una de esas mayúsculas tan frecuentes en
su texto. Aunque se trata de la ruina del ser moral de
España en el tiempo de posguerra, y ello queda claro

---

[218] *Tiempo de silencio*, págs. 184-185 de la 1.ª edición.

a lo largo de la narración y en varias indicaciones explícitas, lo cierto es que esa realidad aparece impregnada de misterio y realzada a un ámbito de fábula. «Región» es una población apartada entre abruptas montañas, un lugar propicio a conflictos volcánicos y a duraderos letargos que se resiste hasta el final de la guerra al ataque de las fuerzas nacionales y que, no obstante su situación al noroeste peninsular, vale por España a escala reducida. Una región mítica, pues, como el condado de Yoknapatawpha en novelas de Faulkner, el Macondo de García Márquez o ciertos parajes (no por localizables en el mapa menos virtualmente ficticios) de Ana María Matute: Artámila, Hegroz. Hacia los montes impenetrables de Región escaparon, al fin de la guerra, unos luchadores supervivientes —entre ellos el ahijado del doctor Daniel Sebastián—, que fueron sentenciados a muerte en rebeldía. Transcurrido mucho tiempo, el doctor, que vive como enterrado en su decrépita clínica-residencia, sin más ocupación que beber, recordar y cuidar a un muchacho enloquecido por la ausencia de su madre, recibe la visita de una mujer. Esta mujer y el doctor, en una noche de recelosas confidencias y de diálogo casi soliloquial, evocan sus destinos. La mujer fue amante del ahijado de Sebastián, y este amor, en las postrimerías de la guerra, durante unos días enajenadores, significó para ella la plenitud. Tras de esa plenitud vuelve ahora a Región, como anhelando recobrar aquel éxtasis. Por su parte, el doctor Sebastián, reacio en principio a remover el pasado, va despertando los fantasmas del tiempo ido y recordando en especial su malograda pasión por cierta María Timoner, a cuyo hijo educó y apadrinó. Cuando la entrevista concluye y la mujer parte, el paciente del doctor, que había acechado la llegada de ella como si fuese el retorno de su madre desaparecida, acomete en un delirio a Daniel Sebastián y le asesina.

Inútil sería puntualizar mejor el asunto de *Volverás a Región,* puesto que el proceso —narrado en forma fragmentaria, con anticipaciones, saltos atrás, zonas oscuras, ocultación calculada de datos, puntos de vista cambiantes y toda clase de efectos misteriosos y aun de «trucos», al modo de *La ciudad y los perros,* de Vargas Llosa— sólo tiene por misión hacer comprensible y sensible la ruina, el fracaso de todos: el viejo doctor amurallado en un reducto intemporal, la mujer que rompió los moldes de su estereotipada «clase» y esos dos huérfanos —el ahijado y el paciente— evadidos uno a la invisible resistencia tras los montes y otro a la locura de la espera. Más importante es hacerse cargo del simbolismo de estos personajes, representantes de tres generaciones convulsionadas, y apreciar el esfuerzo del autor por sublimar en resplandores legendarios los posos de una realidad histórica muy determinada. Los feroces pastores, el siniestro guardián que preside el silencio planetario de las cumbres, la casa del doctor, treinta años detenida en la sombra y el polvo; la rueda de los vaticinios, la muerte como una intrusa que llega de noche a los lechos de los enfermos, la alcahueta apodada «Muerte», la mina de sílice y la flor roja, la moneda de oro omnipotente y maléfica que una barquera bruja entrega a un jugador, las imponentes detonaciones sin origen conocido que arredran al visitante de aquellos desiertos parajes, la expectativa del enfermo aguardando toda la vida el regreso de la madre: todo despide —entrelazado en esta historia de declinación— vislumbres fascinantes, destellos de leyenda.

Al efecto de realidad enrarecida que persigue el novelista cooperan numerosos recursos. No son sólo los cambios de punto de vista: narración impersonal, diálogo que va aislando a los interlocutores en un creciente ensimismamiento, tránsito de la relación hablada al mensaje interior dirigido hacia un destinatario ausente. Son, sobre todo, procedimientos que podríamos llamar «extrañantes» y a los que Benet alude cuando dice que su doctor Sebastián en varias ocasiones «había intercalado, como los errores y supresiones que se disimulan en un dibujo para dar lugar a un juego de adivinanzas, ciertas insinuaciones y veladuras con las que esperó despertar su interés y estimular su curiosidad» [219]. A tal orden de procedimientos pertenecen los siguientes: repetición de motivos lúgubres (los ladridos de los perros descritos con palabras de Stephan Andres, Faulkner y Nietzsche; las voces del enfermo en la habitación de arriba, que de tarde en tarde interrumpen el coloquio), imprecisión o escamoteo de nombres personales (un jefe republicano es llamado indistintamente Rumbal, Rombal, Rembal, Rubal, Robal, Rumbás; el ahijado del doctor, foco obsesivo de la mujer, sólo es señalado por «él» o por la desinencia verbal de tercera persona), abundancia de comparaciones tomadas de un contexto muy distante (por ejemplo: «la totalidad del páramo en diez días de sol de mayo o junio queda más seco, hirsuto y apagado de color que un estropajo olvidado en el antepecho de una ventana», etc.) [220], extranjerismos («la épave», «una ilusión manquée», «hundiendo sus pies horrendos en el *schlamm*», «provocar el dégoût») [221], citas no precisadas de otros autores, largas reflexiones intelectuales llenas de fineza y hondura (sobre el tiempo, la realidad y la

[219] *Volverás a Región*, pág. 136.
[220] *Ibídem*, pág. 46.
[221] *Ibídem*, págs. 135, 155, 198 y 264.

conciencia, las edades, la virginidad, etc.)[222]. Recursos extrañantes son también ciertas descripciones técnicas y casi científicas, como las noticias iniciales sobre la orografía de la comarca, que en su sabor libresco recuerdan **otras de Martín-Santos; las notas a pie de página** (en la nota de la página 275 se entrega, en realidad, la clave para comprender la vida del ahijado del doctor y gran parte de la biografía de éste y de María Timoner) y, en fin, como prueba mayor de esta técnica de mistificación hay que consignar una absoluta falta de «decorum»: los personajes hablan de una manera no caracterizada, no fiel a la psicología que cabe atribuirles, sino de la misma manera que el autor, o sea, en un lenguaje de largas y matizadas frases, «literario» siempre, poético en ocasiones e incluso pedantes a veces, vagamente emparentado con las ramificaciones y arabescos de Proust. Al lector de Ferlosio, Hortelano, Aldecoa o del primer Goytisolo ha de asombrarle hasta el escándalo que una mujer, aquí, hable con interlocutor conocido, y aun para sí misma, en parrafadas como ésta:

> «No puedo decir otra cosa sino que en aquel momento crucial de la transformación, cuando todo mi cuerpo parecía preparado para abandonar la crisálida, después de consumado el inmundo y grotesco proceso que ha de transformar los misterios adolescentes y las grandes palabras de la juventud y los deseos imaginarios y el déficit de pasión, por medio de una ilusión manquée, en el receptáculo de un instinto suicida (y tal vez ridículo, pero sin duda intrascendente), toda mi ra-

---

[222] En este aspecto —riqueza y originalidad de ideas y perspectivas mentales— Benet sólo es comparable con Luis Martín-Santos.

zón se hallaba ocupada por unos perros de majada que iban a pisotear unas sábanas recién lavadas. Cuánto tiempo permanecí asomada al frío de la media mañana, apoyada en el antepecho, observando cómo se perseguían, se abatían e intentaban morderse y montarse en un juego procaz e inocente que, sin duda, me atraía y fascinaba tanto como el recuerdo prohibido de una edad repentinamente remota y virtualmente heroica —esto es, que queda registrada en la memoria unida y motivada por una intención heroica, aun cuando no fue así— como la inesperada estampa de un instinto que —entre personas o entre perros— no podía ser ni grosero ni punible, sino por la amenaza que representaba al orden doméstico materializado en aquellas sábanas tan blancas que transparentaban en azul las sombras de la hierba» [223].

Martín-Santos escribía de un modo semejante, pero sólo usaba este lenguaje cuando se expresaba por sí mismo o por conducto de su doble, y si caía en la grandilocuencia, el tecnicismo o la pedantería a la hora de traducir la conciencia de algún humano presumiblemente menos culto, lo hacía tutelando a este ser, manifestándolo en estilo indirecto, bajo su gobierno de autor (como en la famosa petición del «Muecas»). En *Volverás a Región* la elocución antinatural, sabia, compleja, sofisticada, es del autor, pero también del doctor Sebastián, de la mujer que a éste visita y de cualquier página del libro.

Los recursos señalados alejan profundamente la forma expresiva de su verosímil base en la realidad y hacen que una novela así —con mayor razón que otras de cuño «behaviorista»— demande una muy ac-

---

[223] *Volverás a Región*, págs. 154-155.

tiva participación del lector, si éste quiere orientarse entre tantos y tan preparados enigmas. Llegada era, ciertamente, «la hora del lector».

Aún mayores exigencias al lector plantea la segunda novela de Benet: *Una meditación,* dispersa remembranza que un sujeto anónimo hace de un pasado en que él no cumple papel de protagonista, sino de testigo a veces, y de inventor de hipótesis otras veces. Tal rememoración, indiferente a la sucesión cronológica, atenta sólo al aflorar de las imágenes, y sembrada además de excursos reflexivos, se produce como una meditación.

Comienza el meditador evocando la casa familiar, la quinta del abuelo en la vega del Torce, al norte de Región, y de ahí pasa a evocar unas experiencias de infancia, el estallido de la guerra civil cuando él tenía quince años, y luego, recuerdos entremezclados de antes y después que se refieren a amigos, parientes o conocidos, hasta que en determinado momento, cuando para uno de esos conocidos concluye el viaje invernal-infernal de un amor que, librándole del hastío, le había devuelto a la desesperación, la meditación alcanza su primer y último punto y aparte.

He aquí, pues, un individuo cuyo nombre nunca se pronuncia. Nieto de un industrial extravagante y fracasado, perdió a sus padres en la guerra; pasada ésta, volvía algunas veces a Región, y siempre para comprobar el hundimiento de sus habitantes en la enfermedad, la locura, el marasmo, la idiotez, la desesperación o la muerte. De niño estaba enamorado de su prima Mary y muchos años después conservaba hacia ella un sentimiento parecido. Mary pasó años en el exilio, regresó enferma, murió, en fin, ciega y consumida por un extraño mal contraído en América. Pero no es éste el hilo principal entre los varios que, por entrelazarse sin cumplir los hábitos de continuidad tradicionales, obligan a reconocer que la novela no tiene un argumento. Relieve semejante ofrece la historia de Leo, una mujer cuyo destino se parece al de la prima Mary, y Leo a más bajo nivel moral reaparece en la figura de la innominada dueña de la fonda de Retuerta, y a nivel de aberración incestuosa, en la sibilina Camila Abrantes, amante de su propio hermano y poseída por Jorge Ruán, el poeta puro enfermo de temor y temblor, que, de joven, fue alumno de Julián, primer marido de la prima Mary. Esto no es contar el argumento, pues, como digo, no hay un argumento. Hay vidas cuya rememoración converge o diverge según las sinuosidades de la memoria. Podríamos escoger otro punto de partida: la familia Ruan, vecina de la del meditador y de más alto rango social; y encontraríamos a los viejos Ruan, astrónomo un hermano, calavera otro, erudito arabista el padre del poeta, y allí reviviríamos el odio entre ese padre y este hijo, rivales, y sentiríamos gravitar la sombra de Enrique, hermano mayor del poeta y desaparecido al final de la guerra tras la sierra de Región, y Jorge Ruan nos pondría en contacto con Mary, su única amiga, y con Camila, su víctima erótica, y con la fonda de Retuerta, donde hallaríamos al patrón de mina Emilio Ruiz, amante de Leo y enconado enemigo del segundo marido de Mary. No tienen otro objeto estas apuntaciones sino mostrar cómo Benet, a través de la memoria de su meditador, sabe reconstruir poderosamente todo un mundo —familiar, generacional, social— donde esa conciencia solitaria se sumerge.

En busca de la estructura de la conciencia personal ese meditador viaja por el fondo de los recuerdos, por la superficie de sus sensaciones y hacia planos fantásticos que, cualquiera que sea su aliciente de realidad, tienen la calidad de lo soñado. Pero no se trata de huida del mundo, sino de afán por comprender mejor el mundo desde sus ocultas raíces.

El recuerdo no es convocado: surge. El meditador, por ejemplo, lleva grabada en la memoria la entrada de su prima Mary en Escaen (la finca de los Ruan) rodeada de niños y adolescentes, entre ellos él mismo, y esa imagen no es un motivo para escapar a un deleite en el que refugiarse de un presente hostil, sino una invitación a meditar en la estructura de la conciencia:

> «Yo no sé por qué llevo aquella entrada tan grabada en la memoria, por qué me acuerdo de ella con tanta insistencia y precisión y por qué a ratos me veo queriendo indagar en sus detalles más insignificantes, como si el descubrimiento de uno de ellos pudiera cambiar todo el equilibrio del sistema recordado; sin ser así surge inexplicablemente de cuando en cuando uno, una burbuja que durante años y decenios había permanecido encerrada en el medio denso y que aflora a la superficie del conocimiento como consecuencia de un alivio de la presión que la aprisionaba; hay quien respecto a esos fósiles de su propio pasado reacciona de idéntica manera que el geólogo o el arqueólogo, tanto dejándose arrastrar a la idolatría del objeto que viene a sumarse a esa escasa colección de testigos y reliquias que constituyen todo el acervo de un pasado esfumado y en su mayor parte ignorado, cuanto utilizándola como pieza de identificación de un conjunto de hechos y sentimientos cuya existencia no se presumía en una edad tan sólo conocida por una nomenclatura que apenas tiene significación» (pág. 28).

Esa burbuja, fósil o reliquia surgió un día cualquiera: recordó el sujeto, de pronto, que él iba corriendo detrás de Mary y sufrió una caída, se lastimó la rodilla y se lavó la herida con agua de acequia, apresuradamente, a fin de poder presenciar con los demás muchachos la entrada de su prima en la finca. Y aquella caída, aquel apresurado correr, se debían a «sentimientos de atracción y admiración hacia Mary que en aquella edad ya habían despertado y ni siquiera entonces, cuando por más inocentes y desinteresados más fácilmente podían ser atendidos, fueron comprendidos». Llamo la atención sobre algunos términos de notable impronta estructural: «equilibrio del sistema recodado», «colección de testigos y reliquias», «pieza de identificación de un conjunto».

El mismo empeño se advierte en el análisis de las sensaciones. Cuando el sujeto describe una fisonomía, unos ademanes, una acción, un paisaje (y describe frecuente y prolongadamente) no lo hace para informar de unas circunstancias a un hipotético lector: lo hace para explicarse a sí mismo la naturaleza de unas impresiones que a él le importa sacar a flote y descifrar. De ahí, en gran parte, el signo estilístico de esta prosa tanteante, dificultosamente analítica, que va acumulando, explayando o corrigiendo representaciones, o a veces asiéndose a extraños términos comparativos, en un afán angustioso de acertar con la verdad de la sensación desvaída por el tiempo.

Así, por ejemplo, refiriendo la ceremonia del descubrimiento de una lápida en homenaje al poeta muerto, un día de otoño, el meditador invierte casi dos páginas en intentar la evocación del paisaje que decoraba la ceremonia, y habla del «aroma de las hojas podridas y húmedas», de la «acerba y mortuoria transformación del remoto e iridiscente verano al conjuro de un humo hechicero que, naciendo de los montones de hojarasca quemada a ambos lados del paseo bajo los plátanos, iba a fundirse en el cielo encapotado y el aire estañado de la tarde»; y poco después vuelve a parafrasear ese temple de descomposición y de adiós, insistiendo en la pintura de la vegetación: «Como si la cancerada corteza de los plátanos, la húmeda piel que amarilleaba debajo de ella no como promesa de un nuevo retoñar, sino como postrer vendaje de un cuerpo condenado donde aún corría una savia empecinada que por su propio fluir ignoraba la mortuoria orden de suspensión lanzada por un centro agotado (esa ácida y calcinada fermentación de hojas muertas y escaroladas en las que sólo la costumbre quiere ver el consuelo de un próximo germinar), y el silencioso bostezo de un cielo fatigado y pesaroso que envuelto en un halo húmedo presiente su vergüenza y reprime sus lágrimas con un gesto esquivo, reclamaran para sí el tributo fúnebre que el hombre reserva para el reino animal». Y después de nuevos esfuerzos por apresar la fugacidad del agua y el arrastre de las ramas y la descomposición de la tierra, aún vuelven a atenazar la memoria perceptiva del sujeto los aspectos de la vegetación: «Ya no son árboles sino desgarrones de un bamboleante telón que, salpicado de residuos, muestra las manchas y marcas de sucesivas inundaciones: una mano negligente ha acumulado en torno a ellos una guirnalda de desperdicios, una ofrenda de podredumbre a la pudrición, en espera de que las hojas que tremolan aún en las ramas más altas, unidas sólo por un suspiro, vengan al suelo para cancelar el último período de la monstruosa y mortuoria menstruación otoñal» (págs. 56-58).

Toda esta descripción, que podría parecer lujo de palabras, es en realidad un esfuerzo por hallar en las borrosas facetas de las sensaciones recordadas la total estructura profunda de una experiencia vivida. El hombre reserva su tributo fúnebre para el reino animal, y aquí se trata de conmemorar con una lápida a un hombre muerto, pero a ese ritual suma el meditador la muerte (por otros no atendida) de la vegetación, del agua, del aire, del cielo, de la tierra misma («un terrón de césped que desprendido del ribazo se desploma de un golpe», pág. 57). El esfuerzo se siente en la reiteración del tema (la descomposición) a través de distintas variantes; en la necesidad de duplicar o triplicar los calificativos como si una nota sola no bastase («acerba y mortuoria transformación», «cielo fatigado y pesaroso»); se siente en la premiosa obsesividad con que aparece y reaparece el adjetivo «mortuorio»; en la rebusca de comparaciones y metáforas («postrer vendaje», «cancerada corteza», «bamboleante telón», «guirnalda de desperdicios»), y se siente, en fin, en las agrupaciones de sonidos que sugieren la sensación misma descrita («una ofrenda de podredumbre a la pudrición», «muestra las manchas y marcas», «monstruosa y mortuoria menstruación»). Sobre todo: el propósito de la descripción completa, asimilar la muerte de la vegetación a la de los cuerpos animales, queda alcanzado en esa imagen final, «monstruosa y mortuoria menstruación otoñal», que hace de los árboles criaturas de sangre que engendran y mueren.

Evasión al fondo de los recuerdos, evasión por la superficie de las sensaciones en busca de su valor subyacente y evasión también a súbitos paisajes de fantasía alucinatoria cuyo sentido es muchas veces un ensayo de estructuración del caos. Así, la dueña de la fonda, que ejerce sobre el patrón de la mina una fascinación erótica tan intensa que el deseo del hombre sólo es capaz de llevarle a la puerta de su alcoba para allí deshacerse en una eyaculación prematura, pasa de repente desde su anonimia a protagonista de una alegoría: es la hija de Anhelo, y su hermana menor se llama Provocación, y luego Perturbación, y poco después Persecución. Especie de alegoría con notas kafkeanas en el modo de la descripción y con cierto acento medieval-barroco en las equivalencias abstractas, las cuales parecen dar la clave racional de la anécdota. En mayor misterio quedan otros excursos fantásticos, como los de la Cueva de la Mansurra, el evacuador de perlas Andarax o la explosión verde de la mina a través de cuyas lumbres espectrales un penitente ve dibujados los acontecimientos del presente o predibujados los futuros. Otro excurso fantástico, presentado con la serena minuciosidad realista con que Kafka solía relatar lo más absurdo, es el de la puesta en marcha del reloj parado de Cayetano Corral; pero esta fantasía quizá sea la de sentido más claro: en una sociedad aletargada como la de Región y sus aledaños el reloj era un objeto conocido que a todo el mundo tranquilizaba «mientras permaneciera parado» (pág. 281); al zumbar, pendulear y estertorear, el reloj provoca una sacudida irresistible, una alarma y estrago coincidentes con la subida de Carlos Bonaval y Leo a Mantua, la zona mítica de la autoridad inabordable en la que nadie osaba penetrar.

En *Una meditación* hay, pues, una búsqueda de la estructura de la conciencia personal a través del recuerdo, la sensación y la fantasía; pero asimismo una búsqueda de la estructura del contexto social, perceptible ya en algunos de los excursos fantásticos a que acabo de aludir, y más aún en la interpretación que hace el meditador de ambientes, generaciones y grupos o clases.

Región y su comarca forman un espacio fictivo que, como tal, goza de autonomía, pero que vale por España, como es obvio leyendo las novelas y narraciones cortas de Benet, y como ha sido notado por la crítica[224]. En esa geografía imaginaria, pero no absuelta del mundo sino enmarcada dentro de España, hallamos la capital (Región), los villorrios, las grandes fincas de las familias que van descendiendo del poder a la impotencia, y la impenetrable Mantua, esfera de la oscura autoridad gravitante, más una serie de puntos geográficos cuya exacta equivalencia no importa mucho averiguar, pues se comprende que Juan Benet ha querido fundar su patria imaginada (como Faulkner, como García Márquez) para poder moverse con plena libertad, pero pensando en su patria real y, por supuesto, en la tierra toda. Lo cierto es que, también en la línea histórica, el novelista nos ofrece una trayectoria larga y representativa: la generación de los abuelos, la de los padres y tíos, y la de los nietos (que es la del meditador). Las tres reciben amplia atención, aunque más la última, y no faltan representantes de promociones intermedias, como Enrique Ruan, intercesor entre los que eran niños en la guerra y los que eran adultos. Ni tampoco en la novela se presenta un grupo social, sino varios: desde la familia Ruan en la cima, pasando por las familias de pequeños industriales (Bonaval, Corral, la familia del sujeto pensante) y por los tipos medios y los llegados a más a resultas de la guerra (Emilio Ruiz), hasta los mineros y paisanos.

Un motivo reiterado dentro de este sondeo social es la decadencia de las altas familias, y a tal motivo dedica un complicado discurso el tío Ricardo (pág. 40), pero ese destino descendente es el que siguen otras fa-

---

[224] R. GULLÓN: «Una región laberíntica que bien pudiera llamarse España», en *Insula*, 319, junio 1973, pág. 3. Véase también M. DURÁN: «Juan Benet y la nueva novela española», en *Cuadernos Americanos*, CXCV, Julio-Agosto 1974, págs. 193-205.

milias: los Ruan, los Mazón, la familia del protagonista. La distancia entre niños y adultos, o entre miembros de distintas generaciones (Jorge Ruan y su padre),
entre amigos de una misma edad (Bonaval y el meditan-
te), entre individuo y sociedad, entre la voluntad del alma y la servidumbre al cuerpo, constituye una situación
cardinal con muchas variaciones. Y el portavoz de la meditación, quedando parcialmente oculto e inacabado, se-
miescondido en su carácter y destino tras los cendales
de la remembranza, cumple la función del testigo que,
a través de los otros, bucea en su propio enigma. Su
meditación desenvuelve a retazos el mal reprimido «fu-
ror» o la «opresión raras veces aliviada» que llevaba a
esos otros «a quemar ratas, a ahorcar perros, a destruir
su propia obra o expoliar la del padre, allanar la morada del vecino, incendiar el hogar propio, amar a la hermana o arrimarse a Mantua a buscar el disparo del
Numa. La guerra civil no había acabado con tal furia
sino con el plazo para poderla convertir en hechos positivos» (pág. 271). La destrucción, tal es el tema de la
obra: como acción conducida por el odio atensado bajo
la ley del miedo, y como resultado estéril: la ruina. Sadismo y masoquismo, autoconsunción, envidia, suspica-
cia, incesto, enfermedad, demencia: tales son algunos
de los males que van minando a esas criaturas aisladas
que perdieron el sentido del fin.

En *Una meditación* el cerrado espacio geográfico sobre el que pesa la hermética sierra por donde se va a
la cabaña del Indio parricida y al páramo en que el
Numa hace detonar sus disparos, da la impresión de un
ámbito sin salida. Y aún más contribuye a esa impresión el modo como el meditador recorre el espacio humano recordado: cuando ha seguido la línea marcada
por un personaje y en ella aparece otro de importancia
en su memoria, ésta abandona la primera línea y entra

por la del nuevo personaje durante un trayecto en un punto del cual aparece un tercero, o reemerge el primero, y así —por el área de las relaciones humanas— esa memoria se mueve dentro de un laberinto cuya puerta última jamás se encuentra.

Por el mismo estilo, las épocas se barajan, y si las páginas iniciales nos sitúan a corta distancia del comienzo de la guerra civil y en el día mismo del estallido, las fechas ulteriores (aludidas más que enunciadas) obedecen a vaivenes de dispersión: hacia atrás, hacia adelante. Conocemos primero la lápida de Jorge Ruan, más tarde sus últimos años de sorda hostilidad con su padre, mucho más tarde su morboso idilio con Camila y su indescifrada muerte. O de la prima Mary conocemos primero su triunfal juventud, después su enfermedad y muerte, más adelante su escapada a Región con Carlos Bonaval en los días precedentes al 18 de julio de 1936. La guerra civil es como el eje temporal, pero no divide la novela en un antes y un después de ella, sino que los acontecimientos recordados giran en torno a ese eje, apareciendo unos en la rotación hacia adelante y otros en la vuelta hacia atrás. El rompecabezas temporal no compone nunca una figura: se evoca el tiempo sin más orden que el subjetivo de la conciencia. Podría el lector dedicarse a ordenar las piezas, pero ni aun haciendo este esfuerzo (desaconsejable) llegaría a salir de la enigmática incertidumbre que la meditación adopta como ritmo propio.

Y hay, en fin, un juego de búsqueda y elusión de la identidad. El meditador no quiere retratarse, pero algo deja ver del perfil de su alma. Los personajes no aparecen netamente distinguidos: casi siempre quedan desdibujados, sea por la anonimia consecuente (el meditador, la dueña de la fonda, el viejo señor Ruan), por la vacilación del nombre («Aquel Emilio y algo así como

Ruiz y algo», pág. 108; Andarax y «Andorax, o algo así»,
páginas 248, 253), o porque sus acciones, reacciones o
andanzas representan variantes apenas diferenciables de
destinos casi idénticos (Mary y Leo, el patrón y el capataz de la mina, el primero y el segundo marido de Mary,
Rosa de Llanes y la dueña de la fonda, son parejas en
ciertos aspectos gemelas, que inducen a confusión). Persecución de identidades, pues, y fracaso en la tarea.
Todo surgiendo de un ávido empeño de conocimiento.

Infunde unidad de tono a *Una meditación* su temple
elegíaco. La última palabra que se lee es: «desesperanza». Eludiendo repetir el éxtasis erótico consumado con
Leo, Carlos Bonaval abandona a ésta y se encamina al
lugar donde compartió con su amigo Cayetano la compañía y la espera de la puesta en marcha del reloj: sólo
halla cenizas, y cae de hinojos para «restregarse la
cara con la tierra negra, en busca de ese consuelo que
sólo se encuentra en la desesperanza». Pero la novela
entera es una elegía de la frustración, la desesperanza
y la ruina.

Dentro de la tónica elegíaca proporcionan treguas los
toques de humor que Benet inserta con fuerza absurdista. Pueden ser amplios y precipitar en anécdotas
estupendas: así el episodio del licor amarillo y que-
mante fabricado por el abuelo y ofrecido a los visitan-
tes con exquisito sadismo (págs. 166-181), o el episodio
de las barbas del misionero atrapadas al cerrarse vio-
lentamente el cajón de una consola (págs. 248-250). Pero
ese humor tiene también formas más breves y no menos eficaces. Radica a menudo en la extravagancia de
una comparación: una vieja sirvienta abandona ofen-
dida la mansión del abuelo con tanta prisa «como si
estuviera decidida a llegar a Roma aquella misma tarde»
(página 21); de las cuatro hermanas de Cayetano las tres
mayores eran inteligentes pero «más feas que Picio» y

la cuarta algo agraciada pero «más tonta que Abundio» (pág. 74), vulgarismos que contrastan con la enrevesada expresión que da tono culto a la página en que aparecen; la dueña de la fonda, recostada en un sillón, desnuda de cintura para abajo y untado de carmín el sexo por su solícita hermana, mira al patrón de la mina, caído al suelo por la extrema congoja erótica que hacia ella le empuja, con mirada limitada por su postura, «como la del parroquiano de la barbería, que embadurnado de espuma sólo puede devolver al amigo que entra un saludo muy comedido» (pág. 136), donde se da una detonante incongruencia entre el tenor onírico y el vehículo metafórico de una llaneza trivial. Otro efecto sumamente cómico, por violenta ruptura de la ley del «decorum», se produce cuando el cabo de la Guardia Civil se ahorca colgándose de la cisterna del retrete de la casa-cuartel dejando escritas en las paredes con un lápiz de labios las razones de su decisión: «la inútil personificación del brazo de la justicia en un país donde sus fines se logran tanto por la lenta destrucción de los ideales de la civilización como por el orden cívico alcanzado, gracias a una ley que aspira a la nada, por una comunidad formada por individuos que no tienen reparos en atentar sobre sí mismos al modelo humano impuesto por la sociedad moderna» (páginas 260-261). Comparando esta declaración con el modo de hablar ordenancista del guardia Gumersindo en *El Jarama*, podríamos apreciar la oposición entre el subjetivismo de Benet y el objetivismo de Sánchez Ferlosio en cuanto a procedimientos presentativos, ya que en el fondo Benet no es menos realista, aquí, que Ferlosio: lo que sucede en Región no es histórica y socialmente menos verdadero ni menos revelador que lo que ocurre a orillas del Jarama; la diferencia está sólo en que Benet orienta a sus lectores hacia la desviación

sorprendente y Ferlosio hacia el reconocimiento de la
realidad común; desde ambos polos puede crearse eficacia estética.

Como experimento técnico, *Una meditación* es un
alarde de complejidad, pero más interna que externa.
La conciencia memoradora pone el seno nutricio de
todos los argumentos. El sujeto no se presenta con
entidad suficiente: estamos más dentro de su discurrir
que de su biografía o carácter. Poco habla de sí mismo,
como si no se conociese lo bastante, o como si desease
mantenerse tras las cortinas de su recordar. Pero se busca a través de los otros, y no quiere racionalizar, sino
manifestarse bajo el dictamen del Irracional. Su conciencia enmarca la trama abundante, fragmentaria, des-
hilachada, poniendo a las evocaciones glosas teóricas,
largos escolios reflexivos acerca de muy diversos temas:
la novedad y el deseo, la memoria y el olvido, niños y
adultos, el yo, el tiempo, la servidumbre al cuerpo, voluntad y eros, el miedo, amor fálico y cefálico, el sacrificio, la amistad, individuo y sociedad, Eros y Psique,
amor y muerte. Tendencia ésta, a la generalización dis-
cursiva y sentenciosa, que estaba en *Volverás a Región*,
pero que aquí toma proporciones más dilatadas.

La discontinuidad evocativa, como expresión de la
búsqueda, pérdida y nueva búsqueda de la identidad
propia y de las identidades ajenas, es seguramente el
recurso técnico más característico de la novela, y el
hecho de que ésta esté escrita sin un solo punto y aparte (en el rollo de papel continuo que el autor adaptó a
su máquina de escribir) no es signo de continuidad espacial, cronológica ni temática, sino del continuo psíquico, eso sí, que en rigor encierra un hormiguero de
avances, retrocesos y desviaciones. Por lo demás, no
hay ningún recurso gráfico anómalo, salvo la profusión
de paréntesis y una llamada a pie de página (sólo una

frente a las varias de la primera novela) para atribuir a
Rilke una frase relativa —nuevamente— a unos perros (pág. 278).

El lenguaje es, en *Una meditación*, de una riqueza,
complejidad y potencia inusitadas. Ya he indicado, al
glosar la descripción del otoño, el sabio empleo de la
armonía imitativa, la comparación de vehículo muy
remoto, la adjetivación doble o triple, las perífrasis y
reiteraciones con que el escritor desenvuelve sus impresiones completando, enmendando o ampliando los
modos de formularlas. Pero sin duda la más innovadora
proeza idiomática se encuentra en el nivel de la sintaxis.
De todas las novelas de Benet *Una meditación* es aquella, creo yo, que lleva al extremo la complejidad sintáctica. La sintaxis de la frase, pero no sólo de la frase,
sino de la imaginación, de la temática y de la población
humana, constituye la mayor dificultad que las novelas
de Benet imponen al lector, pero también, como ha notado José Domingo, «una suerte de embriaguez que será
su mejor recompensa» [225]. Limitando nuestra consideración al lenguaje, podemos descubrir fácilmente el pro
y el contra del estilo de Juan Benet. El contra consistiría en que la complejidad sintáctica lleva algunas veces al escritor a una oscuridad innecesaria, la cual se
hace más sensible en los pasajes de índole reflexiva o
teórica. Ante muchos párrafos de esta clase, proliferan-
tes hasta la saturación, cabe preguntarse si era necesario, artísticamente, envolver las ideas en tal retícula de
frases explicativas, comparaciones apartadas e incisos
aclaratorios, matizadores o circunstanciantes. Y aunque
es cierto, y asombroso, que Benet casi nunca pierde el
hilo ni incurre en anacolutos (la concordancia de sus
frases suele ser impecable), también es cierto que el

---

[225] J. DOMINGO: Reseña de *Una meditación*, en *Insula*,
282, Mayo 1970, pág. 7.

lector, a menudo, ha de hacer un esfuerzo desmesurado para distinguir cuál sea el sujeto de este «que», de ese «su» o de aquel verbo solapado bajo el racimo de oraciones. Otras veces la reiteración de un término engendra más que oscuridad, aridez: así, entre la penúltima línea de la página 161 y la décima de la siguiente, se repite «que», con valor de pronombre relativo, diez veces nada menos.

Acabo de apuntar el efecto, a mi parecer, menos satisfactorio de esta sintaxis complicante y arrolladora, pero hay que decir en seguida que lo que Benet persigue con esa sintaxis no es una exhibición de originalidad, ni tampoco un trasplante desmedido de los hábitos de Proust. Persigue, y perdónese la pedantería, sincronizar la diacronía, simultaneizar lo sucesivo, religar lo disperso, dar una dimensión enigmática a lo que puede parecer ordinario, conjuntar factores, yuxtaponer armoniosamente, arquitecturar, estructurar. La prosa de Benet, ha escrito Darío Villanueva, es «un magnífico estudio de la inaprehensibilidad esencial de la realidad, que lejos de ser monolítica se presenta huidiza e inabarcable, incluso para un sujeto tan tópicamente lúcido como el narrador de una novela»[226].

Aborrece Juan Benet la llaneza y simplicidad expositivas, y del viejo erudito Ruan dice el meditador, significando tal aborrecimiento: «solía decir todo lo que sabía —que debía ser mucho— tan sin rodeos ni ambages que lo dejaba desposeído de una dimensión: no tenía encanto con la lengua ni sabía pintar un ambiente de forma que por profunda y minuciosa que fuera su investigación siempre la hacía parecer cosa de poca monta y harto conocida» (pág. 236). El ideal de Benet es

---

[226] D. VILLANUEVA: «La novela de Benet», en *Camp de l'Arpa*, Barcelona, 8 noviembre 1973, págs. 9-16; lo citado, en pág. 13.

el opuesto, y queda señalado en estas líneas, que constituyen al mismo tiempo una de sus mejores ilustraciones concretas:

«... El oído extrae las mayores y mejores satisfacciones de una melodía en el momento en que conociéndola tras un limitado número de audiciones, no la sabe todavía de memoria; y cuando confundido por las variaciones sobre un mismo aire no puede por menos de aplicar toda su atención sobre unas notas muy señaladas y separadas que insinúan la matriz oculta y olvidada por el caudal de diferentes ritmos y tonos, no sólo pierde el hilo de aquélla, sino que por culpa de un interés demasiado polarizado renuncia a la comprensión de cada uno de los fragmentos que forman un conjunto cuyo vínculo se le ha escapado; pero al fin el aire surge, como colofón, en un nítido y solemne final que una vez entendido da plena significación a todo el variado discurso anterior, cuyos más intrincados matices cobran todo su significado, todo su orden armónico dentro de una composición informada por un solo pensamiento que —tal es su virtud— puede adoptar las formas más elaboradas del arte.» [227].

A la luz de esta declaración, que condensa la voluntad de estilo de Juan Benet, conviene leer la patética

---

[227] *Una meditación,* págs. 157-158. Desde otra perspectiva define Benet su estilo con estas palabras: «La experiencia circunscribe todo acto y todo objeto dentro de unos contornos a duras penas erosionables por la fantasía y la vida del espíritu es tanto más rica y sugestiva cuando no estando aún trazados le es dado adentrarse dentro de la masa incompleta y maleable y llena de promesas que aquéllos han de reducir a una forma» (*Una tumba,* Barcelona, 1971, pág. 102).

saga de la ruina de *Una meditación*. Y esa complacencia
en la estructuración, no geométrica sino musical, de la
obra de ficción logra su modelo más puro en *Un viaje
de invierno*. Su construcción musical tiene por fondo
el ciclo de Schubert, y es ésta la menos narrativa de
las novelas de Benet: consiste en la espera solitaria de
una mujer, Demetria, que anualmente escribe cartas
invitando a una fiesta en honor de su hija regresada,
y en la aparición y final desaparición de un silencioso
criado, Arturo. Tensiones de espera, insinuada atracción
erótica, postración de la casa, omnipresente vacío: tales
son algunos de los motivos de este poema acogido al
lema «diá róon», a través de la corriente, a través del
fluir del pensamiento.

Acertadamente ha visto José Ortega que las tres primeras novelas de Benet, configurando una trilogía de
Región, consisten en regresos: en *Volverás a Región* la
hija del militar nacionalista Gamallo vuelve a Región
ansiando recuperar un pasado de amoroso éxtasis que
fue lo único auténtico de su vida; en *Una meditación* el
narrador vuelve y vuelve al paisaje de su infancia y juventud, y por cierto —hay que añadir— con un empeño
memorador que no le hace progresar (es típico de estas novelas españolas últimas el «piétinement sur place» del personaje); y en *Un viaje de invierno* hay «varios itinerarios que en el relato simbolizan la futilidad
del regreso de los que intentan alcanzar la comprensión de su destino personal, así como la frustración que
sigue a esta fallida tentativa por dilucidar su contingente existencia»[228]. Esos itinerarios son: la vuelta de la

---

[228] J. ORTEGA: «Estudios sobre la obra de Juan Benet»,
en *Cuadernos Hispanoamericanos*, 284, Febrero 1974; trabajo recogido ahora en el volumen *Ensayos de la novela española moderna*, Madrid, J. Porrúa, 1974, págs. 137-
176; lo citado, en pág. 166.

hija de Demetria; el posible regreso de su marido Amat; el viaje de los invitados a esa fiesta de marzo con que parece conmemorarse el retorno de la hija o los esponsales de Demetria y Amat; el viaje del sirviente Arturo; la salida de la casa de Demetria para cancelar el pedido de las invitaciones, después de doce años de reclusión; la llegada del Intruso, posible familiar de los Amat; la ruta del músico fracasado. Se diría un abanico de proyectos argumentales alrededor de la operación esencial: buscar la identidad deteriorada o perdida, venir a sí mismo.

En *Un viaje de invierno* el tema básico no parece ser sino la búsqueda de la propia verdad: en la espera inactiva, en el silencio, en el fracaso, y siempre a través del instinto, la heterogeneidad, como dice Ortega, y la nostalgia, y contra la razón, la norma y la costumbre. La memoración del tiempo ido y de las imágenes flotantes en el oleaje del tiempo se da en esta novela limpia de injerencias racionales: el autor saca a los márgenes de las páginas los corolarios de su acompañamiento especulativo, ya en forma de lemas comprimidamente sentenciosos (por ejemplo: «La suspensión de la ley del disimulo, tal vez comporta toda una concepción del destino»), ya en forma de guías temáticas (por ejemplo: «Réplica del sexo al Estado», «El auriga de la razón»).

Darío Villanueva, en el antes mencionado ensayo, considera *Un viaje de invierno* la menos trascendente de las novelas de Benet, aquella en que el tema ofrece un carácter más banal o de puro pretexto, y es cierto que aquí tiene menos relieve, aunque alguno tiene, la historia colectiva. Pero, en compensación, es su novela más artística, equilibrada y armoniosa.

En 1973 se publicó *La otra casa de Mazón*, novela escrita en doble registro: narración de tragedias y dialogar dramático de tono cómico-sarcástico. Mazón es un gran señor en la ruina de su casa, de su familia y de todo un ambiente. Los fantasmas familiares obseden su cerebro de último tirano. El que ha humillado y explotado a todos, ahora sólo entretiene su estéril orgullo cambiando palabras inútiles con una vieja sirvienta o con esos fantasmas de la tradición (el rey) y de la parentela que se presentan de visita al caer la noche sobre el páramo de Región.

Ha señalado Darío Villanueva que la estructura dramático-narrativa de esta novela se encuentra en el *Requiem for a Nun* de Faulkner y que cierta travesía de un cuerpo por el río recuerda otra, bien conocida, de *As I Lay Dying* del mismo autor, aunque también podría recordarse una escena semejante y anterior en *La corte de los milagros*, de Valle-Inclán. De todos modos, uno de los autores que más han inspirado a Juan Benet ha sido Faulkner; y con él, en varia medida, según apunta Villanueva, pueden invocarse los nombres de Proust, Kafka, Henry James, Melville, Malcolm Lowry, Conrad, García Márquez. Pero Benet es siempre original, dueño de una imaginación personalísima y de un lenguaje incomparablemente rico; también es un pensador fecundo en ideas, no obstante su inclinación a lo irracional. Con sus cuatro novelas y sus varios libros magistrales de relatos breves, Juan Benet es hoy el novelista que mayores exigencias plantea al lector, pero el que puede procurarle curiosidad y satisfacción más intensas.

* * *

El tipo de novela hoy dominante en España, generado por Martín-Santos, propulsado por Juan Goytisolo, y consagrado de forma muy peculiar por Juan Benet, no ha recibido, que yo sepa, más que estos nombres: novela de la contraola (Corrales Egea), novela del realismo dialéctico (Martín-Santos, J. Ortega, R. Buckley), novela del realismo crítico (H. Esteban Soler) y nueva novela (así la presentaba la editorial Barral en 1972) [229]. La denominación que yo le doy, *novela estructural,* podría ser aceptable teniendo en cuenta estos tres aspectos: el relieve de la estructura formal (disposición de las partes en una figura que se presenta como nueva), la indagación de la estructura de la conciencia personal (habitualmente del protagonista) y la exploración de la estructura del contexto social. Novela estructural quiere decir, por tanto, que la estructura está, en este tipo de novelas, más acentuada, formal y semánticamente, que cualquier otro elemento.

Además de *Tiempo de silencio, Señas de identidad, Cinco horas con Mario, Ultimas tardes con Teresa* y las cuatro novelas de Juan Benet que acabo de reseñar, pertenecen en mayor o menor grado al nuevo tipo de novela estructural, obras de las que ya se ha hablado en otras páginas de este libro: *San Camilo, 1936; Parábola del náufrago* (1969), *Reivindicación del Conde Don Julián, Guarnición de silla* (1970), *La saga/fuga de J. B., El gran momento de Mary Tribune* (1972), *Florido mayo, Oficio de tinieblas 5* (1973), *Retahílas* (1974) y otras que después se mencionan.

Estimar estas novelas como resultado de una «contraola» respecto a la «nueva oleada» de los años 50 me parece poco adecuado por dos razones: «nueva oleada» es ahora, como designación, un anacronismo, y «contra-

[229] J. CORRALES EGEA: *La novela española actual* (1971), págs. 191 y 214. J. ORTEGA: «Novela y realidad en España», en *Mundo Nuevo,* 44, Febrero 1970, págs. 83-86. R. BUCKLEY: «Del realismo social al realismo dialéctico», en *Insula,* 326, Enero 1974, págs. 1 y 4. H. ESTEBAN SOLER: «Narradores españoles del Medio Siglo» (1971-73), página 357.

ola» un término que no define la producción novelesca
más reciente, sino que la reduce a un gesto mecánico
de oposición contra lo anterior. «Realismo crítico» es
denominación que temo induzca a confusión por cuanto
que así se ha llamado la novela social antiburguesa y
aun a veces la novela testimonial de los años 50 en general (así hace, por ejemplo, José Domingo). Por lo que
se refiere a «novela del realismo dialéctico» es término
que pone de relieve un rasgo esencial: la expresión del
movimiento histórico real de sociedad e individuo en
sus relaciones; pero probablemente no faltará quien
juzgue dudoso el «realismo» de estas nuevas novelas
(de ellas, por comparación con la narrativa inmediatamente anterior, no puede decirse que sean más realistas);
y en cuanto a «dialéctico» ¿será capaz esta palabra, tan
desgastada, de denotar lo primariamente distintivo? Sinceramente creo que no.

El cambio de la novela social de los años 50 a 60 al
nuevo tipo de novela de los años 60 a 70 me parece
muy claramente interpretado en este razonamiento de
Fernando Morán:

«A partir de los años sesenta nos volvemos
conscientes de que: a) las novelas españolas realistas son parcialmente anacrónicas; b) no alcanzan la totalidad, porque el contexto no es suficientemente homogéneo (una sociedad semides-
arrollada es una sociedad desarrollada desigual-
mente); c) la descripción de la miseria no desmon-
ta el mecanismo que la engendra; d) el pauperismo
es cada vez menos adecuado como tendencia porque se produce una elevación del nivel de vida considerable y porque grandes capas de población aspiran al bienestar y a la trivialización; e) la novela
no debe limitarse a describir, sino que tiene que

explicar. Estamos desde entonces en la novela que corresponde al semidesarrollo»[230].

Lo que se deduce de estas y otras meditaciones de Fernando Morán, respaldadas por las ideas de Enrique Tierno Galván, es que la nueva novela muestra, y debe mostrar, creciente conciencia de la complejidad. Complejidad en todos sentidos: histórica, social, económica, política, religiosa, cultural, artística. Esa complejidad es lo que aspira a plasmar el nuevo tipo de novela. Al cual denominé «novela estructural» en una conferencia pronunciada en la Universidad de Oviedo en agosto de 1971 y publicada en marzo del año siguiente[231]. Desde entonces he intentado hallar nombre más satisfactorio, sin conseguirlo. Y no es que éste me contente, pero al menos subraya el elemento que, si no estoy ofuscado, importa más a los novelistas de la última década: la estructura.

Lo que más importaba a los novelistas de 1940-50 era la actitud de la conciencia singular ante el hecho de existir. Lo que más importó a los novelistas de 1950-60 fue la materia social de su testimonio inmediato. Lo que parece importar principalmente a los novelistas de ahora es la interna disposición de la conciencia personal frente a la composición compleja de la realidad social del semidesarrollo a través de una estructuración artística muy marcada de sus conexiones. Toda novela, aun la más desnudamente existencial o la más objetivamente testimonial, se organiza en una estructura, ello es evidente; pero en esta novela de los últimos años la estructura quiere hacerse notar y se nota, formal y temáticamente, como nunca.

---

[230] F. Morán: *Explicación de una limitación*, 1971, págs. 86-87.

[231] «Direcciones de la novela española de posguerra», en *Boletín de la Asociación Europea de Profesores de Español*, Madrid, IV, 6 Marzo 1972, pág. 58.

Bastaría una simple ojeada a anuncios y solapas para comprobar que desde hace algunos años lo que en ellos se proclama es la novedad de tales y cuales novelas desde el punto de vista de su forma, construcción o estructura. Pero acudiré a datos más respetables. René-Marie Albérès, por ejemplo, afirmaba hace ocho años: «En 1950 considerábamos la novela como la plasmación de una metafísica y una moral. Ahora, en 1966, tenemos que mirarla como la formulación de una manera de sentir y describir, como una estética y una fenomenología, y no ya como una ética ni como una discusión moral». Y en otros puntos del mismo libro: «Fue una obra francesa [*En busca del tiempo perdido*] la que pareció preludiar la segunda parte del siglo XX y la que inició la metamorfosis de la novela: al proponer que se enfocase la novela, no ya como una exposición o un relato, sino como una *búsqueda* o como un enigma»; «Una vez que damos por supuesto que la novela no representa ya la evocación directa, fiel e inteligente de la realidad, tendrá que aportar otros encantos: el encanto *puramente artístico* nacido de su composición y de su ritmo»; «Las novelas nuevas del siglo XX proponen el mito central de su arquitectura» [232].

En obra más reciente, Sharon Spencer estudia un tipo de novela que llama arquitectónica («the architectonic novel»), definida como «aquella que evita el desarrollo de caracteres por el intrínseco interés de éstos y cuyo rasgo esencial no es temático ni estilístico sino estructural. Su objetivo es evocar la ilusión de una entidad espacial —ya representacional, ya abstracta— construida a base de fragmentos de distintos tipos y longitudes, y dispuesta según el principio de yuxtaposición, de ma-

---

[232] R. M. ALBÉRÈS: *Metamorfosis de la novela* (París, 1966). Trad. de C. Sánchez Gil, Madrid, Taurus, 1971, págs. 13, 19, 43, 192.

nera que implique una visión abarcadora del asunto del libro», y, líneas más abajo: «El deseo del novelista arquitectónico de simular en la imaginación del lector una estructura plástica exige el abandono del principio de narración (...) y la adopción, en su lugar, del procedimiento de construcción por modo yuxtapositivo»[233]. Si Sharon Spencer 'habla de novela «arquitectónica», bien puede admitirse la denominación «novela estructural», fea o bonita, no lo sé, pero claramente diferenciadora respecto a las empleadas en este libro (novela «existencial» y novela «social»).

Es creencia bastante extendida que la nueva novela surge en oposición absoluta contra la novela social de los años 50 a 60. Un crítico tan solvente como José Corrales Egea, al interpretarla como mera «contraola», afirma esa creencia, insistiendo en el mimetismo de algunos autores españoles respecto al «nouveau roman». Pero tanto ese carácter puramente reactivo como esta dependencia mimética me parecen inaplicables a las obras mejores y más representativas de la narrativa estructural.

Hay, sí, una línea predominantemente experimental, neovanguardista, que busca la completa autonomía de los textos narrativos al margen de la realidad colectiva actual. En esa línea podrían figurar: GONZALO SUÁREZ (n. en Oviedo, 1934), autor de *El roedor de Fortimbrás* (1964), *Rocabruno bate a Ditirambo* (1965) y otros relatos; GER-

---

[233] S. SPENCER: *Space, Time and Structure in the Modern Novel*, New York University Press, 1971, págs. XX-XXI. La autora examina obras narrativas de Borges, Broch, Butor, Cortázar, Desnos, Döblin, Dos Passos, Fuentes, Gide, Musil, Nabokov, Robbe-Grillet, Roussel, V. Woolf, Sanguineti y otros; ninguno español. A mi parecer, cualquiera de las novelas españolas cuyos títulos he mencionado en este capítulo podría entrar en el repertorio de Sharon Spencer.

MÁN SÁNCHEZ ESPESO (n. en 1940), autor de *Experimento en Génesis* (1967), *Síntomas de éxodo* (1969) y *Laberinto levítico* (1972); ANTONIO F. MOLINA (n. en 1927), con *Solo de trompeta* (1965), *Un caracol en la cocina* (1970) y *El león recién salido de la peluquería* (1971); CARGENIO TRÍAS (o sea, Carlos y Eugenio Trías, n. en 1942 y 1946), con *Santa Ava de Adis Abeba* (1970), más algunos de los «novísimos» que la editorial Barral amparó bajo la contraseña publicitaria «¿Existe o no una nueva novela española?»: JAVIER DEL AMO (n. en 1944), autor de *La espiral*, 1972 (rememoración de la cohibida infancia en el Madrid de los años 50 desde una juventud atormentada por el miedo a la pérdida de la identidad y el cambio de rostro); FÉLIX DE AZÚA (n. en 1944), autor de *Las lecciones de Jena*, 1972 (parábola del dilema entre el hombre de ideas y el hombre de acción, mágicamente reunidos en una fantástica historia de «doblaje» referida en un estilo que va desde la «novella» romántica alemana hacia el desenfreno surrealista); JAVIER FERNÁNDEZ DE CASTRO, con *Alimento del salto*, 1972; o CARLOS TRÍAS, con *El juego del lagarto*, 1972. A los cuales cabría añadir aún otros pocos nombres: VICENTE MOLINA-FOIX (n. en Elche, 1946), autor de *Museo provincial de los horrores* (1970), en realidad un noticiario, más cosmoplita que provincial, de aventuras apócrifas, y *Busto* (1973, «Premio Barral de Novela» del mismo año), narración de un amigo a otro, durante un trayecto en coche, que tiene por objeto evocar la convivencia de un grupo de compañeros dedicados a exhibiciones y farsas cuya actividad se resuelve en una reiteración de esotéricos artificios; JAVIER MARÍAS (n. en Madrid, 1951), que en *Travesía del horizonte* (1972) parafrasea mediante un ameno pastiche victoriano la curiosidad ansiosa de misterio; o JUAN PEDRO QUIÑONERO (n. en Totana, Murcia, 1946), que en

Ruinas (1973) hace terrorismo del lenguaje desatando sobre «pestilentes escombros» un «jadeo inútil».

Pero ya en algunos de estos autores, en Del Amo y en Molina-Foix, por ejemplo, el grado de alusión a una realidad concreta y próxima se deja sentir con relativa fuerza. Y en otros autores de apariencia también experimentalista y lúdicra, tal valor alusivo es inequívoco: así ocurre en el caso del excelente satírico MANUEL VÁZQUEZ MONTALBÁN (n. en Barcelona, 1939), con *Recordando a Dardé* (1969), y en el caso de JOSÉ MARÍA GUELBENZU (n. en Madrid, 1944), autor de dos lúcidas radiografías de la juventud intelectual de este tiempo e ingenioso manipulador de las estructuras y del lenguaje en *El mercurio* (1968) y *Antifaz* (1970).

J. LEYVA (n. en Sevilla, 1938) ha publicado en poco tiempo cuatro novelas. *Leitmotiv* (1972) es una muy prolija alegoría del hombre perseguido, con autodefé y viaje en tren por una vía sin término. En *La circuncisión del señor solo* (1972, «Premio Biblioteca Breve» del mismo año) se asiste al murmullo caótico de ese señor solo aterrorizado por la circuncisión que es ley del país suprarreal en que él mismo, alucinado, se devora: ubicuidad, sed posesiva, insaciable palabreo son algunos motivos básicos de esta pesadilla. *Heautontimoroumenos* (1973) presenta una fase más avanzada de disgregación subjetiva a través de una conciencia innombrable que a sí misma se sostiene sobre pretextos argumentales mínimos: unos invitados, un hotel, la subasta de un cuadro, el anfitrión, la repisa, los mendigos y la autoinspección de ese ser larvario metido en su nebulosa de hombre potencial, todo ello desbaratado por los vericuetos de una sintaxis deshecha y mediante un lujoso despliegue de ideogramas e iconogramas. No conozco la última «propuesta» de Leyva: *La primavera de los murciélagos* (1974). Los esfuerzos de este escritor ostentan un des-

bordado empuje transgresivo. Para mí la dificultad de
sus obras no reside tanto en el rebuscado hermetismo
de la composición como en el hecho de que los terro-
res cifrados en tan destrabada escritura aparezcan
dentro de una zona genérica, abstracta y, por tanto,
exangüe. Pero es prematuro enjuiciar una labor que todavía busca sus destinatarios (¿o no los busca?). En todo
caso, y pensando sólo en España, las «propuestas» de
Leyva concuerdan con el *Oficio de tinieblas* de Cela y con
esa *Larva* de JULIÁN RÍOS (consecuencia de *Finnegans
Wake*) de la que sólo conozco el fragmento publicado
por la revista mexicana *Plural* (15 octubre 1973).

Otros novelistas jóvenes quieren mantener y mantienen, sin perjuicio de la libertad de experimentar, el
contacto con su preciso instante y su contexto social
inmediato. Así RAMÓN HERNÁNDEZ (n. en 1935), autor de
Palabras en el muro (1969), *La ira de la noche* («Premio
Ciudad de Aguilas 1969») y *El tirano inmóvil* (1970); ANA
MARÍA MOIX (n. en Barcelona, 1947), autora de *Julia* (1969)
y *¿Por qué te fuiste, Walter?* (1973); el escritor canario
JUAN CRUZ RUIZ, autor de *Crónica de la nada hecha pedazos* (1972), o JOSÉ MARÍA VAZ DE SOTO (n. en Paymogo,
Huelva, 1938), autor de las inspiradas memorias colegiales *El infierno y la brisa* (1971) y de *Diálogos del anochecer* (1972), novela ésta realizada en forma y temperatura de diálogo entre dos antiguos amigos que, al borde
de los cuarenta años, traen al recuerdo su desastrada
pero ilusionada convivencia en el Madrid de los años 50
y juegan a los cambios de personas y de tiempos verbales poniendo al descubierto sus amores y sus vidas hasta que, consumado el encuentro dialogal, se precipitan
en la muerte. *Diálogos del anochecer* podría verse como
un adelanto de *Retahílas*, la novela de Carmen Martín
Gaite, y ambas me recuerdan, por lo limitado e intenso
de su fiebre dialogal, el *Coloquio* de Cipión y Berganza:

prodigio de la comunicación verdadera en tasadas horas nocturnas.

Pero volviendo a las novelas arriba citadas (de Martín-Santos a Benet), ¿cuáles podrían estimarse irrelevantes para esa iluminación recíproca de persona y sociedad en que estriba el significado de la novela estructural? Salvo *Ultimas tardes con Teresa,* parodia de la novela social, y *La saga/fuga de J. B.,*, parodia de la novela estructural misma, esas novelas exponen el conflicto entre la persona y su contorno en niveles de auténtica agonía.

Pues, en efecto, un urgente deseo de la persona de precisar su identidad en sí y por relación al espacio humano en que habita y al tiempo histórico que le ha tocado vivir, inspira la casi totalidad de esas novelas mayores, donde vuelve a aparecer el protagonista singular, pero no como agente de una acción que trascienda, sino como conciencia espectante que se devana en un complicado ejercicio de recuperación. Tal deseo de identificarse presupone que la persona no se conoce bien ni se siente unitaria, que se siente confusa, extraviada, incompleta o en peligro de anulación. Los protagonistas coinciden en ser opacos para sí mismos, borrosos para el lector, y su modo de procurar el perfil que no tienen consiste en un doble y continuo proceso de ensimismamiento y de proyección hacia fuera por enajenación, enmascaramiento o imaginaria metamorfosis. Sumergiéndose en el seno de su conciencia y subsconsciencia en momentos de evasión hacia el fondo de los recuerdos, hacia la superficie de las sensaciones instantáneas o hacia súbitos paisajes de fantasía alucinatoria, o saliendo de sí para recorrer y verificar el contexto que pudiera explicar su identidad, se atribulan estos seres sin ser suficiente, ya sumiéndose en un escepticismo suicida, ya inundándolo todo con ansiedad delirante.

En *Cinco horas con Mario* Carmen Sotillo habla a un

muerto, y Mario muerto sólo es reconocible por fin a través de esa insensata charla que al desfigurarlo lo configura. Alvaro Mendiola, en *Señas de identidad*, desde su primera persona confesional, como el tú objeto de su propia subjetividad desdoblada, o como la tercera persona de que un narrador imperceptible nos habla, atestigua su voluntad de suicidio a través y al final del minucioso registro que hace Goytisolo de las causas de su desarraigo. En *Volverás a Región* un hombre y una mujer inician y reanudan monólogos retrogradantes que les van apartando de su presente y del mezquino lugar en que se encuentran. Jacinto, en *Parábola del náufrago*, reitera la metamorfosis del compañero convertido en perro al transformarse él mismo en borrego, no sin antes haberse identificado con otras víctimas humanas. Enajenado hasta el delirio unas veces, ensimismado otras hasta la más árida lucidez, el protagonista de *San Camilo* interpela a la imagen que el espejo le devuelve y comprueba la persona que fue ante el espejo sangriento de su pueblo en guerra. Caperucito-Alvaro —conde don Julián— anónimo exiliado en Tánger, el protagonista de la última novela de Juan Goytisolo confunde lo vivido y lo soñado, y con su anhelo destructivo levanta una realidad cotidiana de venganza que sólo en su imaginación se acredita, metamorfoseado en una pluralidad de aspectos de conciencia que ya no pueden integrar persona determinada. En *Una meditación* y en *Un viaje de invierno* las figuras son sombras de sueño, grumos de tiempo que el tiempo arremolina en su corriente. El J. B. de *La saga/fuga* tiene numerosos avatares a través de los siglos, y el último sólo se libra de la amenaza de su saga mediante la fuga hacia el placer tras la levitación sobrenatural del pueblo-fantasma en que ha vivido. El anónimo protagonista-relator de *El gran momento de Mary Tribune* y sus viejas y nuevas amistades dilapidan la existencia en un continuo vértigo que a todos los desdibuja. Y otros casos podrían aducirse de esta búsqueda y pérdida de identidades: de búsqueda, por ejemplo, en *La trampa*, de A. M. Matute, *El mercurio*, *La espiral* o *Las lecciones de Jena;* de pérdida y aniquilación en las tres primeras novelas de Leyva, escrita una a la sombra de Kafka (*Leitmotiv*) y las otras a la sombra de Beckett (*La circuncisión* y *Heautontimoroumenos*). Una de las influencias más notorias últimamente es la de este autor, óptimo representante de aquella tercera etapa de la novela moderna señalada por Goldmann: tras el protagonista individual problemático y el protagonista colectivo, el protagonista ausente. Parecerá una paradoja hablar de ausencia ante protagonistas otra vez singulares y ya no colectivos. Pero su presencia consiste en su ausencia: son sujetos inidentificables, difusos, perdidos, espectrales; su yo es un yo emigrante y múltiple, una conciencia disgregada, un murmurante espacio de resonancia para un discurrir y un nombrar tautológicos. Embriones de personas o muñones de personas, ni por completo nacidos ni todavía desnacidos del todo: en perpetuo estado de parto-agonía. «¿Dónde ahora? ¿Cuándo ahora? ¿Quién ahora?», pueden preguntarse todos, como el Innombrable de Beckett, y como él confesar: «Sin embargo, estoy obligado a hablar. No me callaré nunca. Nunca», y también: «A veces me llamo tú, si soy yo el que habla» [234].

En vista de esta calidad proteica del protagonista, parecería como si la preocupación existencial de los años 40 y la ocupación social de los 50 hubiesen servido de poco: de mero reactivo para dar ahora un giro radicalmente contrario que inutilizase aquellos esfuerzos, conduciendo todo hacia esa espectacular Vanguardia que

---

[234] SAMUEL BECKETT: *El Innombrable*, Barcelona, Lumen, 1966, trad. de R. Santos Torrella, págs. 49, 50, 83.

ya en nuestro siglo sobreviene como huracán periódico.

Sin embargo, el espacio humano que indagan los mejores novelistas nuevos o renovados, es un espacio amplio, comprehensivo de todas las clases sociales y de muy varias relaciones individuo-sociedad, las cuales se examinan con celo comprobatorio e incluso catalogador. Para hacer una novela que importe, bien poco parecerá una mujer tonta viva y un hombre inteligente muerto, pero esos son los sujetos que escoge Delibes en *Cinco horas con Mario* para contemplar el cuadro de una España ya no tan simple como la desearía la mujer tonta: una España que empieza a soltarse de la rigidez preconciliar, que siente inquietudes económicas prácticamente aplicadas al campo castellano y donde los pocos partidos comienzan a astillarse y la oposición política ya significa algo más que un pretexto para el maniqueísmo. *Señas de identidad* es un sondeo tan vasto de lo ocurrido dentro y fuera de España que allí no se escatima círculo alguno de los que suelen hacer o deshacer a la persona. Aunque Cela concentre su memoria del estallido de la guerra civil en clima de pensiones y burdeles, tampoco se podrá negar a *San Camilo* proyecto panorámico. *Don Julián* constituye un alarde de ubicuidad temático-espacial. Y sólo un deseo angustioso de atención extensa a realidades familiares, generacionales y sociales explica las últimas novelas de Alfonso Grosso, por citar a este antiguo representante de la novela social obstinado ahora en un barroquismo que no llega a sofocar las preocupaciones anteriores. El único autor destacado que, a primera vista, pudiera parecer ajeno a esa voluntad panorámica sería Juan Benet, con ese su mundo aislado cuya leyenda viene creando desde la primera a la última novela. Pero, como ha analizado Ricardo Gullón, esa Región mítica de Benet bien puede llamarse España: su soledad, su durar ruinoso, su variedad de tipos vacantes o cesantes, su sujeción a invisibles poderes que disparan más que promulgan la autoridad, el recelo fratricida que mina esa Región, todo refiere a una España inmediata.

No es sólo la extensión del espacio humano abarcado lo que libra a estas novelas de incurrir en mero vanguardismo experimental y mimético. El afán totalista se revela también en el hecho de que estas novelas proyecten su radio temporal a diversas fases de una época o de una biografía personal o familiar, reviviendo acontecimientos o procesos muy alejados en la historia, para definir por analogía el presente vivido por la conciencia protagónica. *Señas de identidad* abre un compás histórico que va desde el fin de siglo hasta la actualidad. En *Una meditación* el esfuerzo creativo de la memoria rescata siluetas familiares de 1936 y aciagos destinos posteriores. La última novela de Goytisolo desenmascara y condena una tradición de patriotismo apologético, larga de siglos, contra la cual eleva el acusador el más fiero ademán incendiario. Parecido afán abarcador de tiempos distintos, si bien con menos intensidad crítica, muestran otras novelas: *La trampa, Guarnición de silla, La oscura historia de la prima Montse,* o *Florido mayo,* todas preocupadas por desentrañar los caracteres y trayectoria de una familia.

Para compendiar en imágenes plásticas y simbólicas lo que apuntado queda, podríamos recurrir a *Proteo,* el *laberinto* y el *rompecabezas.*

La relación persona-sociedad se produce bajo el signo de Proteo. Metamorfosis de la persona en busca del contexto social que la explique. Trasmutaciones del contexto según sea visto en sus clases, grupos, círculos y aun relaciones de orden más íntimo: amistades, pero en círculo vicioso; amores, pero en diferencias equivalentes. Tal signo proteico exhiben títulos como *Señas de identidad, El mercurio, Parábola del náufrago, Reivindicación del Conde Don Julián, Antifaz.*

La movilidad en el espacio se caracteriza por el desasosiego y la falta de finalidad del agitarse en lo interior de un laberinto, imagen que define el ansia de salir y la dificultad o imposibilidad de salir, implicando por tanto múltiples repeticiones del camino andado hacia la salida no hallada. Títulos acordes: *Laberintos*, de Jesús Fernández Santos; *Las tapias*, de Martínez-Menchén; *La trampa, Leitmotiv, La espiral, La saga/fuga de J. B., Paraíso encerrado* (de Fernández Santos), *Oficio de tinieblas 5.*

Finalmente, la indagación del sentido del presente, por ser ese sentido algo tan improbable, obliga a un registro del pasado significativo mediante una selección de los contenidos de la memoria, o invita al presentimiento y entrevisión de posibilidades futuras, de tal suerte que la contextura del tiempo se descompone en fragmentos de un rompecabezas. Esta imagen late bajo títulos como *Parte de una historia*, de Ignacio Aldecoa; *La oscura historia de la prima Montse, Libro de las memorias de las cosas*, o *Crónica de la nada hecha pedazos.*

La relación no identifica. El espacio no conduce. El tiempo no se sucede. La búsqueda prosigue pero no progresa.

Las actitudes fundamentales de los novelistas de estos últimos años me parece que podrían resumirse en estas tres: confesión, sátira, elegía. En la novela social de los años 50 habían predominado el testimonio objetivo, la crítica implícita y la propuesta, también tácita, de una solución o al menos de una esperanza. El testimonio ahora se hace *confesión* elocuente; la crítica disimulada pasa a ser *sátira* volcada a plena página; la alusión a alguna esperanza deja paso a la *elegía* de todo lo que es desesperanza, malogro y ruina.

Tiempo de silencio era la novela-arquetipo que encerraba en sí las tres actitudes: el anhelo comunicativo de la confesión, la irónica reversión agresiva de la sátira, y esa contemplación de todo lo perdido que distingue a la elegía. Tan pronto alcanzó *Tiempo de silencio* el eco necesario, empezaron a señalarse aquellas tres actitudes, ya en estrecha convivencia (y es lo más común), ya específicamente en determinadas novelas.

Confesional desde el pasado familiar remoto hacia el presente sin salida es *Señas de identidad*, como luego *San Camilo* (confesión de un estado de conciencia pretérito pero vivido en su recobrada instantaneidad) y la *Parábola del náufrago*.

Satíricas son las tres novelas que acabo de mencionar, pero en mayor medida otras: *Cinco horas con Mario*, sátira de España desde la provincia; *Don Julián*, sátira total de España desde fuera de ella, contemplándola sobre la orilla inédita, la africana. En *Ultimas tardes con Teresa* se satiriza el mundo de la novela social; en *La saga/fuga* el caos de la novela estructural; *El gran momento de Mary Tribune*, sin ser parodia de ningún tipo de novela, lleva a un absurdo escalofriante lo que no pudo conseguirse a través de la novela social ni parece que podrá obtenerse con su sucesora.

Los representantes principales de la actitud elegíaca son Jesús Fernández Santos y Juan Benet. Aquél, manteniéndose leal a su tema de siempre (el apartamiento) no hace sino revelar casos de frustración. Muy distinto en su estilo, Juan Benet se alza como portavoz del espíritu elegíaco en todas sus novelas y narraciones cortas, construidas en torno al motivo de la ruina: en un espacio mítico recluso entre montañas, durante un tiempo de destrucción y de silencio, a través de la evocación de unos personajes apartados en su esterilidad, extravagancia, locura o pérdida del fin colectivo. A quien, inducido quizá por las consignas antirrealistas y las frases epatantes de este escritor[235], tratase de negarle intencionalidad social e histórica, habría que invitarle a considerar si en una novela como *Una meditación* no se encuentra, mejor potenciada que en cualquier testimonio de los años 50, la irreparable erosión de los ánimos en la España de posguerra, a la cual infunde Benet por obra de una imaginación que es también y ante todo memoria, el sentido de ruina que tuvo y tiene: caótica pesadilla de soledades, exilios, odios inextinguibles, truncos amores, éxtasis por encima del tiempo, aceleraciones del tiempo, fugas, ausencias, claudicaciones. Realismo elevado al cubo del arte, pero realismo en último término. El método de Benet es distinto del de otros compañeros de generación (Aldecoa, Ferlosio, Fernández Santos o Goytisolo), pero no gratuitamente esteticista.

Si de los patrones configurativos y las actitudes fundamentales pasamos ahora a la ejecución técnica de las novelas, podríamos abstraer las siguientes características: 1. Presentación de personajes por medio de cambios de entidad, punto de vista y molde narrativo. 2. Utilización de una situación primaria unipersonal como marco que contiene un vasto cuadro de argumentos. 3. Discontinuidad y desorden evocativos como expresión de la pérdida y búsqueda de la identidad. 4. Innovaciones en la presentación gráfica. 5. Persecución de riqueza, complejidad y potencia idiomáticas.

---

[235] Véase sobre todo la polémica entre Isaac Montero y Juan Benet acerca de la novela realista, en *Cuadernos para el Diálogo*, XXIII, extraordinario, Diciembre 1970, págs. 65-76, y en el mismo número las «Reflexiones sobre Galdós», de Benet (págs. 13-15), así como la «Mesa redonda» de Benet, Caballero Bonald, Guelbenzu, Martín Gaite, Martínez-Menchén y Montero, que dio motivo a la polémica mencionada.

1. Puesto que el tema básico de las mejores novelas de este período es el esfuerzo por averiguar la identidad de la persona en un amplio contexto histórico-social, no es raro que el protagonista aparezca desdibujado y luchando por perfilarse. Según esto, o el protagonista no tiene entidad inicial suficiente, o cambia de entidad, o se afana por conservar los restos de ella.

No tienen entidad suficiente ni nombre conocido la mujer que volvió a Región para buscar a aquel amante que un día desapareciera tras las montañas; el narrador de *Una meditación* semioculto al fondo de sus propios recuerdos; el hombre de ideas de *Las lecciones de Jena* acosado por su «doble», ni el relator de *El gran momento de Mary Tribune* cuya irresponsabilidad le sume en un perpetuo devaneo alcohólico-erótico.

Cambian de entidad, y por ello de nombre, el falso militante marxista Manolo Reyes (en los saraos «Ricardo de Salvarrosa», entre los que le conocen como ratero «el Pijoaparte»); el ya tantas veces aludido conde don Julián, cuya furia vengativa se vuelca sobre una hidra de múltiples cabezas: Séneca-Manolete-don Alvaro Peranzules Senior y Junior-Tonelete-el Ubicuo-doctor Sangredo-carpeto prototipo; como permutables son las mujeres deseadas por el protagonista de la nueva novela de Hortelano: Tub, Bert, Mary Tribune, Matilde, Leticia, Merceditas, Encarna, Guada, Adela, Sagrario, Julia, por lo cual dicho sujeto puede muy bien dormirse pensando que las protuberancias del sofá en que yace son los desniveles anatómicos de un ciempiés o ciensexos llamado «Sagrariomaryencarnatublamuslos», o por juego más que por deseo puede adjetivar a su compañera de oficina con los sufijos circunstanciales más varios. Ya en el *Manifiesto subnormal* (1970), de Manuel Vázquez Montalbán, podía asistir el lector a una «party» o «happening» social en que Luis Miguel Dominguín reunía comensales tan dispares como Jacqueline, Lenin, Picasso, Onassis, Aristóteles, Sharon Tate, los hermanos Marx o Cohn Bendit; mascaradas político-culturales éstas muy del gusto de los que toman la perspectiva subnormal para denunciar el desatado consumismo y la saturación de propagandas de estos años. Y la parodia del personaje multiplicable da ocasión a toda clase de alardes combinatorios en *La saga/fuga de J. B.*

Finalmente, luchan por retener la mínima identidad que aún pueda quedarles el Alvaro Mendiola abrumado por las consecuencias de su absoluta erradicación, el náufrago de la parábola delibeana, el Arturo Can de *Leitmotiv* con su apellido de perro, y ese anónimo y solo señor de *La circuncisión del señor solo* que termina flotando en el vacío «sin rumbo exacto, a merced de cualquier imprevisible causa como un estúpido bulano traído y llevado en un remolino de aire». En *San Camilo*, el acorralado soliloquista reconoce una y otra vez que él no es Napoleón ni el rey Cirilo, sino un insignificante soldado desconocido: «nadie se fijará en ti jamás, pero no debes lamentarlo, cada cual llega hasta donde puede y los demás le dejan y a ti se te permite vivir, ¿te parece poco?» *Oficio de tinieblas* parece también una defensa del yo moribundo contra sus fantasmas.

Los cambios de punto de vista y molde narrativo son característicos de estas novelas protagonizadas por seres desarraigados, trivializados, cosificados o reducidos a impotencia. Abundaba en la novela existencial el monólogo de uno o de varios personajes, molde de su incomunicación. En la novela social escrita en pro del pueblo o en contra de las clases ociosas era frecuente el relato desde distintos ángulos y voces, de acuerdo con la protagonización colectiva, o la perspectiva de cámara cinematográfica atenta a lo objetivo. Ahora, dentro de la novela estructural, la tercera persona, el monólogo,

la perspectiva plural siguen empleándose como medios
de aprehender la heterogeneidad del contexto social e
histórico; pero el recurso que ha obtenido mayor fortuna ha sido la segunda persona autorreflexiva, ese yo
que se dirige a sí mismo como a un tú: parcialmente
en *Señas de identidad, Parábola del náufrago, San Camilo, Heautontimoroumenos,* totalmente en *Don Julián*
y *Oficio de tinieblas.* En este procedimiento se hace sentir la perdición o riesgo de anulación de la persona,
quien a través de tal desdoblamiento imagina poder conocerse mejor y objetivar su yo ininteligible como ante
un espejo. Así el monólogo se convierte en autodiálogo,
pues no es ya que la persona padezca de incomunicación con los otros, es que necesita hablarse a sí misma,
tan turbia se mira, tan naufragada se halla, tan extremadamente sola.

2.   Observa muy bien Santos Sanz Villanueva cómo la
novela española más reciente se suma al movimiento general de demolición de la novela canónica, la del siglo xix,
y entre otros medios hacia este fin (destrucción de la
fábula, desmitificación del héroe, reducción del tiempo,
estrategia del punto de vista) destaca aquel por el cual
«una historia exterior mínima (...) sirve para la auténtica novela, que es la que tiene lugar dentro de ella»[236].
Desde el ángulo de la lingüística y usando una categoría
de Benveniste, tanto J. M. Castellet como Juan Goytisolo
vienen señalando el paso de la «historia» al «discurso»,
o sea, a la enunciación de un locutor para influir sobre
un auditor: «el autor propende a disolver el relato de
los acontecimientos y acciones en el murmullo de su
propio discurso»[237]. Podríamos también decir que, como

---

[236] Santos Sanz Villanueva: *Tendencias de la novela
española actual (1950-1970),* Madrid, Edicusa, 1972, página 192.
[237] J. Goytisolo: «La novela española contemporánea», en *Libre,* París, núm. 2, Diciembre-Enero-Febrero

el tema cardinal es la búsqueda de la identidad de la
persona, ésta sólo pone el marco locutivo dentro del
cual quepa la textura intrincada de los argumentos.

La viuda se dirige al cadáver de su marido: para hacer posible la exploración indirecta de una sociedad provinciana a través de un caso de incomprensión conyugal. Alvaro Mendiola, enfermo del corazón, dedica unos
días de reposo a examinar expedientes familiares: para
que a través de este examen aflore la historia de la España contemporánea en momentos y lugares de valor
culminante. Una mujer sin nombre viene a Región a
visitar a un médico, habla ante él y, después de mar-
charse, el médico es mortalmente agredido por su único
paciente: a fin de que sobre tal anécdota se alce en
múltiple metáfora un cuadro completo de la devasta-
ción espiritual de la España de posguerra. Un exiliado
en Tánger sale de su cubil, recorre la ciudad en su día
y su noche, y retorna al punto de partida: y desenvuelto
en tal situación se recompone o descompone todo un
proyecto de invasión exterminante monologado o soñado
por el sujeto. En otros casos lo englobado dentro de
ese marco incoactivo o discurso envolvente no es una
vasta trama histórico-social, sino una fantasía alegórica
(como en *Parábola del náufrago*) o de carácter onírico
(como en *Oficio de tinieblas*) y se da también el caso,
analizado por Sanz Villanueva, de la «novela dentro de la
novela» (en *El mercurio* de Guelbenzu, en ciertas obras

1971-1972, pág. 38. El mejor invento de Baroja, según
J. Benet, sería «la novela como un espacio arbitrario
entre dos cortaduras del tiempo, cuyo principio y fin
constituyen dos decisiones arbitrarias sin pretensiones
de abrir y cerrar un acontecimiento épico, sino que,
obligadas por la limitación de toda obra, insinúan la
continuidad de cualquier discurso, sustancialmente invariable y monótono» (J. BENET *et al.*: *Barojiana*, Madrid, Taurus, 1972, págs. 41-42).

de Carlos Rojas, o en la *Crónica de la nada hecha pedazos*).

Recuérdese aquí el procedimiento de argumentación intelectual típico de Juan Benet. En *Volverás a Región* algunas experiencias de los personajes daban pie a disquisiciones del narrador acerca de muy diversas materias. En *Una meditación* tales excursos eran más frecuentes y extensos, de manera que el libro encerraba un repertorio de meditaciones yuxtapuestas a la meditación general. En *Un viaje de invierno* la memoración del tiempo ido y de las imágenes flotantes en el oleaje del tiempo se da desnuda de injertos reflexivos, sacados a los márgenes. La gravidez de ideas de estas novelas significa un avance provechoso, aunque quizá inmoderado, hacia el enriquecimiento mental del lector español, habituado a un tipo de novela poco intelectual.

3. Sobre la discontinuidad y desorden evocativos en la novela última (laberinto espacial, rompecabezas temporal) cabría decir que sirven como vehículo expresivo del temor a la anulación de la persona. La inquietud que suscita sentirse perdido, sin conciencia bastante de la identidad propia, arrebata a la persona de un lugar a otro, de un momento a otro, de una relación, problema o perspectiva a otros y a otros, en incesante búsqueda.

En *Tiempo de silencio* la discontinuidad era sobre todo de posición de la conciencia: cambios de ánimo y de dirección del sujeto por sí mismo y arrastrado por las circunstancias y las gentes en quienes pretendía encontrarse. En *Señas de identidad* la variedad de fuentes, personas verbales, encuadres espaciales y épocas obedecía al afán de erigir la figura de la propia persona provista de algún significado que impidiese o retardase el suicidio. Más discontinua aún es la novela última de Goytisolo, con sus repeticiones simbólicas, sus fusiones del vivir y el soñar, sus disolvencias de la realidad en la fantasía, sus citas de autoridades dispares, tránsitos imperceptibles del presente al pretérito y su ahincado propósito de inconexión. Si algunas de estas novelas, y más que ninguna *Una meditación*, pueden parecer compuestas en flujo ininterrumpido, tal apariencia es engañosa: el sujeto salta de yo a él, de él a tú; a menudo es difícil precisar el referente de lo referido; y como signos patentes de astillamiento y esfumación, con frecuencia surgen preguntas, exclamaciones en ese que Sanz Villanueva llama bien «estilo directo libre», frases inacabadas, y etcéteras que omiten lo consabido inútil o lo impenetrable.

Si en la novela existencial la discontinuidad traducía la yuxtaposición incomunicante de células individuales, y en la novela social ese mismo recurso funcionaba como signo de la particularidad de los grupos sociales, en la novela estructural expresa, repito, el temor a la anulación de la persona.

4. Poco me detendré en las innovaciones que afectan a la presentación externa de las novelas. El citado Sanz Villanueva, que es el crítico que más se ha ocupado de estos aspectos, señala muchas de ellas: no puntuación, uso de un solo signo de puntuación, modos anómalos de sangrar y alinear, vinculación de palabras y partículas mediante guiones (frases eslabonadas podrían llamarse tales unidades), ausencia o escasez o suma brevedad de los capítulos, y en fin la presentación de simultaneidades por diferentes tipos de letras, columna doble o ningún signo diferencial.

Como un muestrario de innovaciones de esta clase recomendaría la lectura de *El mercurio*, donde tienen presencia tan copiosa el «bla,bla,bla» y las frases rotas. La experimentación de Guelbenzu no es fútil: la estructura interpolada y el permanente neologismo de su lenguaje parafrasean preocupaciones humanas eternas (el miedo a morir, la necesidad de amor, el anhelo de afirmación por el trabajo) y obsesiones muy de la juventud de esos años (libertad en el amor, contrarrepresión, bienestar material). Más en broma que en serio prodiga novedades gráficas y léxicas (esquemas, listas combinatorias, fórmulas, jitanjáforas) Gonzalo Torrente Ballester en *La saga/fuga*. En *El gran momento de Mary Tribune* se intercalan de vez en cuando citas marginales: Hortelano parece haber combinado el procedimiento de las citas de autores discordes entre sí (usado en *Ultimas tardes con Teresa*) y el recurso de la lista final de autores a quienes las citas corresponden (utilizado por Goytisolo en *Don Julián*). *Oficio de tinieblas 5* registra muy numerosos escándalos gráficos, y toda clase de prestidigitaciones de esta especie hallará el lector en *Heautontimoroumenos*.

5. En cuanto al lenguaje, marcó la señal de renovación urgente el mismo Martín-Santos en su novela única, y poco después los novelistas hispanoamericanos de mayor relieve (Vargas Llosa, Cortázar, Carlos Fuentes, Cabrera Infante, Lezama Lima) proporcionaron modelos de genialidad lingüística, que Juan Goytisolo se adelantó a emular.

La voluntad de los novelistas españoles de posguerra se ha orientado hacia cuatro metas, perfectamente compatibles: la proyección de la voz interior, la captación del habla común, la renovación de la lengua literaria y la crítica del lenguaje. Operaciones de descubrimiento las dos primeras, de transformación las dos últimas.

El idioma de la conciencia personal, gracias a *Tiempo de silencio, Señas de identidad, San Camilo, Don Julián* y *Oficio de tinieblas*, ha adquirido fluidez, diversidad y poderío inusitados, lo que constituye un progreso en la facultad de reconocerse por la palabra y en ella (monólogos, autodiálogos, trasunto del fluir de la conciencia).

La captación del habla común fue tarea en que destacaron los autores de *La Colmena, El Jarama* y *Tormenta de verano*. En los últimos años lo más valioso lo han sabido alcanzar Delibes en *Cinco horas con Mario* y Hortelano en *El gran momento*.

La renovación de la lengua literaria en su doble aspecto de destrucción de la simplificada de ayer y construcción de la compleja y neologista de hoy y de mañana, la inició también *Tiempo de silencio*, y han sido Juan Goytisolo y Juan Benet quienes más han trabajado por consustancializar lenguaje y pensamiento, innovando en el léxico y la sintaxis, renovando el idioma metafórico y, entre otras cosas, abriendo vía a un poderoso humor (más sarcástico en Goytisolo, de hilarante fuerza irruptiva en algunas páginas de Benet). El humor era elemento casi olvidado por la novela testimonial.

Claro es que el brío, la sutileza y el poder de la palabra pueden brotar de manantial auténtico, como en Benet y en el último Goytisolo, o sólo brillar por artificio, como me parece que ocurre en la prosa de una novela como *Florido mayo*, cuyo florido fraseo no tiene ese encanto de la evocación que dilata o escatima hasta el final la plenitud de su orden armónico (como en Juan Benet), sino la apariencia de una exhibición de ornatos.

«Destruir un lenguaje viejo, crear uno nuevo y hacer de la novela el vehículo de esa operación» ha sido el empeño de Juan Goytisolo en sus dos últimas novelas, al decir de Carlos Fuentes [238]. Y, en efecto, la última sobre todo quiere ser una destrucción del español consagrado por la rutina y la repetición de tópicos de la tradición literaria, en especial de la tradición del 98, el estilo falangista y la cursilería casticista de posguerra.

---

[238] CARLOS FUENTES: *La novela hispanoamericana*, México, Cuadernos de J. Mortiz, 1969, pág. 81.

Junto a la sátira del castellano acometida por Goytisolo debe recordarse la crítica del lenguaje en general en
Parábola del náufrago, donde el contracto de Jacinto San
José es prefiguración del tartamudeo, la barbarie elíp-
tica y el silencio nacidos de miedo.

Fuera de estas consideraciones ha de quedar, por ahora, la cuestión de las influencias, que exigiría examen
cuidadoso de cada caso en particular. Pero, en términos
generales, es evidente que, además de los grandes maestros de la narrativa de este siglo (Proust, Kafka, Joyce,
Faulkner), se ha extendido en los últimos años el ejemplo del «nouveau roman», y aun del «nouveau nouveau
roman», y de la narrativa hispanoamericana que España
ha acogido y propagado con entusiasmo. Entre los nombres singulares hay que destacar, por lo menos, a Samuel Beckett, Robert Musil, Hermann Broch, Malcolm
Lowry, Virginia Woolf, Lawrence Durrell y a algunos
«raros» de ayer y de hoy: Sade, Lautréamont, Roussel,
Burroughs. También es obvio que las corrientes ideoló-
gicas de mayor prestigio entre estos narradores parecen ser el formalismo ruso, el estructuralismo, la teoría de la información, el formalismo francés, el surrealismo, la renovada psicoanalítica de Marcuse, Fromm,
Lacan, y el marxismo. Como muestra sintomática de lo
que se siente transcribiré unas palabras de Fernando
Savater a propósito del libro *Drama e identidad* de Eugenio Trías: según él los rasgos de la «tragedia contemporánea» serían: «pérdida de la identidad del héroe, de-
signado por una inicial (el K de Kafka) o, sencillamente, innombrable, como el personaje de Beckett; desaparición de la patria, pérdida del centro, del lugar de origen o de destino; la obra no acaba, sino que se dispersa,
se pierde en la infinita recurrencia: no hay ninguna conciliación final convincente. Tal es el desengañado mensaje de Kafka, Joyce, Beckett, Mahler, Nietzsche...; tal

es el designio de nuestra modernidad, que no afecta tan
sólo a las producciones culturales, sino a todas las formas de cotidianeidad» (*Triunfo*, 3-VIII-1974).

Si al cerrar este ensayo de exposición de rasgos distintivos de la novela estructural hubiese que responder
a la pregunta acerca de su congruencia con la realidad
española total, diría que los mejores ejemplos de este
tipo de novela revelan adecuadamente el estupor provocado (tras la prolongada espera de los primeros veinticinco años de posguerra) por este reciente semidesarrollo sobrevenido en forma de neocapitalismo, avalancha
turística, crecimiento económico acomodador y triviali-
zador, y esclerosis política. Sin duda en estos años han
ocurrido acontecimientos y procesos positivos: la inclinación de la Iglesia a una actividad social más responsable, el movimiento de crisis y reforma universitaria,
la flexibilización de la censura y el auge editorial consiguiente, la apertura de la intelectualidad hacia corrientes y autores antes vedados en filosofía, ciencia y literatura (y dentro de ésta hay que mencionar la mayor
difusión de los escritores del exilio). Pero aunque todo
esto es cierto, como lo es que la sociedad española ha
mejorado de nivel material y se ha hecho más dinámica y varia, no menos cierto es lo que señala Elías
Díaz trazando una breve historia del pensamiento español actual:

«Es ya entonces patente y claro el desfase de
las retrasadas "superestructuras" políticas y ju-
rídicas (...) en relación con las propias "estructuras" sociales y económicas, y mayor aún el desfase, el retraso, de aquéllas comparadas con las
correlativas "superestructuras" culturales, es decir, con el pensamiento filosófico, político, religioso, etc., de amplios sectores de nuestra so-

ciedad. Este es quizá el hecho, y el problema, decisivo de todos estos años, incluidos los setenta: el de encontrar válida y realista comunicación y sincrónico funcionamiento entre esos dos sectores, estructurales y superestructurales, de la circunstancia española»[239].

Retorna a la novela española, en algunos casos, cierto esteticismo o nihilismo; pero en los casos mejores ninguna consecución anterior de la novela existencial y de la social parece haber sido en vano. Y quienes ahora luchan por identificarse en el contexto de su sociedad, sólo parcialmente alterada, persiguen lo mismo, y a veces son los mismos, que antes buscaban transformarla a fondo a fin de promover, no sólo un mayor bienestar, sino también una justicia forjada por todos en efectiva colaboración creadora.

---

[239] ELÍAS DÍAZ: «Notas para una historia del pensamiento español actual (1939-1972). Tercera parte: los años sesenta», en *Sistema*, 3 Octubre 1973, pág. 110.

CONSIDERACIONES FINALES

El propósito perseguido a lo largo de este estudio ha sido ordenar, exponer y evaluar el proceso de la novela *en España*, desde 1939 hasta hoy. Llegado al final, aunque no sé si a la finalidad propuesta, pienso que el lector, aparte otros defectos, podrá encontrar dos deficiencias principales: haber omitido casi por completo a los novelistas que han laborado *fuera de España* y haber sido parco o no bastante explícito en la evaluación. Aunque no pretendo reparar ahora estas deficiencias, creo justo terminar haciendo algunas consideraciones acerca de uno y otro punto.

* * *

De algunos novelistas del exilio (Sender, Barea, Masip, Ayala, Max Aub, Granell) se habló en los primeros capítulos de este trabajo. El libro de J. R. Marra-López, exclusivamente dedicado a los novelistas fuera de España, y ciertos ensayos menos extensos (de I. Soldevila-Durante, de R. Conte) pueden servir al lector como fuentes de información y orientación no sólo sobre los que escriben en castellano, sino también sobre otros que lo hacen en catalán o en francés [240]. Entre los primeros se

---

[240] Véase la «Selección bibliográfica» final.

destacan, sin duda y por ahora, Sender, Ayala y Aub, que son también los que últimamente van logrando una proyección mayor dentro de España. Por ello, dado el punto de vista que determina este estudio, no es posible cerrarlo sin volver a dedicarles un recuerdo, dejando para otra ocasión el que merecerían escritores tan valiosos como José Ramón Arana, Manuel Andújar, Segundo Serrano Poncela, Rosa Chacel, Corpus Barga y otros.

Según expuso Marra-López, las tres áreas temático-ambientales de los novelistas emigrados son: el pasado de España, el presente en América (o en Europa) y la «abstracción», o sea, un tipo de novela centrada en torno a algún problema general, sin precisiones concretas de tiempo, espacio o situación[241]. A grandes rasgos puede decirse que el más propenso a la «abstracción» (término impreciso y que empleo a disgusto) es Francisco Ayala, y el más sensible al pasado inmediato de España, Max Aub, ocupando Ramón Sender un lugar intermedio entre ambas atracciones, y habiendo procurado los tres adaptarse a la realidad americana de su presente y reflejarla de algún modo.

Ramón Sender había sido, antes de 1936, un novelista social y políticamente comprometido, mientras Ayala y Max Aub, como afectos a Ortega y al espíritu de la «Revista de Occidente», habían adoptado por aquella época anterior a la guerra una actitud minoritaria y una tendencia irrealista. Era Sender un hombre de acción, partícipe en los ideales del anarco-sindicalismo, periodista de combate, soldado en la guerra civil; Max Aub, cosmopolita y escritor de Vanguardia; Ayala, intelectual, profesor, hombre de ideas liberales, formado parcialmente en Universidades alemanas y que seguía

---

[241] J. R. MARRA-LÓPEZ: *Narrativa española fuera de España*, págs. 95-130.

en sus primeras prosas la línea antisentimental representada por Benjamín Jarnés.

Para estos tres novelistas, como para otros, el exilio trae consecuencias transformantes. Sender se hace políticamente independiente, atenúa sus posiciones radicales y tiende hacia un humanismo sin insignias de partido. Max Aub abandona en lo posible la Vanguardia y viene a constituirse en un segundo y distinto Baroja, cultivador de la novela abierta, anecdótica, vital, libre de excesivos prejuicios formales. Ayala, en fin, pasa de la «deshumanización» a un temple moral de raíz existencialista.

Las novelas de RAMÓN SENDER posteriores a 1939 son muchas y de muy desigual valor: referida la mayoría al pasado español (*El lugar del hombre*, 1939; las nueve novelas de la *Crónica del alba*, 1942-1966; *El rey y la reina*, 1949; *El verdugo afable*, 1952; *Los cinco libros de Ariadna*, 1957; *Réquiem por un campesino español*, 1960, etcétera); otras, al presente americano (*Mexicayotl*, 1940; *Epitalamio del prieto Trinidad*, 1942), y otras, intelectuales, simbólicas (*La esfera*, 1947; *Los laureles de Anselmo*, 1960).

Se ha definido la obra de Sender apelando al concepto de «realismo mágico», y si por tal se entiende una nueva objetividad que trata de apresar la esencia de lo real en la extrañeza de ciertos objetos misteriosamente puestos de relieve, creo que es en un cierto realismo mágico —no siempre sostenido y con frecuencia estropeado— donde se puede hallar el valor más positivo del estilo de este autor [242].

La primera *Crónica del alba* podría definirse como un idilio: la evocación de un mundo emocional feliz

---

[242] F. CARRASQUER: *Imán y la novela histórica de Ramón J. Sender*, Ed. J. Heijnis Isz, Zaandijk (Holanda), 1968.

en un ámbito encantado. Iluminando lo concreto y seleccionando la experiencia transfigurada en la memoria, consigue Sender algo así como un poema en prosa de la niñez lejana, donde se revisten de un aura sagrada realidades ordinarias: los gatos, los grillos, la paloma, la escopeta, el lenguaje cifrado de los niños, un castillo, un pastor, un viejo pergamino.

Algo semejante ocurre en el relato tropical *Epitalamio del prieto Trinidad*, alucinante trama de asesinatos, robos, bacanales en el bosque, persecuciones, fugas, asaltos. Aquí todo gira en torno a la fascinación de una mujer, la «Niña Lucha», que, sin embargo, permanece intacta, como un ídolo alrededor del cual se extendiera un cerco de fuego. Introduciendo expresiones americanas y describiendo la flora y fauna de la isla, el novelista crea un ambiente verídico, aunque no localizado. La tragedia queda subrayada con frecuencia por el canto del rumbero, los conjuros supersticiosos y la voz del pájaro agorero en la noche caliente. Algún crítico recordó «La tempestad», de Shakespeare, y también se percibe algún eco del Valle-Inclán que animó a la «Niña Chole» y a Tirano Banderas. Pero, sobre todo, se advierte el hechizo que en la imaginación de Sender hubieron de ejercer las leyendas del folklore centroamericano y la presencia de una naturaleza lujuriante y mágica.

Una pequeña obra maestra es el *Réquiem por un campesino español*. Rememora aquí Mosén Millán, mientras aguarda el momento de decir una misa de réquiem por Paco «el del Molino», la vida de este campesino aragonés, ejecutado un año antes por las fuerzas represivas: cuando nació y fue bautizado, cuando le acompañaba de monaguillo, cuando se casó y empezó a dibujarse su trágico destino. Paco había apoyado las reivindicaciones de sus compañeros y el decreto republicano suprimiendo los bienes de señorío, por el cual los campos así vinculados a títulos nobiliarios debían pasar a los cultivadores. Negóse a devolver terrenos a un señor duque y desoyó los consejos de los caciques del pueblo. Los verdugos que le buscaban consiguieron de Mosén Millán que Paco, huido a los montes, se entregase, bajo promesa de hacerle juicio. Débil y crédulo, el cura engañó al fugitivo, engañado él a su vez por los asesinos, y le oyó en confesión, poco antes de morir fusilado, rematado a sus pies. Mientras Mosén Millán evoca esto el monaguillo actual recita entre dientes un romance popular en memoria del lamentable fin de Paco, y al templo vacío llegan sucesivamente, ofreciendo dinero para pagar la misa, los tres viejos caciques. También aparece en la iglesia, introducido allí por quién sabe qué vecinos, el potro de Paco, que desde su muerte andaba suelto por el pueblo. Los caciques y el cura abren las puertas para que el potro salga, y al fondo se ve «la plaza de la aldea, desierta, con una casa pintada de amarillo, otra encalada, con cenefas azules», bañado todo en un torrente de luz. Apurando sus últimos recuerdos, Mosén Millán pensaba: «Yo le bauticé, yo le di la unción. Ahora yo digo en sufragio de su alma esta misa de *réquiem*, que sus enemigos quieren pagar»[243].

Las evocaciones del sacerdote aparecen glosadas y resumidas en los versos del acólito; pero, dentro de aquellas evocaciones, las lavanderas que se reúnen a trabajar en el «carasol» forman, con sus comentarios y murmuraciones, otro elemento coral, que sirve de conciencia receptora de los acontecimientos. Mediante el sabio empleo de esta técnica y una máxima sobriedad de lenguaje, Sender supo componer aquí una

---

[243] *Réquiem por un campesino español*, pág. 122.

obra perfecta, donde se incorporan maravillosamente a la acción algunos elementos poéticos, como el viático al campesino pobre (que despierta en Paco, de niño, la primera pasión por la justicia) o ese potro que irrumpe en el templo vacío.

No todo es, en la abundante producción de Sender, igualmente valioso. A menudo cae este autor en la prolijidad y en la trivialidad. Otras veces incurre en simbolismos postizos y nebulosos. De cualquier manera, es Sender uno de los escritores más potentes de aquella generación del 27, tan escasa en novelistas, y el número de sus lectores españoles aumenta ahora justificadamente, cuando, al fin, muchas de sus novelas pueden editarse en España[244].

FRANCISCO AYALA (n. en Granada, 1906) había publicado cuatro relatos antes de la guerra y reanudó después de ésta su actividad creativa con otros relatos espléndidos, coleccionados en *Los usurpadores* y *La cabeza del cordero* (1949), *Historia de macacos* (1955), *El as de bastos* (1963), *De raptos, violaciones y otras inconveniencias* (1966), *El jardín de las delicias* (1971), y con dos novelas: *Muertes de perro* (1958) y *El fondo del vaso* (1962).

En *Muertes de perro* se hilvana la historia del auge y caída de una tiranía, la de Antón Bocanegra, a través de los hechos de mayor repercusión pública: abusos de poder, castigos, represalias, crímenes promovidos por el tirano o vueltos contra él y sus secuaces. La historia de esta descomposición corre a cargo, prin-

[244] La concesión del «Premio Planeta» en 1969 a Ramón Sender ha sido su consagración publicitaria, preparada ya por la reedición de numerosas obras suyas en España. Consúltese ahora M. C. PEÑUELAS: *Conversaciones con Ramón J. Sender*, Madrid, Novelas y Cuentos, 1970, y del mismo crítico: *La obra narrativa de Ramón J. Sender*, Madrid, Gredos, 1971.

cipalmente, de un paralítico, y en ella no se escatima horror alguno, pues lo que Ayala ha querido mostrar es cómo el Poder usurpado corrompe a toda una sociedad, haciéndola vehículo de encadenados delitos. En la segunda novela, *El fondo del vaso*, la atención recae sobre unos personajes políticamente nulos, ciudadanos que, pasivos cómplices o sufridores del régimen de Bocanegra, ya derrocado, viven entre sus escorias. El paralítico que en la primera novela reunía las actas de la catástrofe pública predetermina al espectador que en la segunda deja testimonio de los posos «intrahistóricos». La doncella que allí se entregaba por desesperación al odioso secretario y favorito Tadeo Requena y ponía luego su corazón al desnudo en unas cartas acongojadas, tiene aquí su réplica en el prisionero (José Lino), que mide al fin la trascendencia de los errores acumulados e intenta atajar su angustia abriéndose a la compasión.

Porque, tanto en sus relatos cortos como en sus novelas, lo que distingue a Francisco Ayala es, sobre todo, su lucidez de moralista. Esta lucidez, reconocida unánimemente por los críticos como dolorida serenidad, implacable enfrentamiento con el mundo real, visión amarga, etc., es la actitud del que en múltiples experiencias ha sondeado con la vista interior el fondo, a menudo la hez, de muchas almas y de muchas cosas; la actitud del artista-meditador, del artista moralmente preocupado; actitud de desengaño que lleva a la sátira, burlesca a veces, y otras veces doliente y despectiva.

Tienen las novelas de Ayala un fundamento estructural escrito, literario o pseudoliterario: en ellas hay memorias de individuos mediocres, artículos periodísticos que exponen sucesos con el convencionalismo usual, cartas o confesiones de algunos seres que sufren, trasvase de temas literarios viejos a odres modernos.

Lo que este escritor —sin espontaneidad, al contrario: con ironía— recoge son confesiones epistolares, apuntaciones, sucesos, clisés literarios, y con todo ello está intentando condenar, mediante cierta transfiguración desligada de presiones tempo-espaciales (sus novelas ocurren en país imaginario y tiempo indefinido) los malos pasos que conducen a nuestro actual desvarío. Con un procedimiento alusivo, en la línea de Valle-Inclán o de Kafka, logra Ayala, recurriendo a los puntos de vista ajenos y cambiantes, a los sueños, y a las versiones escritas, una imagen del mundo actual que no es este mundo en su concreción, pero sí su moral equivalencia.

Otra nota peculiar de Ayala es la tendencia manifiesta a escoger como materia novelable las facetas más bajas y vergonzosas del hombre, y esta inclinación le sitúa en la tradición española de Quevedo, Gracián, Unamuno o Solana, pero también le acerca al existencialismo de la náusea y la resaca. A este existencialismo le aproxima, por otra parte, su condición de novelista intelectual, lo que no significa que él o sus personajes afronten, dentro de la narración, problemas generales o metafísicos, sino que lo real y lo ideal no suelen coincidir en ingenua o nativa compenetración dentro de sus ficciones: la realidad obedece y se amolda casi siempre a los presupuestos intencionales. En su moderna acepción, esto es la alegoría. Ayala tiende al procedimiento alegórico. Quizá por eso en sus novelas hay sueños frecuentes y algunos de sus relatos tienen ese aire enrarecido, esa virtud de lejanía y esa cualidad refractada e intemporal de los sueños que se sueñan con los ojos cerrados.

Las narraciones de Ayala son cada día más leídas en España, y es de esperar que circulen sus *Obras narra-*

tivas completas, pues de la lectura de ellas sólo beneficios pueden sobrevenir a los jóvenes novelistas españoles [245].

De *El laberinto mágico*, de MAX AUB, la obra más ambiciosa de este autor, se dijo lo esencial al tratar de la guerra civil como objeto de novelas. Es preciso recordar ahora que Max Aub no es sólo el constructor de ese complicado ciclo, sino también (aparte ensayos, dramas y cuentos) de otras novelas sueltas que, como el ciclo, se conocen poco en España, desgraciadamente, y en las cuales aparece la preocupación típica de este escritor: captar al vivo la historia española próxima, no tanto en sus acontecimientos como en sus costumbres, circunstancias y ambientes.

Las buenas intenciones (1954), dedicada a Galdós, toma como pretexto las relaciones de un buen muchacho con varias mujeres, para abarcar, con característica agilidad y gracia, la España de 1924 a 1939: Madrid, Zaragoza, Barcelona, Madrid, Alicante. En el alicantino paseo de los Mártires es asesinado el hombre de las buenas intenciones por carecer de documentación, en tanto que un compañero suyo del frente, hábil en reversiones de chaqueta, se hace millonario poco más tarde.

Aun en las obras de mayor aliento histórico-social, Max Aub no reprime su tendencia al juego de ingenio, al conceptismo y la sorpresa, al placer de fingir e inventar. Pero esta inclinación tiene su mejor exponente

---

[245] F. AYALA: *Obras narrativas completas*, México, Aguilar, 1969. Prólogo de A. AMORÓS. Consúltese: K. ELLIS: *El arte narrativo de Francisco Ayala*, Madrid, Gredos, 1964. E. IRIZARRY: *Teoría y creación literaria en F. A.*, Madrid, Gredos, 1971. R. HIRIART: *Los recursos técnicos en la novelística de F. A.*, Madrid, Insula, 1972, y *Las alusiones literarias en la obra narrativa de F. A.*, New York, E. Torres, 1972. A. AMORÓS: *Bibliografía de F. A.*, Syracuse University, N. Y., 1973.

en la novela *Jusep Torres Campalans* (1958), biografía
de un pintor catalán contemporáneo de Picasso. El
autor recompone la vida y el arte de este pintor, traza
un cuadro sinóptico de fechas trascendentales para el
arte entre 1896 y 1914 y, además de la biografía propiamente tal, incluye un cuaderno de apuntes en el
que hay opiniones sobre estética, política y otros asuntos, y transcribe unas conversaciones habidas con el
protagonista, añadiendo un catálogo de cuadros y numerosas ilustraciones. Este pintor inventado, pero bio-
grafiado como si fuese real, sirve a Max Aub para poner
en pie todo un ambiente: el de la Cataluña del Picasso juvenil, la «belle époque». Le sirve también, técnicamente, para verificar, como Nora dice, una «explosión del género novelesco», puesto que se trata de
algo tan insólito como la novela-monografía[246]. Capricho, pues, pero no vano y gratuito, sino destinado
a rescatar del olvido un mundo que fue.

A rescatar del olvido un mundo que fue, y que Max
Aub no necesita refrendar con ningún documento, pues
lo conoció directamente, se encamina también *La calle
de Valverde* (1961), cuya acción múltiple y abigarrada
tiene lugar en Madrid en los años 1926-27. Aquel Madrid de Ortega, Góngora, el surrealismo, el cine, el socialismo obrero, etc., difícil es que pueda quedar nunca
reflejado por los historiadores con pulso tan exacto
y entusiasta como en el libro de Max Aub. Su textura
consiste en un sucederse de destinos personales que
coinciden en algún punto, pero que van apareciendo
a retazos, yuxtaponiéndose, agregándose. La totalidad
representa, así, una novela abierta, cambiante, rebosan-
te de figuras históricas y ficticias, de anécdotas y conversaciones. Desde este ángulo, se piensa en el modo

---

[246] E. G. DE NORA: *La nov. esp. contemp.*, III, página 76.

de componer de Baroja, y desde el ángulo de la revelación social e histórica de la capital, se piensa en
la novela galdosiana. Pero hay en ésta, como en todas
las obras de Max Aub, una cualidad peculiar y defini-
toria: la forma hablada. En contraste con la forma
escrita de las novelas de Ayala, inspiradas en analogías
posibles y cifras intemporales por la vía lúcida de la
alusión, las de Max Aub por el camino cálido del recuerdo se empeñan en la busca del pasado concreto,
apresado vivo en las redes de la palabra hablada.

No por haber nacido fuera de España (que el nacer
en esta o aquella parte de la tierra bien poco importa),
sino quizá por haberse educado inicialmente, como
Larra, en otro país, Max Aub estaba en condiciones de
distancia suficiente para comprender con claridad a
los españoles. Pasada la guerra hubo de entender que
lo ocurrido había sido un desahogo de hablar, un hablar a gritos y hasta la sangre. Con plena consciencia
o por instinto hizo de su *Laberinto mágico* y de sus
otras novelas y cuentos un tipo de relato oral que no
puede definirse por Galdós, ni por Baroja, ni por
Malraux, sus mejores antecedentes, sino como algo distinto, como un relato de estructura oral y de estilo
parlante.

Estructuralmente las novelas de Max Aub se configuran a base de monólogos internos caóticos, historias
que uno dice a otro, diálogos en que los interlocutores
se plantean cuestiones trascendentales y, sobre todo
de conversaciones entre dos o entre muchos (tertulias)
en las que se discute de lo humano y lo divino. El
núcleo generador de las narraciones de Aub es siempre
el hablar, y este hablar toma su molde más frecuente
en la tertulia. En paz (*La calle de Valverde*) o en guerra
(*Laberinto mágico*, *Las buenas intenciones*), los españoles de Max Aub viven en tertulia infinita, y el cuento

más divulgado del autor (*La verdadera historia de la muerte de F. F.*) ¿qué es, sino el triunfo del espíritu de tertulia sobre el tema? Porque las conversaciones y tertulias no tienen un tema, sino incontables asuntos, motivos variables, argumentos en perpetuo arabesco. Poco importa quiénes hablan, si aparecieron antes o volverán a aparecer después, ni importa propiamente adónde va a parar el conjunto de estas charlas. Lo esencial es que las novelas así tramadas revelan los destinos entrecruzados de unos hombres a lo largo de una lucha en la que, por encima de la hostilidad y del sufrimiento, flota la imagen de la convivencia hablada.

El lenguaje responde a esta estructura: un lenguaje todo espontaneidad, coloquialismos, frases hechas que son los lugares comunes del idioma y, por tanto, lugares de comunión de las almas, modos de decir personales, muletillas, insultos, tacos, giros populares, valencianismos o madrileñismos, anacolutos, incorrecciones. Por estos conductos ha tratado Max Aub de salvar su recuerdo, la verdad de lo que fue, rehaciendo el cómo y el cuánto del hablar español. Esa salvación consiste en poner a hablar a la gente sobre cualquier cosa (el ser de España, la existencia de Dios, el amor, el comunismo, la literatura) sumergiendo tan graves temas en el tuteo de los corazones. Por otro lado, Max Aub, que tan a gusto se elimina para dejar perorar a sus españoles de cuanto les venga en gana, tampoco puede sujetar su facundia y así, a menudo, cuando describe, dispara una metralla de palabras aparentemente superfluas, acumuladas por el puro deleite de nombrar, de agarrarse a la concreción del idioma. A veces juega quevedescamente con las palabras, saca algunas del diccionario para aplicarlas mejor o peor al caso, abusa de la elipsis y llega a ciertos conceptismos neobarrocos de dudosa oportunidad, pero aparte de que esto mismo revela una vez más su afán por rescatar el español perdido, no es eso lo más importante, sino la captación de la fluencia oral y malhablada de sus compatriotas, que, guste o no, es verdad. El sabe que es verdad y que, reviviendo ese hablar irrestañable, vuelve a vivir la realidad anterior a nuestro ahora y de la cual nuestro ahora pende todavía. (De este ahora español que por fin Max Aub pudo contemplar y apenas reconocer dejó impresionante testimonio en el libro *La gallina ciega*, publicado a fines de 1971, pocos meses antes de su muerte.)

No creo que los novelistas que permanecieron dentro de España, asediados por las urgencias de su presente envolvedor, hayan alcanzado a manifestar el fondo verdadero de la actualidad con más clarividencia que Francisco Ayala asumiendo el sentido del mundo de hoy en parábolas equivalentes y Max Aub reanimando en palabras candentes el ayer decisivo. Esto lo han conseguido Ayala y Aub con una profunda ejercitación de la lengua, explorando los valores no ya sintomáticos, sino sustanciales de ésta. La distancia forzosa les ha hecho ver claro. Con los pies en la realidad y los ojos atentos a lo que está sucediendo en el mundo, estos escritores, gracias a su talento, pero gracias también —aunque sea doloroso decirlo— al poder aclaratorio de la ausencia, han sabido ser realistas de lo mediato, o sea, de la verdad y no de la apariencia sola. Y cuando un escritor «social» de la España manente, Juan García Hortelano, mencionaba a Lukacs para expresar que el realismo «equivale a la esencia de la realidad que se oculta bajo la superficie»[247], sentimos que no hay discrepancia entre lo intentado por unos y otros españoles, los mejores del exilio y los me-

---

[247] En la encuesta de F. OLMOS GARCÍA: «La novela y los novelistas españoles de hoy», pág. 228.

jores de la permanencia, pues aquéllos y éstos convergen en lo esencial.

* * *

Por si el lector encuentra que, a lo largo de estas páginas la evaluación de la novela española ha sido poco clara, debo decir todavía que, en este punto, me ha parecido lo más justo rehuir los extremos. Hay un extremo de optimismo: algunos estiman la novela de posguerra como un espléndido renacimiento. Pero lo más frecuente es el extremo contrario: suponer que la novela española de este tiempo representa más bien una recaída en formas caducadas, o un movimiento bien intencionado, pero carente de actualidad artística y de potencia innovadora, por lo menos hasta la aparición de *Tiempo de silencio*. Si el lector se toma la molestia de recordar, o repasar, algunas páginas de este libro, sobre todo aquellas que tratan de aspectos generales (las introductorias y las dedicadas a recapitular los caracteres comunes), entenderá que la posición de quien esto escribe, aunque no extremosa, tampoco es indiferente, ni se acoge a ningún término medio inhibitorio: es más afirmativa que negativa.

Relacionando la novela española de posguerra con la novela producida en otros pueblos durante el mismo tiempo y por escritores de una edad semejante, no creo que aquélla tenga que abatirse a un complejo de inferioridad. Es cierto que las técnicas empleadas son en su mayoría deudoras a grandes escritores de fuera, pero la modulación personal y su aplicación a la realidad española como medio de penetración en la verdad de ella, hacen que lo que parece dependencia se pueda mirar como creativa, fecunda y pertinente asimilación. Hablar de «naturalismo depauperado» y de «des-

precio por la creación formal», como Carlos Barral hizo
refiriéndose a la novela social que él mismo había fomen-
tado, me parece una manifestación de masoquismo cultural, accesoria por lo demás, puesto que el mismo Barral reconocía en qué medida aquella novela contribuyó
a desvanecer «el perjuicio de la gratuidad de la literatura y a llevar la discusión literaria a círculos más amplios que los del mero snobismo» y comprobaba, para
el tiempo de que hablamos, la existencia de «un número
de buenas novelas superior al de cualquier período de
la historia moderna de la literatura española»[248].

Hacer comparaciones puede ser ocioso, además de
odioso. El valor de la novela española de nuestro tiempo ha de descubrirse en ella misma: reside en su veracidad, en su responsabilidad y en su dignidad literaria.

Juan Goytisolo escribió años atrás que «la novela cumple en España una función testimonial que en Francia y
los demás países de Europa corresponde a la Prensa, y
el futuro historiador de la sociedad española deberá
apelar a ella si quiere reconstituir la vida cotidiana del
país a través de la espesa cortina de humo y silencio
de nuestros diarios»[249]. Aunque esta alusión a la censura explica mucho del porqué y el cómo de la novela
de este tiempo, es claro, sin embargo, que la atestiguación proporcionada por la novela es siempre muy superior en plenitud a la información que pueda sumi-
nistrar la Prensa más libre. La Prensa notifica y comenta: la novela hace comprender de un modo intui-
tivo y típico la existencia toda en un momento y en un
lugar. Y esto es lo que, sin hacer de las novelas repor-

---

[248] C. BARRAL: «Reflexiones acerca de las aventuras
del estilo en la penúltima literatura», pág. 42.
[249] Citado por J. C. CURUTCHET: *Introducción a la
nov. esp. de posguerra*, pág. 71.

tajes periodísticos, han realizado los narradores españoles, eludiendo toda forma de falseamiento.

La responsabilidad no es sino el aspecto moral de ese afán de veracidad: la ejecución de un testimonio lo más verdadero y completo posible a fin de preparar un cambio o siquiera de fomentar la conciencia de la necesidad de cambiar. Hace años definía J. M. Castellet la evolución de la novela española como «una progresiva toma de conciencia histórica, por parte de sus autores, de la dramática existencia de una nación que en pleno siglo xx, por una muy compleja serie de razones, se ha visto inmersa en una guerra civil cuyo desenlace la ha apartado de la marcha de la historia, después de una fabulosa pérdida de hombres y de capacidad creadora de riqueza, a la que ha seguido un largo período de aislamiento, a consecuencia de la Segunda Guerra Mundial y de la estructura del régimen político que la gobierna» [250]. No es difícil suponer que el lector de este libro, sobre todo si vive fuera de España, en comunidades prósperas del Occidente, halle la visión que estos novelistas tienen de su pueblo, demasiado sombría y negativa. Aunque todo novelista consciente, de cualquier país, está obligado a arrostrar con lucidez y sin acomodo la verdad de su mundo, por áspera que sea, pues ello no es ya deber, sino necesidad de todo intelectual, o mejor dicho, de todo «espiritual», nadie podrá negar que las circunstancias españolas de este tiempo hayan sido problemáticas, precisamente para el hombre de espíritu. Esos españoles han buscado su pueblo perdido, para conocerlo, para ponerlo en situación de que se conozca a sí mismo, para recobrarlo y hacer que se recobre.

Finalmente, la calidad artística de las novelas creo

---

[250] J. M. CASTELLET: «Veinte años de novela española», pág. 291.

que habrá quedado de manifiesto a lo largo de algunos análisis y comentarios. No puede regatearse a media docena de nombres ni a una docena de novelas esmero, consciencia, modernidad, fecundidad y esa cosecha puede ya la historia literaria trasladarla de la criba al silo, a un silo abierto para todos.

El propósito mayor de los narradores de posguerra ha consistido en abrir la novela a la vida, haciendo a aquélla un medio de comprender a ésta, y entendiendo por vida no el transcurso de la persona individual por este mundo, sino el desenvolvimiento de la colectividad en la historia. Tal propósito lo ha cumplido con más resuelto empeño de compromiso la novela social que la novela existencial, aunque ambas puedan caber bajo una denominación común, hace tiempo insinuada por Max Aub: «realismo trascendente» [251]. En sus ejemplos ética y estéticamente más válidos tampoco la novela estructural se desentiende de esta dirección. La tras-

---

[251] M. AUB: *Discurso de la novela española contemporánea*, págs. 102-103. Realismo trascendente «por el hecho de ser un arte llamado a traspasar y penetrar en un público cada vez más amplio. Realismo en la forma, pero sin desear la nulificación del escritor como pudo acontecer en los tiempos del naturalismo. Subjetivismo y objetividad parecen ser las directrices internas y externas de la nueva novelística». En un estudio que me parece el mejor que hasta la fecha ha merecido Max Aub, desarrolla I. Soldevila-Durante esa idea, interpretando el realismo trascendente como aquel en que «las cosas aparecen en la medida que trasciende hacia ellas el interés del hombre, y éste nos las ofrece a su través», a diferencia de lo que sucede en el naturalismo anterior y en el posterior objetualismo francés («El realismo trascendente y otras observaciones acerca de la narrativa española contemporánea. A propósito de Max Aub», *Papeles de Son Armadans*, núm. CL, Septiembre 1968, págs. 197-228. Lo citado, en pág. 204).

cendencia de ese realismo estriba, a mi juicio, en que representa la realidad actual para interpretarla y ayudar a mejorarla, humanamente, socialmente, históricamente. No un arte encerrado en el orgullo de su autonomía, salvo pocos casos, sino un arte centrado en la realidad integral, concéntrico con ella.

Prever el porvenir de la novela española es difícil, y arrogancia parecería pretender influir sobre él directamente con programas, diagnósticos o consejos. De la confesión existencial al testimonio social y de éste a la indagación estructural nada se ha perdido, y estas direcciones, complementadas y enriquecidas por una sensibilidad configuradora y lingüística cada vez más refinada, podrán fertilizar el futuro.

SELECCION BIBLIOGRAFICA

1) *Novelas*:

Agrupo a continuación, por orden cronológico, un elenco de novelas para orientación del lector, sin propósito de ser completo:

1939

Pío Baroja: *Laura o la soledad sin remedio*, B. Aires, Sudamericana.
Ramón J. Sender: *El lugar del hombre*, México, Quetzal.

1940

Ramón J. Sender: *Mexicayotl*, México, Quetzal.
Juan Antonio Zunzunegui: *El Chiplichandle*, Madrid, Studios.

1941

Azorín: *El escritor*, Madrid, Espasa-Calpe.

1942

Azorín: *Capricho*, Madrid, Espasa-Calpe.
Camilo José Cela: *La familia de Pascual Duarte*, Madrid, Aldecoa.
R. J. Sender: *Epitalamio del prieto Trinidad*, México, Quetzal. *Crónica del Alba*, México, Nuevo Mundo.

1943

MAX AUB: *Campo cerrado* («El laberinto mágico», I), México, Tezontle.

AZORÍN: *El enfermo*, Madrid, Adán. *María Fontán*, Madrid, Espasa-Calpe.

RAFAEL GARCÍA SERRANO: *La fiel infantería*, Madrid, Editora Nacional. (Nueva ed., con historial del proceso de censura: Madrid, Organización Sala Editorial, 1973.)

GONZALO TORRENTE BALLESTER: *Javier Mariño*, Madrid, Editora Nacional.

J. A. ZUNZUNEGUI: *¡Ay..., estos hijos!*, Barcelona, Destino.

1944

IGNACIO AGUSTÍ: *Mariona Rebull* («La ceniza fue árbol», I), Barcelona, Destino.

AZORÍN: *La isla sin aurora*, Barcelona, Destino. *Salvadora de Olbena*, Zaragoza, Ediciones Cronos.

C. J. CELA: *Pabellón de reposo*, Madrid, Afrodisio Aguado. *Nuevas andanzas y desventuras de Lazarillo de Tormes*, Madrid, La Nave.

PAULINO MASIP: *El diario de Hamlet García*, México.

1945

I. AGUSTÍ: *El viudo Rius* («La ceniza fue árbol», II), Barcelona, Destino.

MAX AUB: *Campo de sangre* («El laberinto mágico», III), México, Tezontle.

CARMEN LAFORET: *Nada*, Barcelona, Destino.

J. A. ZUNZUNEGUI: *El barco de la muerte*, Madrid, Mayfe.

1946

PÍO BAROJA: *El Hotel del Cisne*, Madrid, Biblioteca Nueva.

1947

José María Gironella: *Un hombre*, Barcelona, Destino.
R. J. Sender: *El rey y la reina*, B. Aires. *La esfera*, B. Aires, Siglo Veinte.
J. A. Zunzunegui: *La quiebra*, Madrid, Mayfe.

1948

Miguel Delibes: *La sombra del ciprés es alargada*, Barcelona, Destino.
Ana María Matute: *Los Abel*, Barcelona, Destino.
J. A. Zunzunegui: *La úlcera*, Madrid, Mayfe.

1949

Sebastián Juan Arbó: *Sobre las piedras grises*, Barcelona, Destino.
Francisco Ayala: *La cabeza del cordero*, B. Aires, Losada.
M. Delibes: *Aún es de día*, Barcelona, Destino.

1950

M. Delibes: *El camino*, Barcelona, Destino.
Darío Fernández Flórez: *Lola, espejo oscuro*, Madrid, Plenitud.
Ricardo Fernández de la Reguera: *Cuando voy a morir*, Barcelona, Destino.
José Suárez Carreño: *Las últimas horas*, Barcelona, Destino.

1951

Max Aub: *Campo abierto* («El laberinto mágico», II), México, Tezontle.
Arturo Barea: *La forja de un rebelde*, Losada, B. Aires.
C. J. Cela: *La colmena* («Caminos inciertos», I), B. Aires, Emecé.

Rafael Sánchez Ferlosio: *Industrias y andanzas de Aifanhuí*, Madrid.

J. A. Zunzunegui: *El supremo bien,* Madrid, Aguilar.

1952

Carmen Laforet: *La isla y los demonios*, Barcelona, Destino.

Elena Quiroga: *La sangre,* Barcelona, Destino.

Luis Romero: *La noria,* Barcelona, Destino.

R. J. Sender: *El verdugo afable,* Santiago de Chile, Nascimento.

J. A. Zunzunegui: *Esta oscura desbandada*, Madrid, Aguilar.

1953

C. J. Cela: *Mrs. Caldwell habla con su hijo*, Barcelona, Destino.

M. Delibes: *Mi idolatrado hijo Sisí*, Barcelona, Destino.

J. M. Gironella: *Los cipreses creen en Dios*, Barcelona, Planeta.

Mario Lacruz: *El inocente,* Barcelona, Caralt.

Ana M.ª Matute: *Fiesta al Noroeste*, Madrid, Afrodisio Aguado.

Dolores Medio: *Nosotros, los Rivero*, Barcelona, Destino.

Tomás Salvador: *Cuerda de presos*, Barcelona, Caralt.

1954

Ignacio Aldecoa: *El fulgor y la sangre*, Barcelona, Planeta.

Max Aub: *Las buenas intenciones*, México, Fondo de Cultura.

José Luis Castillo Puche: *Con la muerte al hombro*, Madrid, Bibl. Nueva.

R. Fernández de la Reguera: *Cuerpo a tierra*, Barcelona, Garbo.

Jesús Fernández Santos: *Los bravos*, Valencia, Castalia.

Juan Goytisolo: *Juegos de manos*, Barcelona, Destino.

Ana M.ª Matute: *Pequeño teatro*, Barcelona, Planeta.

Alejandro Núñez Alonso: *La gota de mercurio*, Barcelona, Destino.

Elena Quiroga: *Algo pasa en la calle*, Barcelona, Destino.

R. J. Sender: *Los cinco libros de Ariadna*, México, Aquelarre.

J. A. Zunzunegui: *La vida como es*, Barcelona, Noguer.

1955

C. J. Cela: *La Catira*, Barcelona, Noguer.

M. Delibes: *Diario de un cazador*, Barcelona, Destino.

Juan Goytisolo: *Duelo en el Paraíso*, Barcelona, Destino.

Mario Lacruz: *La tarde*, Barcelona, Caralt.

Ana M.ª Matute: *En esta tierra*, Barcelona, Exito.

A. Núñez Alonso: *Segunda agonía*, Barcelona, Planeta.

Antonio Prieto: *Tres pisadas de hombre*, Barcelona, Planeta.

Elena Quiroga: *La careta*, Barcelona, Noguer. *La enferma*, Barcelona, Noguer.

1956

I. Aldecoa: *Con el viento solano*, Barcelona, Planeta.

J. L. Castillo Puche: *Sin camino*, B. Aires, Emecé. *El vengador*, Barcelona, Planeta.

Carmen Laforet: *La mujer nueva*, Barcelona, Destino.

Rafael Sánchez Ferlosio: *El Jarama*, Barcelona, Destino.

1957

I. Agustí: *Desiderio* («La ceniza fue árbol», III), Barcelona, Planeta.

I. Aldecoa: *Gran Sol*, Barcelona, Noguer.

J. L. Castillo Puche: *Hicieron partes*, Madrid, Escelicer.

J. Fernández Santos: *En la hoguera*, Madrid, Arión.

J. Goytisolo: *El circo* («El mañana efímero», II), Barcelona, Destino.

Gonzalo Torrente Ballester: *El señor llega* («Los gozos y las sombras», I), Madrid, Arión.

1958

Manuel Arce: *Pintado sobre el vacío*, Barcelona, Destino.

Max Aub: *Jusep Torres Campalans*, México, Tezontle.

Francisco Ayala: *Muertes de perro*, B. Aires, Sudamericana.

José María Castillo-Navarro: *Las uñas del miedo*, Barcelona, Caralt.

M. Delibes: *Diario de un emigrante*, Barcelona, Destino.

J. Goytisolo: *Fiestas* («El mañana efímero», I), B. Aires, Emecé. *La resaca* («El mañana efímero», III), París, Club del Libro Español.

Luis Goytisolo: *Las afueras*, Barcelona, Seix Barral.

Angel María de Lera: *Los clarines del miedo*, Barcelona, Destino.

Jesús López Pacheco: *Central eléctrica*, Barcelona, Destino.

Carmen Martín Gaite: *Entre visillos*, Barcelona, Destino.

Ana M.ª Matute: *Los hijos muertos*, Barcelona, Planeta.

Lauro Olmo: *Ayer, 27 de octubre*, Barcelona, Destino.

Antonio Prieto: *Vuelve atrás, Lázaro*, Barcelona, Planeta.

Tomás Salvador: *Cabo de vara*, Barcelona, Destino.

Jorge C. Trulock: *Las horas*, Barcelona, Destino.

1959

Andrés Bosch: *La noche*, Barcelona, Planeta.

M. Delibes: *La hoja roja*, Barcelona, Destino.

Antonio Ferres: *La piqueta*, Barcelona, Destino.

Juan García Hortelano: *Nuevas amistades*, Barcelona, Seix Barral.

Carlos Rojas: *El asesino de César*, Barcelona, Planeta.

1960

Armando López Salinas: *La mina*, Barcelona, Destino.

Juan Marsé: *Encerrados con un solo juguete*. Barcelona, Seix Barral.

Ana M.ª Matute: *Primera memoria* («Los mercaderes», I), Barcelona, Destino.

Elena Quiroga: *Tristura*, Barcelona, Noguer.

R. Sender: *Réquiem por un campesino español*. New York, Las Américas.

G. Torrente Ballester: *Donde da la vuelta el aire* («Los gozos y las sombras», II), Madrid, Arión.

1961

Max Aub: *La calle de Valverde*, Xalapa, Universidad Veracruzana.

J. M. Castillo-Navarro: *Los perros mueren en la calle*, Barcelona, Planeta.

J. M. Gironella: *Un millón de muertos*, Barcelona, Planeta.

J. Goytisolo: *La isla*, Barcelona, Seix Barral.

Alfonso Grosso: *La zanja*, Barcelona, Destino.

Fernando Morán: *El profeta*, Barcelona, Seix Barral.

Ramón Nieto: *El sol amargo*, Madrid, Ediciones Cid.

Daniel Sueiro: *La criba*, Barcelona, Seix Barral.

1962

F. Ayala: *El fondo del vaso*, B. Aires, Sudamericana.

J. M. CABALLERO BONALD: *Dos días de setiembre*, Barcelona, Seix Barral.

C. J. CELA: *Tobogán de hambrientos*, Barcelona, Noguer.

M. DELIBES: *Las ratas*, Barcelona, Destino.

J. GARCÍA HORTELANO: *Tormenta de verano*, Barcelona, Seix Barral.

J. GOYTISOLO: *Fin de fiesta*, Barcelona, Seix Barral.

LUIS MARTÍN-SANTOS: *Tiempo de silencio*, Barcelona, Seix Barral.

G. TORRENTE BALLESTER: *La pascua triste* («Los gozos y las sombras», III), Madrid, Arión.

1963

MANUEL ARCE: *Oficio de muchachos*, Barcelona, Seix Barral.

MAX AUB: *Campo del Moro* («El laberinto mágico», IV), México, Joaquín Mortiz.

J. L. CASTILLO PUCHE: *Paralelo 40*, Barcelona, Destino.

LUIS GOYTISOLO: *Las mismas palabras*, Barcelona, Seix Barral.

CARMEN LAFORET: *La insolación* («Tres pasos fuera del tiempo», I), Barcelona, Planeta.

CARMEN MARTÍN GAITE: *Ritmo lento*, Barcelona, Seix Barral.

ANTONIO MARTÍNEZ-MENCHÉN: *Cinco variaciones*, Barcelona, Seix Barral.

RAMÓN SOLÍS: *Un siglo llama a la puerta*, Madrid, Bullón.

G. TORRENTE BALLESTER: *Don Juan*, Barcelona, Destino.

1964

J. FERNÁNDEZ SANTOS: *Laberintos*, Barcelona, Seix Barral.

MANUEL GARCÍA-VIÑÓ: *La pérdida del centro*, Madrid, Fermín Uriarte.

ANA M.ª MATUTE: *Los soldados lloran de noche* («Los mercaderes», II), Barcelona, Destino.

1965

I. AGUSTÍ: *19 de julio* («La ceniza fue árbol», IV), Barcelona, Planeta.

ANDRÉS BOSCH: *La estafa*, Madrid, Fermín Uriarte.

GONZALO SUÁREZ: *Rocabruno bate a Ditirambo*, nueva edición: Barcelona, Edhasa, 1971.

JORGE C. TRULOCK: *Trayecto Circo-Matadero*, Madrid, Alfaguara.

1966

M. DELIBES: *Cinco horas con Mario*, Barcelona, Destino.

J. M. GIRONELLA: *Ha estallado la paz*, Barcelona, Planeta.

JUAN GOYTISOLO: *Señas de identidad*, México, Joaquín Mortiz.

JUAN MARSÉ: *Ultimas tardes con Teresa*, Barcelona, Seix Barral.

JESÚS TORBADO: *Las corrupciones*, Madrid, Alfaguara.

FRANCISCO UMBRAL: *Travesía de Madrid*, Madrid, Alfaguara.

1967

IGNACIO ALDECOA: *Parte de una historia*, Barcelona, Noguer.

JUAN BENET: *Volverás a Región*, Barcelona, Destino.

A. M. DE LERA: *Las últimas banderas*, Barcelona, Planeta.

VICENTE SOTO: *La zancada*, Barcelona, Destino.

1968

MAX AUB: *Campo de los Almendros* («El laberinto mágico», V), México, Joaquín Mortiz.

JOSÉ M. GUELBENZU: *El mercurio*, Barcelona, Seix Barral.

A. Martínez-Menchén: *Las tapias*, Barcelona, Seix Barral.

Carlos Rojas: *Auto de fe*, Madrid, Guadarrama.

1969

C. J. Cela: *San Camilo, 1936*. Madrid, Alfaguara.

Miguel Delibes: *Parábola del náufrago*, Barcelona, Destino.

J. Fernández Santos: *El hombre de los santos*, Barcelona, Destino.

M. García-Viñó: *El escorpión*, Madrid, Guadarrama.

Ana M.ª Matute: *La trampa* («Los mercaderes», III), Barcelona, Destino.

G. Torrente Ballester: *Off-side*, Barcelona, Destino.

J. C. Trulock: *Inventario base*. Madrid, Alfaguara.

1970

J. Benet: *Una meditación*, Barcelona, Seix Barral.

Francisco García Pavón: *Las hermanas coloradas*, Barcelona, Destino.

J. Goytisolo: *Reivindicación del Conde Don Julián*, México, J. Mortiz.

A. Grosso: *Guarnición de silla*, Barcelona, Edhasa.

J. Marsé: *La oscura historia de la prima Montse*, Barcelona, Seix Barral.

Vicente Molina-Foix: *Museo provincial de los horrores*, Barcelona, Seix Barral.

1971

J. L. Castillo Puche: *Como ovejas al matadero* («El cíngulo», I), Barcelona, Destino.

J. Fernández Santos: *Libro de las memorias de las cosas*, Barcelona, Destino.

M. LACRUZ: *El ayudante del verdugo*, Barcelona, Plaza Janés.

A. M. MATUTE: *La torre vigía*, Barcelona, Lumen.

R. SOLÍS: *El dueño del miedo*, Barcelona, Planeta.

1972

I. AGUSTÍ: *Guerra Civil* («La ceniza fue árbol», V), Barcelona, Planeta.

FÉLIX DE AZÚA: *Las lecciones de Jena*, Barcelona, Barral.

J. BENET: *Un viaje de invierno*, Barcelona, La Gaya Ciencia.

JUAN CRUZ RUIZ: *Crónica de la nada hecha pedazos*, Santa Cruz de Tenerife, Caja General de Ahorros (nueva edición: Madrid, Taller de Ediciones JB, 1973).

J. GARCÍA HORTELANO: *El gran momento de Mary Tribune*, Barcelona, Barral.

J. M. GIRONELLA: *Condenados a vivir*, Barcelona, Planeta.

J. LEIVA: *Leitmotiv*, Barcelona, Seix Barral. *La circuncisión del señor solo*, Barcelona, Seix Barral.

G. TORRENTE BALLESTER: *La saga/fuga de J. B.*, Barcelona, Destino.

JOSÉ M. VAZ DE SOTO: *Diálogos del anochecer*, Barcelona, Planeta.

1973

MANUEL ANDÚJAR: *Historias de una historia* («Lares y penares», I), Madrid, Al-Borak.

CORPUS BARGA: *Los galgos verdugos*, Madrid, Alianza Tres.

J. BENET: *La otra casa de Mazón*, Barcelona, Seix Barral.

C. J. CELA: *Oficio de tinieblas 5*, Barcelona, Noguer.

M. DELIBES: *El príncipe destronado*, Barcelona, Destino.

J. FERNÁNDEZ SANTOS: *Paraíso encerrado*, Barcelona, Destino.

LUIS GOYTISOLO: *Recuento*, México, Seix Barral.

A. GROSSO: *Florido mayo*, Madrid, Alfaguara.

J. LEYVA: *Heautontimoroumenos*, Madrid, Taller de Ediciones JB.

J. MARSÉ: *Si te dicen que caí*. México, Novaro.

V. MOLINA-FOIX: *Busto*, Barcelona, Barral.

E. QUIROGA: *Presente profundo*, Barcelona, Destino.

C. ROJAS: *Azaña*, Barcelona, Planeta.

1974

J. M. CABALLERO BONALD: *Agata ojo de gato*, Barcelona, Barral.

A. M. DE LERA: *Los que perdimos*, Barcelona, Planeta.

J. LEYVA: *La primavera de los murciélagos*, Barcelona, Seix Barral.

C. MARTÍN GAITE: *Retahílas*, Barcelona, Destino.

R. NIETO: *La señorita*, Barcelona, Seix Barral.

2) *Estudios*:

La lista que sigue comprende sólo una selección de estudios de carácter general. Estudios particulares sobre determinados novelistas o novelas se mencionan, cuando ello es oportuno, en las notas. Se observa aquí el orden alfabético de autores porque, como es sabido, entre la fecha de no pocas revistas y su publicación efectiva abundan los desajustes.

ALBÉRÈS, R. M.: «La renaissance du roman espagnol». *La Revue de Paris*, 68, oct. 1961, págs. 81-91.

ALBORG, J. L.: *Hora actual de la novela española*. Madrid, Taurus, tomo I: 1958, tomo II: 1962.

AMORÓS, A.: «Notas para el estudio de la novela española actual (1939-1968)». *Vida Hispánica*, XVI, 1968, páginas 7-13.

AMORÓS, A.: *Introducción a la novela contemporánea*, 2.ª ed., muy aumentada. Salamanca-Madrid, Anaya, 1971.

AMORÓS, A.: «Novelistas españoles actuales». En *Diccionario de Literatura Española*, 4.ª ed., Rev. de Occ., Madrid, 1972, págs. 644-648.

AUB, M.: *Discurso de la novela española contemporánea*. Jornadas 50, El Col. de México, 1945.

AYALA, F.: «Función social de la literatura». En: Idem, *España a la fecha*, B. Aires, Sur, 1965, págs. 77-96.

AYALA, F.: «Nueva divagación sobre la novela». *Rev. de Occ.*, 54, sept. 1967, págs. 294-312.

BAQUERO GOYANES, M.: «La novela española de 1939 a 1953». *Cuad. Hispanoamer.*, 67, julio 1955, págs. 81-95.

BAQUERO GOYANES, M.: «La guerra española en nuestra novela». *Ateneo*, 1 marzo 1957.

BAQUERO GOYANES, M.: *Estructuras de la novela actual*. Barcelona, Planeta, 1970.

BARRAL, C.: «Reflexiones acerca de las aventuras del estilo en la penúltima literatura española». *Cuad. para el Diál.*, XIV Extraordinario, mayo 1969, págs. 39-42.

BENÍTEZ CLAROS, R.: «Carácter de la novela nueva». En: Idem, *Visión de la literatura española*. Madrid, Rialp, págs. 293-319.

BOSCH, A., y GARCÍA-VIÑÓ, M.: *El realismo y la novela actual*. Publicaciones de la Universidad de Sevilla, Colección de Bolsillo, núm. 16, 1973.

BOSCH, R.: «The Style of the New Spanish Novel». *Books Abroad*, Winter 1965, págs. 10-14.

BOSCH, R.: *La novela española del siglo XX*, vol. II: *De la República a la Postguerra*. New York, Las Américas, 1970.

BOUSOÑO, C.: «La novela española en la posguerra». *Rev. Nac. de Cultura*, XIX, 1957, págs. 157-167.

BOZAL, V.: «La edición en España. Notas para su historia». *Cuad. para el Diál.*, XIV Extraordinario, mayo 1969, págs. 85-93.

BUCKLEY, R.: *Problemas formales en la novela española contemporánea.* Barcelona, Península, 1968 (2.ª edición: 1973).

BUCKLEY, R.: «Del realismo social al realismo dialéctico». *Insula,* núm. 326, enero 1974, págs. 1 y 4.

CASTELLET, J. M.: *Notas sobre literatura española contemporánea.* Barcelona, Laye, 1955.

CASTELLET, J. M.: *La hora del lector.* Barcelona, Seix Barral, 1957.

CASTELLET, J. M.: «La novela española, quince años después (1942-1957)». *Cuad. del Congr. por la Lib. de la Cult.,* 33, 1958, págs. 48-52.

CASTELLET, J. M.: «El primer coloquio internacional sobre novela». *Insula,* 152-153, julio-agosto 1959, páginas 19 y 32.

CASTELLET, J. M.: «La joven generación española y los problemas de la patria». *Rev. Nac. de Cult.,* n.º 148-149, sept.-dic. 1961.

CASTELLET, J. M.: «Veinte años de novela española (1942-1962)». *Cuad. Amer.,* enero-feb. 1963, págs. 290-295.

CASTELLET, J. M.: «La joven novela española». *Sur,* 284, 1963, págs. 48-54.

CASTELLET, J. M.: «Tiempo de destrucción para la literatura española». *Imagen,* Caracas, 15-VII-1968.

CELA, C. J.: «Dos tendencias de la nueva literatura española». *Papeles de S. A.,* n.º 89, oct. 1962, págs. 1-20.

CIENFUEGOS, S.: «Le roman en Espagne (1920-1957)». *Europe,* n.º 345-346, enero-feb. 1958, págs. 17-29.

CIRRE, J. F.: «El protagonista múltiple y su papel en la reciente novela española». *Papeles de S. A.,* n.º 98, mayo 1964, págs. 159-170.

CLOTAS, S.: «Meditación precipitada y no premeditada sobre la novela en lengua castellana». *Cuad. para el Diál.,* XIV Extraordinario, mayo 1969, págs. 7-18.

CLOTAS, S., y GIMFERRER, P.: *Treinta años de literatura en España*. Barcelona, Kairós, 1971.

COINDREAU, E. M.: «Homenaje a los jóvenes novelistas españoles». *Cuad. del Congreso...*, 33, 1958, págs. 44-47.

CONTE, R.: «La novela española del exilio». *Cuad. para el Diál.*, XIV Extraordinario, mayo 1969, págs. 27-38.

CORRALES EGEA, J.: *La novela española actual (Ensayo de ordenación)*. Madrid, Edicusa, 1971.

COUFFON, C.: «Las tendencias de la novela española actual». *Rev. Nac. de Cult.*, XXIV, 1962, págs. 14-27.

CURUTCHET, J. C.: *Introducción a la novela española de postguerra*. Montevideo, Alfa, 1966.

DELIBES, M.: «Medio siglo de novela española». *Comprendre*, n.º 17-18, 1957, págs. 242-247.

DELIBES, M.: «Notas sobre la novela española contemporánea». *Cuad. del Congreso...*, 63, 1962, págs. 34-38.

DOMENECH, R.: «Una generación en marcha». *Insula*, 162, mayo 1960; 163, junio 1960; 164-165, julio-agosto 1960.

DOMENECH, R.: «Meditación sobre estética narrativa». *Insula*, 175, junio 1961.

DOMINGO, J.: *La novela española del siglo XX*, vol. II: *De la postguerra a nuestros días*. Barcelona, Nueva Colección Labor, vol. 149, 1973.

DURÁN, M.: «Juan Benet y la nueva novela española». *Cuad. Amer.*, CXCV, julio-agosto 1974, págs. 193-205.

ESTEBAN SOLER, H.: *Narradores españoles del medio siglo. Miscellanea di Studi Ispanici* a cura dell'Instituto di Lingua e Letteratura Spagnola dell'Università di Pisa, 1971-73, págs. 217-370.

FERNÁNDEZ ALMAGRO, M.: «Esquema de la novela española contemporánea». *Clavileño*, 5, 1950, págs. 15-28.

FERNÁNDEZ-CAÑEDO, J. A.: «La joven novela española: 1936-1947». *Rev. de la Univ. de Oviedo*, Fac. de F. y Letras, XLIX-L, 1948, págs. 45-79.

FERNÁNDEZ-CAÑEDO, J. A.: «La guerra en la novela española (1936-1947)». *Arbor*, 37, enero 1949, págs. 60-68.

FERNÁNDEZ SANTOS, J.: *Siete narradores de hoy (Antología)*. Selec. y presentación de... Madrid, Taurus, 1963.

FERRERAS, J. I.: *Tendencias de la novela española actual 1931-1969*. París, Ediciones Hispanoamericanas, 1970.

GARASA, D. L.: «La condición humana en la narrativa española contemporánea». *Ateneo*, CLXII, 1966, páginas 109-139.

GARCÍA-VIÑÓ, M.: «Ultima hora de la novela española». *Nuestro Tiempo*, n.º 137, noviembre 1965.

GARCÍA-VIÑÓ, M.: *Novela española actual*. Madrid, Guadarrama, 1967.

GARCÍA-VIÑÓ, M.: «La nueva novela española». En: (Varios) *La nueva novela europea*. Madrid, Guadarrama, 1968, págs. 47-80.

GARCÍA-VIÑÓ, M.: *Novela española de posguerra*. Madrid, Publicaciones Españolas, 1971. *Temas Españoles*, número 521. 75 págs.

GIL CASADO, P.: *La novela social española (1942-1968)*. Barcelona, Seix Barral, 1968.

GIL CASADO, P.: *La novela social española (1920-1971)*. Segunda edición corregida y aumentada, Barcelona, Seix Barral, 1973.

GIRONELLA, J. M.: «Uber den spanischen Roman». *Stimmen der Zeit*, Freiburg i. Br., 169, 1961-62, págs. 92-109.

GÓMEZ MARÍN, J. A.: «Literatura y política. Del tremendismo a la nueva narrativa». *Cuad. Hispanoamer.*, LXV, n.º 193, 1966, págs. 109-116.

GÓMEZ PARRA, S.: «El conductismo en la novela española contemporánea». *Reseña*, núm. 36, junio 1970, páginas 323-333.

GÓMEZ DE LA SERNA, G.: *Ensayos sobre literatura social*. Madrid, Guadarrama, 1971.

GOYTISOLO, J.: «La nueva literatura española». *Bol. de Inform.*, México, IV, enero 1959, págs. 6-8.

GOYTISOLO, J.: *Problemas de la novela*. Barcelona, Seix Barral, 1959.

GOYTISOLO, J.: *El furgón de cola (Ensayos)*. París, Ruedo Ibérico, 1967.

GOYTISOLO, J.:«La novela española contemporánea», *Libre*, París, núm. 2, diciembre-enero-febrero 1971-72, páginas 33-40.

GUILLERMO, E., y J. A. HERNÁNDEZ: *Novelística española de los sesenta*. New York, Eliseo Torres and Sons, 1971.

GULLÓN, R.: «The Modern Spanish Novel». *The Texas Quarterly*, Spring 1961, vol. IV, n.º 1, págs. 79-96.

HORIA, V.: «La nueva ola de la novela española». *Punta Europa*, n.º 117, enero 1967, págs. 55-57.

HORRENT, J.: «La jeune littérature romanesque espagnole». *Revue des Langues Vivantes*, 1955, págs. 143-155.

HOYOS, A. DE: *Ocho escritores actuales*. Murcia, 1954.

HUTMAN, Norma L.: «Disproportionate Doom: Tragic Irony in the Spanish Post Civil War Novel». *Modern Fiction Studies*, 18, 1972, págs. 199-206.

IGLESIAS LAGUNA, A.: *Treinta años de novela española (1938-1968)*. Vol. I, Madrid, Prensa Española, 1969.

IZCARAY, J.: «Reflexiones sobre la novela española actual». *Nuestras Ideas*, Bruselas, 11, 1961, págs. 44-61.

KNAPP JONES, W.: «Recent Novels of Spain. 1936-1956». *Hispania*, XL, 1957, págs. 303-311.

LAMANA, M.: *Literatura de posguerra*. B. Aires, Nova, 1961.

LÓPEZ MOLINA, L.: «El tremendismo en la literatura española actual». *Revista de Occidente*, 54, septiembre 1967, págs. 372-378.

LÓPEZ QUINTÁS, A.: «¿Es objetivo el "realismo objetivo"?» *Punta Europa*, n.º 72, 1961, págs. 33-43.

Mac Mahon, D.: «Changing Trends in the Spanish Novel». *Books Abroad,* Summer 1960, XXXIV, págs. 227-230.

Mallo, J.: «Caracterización y valor del tremendismo en la novela española contemporánea». *Hispania,* XXXIX, 1956, págs. 49-55.

Mancini, G.: «Sul romanzo contemporaneo». *Miscellanea di Studi Ispanici,* Università di Pisa, 1965, páginas 246-329.

Mancisidor, J.: «La literatura española bajo el signo de Franco». *Cuad. Amer.,* mayo-junio 1952, págs. 26-48.

Marco, J.: «En torno a la novela social española». *Insula,* n.º 202, sept. 1963, pág. 13.

Marco, J.: *La nueva literatura en España y América.* Barcelona, Lumen, 1972.

Marra-López, J. R.: *Narrativa española fuera de España (1939-1961).* Madrid, Guadarrama, 1963.

Martínez Cachero, J. M.: *Novelistas españoles de hoy.* Oviedo, 1945.

Martínez Cachero, J. M.: *La novela española entre 1939 y 1969. Historia de una aventura.* Madrid, Castalia, 1973.

Martínez Menchén, A.: *Del desengaño literario.* Madrid, Helios, 1970. («Subdesarrollo literario», páginas 85-92; «Del árbol caído», págs. 93-123.)

Mayer, R. N.: «¿Existe una joven literatura española?». *Cuad. del Congreso...,* 33, 1958, págs. 53-58.

Míguez, A.: «Le roman espagnol: entre la frustration et la censure». *Nouvelles Littéraires,* 8-14 Mai 1972, páginas 3-4.

Montero, I.: «Los premios o treinta años de falsa fecundidad». *Cuad. para el Diál.,* XIV Extraordinario, mayo 1969, págs. 73-84.

Morán, F.: *Explicación de una limitación: La novela realista de los años cincuenta en España.* Madrid, Taurus, 1971. (Cuadernos Taurus, núm. 106.)

MORÁN, F.: *Novela y semidesarrollo (Una interpretación de la novela hispanoamericana y española).* Madrid, Taurus, 1971.

MUÑOZ CORTÉS, M.: «La novela española en la actualidad». En el volumen colectivo *El rostro de España*, Madrid, 1947.

NAVALES, A. M.: *Cuatro novelistas españoles: M. Delibes, I. Aldecoa, D. Sueiro, F. Umbral.* Madrid, Fundamentos, 1974.

NORA, EUGENIO G. DE: *La novela española contemporánea (1927-1960).* Tomo II, vols. I y II. Madrid, Gredos, 1962. (Segunda ed. ampliada, 1970.)

Novela y novelistas. Reunión de Málaga 1972. (Ed. M. Alvar). Diputación Provincial de Málaga, 1973.

OGUIZA, T.: «Del realismo al testimonio». *Papeles de Son Armadans*, LXV, 1972, págs. 257-276.

OLMOS GARCÍA, F.: «La novela nueva: su presente y su porvenir». *Bol. de Inform.* México, n.º 14, abril-mayo, 1961, págs. 33-38.

OLMOS GARCÍA, F.: «La novela y los novelistas españoles de hoy». *Cuad. Amer.*, julio-agosto 1963, págs. 211-237.

ORNSTEIN, J., y CAUSEY, J.: «Una década de la novela española contemporánea». *Rev. Hisp. Mod.*, XVII, 1951, 128-135.

ORTEGA, J.: «Novela y realidad en España». *Mundo Nuevo*, 44, febrero 1970, págs. 83-86.

ORTEGA, J.: *La nueva narrativa española: Antonio Ferres y Martínez-Menchén novelistas de la soledad.* Caracas, Universidad Católica Andrés Bello, 1973. (55 páginas.)

ORTEGA, J.: *Ensayos de la novela española moderna.* Madrid, Edics. J. Porrúa Turanzas, 1974.

PAGEARD, R.: «Romanciers et conteurs espagnols actuels». *Mercure de France*, núm. 1.123, 1957, páginas 530-537.

PALLEY, J.: «Existentialist Trends in the Modern Spanish Novel». *Hispania*, 44, 1961, págs. 21-26.

PALOMO, M. DEL P.: «La novela española en lengua castellana (1939-1965)». En *Historia Gral. de las Lits. Hisp.*, publicada bajo la dirección de D. G. Díaz-Plaja. Vol. VI. Barcelona, Vergara, 1967; págs. 697-735.

PÉREZ MINIK, D.: *Novelistas españoles de los siglos XIX y XX*. Madrid, Guadarrama, 1957.

PÉREZ MINIK, D.: *La novela extranjera en España*. Madrid, Taller de Ediciones Josefina Betancor, 1973.

PONCE DE LEÓN, J. L. S.: *La novela española de la guerra civil (1936-1939)*. Madrid, Insula, 1971.

PRJEVALINSKY FERRER, O.: «La literatura española tremendista y su nexo con el existencialismo». *Revista Hisp. Mod.*, XXII, 1956, págs. 297-303.

PRJEVALINSKY FERRER, O.: «Las novelistas españolas de hoy». *Cuad. Amer.*, septiembre-octubre 1961, páginas 211-223.

Prosa novelesca actual. Ed. F. Yndurain. Univ. Internac. M. Pelayo, 1968. (Colaboraciones varias.)

Prosa novelesca actual. Ed. F. Yndurain. Universidad Internac. M. Pelayo, 1969. (Segunda reunión. Colaboraciones varias.)

RICO, E. G.: *Literatura y política (En torno al realismo español)*. Madrid, Edicusa, 1971. (Colec. «Los Suplementos», núm. 19.)

RÍO, E. DEL: *Novela intelectual*. Madrid, Prensa Española, 1971.

ROBERTS, G.: *Temas existenciales en la novela española de posguerra*. Madrid, Gredos, 1973.

ROJAS, C.: «Problemas de la nueva novela española». En: (Varios) *La nueva novela europea*, Madrid, Guadarrama, 1968; págs. 121-135.

Rossi, A.: «I giovani di Spagna: verso un realismo ma quale?» *Paragone*, Florencia, núm. 136, abril 1961, págs. 147-164.

Rubio, R.: *Narrativa española, 1940-1970*. Madrid, Epesa, 1970. (Serie Panoramas: Grandes escritores contemporáneos, 27, 1-P.)

Sainz de Robles, F. C.: *La novela española en el siglo XX*. Madrid, Pegaso, 1957.

Sánchez Mazas, M.: «La actual crisis española y las nuevas generaciones». *Cuad. del Congreso...*, 26, septiembre-octubre 1957, págs. 9-23.

Sanz Villanueva, S.: «El *conductismo* en la novela española reciente». *Cuadernos Hispanoamericanos*, 263-264, 1972, págs. 593-603.

Sanz Villanueva, S.: *Tendencias de la novela española actual (1950-1970)*. Madrid, Edicusa, 1972.

Schraibman, J.: «Notas sobre la novela española contemporánea». *Revista Hisp. Mod.*, XXXV, 1969, páginas 113-121.

Schwartz, K.: «National and European Culture in the Contemporary Spanish Novel». En: Lewald, H. E., ed., *The Cry of Home: Cultural Nationalism and the Modern Writer*, Univ. of Tenn. Press, 1972, págs. 167-184.

Senabre, R.: «La novela del *realismo crítico*». *Eidós*, Madrid, núm. 34, 1971, págs. 3-18.

Serrano Poncela, S.: «La novela española contemporánea». *La Torre*, I, 1953, págs. 105-128.

Sobejano, G.: *Moderne spanische Erzähler*. Köln, J. P. Bachem, 1963. (Introducción, págs. 9-59.)

Sobejano, G.: «Sobre la novela picaresca contemporánea». *Bol. Inform. de Derecho Político*, Univ. de Salamanca, núm. 31, 1964, págs. 213-225.

Sobejano, G.: «Notas sobre lenguaje y novela actual». *Papeles de S. A.*, XL, 1966, págs. 125-140.

SOBEJANO, G.: «Direcciones de la novela española de posguerra». *Boletín de la Asociación Europea de Profesores de Español*, Madrid, IV, 6, marzo 1972, páginas 55-73.

SOLDEVILA-DURANTE, I.: «La novela española actual (Tentativa de entendimiento)». *Rev. Hisp. Moderna*, XXXIII, 1967, págs. 98-108.

TERTERJAN, I.: *Sovremennyj ispanskij roman, 1939-1969*. Moscow, Xudozestvennaja literatura, 1972.

TOLA DE HABICHE, F.: *Los españoles y el boom (Cómo ven y qué piensan de los novelistas latinoamericanos)*. Caracas, Tiempo Nuevo, 1972.

TORRE, G. DE: «Afirmación y negación de la novela española contemporánea». *Ficción*, B. Aires, julio-agosto 1956, págs. 122-141. (Recogido ahora en: Idem, *El espejo y el camino*. Madrid, Prensa Española, 1968; páginas 69-109.)

TORRENTE BALLESTER, G.: «Los problemas de la novela española contemporánea». *Arbor*, Madrid, IX, 1948, marzo, págs. 395-400.

TORRENTE BALLESTER, G.: *Panorama de la literatura española contemporánea*. Madrid, Guadarrama, 2.ª ed., 1961. 2 vols.

TOVAR, A.: *Novela española e hispanoamericana*. Madrid-Barcelona, Alfaguara, 1972.

VARIOS: *El autor enjuicia su obra*. Madrid, Editora Nacional, 1966.

VARIOS: Número dedicado a la lit. esp. de posguerra, con varios trabajos sobre narrativa. *Revista de la Universidad de México*, núms. 5-6, enero-febrero 1969.

VARIOS: *Literatura española a treinta años del siglo XXI. Cuadernos para el Diálogo*, núm. XXIII Extraordinario, diciembre 1970. («Mesa redonda: novela», págs. 45-52. Polémica I. Montero y J. Benet, páginas 65-74.)

Varios: *La cultura en la España del siglo XX.* Extra especial de la revista *Triunfo*, núm. 507, 17 junio 1972. (D. Ridruejo: «La vida intelectual española en el primer decenio de la postguerra»; A. Sastre: «Poco más que anécdotas culturales alrededor de quince años (1950-1965)»; I. Montero: «La novela española de 1955 hasta hoy: Una crisis entre dos exaltaciones antagónicas».)

Varios: *Literatura experimental - Nueva crítica. El Urogallo*, III, núm. 19, enero-febrero 1973.

Varios: Número dedicado a la nueva literatura española, especialmente a la novela. *Plural*, México, III, número 1, 15 octubre 1973.

Varios: *¿Existe una cultura española? Cuad. para el Diálogo*, núm. XLII Extraordinario, agosto 1974.

Vázquez Dodero, J. L.: «Novelistas españoles de hoy (Datos para un padrón)». *Nuestro Tiempo*, 1956, número 19 (40-54), 21 (55-76) y 28 (34-49).

Villegas, J.: *La estructura mítica del héroe en la novela del siglo XX.* Barcelona, Planeta, 1973. (Sobre C. Laforet, págs. 177-201; sobre L. Martín-Santos, páginas 203-230).

Werrie, P.: «La nouvelle vague espagnole». *La Table Ronde*, 225, oct. 1966, págs. 146-152.

Werrie, P.: «Graces et disgrâces du roman espagnol». *La Table Ronde*, 248-249, sep.-oct. 1968, págs. 110-133.

Yndurain, F.: «Novelas y novelistas españoles (1936-1952». *Rivista de Letterature Moderne*, Florencia, 1952, págs. 279-284.

INDICE

Páginas

NOTA PRELIMINAR DE LA PRIMERA EDICIÓN   7

NOTA SOBRE ESTA SEGUNDA EDICIÓN   15

  I. Introducción. Primeros pasos   23

  II. La guerra española, objeto de novelas ...   53

    1) Novelistas «observadores», 55.

    2) Novelistas «militantes», 57.

    3) Novelistas «intérpretes»: A. Barea,
       60; M. Aub, 65; P. Masip, 72;
       R. Sender, 73; F. Ayala, 74; E. F.
       Granell, 75; J. M. Gironella, 77;
       L. Romero, A. M. de Lera, 84.

Novela existencial

  III. Camilo José Cela: La enajenación...   89

  IV. Carmen Laforet: El desencanto   143

  V. Miguel Delibes: La busca de la autenti-
    cidad   161

  VI. Otros novelistas   219

    1) Realistas convencionales: J. A. Zun-
       zunegui, 221; S. J. Arbó, 224;
       D. Fernández Flórez, 224; A. Nú-
       ñez Alonso, 225; T. Salvador, 227.

Páginas

    2) Conflictivos: G. Torrente Ballester, 231; R. Fernández de la Reguera, 249; E. Quiroga, 251; J. L. Castillo Puche, 258; A. M. de Lera, 269.

    3) Cotidianistas: E. Azcoaga, J. Suárez Carreño, I. M. Gil, L. Romero, D. Medio, 275.

VII. Caracteres comunes   277

    1. Los autores, 279. 2. Los temas, 281. 3. Los personajes, 284. 4. Los ambientes, 286. 5. La técnica, 287. 6. Conexiones, 293.

Novela social

VIII. Introducción. Rafael Sánchez Ferlosio: La invariabilidad   299

  IX. Jesús Fernández Santos: El apartamiento.   319

   X. Juan Goytisolo: La busca de la pertenencia   343

  XI. Otros novelistas   383

    1) Hacia el pueblo: I. Aldecoa, 386; F. Candel, 397; L. Olmo, 397; J. López Pacheco, 399; L. Goytisolo, 402; R. Solís, 410; A. Ferres, 413; A. López Salinas, 414; R. Nieto, 415; A. Grosso, 417; J. M. Caballero Bonald, 425.

    2) Contra la burguesía: J. García Hortelano, 432; J. Marsé, 446; D. Sueiro, 459; G. Torrente Malvido, 462; F. Umbral, 463.

Páginas

3) En la persona: A. M. Matute, 465;
M. Lacruz, 482; A. Prieto, 485;
M. Arce, 488; J. M. Castillo-Nava-
rro, 491; C. Martín Gaite, 493; F.
Morán, J. C. Trulock, H. Vázquez
Azpiri, J. Torbado, 502; A. Martí-
nez-Menchén, 503. La «novela me-
tafísica», 506: C. Rojas, 511; M.
García-Viñó, 512; A. Bosch, 514.

XII. Caracteres comunes   517
1. Los autores, 519. 2. Los temas, 523.
3. Los personajes, 526. 4. Los ambientes,
528. 5. La técnica, 530. 6. Conexiones, 538.

Novela estructural

XIII. De Luis Martín-Santos a Juan Benet... ...   545
Luis Martín-Santos, 545. Juan Benet,
558. La novela estructural: Delimitación
del concepto, 582. Diversos representantes, 587. Los patrones configurativos,
591. Las actitudes fundamentales, 596.
Rasgos generales de la técnica, 598. Sentido de la novela estructural, 608.

CONSIDERACIONES FINALES   611
Novelistas fuera de España: R. Sender,
613; F. Ayala, 616; M. Aub, 619.
Apreciación de la novela española de nuestro tiempo, 624.

SELECCIÓN BIBLIOGRÁFICA:
1. Novelas, 629. 2. Estudios, 640.

El Soto?

estudios de crítica y filología
dirige José Luis Varela

1.—Dámaso Alonso, *Debe y haber de la literatura española.* (En preparación.)

2.—José Luis Varela, *La transfiguración literaria.*—140 pesetas. (Premio Nacional de Literatura "Miguel Unamuno" 1970.)

3.—José S. Lasso de la Vega, *Helenismo y literatura contemporánea.*—120 pesetas.

4.—Alejandro Cioranescu, *Colón, humanista.*—110 pesetas.

5.—Emilio Orozco, *Paisaje y sentimiento de la Naturaleza en la poesía española.*—Agotado.

6.—Martín de Riquer, *La leyenda del Graal y temas épicos medievales.*—130 pesetas.

7.—José Alcina Franch, *Poesía americana precolombina.*—120 pesetas.

8.—Manuel Mourelle-Lema, *La teoría lingüística en la España del siglo XIX.*—200 pesetas.

9.—Manuel Alvar, *Variedad y unidad del español. Estudios lingüísticos desde la Historia.*—Agotado.

10.—Gonzalo Sobejano, *Novela española de nuestro tiempo.*— Segunda edición, corregida y ampliada. (Premio Nacional de Literatura "Emilia Pardo Bazán" 1971.)

11.—Rafael de Balbín, *Poética becqueriana.*—120 pesetas.

12.—Francisco Ynduráin, *Relección de clásicos.*—150 pesetas.

13.—Francisco J. Hernández, *El teatro de Montherlant.*—170 pesetas.

14.—Russell P. Sebold, *El rapto de la mente: poética y poesía dieciochesca.*—130 pesetas.

15.—Oldrich Belic, *Análisis estructural de textos hispanos.*—Agotado.

16.—Mariano Baquero Goyanes, *Temas, formas y tonos literarios.* 170 pesetas.

17.—Andrés Amorós, *Eugenio d'Ors, crítico literario.*—150 pesetas.

18.—José Caso González, *Poética de Jovellanos.*—160 pesetas.

19.—Medardo Fraile, *Samuel Ros (1904-1945). Hacia una generación sin crítica.*—150 pesetas.

20.—Miguel Dolc, *Retorno a la Roma clásica.*—170 pesetas.

21.—Dinko Cvitanovic, *La novela sentimental española.*—295 pesetas.

22.—Víctor G. de la Concha, *Poesía española de posguerra.*—290 pesetas.

23.—José Escobar, *Los orígenes de la obra de Larra.*—235 pesetas.

24.—J. Saugnieux, *Literatura y espiritualidad españolas.*—275 pesetas.

25.—Miguel Angel Hernando, *Prosa vanguardista en la generación del 27.*

DATE DUE

MAR 18 1976	
NOV - 5 1988	
RESEARCH LOAN DEC 3 1	